Impressum

Herausgeber: Norwegisches Fremdenverkehrsamt (NORTRA), Hamburg

Verlag: NORTRA Marketing GmbH, Mundsburger Damm 45, D-2000 Hamburg 76

Text: NORDIS Redaktion GmbH
Gert Imbeck (verantw.), Reinhard Ilg, Bjørg Klatt, Marie-Luise Paul, Ilona Priebe, Andreas Schmitt

Bildredaktion: Peter Bünte

Grafische Gestaltung:
Ralf Fröhlich, Hans-Josef Knust

Typographie/Umbruch:
Peter Borgmann, Hans-Josef Knust, Holger Leistner, Birgit Lörges

Karten: Holger Leistner (S. 14, 125, 189)

Koordination: Peter Borgmann, Bjørg Klatt

Anzeigen/Module:
Bjørg Klatt, Sølvi Panzenhagen-Schöttler

Produktionsleitung:
Wolfgang Stankowiak

Beilagekarte:
Terrac, Karthographischer Verlag, Essen

Litho: B + F Offset Team, Essen, Qualitho, Essen

Druck: Busche, Dortmund

Gesamtherstellung:
NORDIS production Werbeges. mbH, Christophstr. 18-20, D-4300 Essen 1

Copyright:
NORDIS Holding GmbH und NORTRA Marketing GmbH 1991

Idee & Konzeption: Trond Wahlstrøm, Ulrich Kreuzenbeck, Uwe Marschel

Jede Form der Wiedergabe, auch auszugsweise, bedarf der schriftlichen Genehmigung der Herausgeber. Die Artikel (S. 92-123) geben die Meinung der Autoren wieder. Der Herausgeber übernimmt dafür keine Verantwortung.

Diese Publikation präsentiert im Auftrag des Norwegischen Fremdenverkehrsamtes sowie der regionalen und lokalen norwegischen Fremdenverkehrsorganisationen das touristische Angebot Norwegens. Firmen und Organisationen, die das Handbuch zusammen mit den o.g. Auftraggebern finanziert haben, sind im Firmenregister auf Seite 273 aufgeführt.

Alle Angaben in diesem Buch wurden von der Redaktion nach bestem Wissen erstellt und sorgfältig überprüft. Dennoch - das müssen wir infolge des Produkthaftungsgesetzes betonen - sind inhaltliche Fehler nicht vollständig auszuschließen. Deshalb werden alle Angaben ohne jegliche Verpflichtung oder Garantie seitens des Norwegischen Fremdenverkehrsamtes oder der Redaktion gemacht. Es kann keinerlei Haftung oder Verantwortung für etwaige inhaltliche Fehler übernommen werden. Wir bitten dafür um Verständnis.

Den Fotonachweis finden Sie auf S. 274.

Editorial

Liebe Norwegenfreunde, es ist mal wieder soweit: ein neues Reisehandbuch, mittlerweile das sechste, präsentiert sich Ihnen in der gewohnten Qualität, aber mit neuesten Tips und Informationen, einem neuen Rundreiseteil und vielen interessanten Artikeln, die Ihnen Norwegen hoffentlich noch vertrauter machen.

Der Erscheinungstermin des Reisehandbuchs zum Jahreswechsel ist ein guter Anlaß, noch einmal auf die vergangene Saison, aber auch in die Zukunft zu blicken. Die traurigen Golfkriegs-Ereignisse während des Frühjahrs haben den gesamten Reisemarkt kräftig durcheinandergewirbelt und dabei drastisch deutlich gemacht, wie klein die Welt eigentlich geworden ist. Während z.B. viele Mittelmeerländer ausbleibende Urlauber schmerzlich vermißten, verzeichneten andere Regionen einen kräftigen Schub bei den Gästezahlen. Auch wir in Norwegen blicken auf eines der erfolgreichsten Jahre zurück, doch wir sind der Auffassung, daß dies eigentlich andere Gründe hat.

Wie in kaum einem anderen Land finden Urlauber in Norwegen nämlich eine faszinierende, gesunde Natur vor, die Streß und Hektik vergessen läßt, dafür aber Ruhe und Entspannung, sauberes, trinkbares Wasser und reine Luft bietet. Und sie bietet Platz, soviel Platz, daß jeder ganz individuell seinen Hobbys und Träumen nachgehen kann. Diese Individualität zeigt sich auch ganz besonders in der stark steigenden Zahl der Wohnmobiltouristen. Ein Wermutstropfen in dieser an sich erfreulichen Tendenz sind einige schwarze Schafe, die die notwendige Rücksicht vermissen lassen. Müllberge an Parkplätzen, zugeparkte Sehenswürdigkeiten und mangelnder Respekt vor norwegischen Grundeigentümern dürfen einfach nicht sein. Das norwegische Jedermannsrecht erlaubt es Norwegern ebenso wie ausländischen Urlaubern, die Natur des Landes so freizügig wie nur möglich zu genießen und zu erleben. Es nimmt aber auch alle in die Pflicht, dafür zu sorgen, daß Norwegen als Urlaubsparadies bleibt, was es ist - und zwar für alle. Die Gemeinden und Bezirke werden ihren Teil dazu beitragen und verstärkt eine preisgünstige Infrastruktur auch für Wohnmobiltouristen schaffen, die schon 1992 Früchte tragen wird.

In diesem Sinne wünsche ich Ihnen viel Spaß bei der Lektüre des neuen Reisehandbuchs und heiße Sie auch 1992 wieder herzlich in Norwegen willkommen.

Trond Wahlstrøm
Direktor des Norwegischen Fremdenverkehrsamtes in Hamburg

Dieses Reisehandbuch wurde auf chlorfrei gebleichtem Papier gedruckt. Der Umschlag hat eine recyclebare Cellophanierung.

Inhalt

Wo um alles in der Welt soll man denn nun hinreisen, wenn man dieses 324.000 km² große Land besucht? Um Ihnen die Qual der Wahl zu erleichtern, möchten wir Sie mit einigen landschaftlichen und kulturellen Schönheiten Norwegens vertraut machen. Kommen Sie mit auf eine Reise vom Skagerrak bis ins Eismeer - Sie werden staunen!
S. 14

Norwegen ist wahrhaftig kein »Club Royal«, auch dann nicht, wenn oberkritische Republikaner das Königshaus an ihren Maßstäben messen. Warum es im aufgeklärten Norwegen in puncto Monarchie weitaus mehr Eintracht als Zwietracht gibt, erklärt Ihnen Berit Solhaug.
S. 121

Wenig Zeit, aber Geld; wenig Geld, aber Zeit: Das kennen Sie doch auch, oder? Für eine Norwegenreise wird's aber schon reichen - über das Wann und Wie können Sie sich bei unserer Vorstellung verschiedenster Kurzreisen informieren. S. 158

Lange genug am Schreibtisch gesessen, im Auto gehockt und miefige Stadtluft geatmet - im nächsten Norwegenurlaub könnten auch Sie zum »Aktivisten« werden, Möglichkeiten gibt's ja nun wirklich genug. Blättern Sie mal aktiv im Aktivteil ... S. 162

Norwegische Impressionen

Hier kommt der Alltag nicht mit! 6

Reiseziele vom Skagerrak bis Svalbard

Norwegen vom Süden bis zum Norden 14

Oslo	15
Oslofjord	19
Troll Park	23
Buskerud	32
Sørlandet / Telemark	36
Fjordnorwegen	46
- Rogaland	48
- Hordaland	53
- Sogn og Fjordane	58
- Møre og Romsdal	66
Trøndelag	70
Nordnorwegen	73
- Nordland	74
- Troms	80
- Finnmark	84
- Svalbard	89

Reportagen über Land und Leute

Von Broschen, Bauern und Bergleuten 92
Zur Kulturgeschichte des norwegischen Silberschmucks
Von Marie-Luise Paul

Von Schleuse zu Schleuse 94
Eine Fahrt auf dem Telemarkkanal
Von Marianne Molenaar

Alkohol im Staatsmonopol 97
Ein ganz spezielles Thema
Von Harald Karlsen

Landschaft mit dem Auge des Malers betrachtet 100
Ein Thema des 19. Jahrhunderts
Von Stefanie Kamm

Mit dem Fahrrad auf die Lofoten 104
Von Alexander Geh

Ein Licht für die Schiffahrt 107
Leuchttürme und Küstenschutz
Von Fridtjof Fredriksen

»Mord am Fjord« 110
Norwegische Kriminalromane
Von Lasse Morten Johannesen

**Lillehammer -
kein Zwischenbericht** 112
Von Gunn und Jan Gravdal

**Stabkirchen -
hölzerne Zeugen einer
alten Zeit** 114
Von Gert Imbeck

Svalbard Impressionen 118
Eine Reise in den arktischen Sommer
Von Reinhard Ilg

»Alt for Norge« 121
Die Norweger und ihr Königshaus
Von Berit Solhaug

*13 Routenvorschläge
auf reizvollen Strecken*
Rundreisen mit dem Auto 125

Kurzreisen nach Norwegen
»Raus aus dem Trott« 158

*Aktivitätsmöglichkeiten
in Hülle und Fülle*
Aktiv in Norwegen 162

Reisen statt rasen
**Die Anreise nach
Norwegen** 189

**Norwegen wie es
Euch gefällt - flexibel
reisen mit Color Line** 192

**Steile Gipfel, tiefe Fjorde,
schwindelnde Höhen** 194
Fjordkreuzfahrten mit der »Winston Churchill« Scandinavian Seaways

**Die schönste
Seereise der Welt** 196
Hurtigruten

**Larvik Line -
Urlaub nach Maß** 198

**Mit Kreuzfahrtflair
in den Urlaub** 200
Stena Line

**Scandi Line - die schnelle
Norwegen-Schweden-
Verbindung** 202

*Unterwegs mit Bus, Bahn
und Flugzeug*
Reisen in Norwegen 203

Übernachtungsmöglichkeiten
Gute Nacht, Freunde... 208

Norwegische Produkte
»Ein Stück Norwegen« 228

Alles, was Ihnen weiterhilft...
**Reiseveranstalter
und Reisebüros** 235

**Die Deutsch-Norwegische
Freundschaftsgesellschaft** 244

**Information ist der
halbe Urlaub** 248
Tips und Bestellmöglichkeiten

**Bücher und Karten
über Norwegen** 254

*Wissenswertes von
»Abenteuerparks« bis »Zoll«*
Norwegen von A-Z 259

Tips für Motorisierte
Autofahrer - Info 264

*Was Sie sonst
noch wissen sollten...*
**Veranstaltungskalender,
Fremdenverkehrsämter** 267

**Firmen-, Orts- und
Sachregister** 273

Bei soviel reizvollen Straßen, Landschaften und Zielen, wie es sie in Norwegen gibt, wollen wir Ihnen mit 13 neuen Rundreisevorschlägen eine kleine Hilfestellung für Ihre Reiseplanung geben. Die einzelnen Touren lassen sich natürlich auch miteinander verbinden. Gute Fahrt! S. 125

Auch wenn die Winterolympiade 1994 in Lillehammer noch ein paar Jahre auf sich warten läßt, ist Norwegen schon jetzt im Olympiafieber. Ein Wunder? - Keineswegs. Norweger haben eben ein besonderes Verhältnis zum Wintersport, wie Gunn und Jan Gravdal genau beobachtet haben ... S. 112

XVII. Olympische
Winterspiele
12.-27. Februar 1994
NORWEGEN

*Norwegens Küste ist
ein Ferien- und Freizeitparadies,
in dem man unweigerlich zur Ruhe kommt.*

*Sauberes, kristallklares Wasser
gehört heute zu den größten
Reichtümern des Landes.*

*Wolken
und Licht
im Spiel über
Finnmark.*

Hier kommt der Alltag nicht mit!

*Gastfreundschaft
im Licht der
Mitternachtssonne.
Auch nachts um
eins sitzt man im
Sommer hier
nochgemütlich
beisammen.*

w i l d   u n d   h a r m o n i s c h

Hunderte von Metern tief stürzen schäumende
Wasserfälle an senkrechten Felswänden vorbei in türkisfarbene
Fjorde, die sich an ihrem Ausgang in die endlose Weite
des Atlantik verlieren. Im Spiel von Sonne und Wolken
verzaubert ein oft magisches Licht sattgrüne Hochebenen,
die dem Betrachter die Aussicht auf zahllose schroffe und
schneebedeckte Hochgebirgsgipfel freigeben. Nur einen Augen-Blick
vom ewigen Eis der Gletscher entfernt wärmen sich mitten
im Meer blankgeschliffene Felsen in der strahlenden Sommersonne.
Was man hier erlebt? Das ursprüngliche Verhältnis von
Mensch und Natur. Sich selbst. Herausforderung
und Ruhe, Wildheit und Harmonie. Und Gastfreundschaft.
Eben das Wesentliche.

*Norwegens Gletscher, hier der Svartisen, sind eisige,
eindrucksvolle Zeugen der Entstehungsgeschichte des Landes.*

Der Aurlandsfjord. Er ist einer der vielen Seitenarme des majestätischen Sognefjords, der 200 km tief ins Land hineinragt.

vielfältig und einzigartig

Reichtum ist nie unerschöpflich. Auch nicht die norwegische Natur. Ihre Vielfalt ist aber bei den Norwegern in guten Händen, denn im Land der Fjorde und Fjells hat man den notwendigen Respekt vor ihr. Lachse und Forellen, Seeadler, Elche und Rentiere, Beeren und dichte, endlose Wälder, kristallklares Wasser und samtweiche, saubere Luft sollen in Norwegen eine Zukunft haben. So vielfältig wie diese Natur sind natürlich auch ihre Farben: das Grün der Moose und Wälder, die Blautöne des weiten Himmels, der Seen, Fjorde und Flüsse, die ganze Farbpalette nordischer Sonnenuntergänge, das gleißende Weiß verschneiter Hochebenen.

Die Vielfalt der norwegischen Natur macht sie einzigartig.

herausfordernd und ruhig

W ie man sich Norwegens gewaltige Natur erobert, bleibt natürlich jedem selbst überlassen. »Klassisch« ist es, wenn man auf Schusters Rappen die majestätischen, farbenprächtigen Gebirge und Hochebenen durchstreift, Gipfel erklimmt oder sich im Winter auf Skiern das Land erwandert. Andere bevorzugen vielleicht lieber das Fahrrad oder ein Fjordpferd, um zu ständig neuen Aus- und Einblicken zu gelangen. Von einer ganz anderen Seite zeigt sich Norwegens Wunderwelt allen Wassersportfreunden, die in lautlos dahingleitenden Kanus verwunschene Gebirgsseen durchqueren oder auf komfortablen Segelschiffen vor rund 54.000 km Küste (inkl. Buchten und Inseln) kreuzen. Norwegens Natur ist immer eine Herausforderung, läßt aber jedem die gewünschte Ruhe.

Die Gebirgsseen Ostnorwegens eignen sich hervorragend für ausgedehnte Kanuferien - abseits von Hektik und Lärm.

Tausendfach gemalt oder fotografiert. Und doch ist jeder Sonnenuntergang an Norwegens Küste, hier bei Tjøme in Vestfold, ein einzigartiges, individuelles Erlebnis.

Ein Freizeitvergnügen besonderer Art: Auf dem Pferderücken durch's Gebirge.

Mit Rucksack, Skiern oder Wanderschuhen erobert man sich Norwegens Natur sozusagen auf klassische Art und Weise.

traditionsreich und modern

Auf der Suche nach Ursprünglichkeit muß man in Norwegen nicht erst in entlegenste Regionen fahren. Von Sonne und Wetter gegerbt, zeugen z.B. überall im Land große Bauernhäuser, malerische Vorratsspeicher, mystische Stabkirchen und altehrwürdige Hotels von einer großen, lebendig gebliebenen Tradition - des Bauens mit Holz. Diese Kunst beherrschten schon die Wikinger bei der Fertigung ihrer stolzen Schiffe, doch selbst heute noch baut man in Norwegen lieber mit lebendigem, reichlich vorhandenem Holz als mit seelenlosem Beton. In der Kunst, sich Traditionen lebendig zu erhalten, ohne vor der Moderne fliehen zu müssen, steckt ein großes Stück Lebensqualität. Norwegen ist traditionsreich und modern.

Die typisc[hen] weißgestrichene[n] Holzhäusern locke[n] viele Besucher i[n] die gemütliche[n] Städte und Dörfe[r] an der Küs[te] Sørlandet[s].

Das im 19. Jahrhundert erbaute Kvikne's-Hotel in Balestrand gehört zu den ausdrucksvollsten Gebäuden Norwegens.

Die außergewöhnliche Architektur der alten Hanse-Brücke in Bergen ist vis-à-vis um eine gelungene moderne Variante erweitert worden.

Hier wurde beim Arbeiten mit Holz das Handwerk nicht selten zur Kunst.

Gibt es überzeugendere Beispiele für Schönheit im Handwerk als solche Vorratsspeicher und Stabkirchen?

Norwegen vom Süden bis zum Norden

Eine Norwegenreise zu planen ist wegen der ungeahnten Vielfalt der norwegischen Natur und der vielen Sehenswürdigkeiten und Aktivitäten keine leichte Aufgabe. Um die Suche nach Ihrem idealen Reiseziel in Norwegen und das Planen Ihrer Reise etwas zu erleichtern, präsentieren wir Ihnen im folgenden Teil ausführliche Darstellungen der verschiedenen norwegischen Regionen.

Das **Oslofjordgebiet**, zu dem die Bezirke Oslo, Akershus, Østfold, Vestfold und Buskerud zählen, reicht von den Städten am Fjord bis zur Hochebene Hardangervidda. Der Oslofjord, die Flüsse und die Hügel, die im Westen in Berge übergehen, kennzeichnen diese kontrastreiche Region.

Ostnorwegen umfaßt die Bezirke Hedmark und Oppland, die sich unter dem Namen »Troll Park« zusammengetan haben. Dies ist das Land ausgedehnter Wälder, tosender Flüsse und wilder Gebirgslandschaft.

Telemark und Sørlandet bürgen für einen kontrastreichen Aufenthalt: Sie bieten im Süden »die norwegische Riviera« und im Norden eine Hochgebirgslandschaft mit vielen bezaubernden Seen.

Fjordland - das klassische Reiseziel. Die Bezirke Rogaland, Hordaland, Sogn og Fjordane und Møre og Romsdal bestehen aber nicht nur aus Fjorden, auch die stark zerklüftete Küste mit ihren idyllischen Städten und Fischerdörfern und dem wilden Hochgebirge machen diese Region zu einem spannenden Feriengebiet.

In der hügeligen Landschaft **Trøndelags** (Sør- und Nord-Trøndelag) wird die norwegische Geschichte lebendig. Felszeichnungen, Wikingergräber, das alte Trondheim mit dem Nidarosdom und die Bergwerksstadt Røros zeugen davon.

Nordnorwegen, das die drei nördlichsten Bezirke Nordland, Troms und Finnmark umfaßt, ist eine Welt für sich. Hier begegnen sich die samische und die norwegische Kultur in einer arktischen Umgebung. Die bizarre Natur mit ihren teils schroffen Bergen, Höhlen, Gletschern und Gezeitenströmen lädt zu einem faszinierenden Aktivurlaub ein.

Svalbard, der Archipel, der unter der Verwaltung von Troms steht, ist in jeder Hinsicht einzigartig. Berge, Gletscher und eine zarte Flora prägen die mächtige Landschaft, die es zu entdecken lohnt.

Oslo

Viele Wege führen in die norwegische Hauptstadt Oslo, die mit ihren gut 450.000 Einwohnern zu den kleineren europäischen Metropolen zählt. Das betrifft allerdings nicht die Fläche. Auf riesigen 454 km² nimmt die eigentliche Stadt den geringsten Platz ein.
Der Rest gehört hauptsächlich der »Oslomarka«, den bewaldeten Bergen im Norden und Osten. Pulsierendes Leben in der City und die Erholungsgebiete gleich vor der Tür - da läßt es sich gut leben.
Oslo lädt zum gemütlichen Bummeln ein. Auf der alten Prachtstraße »Karl Johan« kann man herrlich flanieren und landet entweder am modernen Hauptbahnhof oder am historischen Schloß. Am Hafen, gegenüber der ehrwürdigen Festung Akershus und nicht weit vom sehenswerten Rathaus, liegt Aker Brygge, das bunte Einkaufs- und Kulturzentrum. Hölzerne Stufen führen bis ins Wasser und laden zu einer gemütlichen Pause ein, während man dem geschäftigen Treiben an Land und auf dem Wasser zuschaut.
Für Kunst- und Kulturinteressierte bietet Oslo eine Museumsszene, die einer Hauptstadt würdig ist. Munch Museum und Kon-Tiki, Vigelands Skulpturen und Wikingerschiffe - es gibt viel zu entdecken. Übrigens: 1992 wird das Polarschiff »Fram« 100 Jahre alt. Dieses Ereignis wird durch eine erweiterte Ausstellung gewürdigt.

Sommerliches Oslo

OSLO

- Gesamtfläche: .... 454 km²
- Einwohner: 454.000

Entfernungen:
- Bergen: .... 484 km
- Kristiansand S: .... 328 km
- Larvik: .... 129 km
- Stavanger: .... 584 km
- Trondheim: .... 539 km
- Narvik: .... 1.447 km
- Nordkap: .... 2.163 km

Verkehrsflughäfen:
- Fornebu und Gardermoen

Bahnverbindungen:
Oslo ist ein Verkehrsknotenpunkt mit Bahnverbindungen in alle Landesteile und nach Schweden.
U.a.: Oslo - Kongsvinger - Stockholm, Oslo - Göteborg - Kopenhagen, Oslo - Hamar - Trondheim, Oslo - Bergen, Oslo - Stavanger

Fährverbindungen:
- Oslo - Kiel
- Oslo - Kopenhagen
- Oslo - Frederikshavn
- Oslo - Hirtshals

Sehenswürdigkeiten:
- Wikingerschiffsmuseum, Fram Museum, Kon-Tiki Museum, Norwegisches Volksmuseum, Norwegisches Seefahrtsmuseum, Bygdøy (Bus Nr. 33)
- Holmenkollen mit Sprungschanze und Skimuseum, Holmenkollen
- Vigelandpark und Vigelandmuseum, Frogner
- Schloß Akershus mit Festung, Widerstands- und Verteidigungsmuseum, Oslo Zentrum / Vippetangen
- Munch Museum, Tøyen
- Henie-Onstad-Kunstzentrum, Høvikodden
- Königl. Schloß und Schloßpark
- Norwegisches Technik-Museum, Kjelsås
- Nationalgalerie
- Aussichtsturm Tryvannstårnet, Station Voksenkollen
- Frognerseter, Station Frognerseter
- Theatermuseum
- Aker Brygge (Einkaufs- und Kulturzentrum), Hafen
- Bogstad gård, Sørkedalen (Bus Nr. 41)
- Internationales Museum für Kinderkunst, Lille Frøens vei 4
- Basarhallen, Dom
- Stadtmuseum, Oslo (Straßenbahn Nr. 2 bis zum Frognerplatz)
- Schloß Oscarshall, Bygdøy (Bus Nr. 30 oder Fähre ab Rathausbrücke)
- Rathaus
- Museum für Gegenwartskunst

Ausflugsmöglichkeiten:
- Minicruise »Oslo vom Fjord aus«, 50 Min. Bootstour
- Vestfjordsightseeing, 2stündige Rundfahrt durch den idyllischen westlichen Teil des Oslofjords
- »Fjordcruise mit kaltem Buffet« (2std. Bootstour inkl. Mittagessen im Restaurant)
- »Abendcruise« (zweistündige Bootstour, inkl. kaltem Buffet im Najaden, Bygdøy)
- »Oslo Selected«, (Bustour, 3 Std. zum Vigelandpark, Holmenkollen Sprungschanze, Wikingerschiffe, Kon-Tiki)
- kombinierte Boots- und Bustour, ca. 7 1/2 Std. inkl. Mittagessen. Besuch des Polarschiffes Fram, Kon-Tiki, Norwegisches Volksmuseum, Wikingerschiffe, Vigelandpark und Holmenkollen
- »Ein Hochsommerabend auf dem Fjord«, (2std. Bootstour, serviert werden Krabben, Kaffee und Gebäck, Verkauf von Bier, Wein und Mineralwasser
- Schärentour im Oslofjord auf der M/S Piberviken, 2 Std., Verkauf von Meeresspezialitäten
- »Reise ins Schlaraffenland« (Nachmittagstour auf dem Oslofjord mit der M/S Piberviken), 1 1/2 Std.
- Landroversafari in der Oslomarka (Halbtages- und Tagesausflüge)
- »Vormittagsrundfahrt« (3 Std.) Akershus, Blumenmarkt, Dom, Storting, Universität ...
- »Nachmittagstour« (3 Std.), Bussightseeing zu den Museen auf Bygdøy
- »Oslo Highlights« (3std. Bustour), Morgentour mit Besuch des Vigelandparks, Holmenkollen, Wikingerschiffe und Kon-Tiki / Ra-Museum
- Abenteuerpark TusenFryd, Vinterbro (Bus Nr. 541)

Mit öffentlichen Verkehrsmitteln:
- In die Umgebung Oslos: z.B. nach Ekeberg, Bygdøy, Frogner mit Vigelandpark, Tøyen, Munch Museum und Tøyen-Schwimmbad, St. Hanshaugen

Veranstaltungskalender S. 275 ff.

Weitere Informationen:
Norwegen Informationszentrum
Vestbaneplassen 1
N - 0250 Oslo 2
Tel. 0047 - (0)2 - 83 00 50
Fax: 0047 - (0)2 - 33 43 89

Oslo

Oslo: eine Stadt, die es verdient, Hauptstadt von Norwegen zu sein! Denn Oslo ist sicherlich keine normale, durchschnittliche Hauptstadt. Sie ist eine grüne Metropole, die von ihrer Fläche die größte Europas ist, die aber, was ihre Einwohnerzahl anbetrifft, zu den kleinsten gehört. Innerhalb ihrer Grenzen treffen wir sowohl den Oslofjord als auch die Oslomarka an: Meer, Felsküste, Strände, Wälder, Hügel und Seen. Hier bieten Strände, Jachthäfen, idyllische Inseln und Ausflugsdampfer ruhige sommerliche Ferienerlebnisse im und auf dem Wasser. Dort kann man den ganzen Tag zu Fuß, mit dem Fahrrad oder sogar mit dem Geländewagen durch die Wälder streifen; das weiträumige Hinterland reizt auch zum Picknikken, zu einem Sprung in einen stillen See

Königliches Schloß

An jeder Ecke ist was los!

oder zu einem Angelabenteuer an einem idyllischen Fleck. Es ist nicht einmal ausgeschlossen, daß man dabei einem Elch begegnet. Die City selbst ist verhältnismäßig klein, was zur Folge hat, daß sie auch angenehm übersichtlich ist. Hier trifft man keine weite, verlassene Bürolandschaft an, sondern beschwingte Viertel, in denen die Menschen das Straßenbild prägen: Zauberer, Gaukler, gemächlich herumschlendernde Touristen, in aller Gemütsruhe einkaufendund Norweger, die ... Um hektisches Treiben zu erleben, muß man doch in südlichere Breiten fahren.

Die ansteckende Betriebsamkeit beschränkt sich übrigens schon lange nicht mehr auf den Tag. Oslo ist keine Provinzstadt mehr, auch abends pulsiert hier gegenwärtig in den vielen Straßencafés, den zahllosen Kneipen, Discos und Nachtclubs das Leben. Verschiedene Festivals, Sportwettkämpfe und andere Ereignisse ziehen weitere Besucher in die Stadt und sorgen für noch mehr Geselligkeit. Auch das kulturelle Leben der Stadt blüht wie nie zuvor. Die Musikszene reicht von Hardrock und Trash über Jazz bis zu klassischen Konzerten mit international bekannten Größen. In Hülle und Fülle werden Theater, Ballett- und Opernvorstellungen angeboten, und in den Kinos laufen die neuesten Filme in Originalsprache. Kurz, ein Angebot, wie es sich für eine Hauptstadt gehört.

Oslo ist jedoch in erster Linie nicht wegen des lebendigen sommerlichen Straßenbildes bekannt, sondern wegen seiner zahlreichen Sehenswürdigkeiten und Museen, die sich innerhalb der Stadtgrenzen befinden. Weltberühmten Künstlern wie dem Maler Edvard Munch und dem Bildhauer Gustav Vigeland sind ein ganzes Museum bzw. ein ganzer Park gewidmet. Aber noch viele andere Museen sind einen Besuch wert. Zum Beispiel das neue Museum für Gegenwartskunst, »Samtidsmuseet«, oder das Theatermuseum, das Technikmuseum, das Museum für Kinderkunst usw. Zu den Attraktionen gehört natürlich auch das Skimuseum im Turm der international bekannten Holmenkollen-Skischanze, wo im März jeden Jahres das Holmenkollen-Skifestival stattfindet.

Im Wikingerschiffsmuseum

Vergessen wir nicht, daß Oslo auch eine Hafenstadt ist. Eine Rundfahrt mit dem Schiff durch den Hafen und den Fjord ist besonders abends ein Erlebnis. Und will man einen Sommerabend auf norwegische Art genießen, kauft man sich vom Fischtrawler eine Tüte frische Garnelen und bereitet sich mit frischem Weißbrot, Garnelen, Mayonnaise und Weißwein ein schmackhaftes Mahl zu. Last but not least gibt es noch die Fähre zur Insel Bygdøy, auf der ein wichtiger Teil des kulturellen Erbes Norwegens in interessanten Museen zusammengetragen worden ist. So zum Beispiel im Wikingerschiffsmuseum, in dem drei Originalschiffe aus der Wikingerzeit ausgestellt werden oder im Kon-Tiki-Museum, wo die Expeditionen Thor Heyerdahls dokumentiert sind. Aber auch das Polarschiff Fram und das Seefahrtsmuseum bieten interessante Stunden, und auf dem Rückweg dürfen wir natürlich nicht einen Besuch im Norwegischen Volksmuseum auslassen, wo man sich u.a. einen Eindruck von den Wohn- und Lebensbedingungen im Norwegen früherer Jahrhunderte verschaffen kann.

Eine Sache wollen wir aber doch noch erwähnen, nämlich daß Oslo lange nicht so teuer ist, wie viele aus südlicheren Gegenden Europas befürchten. Bei Kleidung und Schuhwerk kann man hier echte Schnäppchen machen, und es lohnt sich, als Souvenir Qualitätsprodukte aus Norwegen mit nach Hause zu nehmen. Mit der Oslokarte wird der Aufenthalt noch attraktiver; sie bietet die einzigartige Möglichkeit, die Vielseitigkeit der norwegischen Hauptstadt auszunutzen, ohne daß Ihre Reisekasse zu sehr strapaziert wird. Die Oslokarte ist eine richtige »Erlebniskarte« mit einem mehrsprachigen, illustrierten Informationsheft. Die Karte kostet - jeweils für einen, zwei oder drei Tage - für Erwachsene NOK 95,-, NOK 140,- und NOK 170,-. Bei Kindern betragen die Preise entsprechend NOK 45,-, NOK 65,- und NOK 80,-.

Die Oslokarte bietet Ihnen freien Eintritt zu den allermeisten Museen, Sehenswürdigkeiten und ins Tøyenbad. Darüber hinaus fahren Sie gratis mit allen öffentlichen Verkehrsmitteln (Bus, Straßenbahn, Boot) und parken umsonst auf allen kommunalen Parkplätzen in Oslo. Auf Boots- und Bussightseeing-Touren erhalten Sie 50% Rabatt, auf die Anreise nach Oslo mit der Eisenbahn erhalten Erwachsene 30% Preisnachlaß. Zusätzlich bietet Ihnen die Oslokarte Vergünstigungen im Tusenfryd Vergnügungspark, in Kinos, Theatern und in der Oper, bei Autovermietungen u.a.

Die Oslokarte ist ganzjährig in den Touristeninformationen im »Informationszentrum« am Hafen und im Hauptbahnhof, im »Trafikanten« am Bahnhofsvorplatz, in den meisten Hotels, auf Campingplätzen und an Oslos »Narvesen«-Kiosken erhältlich, darüber hinaus in vielen Reisebüros und in über 700 Postämtern.

Übernachtungsmöglichkeiten für jeden Geldbeutel bieten Oslos Hotels, die billiger sind, als man glaubt. Und ein Hotelaufenthalt in Oslo ist ein Erlebnis für sich. Die vielen Hotels haben besonders preiswerte Sommer-, und ganzjährig auch Wochenendangebote. Ihr Reisebüro hilft Ihnen bei der Buchung!

Norwegisches Seefahrtsmuseum

Das Norwegische Seefahrtsmuseum hat es sich zur Aufgabe gemacht, das Leben an Norwegens Küste und die Seefahrtsgeschichte des Landes ausführlich zu dokumentieren.

Auf der Halbinsel Bygdøy liegend, direkt an der Einfahrt zum Osloer Hafen, hat das Museum eine einmalige maritime Atmosphäre. Das preisgekrönte Hauptgebäude mit seiner besonderen Form und der phantastischen Aussicht auf den regen Fjordverkehr, bildet einen modernen Rahmen um die geschichtsträchtigen Ausstellungsgegenstände. Die ganz besondere norwegische Seefahrtstradition, die einzigartig ist und zugleich auch weltweite Bedeutung erlangt hat, wird durch eine umfassende Sammlung von Gegenständen repräsentiert, die sowohl im Freien als auch im Inneren des Museums ausgestellt sind. Im Freien können zum Beispiel der berühmte Polarsegler »Gjøa« und das nationale Kriegseglermonument bewundert werden. Beide zeugen von unschätzbarem menschlichen Einsatz in der norwegischen Seefahrtsgeschichte. Der dreimastige Vor- und Achterschoner »Svanen«, der am Museumskai vertäut ist, läßt heute als schwimmendes Schullandheim und Aktivitätszentrum für Jugendliche vergangene Zeiten wieder lebendig werden. Der Veteranboothafen mit norwegischen Gebrauchsbooten verschiedener Typs, Bootshäusern und Speichern am Strand und dem ewigen Brechen der Wellen ergibt zusammen mit dem Geruch des Salzwassers und dem Geschrei der Möwen eine einzigartige Atmosphäre für Besucher jeden Alters.

Die Ausstellungen im Hauptgebäude und in der großen Bootshalle präsentieren verschiedenste Aspekte und Besonderheiten einer vielseitigen Seefahrtsnation. Die maritimen und meeresarchäologischen Gegenstände sowie eine ausgesuchte Sammlung von Marinemalereien vermitteln dem Besucher einen Eindruck von der Vielfalt der typisch norwegischen Küstenkultur und Schiffahrt - von der Wikingerzeit bis in unsere Tage. Die Museumsbibliothek beherbergt über 27.000 Bände mit maritimer Literatur, einzigartige Schiffszeichnungen, Archivalien sowie eine Fotosammlung und genießt internationale Anerkennung.

Im Museumsrestaurant »Najaden« wird während des Sommers auch im Freien bedient, ganzjährig werden hier auch Konferenzen, Bankette, Abendessen etc. ausgerichtet.

Öffnungszeiten:
sonntags: 11.00 - 16.00
dienstags/donnerstags: 11.00 - 18.00
an anderen Tagen: 11.00 - 16.00
Vom 1.5. - 30.9.: tägl. 10.00 - 19.00

Weitere Informationen erhalten Sie bei:

Norsk Sjøfartsmuseum
Bygdøynesveien 37
N-0286 Oslo 2
Tel. 0047 - (0)2 - 43 82 40
Fax 0047 - (0)2 - 56 20 37

Direkt am Oslofjord liegt das Norwegische Seefahrtsmuseum

Das Norwegische Volksmuseum - unbedingt besuchenswert

Das »Norsk Folkemuseum« ist eines der ältesten Freilichtmuseen der Welt und zugleich Norwegens größtes kulturhistorisches Museum. Es liegt auf der Halbinsel Bygdøy, ca. 5-10 Minuten mit dem Bus oder Schiff vom Zentrum Oslos entfernt. Das Museum beherbergt 140 alte Gebäude und eine ganze Reihe traditionsreicher Besonderheiten. So z.B. die Stabkirche von Gol aus dem 13. Jahrhundert, das Arbeitszimmer des Schriftstellers Henrik Ibsen und eine große samische Ausstellung.

Programm während der Sommersaison:
- Volkstanz mit Tanzgruppen und Tänzern.
- Backen von »Lefse« und Fladenbrot über offenem Feuer.
- Mit Pferd und Wagen durch's Gelände
- Gottesdienste in der Stabkirche
- Im Juli täglich Führungen
- Vorführung von altem Handwerk - Buchbinden, Töpfern, Schmieden von Silber. Im Juli auch Schnitzen und Werken, Basteln, Kunsthandwerk.

Darüber hinaus bietet das Museum für Kinder und Erwachsene eine Reihe anderer Aktivitäten, z.B. Konzerte, Theater, besondere Aktivitätstage, Vorträge u.v.m.

Weitere Informationen erhalten Sie direkt beim:

Norsk Folkemuseum
Museumsveien 10
N-0287 Oslo
Tel. 0047 - (0)2 - 43 70 20
Fax 0047 - (0)2 - 43 18 28

William Schmidt

Unser traditionsreiches Geschäft auf der Karl Johans Gate im Herzen von Oslo bietet Ihnen eine riesige Auswahl an typisch norwegischen Souvenirs und Geschenkartikeln. So führen wir z. B. maschinen- und handgestrickte Pullover und Jacken von ausgezeichneter Qualität, sowohl für Erwachsene als auch für Kinder.

Unser Geschäft ist dem Tax - Free - System angeschlossen, das Ihnen noch günstigere Einkaufspreise ermöglicht: Bei der Ausreise aus Norwegen erhalten Sie 10 - 14% der Kaufsumme, fast die gesamte Mehrwertsteuer, bar zurück.

Wir akzeptieren auch Visa, Diners, American Express und Eurocard als Kreditkarten.

Tradition, Qualität und Schönheit

Öffnungszeiten:
Juni-Sept.: 9.00 - 20.00
Sa. 9.00 - 16.00
Okt.-April: 10.00 - 19.00
Sa. 10.00 - 16.00

William Schmidt A/S
Karl Johans Gate 41
N-0162 Oslo 1
Tel. 0047 - (0)2 - 42 02 88

Die Stabkirche von Gol

Das Philharmonische Orchester Oslo

»Verführer aus Norwegen«, »Spektakulärer Erfolg für die Osloer Philharmonie ... im Wiener Musikverein«, »Janson, der Eroberer - die Osloer Philharmoniker in Salzburg« - das sind nur einige der Schlagzeilen, die das Philharmonische Orchester Oslo gemacht hat.

Unter der Leitung von Mariss Janson hat das Osloer Orchester den Ruf eines der herausragendsten Symphonieorchester der Welt gewonnen. Dies ist nicht zuletzt auch das Resultat einer enormen künstlerischen Entwicklung, die das Orchester, zu dessen Gründern u.a. Edvard Grieg gehörte, im Laufe der letzten 25 Jahre genommen hat. Zu den wichtigsten Höhepunkten in der internationalen Arbeit des Orchesters gehören die zahlreichen Tourneen durch Deutschland, Österreich und die Schweiz. Im Jahr 1989 spielten die Osloer Philharmoniker u.a. in der Bonner Beethovenhalle, in der Alten Oper in Frankfurt, in der Münchener Philharmonie sowie in der Genfer Victoria Halle und im Wiener Musikverein. Ein Jahr später, 1990, debütierte das Orchester bei den Festspielen in Salzburg, zu denen es auch jetzt wieder eingeladen ist.

Im Laufe einer im März 1992 stattfindenden Tournee durch die Schweiz, Deutschland und Österreich wird das Philharmonische Orchester Oslo die Städte Basel, Zürich, Genf, Lausanne, Köln, Bonn, Frankfurt, München, Linz und Wien besuchen, wobei im Wiener Musikverein zwei Konzerte stattfinden sollen.

Die Wirkungsstätte des Orchesters im heimischen Oslo ist das Osloer Konzerthaus. Rund 60 Konzerte geben die Philharmoniker pro Jahr in Norwegens Hauptstadt, und zu den Besuchern zählen Gäste aus allen Teilen der Welt. Für einen Abend mit dem Philharmonischen Orchester Oslo reservieren wir Ihnen gerne Karten im voraus:

Mariss Janson und das Philharmonische Orchester Oslo

Oslo Philharmoniske Orkester
Postboks 1607 Vika, N-0119 Oslo 1
Tel. 0047 - (0)2 - 83 32 00; Fax 0047 - (0)2 - 83 07 93

Aker Brygge - Oslos interessantester Stadtteil

Willkommen in Aker Brygge - in einer einzigartigen Atmosphäre am Oslofjord, mit Sportboothafen und Marinaservice, interessanten Wohnetagen, mit einem reichen Kulturangebot inkl. Theater und Kinos und 1.600 Parkplätzen. Die 65 Geschäfte führen ein breitgefächertes Warenangebot für jeden Geschmack und Geldbeutel. Cafés und 25 Restaurants aus den verschiedensten Ecken der Welt bieten eine riesige Auswahl für jeden Geschmack - von Fischgerichten bis zu mexikanischer oder japanischer Küche. Machen Sie einen Ausflug in Oslos interessantesten Stadtteil - besuchen Sie Aker Brygge!

Öffnungszeiten:
Mo.-Fr.10.00-20.00, Sa.10.00-18.00

Restaurants und Cafés sind von früh bis spät geöffnet.

Das neue Oslo: Aker Brygge

Oslofjord

Der Oslofjord ist das Einfallstor nach Norwegen, wenn man mit einer der großen Fähren von Kiel, Kopenhagen oder Frederikshavn anreist. Man passiert zuerst die Bezirke Vestfold und Østfold, einen Zipfel von Buskerud und schließlich Akershus, bevor man Oslo erreicht. Die (für norwegische Verhältnisse) dichtbesiedelte Oslofjord-Region ist ein Gebiet mit hohem Freizeitwert. Der Fjord lädt zu allen Arten von Wassersportaktivitäten ein, und die zahlreichen Ferienhäuser zeigen, daß das Angebot auch genutzt wird. Auf Flüssen und Binnenseen wird gern gepaddelt und geangelt. Die relativ flache Landschaft lädt zu Fahrradtouren ein.

Die Verbundenheit mit dem Wasser ist in dieser Region selbstverständlich. So verwundert es nicht, daß die beiden stolzen Wikingerschiffe, die im Wikingerschiffsmuseum in Oslo zu besichtigen sind, in Vestfold gefunden wurden, nämlich bei den Höfen Oseberg bei Tønsberg und Gokstad in Sandefjord. Fisch- und Walfang, Schiffsbau und Handel haben hier eine lange Tradition.

Akershus ragt weit ins Land hinein und berührt im Norden sogar die Spitze des Mjøsa-Sees. Im Sommer lädt der »Skibladner«, der älteste fahrplanmäßig verkehrende Raddampfer der Welt, zu einer Fahrt auf dem Mjøsa-See ein. Drøbak, die freundliche Stadt auf der Sonnenseite des Oslofjords, ist ein beliebtes Sommerziel mit alter Holzhausbebauung und engen Gassen.

Noch ausgedehnter ist Buskerud, das auch Teile der Hochebene Hardangervidda und den Wintersportort Geilo umfaßt.

Einige Highlights in Østfold und Vestfold: Die Festung in Halden ist ebenso einen Besuch wert wie das Walfangmuseum in Sandefjord oder die vielen alten Herrensitze mit schön angelegten Gärten. Die historische Altstadt von Fredrikstad, die auf das Jahr 1663 zurückgeht, gleicht einem lebendigen Museum. Aus vorgeschichtlicher Zeit stammen die Felszeichnungen an der sogenannten Vorzeitstraße (»Oldtidsvegen«, Str. 110). Sie sind ebenso so sehenswert wie das Henie-Onstad-Kunstzentrum mit seiner Sammlung moderner Kunst in Bærum und die Galerie »F 15« bei Moss mit wechselnden Ausstellungen zeitgenössischer Künstler.

Das Tor zum Oslofjord: Oscarsborg beim schönen Drøbak

OSLOFJORD

(Oslo, Østfold, Akershus, Vestfold, Buskerud)

Gesamtfläche
(ohne Oslo, Buskerud): .... 11.315 km²
Einwohner:
(ohne Oslo, Buskerud) 854.800

Städte/Ballungsgebiete:
Einwohner:
Halden: 25.854
Sarpsborg: 11.829
Fredrikstad: 26.485
Moss: 24.687
Larvik: 38.253
Tønsberg: 31.531
Drammen: 52.000

Entfernungen (von Halden):
- Oslo: .... 118 km
- Bergen: .... 551 km
- Lillehammer: .... 302 km
- Stavanger: .... 559 km
- Trondheim: .... 600 km
- Nordkap: .... 2.224 km

Verkehrsflugplätze:
Oslo: Fornebu und Gardermoen
Sandefjord: Torp

Bahnverbindungen:
(Fernverbindungen s. Oslo)
Oslo - Ski - Moss - Sarpsborg - Halden,
Oslo - Lillestrøm - Eidsvoll - Hamar,
Oslo - Lillestrøm - Kongsvinger,
Oslo - Roa - Hønefoss,
Oslo - Roa - Gjøvik,
Oslo - Drammen - Tønsberg - Skien

Fährverbindungen:
Larvik - Frederikshavn (Dänemark)
Sandefjord - Strömstad (Schweden)
Moss - Frederikshavn (Dänemark)

Sehenswürdigkeiten:

Østfold
- Festung Fredriksten, Halden
- Gamlebyen (Altstadt), Fredrikstad
- Galerie F 15, Jeløy, Moss
- Haldenvassdraget (Wasserlauf), zwischen Halden und Ørje (Kanalmuseum)

Akershus
- Henie-Onstad-Kunstzentrum, Bærum
- Altstadt von Drøbak
- Gamle Hvam Museum
- Gullverket (alte Goldgrube), Eidsvoll
- Bærumsverk Senter (alte Eisengießerei), Bærum
- Abenteuerpark TusenFryd, Ås

Vestfold
- Königsgräber, Borre Nationalpark
- Sandefjord: Walfangmuseum
- Seefahrtsmuseum, Larvik und Tønsberg
- Marinemuseum, Horten

Buskerud
- »Spiralen« (Tunnelstr. zum Aussichtsberg), Drammen
- Rathaus von 1871, Drammen

Ausflüge:

Østfold
- Bootstour auf dem Haldenvassdraget mit M/S »Turisten«
- Bootstour auf der Glomma mit M/S »Krabben« (Sarpsborg - Valdisholm (Hin- und Rückfahrt)
- Besuch der Anlage von Storedal (Str. 110 zwischen Skjeberg und Fredrikstad - »Oldtidsveien«): akustisches Monument mit botanischem Garten für Blinde; auf einer Freilichtbühne Vorführung des Theaterstücks über Magnus den Blinden.

Akershus
- »Rund um den Oslofjord«: Oslo - Bærum - Asker - Slemmestad - Storsand - Fähre zum Ostufer - Drøbak - Son - Vestby - Ås - Ski - Oppegård - Oslo (Tagestour, viele Kulturangebote)
- Entlang der Glomma: Oslo - Lillestrøm - Fetsund - Sørumsand (Tertittenbahn) - Årnes - Nes - Hvam - Frogner - Skedsmo - Oslo (Tagestour durch die fruchtbare Landschaft Romerikes, interessante historische Sehenswürdigkeiten)
- E 6 nach Eidsvoll, von Eidsvoll Abstecher nach Hurdal

Vestfold
- Lachsangeln im Fluß Lågen
- Schärenkreuzfahrt mit dem Dampfschiff »Kysten 1« von Tønsberg
- Tagesfahrt mit der M/S »Akerø«, Tønsberg - Strömstad
- Tagesfahrt mit der M/S »Bohus II«, Sandefjord - Strömstad
- Str. 665 von Undrumsdal nach Ramnes, Brår Heimatmuseum, und Str. 306 zur Høyjord Stabkirche
- Von Tønsberg Str. 308 ans »Ende der Welt« auf der Insel Tjøme
- Von Horten Str. 310 nach Løvøya, mittelalterliche Kirche und St. Olavsbrunnen, Wanderwege.
Str. 669 zum Borre Nationalpark

Buskerud
- Str. 8 zu den Felszeichnungen am Åskollen, Stadtteil Austad, Drammen
- zahlreiche Badebuchen auf der Halbinsel Hurum am Oslofjord (Str. 281)

Veranstaltungskalender S. 275 ff.

Weitere Informationen:

Østfold Reiselivsråd
Fylkeshuset
N - 1700 Sarpsborg
Fax: 0047 - (0)9 - 11 71 18
(nur schriftlich)

Turistinformasjonen SveNo E6
Svinesund
N - 1760 Berg i Østfold
Tel. 0047 - (0)9 - 19 51 52
(auch telefonische Beratung)

Akershus Reiselivsråd
St. Olavs plass, Postboks 6888
N - 0130 Oslo 1,
Tel. 0047 - (0)2 - 35 56 00
Fax: 0047 - (0)2 - 36 58 76

Vestfold Reiselivsråd
Storgaten 55
N - 3100 Tønsberg
Tel. 0047 - (0)33 - 10 220

Buskerud Reiselivsråd
Storgt. 4
N - 3500 Hønefoss
Tel. 0047 - (0)67 - 23 655
Fax 0047 - (0)67 - 26 840

Oslofjord

Rund um den Oslofjord

Ungewöhnliche und abwechslungsreiche Erlebnisse erwarten den Norwegenbesucher in der Oslofjordregion, rings um den gleichnamigen Fjord. Von den äußersten Schären auf beiden Seiten des Fjordeingangs bis zur Hauptstadt Oslo umschließen die fünf Bezirke Akershus, Buskerud, Oslo, Vestfold und Østfold den langgestreckten Meeresarm. Ihre außergewöhnliche Lage am Fjord und das bäuerliche Leben machen die fünf Fylke zu einem Paradies für Wassersportfreunde und diejenigen, die Land und Leute kennenlernen wollen. Die Küste entlang des Oslofjords hat einen ganz besonderen Charakter: Schöne Sandstrände wechseln sich mit blankgescheuerten, felsigen Schären ab, Einsamkeit mit quirligem Leben voller Aktivitäten. Die Küste bietet sich einfach dazu an, in Norwegens bestem Klima nach Herzenslust den Sommer zu genießen.

Natürlich ist die Oslofjord-Region eben durch das Meer miteinander verbunden, das umliegende Binnenland bietet aber mit seinen zahlreichen kulturhistorischen Denkmälern und schönen Ausflugsgebieten ebenso interessante Höhepunkte wie die Küste.

Wer in die Oslofjord-Region reisen möchte, findet eine Vielzahl guter Verkehrsverbindungen vor. So ist allein die Hauptstadt Oslo Verkehrsknotenpunkt für den Flug-, Eisenbahn- und Fährenverkehr. Darüber hinaus bestehen Fährverbindungen ins Ausland von Larvik, Sandefjord und Moss aus. Dank eines regen Fährverkehrs zwischen beiden Fjordufern und Europastraßen links und rechts des Oslofjords ist das Reisen in der Region leicht und angenehm. Für besondere Erlebnisse und Entdeckungen empfehlen wir allerdings das große Netz kleinerer Landstraßen.

In der Königsgrube von Kongsberg

Im Gamle Hvam Museum, Akershus

Akershus

Akershus ist »Oslos grüner Gürtel« - der Bezirk umgibt die Hauptstadt und Teile des inneren Oslofjords. Von weiten Feldern bis zu Wald und Bergen hat die Natur von Akershus alles zu bieten. Straßen, Busse, Schiffe und Züge sorgen für gute Verkehrsverbindungen in jeden Winkel des Landes. Das Aktivitätsangebot reicht von Sport und anderen »Frischluft«-Erholungsarten bis zu Theater, Galerien, Vergnügungsparks und Festivals.

Buskerud

Von den Gebirgszügen im Westen bis zu den Inseln des Oslofjords reicht Buskerud. Dazwischen liegen etwa 15.000 km² voller Abwechslung und Erlebnisreichtum. Wegen der großen landschaftlichen Vielfalt wird es manchmal auch »Miniatur-Norwegen« genannt. Die größten Städte dieses Bezirks sind Drammen, Hønefoss und Kongsberg, wobei die letztgenannte auch manchmal den Beinamen »Silberstadt« trägt. Die alte Bergwerksstadt steckt voller Kulturdenkmäler aus der Zeit der Silbergewinnung.

Oslo

Oslo - die Hauptstadt

Die um das Jahr 1050 gegründete Hauptstadt Norwegens ist heute in vielerlei Hinsicht eine wachsende Stadt. Rund 450.000 Einwohner zählt Oslo heute, doch trotz dieser Größe hat sich die Stadt ihre Weite, aber auch ihre Nähe zum Meer und zu den Wäldern erhalten. Im Laufe der letzten Jahre wurde Oslo mehr und mehr zum kulturellen Zentrum Skandinaviens und ist als solches eine Metropole für national und international besetzte Veranstaltungen.

Østfold

Das Fylke zwischen dem Oslofjord und der schwedischen Grenze hat ein reiches kulturelles Erbe. So hat man z.B. in Østfold Spuren der frühesten in Norwegen bekannten Besiedlung gefunden, die in das Jahr 8.000 v. Chr. zurückreichen. An vielen Stellen wurden darüber hinaus historische Funde oder Wohnplätze entdeckt. Die zwei großen Flüsse Glomma und Haldenvassdraget waren wichtige Transportverbindungen und haben zum Entstehen industrieller Aktivitäten entscheidend beigetragen.

Die Svinesundbrücke

An der Küste von Vestfold

Vestfold

Vestfold ist das kleinste Fylke Norwegens und beherbergt die älteste Stadt des Nordens, das 871 gegründete Tønsberg. Vestfold ist in erster Linie ein richtiges Sommerferienland, mit einer phantastischen Küste, Sandstränden und einer großen Inselwelt. Die landwirtschaftlich geprägten Gebiete des Binnenlands laden zu Wanderungen und Lachsangeln ein und sind reich an Kulturdenkmälern. Die Städte Vestfolds liegen alle am Wasser des Oslofjords und haben eine lange maritime Tradition.

Weitere Informationen erhalten Sie bei:
SveNo E6, Turistinfo Svinesund, N - 1760 Berg i Østfold
Tel. 0047 - (0)9 - 19 51 52

Oslofjord

Kumlegaarden

Niels Carlsensgt. 11,
N-1440 Drøbak,
Tel. 0047 - (0)9 - 93 15 04

Kumlegaarden
Kumlegaarden ist ein ausgefallenes Restaurant mit einer besonderen Atmosphäre. Hier können Sie sich bei gutem Essen in traditionellem norwegischen Milieu so richtig wohlfühlen.
Wir heißen Sie herzlich willkommen!

TELEGRAFEN IST DER TREFFPUNKT
Storgt. 10, N-1440 Drøbak
Tel. 0047 - (0)9 - 93 15 00

Kumlegaarden

Telegrafen Mat & Vinhus
Das 200 Jahre alte Haus ist ein ehemaliges Telegraphenamt. Wir bieten: maritime Atmosphäre, traditionelle Hausmannskost und viel Gemütlichkeit.

Telegrafen Mat & Vinhus

SKIPPERSTUEN DRØBAK

Skipperstuen
Hier können Sie Essen und Trinken unter dem Apfelbaum genießen, während Sie in der Sonne sitzen und die Aussicht über den Oslofjord genießen. Hier serviert man Ihnen warme Gerichte, Desserts, Salate, Pizzen, selbstgebackene Kopenhagener und Kuchen, Kaffee, Bier, Wein und Mineralwasser. In der zweiten Etage bekommen Sie ein exklusives Menu.
Ein Treffpunkt für alle, die von der Arbeit oder vom Strand kommen, oder die einfach nur mit Freunden zusammensein wollen.

Skipperstuen
Havnebakken,
N-1440 Drøbak,
Tel. 0047 - (0)9 - 93 07 03

Wechsel von Devisen, Postschecks und Reiseschecks, auch an Samstagen.

 Drøbak postkontor

Öffnungszeiten:
Montag – Freitag 08.30 – 17.00 Uhr
Samstag 09.00 – 13.00 Uhr

Reenskaug Hotel

Storgt. 32, 1440 DRØBAK

DRØBAK
Ein Erlebnis am Oslo Fjord
Eine gute Adresse direkt am Oslofjord: das ist das Reenskaug Hotel im Herzen von Drøbak. 26 modern und komfortabel eingerichtete Zimmer, Restaurants, Bar und Pub sorgen ebenso für einen gelungenen Aufenthalt wie ein Jazzklub und verschiedene Aktivitätsmöglichkeiten.

Havnebk. 6, 1440 DRØBAK

Tregaardens Julehus
Öffnungszeiten:
1. März bis 31. Dezember
Mo. - Fr. 10 - 17 Uhr, Sa. 10 - 14 Uhr
Im November und Dezember auch
So. 14 - 18 Uhr

Reenskaug Hotel

Tregaarden's Weihnachtshaus

Oslofjord

Olavsgaard
Wohnen auf historischem Boden

Wer auf der E 6 von Oslo nach Norden fährt, stößt nach ca. 15 Minuten Fahrzeit auf ein ungewöhnliches Hotel: das Hotel Olavsgaard in Skjetten, mitten zwischen den Flughäfen Fornebu und Gardermoen, ganz in der Nähe der Hauptstadt und doch in landschaftlich reizvoller Umgebung. Gute Verkehrsverbindungen und kurze Wege machen das Olavsgaard Hotel zu einer günstigen Alternative am Rande Oslos. Das Hotel verfügt über 160 Zimmer, die alle mit Bad/Dusche, Haartrockner, Hosenbügler, Telefon, Minibar und Farbfernseher ausgestattet sind.

Die geschmackvolle Einrichtung und die gemütliche Atmosphäre laden zum Verweilen ein, sei es in der Cafeteria, im Restaurant, in der Bar oder im Nachtclub. Das Hotel besitzt einen großen Parkplatz, der den Gästen kostenlos zur Verfügung steht.

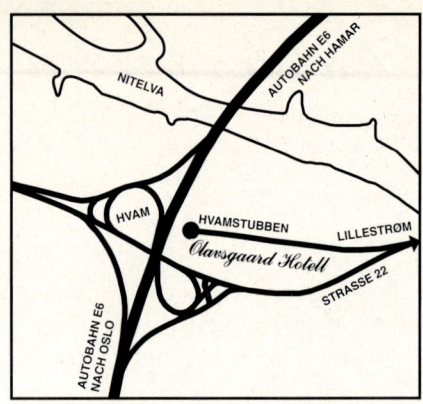

Entfernungen:

Flughafen Oslo, Gardermoen:	ca. 30 km
Flughafen Oslo, Fornebue:	ca. 30 km
Lillestrøm:	ca. 5 km
Oslo Zentrum	ca. 20 km

INTER NOR
Olavsgaard Hotell

Hvamstubben 11, N-2013 Skjetten,
Tel. 0047 - (0)6 - 84 32 30
Fax 0047 - (0)6 - 84 28 07
Telex: 11 071

Wohnen auf Gutsherrenart: das Olavsgaard Hotell

Die Vestbyküste gehört Ihnen

Eine einmalige Ferienregion in Akershus - das ist Vestby, deren Küste sich von Moss bis fast nach Drøbak erstreckt. Mitten in diesem Sommerparadies liegt die alte, idyllische Seglerstadt Son, und gleich daneben, wie auf einer Perlenschnur, eine ganze Reihe anderer kleiner Strandorte, die keinen Komfort vermissen lassen. Außerhalb von Son gelangen Sie auf mehrere Inseln und Schären, wo Sie ganz sicher Ihr eigenes, stilles Fleckchen finden werden, um baden, angeln oder sich sonnen zu können. Falls Sie sich lieber am Festlandstrand tummeln wollen, finden Sie selbst im Hochsommer auch in Sonsstranda und Brevikbukta Platz satt: auf glatten Felsen oder in der Sandstrand-Bucht für Familien mit Kleinkindern. Wir an der Vestbyküste haben viel für unsere Einwohner und Urlaubsgäste getan. Überzeugen Sie sich!

Die alte Badestadt

Wenn die vielen Maler und Dichter, die schon vor hundert Jahren nach Son kamen, heute wieder die geliebte alte Badestadt beträten, sie würden keine großen Veränderungen feststellen können. Die weißgestrichenen Bootshäuser und Höfe aus dem 18. Jahrhundert bestimmen noch immer das Bild von Son, das im Sommer viel zu bieten hat, z.B. Galerien und Tennisanlagen, aber auch Restaurants und Cafés, bei denen Auswahl und Ausblick nicht besser sein könnten. Am Markt, in der Nähe des Yachthafens, finden Bootssportler Serviceeinrichtungen wie Toiletten, Duschen, Waschautomaten und Trockner.

Sonniges Son

Schönes Krokstrand

Nur zehn Minuten von Son entfernt liegt das beliebte Bade- und Freizeitgebiet Krokstrand. Das behindertenfreundlich eingerichtete Gelände bietet Wiesen, warme Felsen und einen Kiosk, so daß Spielen, Baden und Grillen ein Vergnügen werden müssen. Krokstrand ist auch das Tor zu Emmerstad - ein 3 km langes, herrliches Wald- und Naturgebiet. Angelfreunde sollten hier im Oslofjord, einem der besten Meeresforellengewässer Norwegens, ihr Glück versuchen. Nur etwas weiter liegen die idyllischen Plätzchen Hulvika und Kjøvangen.

Hvitsten und seine alten Bootshäuser

Weiter nördlich in der Gemeinde liegt der kleine Strandort Hvitsten, wo die Fred Olsen-Reederei ihren Ursprung hat. Die alten Bootshäuser in Hvitsten wurden restauriert und sind für Einwohner wie Sommergäste eine Augenweide. Hier war auch das Sommerparadies von Edvard Munch und Kristiania's Schriftstellern Hans Jæger und Kristian Krogh.

Wenn Sie die Küste von A bis Z erforschen wollen, dann sollten Sie das unbedingt auch mit dem Boot machen. Lassen Sie sich einfach treiben, seien Sie frei wie ein Vogel. Mit dem Auto kommen Sie bis in die letzten Winkel der Gemeinde und können hier viel Neues entdecken.

Übernachtungen in Vestby und Umgebung

Sowohl in Vestby selbst als auch in der Umgebung gibt es mehrere Campingplätze, auf denen man in Zelten oder Hütten übernachten kann. Wer ein festes Dach über dem Kopf sucht, findet ein Hotel oder eine Pension in der Nähe. Es besteht auch die Möglichkeit, eine private Hütte oder ein Ferienhaus für kürzere oder längere Zeit zu mieten.

Probieren Sie mal was Neues, Anregendes - Sie sind herzlich willkommen in der Küstengemeinde Vestby.

Weitere Informationen erteilt:

Vestby kommune
Kulturkontoret
Postboks N-1540 Vestby
Tel. 0047 - (0)9 - 95 00 60

Spritziges Vergnügen auf der Sjoa

Troll Park

Märchen beginnen immer mit den Worten »Es war einmal ...«. So auch die Geschichte vom Troll Park, die wirklich etwas Märchenhaftes hat.

Es war nämlich einmal ein Mann, der hatte einen Traum: Warum soll man nicht die beiden Bezirke Oppland und Hedmark für die Besucher aus dem In- und Ausland zusammenfassen, dachte er. Ihre genauen Grenzen interessieren sowieso niemanden, und zusammen wird eine großartige Ferien- und Erlebnisregion mitten im olympischen Teil Norwegens daraus, mit viel gemeinsamer Geschichte, Tradition und Kultur.

Heute ist dieser Traum der Verwirklichung nahe. Der Troll Park mit seinen majestätischen Gebirgen, wunderschönen Tälern und Aussichtspunkten, von denen man den Blick weit über das Land schweifen lassen kann, lädt Ferienreisende zu einem erholsamen, interessanten Urlaub ein. Der Troll Park ist ein phantastisches Reiseziel, das herrlich frische Luft, saubere Gewässer, eine reiche Geschichte, eine faszinierende Kultur und gute Verkehrsverbindungen bietet.

Was gibt es hier nicht alles zu erleben: die großen Seen Mjøsa und Randsfjorden mit der sie umgebenden Landschaft, die weitläufigen Talzüge des Gudbrandsdals, Val-

Im Herzen von Troll Park liegt Lillehammer, Austragungsort der Olympischen Winterspiele 1994

TROLL PARK

Oppland und Hedmark

- Gesamtfläche: .... 52.648 km²
- Einwohner: 369.700

Städte/Einwohner:
- Lillehammer: 23.000
- Gjøvik: 26.000
- Elverum: 17.000
- Hamar: 25.400
- Kongsvinger: 17.600

Entfernungen (von Lillehammer):
- Oslo: .... 180 km
- Bergen: .... 452 km
- Kristiansand S: .... 484 km
- Larvik: .... 291 km
- Kongsvinger: .... 157 km
- Røros: .... 331 km
- Ålesund: .... 387 km
- Trondheim: .... 359 km

Entfernungen (von Hamar):
- Oslo: .... 121 km
- Bergen: .... 476 km
- Gol: .... 177 km
- Kristiansand S: .... 451 km
- Larvik: .... 252 km
- Trondheim: .... 420 km

Verkehrsflugplatz:
- Fagernes / Leirin
- Hamar

Bahnverbindungen:
Oslo - Hamar - Elverum - Røros - Trondheim,
Oslo - Kongsvinger - Schweden,
Oslo - Kongsvinger - Elverum,
Oslo - Hamar - Lillehammer - Dombås - Trondheim,
Dombås - Åndalsnes,
Oslo - Eina - Gjøvik

Sehenswürdigkeiten:
- Freilichtmuseum Maihaugen, Lillehammer
- Gemäldesammlung der Stadt Lillehammer

Angler auf dem See Mjøsa

Die Stabkirche von Lom

dres und Østerdals, die endlosen Wälder der Finnskogene ... freundliche Städte und Orte wie Kongsvinger, Elverum, Trysil, Hamar, Gjøvik, die Olympiastadt Lillehammer und die Bergwerksstadt Røros, die mit ihren Museen und Sehenswürdigkeiten darauf warten, entdeckt zu werden. Lillehammer, die gastgebende Stadt der Olympischen Winterspiele 1994, wird das natürliche Zentrum des Troll Parks. Interessierte können sich schon einmal den Fortgang der Bauarbeiten an den Olympiaanlagen in der Stadt und im Umland anschauen - und im Winter die eine oder andere Anlage einem Test unterziehen. Ein extra eingerichtetes Informationszentrum gibt viele zusätzliche Auskünfte. Schließlich wurde Lillehammer nicht ohne Grund als Austragungsort für die Winterolympiade vorgeschlagen und nominiert. Gute Schneeverhältnisse und die Aussicht, die olympischen Disziplinen möglichst nah beieinander durchzuführen, gaben den Ausschlag. Übrigens: Wer im Februar 1994 zuschauen möchte, muß sich sehr beeilen, denn die Übernachtungskapazitäten sind nicht unbegrenzt ... (Zum Thema Norweger und Wintersport s. auch den Artikel auf S. 112)

- Glasbläserei, Mesna Senter / Lillehammer
- Norwegisches Fahrzeugmuseum, Lillehammer
- Hunderfossen Familienpark, Lillehammer
- Fossheim Mineralienzentrum und Norwegisches Gebirgsmuseum, Lom
- 11 Stabkirchen: Lillehammer, Fåvang, Ringebu, Vågå, Lom, Reinli, Hedal, Lommen, Hegge, Lia, Øye
- Valdres Volksmuseum, Fagernes

- Hadeland Glasfabrik und Galerie Roenland, Jevnaker
- Hadeland Heimatmuseum, Brandbu
- Eiktunet und Gjøvik Gård, Gjøvik
- Norwegisches Straßenmuseum, Øyer
- Aulestad (Bjørnsens Haus), Follebu
- Ökomuseum Toten, Lena
- »Schwesterkirchen«, Gran
- »Skibladner« (ältester fahrplanmäßig verkehrender Raddampfer der Welt), Mjøsa-See

- »Bitihorn« (Boot auf dem Binnensee Bygdin), 1.058 m.ü.M.
- Galdhøpiggen, Nordeuropas höchster Berg, 2.469 m
- Forstwirtschaftsmuseum, Elverum
- Volkskundemuseum von Solør und Østerdal, Elverum
- Domruine, Hamar
- Eisenbahnmuseum, Hamar
- Bezirksmuseum, Hamar
- Festung (17. Jahrh.), Kongsvinger
- Vinger Kirche, Kongsvinger
- Ringsaker Kirche (11. Jh.), Ringsaker

- Prøysenstua, Haus des Dichters und Barden Alf Prøysen, Rudshøgda

Ausflüge:
- Rafting auf dem Fluß Sjoa
- Elchsafari, Øyer und Vaset
- Käseherstellung, Øyer und Hundorp
- Moschussafari, Dovrefjell
- Tour mit dem Raddampfer »Skibladner« auf dem Mjøsa-See
- Bootstour auf dem See Bygdin, 1058 m.ü.M.

Doppelte Landschaft im Hochgebirge

Komfortables Wohnen in traditionsreichen Häusern

Im Hunderfossen Familienpark

Am Slidrefjorden bei Jome

- Bootstour auf dem See Furusjøen, Rondane (852 m.ü.M.)
- Bootstour auf dem See Gjende, 984 m.ü.M.
- Rundtouren durch Sør-Fron und das Reich Peer Gynts
- Bootstour auf dem Fluß Gudbrandsdalslågen, mit »Dalegudbrand II«, Øyer
- Besichtigungen von Bauernhöfen in ganz Oppland
- Sightseeing der Olympiastadt Lillehammer

- Rentiersafari, Jotunheimen
- Sommerskilaufen und Gletscherwanderungen, Jotunheimen
- Tagesausflug mit dem Schiff und dem Bus nach Jotunheimen, von Fagernes
- Bootstour mit M/S »Fæmund II« auf dem Femundsee
- Kanutour auf dem Femundsee / Trysilelv
- Floßfahrt auf der Trysilelv
- Nationalparks Gutulia und Femundsmarka

- Mit dem »Skibladner« nach Prøysenland, alle Sonntage im Juli
- Magnor Glasverk, Magnor
- Tronfjell, mit 1666 Metern Höhe einer der höchsten Aussichtpunkte, den man mit dem Auto erreichen kann.

Veranstaltungskalender S. 275 ff.

Weitere Informationen:
Troll Park A/S
Postboks 445
N - 2601 Lillehammer
Tel. 0047 - (0)62 - 69 200
Fax: 0047 - (0)62 - 69 250

Rings um den Mjøsa-See

Erlebnisse für groß und klein in einer schönen und stimmungsvollen Atmosphäre.

Das Gebiet um den Mjøsa-See, Norwegens größten Binnensee, ist Austragungsregion der Olympischen Winterspiele 1994. Natürlich werden die Austragungsorte Lillehammer, Gjøvik und Hamar sowie Øyer und Ringebu nördlich von Lillehammer bis dahin von der Olympiade geprägt sein. Das Zugpferd Olympische Spiele ist aber nur ein Grund, diese Region als Reiseziel zu wählen. Die anderen wollen wir Ihnen kurz vorstellen:

Eine Fahrt auf dem Mjøsa-See mit »Skibladner«, dem ältesten Raddampfer der Welt, ist ein Muß. Es läßt sich im Mjøsa auch kostenlos angeln - und die Mjøsa-Forelle ist eine Delikatesse! Und selbstverständlich gibt es ausgezeichnete Bedingungen für Wassersport- und Badevergnügen.

Während Lillehammer im Norden das Tor zum Gudbrandsdal »bewacht«, liegen Hamar und Gjøvik an der Ost- bzw. Westseite des Sees. Beide idyllische Städte sind unbedingt einen Besuch wert. Neben Museen, Kunst und Kultur erwarten Sie hier auch die entstehenden Olympiaanlagen, deren Design einzigartig ist. Zwischen den Städten, entlang der beiden Ufer des Mjøsa, liegen zahllose Bauernhöfe, von denen einer schöner als der andere ist. Mehrere dieser Höfe sind auf Besucher eingerichtet und zur Besichtigung geöffnet!

»Skibladner«, der älteste fahrplanmäßig verkehrende Raddampfer der Welt

Die Natur dieser Region ist lieblich. Hier gibt es wogende Felder und bewaldete Hänge mit schönen Spazierwegen für die ganze Familie.

Hadeland - Land

Hadeland - Land liegt in einer schönen und großartigen Kulturlandschaft und bietet zahlreiche Aktivitätsmöglichkeiten.

Die Region Hadeland - Land ist reich an Geschichte und Kultur. Hier stößt man auf Spuren der Besiedelung, die bis in die Wikingerzeit zurückreichen. Der Randsfjord, Norwegens viertgrößter Binnensee, war seit jeher eine Verkehrsverbindung auf dem Weg zwischen Oslo und Bergen. Geschichte und Tradition, die sich mit einem neuen, interessanten Design vereint haben, kommen u.a. in den kostbaren Glasarbeiten der Hadeland Glasbläserei zum Ausdruck. Denken Sie daran, sich eine wertvolle Erinnerung aus Glas mitzunehmen, und bitten Sie darum, es gut eingepackt zu bekommen!

Die Natur ist in dieser Region sehr freigiebig gewesen. Unten am Fjord spiegeln sich große Höfe im Wasser, die wie Farbtupfer mitten in ihren goldgelben Getreidefeldern liegen. Und dahinter singen endlose Wälder. Was für ein herrliches Wandergebiet! Was für ein Vogel- und Tierleben! Und was für Friede und Ruhe!

Das Gebiet rings um den Randsfjord ist reiches Bauernland. Machen Sie eine Fahrradtour über die Landstraßen, vorbei an grasenden Kühen und Pferden, üppigen Äckern und überquellenden Blumenwiesen - so zeigt sich der norwegische Sommer von seiner schönsten Seite!

Die »Fjorde« auf der Westseite des Randsfjords sind ein zusammenhängendes Netz von kleinen Binnenseen - und ein Eldorado für Kanuten. Der Randsfjord mit seinen schönen Strandufern bietet übrigens auch gute Bademöglichkeiten. Wenn Sie etwas länger durch den Wald streifen, finden Sie Ihr eigenes, »privates« Badegewässer.

In Hadeland - Land finden Sie bekannte Sehenswürdigkeiten wie die »Schwesternkirchen« und das »Hadeland og Land Folkemuseum« sowie auf Malerei, Keramik und Kunsthandwerk.

Der Randsfjord ist von fruchtbarem Bauernland umgeben.

Das Gudbrandsdal

Norwegens längstes Tal und das höchste Gebirge des Landes bieten eine Vielfalt von Urlaubsmöglichkeiten.

Die Natur in diesem phantastischen Gebiet ist unglaublich abwechslungsreich und dramatisch. Norwegens längstes Tal ist geprägt von beeindruckender Schönheit, Ruhe und Harmonie. Hier haben die Flüsse die grüne, kristalline Klarheit der Gletscherseen, hier spiegeln sich dichte Wälder in klaren, stillen Seen. Hier fußen Bebauung und Architektur auf jahrhundertealten Traditionen und Funktionen. Und hier finden alle, die Erlebnisse in Gottes freier Natur schätzen, ein wahres Eldorado an Urlaubsmöglichkeiten. Kein Wunder, daß große Teile des Gudbrandsdals Nationalpark geworden sind!

Im Gudbrandsdal finden Sie ebenso viele gute Angelseen wie dramatische Berggipfel. Sowohl in Jotunheimen als auch in Rondane und im Dovrefjell ragen viele Gipfel über 2.000 Meter hoch auf. Können wir Sie vielleicht mit einer Forelle locken, in der Abenddämmerung über dem Lagerfeuer am Ufer gegrillt - hoch oben über dem Alltag?

Oder wie wäre es mit einer Schlauchbootfahrt durch die »Waschmaschine« in den wildrauschenden Stromschnellen des Sjoa-Flusses? Kommen Sie mit und erleben Sie die berühmte norwegische Sagenfigur Peer Gynt in ihrer eigenen Bergwelt. Wenn Sie es gerne etwas trockener haben wollen, können wir Sie zu einer Moschusochsen-, Elch- oder Rentiersafari einladen. Oder zu einem Reitausflug mit ortskundigen Führern durch die herrliche Bergwelt. Selbstverständlich können Sie in unseren Bergen auch im Sommer skilaufen - vergessen Sie aber die Shorts und Sonnencreme mit Faktor 12 nicht! Und wenn Sie zu einer Gletscherwanderung aufbrechen wollen, dann sorgen wir dafür, daß Sie eine sichere Begleitung bekommen. In diesem Teil des Troll Parks unterhält der Norwegische Wanderverein (DNT) auch ein gut ausgebautes Wanderwege-Netz und mehrere komfortable Übernachtungshütten.

Last but not least: Ganz im Süden des Gudbrandsdals liegt die Olympiastadt Lillehammer am sanften Übergang zwischen der lieblichen Natur des Mjøsa-Gebietes und den dramatischen Abschnitten des Tales. Hier finden Sie das Freilichtmuseum Maihaugen, den Hunderfossen Familienpark und die künftigen Olympia-Arenen. Hier gibt es komfortable Hotels, ein gutes und abwechslungsreiches Restaurantangebot und hervorragende Einkaufsmöglichkeiten. Lillehammer müssen Sie gesehen haben!

Mit dem Fahrrad in Rondane

Valdres

bietet etwas für jeden Geschmack

- und heißt Sie herzlich willkommen zu einem erlebnisreichen Aufenthalt!

Valdres ist das Eldorado der Angler - eine Angelkarte verschafft Ihnen Zugang zu den meisten (und einigen der besten) Angelseen und Flüssen. Valdres ist aber auch das Paradies der Wanderer: Ganz im Norden von Valdres wandern Sie in majestätischem Gebirge, dessen dramatische Höhepunkte die Gipfel Bitihorn und Grindane sind. Von Valdres ist es auch nur ein kurzer Weg nach Jotunheimen, wo viele Wanderwegalternativen und Gipfel auf Sie warten. Einer davon ist natürlich Besseggen, die bekannteste Herausforderung für Wanderer in Jotunheimen. Reisen Sie weiter in Richtung Westen, wird Ihnen die Aussicht über den Sognefjord den Atem nehmen.

Valdres ist aber auch Geschichte und Kultur. So führte z.B. der alte Königsweg durch Valdres, und rund ein Viertel der Stabkirchen Norwegens stehen in dieser Region. Darüber hinaus finden sich viele hervorragende Beispiele für eine traditionsreiche Architektur.

Hier gibt es Musik, Kunsthandwerk, Schmuckkunst und kulinarische Traditionen, die seit Generationen vererbt wurden. Hier können Sie mit M/S »Bitihorn« über den 1.060 Meter hoch gelegenen Bygdin-See schippern, den »Svarten« über die Hochebenen reiten, mit dem Kanu über Seen und Flüsse paddeln und sich bei einem Bad im Strandefjord abkühlen. Kommen Sie und besuchen Sie uns im Sommer!

Valdres ist ein Angelparadies

Troll Park

Østerdalene - Region

Willkommen in einer spannenden Landschaft, in tierreichen Wäldern, an guten Angelgewässern und zu erinnerungsreichen Erlebnissen für die ganze Familie: Willkommen in der Østerdalregion!

Troll Park ist im Norden und Osten von einer weitflächigen Landschaft, breiten Tälern, tiefen Wäldern und stillen Seen geprägt. Hier leben Elche und Bären, Biber und große Fische, Waldvögel und Schneehühner Seite an Seite mit Sagenfiguren wie Kobolden, Trollen und Nöcks. Wenn Sie Wert auf ein richtiges Wildnisleben in unberührter Natur legen, werden Sie sich in dieses Gebiet verlieben. Nehmen Sie Ihre Familie mit auf eine Kanutour über den zauberhaften und großartigen Femundsee, Norwegens zweitgrößten Binnensee. In der Østerdalregion finden Sie auch Flüsse wie die mächtige Glomma und Seen mit phantastischen Angelmöglichkeiten, darüber hinaus Wege in Gebirge und Wald, die sich für Wanderungen wie für Reitausflüge eignen.

Ganz andere, »zivilisiertere« Aktivitäten und Erlebnisse warten auch noch auf Sie: Elverum z.B. hat zwei große Museen, das Norwegische Forstwirtschaftsmuseum und das Glomsdal-Freilichtmuseum - das letztere mit ganzen 89 Gebäuden. Und wenn Sie Lust auf eine Runde Golf haben, bietet Ihnen Elverum einen 18 Loch-Golfplatz mitten im Troll Park.

Trysil kann Sie ebenfalls zu außergewöhnlichen Gebirgserlebnissen einladen - hier warten meilenweite Gebirge und Hochebenen auf alle, die in herrlichem Gelände losmarschieren wollen. Machen Sie mit bei spannenden Aktivitäten wie Riverrafting, Floßfahrten oder Wildnissafaris mit Elch-Garantie!

Ganz im Norden von Troll Park liegt die alte Bergwerksstadt Røros. Hier zeugt die einzigartige Holzhausbebauung davon, daß die Zeit in vielen Bereichen stehengeblieben ist. Kein Wunder, daß diese Stadt auf der World Heritage List der UNESCO steht - eine exklusive Liste über weltweit schützenswerte Kulturgüter.

Kanuten schätzen die fast unberührte Natur der Østerdalregion

Finnskogen

Lassen Sie sich von schillernder Geschichte, phantastischen Sagen und spannenden Naturerlebnissen in den tiefen Wäldern Finnskogens verzaubern.

Finnskogen ist genau das Richtige für Sie, wenn Sie auf der Suche nach entspannenden Erlebnissen sind, nach vielen Gelegenheiten zu Entdeckungsreisen in Natur und Geschichte, sei es zu Fuß, mit dem Kanu oder mit dem Auto.
Die Finnen kamen schon im 17. Jahrhundert in diese Region, weil sie die enormen Waldgebiete für ihre Brandrodungswirtschaft nutzen konnten - sie bauten Roggen in der Asche des verbrannten Waldes an.
Heute sind viele der zahlreichen Wohnplätze dieser Waldfinnen verlassen, doch ein Teil ihrer Kultur hat sich bis in die heutige Zeit gehalten. Auf diese Kultur der Finnen stoßen Sie überall, in Ortsnamen, in der Architektur, beim Charakter der Menschen, in Sagen und Erzählungen, in der Kulturlandschaft und in Kunst- und Freilichtmuseen.
Westlich und südlich von Finnskogen, durch die weiten Siedlungen in Solør und Odalen, fließt Norwegens größter Fluß, die Glomma. Dieser Bezirk ist eines der schönsten landwirtschaftlichen Gebiete Norwegens, und der Fluß bietet Ihnen reichhaltige Möglichkeiten zu Urlaubs-

Hoch über der gleichnamigen Stadt liegt die Festung Kongsvinger

und Freizeiterlebnissen, zum Baden, zu Wassersport und Angeln.
Mitten in der Region erhebt sich die Festung Kongsvinger hoch über der gleichnamigen Stadt. Zwischen 1680 und 1788 errichtet, ist die Festung heute eines der norwegischen Nationalmonumente. Sie war nie direkt in Kampfhandlungen involviert, sie war aber eine effektive Sperre gegen schwedische Vorstöße während der unruhigen Jahre zwischen 1808 und 1814. Neben einer Reihe guterhaltener Gebäude, die nach mitteleuropäischem Vorbild gebaut worden waren, beheimatet die Festung Kongsvinger auch ein informatives Verteidigungsmuseum, das die interessante Militärgeschichte dieser Region von der Wikingerzeit bis 1945 präsentiert.

Eine besondere Attraktion in der Region Kongsvinger ist das Magnor Glassverk direkt an der Grenze zu Schweden. In dieser Glasfabrik hat die Glasherstellung eine reiche handwerkliche und künstlerische Tradition. Versäumen Sie nicht, einem Künstler beim faszinierenden Glasblasen zuzuschauen - und die Chance, ein herrliches Kunsthandwerk als Schmuckstück oder Gebrauchsgegenstand mit nach Hause zu nehmen.

Troll Park

- zahllose interessante Erlebnisse

Im Troll Park sind Märchen und Trolle Teil einer bunten Geschichte. Hier sind die saubere und herrliche Natur, die Aktivitäten, die Ausflugs- und Freizeitmöglichkeiten und die traditionsreiche Kultur die Attraktionen.

Troll Park ist in Norwegen das ideale Gebiet für Wanderungen in Wald und Gebirge. Auf gut gekennzeichneten Loipen und Wegen können Sie hier die Natur, die Stille und die phantastische Aussicht genießen. Wie wäre es mit einer Kanutour in der Wildnis oder in typisch norwegischer Hochgebirgsnatur, wo Berge, Seen und Flüsse Ihnen unvergeßliche Ferienerlebnisse bescheren?

Troll Park ist einfach ein Urlaubsparadies

Er lebt im Troll Park in freier Wildbahn

Staunen Sie über das reiche Tierleben im Troll Park, kommen Sie mit auf eine Moschusochsen-Safari im Dovrefjellgebirge. Ein erfahrener Bergführer bringt Sie hier in das Reich der Moschusochsen. In anderen Gebieten im Troll Park bringen Sie ortskundige Führer in die Nähe des Elchs, des Königs der Wälder. Darüber hinaus können wir Sie auch zu einer Biber- oder Rentiersafari einladen.

Sind Sie Angelenthusiast und Naturliebhaber? Auch dann können wir Ihnen Troll Park empfehlen. Hier angeln Sie in Binnenseen und Flüssen, umgeben von einer großartigen, wunderschönen Natur.

Für richtige Wildnisferien empfehlen wir Ihnen einen Aufenthalt in Trysil, wo Sie zusammen mit routinierten Wildniskennern an Elchsafaris, Kanutouren, Bibersafaris und Floßfahrten teilnehmen können oder nach Forellen angeln.

Auch auf dem Pferderücken lernt man die herrliche Natur im Troll Park kennen,

Auf dem Bauernhof

und es gibt reichlich Möglichkeiten für Tages-, Mehrtages- und Wochenausflüge, bei denen unterwegs u.a. gebadet und geangelt wird oder Berg- und Kanutouren unternommen werden.

Machen Sie mal Urlaub auf dem Bauernhof oder besuchen Sie einen der traditionellen Höfe am Mjøsa, Norwegens größtem Binnensee. Erleben Sie das Treiben auf einem Bauernhof, die Menschen und Tiere, hören Sie etwas von der Geschichte des Hofes und probieren Sie traditionelle Hausmannskost.

Aktivurlauber haben im Troll Park die Qual der Wahl. Zu den anregendsten und spannendsten Erlebnissen gehören das Rafting und das Paddeln in der Sjoa, dem wilden Gebirgsfluß im Gudbrandsdal. Insbesondere die Herausforderung, die Frische und die Nähe zu den Naturkräften haben das Rafting zu einem der attraktivsten Ferienerlebnisse gemacht. Sie wollen etwas ganz Besonderes? Kommen Sie mit zum Sommerskilaufen ins Jotunheimen Gebirge, oder nehmen Sie an einer geführten Gletscher- oder Bergwanderung in einer großartigen Natur teil.

Wenn Sie mit dem Auto unterwegs sind, sollten Sie Ihre Route abseits der Hauptstrecken ins Gebirge legen. Fahren Sie mal auf einer unserer schönen Hochgebirgsstraßen durch den Troll Park - z.B. auf dem »Rondevegen«, der von der Olympiastadt Lillehammer durch weite Teile der Gudbrandsdal- und Østerdalene-Regionen zur historischen Bergwerksstadt Røros führt. Der »Peer Gynt-Weg« oder die »Jotunheimvegen«-Straße sind ebenfalls sehr reizvoll.

Willkommen zu unvergeßlichen Ferienerlebnissen im Troll Park!

Weitere Informationen erhalten Sie bei:

Troll Park A/S
Postboks 445
N-2601 Lillehammer
Tel. 0047 - (0)62 - 69 200
Fax 0047 - (0)62 - 69 250

Ringebu - Einfallstor zum Rondane-Gebirge

Von der Gemeinde Ringebu aus führen mehrere gekennzeichnete Wanderwege in den Rondane Nationalpark. Mit dem Auto erreicht man Rondane am besten über die insgesamt 261 km lange »Rondevegen«-Strecke, die von Lillehammer auf den Straßen E6, 220, 27, 29, 3 und 30 nach Røros führt und das Gudbrandsdal mit dem Østerdal verbindet. Der mit 1.054 m ü.d.M. höchste Punkt an dieser Strecke ist das Venabygdsfjell, ein interessantes, abwechslungsreiches Bergplateau mit einem dichten Netz markierter Wanderwege, die durch Wälder und über freie Hochgebirgsflächen zu Wasserfällen und Gipfeln führen. Hier gibt es auch verschiedene Übernachtungsangebote und gute Möglichkeiten zum Forellenangeln, Reiten und Paddeln.

Das Venabu Fjellhotel veranstaltet u.a. spannende Tagestouren in Gebiete, in denen Rentiere in freier Wildbahn leben. Darüber hinaus gibt es ein festes Wochenprogramm mit 5tägigen Wanderungen sowie Reit- und Kanutouren - und bei allen Unternehmungen wird der Kaffee im Freien gekocht! Das Haus hat eine gute Küche mit norwegischen Spezialitäten und vegetarischen Gerichten sowie komfortable Zimmer mit DU/WC, dazu Saunen.

Der Komplex Spidsbergseter Fjellstue og Hyttegrend besteht aus einem modernen Berggasthof mit Charakter und Tradition sowie aus Hütten in norwegischem Stil, die einen hohen Standard haben. Die Hütten liegen 300 Meter vom Gasthof entfernt, dessen Zimmer Hotelstandard bieten. Hier gibt es auch Schwimmbad, Sauna und einen Kanu- und Fahrradverleih. Der Festsaal ist übrigens ein alter Kornspeicher aus dem Jahr 1760.

»Ringebu rundt« - das ist eine 120 km lange Rundreise über die Straßen 220 und 27 sowie die »Friisvegen«-Straße: dabei erleben Sie die markanten Hochgebirgsebenen und die drei Myfallene-Wasserfälle (ca. 120 Meter tief). Sie können sich aber auch die Ringebu Stabkirche aus dem 13. Jahrhundert und die Sollia-Kirche aus der Barockzeit zeigen lassen und vielleicht mehrere Kunsthandwerks-Ateliers besuchen.

Das Kvitfjellgebirge, das im Winter 1994 Olympiaarena sein wird, ist auch im Sommer ein schönes Reiseziel. In Ringebu wird an manchen Tagen Wacholderöl gewonnen, traditionelles Fladenbrot gebacken und Musik gemacht.

Weitere Informationen erhalten Sie bei:

a/l Ringebu Reiseliv

A/L Ringebu Reiseliv, Turistkontoret, N-2630 Ringebu,
Tel. 0047 - (0)62 - 80 533; Fax 0047 - (0)62 - 81 017

Lillehammer Gruppen A/S

Oberhalb von Lillehammer, ca. 14 km von der zukünftigen Olympiastadt und ca. 200 km von Oslo entfernt, liegt Nordseter. Hier oben, auf einer Höhe von rund 850 Metern ü.d.M., findet man im Sommer wie im Winter eines der schönsten Wandergebiete Norwegens. Nordseter ist ein idealer Urlaubsort für Familien und diejenigen, die an einem richtigen Aktivitätsurlaub interessiert sind. Hierzu bietet das Nordseter Aktivitetssenter das ganze Jahr über Gelegenheit: Gebirgswanderungen, Angelausflüge, Windsurfing, Kanufahren, Reiten, Radfahren, Skiunterricht und vieles mehr. Im Winter findet man in unmittelbarer Nähe eines der besten Loipennetze Norwegens, das mit ca. 300 km maschinenpräparierten Loipen aufwarten kann. Für Alpinspezialisten bieten sich mehrere Pisten in direkter Umgebung oder die Olympiahänge im Hafjell an.

Für einen komfortablen Aufenthalt sorgen der Gebirgsgasthof Lillehammerfjell Hotell und die Nordseter Gebirgshütten und Appartements. Die 18 Gebirgshütten wurden im Sommer 1990 fertiggestellt und sind sehr komfortabel: Die 55m² großen Hütten haben Kiefernholzeinrichtung, Kamin, Fußbodenheizung in Dusche/WC und auf dem Flur und bieten Platz für 5-7 Personen. Auch die Wohnungen von Nordseter Apartments, die es in drei Größenkategorien gibt, die je nach Kategorie für 2-8 Personen geeignet sind, haben viel

Das Lillehammerfjell Hotell in Nordseter

zu bieten. Jede Wohnung hat ein eigenes Badezimmer, Fernsehen, Sauna, Kamin, einen verschließbaren Skischuppen sowie eine Terrasse. Hütten und Appartements werden übrigens auch nach dem »time-share«-Prinzip verkauft.

Treffpunkt in Nordseter ist der Gebirgsgasthof Lillehammerfjell Hotell, in dem u.a. traditionelle norwegische Küche angeboten wird. Die Bar ist auch für Hüttengäste ein beliebter Treffpunkt.

Ebenfalls im Gebirge oberhalb von Lillehammer liegt Sjusjøen. In diesem Gebiet gibt es mehrere große Hotels mit Disco, Tanz, Spielhallen und Restaurants. Und das alles in Norwegens größtem Hüttengebiet! Das Sjusjøen Hytte & Caravansenter bietet den Besuchern von Sjusjøen Stellplätze für 300 Wohnwagen sowie 7 Hütten, die alle fünf Bettplätze haben und von A-Z komplett eingerichtet sind. Toilette, Dusche, Sauna, Geschäft, Kiosk und Kaminzimmer liegen im Servicegebäude, nur 20 bis 50 Meter von den Hütten entfernt. Strom und warmes Wasser sind übrigens im Mietpreis inbegriffen.

Für weitere Informationen wenden Sie sich bitte an:

LillehammerGruppen A/S

Postboks 25, N-2614 Nordseter
Tel. 0047 - (0)62 - 64 008, Fax 0047 - (0)62 - 64 078

Lillehammer

Lillehammer, das ist die kleine Stadt vor den großen Herausforderungen. 1994 ist Lillehammer nämlich Gastgeber für die XVII. Olympischen Winterspiele. Neue Sportanlagen, neue Hotels, Sportler- und Mediendörfer, ein neues Kulturhaus und eine neue Kunstgalerie - überall geschehen große Veränderungen in der Stadt. Doch Lillehammer ist und bleibt eine Kleinstadt, an der Schwelle zur Natur und mit Traditionen, die auch im Alltag sichtbar sind. In jedem Jahr nimmt die Stadt Tausende von Besuchern auf, und sommers wie winters werden eine Reihe Sehenswürdigkeiten und Aktivitäten angeboten. Man kann Lillehammer mit Fug und Recht als eine Stadt für einfach jeden Geschmack bezeichnen.

Schon in der nahen Umgebung läßt sich herrlich paddeln

In den Straßen Lillehammers ist immer was los

Maihaugen

Kleinstadtatmosphäre

Lillehammer liegt am Nordende von Norwegens größtem Binnensee, dem Mjøsa. Sie ist für ihre alte Holzhausarchitektur bekannt und zählt heute fast 25.000 Einwohner. Lillehammer ist immer eine Handels- und Touristenstadt gewesen, und die Geschäfte, Restaurants, Hotels sowie die zahlreichen Erlebnisangebote für jung und alt bieten den Besuchern reichhaltige Auswahlmöglichkeiten. Mittelpunkt der Stadt ist die Fußgängerzone, wo sich die Menschen tagsüber in einem der vielen Cafés treffen.

Lebendige Traditionen

Lillehammer ist sich seiner Traditionen bewußt und pflegt sie sorgfältig. Maihaugen gehört zu den größten Freilichtmuseen Europas und vermittelt seinen Besuchern in einer natürlichen Umgebung ein spannendes Bild der norwegischen Siedlungsgeschichte. Hier stehen Seite an Seite mehr als 130 Gebäude aus dem Gudbrandsdal und erzählen auf ihre Art, wie die Menschen in dieser Region früher gelebt haben. In dieser herrlichen Umgebung kann man umherwandern und dabei eine verschwundene Zeit erleben, die noch nicht allzu lange zurückliegt.

Lillehammer - die Olympiastadt

Stille und frische Luft

Lillehammer mit seiner Umgebung ist immer schon für frische und saubere Luft bekannt gewesen. Im Gebirge, nur 15 Minuten vom Stadtkern entfernt, finden Sie weite Hochebenen und Bergseen mit springenden Forellen. Nordseter ist eine kleine, gemütliche Hüttenstadt, von der aus Sie hervorragend durch die Gebirgswelt wandern können; im Winter ist Nordseter ein bei Skienthusiasten beliebter Ort. Im Gebirge finden Sie übrigens auch etwas so seltenes wie die absolute Stille - für viele ein Erlebnis, das man niemals vergißt. Willkommen in Lillehammer!

Weitere Auskünfte erteilt:

Lillehammer Utvikling a·s
Lillehammer Development Ltd.
Jernbanegt. 2, N-2600 Lillehammer,
Tel. 0047 - (0)62 - 59 866; Fax 0047 - (0)62 - 56 585

Troll Park

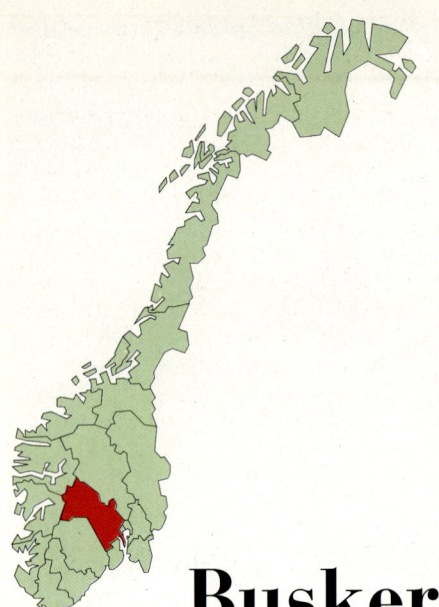

Buskerud

Buskerud mit seinen fast 15.000 km² reicht vom Oslofjord bis weit ins Binnenland hinein. Daraus ergibt sich eine Vielfalt der Landschaftsformen und der Möglichkeiten, etwas zu unternehmen. Baden im Fjord, ausgedehnte Wanderungen von Hütte zu Hütte auf der Hochebene Hardangervidda, Rundreisen mit dem Auto oder Fahrradtouren durch die beiden berühmten Täler Hallingdal und Numedal mit all ihren Sehenswürdigkeiten und Traditionen.

Durch das Hallingdal führt die sogenannte »Abenteuerstraße«, durch das Numedal die »Silberstraße«. Bei Wintersportfreunden - aber nicht nur! - haben das Hemsedal, der bekannte Wintersportort Geilo und die Sprungschanze in Vikersund einen guten Klang.

Eisenbahnfreunde sollten sich die Orte Vikersund und Krøderen auf ihrer Karte markieren. Zwischen ihnen verkehrt nämlich die historische Krøderbahn, mit 25 km Strecken Norwegens längste Museumseisenbahn.

Eine weitere Bahnstrecke ist nur 2,3 km lang und verläuft fast ausschließlich im Berg. Gemeint ist die Grubenbahn in Saggrenda bei Kongsberg. Mit ihr kann man tief in eine alte Silbergrube hineinfahren und sich über den Bergbau vergangener Zeiten »vor Ort« informieren.

Auch das alte Blaafarveværket bei Åmot war einmal ein Bergwerk. Hier wurde Kobalt gefördert und zu blauer Farbe verarbeitet. Heute ist hier u.a. ein Museum eingerichtet, außerdem werden Kunstausstellungen veranstaltet. Das alte Bergwerk wird z.Z. restauriert und soll voraussichtlich 1993 für die Öffentlichkeit zugänglich gemacht werden.

Das Blaafarveværket in Åmot/Modum

BUSKERUD

- Gesamtfläche: .... 14.927 km²
- Einwohner: 225.300

Städte/Einwohner:
- Drammen: 52.000
- Kongsberg: 21.000
- Hønefoss: 13.000

Entfernungen (von Drammen):
- Oslo .... 40 km
- Kristiansand S: .... 288 km
- Larvik: .... 89 km
- Bergen: .... 499 km
- Molde: .... 546 km
- Åndalsnes: .... 489 km
- Trondheim: .... 595 km

Verkehrsflugplatz:
- Geilo

Bahnverbindungen:
Oslo - Drammen - Hokksund - Kongsberg - Notodden - Skien / Stavanger; Oslo - Drammen - Larvik - Skien - Kongsberg - Rødberg; Oslo - Drammen - Hokksund - Vikersund - Hønefoss - Gol - Geilo - Bergen

Sehenswürdigkeiten:
- Silbergruben, Kongsberg
- Bergwerksmuseum, Kongsberg
- Kongsberg Skimuseum
- Lågdalsmuseum, Kongsberg
- Kirche in Kongsberg
- »Spiralen« (Tunnel), Drammen
- Blaafarveværket (Kunstzentrum), Åmot/Modum
- Villa Fridheim (Märchenmuseum), Krødsherad
- Kirche Norderhov, Ringerike
- Volksmuseum Hallingdal, Nesbyen
- Hemsedal Bygdatun
- Skinnfellgården, Hemsedal
- Huso Fjellgård, Hemsedal
- Fossesholm (Herrenhof), Vestfossen
- Hagan (Wohnort des Künstlers Skredsvik), Eggedal
- Sprungschanze, Vikersund
- Torpo Stabkirke, Ål
- Ål Heimatmuseum
- Stabkirchen in Nore und Uvdal
- Nore und Uvdal Freilichtmuseum

Ausflüge:
- Grubenwanderung mit Führung in den alten Silbergruben; Grubenzug fährt 2,5 km in den Berg hinein. Kongsberg
- »Spiralen« in Drammen (Tunnel auf einer Länge von 1,5 km)
- EKT Gebirgshof, Langedrag (Fjordpferde, Wölfe u.a.; Verkauf von selbstgemachtem Ziegenkäse)
- Besichtigung der Wasserkraftwerke in Uvdal und Nore, Numedal
- »Große Rundtour« (Hardangervidda
- Flåmbahn - Nærøyfjord - Aurlandsdal. »Norwegen en miniature« mit Zug, Boot und Bus)
- Besichtigung des Wasserkraftwerkes Gol
- Krøderbahn (Norwegens längste Museumseisenbahn, 25 km)
- Bootsfahrt auf dem Krøderen-See

Veranstaltungskalender S. 275 ff.

Weitere Informationen:
Buskerud Reiselivsråd
Storgt. 4, N - 3500 Hønefoss
Tel. 0047 - (0)67 - 23 655
Fax: 0047 - (0)67 - 26 840

Durch Buskerud
- unvergleichliche Erlebnisse

Wir möchten Ihnen zwei interessante Routen durch Buskerud empfehlen, die beide im Fjordland enden. Die ganze Vielfalt der dortigen Aktivitäten, Sehenswürdigkeiten und Übernachtungsmöglichkeiten läßt sich auf dieser Seite kaum beschreiben - wir schicken gerne noch ausführlichere Informationen!

Geführte Touren in mehrere hundert Jahre alte Silbergruben in Kongsberg

Die Straße 7 - Abenteuerstraße zu den Fjorden

Wenn man über Oslo anreist, ist diese Strecke sowohl die kürzeste als auch die landschaftlich schönste Verbindung mit Westnorwegen.
Hier einige Stichpunkte:
Von Oslo aus passieren Sie zunächst auf der E 68 den Tyrifjord und das Ringerike Museum. Bei Hønefoss zweigt dann die Straße 7 ab, und Sie erreichen Noresund am Krøderen-See. Aktivitäten: U.a. Baden, Wandern, Reiten, Bootstouren, Besuch des Märchenschlosses Villa Fridheim. Nebenstraßen führen nach Sigdal und zum Eggedal Museum, oder aber bis Krøderen, wo eine alte Dampfbahn von 1872 zischend auf Tour geht. Nicht weit davon liegen die Skischanze von Vikersund und Åmot mit dem historischen Bergwerk Blaafarveværket.
Folgen Sie der Straße 7 weiter, dann kommen Sie ins Hallingdal: Hier erwarten Sie Wälder, Gebirge, Hochebenen, Seen und Flüsse - und Aktivitäten und Erlebnisse nach Wunsch: Wandern, Baden, Reiten, Angeln, Radfahren, Volkstanz, Kanutouren, Alm- und Bauernhofbesuche.
In der Nähe von Flå erreichen Sie das Wanderparadies Vassfaret, in dem sogar noch Bären umherstreifen... Nesbyen bietet im Juni ein Festspiel und den bunten Hallingmarkt im Juli. Sehenswert sind auch das Hallingdal Freilichtmuseum und ein Wasserkraftwerk. Gol ist ein Verkehrsknotenpunkt des Tales - besuchen Sie hier das Freizeitbad Tropicana, das Skaga Heimatmuseum, oder fahren Sie ins Golsfjellgebirge. Ein kurzer Abstecher auf der Straße 52 führt Sie nach Hemsedal. Dieses Skiparadies ist auch im Sommer einen Besuch wert. Sie können hier z.B. den Berghof Huso, den Wasserfall Rjukandefoss und den Hof Skinnfellgården erleben. Zurück auf der Straße 7 erreichen Sie Ål, wo Ende Mai die Volksmusiktage und Mitte Juni eine Kultur- und Landwirtschaftsausstellung stattfinden. Sehenswert sind auch die Torpo Stabkirche und das Ål Heimatmuseum.
Am Ende der Straße 7 in Buskerud und am Ende des Tales liegt die Region Geilo am Fuße des Gebirgszuges Hallingsskarvet, am Rand der Hardangervidda, der größten Hochebene Nordeuropas. Besuchen Sie von hier aus den Vøringsfoss-Wasserfall und die alte Kirche von Hol. Anfang August ist »Holsdagen«, ein traditioneller Festtag, u.a. mit Bauernhochzeiten.
Kommen Sie mit auf »Die große Rundreise«, wenn Sie im Hallingdal sind. Die Bergenbahn bringt Sie bis Myrdal und die kleine, aufregende Flåmbahn von dort zum Sognefjord hinunter. Nach einer Mini-Kreuzfahrt geht es mit dem Bus zurück zum Ausgangspunkt.

Hallingdalselva

Willkommen auf der Silberstraße, der Straße 8 (40)

Ob Sie via Seeweg in Larvik anreisen oder auf der Straße Drammen bzw. Geilo erreichen - Sie sind dort am jeweiligen Anfang der Silberstraße, die ab 1992 die Straße 40 sein wird. Hier erwartet Sie ein Urlaubsparadies und -angebot, das in Norwegen seinesgleichen sucht. Entlang der Silberstraße stoßen Sie auf ungezählte Aktivitätsmöglichkeiten und spannende Erlebnisse für groß und klein.
Historisch gesehen führte die 1630 fertiggestellte »richtige« Silberstraße von den Silberwerken Kongsbergs nach Hokksund, später dann weiter über Drammen in Richtung Christiania, dem heutigen Oslo. Drammen präsentiert dem Besucher heute ein liebevoll restauriertes Rathaus, das dafür mit einem europäischen Denkmalsschutz-Preis ausgezeichnet wurde. Ein herrliches Panorama über ganz Drammen wartet nach dem Durchfahren der »Spiralen«-Straße, die sich in einem Berg spiralförmig nach oben windet. Entlang des Drammenselva, einem Lachsfluß, gelangt man in die alte Silberstadt Kongsberg. Eine Hauptattraktion der Bergwerksstadt ist sicher die 2,5 km lange unterirdische Fahrt mit einer Grubenbahn. In der Silbermine und im Bergwerksmuseum kann man sich hautnah über die Materie und ihre Geschichte informieren. Das Skimuseum, die königliche Münzanstalt und die größte Barockkirche Norwegens sind ebenfalls einen Besuch wert. In der Umgebung von Kongsberg locken auch zahlreiche Gewässer mit Lachsen, Forellen und guten Kanumöglichkeiten.
Weiter auf der Straße 8 (40) geht die Reise in Richtung Numedal. Unterwegs präsentiert sich dem staunenden Besucher eine Landschaft wie ein lebendiges Freilichtmuseum - uralte Bauernhöfe, sattes Bauernland und alte Kirchen wie die ehemalige Stabkirche von Rollag. Das älteste bewohnte Haus Norwegens, aus dem 15. Jahrhundert, steht in Nore. Die Region Nore og Uvdal ist ein Naturparadies, das zum größten Teil aus unberührter Bergwelt besteht, wo Rentiere ziehen und Forellen springen. Besuchen Sie eine der zahlreichen Almen, erleben Sie traditionelles Melken und Käsen ohne Elektrizität. Radfahren, Wandern, Angeln, Baden und Kanufahren sind hier beliebte Aktivitäten. Im Winter bietet Uvdal zwei der schönsten Alpinzentren Norwegens. In der Nähe des etwas abseits gelegenen Tunhovdfjords warten der Bergbauernhof und Wildnispark Langedrag mit Fjordpferden, Wildschweinen, Wölfen und anderen Tieren auf Ihren Besuch. Ganz im Norden der Silberstraße, am höchsten Punkt, liegt Geilo, wo sich die Straße 8 (40) mit der Abenteuerstraße, der Straße 7, wieder vereint. Geilo ist ein wahres Aktivitätszentrum: River-Rafting bei Dagali, Reitausflüge, Sportangeln, Orientierungslaufen, Bergsteigen und viele, viele andere Erlebnisse gehören hier zum Angebot.

Buskerud

Im Hallingskarv-Gebirge

Geilo –
an der Pforte zur Hardangervidda

Geilo

Mitten zwischen Oslo und Bergen liegt Geilo - ganz oben im Hallingdal, der Pforte zur Hardangervidda, etwa 800 m ü.d.M. Geilo ist ein Eldorado für Aktivitäten in der Natur, mit frischer Hochgebirgsluft und sauberem Wasser, mit Flüssen und Wasserfällen, die zum Angeln und Rafting einladen. Zum Aktivitätsangebot gehören Wandertouren über die Hochebene, allein oder mit Führer, Fahrradtouren von Geilo nach Finse auf dem »Rallarvegen« (Fahrradverleih vor Ort) oder Angeln vom Boot aus im Ustedalsfjord bzw. im Halnefjord. Reittouren durch die Gebirgswelt lassen einen die Natur ganz neu erleben. Auch eine Fahrt mit dem Sessellift sollte man sich nicht entgehen lassen: sie führt von Geilos Zentrum in 1.000 m Höhe, wo sich meilenweit unberührte Natur erstreckt.

Von Geilo aus bieten sich vielseitige Ausflugsmöglichkeiten zum Hardangerfjord und den Sognefjord, ob per Zug, Auto oder Bus. Ein besonderes Erlebnis ist dabei die Flåmbahn. Eine Fahrt mit dieser Eisenbahn präsentiert Ihnen »Norwegen en miniature«, mit Fjorden und Gebirgen. Die Strecke weist einen Höhenunterschied von 865 m auf, führt durch 20 Tunnel und ist ein Meisterwerk der Ingenieurkunst.

Ein Besuch auf Kjeåsen, einem norwegischen Bergbauernhof, der als isoliertester Hof der Welt bezeichnet wird, ist unbedingt empfehlenswert. Kjeåsen liegt auf einem Gebirgsvorsprung 530 m über dem Simafjord. Der Hof wird immer noch bewirtschaftet und ist für Besucher zugänglich.

Eine Autofahrt über die Hardangervidda führt zum Måbødalen und dem Wasserfall »Vøringsfoss« (180 m freier Fall), ein Erlebnis, das man nicht so schnell vergißt. Geilo ist die größte Ortschaft in der Gemeinde Hol. Hier befinden sich Restaurants und Nachtclubs, Cafés und Hotels, in denen man gut speisen, tanzen und sich einfach wohlfühlen kann.

Zahlreiche Geschäfte laden zu einem Einkaufsbummel ein. Geilo kann übrigens auf eine lange Tradition der Messer-, Besteck- und Werkzeugherstellung zurückblicken. Die Möglichkeit, hier beim Ausverkauf ein »Schnäppchen« zu machen, ist groß.

Nach Geilo gelangt man mit dem Zug, dem Bus oder dem Auto. Die Fahrt von Oslo bzw. Bergen nach Geilo dauert etwa 3 1/2 Stunden.

Der Flugplatz Dagali ist für den Charterverkehr geöffnet, und der Flug von Oslo/Bergen dauert etwa 30 Minuten.

Willkommen im sommerlichen Hochgebirge!

Weitere Informationen erhalten Sie bei folgenden Hotels, alle in N-3580 Geilo:

Bardola Høyfjellshotel
Tel. 0047 - (0)67 - 85 400

Dr. Holms Hotel
Tel. 0047 - (0)67 - 85 622; Fax 0047 - (0)67 - 86 620

Geilo Hotel
Tel. 0047 - (0)67 - 85 511; Fax 0047 - (0)67 - 86 730

Highland Hotel
Tel. 0047 - (0)67 - 85 600; Fax 0047 - (0)67 - 86 680

Ustedalen Høyfjellshotel
Tel. 0047 - (0)67 - 85 111

Vestlia Høyfjellshotel
Tel. 0047 - (0)67 - 85 611; Fax 0047 - (0)67 - 86 689

Nesbyen

Mitten im Hallingdal, an der Abenteuerstraße Nr.7, liegt Nesbyen. Das Zentrum der Gemeinde Nes ist nicht nur ein lebhafter Handelsort, sondern auch ein architektonisches Kleinod: Im Zentrum von Nesbyen liegt »Gamle Nes«, ein charmantes altes Wohn- und Geschäftsviertel aus dem 19. Jahrhundert. In der Gemeinde Nes, übrigens dem wärmsten Ort Norwegens, befindet sich auch das altehrwürdige »Hallingdal Folkemuseum« mit 22 Gebäuden aus sechs Jahrhunderten.

Aktivurlaubern bietet sich in Nesbyen ein breites Spektrum an Freizeiteinrichtungen, z.B. markierte Wanderwege, Badestellen, Schwimmbäder, 140 km Loipen, Alpinanlagen, sogar eine Sprungschanze. Zu einem gelungenen Urlaub gehört natürlich ein gutes Quartier. Das ist in Nesbyen u.a. das **Østenfor Hotel**. Das komfortabel-gemütliche Hotel, das der Best Western-Kette angeschlossen ist, verfügt über 63 Zimmer, die alle mit Du/WC, Radio und Fernsehen ausgestattet sind. Zum Haus gehören darüber hinaus eine Bar mit allen Schankrechten, eine große Terrasse mit einem Café und ein Restaurant, das übrigens nicht nur Hotelgäste mit seinen à la carte-Speisen verwöhnt! Ein Schwimmbad, Ruderboote für Hotelgäste, Fahrräder und eine Minigolfanlage bieten gute Gelegenheiten, sich mal wieder aktiv zu betätigen. Wer lieber angelt,

Tradition im Hallingdal

kann im Hallingdalfluß sein Glück versuchen. Und abends? Da wird zu den Klängen einer Tanzkapelle das Tanzbein geschwungen! Bei all den Leistungen ist das Østenfor Hotel übrigens preiswerter als Sie denken: Fjordpass-Inhabern wird ebenso Rabatt gewährt wie ADAC-Mitgliedern. Herzlich willkommen!

Ebenfalls eine gute Adresse in Nesbyen ist das **Nor-Kro Motell**. Das Haus ist u.a. für sein gutes Essen bekannt: Wählen Sie ein saftiges Steak im gemütlichen Grillrestaurant oder eine schnelle Mahlzeit aus dem reichhaltigen Angebot der Cafeteria. Das Haus bietet genug Platz für Busreisegruppen (bis zu 120 Personen) - rufen Sie an, und Sie bekommen ein gutes Angebot! Die neuen Appartments bzw. Zimmer bieten Platz bis zu 10 Personen und haben insgesamt 50 Betten. Eine Tanzbar mit allen Schankrechten und ein gemütlicher Aufenthaltsraum mit Kamin und Fernsehen laden zum Verweilen ein.

Der **Sutøya Ferienpark** bietet einen Drei Sterne-Campingplatz für Zelte und Wohnwagen, Ferienhäuser und zahlreiche Hütten mit hohem Standard. Die unterschiedlich großen Hütten haben Du/WC, teilweise auch eine Sauna und sind großzügig ausgestattet. Die Gäste können sich selbst verpflegen und Halb- bzw. Vollpension wählen. Das Café, in dem es hausgemachtes Essen und Getränke gibt, steht jedermann offen. Größere Gruppen sollten vorher Plätze reservieren und bekommen Sonderangebote bei Übernachtung und Verpflegung. Angler, Wanderer und Skifahrer, aber auch Kanuten und Pferdefreunde werden sich im Sutøya Ferienpark wohlfühlen.

Willkommen in der Gemeinde Nes!

Weitere Informationen bei:
Østenfor Hotel, N-3541 Nesbyen
Tel. 0047 - (0)67 - 71 530; Fax 0047 - (0)67 - 71 085
Nor-Kro Motell, Bromma, N-3540 Nesbyen
Tel. 0047 - (0)67 - 72 340; Fax 0047 - (0)67 - 70 156
Sutøya Feriepark, N-3540 Nesbyen
Tel. 0047 - (0)67 - 71 397; Fax 0047 - (0)67 - 70 111

Beim »Hallingkast« geht's hoch her

Sørlandet und Telemark - das sind die Bezirke Telemark, Aust-Agder und Vest-Agder. Mit ihnen verbindet man die Südküste, die Badeküste. Sommer, Sonne und Badefreuden ... Unzählige Schären, Badestrände und freundliche Städte schaffen ein Paradies für Wassersportler und Sonnenhungrige. Wie Perlen auf einer Schnur reihen sich die Orte von Langesund im Osten bis Flekkefjord im Westen. Bei Mandal in Vest-Agder liegt Kap Lindesnes, Norwegens Südspitze mit ihrem bekannten, viel besuchten Leuchtturm. An dieser Stelle stand 1655 der allererste Leuchtturm des Landes (s. auch den Artikel auf S. 107).

Im Setesdal

Sørlandet/ Telemark

Telemark bietet nicht nur Sommerfreuden, hier stand bekanntlich auch die »Wiege des Skisports«. Schanzenspringen und Telemarkschwung wurden hier »erfunden«, und zahlreiche Wintersportorte locken heute die Touristen in das weiße Paradies.

In Telemark, genauer gesagt in Skien, stand aber noch eine andere Wiege, nämlich die des Dichters Henrik Ibsen. Der 1828 geborene Dramatiker erlangte mit seinen Stücken Weltruhm, auch wenn er unter Zeitgenossen nicht immer unumstritten war.

Wildwasser-Spaß für jung und alt

Lebendige Traditionen

SØRLANDET / SETESDAL / TELEMARK

- Gesamtfläche: .... 31.808 km²
- Einwohner: 398.600

Orte / Einwohner:
- Risør: 6.973
- Tvedestrand: 5.843
- Arendal: 38.027
- Grimstad: 15.662
- Lillesand: 8.173
- Kristiansand S: 66.156
- Mandal: 12.534
- Farsund: 9.349
- Flekkefjord: 8.782
- Valle & Rysstad: 1.411
- Evje & Hornnes: 3.341
- Bygland: 1.379
- Bykle: 759
- Kragerø: 10.812
- Porsgrunn: 31.269
- Skien: 47.827
- Notodden: 12.468
- Rjukan: 6.867

Entfernungen (von Arendal):
- Oslo: .... 256 km
- Bergen: .... 495 km
- Stavanger: .... 328 km
- Hamar: .... 379 km
- Skien: .... 119 km
- Trondheim: .... 801 km
- Haukeligrend: .... 261 km
- Evje .... 82 km

Entfernungen (von Kristiansand S):
- Arendal: .... 72 km
- Oslo: .... 328 km
- Bergen: .... 398 km
- Stavanger: .... 256 km
- Lillehammer: .... 513 km
- Odda: .... 337 km
- Haukeligrend: .... 240 km
- Evje .... 62 km

Entfernungen (von Skien):
- Oslo: .... 139 km
- Bergen: .... 442 km
- Kristiansand S: .... 191 km
- Larvik: .... 34 km
- Trondheim: .... 684 km
- Voss: .... 350 km
- Ålesund: .... 712 km

Verkehrsflugplätze:
- Kristiansand/Kjevik (nach Kopenhagen und London)
- Skien, Notodden

Fährverbindungen:
Kristiansand - Hirtshals

Bahnverbindungen:
Stavanger - Egersund - Sira - Kristiansand - Nelaug - Bø - Oslo, Sira - Flekkefjord, Nelaug - Arendal, Porsgrunn - Skien - Nordagutu - Oslo, Skien - Larvik - Oslo

Sehenswürdigkeiten:
Vest-Agder:
- Kristiansand: Dom, Vest-Agder Bezirksmuseum, Gimle Gård, Festung Christiansholm, Kristiansand Museum, Monte Carlo Automobilmuseum, Trabrennbahn
- Abenteuerpark mit dem Märchendorf »Kardemomme By«, Kristiansand
- Setesdalsbahn, Museumsbahn, Vennesla
- Sehenswertes Holzhausviertel, Heimatmuseum, Mandal
- Kap Lindesnes: südlichster Punkt des norw. Festlandes, Leuchtturm und Galerie.
- Sandstrand (2 km) und Kiefernhain Risøbank, Mandal
- Sjøllingstad Textilmuseum, Mandal
- Museum in Farsund
- Lista Museum, Lista
- Loshamn, kleiner Seehafen, Farsund
- Kirche von Lyngdal (erbaut 1848, eine der größten Holzkirchen Norwegens), Lyngdal
- Museum in Flekkefjord
- »Hollenderbyen«, Altstadtviertel mit pittoresken Holzhäusern, Flekkefjord
- Wasserkraftwerk Tonstad (eines der größten Kraftwerke Nordeuropas), Sirdal
- Svartevassdamm (größter Staudamm der Sir-Kvina, Höhe: 130 m, Länge: 400 m), Sirdal
- Paßstraße Brokke-Suleskard, Setesdal-Sirdal (Str. 45)

Aust-Agder:
- Holmen Gård, Kunsthandwerkszentrum, Gjerstad

1992 feiert der Telemarkkanal seinen 100. Geburtstag

Auf Streifzug durch die herrliche Natur

1992 hat der Telemarkkanal, die 105 km lange Wasserstraße zwischen Skien und Dalen, seinen 100. Geburtstag (s. auch den Artikel auf S. 94). Mit Festen, Konzerten und Wettkämpfen soll das historische Datum das ganze Jahr über gewürdigt werden. Da lohnt es sich bestimmt, einmal vorbeizuschauen. Die genauen Veranstaltungstermine werden im NORWEGEN MAGAZIN veröffentlicht.

In Aust-Agder liegt Norwegens »Märchental«, das Setesdal. Es erstreckt sich nördlich von Kristiansand zwischen Evje und Hovden. Hier sind die Menschen besonders traditionsbewußt und pflegen ihre Trachten, Bräuche und Gebäude. Die Tracht der Setesdaler, zu festlichen Anlässen immer noch gern getragen, gehört zu den schönsten im ganzen Land.
Das Tal war lange Zeit nur schwer zugänglich (im Gegensatz zu heute), und viele Bauern versuchten sich neben der Landwirtschaft mit der Silberschmiedekunst ein Einkommen zu verschaffen. So finden wir heute viele Silberschmieden im Setesdal (der Hinweis auf den Artikel auf S. 92 darf an dieser Stelle nicht fehlen).
Seit kurzem verbindet die neue Straße 45 das Setesdal mit Stavanger. Damit ist auch der Weg zwischen Oslo und Stavanger kürzer geworden, wenn man es einmal eilig hat und nicht an der Südküste entlangfahren möchte. Doch wer hat es im Urlaub schon eilig ... Allerdings läßt sich die Strecke gut mit einem Abstecher nach Lysebotn am inneren Lysefjord verbinden, das man auf einer abenteuerlichen Serpentinenstraße erreicht.

- Kilsloftet«, Vegårshei
- Galerie Hillestad, Åmli
- Holzhäuser auf Tyholmen, Arendal
- Aust-Agder Museum, Arendal
- Innenstadt von Risør
- Galerie Villvin, Risør
- Norwegisches Steinzentrum, Risør
- Glashütte mit Glasbläserei und Verkauf, Tvedestrand / Lyngør
- Mittelalterliche Kirchen in Holt und Dybvåg, Tvedestrand/Lyngør
- Lyngør: bestbewahrtes Dorf Europas 1991
- Eisenwerk Nes, Tvedestrand
- Haus eines Kapitäns aus dem 17. Jahrhundert, Arendal
- Merdøgaard Skjærgårdsmuseum, Arendal
- Ibsens Geburtshaus und Museum der Stadt Grimstad m. Seefahrtsabteilung, Grimstad
- Carl Knutsen-Gården (Seemannsmuseum), Lillesand
- Hasseldalen. Alte Seglerwerft und Bootsbau von 1841 (Sammlung von Namensschildern alter Segler aus Grimstad)
- Blindleia - Schärenpark, Lillesand
- Ogge, Paddelgebiet, Birkenes

Setesdal:
- Gruben und Mineralienausstellung, Iveland Stauna, Iveland
- Mineralienpark und -museum, Fennefoss Museum, Syrtveit Fischaufzucht, Evje
- Räuberhöhle, Byglandsfjord
- Runenstein, Grendi
- Silberschmiede »Storstuga Gull og Sylv«, Ose
- Ose Kulturwerkstatt, Ose
- Wasserfall Reiårsfossen, Ose
- Freilichtmuseen Rygnestadloftet und Tveitetunet (hist. Gebäude), Valle
- Hängebrücke Valle
- Brokke Kraftwerk, Nomeland
- Silberschmiede Sylvartun, Nomeland
- Paßstraße Brokke - Suleskard
- Freilichtmuseum Huldreheimen und Henriksentunet, Kirche, Bykle
- Eisengewinnungsmuseum Hovden
- Freizeitgelände Hegni, Badeland, Sessellift am Skizentrum, Hovden

Telemark:
- Telemarkkanal (von Skien nach Dalen)
- Stabkirche Heddal, E 76 bei Notodden
- Telemark Sommarland, Bø
- Bezirksmuseum von Telemark mit Brekkepark und Ibsens Geburtshaus, Skien
- Vemork Industriearbeitermuseum, Rjukan
- Porsgrund Porzellanfabrik, Porsgrunn
- Krossbahn, älteste Kabinenseilbahn Nordeuropas, Rjukan
- Vinje Billedgallerie, Gemäldegalerie in Granitbau, Vinje
- Lårdal Heimatmuseum und Eidsborg Stabkirche
- Skulpturen und Malereien des Künstlers Dyre Vaa, Rauland

Ausflüge:
Vest-Agder
- Setesdalsbahn, Museumsbahn, Schmalspur 1067 mm. Lokomotive von 1894, Vennesla, 30 km nördlich von Kristiansand
- Halbinsel Lista: hervorragende Windverhältnisse zum Surfen, Vogelreservat.
- Ausflug nach Korshamn, Norwegens südlichstes Fischerdorf, (Abzweig bei Lyngdal, Str. 43)
- Ausflug zum Kap Lindesnes, dem südlichsten Punkt des norwegischen Festlandes, Leuchtturm, Galerie, Badebuchten.
- »Sørlandets Trollstigen«, Str. von Øvre Sirdal nach Lysebotn
- Str. 44 von Flekkefjord, Str. 469 nach Kvellandstrand. Fähren zu den Hidra-Inseln bei Flekkefjord
- Bootstour von Lillesand nach Kristiansand mit der M/S Øya
- Sightseeing mit dem Schiff M/S Maarten im Schärengarten vor Kristiansand
- Bootstour mit M/B Høllen in Søgne
- Schärenkreuzfahrt, Farsund

Aust-Agder
- Ausflug zur Insel Tromøya (größte Insel der Sørlandküste vor Arendal)
- Rundtour von Holmen gård (Str. 418), nach Vegårshei, hier Ausstellung über den berühmten Vegårshei-Wolf (Str. 414 / 416 / 417) und zum Eisenwerk in Nes (Str. 415).
- Ausflug mit Boot / Bus von Arendal nach Gjeving und Lyngør

Der südlichste Punkt des norwegischen Festlandes: Kap Lindesnes

Lyngør, eine der »weißen Perlen« an der norwegischen Südküste

- Sightseeing mit dem Schiff »Pelle Pan« rund um die Insel Hisøy
- Bootstouren durch die Schären, Risør, Lyngør, Tvedestrand
- Besuch des Freizeitgeländes Hove bei Arendal
- Sightseeing / Charter / Linienboote in den Schären, Bade- und Angelmöglichkeiten, Besichtigung der Außenhäfen
- Ausflug zum Geburtshaus Ibsens und zum Stadtmuseum, Grimstad

Setesdal
- Paßstraße Brokke - Suleskard über das Hochgebirge von Sirdal nach Setesdal
- Gute Forellenangelmöglichkeiten in der gesamten Otra. Zwerglachs »Bleke« im Byglandsfjord
- Volksmusik und Volkstanz auf Sylvartun und in der Ose Kulturwerkstatt
- Sessellift am Skizentrum Hovden hinauf ins Fjell (Betrieb auch im Sommer).
- Mineraliensuchen in den Gruben bei Evje und Iveland
- Setesdal Mineralienpark bei Evje

Telemark
- Bootstour auf dem Telemarkkanal mit dem Passagierschiff »Victoria«
- Bootstour auf dem Telemarkkanal: Notodden - Lunde - Notodden mit dem Passagiersschiff »Telemarken«
- Tour mit dem Museumsboot »Fram«: Vrådal - Vrådaliosen - Treungen
- Schärenkreuzfahrt vor der Küste bei Kragerø und Brevik
- Wanderung zum Gaustatoppen (1.882 m ü.d.M.)
- Wanderung von Hütte zu Hütte im Nationalpark Hardangervidda, Ausgangspunkt Haukeliseter
- Geologische Wanderung zu den Høydalen Gruben, Drangedal
- Ausflug zum Bergbauernhof Sundet Fjellgård. Almspezialitäten. Seeweg mit M/B Fjellvåken, Tinn
- Bibersafari mit einheimischen Führern, Fyresdal

Veranstaltungskalender S. 275 ff.

Weitere Informationen:

Vest-Agder Reiselivsråd

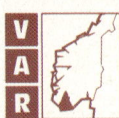

Postboks 770, N - 4601 Kristiansand
Tel. 0047 - (0)42 - 74 500
Fax 0047 - (0)42 - 74 501

Fylkeshuset i Aust-Agder

N - 4800 Arendal,
Tel. 0047 - (0)41 - 17 300
Fax 0047 - (0)41 - 17 365

Nedre Setesdal Reisetrafikklag
Postboks 146, N-4660 Evje
Tel. 0047 - (0)43 - 31 056
Fax 0047 - (0)43 - 30 208

Valle & Rysstad Reiselivslag
N-4690 Valle
Tel. 0047 - (0)43 - 37 312
Fax 0047 - (0)43 - 37 370

Hovden Ferie A/S
Postboks 18, N-4695 Hovden
Tel. 0047 - (0)43 - 39 630
Fax 0047 - (0)43 - 39 733

Telemark Reiser

Postboks 734, N - 3701 Skien
Tel. 0047 - (0)3 - 53 03 00
Fax 0047 - (0)3 - 52 70 07

Reisebüro Norden
Ost-West-Str. 70,
D - 2000 Hamburg 11
Tel. 040 - 36 00 15 41

Den ganzen Sommer über finden in Sørlandet Feste und Festivals statt

Sørlandet - Telemark

Sommerfestivals, Musik und Aktivitäten

Den ganzen langen Sommer über, von Mai bis September, finden in Sørlandet Musikfestivals, traditionelle Feste und Aktivitäten statt. Hier nennen wir Ihnen die größten von der Küste bis hinauf ins Fjell:

Festspiele der Kirchenmusik in Kristiansand

Seit 1970 finden jährlich vom 10. bis 17. Mai die Festspiele der Kirchenmusik statt. Konzerte mit alter und neuer Musik werden von internationalen Chören und Orchestern, aber auch vom Motettenchor und dem Symphonieorchester Kristiansands im Dom und in Kirchen und Konzerträumen der Umgebung dargeboten.

Das Auswandererfestival in Kvinesdal

In Erinnerung an die vielen Auswanderer, die im letzten Jahrhundert von Sørlandet aus in »die neue Welt« aufbrachen, feiern die Bürger von Kvinesdal vom 23. bis 28. Juni mit vielen Besuchern ihr »Auswandererfestival« mit buntem Unterhaltungsprogramm, Ausstellungen und Aktivitäten.

Hier schnauft die Setesdalbahn

Fährenfestival in Søgne

Wie »anno dazumal« geht es beim historischen Fährenfestival am Trysfjorden in Søgne zu, das am 27./28. Juni stattfindet. Gäste in nostalgischer Verkleidung, Pferdekutschen und Veteranfahrzeuge werden ganz altmodisch mit einer Zugfähre über den Trysfjord geschifft. Auf alten Schiffskuttern und bei Leierkasten- und Ziehharmonikaspiel vergnügt man sich am historischen Küstenleben.

»Kristiansand Musivalen«

Vom 10. bis 12. Juli treffen sich die Rock-, Jazz-, Blues- und Popfans in Kristiansand. Musiker von überall her spielen in der alten Festung Christiansholm, in zahlreichen Straßenlokalen und Konzerträumen.

Mit kleinen Fischen gibt man sich hier nicht zufrieden

Das Schalentierfestival in Mandal

Wenn fangfrische Krabben, Garnelen, gegrillter Lachs und Meeresfrüchte aller Art vom 14. bis 16. August in der Fußgängerzone angerichtet sind, dann feiert Mandal sein Schalentierfestival. Bei Jazz und Volksmusik finden die Norw. Meisterschaften im Krabbenpulen statt. Geführte Stadtspaziergänge und Sightseeingtouren mit Holzbooten durch die Schären vor Mandal zählen ebenfalls zum Festivalprogramm.

Fjellparkfestival in Flekkefjord

Lokale und internationale Musiker und Gäste treffen sich bereits zum elften Mal zum Rockmusikereignis in Flekkefjord.

Viehschau in Lyngdal

Nicht nur Landwirte kommen in Scharen zu dieser Veranstaltung, die seit hundert Jahren stattfindet. Vom 4. bis 6. September zeigen sich erstklassige norwegische Rinder, Pferde, Schafe und das ganze Federvieh bei der großen Viehschau. Außerdem findet unter den Klängen deftiger Countrymusik die Norw. Meisterschaft im Kuhfladen-Werfen statt.

Urlaub in freier Natur

In den Fjellregionen des Sirdals fordert die wilde, unberührte Natur mit ihren weiten Hochebenen zu geführten Wanderungen und Exkursionen heraus. Kundige Einheimische begleiten Sie beim Fjellangeln, der Schneehuhnjagd oder einer Fotosafari durch die Bergregionen, vielleicht sogar im Winter auf einem Hundeschlitten. Für Ausrüstung, Sicherheitsgeräte, Übernachtung und Verpflegung wird bestens gesorgt.

Wanderungen im Fjell

»Setesdalsheiene« sind die südlichen Vorgebirge, die sich in Sørlandet von den Sirdals- und Ryfylkeheiene im Westen bis hinüber zum Haukelifjell und der Hardangervidda im Nordosten erstrecken. Ein gut markiertes Wegenetz erschließt die Hügel- und Berglandschaft für geübte und weniger geübte Wanderer. In zwölf Berghütten kann man bei längeren Touren übernachten oder sie als Ausgangsquartier benutzen. Auch Hüttenzentren, Wohnungen, Gebirgsgasthöfe und Berghotels bieten gute Übernachtungsmöglichkeiten. Wir machen Ihnen gern individuelle Tourenvorschläge.

Schafsabtrieb im Sirdal

Ihre 40.000 Schafe treiben die Bauern und Hirten aus dem Sirdal in zwei Septemberwochen aus den Bergregionen hinunter ins Tal. Auf den großen Weiden bei Kvæven Bygdetun sammeln sich nicht nur scharenweise blökende Vierbeiner, sondern auch unzählige Zweibeiner, die das Volksfest besuchen. Allerlei Spezialitäten wie gebratenes Lamm oder Sirdal-Schafskäse werden serviert.

Brokke-Suleskar-Pass

Die neue Hochgebirgsstraße zwischen dem Sirdal und dem Setesdal ist ein Fahrerlebnis. Bis auf 1.052 Meter führt der gut ausgebaute Verbindungsweg mit mehreren Rastplätzen durch schroffe Fjellandschaft, vorbei an Schafen und Rentieren, schneebedeckten Gipfeln und dem blaugrünen Rosskreppfjord.

Der Leuchtturm von Lindesnes

bildet den südlichsten Punkt des norwegischen Festlandes. Von hier aus sind es 2.518 km bis zum Nordkap. Bereits 1725 setzte der Leuchtturmwärter mit Kohlefeuern seine Seezeichen. Heute kann man vom Leuchtturm aus Boote weit draußen auf dem Meer beobachten, in der Kunstgalerie Souvenirs erstehen, oder auch von den glatten Felsen aus hervorragend angeln.

Die Setesdalbahn

Eine halbe Autostunde nördlich von Kristiansand liegt der Ausgangspunkt der historischen Setesdalbahn. Seit ihrer Einweihung im Jahre 1896 stellte die Schmalspurbahn die Verkehrsader zwischen Setesdal und der Küste dar, auf dem das Holz aus den Sägewerken längs der Otra und die Mineralien von Evje transportiert wurden. Heute fährt die Museumsbahn während der Sommersaison jeden Sonntag.

Die Küstenstadt Kristiansand

Kristiansand ist die größte der vielen Sørlandsküstenstädte. In ihr vereinigen sich großstädtische Vielfalt und gemütliches Kleinstadtleben. Seit Jahrhunderten prägt der Schiffsverkehr die Hafenstadt; heute ist die Überfahrt nach Dänemark mit modernen Fähren auf nur 4 Stunden Fahrzeit zusammengeschrumpft. 1641 gründete der dänisch-norwegische König Christian IV. die nach ihm benannte Stadt. Das Altstadtviertel »Kvadraturen« mit schmucken, weißen Holzhäusern und schachbrettartigen Straßen stammt aus dieser Zeit. Rund um die Festung Christiansholm findet man Parkanlagen, Fischrestaurants und den Gästehafen, in dem Segel- und Sportboote von überall her anlegen. Sehenswert sind die Trabrennbahn, das Märchendorf Kardemomme, die vielen Kunstgalerien, die Schären und der Lachsfluß Otra. Kristiansand bietet überall eine Unmenge an Aktivitätsangeboten. Mit der »Kristiansandkarte« stehen Ihnen alle Sehenswürdigkeiten, Museen, Freizeitparks und sonstige Attraktionen offen. Übernachtungsangebote gibt es in Hotels, Familienherbergen, Campingplätzen und Ferienwohnungen.

Angeln überall

Entlang der gesamten Sørlandküste herrschen für Sportangler ideale Möglichkeiten. Zwischen Kristiansand und Farsund im Westen liegen hervorragende Plätze mit Makrelen, Dorsch und Seelachs. Die besten Fangzeiten - und die günstigsten Unterkunftspreise - liegen in der Nebensaison. In den Bergseen und Flüssen tummeln sich Forellen, Barsche, Saiblinge und Aale. In vier Flüssen (Otra, Kvina, Audnaelva, Mandselva) ist zur Zeit das Angeln auf Lachse wieder zugelassen.

Für weitere Informationen wenden Sie sich bitte an:

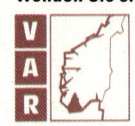

Vest Agder Reiselivsråd
Vestre Strandgt. 23
N-4601 Kristiansand
Tel. 0047 - (0)42 - 74 500
Fax 0047 - (0)42 - 74 501

Küstenkultur und Volkskunst

Der Bezirk Aust-Agder liegt an der östlichen Sørlandküste und wird von Telemark im Osten und Setesdal im Norden begrenzt. Das Hochgebirge im Setesdal und die sattgrünen Vorgebirge im Hinterland gehen in die freundliche, sanfte Küstenlandschaft über und ermöglichen eine Fülle von Erlebnis- und Aktivitätsmöglichkeiten. Für diejenigen Urlauber, die mit dem eigenen Auto unterwegs sind, für Radwanderer, Zug-, Bus- und Schiffsreisende, oder auch für die, die einfach per Anhalter unterwegs sind.

Mit großen und kleinen Booten durch die herrliche Küstenwelt

Auf geht's an Bord

Ein kleiner Törn durch die herrliche Küstenwelt mit ihren Schären, Inseln und Holmen ist ein ungeschriebenes »Muß« für alle Sørlandurlauber. Den ganzen Sommer über bieten kleine und größere Ausflugsboote Touren an der Sørlandküste an. Ob Angel- oder Tauchtouren oder auch Schlemmertouren oder Sightseeing. Und wer selber Segel setzen, in die Ruder greifen oder am besten sein eigener Kapitän sein will, findet eine Reihe von Chartergelegenheiten an der östlichen Sørlandküste (Adressen dazu finden Sie auch im Aktivteil dieses Buches).

Im Kanu über Flüsse und Seen

Entdecken Sie die verborgenen Schönheiten des Hinterlandes bei einer Kanuwanderung auf den Gewässern östlich von Kristiansand. So gibt es organisierte Touren auf dem Nidelva, die an den inneren Quellen beginnen. Proviant wird gestellt und den Schwierigkeitsgrad bestimmen Sie selbst.

Im Setesdal bieten sich Kanu- und Kajaktouren im Wildwasser, aber auch in ruhigem Wasser an, z.B. auf dem Byglandsfjord, in Ogge oder im Naturschutzgebiet

Mit dem Kanu zu verborgenen Schönheiten

Hegni unterhalb von Hovden. Wir machen Ihnen gern individuelle Routenvorschläge und nennen Ihnen die Verleih- und Veranstalteradressen für Kanutouren.

Mit dem Fahrrad von der Küste ins Fjell

Auf Feldwegen und kleinen Schotterstraßen führen verschiedene Routen von Tromøya bei Arendal durch die abwechslungreiche Küstenlandschaft hinauf in die tiefen Wälder des Hochgebirges. Sie sind unterschiedlich steil und lang, aber eines ist ihnen gemeinsam: Sie sind nahezu autofrei.

Durch grüne Wälder hinauf ins Hochgebirge strampeln - das können Sie im Setesdal abseits der Fernstraßen. Im ganzen Tal treffen Sie ein lebendiges Kulturleben an.

Den Alltag und die Autos hinter sich lassen!

Bei Evje liegt der Setesdal Mineralienpark

Lyngør - das Dorf im Meer

Als bestbewahrtes Dorf Europas wurden die Inseln von Lyngør im letzten Jahr ausgezeichnet. Dicht an dicht schmiegen sich malerische weiße Sørländhäuser mit Gärten voller Rosenbüsche und Sommerblumen aneinander; Möwengeschrei und das Hämmern der Zimmerleute tönt über die Felskuppen der Anlegebucht. Wer sich die Gesichter der Fischer anschaut, sieht darin die Spuren der kräftigen Herbststürme ebenso wie die von milden Sommerwinden. Im Juli feiert man hier die Lyngørtage als Abschluß der Küstenkulturwoche der Gemeinde Tvedestrand. Bei einem geführten Spaziergang über die Inseln von Lyngør erzählt Ihnen der alte Handelsmann von längst vergangenen Zeiten.

Mineraliensammeln

Im Setesdal liegen zahlreiche stillgelegte Gruben. Bei Evje und Iveland sind ungewöhnlich reiche Mineralienvorkommen. Em empfiehlt sich, Familienkarten zu lösen, damit alle gemeinsam auf Steinsuche gehen können. Im Setesdal Mineralienpark sind sehenswerte Steinsammlungen sowohl aus der Region Evje und Iveland als auch eindrucksvolle Funde aus aller Welt ausgestellt.

Lebendige Volkskunst

Die Kunsthandwerkstraditionen werden in den fruchtbaren Gebirgs- und Fjellgebieten überall lebendig gehalten. Holmen Gård bei Gjerstad ist als Zentrum des Norwegischen Kunstgewerbevereins bekannt für Rosenmalerei, Holzschnitzereien und geschmiedete Messer. Kilsloftet in Vegårshei zeigt Web- und Lederarbeiten, und die Galerie Hillestad in Åmli im hinteren Tovdal wurde mit ihrem Tovdalsschmuck im In- und Ausland bekannt. Im Setesdal werden Volksmusik und Silberschmiedtraditionen in Ehren gehalten. In der Ose Kulturwerkstatt und auf Sylvartun können Sie Fiedelmusik und Volkstanz in traditionellen Setesdaltrachten erleben.

Weitere Informationen über:
Aust-Agder Fylkeskommune
Næringsavdelingen, Fylkeshuset
N-4800 Arendal
Tel. 0047 - (0)41 - 17 450
Fax 0047 - (0)41 - 17 365

Setesdal

Nur 60 km nördlich des Fährhafens Kristiansand öffnet sich nach einstündiger Autofahrt (Str. 12) das Setesdal. Reiche Kulturtraditionen und seine herrliche Natur haben es bekannt gemacht; durch zahlreiche Aktivitätsangebote ist es heute eine der attraktivsten Ferienregionen für alle Urlauber, die eine möglichst kurze Anreise bevorzugen.

Wir beginnen unsere kleine Reise im unteren Setesdal in der Gemeinde Iveland og Evje. Hier schlummern unter Ackerland, tiefen Wäldern und offenen Heidelandschaften ungeahnte Mineralienschätze. Bis in unser Jahrhundert hinein waren die großen Steinbrüche wichtige Einnahmequellen. Beim Abbau kamen in den Pegmatittschichten Mineralien zum Vorschein, die durch Größe und Artenreichtum internationales Aufsehen erregten. Der Mineralienweg in Evje, ein Zusammenschluß mehrerer stillgelegter Gruben, sowie die Iveland-Gruben bilden heute ein Eldorado für Hobby-Geologen aus der ganzen Welt. Eine umfangreiche Sammlung mit funkelnden Mineralien ist im Fennefoss Museum ausgestellt. Wer den neuen Setesdal Mineralienpark betritt, der im Vorjahr neu eröffnet wurde, kommt aus dem Staunen nicht mehr heraus: Auf 1.500 m² wurde eine Ausstellungshalle unter Tage gebaut, in der gigantische Mineralfunde aus dem Setesdal, aber auch aus aller Welt zusammengetragen wurden.

Aktiv zu Wasser und an Land

Wollen Sie die Naturgewalten im Setesdal ganz unmittelbar kennenlernen, dann sollten Sie eine Raftingtour auf den Stromschnellen der Otra oder auf dem ruhigeren Byglandsfjord ausprobieren. Auch Kajak- und Kanutouren, Angelausflüge und Bergsteigen sind beliebte Aktivitätsmöglichkeiten rund um den Byglandsfjord.

Ein Stück weiter nördlich liegt die Ose Kulturwerkstatt in der Ortschaft Ose. Mit ihren verschiedenen Ausstellungen über

Sørlandet/Telemark

Volkstanz hat im Setesdal eine lange Tradition

alte, norwegische Fiedeln, Volksmusik und -tanz lädt sie zu einem Besuch ein.

Lebendige Traditionen: Silberschmuck und Volksmusik

Sozusagen im Herzen von Setesdal liegt die Gemeinde Valle, die wegen ihrer Silberschmiede berühmt ist. Hier können Sie erleben, hören und sehen, was zur typischen Kultur des Setesdals gehört. Die historische Hofanlage Sylvartun, eine der zahlreichen traditionellen Silberschmieden des Tals, veranstaltet während der Sommermonate jede Woche Konzerte mit Volksmusik und Tanz. Den kostbaren Trachtenschmuck kann man nicht nur auf den farbenprächtigen Trachten bewundern, sondern auch, in ursprünglichen oder modernen Formen, direkt bei den Silberschmieden als Souvenir erstehen. Mehrere Schmiede zeigen Ihnen die Herstellung der Schmuckstücke in ihren Werkstätten.

Einblicke in das Alltagsleben der Bauern im letzten Jahrhundert gibt ein Besuch im Setesdalmuseum.

Durch die neue Hochgebirgsstraße Brokke - Suleskard kann man nun auch vom Setesdal aus einen Tagesausflug zum eindrucksvollen Lysefjord machen, der durch die neue Straßenverbindung nur 75 km entfernt ist.

Mit dem Sessellift ins Hochgebirge bei Hovden

Hovden im Hochgebirge

Unser nördlichstes Ziel im Setesdal ist Hovden. Auf 800 m.ü.d.M. in den Hochgebirgsregionen gelegen, gilt der Ort als das größte Touristenzentrum des Setesdals. Beliebt sind Wanderungen in die umliegenden Gebirgsregionen; ein Sessellift bringt Sie bis auf 1.160 m Höhe. Geführte Wanderungen und Angeltouren werden mehrmals wöchentlich angeboten.

Beim Bergsee Hartevatn befindet sich das Hegni Naturschutzgebiet in idyllischer Hochgebirgsnatur. Neben Spazierwegen, die abends beleuchtet sind, sowie Spiel- und Trimmgeräten stehen Ihnen hier auch ausleihbare Ruderboote und Kanus zur Verfügung; auch Angelscheine können hier gekauft werden.

Das neue Jagd- und Schießzentrum Hovden bietet eine Schießschule und ein modernes Kurszentrum.

Seit der Wikingerzeit war Hovden ein Zentrum für die Eisengewinnung in Norwegen. Das neue Eisengewinnungsmuseum, das auf einer alten Sumpferzgrube errichtet wurde, zeigt mit modernster Technik anschaulich und spannend, wie damals Kohle und Eisen produziert wurden. Als eine der kleinsten Gemeindekirchen ist die Byklekirche aus dem 17. Jahrhundert eine besondere Sehenswürdigkeit, besonders auch wegen der Rosenmalereien im Kircheninnern. In Bylke befinden sich auch Huldreheimen und Henrikstunet, zwei sehenswerte alte Hofanlagen. Im modernen Freizeitbad Hovden Badeland treffen sich Wasserratten zu jeder Jahreszeit. Saunen, Solarien, Whirlpools, die 70 Meter lange Wasserrutsche und ein Freibad mit 30° Wassertemperatur sind nicht nur im Winter nach der Skitour ein Erlebnis.

Weitere Informationen:
Nedre Setesdal Reisetrafikklag
N-4660 Evje, Tel. 0047 - (0)43 - 31 056

Valle/Rysstad Reiselivslag
N-4690 Valle, Tel. 0047 - (0)43 - 37 312

Hovden Ferie A/S, Postboks 18,
N-4695 Hovden, Tel. 0047 - (0)43 - 39 630

Telemark

Das Ferienland für Neugierige

Sie suchen jede Menge Naturerlebnisse, echt norwegische Kultur und wollen norwegische Traditionen und Geschichte erkunden? Dann ist der südnorwegische Bezirk Telemark genau das richtige Ferienland für Sie.

Volkskunst

Traditionelle Handwerkstechniken werden überall in Telemark lebendig gehalten. Hier können Sie Werkstätten besuchen, in denen Bauernschränke, hölzerne Löffel und Schalen mit wunderschöner Rosenmalerei verziert werden. Beim Errichten der stabilen Holzhäuser kommen ebenfalls jahrhundertealte Handwerkskünste zum Einsatz. Bedeutend sind die Arbeiten der Silberschmiede in Telemark, und die alten Messerschmieden der Gegend sind weit über Norwegen hinaus für ihre Qualitätsarbeiten bekannt. »Dyrskun«-Messer aus Seljord gelten als Inbegriff für traditionelle norwegische Messer. Der Bezirk Telemark ist aber auch bekannt für seine Volksmusik, die Spielleute und die zahlreichen Volkstanztraditionen.

Architektur

Aus Holz und Stein haben die Bewohner von Telemark über Jahrhunderte hinweg Bauwerke geschaffen, die Sie überraschen werden. Idyllisch liegen die klei-

Jede Menge Naturerlebnisse für groß und klein gibt's in Telemark

nen Holzhäuser der Küstenstädte rund um die Häfen. Stabile Holzhäuser, die vor dreihundert Jahren errichtet wurden, halten noch heute Regen und Winterstürme ab. Ein architektonisches Meisterwerk stellt die Stabkirche von Heddal dar; auch einige der ältesten Steinkirchen Norwegens befinden sich im Bezirk Telemark. Schon jetzt verspricht die Wiedereröffnung des altehrwürdigen Hotel Dalen zum Sommerereignis zu werden. Um die Jahrhundertwende war der mächtige Gasthof mit reich verzierter Holzfassade und Drachenköpfen als Dachreitern das Touristenzentrum und gleichzeitig Verbindungspunkt zwischen dem Telemarkkanal und der West-küste. Als größtes norwegisches Hotel in Holzbauweise wurde es nun restauriert. Zum Interieur zählt u.a. eine phantastische Glasmalerei aus Paris im Dach des Kaminzimmers.

Wenn Bullerbü nicht in Schweden läge ...

Schleusenhaus am Telemarkkanal

Transport und Industrie

Telemark kann auf lange Verbindungen mit dem übrigen Europa zurückblicken. Schon früh begann man mit dem Holzhandel und der Schiffahrt. So war die kleine Hafenstadt Brevik mit ihrer idyllischen Holzhausbebauung einmal eine der wichtigsten Seefahrtsstädte des Landes.

Als die Industrialisierung ihren Einzug hielt, stand der Bezirk Telemark nicht abseits. Frühzeitig nutzte man die Ressourcen der Wasserkraft und baute riesige Kraftwerke ins Fjell. Heute können Sie die Anlagen besichtigen. Das Zähmen der Wasserenergien war eine Voraussetzung für das Wachstum des modernen Telemark. Norsk Hydro, heute weltgrößter Produzent von Kunstdünger, begann 1905 sein Unternehmen in Rjukan - hier präsentiert sich Ihnen heute die abenteuerliche Geschichte dieses Konzerns.

Telemark inspiriert!

Unsere herrliche, vielfältige Natur hat bedeutende Maler und Künstler inspiriert. Edvard Munch nannte Kragerø »die Perle unter den Küstenorten«, und bekannte norwegische Maler wie Cappelen, Skredsvig und Egedius haben Telemark auf der Leinwand verewigt. In vielen Ausstellungen und Galerien können Sie dies erleben. Sehenswert ist die Vinje Billedgalleri, die in genialer Weise ins Fjell gebaut wurde - dorthin, wo die Künstler selbst saßen und arbeiteten.

Norwegens bekanntester Dichter, Henrik Ibsen, wurde in Skien geboren, der Hauptstadt des Bezirks Telemark. Erinnerungen an seine Kindheit und sein späteres Leben werden in seinem Geburtshaus, unweit von Skien, und im Bezirksmuseum lebendig gehalten.

Natur und Klima

Bedingt durch seine südliche Lage, besitzt Telemark eine äußerst fruchtbare Natur. Am südlichsten Zipfel des Landes grenzt die spannende Insel Jomfruland direkt an das offene Meer. Von der letzten Eiszeit mit einem Moränenrücken geformt, bietet Jomfruland neben fruchtbarem Weideland und einem imposanten alten Leuchtturm vor allem herrliche Badestrände. Woher der Inselname »Jungfrauland« rührt, fragen Sie am besten die Inselbewohner selbst. Bei der Weiterfahrt an der Küste durch die Schären Richtung Langesund kommen wir durch eine Gegend, die ein bekannter englischer Globetrotter einmal als das Schönste bezeichnetet, was er je gesehen hatte. Kehren wir dem Meer den Rücken zu und fahren hinauf in die Fjellregionen von Telemark, dann kommen wir durch eine Waldlandschaft, die von Bergen, Fjell und Wasser umkränzt ist. Sie durchzieht der Telemarkkanal - der 110 km lange Wasserweg, der von der Küste bis zum Fuß des Nationalparks Hardangervidda ins Land hineinreicht. Seit hundert Jahren sind die Besucher von dem Schleusensystem beeindruckt, das die Schiffe und Boote bis zu 72 Meter über Meeresspiegel hochschleust. Mit einem Ausflugsboot oder auch mit dem eigenen Freizeitboot können Sie diese einmalige Wasserstraße befahren.

In den nördlichen Regionen von Telemark lockt die Hardangervidda mit gluckernden Gebirgsbächen, würzigfrischer Bergluft und einem weit ausgedehnten Netz von Wanderwegen für diejenigen, die lange oder kürzere Touren in ursprünglicher Natur unternehmen wollen. Auf der Hardangervidda eröffnete der Norwegische Wanderverein (DNT) bereits vor über hundert Jahren seine erste Übernachtungshütte. Viele sind seither hinzukommen. Heidekraut, Waldbeeren und umherziehenden Rentierherden locken in die unendliche Weite.

Für weitere Informationen wenden Sie sich bitte an:

Telemark

Telemark Reiser, N. Hjellegt. 18,
Postboks 743, N-3701 Skien,
Tel. 0047 - (0)3 - 53 03 00,
Fax 0047 - (0)3 - 52 70 07

Mandal & Lindesnes

Angeln und Erholung an Norwegens Südspitze

An der südlichsten Spitze Norwegens bietet die brausende Nordsee von Frühlingsanfang bis weit in den Herbst hinein die besten Angelplätze. Dorsch, Weißfisch, Lengfisch und Seelachs stehen gut und warten in der Tiefe. Lachs und Forelle sind in unsere vielen Flüsse zurückgekehrt. In Seen und Bächen beißen Forelle und Barsch - eine Folge von Kalken sowie Aussetzen von Jungfisch. Eine saubere Natur und frische Luft sorgen dafür, daß der Wald in jedem Spätsommer und Herbst voller Beeren und Pilze ist. In Norwegen hat jeder das Recht, sich mit den Früchten des Meeres und des Waldes zu versorgen, Sie müssen nur daran denken, die staatliche Angellizenz für Binnengewässer zu kaufen und Rücksicht in Feld und Wald zu zeigen. Die meisten Übernachtungsbetriebe haben eine große Tiefkühlkapazität, so daß Sie bis in den Winter hinein mit vielen guten Mahlzeiten versorgt werden, an die sicher manche Erinnerung geknüpft ist.

Das Gebiet um Mandal und Lindesnes kann viele Übernachtungsmöglichkeiten anbieten: Hotels, Jugendherbergen, Campingplätze, Sommerhäuser, Ferienwohnungen und Hütten am Meer oder an Angelgewässern. Wenn Sie nicht aufs Meer hinaus wollen, können Sie auch ausgezeichnet im inneren Schärengewässer angeln, wo Seelachs, kleine Dorsche und Makrelen gerne beißen. Sind Sie kein Angelfreund, dann kann die Küste für Sie ein Eldorado sein, falls Sie gerne windsurfen, segeln, tauchen oder in Wald und Feld spazierengehen.

Mandal mit seinen alten, weißen Holzhäusern ist das Zentrum des Gebietes. An den meisten Tagen herrscht in den Straßen der Stadt ein buntes Treiben. Mandal bietet ein Fischerei- und Seefahrtsmuseum, verschiedene Kunstausstellungen, viele Badestrände und eine gemütliche Einkaufsatmosphäre im Zentrum. Darüber hinaus ist Mandal auch ein zentraler Ausgangspunkt für Tagestouren zu anderen Orten und Sehenswürdigkeiten in Südnorwegen z. B. zum Tier- und Freizeitpark Kristiansand.

Vigeland ist das Zentrum der Gemeinde Lindesnes. Der Künstler Gustav Vigeland, dessen Lebenswerk im Vigelandpark in Oslo ausgestellt ist, wurde in Mandal geboren. Er ist mit einer eigenen Grafikausstellung vertreten. Sie finden auch eine ganzjährig geöffnete Kunstgalerie und -werkstatt am Leuchtturm »Lindesnes Fyr«. Die Schären und die Küste von Mandal und Lindesnes sind in der Zeit von Anfang Mai bis Ende September am schönsten. Willkommen zu aktiven, unvergeßlichen Ferien an Norwegens Südspitze!

Skitt fiske! - Petri Heil!

Mandal

Surfen im Skagerrak

Hier läßt sich gut abtauchen!

Bei Svinør

Für weitere Informationen wenden Sie sich bitte an:
Mandal & Lindesnes Turistkontor
Adolph Tidemandsgt. 2
N-4500 Mandal
Tel. 0047 - (0)43 - 60 820
Fax 0047 - (0)43 - 63 066

Color Line
Postfach 2646
2300 Kiel 1
Tel. 0431 - 97 40 90
Fax 0431 - 97 40 920

Preiswerte Ferien auf

Dagsrud

Dagsrud liegt außerhalb von Ulefoss in der Gemeinde Nome, nicht weit vom Telemark-Kanal entfernt. Die Anlage wird umgeben von Wäldern, Feldern und zahlreichen Gewässern. Sie ist ein guter Ausgangspunkt für Ausflüge in Telemark und nach Sørlandet. Der Sommerland-Freizeitpark in Bø, die Ibsen-Stadt Skien, die Stabkirche von Heddal und natürlich die Schleusen des Telemarkkanals sind schnell erreichbare Ausflugsziele. Es bestehen gute Wander-, Angel- und Bademöglichkeiten in nächster Umgebung. Man kann Bootsfahrten auf dem Gewässernetz des Telemarkkanals (von Skien nach Dalen), Paddeltouren und Fahrradfahrten auf wenig befahrenen Nebenstraßen unternehmen.

Hier werden preiswerte Kleinappartements angeboten, die Platz für 2 oder 4 Personen bieten. Sie sind hervorragend für Selbstversorger geeignet, die auf kostengünstige Unterbringung Wert legen. Sie sind schon ab DM 295,- pro Woche zu buchen.

Für DM 598.- pro Person bieten wir das Dagsrud-Paket an, das u.a. die An- und Abreise mit der Larvik Line, 7 Übernachtungen auf Dagsrud, eine Bootsreise auf dem Telemarkkanal, einen Tag im Sommerland von Bø und einen Tag freien Eintritt zu den wichtigsten Sehenswürdigkeiten von Oslo (großer Tagesausflug) beinhaltet.

Dagsrud ist auch ein Teil der FJORDTRA-Rundreisepakete für Autotouristen, mit kompletten Rundreisen durch die schönsten Teile Norwegens, und das schon für unter DM 1.000,-!

Für weitere Informationen wenden Sie sich bitte an:

Dagsrud, Nome Kommune, N-3745 Ulefoss
oder

FJORDTRA Handelsgesellschaft mbH
Rosastr. 4-6
4300 Essen 1
Tel.: 0201 - 79 14 43
Fax: 0201 - 79 18 23

Dagsrud

Der Telemarkkanal bei Lunde

Sørlandet/Telemark

Das Fjordland

Geiranger

Zu Norwegens Fjordland gehören die vier Bezirke Rogaland, Hordaland, Sogn og Fjordane und Møre og Romsdal. Die Küstenlinie, wenn man die Inseln und die tief ins Land hineinreichenden Fjorde mitrechnet, ist sage und schreibe 18.000 km lang!

Die Fjorde

Die Eiszeit hat sie uns geschenkt - Norwegens einzigartige Fjorde. Sie beginnen im Süden mit dem schmalen Lysefjord und dem fast buchtartigen Boknafjord, es folgen berühmte Namen wie Hardanger-, Sogne-, Nærøy- und Geirangerfjord in nördlicher Richtung.

Blick vom Preikestolen (»Kanzel«) am Lysefjord

Bis zu 200 km dringen sie ins Land hinein, und bis über 1.300 m können sie tief sein - so tief, wie die umliegenden Berge hoch sind. Kein Wunder also, daß auch große Kreuzfahrtschiffe bis ins Innerste hineinfahren können. Aber selbst die größten Dampfer sehen zwischen den hohen Bergen wie Spielzeugboote aus.
Ursprünglich waren die Fjorde Flußtäler. Die riesigen Gletschermassen der Eiszeit, die vor einer Million Jahren die Erdoberfläche formten, haben das Tal verbreitert und verlängert. Dabei wurde es bis weit unter den Meeresspiegel ausgeschliffen, am tiefsten im Landesinneren, wo das Gewicht der Eismassen am größten war. An der Küste, wo der Druck des Eises geringer war, blieb auch die Wirkung kleiner, doch sie reichte aus, daß im Laufe der Zeit Meerwasser über die Schwelle eindringen konnte. Vor 10-20.000 Jahren zog sich das Eis zurück - und die Fjorde waren entstanden.

Die Straßen

Fjordufer sind meist Bergufer. Die Straßen, die an ihnen entlangführen, folgen dem Verlauf der Uferlinie. Das verlängert die Fahrt und erklärt, wie die langen Kilometerangaben auf den Karten zustande kommen. Aber dadurch wird die Fahrt auch faszinierend: Hinter jeder Kurve öffnen sich neue Ausblicke, nach einem kurzen Tunnel taucht eine neue Bucht mit lieblichen Wiesen, Waldhängen und einem kleinen Ort mit bunten Holzhäusern auf. Plötzlich donnert ein Wasserfall vom Berg herab, verschwindet in riesigen Röhren und übersprüht die Straße mit seiner Gischt. Übrigens - im Tunnel oder hinter einer Kurve kann man auch schon mal eine Herde Schafe oder Ziegen antreffen, die gemütlich mitten auf der Straße liegen. Da hilft keine Diskussion, nur Bremsen und Warten, bis die Tiere sich davonbemüht haben. Wehe dem, der hier zu schnell fährt.

Gletscherzunge Briksdalsbreen

Im Zentrum von Bergen

Nordfjord bei Utvik

Die Paßstraßen von den östlichen Landesteilen ins Fjordland und zwischen den Fjorden bieten selbst trainierten Fahrern aufregende Serpentinenerlebnisse. Die Haarnadelkurven des Trollstigen, der Adlerstraße oder der Straße nach Lysebotn sind berühmt und locken viele Touristen an. Echte Fans stellen sich Rundtouren mit möglichst vielen aufregenden Strecken zusammen - und davon gibt es reichlich.

Die Fähren
Nicht überall kann man Brücken bauen (zum Glück). Manchmal endet die Straße an einem Anleger, und man sieht schon, wie eine Fähre sich vom gegenüberliegenden Ufer nähert. Fährfahrten sind willkommene Unterbrechungen, denn im Urlaub hat man Zeit zu reisen statt zu rasen. Auf der Überfahrt kann auch der Fahrer in Ruhe das Auge schweifen lassen, zu grünen Hängen, schroffen Bergen und weißen Gletscherkappen.

Die Erlebnisse
Es ist nicht leicht, im Fjordland faul zu sein. Zu viele Angebote locken. Angeln in Süßwasser und im Meer, Wanderungen, geführte Gletschertouren, Fjordkreuzfahrten, Rundflüge, Segeltörns, kulturelle Leckerbissen in den Städten und kleinen Orten, Obstblüte in Hardanger, Angelfestivals ... Selbst Bahnfahren wird mit der Flåmbahn zum Abenteuer. Bei der Vorstellung der einzelnen Bezirke wird auf die Erlebnismöglichkeiten näher eingegangen.

Landschaft in Møre og Romsdal

47

Rogaland

Stavanger

In Rogaland beginnt Norwegens Fjordland. Dieser südlichste Fjordbezirk mit seiner Hauptstadt Stavanger ist eine kontrastreiche Landschaft, sowohl was die Natur als auch die Kultur betrifft. Altes und Neues liegt hier dicht nebeneinander.

Die Südwestküste ist noch Teil der südnorwegischen Badeküste mit kilometerlangen Sandstränden in Jæren. Die »Nordseestraße« (Str. 44) von Flekkefjord in Vest-Agder nach Stavanger erschließt diese Landschaft.

Bei Stavanger aber beginnt endgültig das Fjordland. Etwas versteckt liegt der lange, schmale Lysefjord mit dem berühmten Felsen »Preikestolen« - ein Muß, wenn man diese Ecke Norwegens besucht. Der Felsen ist zu Fuß (mit etwas Kondition) und neuerdings auch auf dem Pferderücken zu erreichen.

Stavanger - vielleicht die Stadt mit den größten Kontrasten im ganzen Land. Sie ist einerseits Ölmetropole mit modernem, pulsierendem Leben, andererseits lädt sie mit ihren hübschen, gepflegten Holzhäusern in der Altstadt, dem ehrwürdigen Dom aus dem Jahr 1125 und so ausgefallenen Museen wie Konservenmuseum und Ölmuseum zum Bummeln und Schauen ein.

Geschichte wird auch in Rogaland sichtbar: z.B. im Kloster Utstein mit seinen alten Gebäuden und sommerlichen Konzerten; in Haugesund, wo das monumentale Haraldshaugen-Denkmal an die Schlacht am Hafrsfjord erinnert, in der König Harald Schönhaar 872 seine Gegner besiegte und Norwegen erstmals - aber noch nicht auf Dauer - zu einem Reich vereinte; beim Auswandererfestival in Stavanger, das an die große Emigration nach Amerika erinnert, die hauptsächlich über den Einschiffungshafen Stavanger stattfand.

Am »Preikestolen«

ROGALAND

- Gesamtfläche: .... 9.141 km²
- Einwohner: 330.000

Städte / Einwohner:
- Stavanger: 98.600
- Sandnes: 42.000
- Haugesund: 27.500
- Egersund: 13.000

Entfernungen (ab Stavanger):
- Oslo: .... 584 km
- Bergen: .... 163 km
- Kristiansand S: .... 256 km
- Larvik: .... 455 km
- Trondheim: .... 819 km

Verkehrsflugplätze:
- Stavanger
- Haugesund

Bahnverbindungen:
- Stavanger - Kristiansand - Oslo

Fährverbindungen:
- Newcastle - Stavanger (- Bergen)

Sehenswürdigkeiten:
- Lysefjordstraße mit 28 Haarnadelkurven, Lysebotn
- »Preikestolen« (Kanzel), 600 m hoher Felsen, Lysefjord
- Kongeparken, Abenteuerpark an der E 18, Ålgård
- Jernaldergården (Siedlung aus der Eisenzeit), Stavanger
- Wasserkraftwerke Suldal / Hjelmeland
- Strände der Landschaft Jæren
- Dom, Stavanger
- Archäologisches Museum, Stavanger
- Skudeneshavn, idyllischer Küstenort auf Karmøy
- Lachsstudio, hinter Glas kann man beobachten, wie der Lachs flußaufwärts schwimmt, Sand

Ausflugsmöglichkeiten:
- Fußweg zum Preikestolen
- Bootstour in den Lysefjord, Preikestolen, Lysebotn, Besuch des Wasserkraftwerks
- Verschiedene Rundtouren mit Auto, Fähre oder Expreßboot
- Spaziergang zum Wasserfall Månafossen
- Fahrradtouren entlang der Strände von Jæren und auf den Inseln
- Ryfylkevegen (Straße 13)
- Nordsjøveien (Straße 44)

Veranstaltungskalender S. 275 ff.

Weitere Informationen:
Rogaland Reiselivsråd
Øvre Holmegt. 24
N - 4006 Stavanger
Tel. 0047 - (0)4 - 53 48 34 / 52 39 35
Fax: 0047 - (0)4 - 56 74 63

ROGALAND

Rogaland
Das südliche Fjordnorwegen

Was die Anziehungskraft des südlichsten Fjordbezirks Rogaland ausmacht, ist unmöglich auf einen Nenner zu bringen. Nicht nur die Nordsee zeigt hier am Übergang zwischen der Südküste und dem westlichen Fjordland ganz unterschiedliche Gesichter, sondern auch im Binnenland wechseln Fjordarme, die sich tief zwischen die Berge eingegraben haben, mit stillen Gebirgsseen, schroffen Felswänden, aber auch saftiggrünen Weiden und goldgelben Kornfeldern.

So wie sich die Natur Rogalands auf Schritt und Tritt in anderen Facetten präsentiert, so unterschiedlich sind auch Dörfer, Orte und Städte, die den Besucher zum Verweilen einladen. Winzige Fischersiedlungen, in denen das Ein- und Ausfahren der Fischerboote den Tagesrhythmus regelt, Landwirtschaftsgemeinden, aber auch die Ölmetropole Stavanger, die keineswegs ein norwegisches »Dallas« ist, wie viele Besucher überrascht feststellen. Wer durch das Altstadtviertel »Gamle Stavanger« bummelt, fühlt sich um Jahrhunderte zurückversetzt. Dennoch haben im Bezirk Rogaland auch moderne Industrien, Dienstleistungen und Handelseinrichtungen des 20. Jahrhunderts ihren festen Platz.

Durch seine südliche Lage ist Rogaland besonders bei denjenigen Urlaubern beliebt, die eine kurze Anreise bevorzugen. Sei es mit dem Flugzeug - direkt nach Stavanger - oder mit dem Auto, das man auf einer der vielen modernen Fähren mitnehmen kann, die das Skagerrak in wenigen Stunden überqueren.

Damit Sie die Schönheiten Rogalands in aller Ruhe und mit Ihrem eigenen Tempo erfahren können, stellen wir Ihnen hier drei Touristenstraßen vor, die abseits der Schnellstraßenverbindung viel Sehenswertes und jede Menge Naturerlebnisse bieten. Beginnen wir im Süden mit der **Nordseestraße**, die von Flekkefjord an der Küste entlang nach Stavanger führt. Auf der rund 160 km langen Strecke gibt es zahlreiche Möglichkeiten, Angel und Badezeug auszupacken, oder alte Leuchttürme, Bauernhöfe und sehenswerte Kirchen zu besichtigen.

Durch die wilde Ryfylke-Region führt die Straße 13, die **»Ryfylkestraße«**. Sandnes, südlich von Stavanger und Røldal im nordöstlichen Teil sind Anfangs- und Zielorte. Am Übergang zwischen Meer und Hochgebirge liegen liebliche Fjorde, tosende Wasserfälle und schneebedeckte Gipfel. Eine ganz besondere Herausforderung für gestandene Automobilisten stellt der **»Tronåsen«** dar, eine historische Straßenverbindung, die im letzten Jahrhundert die Hauptverbindung zwischen den Bezirken Rogaland und Vest-Agder bildete. Seit dem letzten Sommer wurde die lange stillgelegte, kurvenreiche Bergtrasse über den Tronåsen für die Sommermonate wieder geöffnet. Aber Vorsicht: Die Strecke hat an ihrer steilsten Kehre 35 Prozent Steigung und galt in den dreißiger Jahren als schwierigste Etappe der Monte Carlo-Rallye.

»Preikestolen«, die Felsenkanzel

Dieses Bergplateau, das im Deutschen »die Kanzel« heißt, ist mit 600 m ü.d.M. im wahrsten Sinne des Wortes ein Höhepunkt. Australier, Österreicher, Israelis, Deutsche, Schweden und Franzosen, ja sogar Gäste aus Peru und noch vielen anderen Ländern kommen auf den »Preikestolen«, um die einmalige Aussicht zu genießen und das Kribbeln zu verspüren, wenn der Blick vom Felsrand senkrecht nach unten zum Lysefjord fällt.

Den Weg zu diesem einzigartigen Felsplateau kann man auf einer zünftigen Wanderung zurücklegen oder auch sich gemütlich auf dem Pferderücken hinaufschaukeln lassen. Wer den Blick in die schwindelnden Höhen vom Fjord aus schweifen lassen will, kann mit den Fähren »Ombo« und »Sjernarøy« direkt von Stavanger aus in den Lysefjord bis Lysebotn einfahren. Von dort windet sich der »Lysebotnvei« in 27 Haarnadelkurven hinauf zu phantastischen Aussichtspunkten über den Fjord. Durch die neue Fährverbindung bieten sich spannende Rundreisemöglichkeiten an, wie z.B. eine Tagestour von Stavanger über Lysebotn ins Sirdal und zurück, oder eine Zweitagestour von Stavanger aus über die neue, durchgehende Straßenverbindung ins Setesdal. Bei der individuellen Reiseplanung hilft man Ihnen gern in den Touristeninformationen.

Ein Wasserparadies

Rogaland ist ein wahres Paradies für alle Wasserfreunde. Das gilt nicht nur für Motorboot- und Segelbootfahrer, die in der Insel- und Schärenwelt traumhafte Möglichkeiten vorfinden. Das gilt mindestens ebenso für die Angler. Ob auf hoher See oder in tiefen Süßwasserseen - die Angelbedingungen sind ideal. So können z.B. Lachsangler ihren aufregenden Sport in Rogaland an drei der zehn besten Lachsflüsse Norwegens ausüben. Aus den Flüssen Ognaelva, Håelva und Figgjoelva werden in guten Jahren rund 20.000 kg Lachs an starken Angelschnüren herausgezogen, eine wahrlich stolze Ausbeute. Laien, denen dieses Unterfangen zu feucht und zu anstrengend ist, die den kräftigen Fisch aber dennoch auf seinen Wegen beobachten wollen, können dies in einem einzigartigen »Laksestudio« bei Sand. Hier stehen die Besucher hinter einer sechs Zentimeter dicken Glasscheibe an einer Lachstreppe im Suldalslågen und können den gegen den Strom schwimmenden Fisch auf seiner Wanderung genau verfolgen.

Das mächtige »Preikestolen«-Plateau

An der Küste von Jæren

Fjord-Norwegen

Fjord-Norwegen

Haugesund
Eng mit dem Meer verbunden

Mit der Nordsee direkt vor der Haustür brechen keineswegs die Sturmfluten über die Küstenstadt Haugesund herein, die sich an der Südwestküste im nördlichen Rogaland erstreckt. Ein Gürtel von Inseln schützt seit vielen hundert Jahren die einst kleine Fischersiedlung, die im vorigen Jahrhundert durch reiche Heringsfischerei schnell anwuchs. Heute hat Haugesund 27.500 Einwohner.

Beim Einkaufsbummel im Stadtzentrum stößt man nicht nur auf ein vielfältiges Ladenangebot mit Preisen, von denen Einheimische meinen, es seien die billigsten im ganzen Land, sondern auch auf schmucke Holzhäuser, die um die Jahrhundertwende errichtet wurden. Unser Spaziergang durch Haugesund führt natürlich auch am Hafen vorbei. Dort lasten Versorgungsschiffe für die Bohrplattformen in der Nordsee; im Yachthafen dümpeln Segelschiffe aus nah und fern. Der Gästehafen Smedasundet mit seinem ausgezeichneten Service gilt als einer der schönsten an der Westküste.

Auch bedeutende Sehenswürdigkeiten und Denkmäler aus der Wikingerzeit und dem Mittelalter finden sich in Haugesund. Das Nationalmonument, ein 17 m hoher Granitobelisk, steht auf dem Hügel »Haraldshaugen« als Symbol für die Einigung Norwegens, die König Harald Haarschön 872 bewirkte. In seiner Nachbarschaft befindet sich »Krosshaugen«, der Kreuzhügel, ein alter Thingplatz, auf dem eines der ersten Steinkreuze in Norwegen um das Jahr 1000 errichtet wurde. Der Campingplatz bei Haraldhaugen gilt auf Grund seiner Einrichtungs- und Serviceangebote als erstklassig.

Im Hafen von Haugesund

Den Brückenkopf der mächtigen Karmsundbrücke krönen »die fünf törichten Jungfrauen«, fünf Bautasteine. Auch die Avaldnes Kirche von 1250 und das Kupferbergwerksmuseum in Visnes sind lohnende Ausflugsziele nur wenige Minuten vom Stadtzentrum entfernt.

Bootstouren von Haugesund aus bringen Sie in 1,5 Std. Überfahrt nach Utsira, eine der westlichsten Inselgemeinden Norwegens, oder auch zur idyllischen Inselgruppe Røvær, deren hundert Einwohner Bürger von Haugesund sind. Dort serviert man während der Sommermonate typisch norwegische Gerichte in einem restaurierten Bootshaus. Hervorragende Angelmöglichkeiten von Land und auf hoher See locken jedes Jahr die Sportfischer nach Haugesund. Beim Nordseefestival Mitte Juni wetteifern jährlich internationale Teilnehmer um die dicksten Fänge beim Hochseeangeln. Haugesund bietet zudem mehr als 20 lohnende Ziele für Sporttaucher. Und wer etwas vom regen Kulturleben der Küstenstadt schnuppern will, sollte sich das Norwegische Filmfestival nicht entgehen lassen, das Mitte August stattfindet.

Badestrände, Fjorde, ein abwechslungsreiches Hinterland für Tagestouren - Haugesund versammelt die ganze Vielfalt Norwegens in seiner Umgebung. Und nach einem erlebnisreichen Tag können Sie auch noch lange Abende in vielen Restaurants, Pubs, Nachtlokalen und erstklassigen Diskotheken verbringen.

Weitere Informationen erhalten Sie über

REISETRAFIKKFORENINGEN FOR HAUGESUND
Smedesundet 90
N-5500 Haugesund
Tel. 0047 - (0)4 - 72 52 55
Fax 0047 - (0)4 - 71 14 70

»Flaggruten«
Ein erstklassiger Seeweg

Die norwegische Küste zwischen Stavanger und Bergen ist eine äußerst attraktive Region. Hier verkehren seit über dreißig Jahren die modernen Schnellboote der Reederei »Flaggruten«. Ihr hoher Komfort, Schnelligkeit und Sicherheit sowie der ausgezeichnete Service an Bord machen den Seetörn zu einem unvergeßlichen Urlaubserlebnis. Steigen Sie in Stavanger auf die Katamarane »Sleipner« oder »Draupner«, dann kreuzen Sie zuerst durch das Insel- und Fjordreich von Ryfylke. Auf dem Weg nach Haugesund passiert das Schiff den Boknafjord, legt kurz auf der Insel Karmøy in Kopervik an und erreicht dann Haugesund, die Stadt des norwegischen Filmfestivals, die zudem auf eine lange Tradition als Seefahrts- und Heringsstadt zurückblicken kann. Zahlreiche kleine Segel- und Freizeitboote begleiten die Weiterfahrt durch den Smedasund, bevor das Schnellboot Richtung Mosterhavn Kurs aufs offene Meer nimmt.

Für eine behagliche und komfortable Überfahrt sind die »Flaggruten«-Schnellboote bestens ausgerüstet. In zwei Salons und einer Cafeteria verwöhnt man Sie mit Speisen und Getränken, während für die jüngsten Reisenden in einer Spielecke mit Kinderkino bestens gesorgt wird. Selbst »big business« ist zwischen Stavanger und Bergen kein Problem: Mit Telefon und Telefax sind Sie auch auf hoher See immer mit aller Welt verbunden. Wem die Brise Meerluft an Deck einmal zu frisch sein sollte, der kann die kontrastreiche Küstennatur durch großflächige Panoramafenster erleben.

In weniger als vier Stunden sind Sie bereits von der Ölmetropole Stavanger in die Fjordhauptstadt Bergen gereist. Von Zentrum zu Zentrum. Und ein spannendes Stück norwegischer Natur haben Sie außerdem noch kennengelernt. Mit »Flaggruten« erlebt man die norwegische Küste von ihrer schönsten Seite.

Flaggruten - schnell und sicher zwischen Bergen und Stavanger

Weitere Informationen erteilt Ihnen

Flaggruten
Postboks 2005 Nordnes, N- 5024 Bergen
Tel. 0047 - (0)5 - 23 87 00, Fax 0047 - (0)5 - 23 87 01

Stavanger – wo die Fjorde beginnen

Dank ihrer Lage an der Südwestküste Norwegens ist die Hafenstadt Stavanger der Ausgangspunkt für alle, die in die Fjordgebiete reisen wollen. Hier legen Fähren und Schnellboote ab und fahren zu den Fjorden von Ryfylke oder weiter zu den nördlichen Fjordgebieten rings um die berühmten Hardangerfjord und Sognefjord. Man kann von Stavanger aus auch eine direkte Verbindung nach Bergen wählen. Es bieten sich interessante Tagestouren per Boot an, zum Beispiel zum Lysefjord und seinem berühmten Felsen namens »Preikestolen« (Kanzel) oder mit der Fähre nach Mosterøy, wo ein Konzertbesuch im alten Kloster lohnt. Für Autofahrer ist die Stadt ein idealer Ausgangspunkt, um den Bezirk Rogaland zu erkunden. Man fährt entweder auf der beliebten Küstenstrecke, der sog. »Nordsee-Straße«, oder auf der »Ryfylke-Straße« (Str. 13), die durch die rauhe Landschaft von Ryfylke führt. Stavangers Lage macht verständlich, warum sich die Stadt schnell zu einer wichtigen Hafen- und Handelsstadt entwickelte. So stößt man denn auch bei einer Stadtbesichtigung auf zahlreiche Kulturdenkmäler, die das belegen. Zunächst ist natürlich der Hafen zu nennen, der gemeinsam mit dem Markt noch heute den lebendigen Stadtkern bildet. Hier legen die Fischkutter an, und die Ware wird sofort an die Kunden verkauft. Frische Krabben direkt aus dem Meer, wem läuft da nicht das Wasser im Mund zusammen? Ebenfalls zu empfehlen ist ein Spaziergang durch »Gamle Stavanger« mit seinen hübsch restaurierten historischen Häusern, die im typischen Weiß der südnorwegischen Hafenstädte aus dem 18. und 19. Jahrhundert leuchten. Wer mehr über Wachstum und Blütezeit dieser alten Hafenstadt erfahren möchte, sollte unbedingt ein paar Stunden im Seefahrtsmuseum zubringen. Neben Abteilungen über Fischerei, Handel und Schiffsbau findet man dort auch einen Krämerladen wie in früheren Zeiten, außerdem das Büro einer Reederei und die Wohnung eines reichen Kaufmanns.

Ein Schlüssel als Symbol

Stavanger ist auch eine Industriestadt. Die Fischverarbeitung, besonders von Sprotten, wuchs zu einem wichtigen Industriezweig heran. So wundert es nicht, das der Dosenöffner gleich einem Schlüssel zum Symbol der Stadt geworden ist. Ob Räuchereien, Blechschmieden oder Konservenfabriken: früher war mehr als die Hälfte der Bevölkerung in diesen drei Betriebssparten tätig. Um die Stadt richtig kennenzulernen, lohnt es sich, den Schlüssel (Öffner) sozusagen in die Hand zu nehmen und dem Konservenmuseum einen Besuch abzustatten. Hier wird dem Betrachter auf didaktische Weise alles nahegebracht, was mit einer Konservenfabrik zusammenhängt.

Doch besagter Schlüssel öffnet noch andere Türen. Wahrscheinlich ist es der günstigen südwestlichen Lage Stavangers zu verdanken, daß die Stadt das wichtigste Emigrationszentrum wurde. Während der enormen Auswanderungswelle in der zweiten Hälfte des vorigen Jahrhunderts begann die Schiffsreise nach Amerika meist in Stavanger. Heute leistet das Emigrationszentrum sowohl Norwegern als auch Amerikanern Hilfe bei der Suche nach früheren Verwandten. Zur Stimulierung gegenseitiger Kontakte wird jedes Jahr im Juni ein Auswandererfestival organisiert, mit zahlreichen Ausstellungen, Konzerten, Volkstanz und Theateraufführungen. Auch diejenigen, deren Vorfahren nicht aus Norwegen stammen, können an diesen Festivitäten nach Herzenslust teilnehmen.

Stavanger – eine Stadt, in der man sich zu Hause fühlt

Stavanger ist eine »kleine große« Stadt mit dem Flair einer Großstadt. Als Zentrum der norwegischen Offshore-Industrie hat sie sich weltweit einen Namen gemacht. Dennoch hat die Stadt nichts von ihrem Charme verloren und man kann sich hier als Tourist wirklich zu Hause fühlen. Natürlich gibt es zahlreiche besondere Sehenswürdigkeiten wie zum Beispiel den prachtvollen Dom aus dem 12. Jahrhundert. Apropos alte Baukunst: einen Abstecher nach Ullandhaug sollten Sie auf gar keinen Fall versäumen. Dort wurde bei archäologischen Ausgrabungen ein Bauernhof aus dem 4. Jahrhundert entdeckt und so gut wie möglich re-konstruiert. In diesem Zusammenhang sei auch noch Svartehola in Viste erwähnt, eine Grotte, die zwischen 6000 und 350 vor Chr. periodisch bewohnt wurde. Aus späterer Zeit, aber nicht weniger interessant, stammen noch einige Patrizierhäuser wie Ledaal und Breidablikk.

Wie man sieht, hat Stavanger viel mehr zu bieten als »nur« Geschichte. Das kann man auch abends feststellen, wenn man die Stadt durchstreift, um die Restaurants, Cafés oder Diskotheken zu besuchen. Einige Zahlen können das verdeutlichen: in Stavanger gibt es über vierzig Restaurants, darunter sogar ein mexikanisches und ein japanisches; ferner mehr als fünfzig Bars, Diskotheken und Nachtklubs, in denen sich Leute von heute rundherum wohlfühlen können.

Ganz gleich, welche Reiseart man bevorzugt, Stavanger ist immer leicht zu erreichen. Man kann aus Oslo per Zug oder von den Niederlanden mit der Fähre kommen, oder einen Direktflug zum zweitgrößten internationalen Flughafen Norwegens buchen. Selbst mit dem Fahrrad kann man hierher gelangen oder mit dem Segelboot im komfortablen, mitten in der Stadt gelegenen Gästehafen anlegen, der sogar mit Waschmaschine und Wäschetrockner ausgestattet ist.

Egal, wie Sie nach Stavanger reisen und was Sie dort zu unternehmen gedenken, Sie werden sicher auf Ihre Kosten kommen!

An einem warmen Sommerabend

In den Straßen von Alt-Stavanger

Für weitere Informationen wenden Sie sich bitte an:

Stavanger Reiselivslag
Postboks 11, N-4001 Stavanger
Tel. 0047- (0)4 - 53 51 00, Fax 0047- (0)4 - 53 26 00

Fjord-Norwegen

Fjord-Norwegen

Skudeneshavn
Inselromantik auf Karmøy

Eine idyllische Ansammlung weißer Holzhäuser aus dem 17. und 18. Jahrhundert auf einem schmalen Landstreifen am Hafen, üppig blühende Gärten und schöne alte, restaurierte Lagerhäuser bilden das kleine Zentrum von Skudeneshavn, das beim norwegischen Wettbewerb um den bestbewahrten Ort als zweiter Sieger hervorging. Zum einen scheint die alte Fischerdorfromantik aus den Zeiten der Segelschiffe hier noch ganz lebendig, aber gleich nebenan gibt es auch das lebhafte Treiben im modernen Gästehafen, der mit allem Komfort ausgestattet ist. Daß es sich lohnt, hier eine Weile zu bleiben, entdeckt man während eines Spaziergangs entlang der Søragadå: Man kann das alte Skudeneshavn im Museum Mælandsgården zurückverfolgen, oder eine der vielen wechsenden Ausstellungen in den Kunstgalerien bewundern. Die Ausflugsziele auf der Insel Karmøy sind fast unbegrenzt. Das Grubenmuseum des stillgelegten Kupferbergwerks in Visnes bietet neben interessanten Besichtigungsmöglichkeiten auch Reitmöglichkeiten in die Umgebung, in der Visnes Natursammlung findet man die ganze Vogel- und Tierwelt der Insel Karmøy versammelt, und im Fischereimuseum tummeln sich sogar lebendige Salzwasserfische in den Aquarien.

Aus der Liste der Übernachtunsmöglichkeiten, die Sie in der Touristeninformation erhalten, seien hier nur die beliebten Ferienhäuser erwähnt, die direkt am Wasser liegen und zum Angeln vor der Haustür einladen.

Zum Hochseeangeln bringt Sie M/S »Skudeholm« von Skudeneshavn aus hinaus zu den besten Fischgründen. Höhepunkte für alle Petrijünger sind natürlich die jährlichen Angelfeste, die auf der Insel bereits Tradition geworden sind.

Eine ebenfalls beliebte Tagestour führt zur Ölmetropole Stavanger, die man nach nur einstündiger Fahrt mit der Fähre von Karmøy aus erreicht.

Romantisches Skudeneshavn

Zur Abwechslung raten wir Ihnen, Karmøy zu Fuß, per Fahrrad oder auf dem Pferderücken zu entdecken. Und an einem schönen Tag kann man an den Sandstränden liegen, in der Sonne faulenzen und das Leben genießen!

Weitere Informationen bei:
Karmøy Kommune
Touristeninformation im Rathaus
N-4250 Kopervik
Tel. 0047 - (0)4 - 85 22 52
Fax 0047 - (0)4 - 85 22 32
im Sommer:
Karmøy Touristeninformation, N-4280 Skudeneshavn
Tel. 0047 - (0)4 - 82 72 22, Fax 0047 - (0)4 - 82 82 21

Ryfylkestraße
Die Erlebnisstraße durch Fjordnorwegen

Nur wenige Gegenden können ihren Besuchern so vielfältige Erlebnisse bieten wie Ryfylke. Dramatische Fjorde, unzählige Inseln und idyllische Fischerdörfer entlang der Küste grenzen unmittelbar an schroffes Hochgebirge, das einem schier den Atem nimmt. Wandert man jedoch die steilen Hänge hinauf, überraschen die ausgedehnten Hochgebirgsebenen mit ungeahnten Ausblicken.

Durch die fünf westnorwegischen Gemeinden Forsand, Strand, Hjemeland, Suldal und Sauda führt die Ryfylkestraße. Von Sandnes, südlich der Ölmetropole Stavanger gelegen, führt sie dicht an der Küste entlang hinauf nach Røldal, wobei man bei drei Fjordüberquerungen sogar »in See« sticht.

Es sind nicht nur die landschaftlichen Reize, die immer mehr Urlauber nach Ryfylke locken. Entlang der Strecke häufen sich Sehenswürdigkeiten und Aktivangebote. Dürfen wir Ihnen ein wenig davon vorschwärmen?

Unser erstes Tagesziel ist der Lysefjord, den wir von Forsand aus auf einer Fjordrundfahrt erkunden. Der steilste aller Gebirgshänge dort ist der »Preikestol« mit seiner markanten Kanzelform. Am nächsten Tag erklimmen wir ihn und genießen eine phantastische Aussicht. Auch die schmale Lysestraße, die sich kurvenreich von Lysebotn hinaufwindet, ist ein Erlebnis für sich.

Eine besondere Attraktion ist das Lachsstudio in Suldal, wo man den Edelfisch in seinem natürlichen Element beobachten kann. Auf dem nahen See Suldalsvatnet verkehrt der altehrwürdige Passagierdampfer »Suldal«.

Wer die Geschichte von Ryfylke erkunden möchte, findet z.B. mit Felszeichnungen aus der Bronzezeit bei Solbakk, alten Kirchen wie der Årdalskyrkja und den Museumshöfen Vigatun und Jonegarden einige kulturelle Sehenswürdigkeiten. Aber es lohnt sich auch, einen Blick in die Gegenwart zu werfen: In Kvilldal können Sie die größte Wasserkraftanlage Nordeuropas besichtigen. Beeindruckend ist auch eine Führung bei Elkem in Sauda, einem der größten Ferromanganproduzenten. Neben hochmoderner Schmelzofentechnik zeigt die stillgelegte Zinkgrube, unter welchen Verhältnissen man hier früher arbeitete.

Am Preikestolen

Doch kommen wir zurück zur Natur, die in erster Linie für die vielen Erlebnisse in Ryfylke sorgt. Sportangler werfen gern in den kleinen und großen Fjorden ihre Angeln aus oder versuchen ihr Glück in einem der fischreichen Lachsflüsse. Jüngere Familienmitglieder schaukeln auf dem Rücken von Islandponys durch die ursprüngliche Ryfylkenatur. Natürlich bietet die spannende Küstenregion auch unzählige Badestellen sowie Paddel- und Angelmöglichkeiten. Hier können wir Ihnen nur einen kleinen Vorgeschmack auf die vielen Schönheiten und Erlebnisse von Ryfylke geben. Vor Ort können Sie noch viel, viel mehr erleben.

»Reiselivsforeninga Ryfylkevegen«
Postboks 10
N-4208 Saudasjøen
Fax 0047 - (0)4 - 78 21 01

Hordaland

Der Bezirk Hordaland mit seiner Hauptstadt Bergen liegt mitten in Fjordnorwegen. Bergen trägt zu recht den Beinamen »Hauptstadt des Fjordlands«. Traditionell zum Meer hin ausgerichtet, war die Stadt jahrhundertelang auf dem Seeweg besser zu erreichen als auf dem Landweg. Das hat sich in unserer Zeit geändert, gute Straßenverbindungen nach Norden, Süden und Osten sind hinzugekommen - und natürlich Bahn und Flugzeug. Die Bedeutung der Stadt für Westnorwegen ist geblieben. Das Flair und der Charme dieser Stadt sind schwer zu beschreiben, am besten, man erlebt sie selbst.
Eingefleischte Autofahrer und Wohnmobilisten sollten einmal in Erwägung ziehen, den Wagen stehenzulassen, um sich eine Fahrt mit der Bergenbahn und eventuell mit der Flåmbahn zu gönnen. Das ist Landschaftserlebnis pur, auch Rundfahrten (kombiniert mit Fähre/Bus) sind möglich.

Mit Auto oder Schnellboot erreicht man die anderen lohnenden Reiseziele des Bezirks: die Inselwelt nördlich und südlich von Bergen mit ihren Buchten, Sunden und Fjorden, alten Handelsplätzen und Felszeichnungen; den idyllischen Hardangerfjord mit seinen Ausläufern, der besonders im Mai/Juni zur Zeit der Obstblüte seine Pracht vor dem Hintergrund schneebedeckter Berge und des Folgefonna-Gletschers entfaltet; die Hardangervidda, das Paradies für Wanderer und Angler; die Landschaft um Voss mit ihren Wandermöglichkeiten (und im Winter einem der begehrtesten Skigebiete des Landes).

Berühmte Wasserfälle wie z.B. der Vøringfossen im Måbødal, der Låtefossen bei Odda und der Steindalsfossen bei Norheimsund laden zum Anhalten und Schauen ein.

Bergen

Am Hardangerfjord

HORDALAND

- Gesamtfläche: .... 15.634 km²
- Einwohner: 409.000

Städte/Einwohner:
- Bergen: 209.000

Entfernungen (von Bergen):
- Oslo: .... 484 km
- Kristiansand S: .... 513 km
- Voss: .... 134 km
- Gol: .... 291 km
- Florø: .... 240 km
- Trondheim: .... 682 km
- Nordkap: .... 2.306 km

Verkehrsflugplätze:
- Bergen (international)
- Stord (Inland)

Bahnverbindungen:
- Bergenbahn:
  Bergen - Voss - Gol - Oslo
- Flåmbahn: Myrdal - Flåm

Sehenswürdigkeiten:
Bergen:
- Fischmarkt / Bryggen / Fløybahn / Håkonshalle und Rosenkrantzturm / Troldhaugen / Fantoft Stabkirche / Marienkirche / Aquarium / Hanseatisches Museum / Gamle Bergen (Freilichtmuseum) / Bryggens Museum / Seilbahn zum Aussichtsberg Ulrik

Voss:
- Mølstertunet / Hangursbahn / Voss Kirche / Finnesloftet / Tvindefossen / Stalheimskleivene

Hardanger:
- Obstblüte in Hardanger (Mai - Juni)
- Folgefonn- und Hardangerjøkulen Gletscher
- Agatunet-Museum, Utne
- Hardanger-Folksmuseum, Utne und Lofthus
- Utne Hotell, das älteste Hotel Norwegens, aus dem Jahre 1722
- Husedalen, vier große Wasserfälle, Kinsarvik
- Kinsarvik Kirche von 1200
- Hardanger Ferienpark, Kinsarvik
- Edvard Griegs Kompositionshütte, Lofthus
- Vøringfossen Wasserfall (182 m), Eidfjord
- Sima Kraftwerk (Führungen), Eidfjord
- Kjeåsen Gebirgsbauernhof (600 m über dem Fjord), Eidfjord
- Hjølmodalen, Valurfossen Wasserfall, Eidfjord
- Hardangervidda Nationalpark
- Rallarmuseum (Eisenbahnarbeitermuseum), Finse
- Hardanger Fartøyvernsenter (alte Holzschiffe), Norheimsund
- Buarbreen-Gletscher
- Industriemuseum Odda
- Stabkirche in Røldal
- Skjervefossen Wasserfall, Granvin
- Steinsdalsfossen Wasserfall, Norheimsund
- Folgefonn Sommerski-Zentrum, Jondal
- Folgefonn Gletscher, Jondal
- Baronie Rosendal, Kvinnherad Kirche, Rosendal

Sunnhordland:
- Grubenmuseum, Heimatmuseum, Brandasund, Aker Werft, Stord
- Moster Kirche, Mosterhamn, Bømlo
- Goldgruben, Bømlo
- Etne-Museum, Langfoss Wasserfall, Stødle Kirche, Etne
- Røyksundkanalen Ferienzentrum

Bjørnafjorden:
- Lysøen, Lysekloster, Ole Bulls Haus, Os

Sotra/Osterøy:
- Kriegsmuseum, Televåg, Sotra
- Lachszuchtanlage, Sotra
- Havråtunet, Gravurmuseum, Osterøy

Nordhordland:
- steinzeitliche Stätten
- Roparhaugsamlinga, Museum mit landwirtschaft. Geräten, Lindås
- Naturlehrpark

Ausflugsmöglichkeiten:
- »Norwegen en miniature« - ab Voss (geführt) oder Bergen mit dem Bus über Stalheim nach Gudvangen; Fähre von Gudvangen nach Flåm; mit der Flåmbahn nach Myrdal und zurück nach Voss oder Bergen. Auch ab Kvam, Ulvik, Kinsarvik, Eidfjord (ganzjährig).
- Rundflüge mit dem Wasserflugzeug oder Helikopter (z.B. über den Folgefonn-Gletscher). Von Rosendal, Ullensvang, Ulvik, Bergen.
- Bootstouren auf dem Hardangerfjord
- Busrundreise zum Wasserfall Vøringsfossen, Eidfjord
- Hangursbahn (Voss), Sessellift bis zu einer Höhe von 660 Metern
- Fjordsightseeing, Bergen
- Busrundtouren in die Umgebung von Bergen, u.a. nach »Troldhaugen«, dem Haus Edvard Griegs
- »Bergen-Express« - einstündige Stadtrundfahrt mit einem »Zug«
- Busfahrten von Bergen nach Hardanger und Sunnhordland
- Bussightseeing in Voss
- Meeresangeltour mit »Fiskestrilen«, Sotra
- Schärentour an der Küste vor Stord und Bømlo
- Radtour auf dem »Dach Norwegens« (einwöchige Fahrradtour von Geilo nach Voss und Finse)
- Busrundfahrten in Nordhordland
- Busrundfahrten zum Osterfjord ab Voss oder Bergen
- Fahrt mit dem Segelschiff »Mathilde« von 1884, Norheimsund

Veranstaltungskalender S. 275 ff.

Weitere Informationen:
Hordaland og Bergen Reiselivsråd
Slottsgt. 1
N - 5003 Bergen
Tel.
0047 - (0)5 - 31 66 00
Fax:
0047 - (0)5 - 31 52 08

Hordaland

Der Hardangerfjord

Bergen - das Tor zu den Fjorden

Hordaland und Bergen - Ferienerlebnisse für alle

Da sind wir uns in Hordaland und Bergen ganz sicher: in diesem Teil Fjordnorwegens wird jeder Gast sein ganz besonderes Ferienerlebnis finden! Die Vielfalt der Region macht's möglich.

Zum Beispiel liegt mitten im Bezirk Hordaland die charmanteste und sauberste Stadt Norwegens, **Bergen**. Von Ende Mai bis August gibt es hier eine Menge von Veranstaltungen unter dem Motto »Sommer Bergen«. Bergen ist übrigens auch das Einfallstor zu den Fjorden. Der **Hardangerfjord**, berühmt für seine Schönheit, mit hohen Bergen, üppigen Obstgärten, Gletschern und Wasserfällen ist seit jeher eine Quelle der Inspiration für viele der größten Künstler Norwegens gewesen. Eine ganz andere Fjordlandschaft präsentiert sich ganz im Norden Hordalands mit dem **Bjørnefjord**, dem **Osterfjord** und dem **Masfjord**. Mitten zwischen den zwei längsten Fjorden Norwegens liegt Voss. Hier laufen mehrere Hauptverkehrsadern Westnorwegens zusammen, so daß Voss ein idealer Ausgangspunkt für verschiedenste Tagesausflüge ist. Hordaland ist ein Küstenbezirk mit mehr als 9.000 Inseln. Die typische Küstenatmosphäre findet man in den Regionen Midthordland und Sotra-Øygardn, südlich und nördlich von Bergen sowie auf den Inseln im Westen der Stadt.

Urlaub voller Aktivitäten und Erlebnisse

Sie suchen Urlaub vom Alltag und Freude an neuen Erlebnissen? Wir haben Ihnen viel zu bieten. Angelfreunde zum Beispiel sollten hier auf jeden Fall ihr Eldorado finden, denn fast alle Gebiete Hordalands sind mit dem Meer verbunden - und im Meer kann jeder kostenlos nach Lust und Laune angeln. Boote können Sie sich über die Fremdenverkehrsämter oder direkt bei Ihrer Unterkunft ausleihen. Dort erfahren Sie sicher auch, wo die besten Fischgründe zu suchen sind. Wenn Sie lieber Lachs oder Forellen angeln wollen, finden Sie dazu gute Flüsse, und die notwendige Angelkarte bekommen Sie in allen Preisklassen. Ausleihbar ist die Ausrüstung, erwerben können Sie in einem Kurs das Wissen über die Kunst des Angelns auf Großlachs. In den vielen Seen von Hordaland läßt sich hervorragend nach Forellen angeln. Meeresangelfahrten im Fischkutter stehen ebenfalls auf dem Programm, und hier ist Ihnen ein Fang so gut wie garantiert. An mehreren Orten entlang der Küste, einschließlich der Stadtmitte von Bergen, werden während des Sommers zahlreiche Angelwettbewerbe durchgeführt. Petri Heil!

Skifahrer aufgepaßt: Gut 1.600 Meter über dem Meer, im ewigen Schnee des Folgefonn-Gletschers, können Sie sich im Folgefonn Sommerskizentrum Langlauf- oder Alpinbretter unterschnallen, die hier auch zu leihen sind. In Ulvik und Bjørnefjord liegen Wasserskier für Interessenten bereit.

Urlaub im Gebirge wird immer populärer, sei es im Sommer oder im Winter. Im Hardangervidda Nationalpark und im Gebiet vom Stølsheimen gibt es deshalb ein Wege- und Loipennetz, das für Menschen jeden Alters geeignet ist. Übernachtet wird hier in gemütlichen Berggasthöfen und in unbewirtschafteten Selbstbedienungshütten. Wer nicht alleine wandern möchte, kann sich einer der vielen geführten Gruppenwanderungen anschließen. Ein einmaliges Erlebnis ist übrigens eine geführte Gletscherwanderung, die während des Sommers auch von mehreren Fremdenverkehrsämtern angeboten werden. Die etwas Mutigeren können darüber hinaus an Gletscherkletterkursen teilnehmen. Wer das Gebirge lieber mit dem Fahrrad erkunden möchte, ist ebenfalls auf der Hardangervidda willkommen, vielleicht zu einer 4-5tägigen Tour mit einem »Radel«-Leiter.

Tauschen Sie doch mal den Fahrrad-Sattel mit einem richtigen Pferdesattel! Mehrere Fremdenverkehrsämter können für Sie Reitausflüge oder Ausfahrten mit Pferd und Kutsche veranstalten - und das alles mit richtigen norwegischen Fjordpferden.

Ganz andere Erlebnisse besonderer Art sind die handwerklichen: Bauen Sie Ihr eigenes Kanu, seien Sie bei der Heuernte in Ulvik mit dabei oder beim Goldschürfen auf der Insel Bomlø in Sunnhordland. Der über 100 Jahre alte restaurierte Segler »Mathilde« und Bergens Stolz, das Segelschiff »Statsraad Lehmkuhl«, unternehmen Fahrten entlang der Küste und in die Fjorde.

Kunst- und Kulturfreunde sollten sich für eine Reise nach Hordaland und Bergen viel Zeit nehmen. Zahlreiche Galerien, Kunstausstellungen und Museen, zum Teil von Weltruf, warten mit ihren Schätzen auf Besucher. Eines der herausragendsten Häuser ist sicher das Hanseatische Museum in Bergen, das Ihnen die Geschichte der deutschen Hanse-Kaufleute in der ehemaligen Hansestadt eindrucksvoll vermittelt. Kunst kommt ja bekanntlich von Können, und dieses Können erleben Sie auch im kulinarischen Bereich: die örtlichen Spezialitäten werden alle, die gerne die traditionelle Küche ihres Gastlandes probieren wollen, überzeugen.

Hordaland und Bergen können Sie reizen? Dann bestellen Sie unsere große Broschüre für 1992, wo Sie alle notwendigen Fakten und Informationen finden werden.

Bergen - Das Tor zu den Fjorden

Bergen, die Hauptstadt des Fjordlands, besitzt die Stadtrechte seit 1070 und ist mit 215.000 Einwohnern seit jeher eine Handels-, Hafen- und Hansestadt gewesen. Die Spuren der Hansezeit sind noch deutlich an der »Deutschen Brücke« (»Tyske Bryggen«) zu sehen, dem früheren Wohn- und Arbeitsviertel der norddeutschen Kaufleute. Wer die Atmosphäre der Hansezeit noch etwas intensiver erleben möchte, kann dem Hansemuseum einen Besuch abstatten.

Die Stadt Bergen arbeitet heute bewußt auf das Ziel hin, eine umweltfreundliche Stadt zu werden. 1990 wurde Bergen zu einer der drei »tidiest cities«, der saubersten, gepflegtesten Städte Europas gewählt.

Dicht an dicht drängen sich Häuser und Schiffe im alten Teil von Bergen

Bryggen - »die deutsche Brücke«

Im Herzen der beliebtesten Fjordgebiete

Wenn ein Besuch im weltberühmten westnorwegischen Reich der Fjorde soviel wie möglich bieten soll, dann muß man sich schon für die Fjordgebiete entscheiden, die am besten erreichbar sind, und die Natur- und Kulturerlebnisse, Übernachtungsangebote, Aktivitäten und Verkehrsverbindungen in einer überzeugenden Vielfalt zu bieten haben. Mit Verkehrsverbindungen sind nicht nur Autostraßen, sondern auch die häufigen Fähren-, Schiffs-, Flugzeug- und Eisenbahnverbindungen gemeint, die alle gute Kapazitäten haben.

Der Hardangerfjord, der Sognefjord und der Geirangerfjord nehmen unter den norwegischen Fjorden einen besonderen Platz ein. Bergen ist schon immer das Einfallstor in dieses westnorwegische Fjordreich gewesen. Dieses Fjordreich und Bergen bieten allen Reisenden die Möglichkeit zu einer beliebten Kombination von Natur-, Kultur- und interessanten Stadterlebnissen.

Immer mehr deutsche Touristen

Im Jahr 1990 konnte Bergen als das absolut größte Touristenzentrum Fjord-Norwegens 34.000 Hotelübernachtungen von deutschen Gästen verzeichnen. 1991 stieg diese Zahl um 30%. Viele Deutsche kommen übrigens auch als Kreuzfahrtpassagiere nach Bergen. 98 internationale Kreuzfahrtschiffe liefen 1990 Bergen an, 1991 waren es schon 129. Nur wenige europäische Städte können mehr Anläufe verzeichnen. Darüber hinaus hat auch der Besuch deutscher Auto- und Campingtouristen stark zugenommen. So kann z.B. das populäre und zentral gelegene »Wohnmobil-Zentrum« für das Jahr 1991 eine doppelt so hohe Belegung im Vergleich zum Vorjahr verzeichnen.

1992 können Sie zum ersten Mal fährenfrei auf der sogenannten »Abenteuerstraße« von Oslo nach Bergen gelangen. Die Strecke führt durch das Hallingdal, über Flåm, dann entlang des Sognefjords und schließlich über Voss oder Hardanger nach Bergen. In Bergen hat auch die Hurtigrute (Bergen-Kirkenes-Bergen) ihren Ausgangspunkt, und eine ganze Reihe von Autofähren und Katamaran-Schnellbooten sorgen für häufige und schnelle Verbindungen zu den genannten Fjordgebieten. Flugreisende finden in Bergen eines der modernsten Flughafen-Terminals Europas. Von hier gibt es u.a. täglich Direktverbindungen mit Hamburg.

Viele Sehenswürdigkeiten in Bergen

Bergen ist von sieben leicht zugänglichen Bergen umgeben, die bis zu 620 Meter hoch sind. Die »Fløibahn« und die »Ulriksbahn« bringen Sie in kürzester Zeit in einladende Wandergebiete und zu phantastischen Aussichten über die Stadt und das fischreiche Inselreich westlich von Bergen. Das Zentrum der Stadt ist dichtgedrängt, so daß die meisten Sehenswürdigkeiten gut zu Fuß zu erreichen sind. Die Stadt ist sowohl für ihren Charme und ihre Atmosphäre als auch für ihre gemütlichen Holzhäuser berühmt.

Zu den zahlreichen Sehenswürdigkeiten Bergens gehört natürlich »Troldhaugen«, das Heim des weltberühmten Bergenser Komponisten Edvard Grieg. Ganz in der Nähe liegt übrigens die 800 Jahre alte Fantoft-Stabkirche. Auf dem berühmten Fischmarkt der Stadt treffen Sie auf fotografierende Touristen aus allen Teilen der Welt. Das Bergen Aquarium, die Festung Bergenhus und eine ganze Reihe Galerien und Museen, u.a. mit Gemälden von Munch, werden ebenfalls gut besucht. Der kulturelle Höhepunkt in Bergen sind jedoch zweifelsohne die jährlich stattfindenden Internationalen Festspiele, die von Ende Mai bis Anfang Juni Tausende von Besuchern nach Bergen führen. Von Mitte Juni bis Mitte August steht Bergen mit einer Reihe attraktiver Veranstaltungen und Aktivitätsangebote für seine Gäste ganz im Zeichen des Sommers.

Lange Öffnungszeiten und die Möglichkeit, Tax-free einkaufen zu können, machen auch »Shopping in Bergen« zu einem Erlebnis für sich. Für Autofahrer gibt es eine Straßenkarte mit Parkplatzverzeichnis. Die Hotels, Pensionen, Campingplätze, eine Jugendherberge und ein breites Angebot privater Vermieter halten viele gute Unterkünfte bereit. Doch auch an Restaurants, Bars, Cafés, Nachtlokalen und Diskotheken herrscht in Bergen kein Mangel. Dank all dieser Einrichtungen eignet sich die Stadt durchaus als hervorragender Ort für Kongresse, mit erstklassigen Möglichkeiten für bis zu 1.500 Teilnehmer.

»Norwegen en miniature«

Bergen ist ein idealer Ausgangspunkt für kurze oder längere Touren ins Reich der Fjorde. Zum Beispiel für »Norwegen en miniature«: Fjorde, schneebedeckte Gipfel und tosende Wasserfälle - »ganz« Norwegen an einem Tag erleben! Bergen bietet vielsprachiges Informationsmaterial: Bergen Guide, Bergenbroschüre, Straßenkarte mit Parkplatzverzeichnis, Übernachtungsverzeichnis und das Sommer Bergen Programm 1992.

Für weitere Informationen wenden Sie sich an Ihr Reisebüro, an das Norwegische Fremdenverkehrsamt oder an:

Bergen Reiselivslag
Postboks 4055 Dreggen
N-5023 Bergen
Tel.: 0047 - (0)5 - 31 38 60
Fax: 0047 - (0)5 - 31 56 82

Hordaland

Hordaland

BNR - Linienbusgesellschaft mit Fahrten zu Fjord und Fjell

Die Firma A.S Bergen Nordhordland Rutelag (BNR) ist die Linienbusgesellschaft für die Küsten- und Fjordgebiete in Nordhordland nördlich von Bergen und dem Osterfjord. In dieser Region gibt es herrliche Küsten mit typischer Küstenatmosphäre und alten Handelsplätzen, hier gibt es schöne und wilde Fjordlandschaften mit hohen Bergen und tiefen Fjorden.

Von Bergen aus arrangiert BNR eine ganze Reihe von Tagestouren mit Bussen, Fähren und Schnellbooten in die Region; Studenten und Senioren erhalten bei diesen Touren einen Rabatt. Die Fahrkarten können Sie entweder im Informationszentrum in Bergen oder direkt an den Bussen und Schiffen kaufen. Zahlreiche tägliche Abfahrten der Lokalbusse und Schnellboote machen mehrtägige Auflüge in die verschiedensten Winkel der Region Nordhordland angenehm und lohnenswert. Dort gibt es viele gute Übernachtungsmöglichkeiten in Hotels, Pensionen und auf Campingplätzen.

BNR verfügt auch über eine ganze Flotte moderner Reisebusse, die für Gruppenreisen gemietet werden können. Unsere Chauffeure kennen Norwegen und die norwegischen Straßen wie ihre eigene Westentasche. Darüber hinaus hilft BNR selbstverständlich gerne bei der Ausarbeitung einer Norwegenrundreise und macht Ihnen verschiedene Vorschläge zu aktuellen und interessanten Strecken im ganzen Land.

Weitere Informationen erhalten Sie bei:

BNR - Bergen Nordhordland Rutelag
Lars Hillesgate 26
N-5028 Bergen
Tel. 0047 - (0)5 - 31 81 10, Fax 0047 - (0)5 - 31 74 03

oder bei den örtlichen Fremdenverkehrsämtern:
Nordhordland Reiselivslag
N-5100 Isdalstø
Tel. 0047 - (0)5 - 35 16 01, Fax 0047 - (0)5 - 35 22 95

Osterfjorden Reiselivslag
N-5280 Dalekvam, Tel. 0047 - (0)5 - 59 66 22

Mit BNR durch das schöne Nordhordland

Sunnhordland

Sunnhordland liegt an der Küste zwischen Bergen und Haugesund und hat ausgezeichnete Verkehrsverbindungen zu diesen beiden Städten. Die geographische Lage Sunnhordlands macht oft eine Boots- oder Fährfahrt notwendig, um zum gewünschten Ziel zu kommen. Die modern ausgestatteten Boote sind meist schnell, die etwas ruhigeren, kurzen Fährüberfahrten eignen sich hervorragend für einen kleinen Imbiß oder weite Blicke in eine herrliche Natur.

Diese bietet Ihnen unvergleichliche Erlebnisse, z.B. eine Gletscherwanderung auf Norwegens drittgrößtem Gletscher, dem Folgefonn. Gekennzeichnete Wanderwege locken zu Wanderungen im Gebirge. Auf kürzeren Etappen oder Tageswanderungen stoßen Sie auf Wasserfälle, fischreiche Flüsse, und eine interessante Tierwelt. Die innere Küstenregion von Sunnhordland besteht aus vielen Schären, Inseln, engen Sunden und weiten Buchten. Hier finden Sie unzählige ausgezeichnete Angelplätze: Mieten Sie sich selbst ein Boot oder fahren Sie zusammen mit einem der örtlichen Fischer auf Angeltour. Die offene See draußen im Westen lockt natürlich zu Meeresangelfahrten.

Auf den Inseln und Schären hat die Natur eine üppige Flora entstehen lassen, so wachsen hier u.a. viele Beeren und Pilze. Während des Sommers ist diese Inselwelt ein Paradies, in dem man baden, wasser-

Marstein Fyr

skifahren und anderen Wassersportarten frönen kann. Von Juni bis August finden fast wöchentlich Angelfestivals statt.

Die kulturellen Angebote und Attraktionen der Region stehen denen der Natur in nichts zurück:

Da ist vor allem Norwegens älteste Steinkirche in Mosterhamn zu erwähnen, die 1995 Zeugnis für 1.000 Jahre Christentum ablegen wird. Jährlich findet Anfang Juni im Freilichttheater von Mostra das Mostraspiel statt, das die Christianisierungsgeschichte wieder lebendig werden läßt. Andere herausragende Veranstaltungen sind der Etnemarkt in Etne und das Baroniespiel in Rosendal. Es wird Mitte Juli hier, im schönen Park von Norwegens einziger Baronie, aufgeführt. Mehrere alte Handels- und Fremdenverkehrsorte vermitteln Ihnen ein interssantes Bild von der Geschichte vergangener Jahrhunderte. Hier werden Sie auch heute noch eine Unterkunft nach Ihrem Geschmack finden: Campingplätze, alte Bauernhöfe, Hütten, Motels und Hotels warten auf Sie. In Stord, dem Zentrum der Region, liegt ein besonders exklusives Hotel. Übrigens: Auch wenn schon viele Besucher Sunnhordland als ein attraktives Reiseziel entdeckt haben, ist die Region so abwechslungsreich und weitläufig, daß Sie - wie früher - eine Bucht, eine Insel, vielleicht sogar ein Tal oder einen Berg ganz für sich haben.

Willkommen - Sunnhordland gehört Ihnen...

Weitere Informationen erhalten Sie bei:

SAMARBEIDSRÅDET FOR SUNNHORDLAND

Samarbeidsrådet for Sunnhordland,
Pb 448, N-5401 Stord,
Tel. 0047 - (0)54 - 16 016; Fax 0047 - (0)54 - 13 077
Bømlo Turistinformasjon, N-5430 Bremnes
Etne Turistinformasjon, N-5590 Etne
Kvinnherad Turistinformasjon, N-5470 Rosendal

Hardangerfjord

Hardanger - das ist Norwegens Obstgarten! Hardanger - das ist ein Name, bei dem man an Äpfel und Kirschen denkt. Die Landschaft ist einfach großartig, reich an Kontrasten und wird Sie für immer fesseln: Weit streckt sich der Hardangerfjord in die mächtige Bergwelt hinein, deren Krone der glitzernde, eisig-weiße Folgefonngletscher bildet.

So kontrastreich und vielfältig wie die Natur Hardangers sind auch die Erlebnismöglichkeiten. Die Kultur der Region z.B. spiegelt sich in Zeugnissen von gestern und heute - von der frühen Wikingerzeit bis in unsere Tage, in Museen, Galerien, Ausstellungen und Konzerten. Die Kirchen in Hardanger sind Zeugen der Verschmelzung von europäischen Impulsen mit nordischen Denkweisen und Baustilen. Daß die Traditionen der Region lebendig geblieben sind, beweisen u.a. die vielen Gäste auf unseren alten, noch immer bewirtschafteten Höfen.

Wer seinen Urlaub aktiv verleben und die faszinierende Natur erleben will, der wird in Hardanger sein Urlaubsparadies finden. Wanderfreunden steht ein ausgedehntes Netz an Wanderwegen sowohl am Fjord als auch im Gebirge zur Verfügung. Die Gemeinde Eidfjord z.B. ist das Einfallstor zur märchenhaft-abenteuerlichen Hardangervidda. Gasthöfe und Berghütten sorgen in über 1.000 Meter Höhe für Unterkunft und Verpflegung. Auch Odda, die »Hauptstadt« der Region Hardanger, ist ein ausgezeichneter Ausgangspunkt für Wanderungen über die Hardangervidda. Von Odda und der Gemeinde Jondal aus erreicht man auch den Folgefonn-Gletscher und das Folgefonn-Sommerskizentrum, das von Juni bis Oktober geöffnet hat. Ein besonderes Wandererlebnis ist auch »Postveien«, die alte Poststraße, die die Gemeinden Granvin und Ulvik miteinander verbindet.

Oberhalb von Ulvik

Am Vøringsfossen

Das Gebirge kann man sich übrigens ebensogut auf dem Sattel eines Fahrrads oder Pferdes erschließen. Auch hier bieten sich zahllose Möglichkeiten, z.B. Almbesuche oder eine Fahrradtour auf dem alten Materialweg der Bergenbahn, dem »Rallarvegen«. Angler werden ganz sicher in den Meeresgewässern, aber auch in den zahllosen Bergseen und Flüssen von Hardanger ihr Angelglück versuchen. Überhaupt ist das Wasser ein wunderbares Element für Aktivurlauber. Ein Bad im Fjord, Wasserskifahren, eine Bootstour, vielleicht sogar ein Rundflug mit einem Wasserflugzeug sind bei einem Hardanger-Urlaub durchaus möglich. Warum nicht sogar an einem Tag? Hardanger steckt voller Möglichkeiten.

Hotels, Pensionen, Ferienwohnungen, Appartements, Motels, Hütten, Campingplätze und Privatquartiere bieten Unterkünfte für jeden Geschmack und Geldbeutel. Hier genießen Sie Ihren Gesundheitsurlaub, Ihren Aktivurlaub oder einfach nur das Entspannen in herrlicher Natur. Wie Sie nach Hardanger kommen? Ganz einfach:

* Von Bergen aus auf der E 68;
* Von Stavanger aus auf der E 76;
* Von Kristiansand aus durch das Setesdal und über das Haukelifjell;
* Von Oslo aus über die Straße 7 durch das Hallingdal und über die Hardangervidda.

Herzlich willkommen!

Hardanger FJORD

Weitere Informationen erhalten Sie bei:

Eidfjord Reiselivslag, Postboks 132, N-5783 Eidfjord
Tel. 0047 - (0)54 - 65 177; Fax 0047 - (0)54 - 65 297

Granvin Turistkontor, N-5736 Granvin,
Tel. 0047 - (0)5 -52 51 40

Hardangersamarbeidet, N-5780 Kinsarvik
Tel. 0047 - (0)54 - 63 380; Fax 0047 - (0)54 - 63 185

Jondal Reiselivslag, N-5627 Jondal,
Tel. 0047 - (0)54 - 68 531

Kvam Turistkontor, Postboks 180, N-5601 Norheimsund
Tel. 0047 - (0)5 - 51 17 67; Fax 0047 - (0)5 - 55 25 88

Odda Reiselivslag: Postboks 147, N-5751 Odda
Tel. 0047 - (0)54 - 41 297; Fax 0047 - (0)54 - 44 260

Ullensvang Reiselivslag, Postboks 73, N-5780 Kinsarvik
Tel. 0047 - (0)54 - 63 112; Fax 0047 - (0)54 - 63 203

Ulvik Turistkontor A/S, Postboks 91, N-5730 Ulvik
Tel. 0047 - (0)5 - 52 63 60; Fax 0047 - (0)5 - 52 66 23

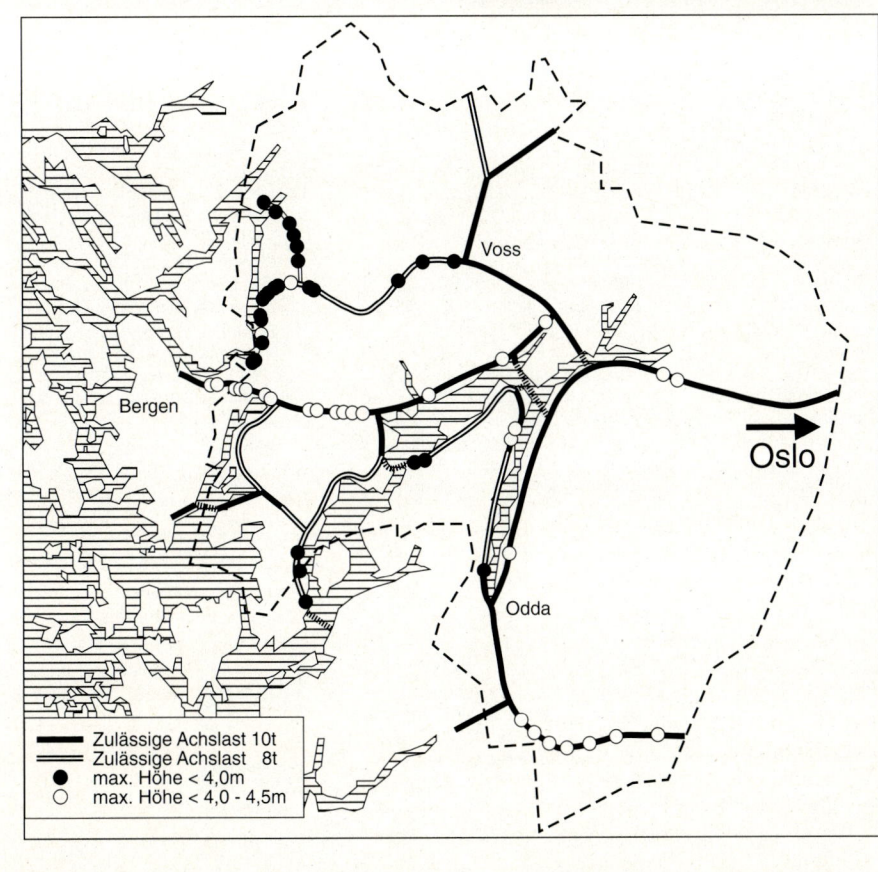

Hordaland

— Zulässige Achslast 10t
═ Zulässige Achslast 8t
● max. Höhe < 4,0m
○ max. Höhe < 4,0 - 4,5m

Sogn og Fjordane

Stabkirche in Borgund

Nördlich des Sognefjords schließen sich „die Fjorde" an: das Sunnfjord- und das Nordfjord-Gebiet. Sunnfjord, das ist das Naturparadies der zerklüfteten Schärenküste um den Førdefjord. Der Nordfjord streckt seine Arme wieder weiter ins Land hinein. Die innersten Täler am Innvikfjord berühren die Ausläufer des größten Festlandsgletschers Europas, des Jostedalsbreen.

Die Gletscherzunge Briksdalsbreen im Nordfjord-Gebiet zählt ebenso zu den absoluten Touristenmagneten des Bezirks wie der Nigardsbreen im Jostedal in Sogn. Auf das ewige Eis darf man sich allerdings nur mit Führer wagen. Eine Gletscherwanderung gehört mit zu den eindrucksvollsten Erlebnissen, die Norwegen zu bieten hat. Oder ist ein Rundflug über der weißen Pracht vielleicht noch schöner?

»Sogn und die Fjorde« müßte es heißen, wenn man den Namen dieses Bezirks übersetzen wollte. Sogn og Fjordane ist ohne Zweifel eine Landschaft der Superlative, vielleicht sogar das »Herz des Fjordlands«. Zwar gibt es im Bezirk keine großen städtischen Zentren, dafür aber viele freundliche kleine Orte und reichlich Natur. Sogn, das ist das Gebiet um den Sognefjord, Norwegens längster (200 km) und tiefster (1.300 m) Fjord. Breit wie eine Meeresbucht ist er an seinem Ausgang; unglaublich schmal mit steil aufragenden Bergwänden ist sein Nebenarm im Landesinneren, der Nærøyfjord. Aber Sogn ist nicht nur Landschaft. Die vier alten Stabkirchen in Urnes, Borgund, Kaupanger und Hopperstad z.B. sind kulturelle Kleinode, deren Wirkung man sich nicht entziehen kann (s. auch den Artikel auf S. 114).

Am Sognefjord bei Molland

SOGN OG FJORDANE

- Gesamtfläche: .... 18.634 km²
- Einwohner: 106.200

Städte/Einwohner:
- Florø: 10.000

Entfernungen (von Førde):
- Oslo: .... 482 km
- Bergen: .... 171 km
- Kristiansand S: .... 576 km
- Stavanger: .... 320 km
- Haukeligrend: .... 346 km
- Trondheim: .... 320 km
- Gol: .... 280 km
- Lillehammer: .... 420 km

Verkehrsflugplätze:
- Florø
- Førde
- Sandane
- Sogndal

Bahnverbindung:
- Flåmbahn:
  Flåm - Myrdal - (Bergen / Oslo)

Wichtige Sehenswürdigkeiten:
- Sognefjell, Str. 55 von Sogndal nach Lom
- Gletscher Jostedalsbreen, Sogn / Sunnfjord / Nordfjord
- Flåmbahn, von Flåm nach Myrdal
- Fjordpferdzentrum, Nordfjordeid
- Kinnakirche, auf der Insel Kinn bei Florø
- Westkapplateau, Stadlandet, Nordfjord
- 4 berühmte Stabkirchen: Borgund, Hopperstad, Kaupanger, Urnes
- Sognefjord
- Sognefjord Schiffsmuseum
- Heibergsche Sammlung Sogn Volksmuseum, Kaupanger
- Sunnfjord Volksmuseum (Ausstellung bäuerlicher Gebrauchsgegenstände aus der Zeit um 1850), Førde
- Nordfjord Volksmuseum (Freilichtmuseum mit 35 Häusern aus der Region Nordfjord), Sandane
- Astruptunet (Hof des Malers und Grafikers Nikolai Astrup, heute Museum. Austellung), Skei in Jølster
- Midttunet in Sanddalen (2 km von Astruptunet, Hofanlage mit 12 Gebäuden aus der Zeit von 1600 - 1850), Skei in Jølster
- Küstenmuseum in Sogn og Fjordane, Florø
- Norwegisches Gletschermuseum, Fjærland
- Anders-Svor-Museum (Skulpturen), Hornindal
- Gallerie Walaker 300 (Kunstausstellungen), Solvorn
- Norwegischer Fjordpferdehof (mit Reitkursen und Museum), Breim

Ausflüge:
- Zum Westkap und Kloster Selje
- Mit dem Pferdewagen zum Briksdalsbreen, Bootstour auf dem Lovatnet
- Insel Kinn und Kinnakirche, Svanøy Hovedgard, Vingen Felszeichnungen, Angeltouren usw.
- Sognefjord-Kreuzfahrt, Flåm (3-stündige geführte Tour von Flåm durch den Nærøyfjord nach Gudvangen)
- Die Reederei »Fylkesbaatane i Sogn og Fjordane« bietet im gesamten Bezirk verschiedene Fjordkreuzfahrten an
- Die Busgesellschaften »Nordfjord Sightseeing« und »L/L Nordfjord og Sunnmøre Billag«, Stryn, bieten verschiedene Rundtouren in die Umgebung an. Ausgangspunkt ist das Nordfjordgebiet
- Flüge mit Wasserflugzeug und Helikopter über den Jostedalsbreen
- Gletscherwanderung mit Führer auf dem Jostedalsbreen
- Mit dem Pferdewagen zum Gebirgshof Vetti Gard / Touristenstation
- Wasserfall Vettisfossen
- Bootstour zur Stabkirche von Urnes und zum Wasserfall Feigumfossen
- Meeresangeltouren, Silda bei Måløy, Florø
- Die lokalen Touristenbüros bieten verschiedene Rundtouren mit Boot, Bus und Zug (Flåmbahn) an
- Fjordtouren mit einem Wikingerschiff in Luster
- Gelegenheit zu Besuchen auf Bauernhöfen und Almhütten
- Informationszentrum zur Landwirtschaft in Westnorwegen, mit Bauernhofbetrieb, Kyrkje-Eide, Stryn

Veranstaltungskalender S. 275 ff.

Weitere Informationen:
Sogn og Fjordane Reiselivsråd

Postboks 299,
Parkvegen 3
N - 5801 Sogndal
Tel.
0047 - (0)56 - 72 300
Fax:
0047 - (0)56 - 72 806

SFR FJORDTRA

Sogn og Fjordane

Die Fjorde unter dem Gletscher

Sogn og Fjordane ist der Bezirk mit den längsten Fjorden, mächtigsten Gletschern und höchsten Bergen. Hier reicht der majestätische Sognefjord, der König der Fjorde, 200 Kilometer weit ins Land hinein, und hier breitet sich der zerklüftete Jostedalsbre aus, Europas größter Festlandsgletscher. Erlebenswert ist auch das Küstengebiet mit Tausenden von Inseln und Schären. In dem knapp 20.000 km² großen Bezirk zwischen Sognefjord und Nordfjord, Meer und Jotunheimen-Gebirge leben übrigens nur rund 100.000 Menschen. Hier gibt es nur eine einzige Stadt, dafür aber Hunderte von kleineren Ortschaften und Dörfern.

Der Fjord unter dem Gletscher

Der Nigaardsbreen, ein Seitenarm des Jostedalsbreen

In diesem kontrastreichen Bezirk werden natürlich die unterschiedlichsten Aktivitäten angeboten. Hier können Sie zum Beispiel den Sommer zum Winter machen: In Stryn gibt es eine komplett ausgebaute Skianlage, die mitten im Hochsommer Skivergnügen garantiert. Angelmöglichkeiten gibt es fast überall, im Meer und in den Fjorden und in zahlreichen Flüssen und Seen. Auch Badestellen gibt es viele. Das Wasser hat zwar keine Adria-Temperaturen, dafür ist es sauber und erfrischend. Kulturell Interessierte kommen ebenfalls auf ihre Kosten - Stabkirchen, Freilichtmuseen und Ausstellungen warten auf Ihren Besuch. Ständig kommen neue Attraktionen hinzu - so zum Beispiel das Gletscherzentrum in Fjærland, das die eindrucksvolle Welt des ewigen Eises auf anschauliche Art näher bringt.

Sogn og Fjordane besteht nicht nur aus den Gebirgsregionen mit ihren schmalen, von hohen Bergwänden eingefaßten Fjordarmen. Auch das Küstengebiet verdient einen Besuch. Mit Booten und Autofähren gelangt man bis auf die oft sturmumtosten äußeren Inseln, direkt im Atlantik. Grandios ist auch der Blick vom Westkap, dem westlichsten Punkt Skandinaviens, hinaus aufs offene Meer. Auch wenn hier das Wetter rauher ist als im Landesinneren, kann man dennoch freundliche Sommertage mit echtem Badewetter erleben. Sogn og Fjordane ist eben vielseitig.

Wann ist nun eigentlich die beste Reisezeit für einen Urlaub im Fjordland? Die meisten Touristen kommen in den drei Sommermonaten Juni, Juli und August. Sie verpassen dabei die Zeit, in der die Landschaft sich von ihrer schönsten Seiten präsentiert: den Mai, wenn die Obstbäume blühen, die Wiesen saftig grün sind und auf den Bergen noch der Winterschnee liegt. Und den September, wenn das Laub sich golden färbt und die Apfelbäume knallrote Äpfel tragen, die Luft noch klarer und die Farbpalette der Natur noch intensiver als im Hochsommer ist. Im Hochgebirge fällt Ende September, Anfang Oktober oft schon der erste Schnee, während unten an den Fjorden der Sommer noch nicht ganz verschwunden ist.

Sogn og Fjordane ist ein Feriengebiet, daß sowohl bei Hüttenurlaubern als auch bei Rundreisetouristen hoch im Kurs steht. Hier gibt es mehrere hundert Ferienhäuser, die von ihren Besitzern vermietet werden - schon ab 400 Mark pro Woche. Und eine Norwegen-Rundfahrt ohne das Erlebnis von Sognefjord, Nordfjord oder Jostedalsgletscher ist einfach nicht vollständig.

Zahlreiche Reiseveranstalter haben Reisen nach Sogn og Fjordane in ihrem Programm.

Wenn Sie mehr über diesen abwechslungsreichen Bezirk wissen möchten, dann bestellen Sie die informative und aktuelle »Sogn og Fjordane-Broschüre 1992«. Sie ist auch im Info-Paket »Westnorwegen« des Norwegischen Fremdenverkehrsamtes enthalten und kann ebenfalls über die FJORDTRA-Büros in Deutschland angefordert werden.

Der Mai ist die Zeit der Obstblüte

Sogn og Fjordane

Nordfjord
Vestkapp

In der Vestkapp-Region werden Sie ein starkes Stück Natur erleben. Hier, rings um Norwegens westlichstes Felsplateau, dessen Klippen steil ins Meer fallen, gibt es viele Angelmöglichkeiten, sowohl im Meer als auch in Bergseen und Lachsflüssen. Auch Taucher trefffen hervorragende Verhältnisse an. Zu den architektonischen Besonderheiten der Region zählen Klosterruinen aus dem 12. Jahrhundert ebenso wie gut erhaltene Leuchttürme. Das idyllische Leben und Treiben auf der Insel hat seinen ganz besonderen Charme und bietet seinen Besuchern die kulturelle Vielfalt der Küste und unberührte Natur.

Folgende Übernachtungsbetriebe heißen Sie herzlich willkommen:
Selje Hotell, N-6740 Selje, Tel. 0047 - (0)57 - 56 107; Fax 0047 - (0)57 - 56 272
Kaptein Linge Hotel, N-6700 Måløy, Tel. 0047 - (0)57 - 51 800; Fax 0047 - (0)57 - 50 589
Rorbuer/Hütten:
Runderheim Rorbu, N-6740 Selje, Tel. 0047 - (0)57 - 58 212
Vetrhus Feriesenter, N-6748 Flatraket, Tel. 0047 - (0)57 - 58 145 / 58 276

Nordfjordeid

Nordfjordeid liegt mitten im Nordfjordgebiet. Der Ort war früher einmal Sitz von Wikingerkönigen und ist heute das Zentrum für die berühmten Fjordpferde. Das »Norwegische Fjordpferdzentrum« veranstaltet Reitausflüge, Führungen und Vorführungen. Aber auch die Angler werden

Auf dem Pferderücken ins Hochgebirge

sich in Nordfjordeid zuhause fühlen: Zwischen dem 15.5. und 31.8. kann im Eidselva auf Lachs und Forelle geangelt werden, ganzjährig darüberhinaus in Seen (z.B. im Hornindalsvatnet) und im Fjord. Wer sich mehr für Kultur und Geschichte interessiert, wird in Nordfordeid auf einen alten Exerzierplatz aus dem 17. Jahrhundert stoßen. Ein Heermuseum sowie ein Bauernhofmuseum und der Hof Leikvin des Amtsrichters runden das »museale« Angebot ab.

Gloppen -
Byrkjelo, Sandane, Hyen

Märchenhaftes Gloppen - hier ist die Natur Ihr Reiseziel! Das vielfältige Aktivitäts- und Erlebnisangebot hält für jeden Gast etwas bereit: Wie wäre es z.B. mit Gletscher- oder Gebirgswanderungen, Kanutouren, Fjordsafaris, Angeltouren, einem Besuch auf einer Alm, in einem Museum oder in einer Oldtimer-Ausstellung? Ein- bis zweitägige Reitsafaris führen in interessantes und abwechslungsreiches Gelände. In mehreren Lachsflüssen und Angelseen warten die Fische nur darauf, daß Sie Ihre Angel auswerfen. Besuchen Sie auch Hyen, ein echtes Stück westnorwegischer Natur, sauber, wild und schön. Sollte hier sogar Christoph Columbus geboren sein?

Für weitere Informationen wenden Sie sich bitte an:
Vestkapp Reiselivslag, N-6740 Selje, Tel. 0047 - (0)57 - 56 660 / 50 850; Fax 0047 - (0)57 - 50 797
Eid Reiselivslag, N-6770 Nordfjordeid, Tel. 0047 - (0)57 - 61 375; Fax 0047 - (0)57 - 61 120
Gloppen Reiselivslag, N-6860 Sandane, Tel. 0047 - (0)57 - 66 222 / 66 100; Fax 0047 - (0)57 - 66 350

Luster

Dort, wo der Sognefjord, Norwegens längster Fjord, am weitesten ins Land hineinreicht, liegt die Gemeinde Luster - ein Gebiet mit besonders ausgeprägten Kontrasten. Rund um den Lusterfjord findet man den größten Gletscher des europäischen Festlands und einige der höchsten Gebirgsgipfel Skandinaviens sowie die höchste Paßstraße des Nordens. Hier gibt es aber auch fruchtbare Landwirtschaftsflächen mit Obstbäumen, Himbeersträuchern und Erdbeerfeldern, deren Früchte ein unvergleichliches Aroma haben - kein Wunder bei der Reinheit der Natur und dem gesunden Klima.

Luster ist eine Urlaubsgemeinde für Entdecker. Für solche, die gerne schmale Nebenstraßen mit dem Auto erkunden wollen und auch für solche, die lieber eine echte Gletscherwanderung vorziehen. Ganz gleich, ob man einen richtigen Bauernhof besichtigen will oder mittelalterliche Kirchen: Luster bietet das alles und noch vieles mehr. Im Gemeindeteil Urnes steht übrigens die älteste Stabkirche Norwegens. Sie stammt aus dem Jahr 1130 und gehört zu den bedeutendsten Baudenkmälern des Landes. Interessieren Sie sich vielleicht genauso sehr für die technischen Meisterleistungen der Neuzeit? Dann können Sie im Jostedal und in Fortun zwei tief im Berg liegende Kraftwerke mit einem Führer besichtigen - und wenige Kilometer später bis ans ewige Eis gelangen. So abwechslungsreich und aufregend kann Norwegen sein!

In Luster gibt es zahlreiche Aktivitätsmöglichkeiten: Angeln, Wandern (auf dem Gletscher und ganz normal im Gebirge), Radfahren, Bergsteigen, so z.B. in der Bergsteigerschule von Turtagrø, und natürlich auch Surfen, Paddeln und sogar Baden. Wie wäre es mal mit Sommerskifahren auf dem Sognefjell? Dem Entdecker sind kaum Grenzen gesetzt: höchstens durch die Tatsache, daß auch der längste Sommerurlaub kaum ausreicht, um Luster richtig kennenzulernen und »alles zu machen«.

Wer sich übrigens in kurzer Zeit einen Überblick verschaffen will, der kann an einem Helikopter-Rundflug über Fjord und Gletscher teilnehmen. Und wer sich der Tradition verpflichtet fühlt, sollte eine Fjordfahrt im Wikingerschiff »Maria Suden« unternehmen. Luster bietet Ferienmöglichkeiten, die Sie nie vergessen werden.

Weitere Informationen erhalten Sie bei:
Luster Reiselivslag
N-5820 Gaupne
Tel. 0047 - (0)56 - 81 211
Fax 0047 - (0)56 - 81 222

Gletscherwandern auf dem Nigaardsbreen

Bis zu 200 km tief reicht der Sognefjord mit seinen Seitenarmen ins Land hinein

Der Sognefjord

Der Sognefjord, der König der norwegischen Fjorde, reicht 200 Kilometer weit ins gebirgige Land hinein. Damit ist er mit großem Abstand Norwegens längste Touristenattraktion - und mit bis zu 1.300 Meter Tiefe sicher auch die tiefste. An seinem Ende erhebt sich das wohl großartigste Gebirgsgebiet Skandinaviens, der Jotunheimen-Nationalpark. In dieser atemberaubenden alpinen Landschaft stürzt auch der Vettisfossen, Nordeuropas höchster freifallender Wasserfall in die Tiefe.

Nördlich des verzweigten Fjords erstreckt sich der Jostedalsbre, der größte Festlandsgletscher Europas, dessen Ausläufer sich weit in die Täler ausdehnen. An seinem Arm Nigardsbre werden geführte Gletscherwanderungen veranstaltet. Das neue Gletscherzentrum in Fjærland bietet eine eindrucksvolle Einführung in die Geheimnisse des ewigen Eises.

Im Sognefjordgebiet stehen auch einige der berühmtesten mittelalterlichen Stabkirchen Norwegens, die am Übergang von der Wikingerzeit zum Christentum errichtet wurden: Borgund (1150), Urnes (1100), Kaupanger (1184) und Hopperstad (1130). Alte Traditionen werden auch im Sogn Folkemuseum und im Sognefjord Bootsmuseum lebendig gehalten. Eine Attraktion der neueren Zeit hingegen ist die Flåmbahn, ein reines Meisterwerk der Ingenieurskunst. Auf 20 Kilometer Strecke führt sie vom Fjord in 867 m Höhe.

Den Fjord kann man nicht nur von den Uferstraßen aus erleben, sondern auch vom Wasser aus: an Bord der Autofähren und Expreßboote bekommen Sie ganz neue Fjordperspektiven. Sie können auch an organisierten Fjordkreuzfahrten teilnehmen oder Touren mit einem Wikingerschiff und einem Oldtimer-Boot unternehmen. Aber vielleicht möchten Sie lieber Ihr eigenes Boot mieten.

Auch an Land werden zahlreiche Aktivitäten geboten: Bauernhofbesuche, Fahrradtouren, Sommerskilauf, Bergsteigen, Fahrten mit Pferd und Wagen - und natürlich Angeln.

Im Sognefjordgebiet gibt es Übernachtungsmöglichkeiten in allen Kategorien, darüber weit über 100 Ferienhäuser, die von Fjordhytter, FJORDTRA und anderen vermittelt werden. Zahlreiche Reiseveranstalter organisieren Rundreisen für Individualtouristen oder Gruppen ins Sognefjordgebiet.

Ausführliche Informationen über das Urlaubsziel Sognefjord mit Preisen und Öffnungszeiten finden Sie im Sognefjord-Guide für 1992.

Sognefjorden-Arbeitsgruppe
Postboks 222, N-5801 Sogndal
Tel. 0047 - (0)56 - 73 083, Fax 0047 - (0)56 - 73 178

Die verschiedenen Fremdenverkehrsämter:
Aurland Reiselivslag
N-5745 Aurland, Tel. 0047 - (0)56 - 33 313

Balestrand og Fjærland Reiselivslag
N-5850 Balestrand, Tel. 0047 - (0)56 - 91 255

Høyanger Kommune
N-5900 Høyanger, Tel. 0047 - (0)57 - 12 400

Leikanger Reiselivslag/S-Info
N-5842 Leikanger, Tel. 0047 - (0)56 - 54 055

Luster Reiselivslag
N-5820 Gaupne, Tel. 0047 - (0)56 - 81 211

Lærdal og Borgund Reiselivslag
N-5890 Lærdal, Tel. 0047 - (0)56 - 66 509

Sogndal Reiselivslag
N-5801 Sogndal, Tel. 0047 - (0)56 - 73 083

Vik og Vangsnes Reiselivslag
N-5860 Vik i Sogn, N-0047 - (0)56 - 95 686

Årdal Reiselivslag, N-5875 Årdal, Tel. 0047 - (0)56 - 61 177

Årdal – Einfallstor nach Jotunheimen im Inneren des Sognefjords

Am Ende von Norwegens größter Touristenattraktion, dem Sognefjord, liegt Årdal. Die Gemeinde besteht aus den zwei Ortschaften Øvre Årdal und Årdalstangen. Die meisten Besucher, die schon einmal mit dem Auto von Osten angereist sind (Straße 53), werden sich bestimmt an die steile »Abfahrt« nach Øvre Årdal erinnern. Auf der Fahrt ins Tal kommen auch Fotofreunde auf ihre Kosten, am Schild »Utsiktspunkt 400 m.o.h.« drängen sich die Motive geradezu auf.

Årdal ist natürlich durch die Aluminiumproduktion stark geprägt, doch das Werk ist bei weitem nicht die einzige Attraktion in diesem Gebiet. So ist z.B. der Hof Hjelle Gård, der ca. 7 km von Øvre Årdal entfernt liegt, ein beliebter Ausgangspunkt für Ausflüge. Jeden Sommer von Juni bis August werden von dort Pferdekutschfahrten durch das Landschaftsschutzgebiet des Utladals arrangiert, die bis zum Hof Vetti Gård führen. Unterwegs geht es vorbei an Wasserfällen, Wildbächen und mächtigen Berggipfeln. Von Vetti Gård aus sind es dann noch gut 20 Minuten zu Fuß, bis man dem Vettisfossen - mit 275 m Fallhöhe der höchste Wasserfall Nordeuropas - »Auge in Auge«

Der Vettisfossen

gegenübersteht. Auch im Gebiet des Utladals gibt es viele gut markierte Wanderwege. In den Zentren von Øvre Årdal und Årdalstangen sind zudem zwei große Freibäder von Juni bis August geöffnet - bei freiem Eintritt.

Auch das Angeln ist ein populärer Sport in Årdal. Eine Angelkarte, die zum unbegrenzten Angeln in allen Gewässern Årdals berechtigt, erhält man im Fremdenverkehrsamt und in örtlichen Sportgeschäften.

Auf keinen Fall sollte man sich eine Kreuzfahrt auf dem Sognefjord entgehen lassen. Es werden sowohl Tages- wie auch Abendkreuzfahrten arrangiert. Man kann z. B. auch das Ofredal mit Säge und Mühle aus dem 18. Jahrhundert besuchen. Das Souveniergeschäft in Øvre Årdal bietet kleine Kunstwerke an, die von den einheimischen Hobbykünstlern gefertigt werden. Diese lassen sich von der Natur rund um Årdal inspirieren. Weitere, von Årdal aus sehr gut zu erreichende Ausflugsziele sind die Borgund Stabkirche, das Sogn Folkemuseum in Kaupanger und der See Bygdin, auf dem ein Motorboot verkehrt. In Årdal selbst sind die Kirche von 1867 und die Kupferwerkstatt von 1701 von Interesse. Daß sich Årdal zu einer reichen Gemeinde entwickelt hat, dokumentieren nicht nur die vielfältigen Einkaufsmöglichkeiten: Diskotheken, Kneipen, Restaurants, Cafés und Gartenlokale gehören ebenfalls zum Freizeitangebot von Årdal. Und das Übernachtungsangebot von Hotels, Pensionen und Campingplätzen läßt in Bezug auf Qualität und Preis kaum Wünsche offen.

Weitere Informationen erteilt:
Årdal Reiselivslag
Postboks 126,
N-5875 Årdalstangen
Tel. 0047 - (0)56 - 61 177,
Fax: 0047 - (0)56 - 61 653

Aurland, Flåm, Gudvangen – im Herzen des Sognefjords

Märchenhafte Fjordwelt

Aurland - Flåm - Gudvangen liegt zentral an der neuen und einzigen fährenfreien Straßenverbindung zwischen Oslo und Bergen. Auch mit Eisenbahn und Schiff gelangen Sie in unser Gebiet, so daß Aurland-Flåm-Gudvangen ein leicht erreichbares Reiseziel im Herzen Fjordnorwegens ist. Hier stoßen Hochgebirge, enge Täler und der dramatischste Abschnitt des Sognefjords aufeinander. Das Gebiet eignet sich hervorragend sowohl für Übernachtung und kulinarische Genüsse als auch für Naturerlebnisse und den Besuch von zahlreichen Attraktionen - das gilt für Individualreisende und für Gruppen, die

in Fjord- oder Südnorwegen auf einer Rundreise sind.

Attraktionen bietet die Region wahrlich genug: Schon die Anreise mit dem Auto oder der berühmten Flåmbahn über das Fjell ist ein Erlebnis, nicht weniger die Fahrt in den immer enger werdenden Sognefjord. Die Flåmbahn z.B. bewältigt auf einer Strecke von nur 20 km einen Höhenunterschied von 865 Metern. Auf dieser Fahrt erleben Sie alle Höhepunkte norwegischer Natur: Üppige Felder und Wiesen, tosende Wasserfälle und weites Hochgebirge.

Ein weiterer Höhepunkt ist der engste Fjord Europas, der Nærøyfjord. Zwischen steilen Felshängen, schneebedeckten Gipfeln und wilden Wasserfällen werden die Passagierfähren, Schnellboote und Veteranboote klein wie Spielzeugschiffe. Von Gudvangen, am Ende des Fjords gelegen, fahren große Fähren zur Nordseite des Sognefjords. Autofahrer, die in Richtung Voss wollen, können sich an den steilen Stalheimkurven der alten Paßstraße versuchen.

Die Region Aurland - Flåm - Gudvangen eignet sich ausgezeichnet für Erholung und aktive Ferien. Wanderer finden zahlreiche Wanderwege, die sich für Tagestouren oder mehrtägige Wanderungen eignen. Die Gewässer im Gebirge sind fischreich und ein Eldorado für jeden Sportangler. Radfahrer können auf ihrem Drahtesel die auf 1.300 Meter Höhe liegende Hochebene der Hardangervidda

passieren. Zwischen Finse und Flåm verläuft hier ein alter Materialweg aus der Zeit des Eisenbahnbaus. Leichtathletikeinrichtungen, mehrere Tennisplätze und Schwimmbad stehen Ihnen in Aurland zur Verfügung.

Kulturinteressierte Besucher stoßen in der Region auf zahlreiche Sehenswürdigkeiten wie z.B. die Kirche von Undredal aus dem Jahr 1147, die die kleinste noch genutzte Kirche Skandinaviens ist. Alte Bauernhöfe und Obstgärten liegen in einer reichen Kulturlandschaft, in der Kunsthandwerk und alte Produktionsweisen eine lange Tradition haben. Echter Ziegenkäse und die traditionsreichen Aurlandschuhe sind auch heute noch beliebte Artikel aus der Aurlandregion.

Da Aurland-Flåm-Gudvangen auch ein gutes Übernachtungsangebot in allen Preisklassen zu bieten hat, steht einem spannenden und erholsamen Urlaub in dieser Region nichts im Weg. Hotels, Pensionen, Motels, Berggasthöfe, Jugendherbergen und Campingplätze werden Ihnen bei Ihrem Aufenthalt in der Aurland-Flåm-Gudvangen-Region ein komfortables Zuhause bieten.

Für weitere Informationen wenden Sie sich bitte an:
Aurland Reiselivslag
Postboks 53
N-5745 Aurland
Tel. 0047 - (0)56 - 33 313
Fax 0047 - (0)56 - 33 280

Ytre Sogn und Sunnfjord
Land am Meer - die Fjorde und die Küste

Wollen Sie nicht einmal Ihre nächste Ferienreise als Rundreise in unsere schöne Natur und Fjordlandschaft legen, vom Innersten der Fjorde bis hinaus in die Schärenwelt der offenen See? Hier finden Sie von unbändigen Wasserfällen und Flußläufen über sonnenerwärmte Fjordarme und Buchten bis zu den sturmzerzausten Schären weit draußen im Meer einfach alles, was das Herz eines Naturliebhabers begehrt! Nicht zu vergessen die frische Luft und das saubere Wasser. Wir bieten Ihnen jede gewünschte Ferienart: ein »Eremiten«-Dasein im Gebirge, auf den Inseln oder am Fjord, oder Aktivitätsferien für alle, die an Hochseeangelfahrten, Küstenkreuzfahrten, Angelwettbewerben in Flüssen oder organisierten Bergwanderungen und Sightseeingtouren teilnehmen wollen. Und wer möchte, kann als Alternative gern auch einen »Stadtbummel« unternehmen, sei es zum Einkaufen oder um das Nachtleben zu »testen«.

Angelspaß für die ganze Famlie

Fluß- und Binnenangeln

In unserem Gebiet fließen die mächtigen Wasserläufe Gaular und Guddal, die in den prächtigen Dalsfjord münden, sowie Jølstraelva und Naustdalselva, die in den Førdefjord münden. Diese Gewässer laden sowohl an wilden Abschnitten als auch an eher ruhigen Vertiefungen zu Lachs- und Forellenangeln ein. Als erfahrener Angler oder auch als »Frischling« können Sie eine ganze Menge bei Binnenangelkursen lernen, die von erfahrenen Anglern durchgeführt werden und auch die Zubereitung des Fanges miteinschließen. Angelkarten können Sie übrigens beim jeweiligen Grundeigentümer erwerben. Diese brauchen Sie auch, wenn Sie in unseren vielen Seen angeln wollen, z.B. im großartigen Jølstravatn ganz im Inneren von Sunnfjord.

Ganz weit draußen, am äußersten bewohnten Zipfel im Atlantik, können Sie ein Gefühl der maßlosen Freiheit erleben, wie es Ihnen nur eine kleine Küstengemeinde bieten kann.

Ganz im Westen Norwegens liegen das Inselreich von Bulandet, Værlandet, die äußeren Teile von Gulen und Solund mit Gåsvær und Utvær, die außer den Inseln westlich von Florø die westlichsten »Eilande« Norwegens sind. Die vielen Berggipfel, die an vielen Stellen steil aus dem Meer emporragen, laden zu einer phantastischen Aussicht auf die Schären und den offenen Atlantik ein.

So weit draußen gibt es allerdings nur eine bescheidene Auswahl an zu mietenden Häusern und Hütten, so daß es ratsam ist, sich bei Interesse rechtzeitig um eine Reservierung zu kümmern. Wenn Sie Glück haben, erleben Sie einen der Stürme, die nachts über die Küste hinwegrasen können. Dann meint man, das Dach würde im nächsten Moment vom Haus abheben. Aber keine Angst, diese Häuser haben in vielen Jahren schon unzählige Stürme gemeistert. Sie können übrigens auch dann zur offenen Küste hinausgelangen, wenn Sie ganz im Inneren der Fjordarme wohnen. Dann benutzen Sie eben eine der Fähren, oder nehmen an einer Küstenkreuzfahrt bzw. an organisierten Ausflügen teil, die von den Fremdenverkehrsämtern jeden Sommer veranstaltet werden.

Meeres- und Küstenangeln

Ytre Sogn und Sunnfjord bieten Küstenangeltouren für kleine und große Gruppen an, die in Eivindvik, Askvoll und Florø starten. Zusätzlich werden Meeresangeltouren in der Regie der lokalen Fremdenverkehrsämter veranstaltet. Wenn Sie lieber auf eigene Faust losziehen wollen, dann halten die meisten Fremdenverkehrsämter und Hüttenvermieter Boote für ihre Gäste, also für Sie, bereit. Diese haben auch Kartenmaterial über die Angelgewässer im näheren Küstenbereich.

Bergwanderungen und Spaziergänge

Das ganze Gebiet eignet sich hervorragend für Wanderungen jeder Art. Von Gulen im Süden und Jølster im Osten bis nach Florø im Norden finden Sie markierte Wanderwege. Der alte Postweg durch Fjaler und Hyllestad eignet sich ausgezeichnet für Wanderungen und Reitausflüge in einer wunderschönen Natur. An mehreren Stellen sind auch Wanderkarten mit Routenbeschreibungen erhältlich. In verschiedenen Hüttenkatalogen finden Sie Hütten, die Sie im Gebirge mieten können. Die örtlichen Fremdenverkehrsämter bieten ebenfalls Hütten an, darüber hinaus auch Wanderungen und verschiedenste Kurse.

Was kann schöner sein als eine Wanderung in der freien Natur, Angelgewässer, die nur zehn Meter von der Hütte oder dem Zelt entfernt sind, und mehrere Kilometer Abstand zum nächsten Nachbarn?

Ortschaften und Atmosphäre

In unserem vielseitigen Distrikt haben wir nicht nur ein Angebot für alle, die

Hier wird im Klaren gefischt!

Einsamkeit und die Natur suchen. Dale in Sunnfjord z.B. ist eine lebhafte Handelsstadt mit kleinstadtartiger Atmosphäre. Hier wird eine große Auswahl an Kunstobjekten und Handwerksprodukten zum Verkauf angeboten. In der Küstenstadt Florø erleben Sie samstags vormittags ein quirliges Treiben in den Straßen. Probieren Sie mal eine Tüte frischer Krabben, die direkt am Anleger verkauft werden. Wer Erdbeeren bevorzugt, wird nicht nur auf dem Markt von Førde fündig. Straßenmusiker und Gaukler sorgen im Sommer nicht selten für noch mehr Kurzweil beim Bummel durch die Städte.

Am Abend warten kulinarische Erlebnisse in den Hotels und Restaurants auf Sie. Und wer dann noch mag, kann in einer unserer Diskotheken das Tanzbein schwingen.

Die Arbeit der Fremdenverkehrsämter

Während des Sommers gibt es eine Vielzahl von Aktivitäten, doch wir möchten die Saison noch verlängern und sind deshalb besonders mit der Ausarbeitung aktiver und inhaltsreicher Ferien außerhalb der Hauptsaison beschäftigt. Wir sind dabei behilflich, sommers wie winters, im Herbst wie im Frühjahr Ausflüge bzw. Programme und Aktivitäten nach Ihren Vorstellungen und Wünschen zu organisieren und durchzuführen. Dazu gehören z.B. Flußangeln, Meeresangeln, Krabbenfischen, Jagd, Beerenpflücken in Verbindung mit Hüttenferien für Aktivtouristen oder Hotelaufenthalte in der lebendigen Atmosphäre westnorwegischer Landschaften.

Sie haben Interesse bekommen? Dann wenden Sie sich für weitere Informationen an

Fjordtra Kyst A/S
Boks 219, N-6901 Florø
Tel. 0047 - (0)57 - 47 505

Sogn og Fjordane

Sogn og Fjordane

Norwegen-Spezialisten aus dem Fjordland

Sogn og Fjordane ist ein Bezirk, in dem der Tourismus eine große Rolle spielt. Während die Arbeitsplätze in Landwirtschaft und Fischerei mehr und mehr verschwinden, kann der Fremdenverkehr diese Lücke zumindest teilweise füllen. Sogn og Fjordane ist daher von der norwegischen Regierung als eines der Schwerpunktgebiete bei der Tourismus-Förderung ausgewählt worden. Auch bei Bezirksbehörden und Gemeinden in Sogn og Fjordane hat die Reisebranche Vorrang. Besonders Gäste aus dem Ausland stehen hoch im Kurs: Deutschland und Italien sind vom Fremdenverkehrsamt des Bezirks an die oberste Stelle gesetzt worden, aber auch Gäste aus den Benelux-Staaten und Frankreich spielen eine wichtige Rolle. Bei allen Maßnahmen gilt jedoch die Devise »Qualität vor Quantität«, Massentourismus mit all seinen negativen Folgeerscheinungen ist unerwünscht.

Als Teil der offiziellen Fremdenverkehrspolitik hat die Bezirksbehörde von Sogn og Fjordane zusammen mit verschiedenen Gemeinden, Hotelbetrieben, Transportgesellschaften und anderen Interessenten aus ganz Westnorwegen die Aktiengesellschaft Fjord Travel Marketing FJORDTRA A/S gegründet. Sie führt Werbe- und Marketingmaßnahmen durch,

Bei Luster

berät Behörden und Firmen bei der Planung und Durchführung von Tourismusprojekten und hat auch eine eigene Verkaufsabteilung. Neben Aktivitäten auf dem norwegischen Markt (Seniorenreisen, Konferenzen) ist FJORDTRA vor allem im Ausland aktiv. Durch eigene Büros und Partnerfirmen werden vor allem Deutschland, Italien und die Benelux-Länder »bearbeitet«. Dort beschränkt man sich allerdings nicht auf Sogn og Fjordane, sondern bietet ganz Norwegen an.

Mit seiner Zentrale mitten im Fjordland (Sogndal) und einem Service-Büro in Oslo hat FJORDTRA eine solide Basis, um ein interessantes Norwegen-Programm und guten Service bieten zu können. FJORDTRA vermittelt Ferienhäuser, bietet Rundreisepakete für PKW- und Wohnmobil-Touristen an, vertreibt Sparschecks für Übernachtung und Transport (NOR-WAY-TICKET) und organisiert Aktivitätsferien sowie auch individuelle Gruppenreisen.

Mehrere FJORDTRA-Rundreisepakete führen durch Sogn og Fjordane. Rund 50 Übernachtungsbetriebe im Gebiet sind dem NORWAY-TICKET-System von FJORDTRA angeschlossen, außerdem können die Flughäfen Sogndal, Førde, Sandane und Florø z.B. von Oslo aus mit nur 12 Tickets (ca. DM 114.-) angeflogen werden. Fahrten mit den Schnellbussen u.a. von Oslo, Bergen, Lillehammer und Trondheim nach Sogn og Fjordane kosten mit dem NORWAY-TICKET 25 % weniger, Rabatt erhält man ebenfalls auf den Schnellbooten der Regionalreederei Fylkesbaatane i Sogn og Fjordane ab Bergen. FJORDTRA verfügt über rund 100 Ferienhäuser in Sogn og Fjordane, darunter die beliebte Anlage Hafslotun in der Fjordgemeinde Luster. Detaillierte Informationen und Preise erhält man in den ausführlichen FJORDTRA-Katalogen.

FJORDTRA A/S
Parkvegen 3
N-5801 Sogndal
Tel. 0047 - (0)56 - 73 000
Fax 0047 - 56 - 72 806

Service-Büro in Oslo (im NOR-WAY Bussekspress-Bahnhof beim Hauptbahnhof; im Sommer geöffnet): Tel. 02 - 42 79 14

In Deutschland:
FJORDTRA Essen, Rosastr. 4-6,
W-4300 Essen 1 Tel. 0201 - 79 14 43.
FJORDTRA Berlin, Ku'Damm Eck 227/228
W-1000 Berlin 15; Tel. 030 -881 82 15.
FJORDTRA Frankfurt, Vilbeler Str. 29
W-6000 Frankfurt; Tel. 069 - 297 78 19.
Außerdem bald: FJORDTRA-Büros in Hannover und Köln.

Fylkesbaatane

Das regionale Verkehrsunternehmen »Fylkesbaatane i Sogn og Fjordane« ist für den Transport von Gütern und Personen im Bezirk Sogn og Fjordane und zwischen Bergen und Sogn og Fjordane zuständig. Die Flotte besteht aus vier großen und modernen Expreßbooten, die täglich Bergen mit zahlreichen Orten in Nordfjord, Sunnfjord und Sogn verbinden, mehreren lokalen Schnellbooten und rund 20 Autofähren.

Mit den Expreßbooten von »Fylkesbaatane« erreichen Sie schnell und bequem die berühmten, wunderschönen Fjorde und Städte in Sogn og Fjordane. Die Boote legen morgens in Bergen ab und kommen am selben Abend in die Stadt zurück, so daß es zahlreiche Möglichkeiten zu erlebnisreichen Tagestouren gibt.

Eine der populärsten Rundreisen im Fjordland führt zunächst mit dem Expreßboot von Bergen zum Touristenort Flåm im inneren Sognefjord. Von hier schlängelt sich die berühmte Flåmbahn an steilen Berghängen hinauf ins Hochgebirge nach Myrdal. Die Rückreise nach Bergen erfolgt entweder mit der Bergenbahn oder wieder mit dem Schiff. So kann man an einem einzigen Tag die Fjorde und das Hochgebirge erleben.

Eine Tagesfahrt nach Flåm kann man übrigens auch von Oslo aus unternehmen.

Mehrere Autofährverbindungen sind wie kleine Fjordkreuzfahrten, so z.B. die Verbindungen zwischen Flåm, Gudvangen, Revsnes und Årdalstangen sowie die Strecke Hella-Fjærland. Hier kommen Sie durch einige der schönsten Fjordarme Norwegens. In Fjærland liegt übrigens auch das interessante Gletschermuseum. Auf einigen Fährstrecken ist es notwendig, einen Autoplatz vor der Fahrt reservieren zu lassen.

Auf dem Sognefjord, zwischen Flåm, Balestrand, Gudvangen und anderen touristischen Zielen, unterhält »Fylkesbaatane« in der Sommmersaison eine zusätzliche Expreßbootroute. Im Sommer 1992 kann man auch eine traditionsreiche Fjordreise in ruhigem Tempo mit dem restaurierten Veteranboot »Atløy« unternehmen, das zwischen Flåm und Gudvangen verkehrt.

»Fylkesbaatane« bietet eine reiche Auswahl an Tages- und Rundtouren mit Boot und Bus an, und das nicht zuletzt für diejenigen, die mit dem eigenen Auto ins Fjordland gereist sind.

Für weitere Informationen wenden Sie sich bitte an:

FYLKESBAATANE
I SOGN OG FJORDANE

Fylkesbaatane Reiseservice
Strandkaiterminalen, N-5013 Bergen
Tel. 0047 - (0)5 - 32 40 15; Fax 0047 - (0)5 - 31 05 76

»Fylkesbaatane« verkehrt in einigen der schönsten Fjordgebiete Norwegens.

Stryn, Nordfjord

Hotel Alexandra

Hotel Alexandra

Mitten im Inneren des Fjord- und Fjellbezirks Sogn og Fjordane, am Nordfjord, liegt der kleine Ort Loen. Hoch aufragende, schneebedeckte Gipfel, Flüsse und Wasserfälle und das saftige Grün der Wiesen und Gärten in den Tälern bilden hier eine Szenerie, die ihresgleichen sucht. Welches Hotel wäre für einen Urlaub im Fjellgebiet besser geeignet als das »Hotel Alexandra«? Es verbindet die bewährten Traditionen eines Familienbetriebes in der vierten Generation mit modernem Standard, der auch höchsten Ansprüchen gerecht wird. Außerhalb der Sommersaison ist das erstklassige »Alexandra« eines der führenden Kongreß- und Veranstaltungshotels des Landes mit entsprechenden Einrichtungen, zu denen bekanntlich nicht nur Versammlungsräume, sondern gleichfalls ein attraktives Unterhaltungsangebot gehören. Das »Alexandra« hat 386 Betten in 200 Zimmern, die alle mit Bad/WC, Fernseher und einer Minibar ausgestattet sind. Die Aktivitätenpalette des direkt am Fjord gelegenen Hotels umfaßt Tennis, Minigolf, Wasserskilauf, Surfen, Rudern, Angeln und Baden - entweder im Freien oder im hoteleigenen Hallenbad. Natürlich bieten sich in diesem herrlichen Feriengebiet auch in unmittelbarer Umgebung des Hotels zahlreiche Aktivitätsmöglichkeiten.

Als Ausgangspunkt für Autotouren durch das Nordfjordgebiet eignet sich das »Alexandra« ebenfalls ausgezeichnet. Beliebte Ausflugsziele sind die Gletscherarme des Jostedalsbre, des größten Festlandgletschers Europas; seine Ausläufer, der ins Lodal hinabführende Kjenndalsbre und der Briksdalsbre, werden alljährlich von Tausenden von Touristen besucht (Gletschertouren mit Führer).

Briksdalbre Fjellstove

Kommen Sie nach Briksdalen - spüren Sie den Hauch hundertjähriger Kultur und des ewigen Eises ...

Briksdalen ist eine der größten Touristenattraktionen Norwegens - im Innersten des schönen Nordfjords, am Fuße des größten Gletschers auf dem europäischen Kontinent, des Jostedalsbre. Die Natur ist üppig, dramatisch - und sauber. Fahren Sie mit dem Bus oder dem PKW am See entlang, vorbei an den Berghängen mit grasenden Schafen, Ziegen und Kühen ins fruchtbare Oldedal und hinauf zur Briksdalbre Fjellstove, wo es gute Parkmöglichkeiten gibt. Hier finden Sie nicht nur Restaurant, Café und Andenken- bzw. Geschenkeladen, sondern auch Tradition, Qualität und Kultur. Das kulinarische Angebot reicht von Snacks aus der preiswerten Cafeteria bis zu mehrgängigen Mittagessen. Vom Gebirgsgasthof, der auch Übernachtungsmöglichkeiten bietet, können Sie der hundertjährigen Tradition folgen und mit Pferd und Wagen bis an den Gletscher heranfahren. Oder Sie gehen zu Fuß, vorbei an brausenden Gebirgsbächen, wilden Wasserfällen, kristallklarem Wasser.

Am Briksdalsbree-Gletscher

Stryn Hotel

Ihr Hotel in Stryn und Nordfjord!
- 50 Zimmer mit Bad und TV
- Restaurant
- Jeden Abend Tanz
- Angeln/Bootsverleih
- Zentrale Lage im Zentrum von Stryn, direkt am Stryneelva.

Herzlich willkommen!

Das Sommerskizentrum in Stryn

Olden Fjordhotel

Modernisiertes Hotel mit Fjordaussicht von allen Zimmern. Ausflugsmöglichkeiten sind z.B. Briksdalsbre-Gletscher, Geiranger, Westkap, Lovatnet-See. Eigenes Ausflugsprogramm. Restaurant mit Tagesmenü oder à la carte. Bar mit allen Schankrechten. Mitglied der Best Western Hotelkette.

Hjelle Hotel

Das Hotel hat 22 Zimmer und liegt am Ostende des Strynvatnet-Sees an der Straße 15, nur 28 km von Stryn und 20 km vom Stryn Sommerskizentrum entfernt. Das Familienhotel stammt aus den neunziger Jahren des vergangenen Jahrhunderts. Guter Ausgangspunkt für Ausflüge ins Briksdal und ins Lodal.

Nordfjordreiser Nordfjord Booking

Nordfjord Booking ist ein Reisebüro, sorgt für Busvermietung und Übernachtungsmöglichkeiten und arbeitet eigene Reisen aus. Übernachtungen werden im ganzen Nordfjordgebiet angeboten: in Hotels/Pensionen, Wohnungen, Ferienhäusern, Hütten. Eigener Katalog mit genauer Beschreibung und Preisliste.

Auf dem Loenvatnet

Kjenndalsbre Fjellstove

Der Kjenndalsbre-Gletscher im Lodal bietet eines der schönsten Naturerlebnisse Norwegens! Machen Sie eine Bootstour auf dem Lovatn-See mit »M/B Kjendal« inkl. einem Stop am Gasthof Kjendalsbre Fjellstove. Angeboten werden traditionelles norwegisches Essen, mehrgängiges Mittagessen, Kaffee und Kuchen.

Stryn Reiseliv A/S

Das örtliche Fremdenverkehrsamt. Hier erhalten Sie Informationen und Empfehlungen. Stryn Reiseliv A/S hilft Ihnen auf Wunsch mit Material über die Region.

Hotel Alexandra
N-6878 Loen
Tel. 0047 - (0)57 - 77 660
Fax 0047 - (0)57 - 77 770

Stryn Hotel
N-6880 Stryn
Tel. 0047 - (0)57 - 71 166
Fax 0047 - (0)57 - 71 802

Briksdalsbre Fjellstove
N-6877 Briksdal
Tel. 0047 - (0)57 - 73 811
Fax 0047 - (0)57 - 73 861

Olden Fjordhotell
N-6870 Olden
Tel. 0047 - (0)57 - 73 400
Fax 0047 - (0)57 - 73 381
Kostenlose Buchung in Deutschland:
0130 - 44 55

Hjelle Hotel, N-6892 Hjelledalen
Tel. 0047 - (0)57 - 75 250; Fax 0047 - (0)57 - 75 254

**Nordfjordreiser,
Nordfjord Booking**
N-6880 Stryn,
Tel. 0047 - (0)57 - 72 333,
Fax 0047 - (0)57 - 72 060

Kjenndalsbre Fjellstove
N-6878 Loen
Tel. 0047 - (0)57 - 77 660
Fax 0047 - (0)57 - 77 770

Stryn Reiseliv A/S
N-6880 Stryn
Tel. 0047 - (0)57 - 72 332
Fax 0047 - (0)57 - 72 371

Sogn og Fjordane

Møre og Romsdal

Blick ins Raumatal

Møre og Romsdal bildet das nördliche Ende von Norwegens Fjordland. Das Verwaltungszentrum Molde liegt etwa in der Mitte des Bezirks und ist zugleich Zentrum des Romsdal-Gebiets.

Møre teilt sich in Nord-Møre um Kristiansund und in Sunnmøre südlich von Ålesund.

Touristen aus aller Welt kommen jedes Jahr nach Møre og Romsdal, um den berühmten Geirangerfjord mit eigenen Augen zu sehen. Vom fast 1.500 m hohen Berg Dalsnibba, auf den man hinauffahren kann, nehmen sich sogar die größten Kreuzfahrtschiffe unten im Fjord wie Spielzeugboote aus.

Die »Golden Route« schafft eine erlebnisreiche Verbindung zwischen dem Geirangerfjord und den nadelscharfen Bergspitzen der Trolltindane bei Åndalsnes. Sie führt über die Serpentinenstrecken Adlerstraße und Trollstigen, beides Höhepunkte auf einer Reise durch das Fjordland.

Der Stadtkern von Ålesund wurde nach dem verheerenden Brand von 1904 im - sehr norwegisch geprägten - Jugendstil wiederaufgebaut und ist heute in seiner geschlossenen Komposition einmalig in Norwegen. Molde hat sich dagegen durch seine vielen Rosen und durch das alljährlich stattfindende internationale Jazzfestival einen Namen gemacht. 1992 feiert es sein 250jähriges Stadtjubiläum.

Von Molde führt die aufregende Atlantikstraße von Schäre zu Schäre am offenen Meer nach Kristiansund. Auf dieser Strecke herrscht wohl niemals Windstille. Auch Kristiansund feiert 1992 sein 250jähriges Stadtjubiläum. Die Veranstaltungen in beiden Städten verteilen sich über den ganzen Sommer und lassen einiges erwarten. Sozusagen zum Geburtstag bekommt Kristiansund, das auf drei Inseln liegt, auch eine Festlandsverbindung durch einen Tunnel und mehrere Brücken.

Am Trollstigen

MØRE OG ROMSDAL

- Gesamtfläche: .... 15.075 km²
- Einwohnerzahl: 238.400

Städte / Einwohner:
- Ålesund: 35.700
- Molde: 22.100
- Kristiansund N: 17.200

Entfernungen (von Ålesund):
- Oslo: .... 573 km
- Bergen: .... 401 km
- Kristiansand S: .... 901 km
- Kristiansund N: .... 134 km
- Trondheim: .... 428 km
- Nordkap: .... 2.052 km

Verkehrsflugplätze:
- Kristiansund
- Molde
- Ørsta/Volda
- Ålesund

Bahnverbindungen:
- Åndalsnes - Dombås - (Oslo / Trondheim)

Sehenswürdigkeiten:
- Mardalsfossen, Nord-Europas höchster Wasserfall (nur im Juli, sonst gestaut)
- 4000 Jahre alte Felszeichnungen, bei Bugge
- Romsdalsmuseum / Fischereimuseum, Molde
- Jugendstil-Architektur, Mittelaltermuseum, Ålesund Kirche, Borgund Kirche, Ålesund
- »Mellemverftet« (Veteranbootswerft), Kristiansund
- »Trollstigen«, Serpentinenstraße bei Åndalsnes
- Vogelfelsen auf der Insel Runde
- Grip, Inselgemeinde 14 km vor Kristiansund
- Svinvik Arboretum, Surnadal
- Kulturzentrum Leikvin, Grøa, Sunndal

Ausflüge:
- Atlantikstraße
- Bjørnsund-Route
- Sightseeingtour, Runde
- Stadtrundfahrt mit Taxi, Kristiansund
- Tagestouren, Åndalsnes
- »The Golden Route«, Straße zum Geirangerfjord
- »Trolltur« 1 und 2 mit der Eisenbahn
- die historische Insel Edøy, Smøla
- vorzeitliches Gräberfeld auf der Insel Kuløy, Smøla
- Fischerort Veidholmen, Smøla
- Fischerort Brattvær, Smøla
- Torbudalen, Littedalen, Sunndal

Veranstaltungskalender S. 275 ff.

Weitere Informationen:
Møre og Romsdal Reiselivsråd
Postboks 467
N - 6501 Kristiansund N.
Tel. 0047 - (0)73 - 73 977
Fax: 0047 - (0)73 - 70 070

MØRE OG ROMSDAL REISELIVSRÅD

The Golden Route – mehr als nur eine Straße

Die Touristenstraße, die den Namen »The Golden Route« erhalten hat, bietet Ihnen berühmte Naturschönheiten und -attraktionen am laufenden Band: den Geirangerfjord, Dalsnibba - die Straße auf das 1.500 Meter hohe Felsplateau oberhalb von Geiranger und dem Geirangerfjord, »Ørnevegen«, die Adlerstraße, Valldal, Trollstigen und die Felswand Trollveggen im Romsdal. Außer der Straße an sich und den Fjorden hat The Golden Route aber noch weit mehr zu bieten. Kurze Abstecher von der Hauptroute führen Sie zu vielen anderen Sehenswürdigkeiten, z.B. nach Norddal mit der bewirtschafteten Herdalssetra-Alm. Tafjord lädt Sie zu einem Kraftwerksbesuch oder einem Bad in einem Freibad ein. Vielleicht besuchen Sie auch das Norwegische Gipfelmuseum in Åndalsnes oder nehmen an einer gut organisierten Wanderung, vielleicht auch an einer Sightseeingtour auf dem Geirangerfjord teil. Das Golden Route-Gebiet eignet sich hervorragend für eine individuelle Urlaubsgestaltung. Orte wie Stranda, Hellesylt, Geiranger, Eidsdal, Valldal und Åndalsnes sind ausgezeichnete Ausgangspunkte für Wanderungen auf gekennzeichneten Wegen, bei denen man z.B. auch in Flüssen und Seen angeln kann. Vielleicht in einem unserer lachsführenden Flüsse?

Am Norddalsfjord

Das Golden Route-Gebiet mit seinen Übernachtungsmöglichkeiten in allen Kategorien ist darüber hinaus ein ausgezeichneter Ausgangspunkt für Tagesausflüge, bei denen man den Kontrast zwischen Fjord und Fjell einerseits und dem Inselreich draußen am Meer andererseits erleben kann.

Wenn Sie im April bei uns Urlaub machen wollen, dann sollten Sie Ihre Tourenskier mitbringen, um die Bergwelt so wie die Norweger erleben zu können. Kommen Sie im Mai, dann erleben Sie die Obstblüte im Flachland, schneebedeckte Berge sowie rauschende Flüsse und Wasserfälle. Im Juni zeigen sich saftiggrüne Wiesen und unsere wilden Blumen in voller Farbenpracht. Wer uns im Juli besucht, macht mit uns und Touristen aus aller Herren Länder zusammen Ferien. Im August sollten Sie sich eine wunderbare Gebirgswanderung gönnen, und im September, wenn sich der Sommer dem Ende zuneigt, werden Sie die ersten phantastischen Herbstfarben erleben können. Nun - Sie haben die Wahl, wir heißen Sie herzlich willkommen.

Weitere Informationen erteilen:

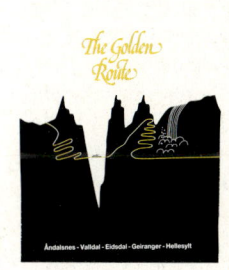

Geiranger og Stranda Reiselivslag
N-6200 Stranda,
Tel. 0047 - (0)71 - 60 044
Fax 0047 - (0)71 - 60 714

Norddal Reiselivslag
N-6210 Valldal
Tel. 0047 - (0)71 - 57 767
Fax 0047 - (0)71 - 57 771

Åndalsnes og Romsdal Reiselivslag
N-6300 Åndalsnes
Tel. 0047 -(0)72 - 21 622
Fax 0047 - (0)72 - 21 682

Ørsta

Wir heißen Sie herzlich willkommen in Ørsta, dem Zentrum der Region Sunnmøre - willkommen zu erlebnisreichen Ferien und Herausforderungen oder zu Entspannung und Ruhe: zu einem Naturulaub zwischen Meer, Fjorden, Tälern und Gebirge.

Ørsta, das heißt Lachsangeln in landesweit bekannten Flüssen, Forellenangeln in Hunderten von Seen oder Fischen im Meer. Ørsta, das heißt aber auch Baden in Fjorden, Flüssen oder eiskalten Bergseen, Surfen, Drachenfliegen, Sommerski oder Wanderungen in den Sunnmørsalpen. Auf den Fjorden und in den vielen kleinen Häfen tummeln sich die Boote. Ørsta bietet Ihnen frische Luft und sauberes Wasser, Urlaub im Gebirge und Urlaub am Fjord - so ist Sunnmøre!

Die ersten Feriengäste kamen, um ins Gebirge zu wandern. Um die Jahrhundertwende entdeckten Engländer das Gebirge in Sunnmøre und kamen später Jahr für Jahr wieder. Slingsby, Patchell und Randers sind für norwegische Berg- und Wanderexperten bekannte Namen. Die Routen, die diese in ihren Wanderbüchern beschrieben, können Sie hier ausprobieren. Hier finden Sie einfache Routen und gut markierte Wege in flachen Gebirgstälern, die von steilen Felshängen umgeben sind; hier gibt es Gipfel, die jedermann erklettern kann, hier finden aber auch Bergsteiger echte Herausforderungen. Interessenten können Jagdrechte für Jagd auf Nieder- und Hochwild erwerben.

Die Hauptverkehrsader Westnorwegens, die Straße 14, verbindet Ørsta mit dem übrigen Land. Vom nahegelegenen Flugplatz gibt es mehrmals täglich Verbindungen zu den Flughäfen der großen Städte. Ørsta eignet sich auch ausgezeichnet als Ausgangspunkt für Tagestouren zu anderen bekannten Reisezielen wie Geiranger, die Vogelinsel Runde,

Die Berg- und Fjordwelt von Ørsta

der Briksdalbre-Gletscher und Ålesund. Drei gute Hotels bieten Ihnen die schönsten Übernachtungsmöglichkeiten:

Das **Union Hotel Øye** ist ein Hotel im sogenannten Schweizerstil und hat 27 Zimmer, die mit Himmelbetten und antiken Möbeln ausgestattet sind. Es war das bevorzugte Hotel Kaiser Wilhelms II.
Hotel Union Øye, N-6196 Norangsfjord
Tel. 0047 - (0)70 - 62 100; Fax 0047 - (0)70 - 62 116

Im Herzen von Ørsta liegt das **Viking Fjord Hotel**. Das 40 Zimmer-Hotel hat vier Sterne und ist der Best Western Hotel-Kette angeschlossen.
Viking Fjord Hotel, N-6150 Ørsta
Tel. 0047 - (0)70 - 66 800; Fax 0047 - (0)70 - 68 803

Etwa 25 Autominuten von Ørsta entfernt, am schönen Hjörundfjord, liegt das **Hotel Sagafjord**, das seinen Gästen eine Panoramaaussicht auf Berge und Fjord bietet. Das Hotel ist ein kleines Anwesen mit alten Blockhäusern und Neubauten, die alle Grassoden auf den Dächern haben.
Sagafjord Hotel, N-6180 Sæbø
Tel. 0047 - (0)70 - 40 260; Fax 0047 - (0)70 - 40 260

Weitere Informationen bei:

Ørsta Reiselivslag
Postboks 324, N-6151 Ørsta,
Tel. 0047 - (0)70 - 68 518
(Mai - Ende August)

Møre og Romsdal

Møre og Romsdal

Das Land des Meereslichts

Im Südwesten von Møre og Romsdal eröffnet sich dem Besucher ein Küstenabschnitt, wo Landschaft, Wetter und Licht ein dramatisches Schauspiel bieten, eine besondere Atmosphäre zwischen dem Atlantik im Westen und den Sunnmørsalpen im Osten.

Ganz gleich, ob Sie die ungebändigten wilden Elemente erleben, wenn der Sturm rast, oder die angenehme, warme Stille an einem sonnenreichen Sommertag - immer werden die saubere Luft, die Berge, die Inseln und das Meer den Rahmen bei Ihren vielen herrlichen Erlebnissen bilden.

Runde, Norwegens südlichster und besterreichbarer Vogelfelsen, ist ein einmaliges Erlebnis. Bis zu eine Million Vögel, verteilt auf rund 77 ständig anwesende und einige mehr sporadisch nistende Vogelarten finden auf der Insel und drumherum Unterschlupf. Über 200 Arten hat man schon beobachtet. Das Leben und Treiben der Vögel kann man von Mitte Mai bis Ende August sowohl vom Boot aus als auch von markierten Wegen in den Bergen beobachten. Da sowohl die Vogelwelt als auch die übrige Natur unter Naturschutz stehen, sind die speziellen Schutzbestimmungen allerdings genau zu beachten.

Wasser, Wassser, Wasser

Die Wasserwelt rings um Runde ist ein Paradies für Wassersportler und Angler.

Vor dem Vogelfelsen Runde

So haben Segler von Frühjahr bis Herbst einmal pro Woche Gelegenheit, bei einer Regatta auf einem teilnehmenden Boot anzuheuern. Wer lieber selbst am Ruder sitzt, kann sich auch ein Segelboot mieten. Meeresangeltouren warten auf alle Angelfreunde. Entweder fahren Sie auf eigene Faust hinaus, oder Sie steigen auf einen lokalen Fischkutter. Der Dorsch steht übrigens von Februar bis Frühjahrsende am besten...

Wer sich davon überzeugen möchte, daß sich die faszinierende Natur von Runde unter Wasser fortsetzt, sollte seinen Taucherurlaub in den Inselgewässern verbringen. Klares Wasser, üppiges Tier- und Pflanzenleben und die spannende Suche nach vielen Schiffswracks machen dies Gebiet zu einem Eldorado für Sporttaucher.

Höhen und Höhlen

Hoch hinaus kommt man beim Aufstieg auf die bis zu 600 m hohen Berge der Inselwelt von Runde. Sie laden Sie zu herrlichen Bergwanderungen ein, auf denen Sie auch Ihre Angel mitnehmen können, um nach Forellen zu angeln. Die einzigartige Aussicht auf die umliegende Berg- und Meereswelt ist einen Anstieg allemal wert. Für Freunde der »Unterwelt« hat die Insel Sandsøya ein exklusives Erlebnis zu bieten: Hier liegt eine der größten und eigenartigsten Grotten Norwegens. Ausgrabungen in der fünf Kammern umfassenden Höhle haben einmalige tiergeschichtliche Funde ans Tageslicht gebracht. Die Wanderung zur Grotte, die u.a. schon in der Nibelungensage erwähnt wird, ist eine echte Herausforderung! Zu den kulturgeschichtlichen Besonderheiten der Region Runde zählen darüber hinaus z.B. alte Grabplätze aus der Vorwikingerzeit, Handelsorte aus dem 17. und 18. Jahrhundert und alte Höfe. Unsere Hotels, Campingplätze, Hütten und Ferienhäuser sind übrigens auch ausgezeichnete Ausgangspunkte für gemütliche Tagesfahrten, z.B. in die Jugendstilstadt Ålesund, nach Geiranger und zum Westkap.

Kommen Sie und verleben Sie Ihre erlebnisvollen Ferien im Licht des Meeres und der Küste, finden Sie Erholung, Ruhe und Stille. Dieses Licht wird Sie in Ihren späteren Erinnerungen begleiten, vielleicht sogar zu einem neuen Besuch verlocken.

Weitere Informationen bei:
RUNDE REISELIVSLAG
Hareid Herøy Sande Ulstein
P.b. 154, N-6060 Hareid
Tel. 0047 - (0)70 - 93 790; Fax 0047 -(0)70 - 93 607

Die Jubiläumsstadt

Kristiansund - ein interessantes Reiseziel

Das Klippfischweib - Symbol des Stadtjubiläums

250jähriges Stadtjubiläum 1992

Im Jahr 1742 verlieh der dänisch-norwegische König Christian VI dem Küstenort »Lille Fosen« die Stadtrechte und taufte die Stadt auf seinen eigenen Namen.

Dies war eine logische Konsequenz aus einer Entwicklung, die 1606 mit dem Holzhandel der Holländer und Nordfriesen in den Nordmøre-Fjorden begonnen hatte. Es waren auch die Holländer, die den Norwegern die Verarbeitung von Klippfisch vermittelten. Schon 1691 erhielt der Holländer Jappe Ippe die Konzession für diese Tätigkeit, die für die Entwicklung von Kristiansund und der gesamten norwegischen Küste eine enorme Bedeutung bekommen sollte. Das Trocknen von Fisch auf den Felsen gab etlichen Frauen und Kindern Arbeit, und deshalb hat Kristiansund das »Klippfischweib« zum Symbol für das Stadtjubiläum gemacht.

1992 wird auch der erste Teil eines nationalen »Küstenkultur«-Zentrums, u.a. mit einem Klippfischmuseum, dem Publikum zugänglich werden. Dieses Zentrum wird Ausstellungen und Vorführungen alter maritimer Handwerke, Schiffsbau, Führungen durch alte Häuser und vieles mehr bieten. Kristiansund, das auf drei Inseln liegt, wird im Jubiläumsjahr durch einen unterseeischen Tunnel von 5 km Länge und mehrere Brücken mit dem Festland verbunden. Die Einweihung wird am 20. August stattfinden. Doch schon jetzt bietet die Anreise hierher die Möglichkeit zu einer phantastischen Rundtour über die Straße 67, die »Atlantikstraße« von Molde, und die Straße 16, die »Erlebnisstraße« von Oppdal. Wird die Fahrt noch um die Strecke »The Golden Route« erweitert, dann wird sie eine phantastische, kontrastreiche Rundreise zu Fjell, Fjord und Meer. (Versäumen Sie nicht den Besuch im Fischerdorf Grip, 14 km weit draußen im Meer).

Zusätzlich zu Natur und Küstenkultur bietet Kristiansund im Sommer 1992 eine lange Reihe Veranstaltungen und Aktivitäten:

Der eigentliche Jubiläumstag ist der 29. Juni. Eine volle Woche lang will man dann in Kristiansund feiern, sogar der König hat seinen Besuch angekündigt. Vom 26. bis 28.6. sind die Patenstädte aus den nordischen Ländern zu den Festlichkeiten eingeladen, und im Juli ist hier die gesamte norwegische Elite der Schachspieler zur Meisterschaft versammelt. Ebenfalls im Juli findet ein großes Seglerfestival statt und im August eine große Feier anläßlich der Einweihung der Festlandsverbindung. Die Oper der Stadt gibt dann zur Musik von Fliflet Bræin eine Vorstellung über Holbergs »Vielgeschrei«.

Für alle, die schon früh in den Urlaub starten, gibt es auch ab Anfang Mai eine Vielzahl an Veranstaltungen.

Sammler sollten sich merken, daß die norwegische Post eine Briefmarke mit dem Motiv von Kristiansund und die Stadt selbst eine Gedächtnismünze in Silber herausgibt.

Jetzt sollte eigentlich kein Zweifel mehr daran bestehen, daß Kristiansund 1992 ein interessantes Reiseziel ist.

Willkommen in Kristiansund, der Stadt am Atlantik!

Weitere Informationen erteilt:
Kristiansund
Reiselivslag
Postboks 401
N-6501 Kristiansund
Tel. 0047 - (0)73 - 77 211
Fax: 0047 - (0)73 - 76 657

Ålesund, die »Stadt im Jugendstil«

Ålesund -
die »Stadt im Jugendstil«

Eine typisch norwegische Fischereistadt mit einem völlig untypischen Stadtbild erwartet Sie draußen an der Westküste - Ålesund, die Stadt im Jugendstil. Die malerische Altstadt am Brosund, der Leuchtturm auf der Mole und der Hafen mit den alten Fischerhäusern stellen für Fotografen reizvolle Motive dar.
Die Küstenstadt mit ihren abwechslungsreichen Restaurants und Geschäften ist nicht zuletzt auch wegen der hervorragenden Übernachtungsmöglichkeiten ein idealer Ausgangspunkt für interessante Ausflüge in die Fjord- und Bergwelt von Møre og Romsdal. Wir möchten Ihnen einige Hotels kurz vorstellen:

Rica Parken Hotel
Erstklassiges Haus mit 138 Zimmern, die zum größten Teil Panoramablick bieten. Restaurant, Bar, Galerie-Café, Fitneß-Raum, Sauna, Coiffeur, Konferenzkapazitäten für bis zu 600 Personen. Fjord Pass.
Storgaten 16, N-6002 Ålesund
Tel. 0047 - (0)71 - 25 050; Fax 0047 - (0)71 - 22 164

Rica Skansen Hotel
Das Hotel liegt in der Fußgängerzone von Ålesund und wurde 1988 zuletzt renoviert. 179 Betten, Restaurant, Nachtklub, Bierstube, Schwimmbad, Sauna. Konferenzräume für 10-90 Teilnehmer. Fjord Pass.
Kongensgate 27, N-6002 Ålesund
Tel. 0047 - (0)71 - 22 938; Fax 0047 - (0)71 - 26 660

Bryggen Home Hotel
Atmosphäre und Interieur des Hotels, das am Brosund liegt, spiegeln die Stimmung des ehemaligen Fischlagerhauses wider. Alle 82 Zimmer haben einen sehr hohen Standard. Fjord Pass.
Apotekergaten 1-3, N-6004 Ålesund
Tel. 0047 - (0)71 - 26 400; Fax 0047 - (0)71 - 21 180

Scandic Hotel Ålesund
Ålesund neuestes Hotel in maritimen Stil. Das Hotel liegt ruhig auf Brunholmen direkt am Wasser. Außenterrasse auf der Mole. Eigener Gästehafen, Fitneßräume, Bars und Nachtklub, 118 Zimmer.
Moloveien 6, N-6004 Ålesund
Tel. 0047 - (0)71 - 28 100; Fax 0047 - (0)71 - 29 210

InterNor Hotel Scandinavie
Das Haus liegt in der Stadtmitte von Ålesund und ist ganz im Jugendstil gehalten. 75 komfortabel ausgestattete Zimmer mit 119 Betten, Restaurant, Bar und Pizzeria.
Løvenvoldgaten 8, N-6002 Ålesund
Tel. 0047 - (0)71 - 23 131; Fax 0047 - (0)71 - 29 488

Atlantica Hotel
Mitten im Stadtzentrum liegt das Atlantica Hotel, das eine eigene Bäckerei hat. Die 52 Zimmer sind alle mit DU/WC, TV und Minibar ausgestattet. Fjord Pass.
Rasmus Rønnebergsgate 4, N-6002 Ålesund
Tel. 0047 - (0)71 - 29 100; Fax 0047 - (0)71 - 26 252

Molde
»ATLANTIC HIGH WAY«

Molde ist eine Fjordstadt mitten zwischen Norwegens wildestem Gebirge und der Atlantikküste. Die Aussicht von Varden, dem Aussichtspunkt auf dem Berg direkt hinter Molde, auf 87 umliegende Berggipfel ist ein großartiges Erlebnis.
Molde ist auch die Stadt der Rosen. Da Molde, das am Romsdalsfjord liegt, vor der oft kalten Luft vom Meer gut geschützt ist, hält sich hier eine üppige Vegetation, die für diese nördlichen Breitengrade sehr ungewöhnlich ist. Zu den größten Sehenswürdigkeiten der Stadt zählen das Romsdalsmuseum, eines der größten Freilichtmuseen Norwegens, und das Fischereimuseum, das auf einer der vielen kleinen idyllischen Inseln vor der Stadt liegt. Hier finden Sie eine einzigartige Sammlung von Häusern, Booten und Gegenständen aus der hiesigen Küstenregion. Jeden Sommer im Juli findet in Molde ein großes internationales Jazzfestival statt. Die Stadt bietet ihren Gästen übrigens auch mehrere gute Hotels und andere Übernachtungsmöglichkeiten. Kommen Sie 1992, denn da feiert die Stadt ihr 250jähriges Jubiläum, zu dem Sie ganz besonders herzlich eingeladen sind.
Übrigens: Molde ist auch ein ausgezeichneter Ausgangspunkt für Tagesausflüge ins Gebirge, zum Trollstigen, ins Romsdal mit der Trollwand oder auch ins Eikesdal mit Nordeuropas höchstem Wasserfall, dem Mardalsfoss. Ausflüge zur Küste und zum Meer führen oft zum

Molde

»ATLANTIC HIGH WAY«
Der Atlantic Highway ist keine gewöhnliche Straße, sondern eine Reise durch große und kleine Erlebnisse, die Ihnen nur die Küste und die Nähe zum Atlantik bieten können. Hier draußen ist das Meer noch immer kristallklar und sauber, die Luft salzig und frisch, und nur die eigene Phantasie setzt den Aktivitätsmöglichkeiten Grenzen. Sie kommen zum »ATLANTIC HIGH WAY« entweder
- über »The Golden Route«, inkl. Geiranger und Trollstigen;
- oder durch das Romsdal mit der Trollwand und Norwegens wildester Gebirgslandschaft;
- oder aber durch das Sunndal, wo die Berge ebenfalls in den Himmel ragen.
Draußen am Meer stoßen Sie auf Norwegens abwechslungsreichste Küste, mit Inseln, Schären und kleinen Fischerdörfern. Hier atmen Sie reine, jodhaltige Luft und erleben die Wellen des Meeres, die sich an glattgeschliffenen Felsen brechen. Angler finden hier gute Möglichkeiten zum Rutenangeln von Land oder vom Boot aus. Die küstennahen Gewässer sind auch ein Eldorado für Taucher, die auf erstklassige Tauchzentren zurückgreifen können. Zur Übernachtung bieten sich viele gute Campingplätze und Touristenzentren ebenso an wie Hütten mit einfachem oder gutem Standard.
Ausflüge in die Inselwelt stecken voller interessanter Erlebnisse. Dazu zählen vor allem die kleinen Fischerdörfer Ona und Bjørnsund, die idyllisch weit draußen im Atlantik liegen. Auf dem Festland erreicht man über das Fischerdorf Bud die Atlantikstraße, die weit draußen im Meer über unzählige Inseln nach Averøy führt. Felsenhöhlen und gute Angelmöglichkeiten inkl. Bootsverleih runden das Urlaubserlebnis »ATLANTIC HIGH WAY« ab.

Weitere Informationen erhalten Sie bei

Reiselivsforeningen i Molde
Boks 484, N-6401 Molde
Tel. 0047 - (0)72 - 57 133 / 19 200
Fax 0047 - (0)72 - 54 918

Møre og Romsdal

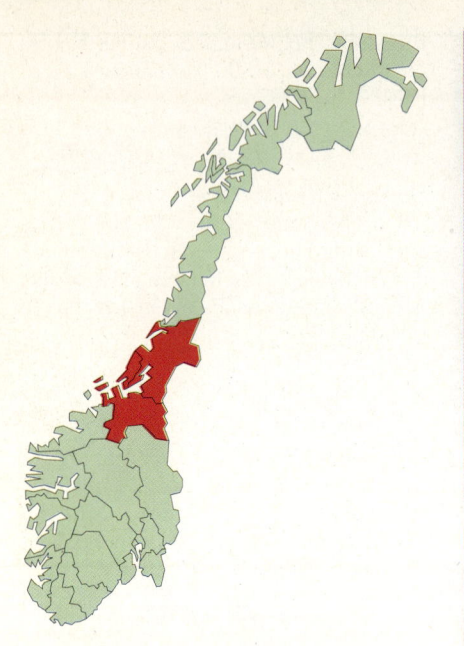

Trøndelag

Die Region Trøndelag besteht aus den Bezirken Sør- und Nord-Trøndelag und liegt in der Mitte des Landes, auch wenn viele Reisende meinen, sie seien schon sehr weit im Norden angekommen.
Sanfte grüne Hügel und Berge, viel Ackerland und der berühmte Lachsfluß Namsen - was braucht der Mensch mehr? Die Atlantikküste und Gebirgsregionen schaffen zusätzliche Abwechslung, so z.B. der Wintersportort Oppdal am Dovrefjell.
Ein freundliches Klima hat Trøndelag zu einer Kornkammer des Landes werden lassen. Außerdem ist die Gegend geschichtsträchtig. Im Jahr 1030 fiel König Olav Haraldsson in der Schlacht bei Stiklestad gegen ein Bauernheer. Er ist im Nidarosdom begraben und wird als Nationalheiliger verehrt. Ende Juli findet ihm zu Ehren in Stiklestad das »Olavsspiel« mit einem großen Aufgebot an Schauspielern und Kostümen statt. Trondheim ist die traditionelle Krönungsstadt geworden,

Der Nidarosdom in Trondheim

und auch König Harald - der sich wie sein Vater nicht mehr krönen ließ - wurde im Juni 1991 im Nidarosdom feierlich inthronisiert. Die Stadt am Nidelva ist mit ihren rund 135.000 Einwohnern Norwegens drittgrößte Stadt.

TRØNDELAG

- Gesamtfläche: .... 41.294 km²
- Einwohner: 378.400

Städte/Einwohner:
- Trondheim: 138.000
- Røros: 5.400
- Steinkjer: 20.700
- Namsos: 12.000

Entfernungen (von Trondheim):
- Oslo: .... 539 km
- Bergen: .... 682 km
- Bodø: .... 738 km
- Kristiansand S: .... 873 km
- Steinkjer: .... 122 km
- Tromsø: .... 1.169 km
- Nordkap: .... 1.622 km

Entfernungen (von Steinkjer):
- Oslo: .... 661 km
- Bergen: .... 804 km
- Kristiansand S: .... 995 km
- Trondheim: .... 122 km
- Tromsø: .... 1.047 km
- Nordkap: .... 1.502 km

Verkehrsflugplätze:
- Røros, Ørland, Trondheim Namsos, Rørvik

Bahnverbindungen:
Trondheim - Östersund - Stockholm, Trondheim - Dombås - Oslo, Trondheim - Røros - Oslo, Oslo - Trondheim - Levanger - Steinkjer - Bodø

Sehenswürdigkeiten:
Trondheim:
- Nidarosdom, Erzbischofshof, Trøndelag Volksmuseum, Landwirtschaftliches Museum, Stiftsgården (Nordeuropas größte Holzgebäude
- Austråtburg, Ørland
- Musikhistorisches Museum, Ringve
- Alte Bergstadt, Røros-Museum und Olavsgrube. Der Ort steht auf der UNESCO-Denkmalschutzliste. Røros
- Altes Zechengebiet bei Løkken
- Vangfeltet, größtes nordeuropäisches Grabfeld, Oppdal
- Thamshavnbahn (Museumsbahn), Meldal
- Felszeichnungen in Hegra, Bardal / Steinkjer und Bølarein / Steinkjer
- Stiklestad, Verdal
- Schloss Steinviksholm, Stjørdal
- Woxengs Sammlungen, Vikna
- Abenteuerpark in Namsskogan
- Herlaugshaugen, riesiges Wikinger-Schiffsgrab, Leka
- Solemshulen, Grotte mit Fresken aus der Bronzezeit, Leka
- Villa-Leuchtturm, Flatanger
- Lachsaquarium, Verdal

Ausflüge:
- Ausflüge zu den Inseln der Küste Mittelnorwegens (von Trondheim)
- Busrundfahrt mit Guide (Trondheim und Umgebung)
- Hafenrundfahrt (von Ravnkloa, 2 Std.)
- Bootstour nach Munkholmen
- Angeltour / Fjordkreuzfahrt
- Rundfahrt mit einer Veteranbahn in Trondheim und Umgebung
- Halbtagestour zur Austråtburg mit dem Schnellboot
- Ausflug zum Miniaturdorf Dolmen bei Kjerringvåg (Bus, Fähre, Schnellboot)
- Sommernachtsfest auf M/S Yrjar (nachmittags von Trondheim aus, Rückkehr am nächsten Morgen)
- Kreuzfahrt organisiert von Midt-Norsk Reiseliv
- Mit dem Boot ein Wochenende nach Halten
- Nur sonntags: Bootstour von Trondheim nach Brekstad - Fillan - Inntian - Sistranda. Rückfahrt über Knarrlagssund.

Veranstaltungskalender S. 275 ff.

Weitere Informationen:
Midt-Norsk Reiseliv A/S
Postboks 65, N-7001 Trondheim
Tel. 0047 - (0)7 - 51 70 30
Fax: 0047 - (0)7 - 52 04 30

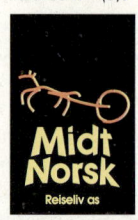

Midt Norsk Reiseliv as

Trøndelag –
Europas grüne Lunge

Im Herzen von Norwegen, zwischen dem Dovrefjell im Süden und der Küstenregion bei Namsos, liegt ein Naturparadies, das man mit Recht Europas grüne Lunge nennen kann. Klares, sauberes Wasser, frische Luft und die langen, milden Sommerabende machen die abwechslungsreiche Landschaft Mittelnorwegens zu einem idealen Ferienziel. Hier hat die Natur alle Register gezogen: Von der landwirtschaftlich geprägten Region rings um den Trondheimfjord über die langgezogenen grünen Küstenstreifen am Atlantik, die sich mit wilden Klippen abwechseln, bis zu den Gebirgsregionen an der schwe-

Trøndelag - klares, sauberes Wasser, frische Luft und eine satte Natur

Trøndelag bietet Anglern hervorragende lachsführende Gewässer

dischen Grenze reicht die Palette der landschaftlichen Höhepunkte. Sowohl das Meer als auch das Gebirge bieten natürlich ihre ganz spezifischen Besonderheiten. Fahren Sie z.B. mal hinaus auf die Insel Sula und erleben Sie dort eine Atmosphäre, die Sie eintauchen läßt in die Zeit, als die Fischer hier draußen noch eine »Großmacht« waren. Ganz andere Naturerlebnisse bieten Ihnen ausgedehnte Wanderungen im Gebirge. Herrlich gelegene Berggasthöfe, z.B. in der Region um den zentralgelegenen Ferienort Oppdal, sind ideale Ausgangspunkte für gemütliche Bergtouren oder einen Aufstieg auf die bis zu 1.762 m hohen Sylen-Berge an der schwedischen Grenze. Wer ursprüngliche Natur liebt, findet in Trøndelag mit Gressåmoen und Børgefjell zwei bedeutende Nationalparks.

Bei soviel Natur und Platz ist Trøndelag natürlich ein Paradies vor allem für Aktivurlauber. Reit- oder Wandertouren im Gebirge sind dabei ebenso populär wie Angelausflüge im Binnenland oder an der Küste.

Angelfreunde haben in Trøndelag wirklich die Qual der Wahl. Da lädt zum einen die lange und abwechslungsreiche Küste zum Meeresangeln ein. Reiche Fischbestände und ein gutes Übernachtungsangebot sorgen hier für einen gelungenen Urlaub. Von Hitra im Süden bis Leka im Norden stehen dem Besucher Hotels, Appartements und Hütten zur Verfügung, und an den meisten Orten können Boote und Angelausrüstung gemietet werden. Lachsangler zieht es in Trøndelag an die großen Flüsse Orkla, Gaula, Stjørdalselva, Verdalselva und Nordalselva, die auch oft als die »Fünf Kronprinzen« bezeichnet werden. Ihr König ist der Fluß Namsen, das beste lachsführende Gewässer, aus dem 1990 allein die Sportangler mehr als 33 Tonnen Lachs gezogen haben.

Geschichte und Kultur

Die mittelnorwegische Trøndelag-Region ist auch ein kulturgeschichtlich reiches Land. Wie ein roter Faden zieht sich die norwegische Geschichte durch die Vielzahl der Sehenswürdigkeiten, von der Steinzeit bis zur jüngsten Vergangenheit. So zeugt z.B. eine mehr als 5.000 Jahre alte Höhle an einer Fjordmündung auf der Halbinsel Fosen von der sehr alten Besiedelung dieses milden Küstenabschnitts. Dennoch trat Trøndelag geschichtlich erst in der Wikingerzeit und im Mittelalter entscheidend hervor. So gründete König Olav Trygvasson 997 die Stadt Trondheim, die 1997 ihr tausendjähriges Jubiläum ausgiebig feiern wird. Olav Trygvasson war es auch, der im Jahr 1.000 n.Chr. Leif Eriksson mit seinen Schiffen von Trondheim aus nach Westen schickte. Bei dieser Fahrt landete Eriksson durch falsche Navigation in »Vinland«, wie man die nordamerikanische Küste damals nannte. Amerika war entdeckt, und natürlich wird auch dieses Ereignis, im Jahr 2000, gebührend gefeiert werden.

Im Inneren des Trondheimfjordes stößt man ebenfalls auf wichtige historische Ereignisse. So findet jedes Jahr Ende Juli in Stiklestad das »Spiel vom Heiligen Olav« statt, dem bei jeder Vorstellung auf der Naturbühne 8.000 bis 10.000 Zuschauer beiwohnen. In der Nähe von Steinkjer, genauer bei Eggevammen, liegen große Grabfelder aus der Wikingerzeit. An die tüchtigen Seefahrer sollen übrigens auch die kulinarischen Wikingerabende erinnern, die vom Grand Hotel in Steinkjer veranstaltet werden.

Alte Burgen und Ruinen findet man in Steinvikholmen, Tautra, Frostating und Munkholmen. Die Burg Austråt ist die jüngste Anlage und stammt aus dem späten Mittelalter.

Neben diesen weltlichen Sehenswürdigkeiten stehen in Trøndelag auch eine ganze Reihe alter sakraler Bauten, von denen der Nidarosdom in Trondheim der berühmteste ist. Der Dom in der ersten Hauptstadt des Landes gilt als das größte mittelalterliche Bauwerk des Nordens. Weitere wichtige Kirchen sind u.a. die von Sakshaug und Mære. Doch wenden wir uns jetzt einmal der Industriegeschichte zu.

Ein lebendiges Kleinod - das ist die Bergwerksstadt Røros im Osten Trøndelags. Dank seiner geschlossenen, ursprünglichen Bebauung wurde Røros, das im 18. Jahrhundert mit 4.000 Arbeitnehmern der größte industrielle Komplex des norwegischen Reiches war, von der UNESCO in die World Heritage List aufgenommen. Das Grubenmuseum präsentiert viele Zeugen aus dieser Zeit der Kupfergewinnung. Wer tief in die Erde möchte, kann dies in den alten Gruben im Orkladal: 810 Meter tief wandert man hier unter der Erdoberfläche. Eine Fahrt mit Norwegens ältestem elektrischen Zug von 1908 bietet sich im Orkladal übrigens ebenfalls an.

Sie sehen, Trøndelag ist ein Urlaubsparadies, bei dem Naturliebhaber wie Kulturinteressierte ganz auf ihre Kosten kommen.

Herzlich willkommen in Mittelnorwegen, herzlich willkommen in Trøndelag!

Trøndelag

Oppdal - das natürliche Urlaubsziel

Golfurlaub in Oppdal

Oppdal ist der ideale Urlaubsort für alle, die Entspannung und Erholung suchen. Dank der Lage zwischen dem Dovre Nationalpark und dem Trollheimen Gebirge kann es dem Besucher alles bieten, was man sich wünscht: wunderschöne Wandergebiete, fischreiche Flüsse und Seen, aufregende Wildwasserfloßfahrten, Reiten, Paddeln, Tennis und Golf.

Auch zur Winterzeit beweist Oppdal, daß es eines der ersten Adressen Norwegens ist. Die Gebirge um Oppdal sind schneesicher und bieten sowohl World Cup-erprobte Abfahrtspisten als auch präparierte Loipen. Und für jede Jahreszeit gilt: Wohin man sich auch wendet, überall Panoramen, die zum Fotografieren einladen - eines schöner als das andere. Sogar Europas einzige Moschusochsen-Herde lebt ganz in der Nähe von Oppdal im Dovrefjell. Dank der guten Verkehrsverbindungen kommt man von hier auch schnell und bequem nach ganz Mittelnorwegen. Oppdal selbst ist eine moderne lebendige Kleinstadt. Hier kreuzen sich die E 18, die Straße 16 (70) und die

Moschusochse

Mit der Seilbahn ins Gebirge

Bahnverbindung Oslo - Trondheim. Sehenswert: die größte Wikingergrabstätte Norwegens, das Stadtmuseum mit regelmäßigen Ausstellungen und die Kirche aus dem frühen 17. Jahrhundert. Absolute Attraktion: die Seilbahn. Bis auf eine Höhe von 1.125 m können Sie direkt vom Zentrum aus hinauffahren. Auch Körperbehinderte können mit der Seilbahn bei vollem Komfort das phantastische Panorama erleben. Reizvolle Bootsfahrten bieten sich auf dem See »Gjevilvannet« an. Für weitere Informationen wenden Sie sich bitte an:

Oppdal Turistkontor
Postboks 50
N-7341 Oppdal
Tel. 0047 - (0)74 - 21 760
Fax 0047 - (0)74 - 20 888

Namsskogan Familienpark

In Nordeuropas sauberster Natur liegt eine besondere Perle - der Namsskogan Familienpark. Die Erhaltung der ursprünglichen Natur verleiht diesem Gebiet eine einmalige Atmosphäre, die Sie bei einem Besuch im Park spüren und genießen können.

In dieser Umgebung leben jetzt viele nordische Tierarten, so daß Sie im Verlauf einer mehrstündigen Wanderung durch den Park unsere Naturschönheiten sozusagen auf einem Fleck erleben.

Wahrscheinlich werden Sie sich später einmal am besten an das Aufeinandertreffen mit dem König der Wälder, dem Elch, erinnern. Für die Kleinsten sind vielleicht der Fuchs oder der Vogelkönig der Wälder, das Auerhuhn, noch beeindruckender.

Im Inneren des Namsskogan Familienparks liegt ein kleinerer Binnensee, an dem es Gelegenheit zum Angeln und zu Bootsfahrten gibt. Wer mag, kann hier sogar ein Bad nehmen. Kinder werden im Park noch viele andere Aktivitätsmöglichkeiten finden. Dem Familienpark angeschlossen ist eine Cafeteria, wer sich lieber selbst sein Essen zubereiten möchte, kann dies auf einem der vielen Grillplätze tun.

Der Namsskogan Familienpark liegt in einer Gemeinde, die noch viele andere Erlebnisse und Höhepunkte zu bieten hat. Bleiben Sie ein paar Tage und Sie werden sich wundern, was für eine gutes touristisches Angebot Sie schon gleich neben dem Park antreffen werden. Apropos Angebot: Im Familienpark sind auch Kunsthandwerksprodukte erhältlich.

Wer die Natur in ihrem ganzen Frieden, in ihrer einmaligen Ruhe erleben möchte, kann einzeln liegende Hütten im Wald und im Gebirge mieten. Das Angeln wird dann sicher eine Ihrer bevorzugten Tätigkeiten sein. Mit dem Kauf der »Namsskogankartet«-Angellizenz können Sie Ihr Angelglück in 700 Flüssen und Seen der Gemeinde herausfordern.

Sie sind herzlich willkommen!

Einmal neugierig - die Könige der nordischen Wälder

Weitere Informationen erhalten Sie bei:
Namsskogan Fritid, Trones
N-7896 Brekkvasselv
Tel. 0047 - (0)77 - 34 090
Fax 0047 - (0)77 - 34 099

Der nördlichste Landesteil mit den Bezirken Nordland, Troms und Finnmark sowie der Inselgruppe Svalbard im Nordmeer ist in jeder Hinsicht ein Land der Superlative. Jenseits des Polarkreises scheint im Sommer die Mitternachtssonne, herrscht ewiger Tag. Im Winter regiert dafür entsprechend lange die Dunkelheit, und das Nordlicht flicht im Herbst und Winter sein tanzendes Band über den Himmel.

Wer den nordnorwegischen Sommer einmal erlebt hat, wird sich immer ins Land der Mitternachtssonne zurücksehnen. Das besondere Licht bringt den Tagesrhythmus auf angenehme Weise durcheinander. Nachts um zwei sitzt man in Tromsø

Das nördliche Ende Norwegens: das Nordkap

Nordnorwegen

in einer Straßenkneipe und trinkt sein Bier, während gegenüber vielleicht gerade jemand ein Haus anstreicht. Auf dem Lande wird auch nachts das Heu eingefahren, und Angelscheine sind viel mehr wert, weil man sie 24 Stunden lang nutzen kann.

Von Oslo zum Polarkreis sind es »nur« etwa 1.100 Kilometer, vom Polarkreis bis nach Kirkenes im Nordosten Finnmarks aber noch einmal rund 1.400 Kilometer! Jeder weiß wohl, daß Norwegen weit nach Norden reicht, aber die westöstliche Ausdehnung ist auch nicht ohne: Kirkenes liegt genauso weit östlich wie Kairo. Extrempunkte haben die Menschen immer angezogen, und so ist das Nordkap seit langem ein begehrtes Reiseziel für Touristen aus aller Welt. Eigentlich ist es ja nur ein 300 Meter hoher Felsen wie andere auch an der Küste. Aber das Gefühl, 71°10'21" nördlicher Breite - den nördlichsten Punkt des europäischen Straßennetzes - erreicht zu haben, macht den Nordkapfelsen zu etwas Besonderem. Das ganze kann man sich dann noch mit Brief und Siegel bestätigen lassen.

Wie gesagt, die Entfernungen sind groß in Nordnorwegen, wenn man nicht gerade mit dem Flugzeug einen der 26 Flugplätze ansteuert, aber es lohnt sich, hierher zu reisen. Die Straßen haben längst europäischen Standard erreicht, auch wenn die Europastraße 6 schon wegen des Verkehrsaufkommens nicht denselben Ausbauzustand hat wie kurz hinter Oslo. Es gibt sogar Radfahrer, die es in den hohen Norden zieht, und besonders die Lofoten (aber nicht nur sie) sind ein beliebtes und reizvolles Ziel für Radler (s. auch den Artikel auf S. 104).

Bootsausflug auf dem Altaelva

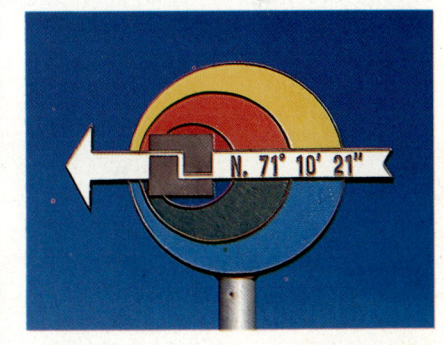

Am Nordkap

Die landschaftlichen Kontraste könnten kaum größer sein. Es gibt faszinierende Täler (z.B. das Junkerdal) ebenso wie eisige Gletscherwelten (z.B. Svartisen), die schroffe Inselwelt der Lofoten und Vesterålen ebenso wie die Stille der Hochebene Finnmarksvidda. Schließlich Svalbard mit der Hauptinsel Spitzbergen: eine eigene, touristisch noch kaum erschlossene Welt im Nordpolarmeer ist zu entdecken, deren verletzbares Gleichgewicht allerdings auch ein behutsames, umweltbewußtes Auftreten verlangt.

Hinter'm Horizont geht's weiter ...

73

Nord-land

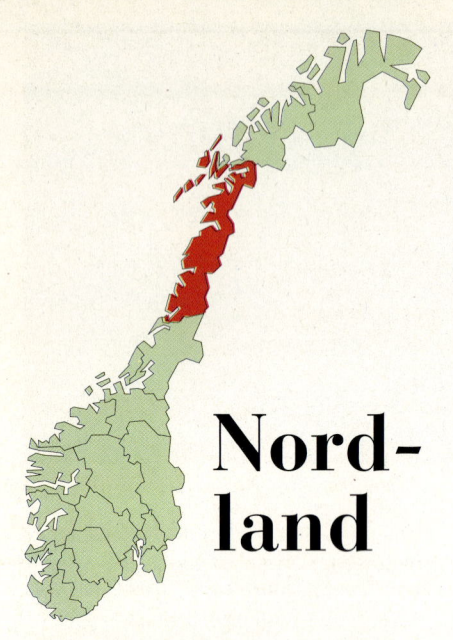

Mit dem Bezirk Nordland beginnt Nordnorwegen. Wer in Trondheim glaubt, er sei schon sehr weit nördlich vorgedrungen, wird vor allem im langgestreckten Nordland merken, daß es noch Steigerungen gibt. Auf der Europastraße 6, der kürzesten Verbindung von Süden nach Norden oder umgekehrt, sind es mal eben 650 Kilometer, um den Bezirk in voller Länge zu durchqueren. Andererseits ist Nordland an seiner schmalsten Stelle, dort wo der Hellemofjord ins Land hineinragt, nur 6,3 Kilometer »dick«.

Das Polarkreiszentrum an der E 6 markiert den Punkt, wo das eigentliche Land der Mitternachtssonne erreicht wird. Statt auf der E 6 kann man z.B. gemächlicher auf der Küstenstraße 17 fahren und auf zahlreichen Fährüberfahrten die Schärenwelt und die Küstenlandschaft genießen.

Bei Bodø fließen im wirbelnden, rauschenden Gezeitenstrom Saltstraumen über eine Million Kubikmeter Meerwasser pro Minute, immer dem sechsstündigen Rhythmus von Ebbe und Flut folgend.

Wie eine Säge ragen die gezackten Bergspitzen der Lofoten aus dem Meer auf und laden zu Angel-, Wander- oder Fahrradferien ein. Besonders beliebt sind die Rorbuer, modernisierte alte Fischerhütten, in denen es sich wahrlich wohnen läßt. Fast ebenso dramatisch sind die Bergformationen der Vesterålen, an deren nördlichster Spitze zur Wal-(Foto-)Safari eingeladen wird. Da klicken die Kameras,

Surfen im Nordatlantik

wenn ein 20 Meter langer Pottwal aus dem Meer auftaucht! Bodø und Narvik sind städtische Zentren, die einiges an kulturellen Sehenswürdigkeiten und Veranstaltungen zu bieten haben.

Abendstimmung in Kjerringøy, nördlich von Bodø

NORDLAND

- Gesamtfläche: .... 38.327 km²
- Einwohner: 239.500

Städte/Einwohner:
- Bodø: 37.000
- Narvik: 18.500

Wichtige Orte:
- Mo i Rana
- Mosjøen
- Brønnøysund
- Sandnessjøen
- Svolvær

Entfernungen (ab Bodø):
- Oslo: .... 1.277 km
- Bergen: .... 1.420 km
- Kristiansand S: .... 1.611 km
- Trondheim: .... 750 km
- Tromsø: .... 557 km
- Nordkap: .... 1.002 km

Verkehrsflugplätze:
- Andenes, Bodø, Brønnøysund, Evenes, Leknes, Mo i Rana, Mosjøen, Narvik, Røst, Sandnessjøen, Stokmarknes, Svolvær

Sehenswürdigkeiten:
- Svartisengletscher, Rana / Meløy
- Saltstraumen, Gezeitenstrom, Bodø
- Polarkreiszentrum, Saltfjellet
- Flughafen Bodø, Nordeuropas modernster Flughafen
- Nordlandshalle, Bodø, Norwegens größte Sport- und Messehalle
- Kriegsmahnmal, Narvik
- Inselarchipel Lofoten
- Gebirgsformationen der Helgelandsküste
- Kjerringøy, alter Handelsplatz, Museum und Café, bei Bodø
- Grønligrotte, Rana
- Grubenmuseum in Sulitjelma
- Knut Hamsun-Museum, Hamarøy
- Hildurs Kräutergarten, Brønnøysund

Ausflüge:
- Jeden Samstag Bootsausflug zum Svartisengletscher (ab Bodø)
- Täglich: Kreuzfahrten entlang der Nordlandküste und durch die Inselreiche, von allen großen Orten aus.
- Bootstour zum Trollfjord, von Svolvær
- Bootsightseeing und Angeltouren mit dem Boot von allen großen Orten entlang der Nordlandküste
- Mit der Seilbahn hinauf in die Berge, Narvik
- 1127 Stufen lange Holztreppe hinauf zum Aussichtsberg über Glomfjord
- Geführte Wanderungen zu den höchsten Gipfel der Lofoten und Vesterålen, Møysalen
- Walsafari mit dem Boot, Andenes
- Bootstouren zu den Vogelfelsen von Lovund, Røst, Værøy und Bleiksøya, vor der Küste von Andenes.

Veranstaltungskalender S. 275 ff.

Weitere Informationen:
Nordland Reiselivsråd
Postboks 434, Storgaten 28
N - 8001 Bodø
Tel. 0047 - (0)81 - 24 406 / 21 414
Fax 0047 - (0)81 - 28 328

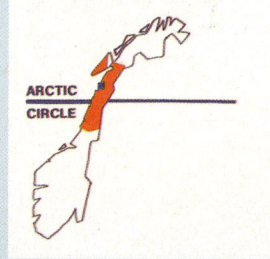

ARCTIC CIRCLE

Nordlandboote - ursprünglich wie das Land

Nordland - wild und schön

Nordland, das ist schon ein merkwürdiger Bezirk: Vom hügeligen Bauernland Nord-Trøndelags erstreckt sich das Land über 500 Kilometer Luftlinie bis zur Bergwelt von Troms. Dazwischen liegt eine wilde und schöne Landschaft, die an Kontrastreichtum kaum zu überbieten ist - z.B., wenn das Polarlicht oder die Mitternachtssonne die vielen tausend Holme und Schären, die Archipele der Lofoten und Vesterålen oder die gezackten, oft schneebedeckten Berge entlang der schwedischen Grenze in ein magisches Licht tauchen.

Geschichte und Ursprünglichkeit

Wie fast überall in Skandinavien geschah auch in Nordland die anfängliche Besiedlung zeitgleich mit dem Ende der letzten Eiszeit vor rund 12.000 Jahren. Zeugen hat die lange Vergangenheit wahrlich genug hinterlassen, so z.B. die Felszeichnungen der ersten Siedler, in denen das harte Leben zwischen Meer und Gebirge dargestellt ist. In der Eisenzeit haben Männer und Frauen hier in Nordland ihre neugeschaffenen Gerätschaften ausprobiert, von denen ebenfalls eine ganze Reihe noch vorhanden sind. Hier lebten die Wikinger in geschäftigen Gemeinschaften, hier übten im späten Mittelalter Landesherren und der Klerus ihre Herrschaft aus. Und während all dieser Jahre zogen die Ureinwohner, die Samen, mit ihren Rentierherden durch Heideland und Gebirge. In Nordland befindet sich »die Vergangenheit« noch am ursprünglichen Ort: die in Fels gezeichneten Symbole, die in der Eisenzeit errichteten Torfhütten, die Gräber der Wikingerhäuptlinge und -könige, die Häuser und Kirchen des Klerus aus dem Mittelalter und die Berge, auf denen die Samen ihre Opferzeremonien feierten.

Wunder der Natur

Den Vergleich mit von Menschenhand geschaffenen Werken und Gegenständen braucht die Natur Nordlands nicht zu scheuen. Kaum ein Bezirk Norwegens kann seine Besucher mit derart vielen Naturwundern und -besonderheiten überraschen wie das Fylke Nordland. Allein die zahlreichen Höhlen jeder Größenordnung und Art machen Jahr für Jahr tausende von Profi- und Hobbykletterern staunen. Weltbekannt ist z.B. das Gebirgsmassiv Tosenfjellet in der Nähe von

Der alte Handelsplatz Kjerringøy

Die Fischerei ist bis heute ein wichtiger Erwerbszweig

Bindal. Der ganze Gebirgszug ist von Höhlen und unterirdischen Gängen durchsetzt, deren Länge zwischen 100 und 1.400 Metern variiert. Aber auch die Øyfjellgrotte in der Nähe von Mosjøen sowie die Grønligrotte und die Sætergrotta in Rana sind aufregend und voller Überraschungen. Entdecken Sie auf einer geführten Wanderung die »Unterwelt« von Nordland! Kletterpartien »der anderen Art« bieten die Fels- und Gipfelformationen der Lofoten und der Küstengebirge. Auch hier reicht die Spannbreite der Anforderungen von leicht bis äußerst schwierig, so daß jeder Bergsteiger nach individueller Auskunft »seinen« Gipfel finden kann.
Ein kaum beschreibbares Naturerlebnis ist der 370 km² große Svartisen-Gletscher. An seinem Fuß ragt das Eisgebilde am oberen Ende des Holandsfjordes bis auf nur 20 Meter über den Meeresspiegel hinunter. Ein Ausflug über den Gletscher in Begleitung eines erfahrenen Führers kann einer der Höhepunkte eines Nordland-Sommerurlaubs sein. Viele Besucher sind derart begeistert, daß sie an Gletscherwanderkursen teilnehmen, die in Svartisen Gård und Mo i Rana angeboten werden. Ganz im Süden von Nordland, bei Brønnøysund, liegt ein weiteres, spektakuläres Naturwunder: die 256 Meter hohe, wie ein Hut geformte Insel Torghatten, die in ihrer Mitte ein 160 Meter langes, 40 Meter tiefes und 15 Meter breites Loch hat. Es stammt der Legende nach von einem Reiter, der aus verschmähter Liebe einen Pfeil auf die Jungfrau von Leka abschoß.

Nordland aktiv erobern

Die 38.327 Quadratkilometer purer Natur in Nordland warten nur darauf, aktiv erobert zu werden. Neben den schon erwähnten Aktivitäten wie Höhlenklettern oder Bergsteigen bieten sich natürlich Wanderungen in den faszinierenden Nationalparks an. So erstreckt sich am südlichen Zipfel von Nordland der Børgefjell-Nationalpark, der insbesondere für Ornithologen interessant ist, da hier die Grenze zwischen den südlichen und den nördlichen Vogelgattungen verläuft. Der aus hohen Bergen, Seen und Wasserläufen bestehende wilde Landstrich ist für alle Naturfreunde geschaffen, die Abenteuer und neue Erlebnisse suchen.
Im Osten, in Richtung der schwedischen Grenze, liegt der Rago Nationalpark, der im allgemeinen als der schönste Norwegens gilt, aber auch als der unzugänglichste. Hier können sich Wanderer neben vielen Tieren auf bunten Teppichen aus winzigen Blumen bewegen - ein Paradies für jeden Botaniker. Der neu ausgewiesenen Saltfjell-Nationalpark liegt westlich von E 6 und dem Polarkreis.
Eine ganz andere Art, Nordland im wahrsten Sinne des Wortes zu »erfahren«, ist ein Ausflug mit einer der vielen lokalen Fähren bzw. einem der unzähligen Schiffe, die die Lebensader für die Siedlungen an der sage und schreibe 13.999 Kilometer langen Küste bilden - natürlich haben wir da die Inseln mitgerechnet!
Wie besser könnte man das herrliche Insel- und Schärenparadies von Torghatten im Süden bis Andøya im Norden kennenlernen?
Die Wasserseite Nordlands wird sicher auch die Taucher und Angler in Verzückung bringen, ist doch z.B die Küste Helgelands geradezu wie geschaffen für Taucher. Das klare Wasser zwischen den Schären ist eine phantastische Welt zum Anschauen und Entdecken. Nirgendwo sonst gibt es so viele Zeugnisse vom Lauf der Geschichte und von den Schicksalen der Schiffe und Boote, die hier zerschellt sind. Und drumherum eine Fülle von Wasserpflanzen, Tieren und Fischen.
Apropos Tiere: Von Andenes in Vesterålen aus starten während der Sommermonate richtige Walsafaris, bei denen allerdings nicht mit der Harpune, sondern mit dem Fotoapparat »geschossen« wird. Von einem Meeresbiologen geleitet, führen die Touren zu den Paarungsstellen am Rande der Andøya vorgelagerten Sandbänke. Auf der fünfstündigen Tour bekommen die Teilnehmer Pott- und Finnwale, Zwergwale, Buckelwale, Schwertwale, Tümmler und Langfinnendelphine zu sehen. Ein einmaliges Erlebnis auf Europas einziger Walsafari!

Mittsommerfeuer

Mit Rute und Fernglas

Mag sein, daß man auch an anderen Küsten Europas herrliche Angelerlebnisse hat. Wo aber finden Sie so ein sauberes Meer, das nicht nur einige der besten und schmackhaftesten Speisefische beheimatet, sondern auch noch Seehunde und Tümmler, Pottwale und Butzkopfwale, Rundkopfdelphine und »normale« Delphine? Gut, sie sind zwar nicht an den Haken zu nehmen, doch äußerst interessant zu beobachten.

Die Walsafari vor Andenes ist ein einmaliges Erlebnis

Wer sich beim Angeln mit anderen messen möchte, der kann dies auf dem zweitägigen Hochseeangelfest tun, das alljährlich vor Andøya ausgetragen wird. Dabei werden so manche Rekorde aufgestellt: Ein 24 Kilogramm schwerer Kabeljau, ein 17,4 kg schwerer Seelachs und ein 16 Kilogramm schwerer Heilbutt, gefangen mit Angel und Schnur, können sich doch sehen lassen. Oder?

Mit einem Angelschein versehen, kann man auch hervorragend in den Binnengewässern Nordlands angeln. Forellen, Saiblinge und Aale beißen hier ebenso wie Lachse, Meeresforellen und Meeressaiblinge. Der letztgenannte Fisch, eine Gattung, die sowohl in Süß- als auch in Salzwasser lebt, kommt übrigens nicht weiter südlich als im Bindal vor.

Ein hervorragendes Betätigungsfeld finden in Nordland auch die Ornithologen vor. Mit dem Seeadler und dem Steinadler leben hier z.B. noch Vogelarten, die in Mitteleuropa nahezu ausgestorben sind. Die zerklüftete Küste von Nordland ist darüber hinaus ein natürlicher Nistplatz für unzählige Nordmeervögel wie Papageientaucher und die weltweit seltenen Baßtölpel. Um der Vogelwelt schützend beizustehen, hat man in Nordland Vogelschutzgebiete eingerichtet, so z.B. auf der Insel Bleiksøya westlich von Andøya. Abertausende von arktischen Vögeln unterschiedlichster Gattungen nisten hier und ziehen ihre Jungen auf, und das Geschrei der Tiere ist eine eigenartige, unvergeßliche Klangwelt. Auch wenn es verboten ist, Inseln anzulaufen, auf denen Vögel nisten, so kann man dennoch bei einem Ausflug vom Boot aus die Tiere gut beobachten, zumal dann, wenn man noch ein Fernglas mit dabei hat.

In Nordland leben noch Stein- und Seeadler

Oberhalb von Svolvær

Brønnøysund, Bodø und Narvik

»Nordland«-Besucher, die von Süden her anreisen und Städte ansteuern wollen, werden zunächst auf Brønnøysund stoßen. Brønnøysund ist eine typisch nordnorwegische Küstenstadt, die von Wasser, Hafen und den umliegenden Bergen geprägt ist. Auch wenn hier heute ein reges Treiben herrscht - Hurtigrutenschiffe, Frachter und Fischkutter sorgen ebenso für Bewegung wie die vielen Geschäfte und Dienstleistungsunternehmen -, hat sich Brønnøysund doch den Charakter einer Kleinstadt bewahrt. Besucher werden dies zu schätzen wissen.

Ein paar Kilometer nördlich der Stadt leben Norwegens einzige Weinbauern! Ja, Sie haben richtig gelesen. »Hildurs Urterarium« heißt der Hof, auf dem nicht nur eigener Wein wächst, sondern auch 250 verschiedene Gewürzpflanzen und Kräuter, eine imponierende Staudensammlung und Hunderte von blühenden Rosen. Mit Kaffee und selbstgebackenem Brot und Kuchen abgerundet, ist eine Stippvisite im »Urterarium« eine Herausforderung an alle Sinne.

Das neue Polarkreiszentrum an der E 6

Wie anders geht es doch in Bodø zu. Hier, schon nördlich des Polarkreises, ist seit ihrer Gründung im Jahre 1806 eine moderne, quirlige Stadt entstanden, die heute rund 37.000 Einwohner zählt und das Verwaltungszentrum von Nordland ist. Da Bodø zugleich ein Zentrum für Kultur und Wissenschaft ist, verwundert es nicht, daß hier ca. 3.000 junge Leute studieren, die aus allen Teilen Norwegens und aus dem Ausland kommen. Hervorragende Schiffs-, Straßen- und Luftverbindungen - der Flughafen von Bodø hat das landesweit zweitgrößte Verkehrsaufkommen nach Oslo - lassen die Stadt günstig erreichen.

Noch etwas weiter nördlich als Bodø liegt die Stadt Narvik. Ihre traurige Berühmtheit durch die Ereignisse des Zweiten Weltkriegs ist schon lange in den Hintergrund getreten. Heute präsentiert sich Narvik als eine äußerst lebendige Stadt, in der im Jahreskreis viele Feste gefeiert werden, so z.B. »Rallarne«, ein Fest zu Ehren der Bauarbeiter, die die Gründung der Stadt ermöglichten, indem sie die Eisenbahn von der schwedischen Grenze bis hierhin bauten. Wintersportfreunde werden sich über die Qualitäten des besten Alpinskigebietes Nordnorwegens wundern, das in den Bergen oberhalb der Stadt zu finden ist.

Nun, Nordlands Städte laden Sie herzlich ein.

Von Kunst und Kultur

Gehören auch Sie zu den Leuten, die glauben, an der Küste Nordlands lebten lauter Kultur- und Musikbanausen? Dann werden Ihnen die Ohren klingen, wenn die zehn Symphonieorchester, 110 Blaskapellen, 90 Chöre und Pop- bzw. Jazzgruppen ihr Können unter Beweis stellen. Zu den Höhepunkten des kulturellen Lebens in Nordland gehört unbedingt das alljährlich in Vesterålen stattfindende internationale Kulturfestival »Sommer-Melbu«. Führende Persönlichkeit dieser breitangelegten Veranstaltung ist Professor Wolfgang Jahn von der Musikhochschule in Karlsruhe und Mitglied des berühmten Bartholdy-Quartetts. Das Festival mit Konzerten, Theateraufführungen, philosophischen Seminaren, Pantomime und Ausstellungen zieht Künstler und Persönlichkeiten aus allen Teilen der Welt an. Der Zuzug von Künstlern nach Vesterålen und auf die Lofoten führte übrigens auch zur Gründung einer Kunstschule in Kabelvåg und eines Künstlerhauses in Svolvær. Dieses Haus, das Künstlern, die sich vorübergehend hier aufhalten wollen, Räume und Ateliers zur Verfügung stellt, wird zusammen mit einer guten Galerie, vom nordnorwegischen Künstlerzentrum geleitet.

Die größte Kulturveranstaltung Nordlands ist die »Nordland-Musikfestwoche«, die Ende Juli in Bodø stattfindet. Zu den Besonderheiten dieses Festivals gehört, daß ein Teil der über 80 Konzerte und Musikseminare statt in den Konzertsälen in der freien Natur stattfinden. Natur und Kultur haben in diesem Programm ihren gemeinsamen Nenner - denn die Nordländer leben in engem Kontakt mit der Natur, ja identifizieren sich mit ihr. Viele verknüpfen ihre stärksten Gefühle mit der Natur, weil sie glauben, daß Musik, Ballett, Theater und Malerei uns dort weiterführen, wo unsere Sprache zu kurz kommt. Nordland ist einfach anders.

Nordland

Aktivurlaub in Salten

Gleich nördlich des Polarkreises, wo Norwegen am schmalsten ist und die Grenzgebirge zugleich Küstengebirge sind, warten zahlreiche Ferienerlebnisse auf Sie:
* Erleben Sie nordnorwegische Geschichte in Steigen.
* Erleben Sie Hamsuns Hamarøy.
* Schauen Sie sich die Gruben in Sulitjelma an.
* Probieren Sie mal Rafting, Reiten oder Grottenwanderungen im Saltdal.

Weitere Informationen bei:
Salten Reiselivslag
Boks 224, N-8201 Fauske
Tel. 0047 - (0)81 - 43 303

Storfiskarland

Ein stiller Bergsee mit munteren Forellen? Ein Fluß mit springenden Lachsen? Mit dem Ruderboot auf dem Fjord - auf Hering und Kabeljau? Richtiges Meeresangeln weit vor der Küste?

Wenn Sie das lockt, dann kommen Sie zu uns:

Storfiskarland
N-8100 Misvær
Tel. 0047 - (0)81 - 38 102

Svartisen

Wie wäre es mit einem Gletscherkurs und Gletscherwandern auf dem Svartisen-Gletscher, eine der größten Attraktionen Norwegens? Oder mit Angel- und Paddeltouren auf dem Holandsfjord?

Weitere Informationen erhalten Sie bei:
Meløy Reiselivslag
Boks 172, N-8150 Ørnes
Tel. 0047- (0)81 - 54 888

Bodø

Bodø ist die erste Stadt nördlich des Polarkreises und Nordnorwegens Verkehrsknotenpunkt Nr.1. Von hier starten täglich Flugzeuge, Hurtigrute und Autofähren zu den Lofoten. Im Reich der Mitternachtssonne und Seeadler finden Sie nicht nur

Der Gezeitenstrom Saltstraumen

Am Svartisen-Gletscher

das Angel-Eldorado Saltstraumen, den stärksten Mahlstrom der Welt. Auch ein abwechslungsreiches Kulturangebot wartet auf Sie, u.a. mit der Nordland Musikfestwoche und dem alten Hamsun'schen Handelsort Kjerringøy.

Haben Sie Interesse? Wir helfen Ihnen gerne weiter:

Bodø Arrangement
Boks 514, N-8001 Bodø
Tel. 0047 - (0)81 - 26 000
Fax 0047 - (0)81 - 22 177

Narvik - das Tor zur Nordkalotte

Narvik ist ein Verkehrsknotenpunkt, in dem die Europastraße 6, die Straße 70 von und nach Schweden und die Lofotenstraße (Straße 19) zusammenlaufen. Darüber hinaus hat die Stadt ihren eigenen Flugplatz. Narvik ist auf drei Seiten vom Meer umgeben, auf der vierten von Gebirge. Diese herrliche Lage bietet Ihnen als Besucher einmalige Möglichkeiten, die ursprüngliche Natur der Umgebung zu erleben. Untersuchungen haben übrigens in diesem Zusammenhang bewiesen, daß in Narvik das sauberste und beste Trinkwasser Norwegens fließt! Wenn Sie fangfrischen Fisch suchen, dann sollten Sie auf die »Galeas Norden« kommen - einen 100

Narvik

Jahre alten Segler, der Sie mit hinaus zum Meeresangeln nimmt. Hoch hinaus geht es mit einer Kabinenbahn, die Sie bis auf 650 Meter ü.d.M. bringt. Von hier können Sie in der Ferne die Lofoten erkennen und bewundern. Die besondere Kriegsgeschichte Narviks läßt sich in einem interessanten Museum sowie anhand einer Reihe von Denkmälern im Zentrum nachvollziehen. Zu den täglichen Angeboten an Narviks Besucher gehören u.a. Führungen im größten Erzverschiffungshafen der Welt, Stadtrundfahrten, historische Abendspaziergänge, Gottesdienste, Kanu- und Bootsverleih und drei verschiedene Bergwanderungen mit mehrsprachigen Führern. Ein Ausflug mit der Ofotbahn zur schwedischen Grenze, bei dem auch ein Lunch und samische Spezialitäten angeboten werden, ist ein ganz besonderes Ereignis. Am 15. Juni feiern wir übrigens die Weltpremiere der Multivisionsshow »Look to Narvik« - dank 21 Hasselblad Diaprojektoren die modernste Diashow, die bisher gemacht wurde.

Bei so vielen Aktivitäten und Erlebnissen sollten Sie sich zwei oder drei Tage für die Sommer- und Erlebnisstadt Narvik gönnen.

Narvik, eine europäische Stadt

Weitere Informationen erhalten Sie bei:

NARVIK
NRI/Narvik Turistkontor, Postboks 318, N-8501 Narvik
Tel. 0047 - (0)82 - 43 309 / 46 033, Fax 0047 - (0)82 - 47 405

Lofoten

Viele Europäer haben auf den Lofoten-Inseln ihr Ferienparadies gefunden und kommen seither immer wieder hierhin. Die kleinen idyllischen Fischerdörfer in der gewaltigen und gleichzeitig doch harmonischen Natur sind der Grund dafür, daß man die Lofoten mit einem Wort beschreiben kann: ursprünglich. Seit Menschengedenken haben die Bewohner der Lofoten auf eine Weise in nahem Kontakt mit der Natur und den Naturkräften gelebt, wie sie in weiten Teilen Europas und der restlichen Welt wegindustrialisiert worden ist. Hier, zwischen Gebirge und Meer, findet man in sich selbst vielleicht ein paar neue Seiten, die der Alltag zuhause einfach weggewischt hat.

Die Lofoten sind aber nicht nur eine Sehenswürdigkeit für sich, sie bieten auch ungezählte Möglichkeiten zur aktiven Teilnahme an den verschiedensten Aktivitäten. Wie wäre es z.B. mit einem Besuch in dem modernen Aquarium oder im Lofotenmuseum? Vielleicht lockt Sie eher ein Besuch in einer Galerie oder bei einem der vielen Kunsthandwerker auf den Lofoten. Machen Sie eine Angeltour mit einem ansässigen Fischer, unternehmen Sie eine Kreuzfahrt zum legendären Trollfjord, machen Sie eine Wanderung im Gebirge oder einen Bergsteigerkursus! Herzlich willkommen auf den Lofoten!

Reine

Der sagenumwobene Trollfjord

Weitere Informationen bei:

Hotel Havly
Hotel Havly A.S, Boks 115, N-8301 Svolvær
Tel. 0047 - (0)88 - 70 344, Fax 0047 - (0)88 - 70 795

Lofoten Turist & Rorbu Senter
Postboks 13, N-8310 Kabelvåg
Tel. 0047 - (0)88 - 78 180 / 78 337
Fax 0047 - (0)88 - 78 337

Lofotcruise
Lofotcruise, Camping-Hotel-Bootsvermietung
Postboks 140, N-5801 Svolvær, Tel. 0047 - (0)88 - 70 963
Mobiltel. 0047 - (0)90 - 91 689, Fax 0047 - (0)88 - 72 755

Erlebnisreich Vesterålen - mehr als ein Urlaub

2.368 km² Land füllt die Inselgruppe der Vesterålen, zu der die Inseln Andøya, Hadseløya, Langøya und Teile von Hinnøya und Austvågøya gehören. Hier machen nicht nur die Nachfahren von Moby Dick Urlaub, hier nisten auch Tausende von Kormoranen, Baßtölpeln und Papageientauchern, und hier sind Sie nur einen Steinwurf von Europas reichsten Fischbänken entfernt. Hierhin reisen Künstler, die Ihnen besondere kulturelle Sommererlebnisse bieten wollen - und hier spüren Sie etwas vom Nordland Knut Hamsuns.

Walsafari

Vom Fischerdorf Andenes aus können Sie mit einem ausgedienten Walfängerschiff zur friedlichen Fotosafari in See stechen. Die Chance, einen der gigantischen Meeressäuger zu sehen, liegt über 90 Prozent. Erfahrene Meeresbiologen sind mit an Bord. Die Walsafari ist ein Gemeinschaftsprojekt mit dem WWF. Im Walzentrum in Andenes können Sie Moby Dick in Lichtbildern und lebensgroßen Walmodellen erleben.

Kultur und Natur

Was Ihnen das Urlaubsparadies Vesterålen noch bieten kann? In aller Kürze einige Eindrücke:

»Moby Dick« vor Andenes

Bleiksøya. Tausende von Kormoranen, Tordalken, Trottellummen und Dreizehenmöwen nisten hier. Im Sommer gibt es täglich Ausflüge mit einheimischen Ornithologen zu den Vogelfelsen.

Nyksund. Das Fischerdorf mit einzigartiger Architektur war über viele Jahre ein Klondyke der Dorschfischerei.

Jennestad. Anfang unseres Jahrhunderts einer der vielen großen Handelsorte in Nordland. Hier ist die Zeit fast stehengeblieben, die uns Knut Hamsun in seinen Nordlandschilderungen beschrieb.

Trollfjorden. Der Abenteuerfjord zählt zu den populärsten Fotomotiven Norwegens. Sightseeingboot vom Hurtigrutenanleger in Stokmarknes aus. Hier lohnt sich auch ein Besuch im neuen Hurtigruten-Museum.

Møysalen. Der Berg Møysalen (1.262 m ü.d.M.) gilt als »Dach der Vesterålen und Lofoten«. Im Sommer geführte Touren zum Gipfel.

Sommer-Melbu. Musik und kulinarische Genüsse, Pantomime und Gesang. Den ganzen Sommer lang werden Kultur- und Volksfeste gefeiert.

Nykvåg. Eines der ältesten Fischerdörfer an der »Atlantikkante« mit einem Vogelfelsen, an dem Dreizehenmöwen scharenweise in bebautem Gebiet nisten.

Wandern und Angeln kann man ideal auf den Vesterålen. Markierte Wanderwege und zahlreiche Hütten mit Boot laden dazu ein.

Weitere Informationen erhalten Sie bei

Vesterålen Reiselivslag
Postboks 243
N-8401 Sortland
Tel. 0047 - (0)88 - 21 555
Fax 0047 - (0)88 - 23 666

Information/Buchung der Walsafari
Andøykontoret
Postboks 58, N-8480 Andenes
Tel. 0047 - (0)88 - 42 611/41 273
Fax 0047 - (0)88 - 42 377

Troms

Troms ist der mittlere der drei nordnorwegischen Bezirke. Er besitzt schon ein Stück gemeinsame Grenze mit Finnland. Seine Verwaltungshauptstadt Tromsø ist mit rund 50.000 Einwohnern nicht nur größte Stadt des Bezirks, sondern zugleich größte und bedeutendste Stadt Nordnorwegens.

So viele Namen hat man Tromø - oder die Stadt sich selbst - schon gegeben: »City of the Midnight Fun«, »Paris des Nordens« oder »Tor zum Eismeer«. Der letzte Name ist historisch bedingt, aber wie die anderen hat er heute Gültigkeit. Kaum eine Nordpolarexpedition sticht in See, ohne die Stadt zumindest berührt zu haben. Und auch der Flugverkehr nach Svalbard führt über Tromsø.

Zahlreiche Attraktionen hat das lebendige Tromsø zu bieten - neben seiner reizvollen Lage, die an sich schon einen Besuch lohnt. Erwähnt seien nur die Eismeerkathedrale, das Nordlichtplanetarium und das Polarmuseum.

Die zweite Stadt in Troms ist Harstad, bekannt nicht nur wegen der alljährlichen Nordnorwegen-Festspiele. Hier bewegt man sich auf historischem Boden, was die ehrwürdige Kirche in Trondenes ebenso bezeugt wie das Wikingerspiel auf Bjarkøy.

Die Inselwelt von Troms ist ein Eldorado für Aktive. Besonders Senja, die zweitgrößte Insel des Landes, fasziniert mit ihrer kontrastreichen Landschaft: freundlich auf der dem Land zugewandten Seite, rauh und schroff mit steilen Klippen auf der Außenseite.

Die Lyngsalpen am Lyngenfjord tragen ihren Namen nicht zufällig. Bis über 1.800 Meter ragen sie schnee- und eisbedeckt aus dem Meer empor und laden zu aufregenden Klettertouren ein. Eine weitere Attraktion ist der gewaltige Goikegorsa-Canyon im oberen Kåfjorddal.

... und alt

Troms ist ein Angelparadies für jung ...

TROMS

- Gesamtfläche: .... 25.954 km²
- Einwohner: 146.800

Städte/Einwohner:
- Tromsø: 51.000
- Harstad: 22.400

Entfernungen (ab Tromsø):
- Alta: .... 270 km
- Kirkenes: .... 841 km
- Nordkap: .... 464 km
- Trondheim: .... 1.169 km
- Oslo: .... 1.708 km
- Bergen: .... 1.851 km
- Kristiansand S: .... 2.042 km
- Finnland: .... 170 km

Verkehrsflugplätze:
- Tromsø
- Bardufoss
- Sørkjosen
- Harstad (Evenes)

Bahnverbindungen:
Keine.
Nächste Bahnhöfe sind Narvik und Fauske (Bodø)

Sehenswürdigkeiten:
Tromsø:
- Tromsdalen Kirche, »Eismeerkathedrale«
- »Øl-Hallen«, nördlichster Pub der Welt mit Brauerei
- Nordlichtplanetarium, Breivika, 4 km vom Stadtzentrum entfernt
- »Fjellheisen«, Seilbahn zum Aussichtsberg
- Polarmuseum
- Tromsø Museum
- Stadtmuseum
- Hella Freilichtgelände, Kvaløya (35 km vom Zentrum)
- Felszeichnungen (2.500 - 4.000 J. alt), Straumhella, Kvaløya

Harstad:
- Staatliche Gärtnerschule (nördlichste der Welt), Borkenes
- Trondenes Kirche, von ca. 1250
- Adolf-Kanone, Trondenes
- Grytøy Freilichtmuseum, Lundenes

Bardu:
- Bardu Bygdetun, Salangsdalen
- Målselvfossen(Wasserfall),Målselv

Senja:
- »Finnsæter Tinnsmie« (Zinnschmiede), Hamn
- Samenmuseum, Kaperdalen
- Sør-Senja Bygdemuseum, Stronglandet

Nord-Troms:
- »Grenbu«, gewebte Teppiche, Løkvoll im Manndalen
- Reisadalen (Nationalpark)
- Nord-Troms Museum, Sørkjosen

Gratangen:
- Gratangsbotn, Gratangen Bootssammlung, Ausflüge (für Gruppen)

Ausflüge:
Von Tromsø:
- Bustour zum Nordkap mit Guide
- Tromsø Stadtrundfahrt mit Bus (Besuch des Tromsø Museums, Polarmuseum, Eismeerkathedrale)
- Bootstour rund um Tromsøya, 2 - 3 Std.
- Bootstour zum Freilichtgebiet Hella, 5 - 8 Std.
- Angeltour 3 Std.
- Bootstour nach Gåsvær (verlassenes Fischerdorf), 7 Std.
- Bustour zu den Lyngsalpen, 6 - 7 Std.
- Einstündiger Rundflug
- Flug zum Nordkap mit Norving
- Fotosafari mit Boot durch den Kvaløysund nach Gåsvær, Musvær und Sandøy, Bryggefest
- Nachtcharterflug nach Spitzbergen. Abflug mit Braathens SAFE von Tromsø 23.30 Uhr. Flugzeit 1 1/2 Std.
- Mit Pferd und Wagen, Stadtrundfahrt durch Tromsø
- Meeresangeltour M/S »Rangvaldsen« Ausgangspunkt von Hansnes auf Ringvassøya (ca. 1 Std. Autofahrt von Tromsø)

Von Harstad:
- Sightseeingtouren und / oder Angeltouren mit Katamaranboot (30 Pers.) können auf Wunsch organisiert werden.
- Bustouren zu den Vesterålen und zu den Lofoten können auf Wunsch organisiert werden.
- Stadtrundfahrt mit Bus, Besuch der Trondenes Kirche, 2 Std.

Von Målselv:
- Bussightseeing und Rundtouren in der Umgebung

Veranstaltungskalender S. 275 ff.

Weitere Informationen:
Troms Reiser A/S
Storgata 63
N - 9001 Tromsø

Tel. 0047 - (0)83 - 10 000
Fax 0047 - (0)83 - 10 010

Harstad
Kulturelles Zentrum im Norden

Harstad und seine Umgebung bieten dem Besucher die ganze Vielfalt einer Region, in der eine idyllische Schärenlandschaft, ein pulsierendes Handelszentrum und reiche Kulturgeschichte eine spannende

Die Kirche von Trondenes

und abwechslungsreiche Atmosphäre schaffen. Im Herzen Nordnorwegens gelegen, steckt die Natur rund um die Küstenstadt Harstad voller Kontraste: Rauh und vom Wetter gegerbt säumt die Küste die schroffen Fjellregionen, in denen sich unzählige Angelgewässer auf den Hochebenen verbergen. Unten am Meer lassen sich idyllische Holme und Inseln von der Nordmeerbrandung umspülen. Harstad bietet sich auch als idealer Ausgangspunkt

Die Adolf-Kanone

für Touren zu den Lofoten oder zu einer Walsafari von Andenes aus an.
Harstad, das mit 34.000 Einwohnern zu den dichtbesiedelsten Gebieten Nordnorwegens zählt, erreichen Sie über fünf große Einfallstore: Von Südwesten aus, von Vesterålen und Lofoten kommend, durch die fruchtbaren Landwirtschaftsgebiete von Kvæfjord, auf dem Seeweg mit den Hurtigruten oder dem Schnellboot, auf dem Luftweg über den Flugplatz Evenes, vom nördlichen Kiruna her über den sogenannten »Mellomriksvegen« und mit der Fähre Hamarøy - Lødingen, die damit die E 6 Richtung Harstad »verlängert«.
Während das Umland von Harstad durch fruchtbare Landwirtschaftsgebiete gekennzeichnet ist - die übrigens zu den ertragreichsten im Bezirk Troms zählen -, ist die Stadt Harstad als pulsierendes Handelszentrum, Verwaltungssitz der nordnorwegischen Streitkräfte und vor allem Verwaltungzentrum der großen Ölgesellschaften, die vor der Küste im Off-Shore-Bereich tätig sind, bekannt.
Wer alte Kulturschätze aufspüren will, findet in der alten Trondenes Kirche, einer architektonisch beeindruckenden Steinkirche aus dem 13. Jahrhundert sowie in der Wikingerfestung, die zu ihrer Zeit der nördlichste Vorposten der Kirche war und nicht zuletzt in der Sagainsel Bjarkøya einzigartige Denkmäler aus dem nordnorwegischen Mittelalter und der Wikingerzeit. Alljährlicher kultureller Höhepunkt sind die im Juni stattfindenden Nordnorwegischen Festspiele; einen Monat später treffen sich Scharen von Sportfischern beim Int. Meeresangelfestival. Als stummer Zeuge des Zweiten Weltkrieges steht die Adolf-Kanone auf der Festung Trondenes, die heute als Museum dient. Auch die »Anna Rogde«, 1868 gebaut, liegt hier als ältester Schoner der Welt. Neu im Sommer '92 eröffnet ein großes Kulturhaus in Harstad, das nordnorwegische Kultur das ganze Jahr über präsentiert. Nach guten Übernachtungsmöglichkeiten - Campingplatz mit Warmwasserbecken, Familienherbergen, Gasthöfen - müssen Sie in Harstad nicht lange suchen.

Für nähere Informationen wenden Sie sich bitte an:
Harstad og Omland Arrangement AS
Postboks 654
N-9401 Harstad
Tel. 0047 - (0)82 - 63 235
Fax 0047 - (0)82 - 66 303

Senja

Senja, die zweitgrößte Insel Norwegens, ist mit ihrer wunderschönen, abwechslungsreichen Natur ein wahres Eldorado für Naturliebhaber. Die Landschaft hat einiges zu bieten: Es gibt steile Bergwände und tiefe Fjorde an der Seeseite der Insel, aber auch geschützte Buchten und bewaldete Hügel an der Landseite. Die Küstenstreifen im Westen und Norden gehören zu den rauhesten Gebirgsgegenden des Landes; ihre Bergwände ragen etwa 1.000 Meter nahezu senkrecht aus dem Meer. Einen größeren Kontrast zu den herrlichen weißen Sandstränden, die man auf der Insel auch antrifft, kann man sich wohl kaum vorstellen.
Auf Senja wurde der Nationalpark Ånderdalen eingerichtet, der eine reiche Vogelwelt und eine abwechslungsreiche Flora beherbergt.
Senja und seine Umgebung bilden ein hervorragendes Gebiet für Aktivitäten aller Art. Bergwanderer und Bergsteiger kommen hier so recht auf ihre Kosten. Für alle diejenigen, die sich auf einem Pferderücken wohlfühlen, bestehen viele Reitmöglichkeiten. Was man jedoch auf den ersten Blick in diesen nördlichen Breiten nicht vermutet, ist die Tatsache, daß es sich hier auch um ein ideales Gebiet für Wassersportler handelt. Man kann Kanu fahren, tauchen, segeln, erholsame Bootsfahrten machen, in Salz- und Süßwasser angeln, interessante Naturexpeditionen

Auf Senja

unternehmen, um die für das Gebiet spezielle Flora und Fauna zu erforschen oder einfach die angenehme Atmosphäre zu genießen.
Das Umland von Senja und Lenvik ist jedoch mehr als nur ein Eldorado für Naturliebhaber. Kulturell Interessierte werden erstaunt sein über die vielen Möglichkeiten, die die Gegend zu bieten hat. So kann man zum Beispiel in Berg eine Zinnschmiede (Finnsæter) besichtigen, ebenso ein Museum und eine Galerie, und sogar Verkaufsstände für kunstgewerbliche Gegenstände gibt es dort. Bei Hamn steht eine alte Nickelfabrik; sie war einst die erste Fabrik Norwegens, die mit Elektrizität arbeitete. In Skaland befindet sich die größte Graphitfabrik Europas. In den Orten Botnhamn, Lenvik und auf der Insel Senja kann man regionale Freilichtmuseen besuchen, während die Kirchen von Rossfjord, Torsken und Tranøy eine gute Übersicht über Kirchenbauten des 18. und 19. Jahrhunderts bieten. Ein besonderes Erlebnis ist der historische Einkaufsladen »Gammelbutikken« in Skrolsvik; auch das Kaperdalen Samemuseum, in der Nähe von Svanelvmo gelegen, ist sehr empfehlenswert - dort wird eine Samensiedlung aus dem 18. und 19. Jahrhundert gezeigt.
Die 1.120 Meter lange Gisundbrücke verbindet Senja mit dem Festland, außerdem laufen die Schiffe der Hurtigrute den Ort Finnsnes täglich an.

Für weitere Informationen wenden Sie sich bitte an:
Senja Tour as
Rådhusveien 1
Postboks 326
N-9301 Finnsnes
Tel. 0047 - (0)89 - 42 090

Troms Adventure

Wollen Sie auf Ihrem Weg zum Nordkap Außerordentliches erleben, dann bieten sich mitten im Bezirk Troms Erlebnisse, die Sie nicht versäumen sollten. Gönnen Sie sich auf dem Weg nordwärts zwei oder drei erlebnisreiche Tage und kommen Sie nach Troms.

An das offene, schroffe Nordmeer mit seiner ganz eigenen Küstenwelt schließt sich die abwechslungsreiche Natur der unergründlichen Wildnis an, die an einigen Stellen auch landwirtschaftlich genutzt wird. Versuchen Sie sich für einen Tag als Hochseefischer, angeln Sie nach Herzenslust in den vielen Flüssen und Binnenseen. Unzählige Museen, Sehenswürdigkeiten und Denkmäler sind außerdem lohnenswerte Besichtigungsziele dieser Region.

Ihr erstes Reiseziel in Troms könnte Gratangen sein, wo man von der E 6 auf die kleine Landstraße 285 abbiegt, um durch ursprüngliche Fischerdörfer zu schlendern und eine interessante Sammlung historischer Nordlandboote im Museum zu sehen. In Gratangen gibt es zudem Kriegsdenkmäler zur Erinnerung an den Zweiten Weltkrieg.

Bei Fossbakken zweigt die Straße 84 von der E 6 ab und führt durch eine urwüchsige Natur nach Lavangen. Sportfischern schlägt sicherlich das Herz höher beim Angeln an der Küste. Hoch zu Roß läßt sich hier die wunderbare Natur ebenfalls genießen. Beim Besuch im Heimatmuseum stößt man auf Reste der alten samischen Kultur.

Auf dem Wasserweg geht es dann an der Küste entlang nach Sjøvegan. An Bord können Sie nicht nur die Angel auswerfen, sondern kurz darauf sogar die eigenen Fänge selbst zubereiten. Lachsangeln auf dem Salangselva, Fjell- und Grottenwanderungen sind weitere Erlebnisangebote. Setzen Sie Ihre Reise auf der Str. 84 fort, sollten Sie die Insel Dyrøy auf keinen Fall links liegen lassen. Nordnorwegens Natur zeigt sich dort von ihrer schönsten Seite. In Sørreisa lädt die größte nordeuropäische Geröllhalde zu Wanderungen ein. In Gumbedalen befindet sich ein spannendes Museum.

Bunte Häfen in Troms

Folgt man, von Fossbakken aus, der E 6 durch Troms, erreicht man Bardu. Mitten im Reich der Wildnis mit tiefen Wäldern, ewig brausenden Flüssen und Wasserfällen können Sie angeln, rudern, paddeln, baden und lange Fjellwanderungen auf gekennzeichneten Wegen unternehmen.

Von Setermoen bis hinauf nach Målselv erstreckt sich die unberührte Natur. Weitflächige Gebiete mit würzig-frischer Bergluft und kristallklarem Wasser bieten ungeahnte Naturerlebnisse. Der Fluß Målselv und der gleichnamige Wasserfall mit einer der größten Lachstreppen der Welt garantieren außergewöhnliche Eindrücke. In Rundhaug und Øverbygd (Str. 87) bietet man Aktivurlaubern einiges: Kanutouren, eine wilde Raftingtour mit fachkundigem Begleiter, ein Ausflug auf dem Pferderücken oder mit freundlicher Hundebegleitung sind nur einige der Angebote.

Zum Übernachten bieten sich auch in der Wildnis weit mehr als nur Moos und Heidekraut, z.B. Campingplätze und Hotels zu günstigen Preisen und mit guter norwegischer Hausmannskost. In den Touristeninformationen gibt man Ihnen gern Auskunft.

Für weitere Informationen wenden Sie sich bitte an:
Troms Adventure AS
Andslimoen
N-9200 Bardufoss
Tel. 0047 - (0)89 - 33 644
Fax 0047 - (0)89 - 33 806

Nord-Troms

Der Mollisfossen im Reisadalen

Fast zweihundert Jahre lang war das Gebiet von Nord-Troms ein Schmelztiegel dreier Kulturen. Zwischen 1720 und 1890 lebten hier zwischen hohen, zerklüfteten Bergen und idyllischen Fjordtälern Norweger zusammen mit samischen Ureinwohnern und Einwanderern aus dem Norden des Nachbarlandes Finnland, den sogenannten »Kvenen«. Diese siedelten nach Mißernten und Hungersnöten nach Nord-Troms über. Denkmäler dieser Zeit sind u.a. die Höfe von Küstensamen in Birtavarre, Kåfjord und Tørrfoss sowie der »Kvengård« in Reisadalen, Nordreisa.

Auf dem Gebiet der Gemeinde Storfjord kreuzen sich die Europastraße 78, die nach Finnland und Schweden führt, und die E 6 Richtung Nordkap. Bedingt durch die günstige geographische Lage können Urlauber in Storfjord viele Sonnentage genießen, an denen man z.B. eine Wanderung zum »arktischen Matterhorn«, dem 1.360 m hohen Otertind bei Skibotn unternehmen kann. Der Bohlmannweg, der vom Falsnesplateau einen herrlichen Aussichtspunkt auf die Mitternachtssonne verspricht, trägt seinen deutschen Namen aus der Bauzeit während des Zweiten Weltkrieges.

Skibotn hat aufgrund seiner Lage eine lange Tradition als Markt- und Handelsort für ganz Nordskandinavien. Heute erlebt der alte Marktplatz von Skibotn bei den alljährlich stattfindenden Markttagen seine Renaissance.

Handgearbeitete Teppiche aus selbstgesponnener Wolle, in Norwegen »grener« genannt, findet man besonders in Manndalen in der Gemeinde Kåfjord. Dort lohnt sich auch ein Besuch im Ankerlia Freilichtmuseum, wo sich u.a. eine stillgelegte Eisengießerei befindet. Ebenfalls im Kåfjorddal liegt der Goikegorsa-Canyon, einer der gewaltigsten und schönsten Canyons Nordnorwegens.

Seit letztem Jahr ist die Inselgemeinde Skjervøy durch den 2 km langen Maursundtunnel mit dem Festland verbunden. So lassen sich die reichen Fischgründe in den Schären und die spannenden Klettergebiete auf Skervøy leicht erreichen. Zur Zeit wird der alte Handelsplatz Maursund Gård in Kågen als Küstenkulturzentrum ausgebaut. Skjervøy ist auch Anlegehafen der Hurtigrute.

Über 800 km² erstreckt sich der Reisa-Nationalpark, durch den sich das Reisadal mit Tannenwäldern und Sandhügeln, mit schmalen, engen Schluchten und einer abwechslungsreichen Vegetation zieht. Der bekannteste von den vielen Wasserfällen des Gebietes ist der Mollisfossen, der sich über 270 m zu Tal stürzt. Mit Flußbooten kann man den Reisaelv befahren, einen international bekannten Lachsfluß. Der alte Küstenhandelsort Havnes wurde 1990 als eine der bestbewahrtesten Ortschaften Norwegens ausgezeichnet.

Als Tor zum Nordkap und damit zum Nachbarbezirk Finnmark kann die Gemeinde Kvænangen bezeichnet werden. Naturliebhaber finden hier von der wettergegerbten Polarmeerküste bis zu ruhigen, sanften Fjorden und Inseln sowie Wäldern und ausgedehnten Fjellgegenden vielfältige nordnorwegische Landschaften. Ein Erlebnis ist ein Ausflug zum 43 km² großen Øksfjordjøkelen, dem einzigen europäischen Festlandgletscher, der direkt ins Meer kalbt. Sportangler finden am Sørstraumen nahe der E 6 hervorragende Seelachsplätze. Wer der Mitternachtssonne entgegenblinzeln will, dem bietet sich dazu vom Gildetun auf dem Kvænangsfjell aus eine ausgezeichnete Möglichkeit.

Für weitere Informationen wenden Sie sich bitte an:

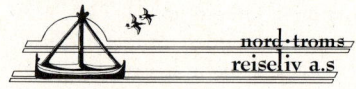

Nord-Troms Reiseliv A.S
N-9086 Sørkjosen, Tel. 0047 - (0)83 - 67 020

Tromsø

Tromsø, die Hauptstadt des Bezirks Troms, bietet eine interessante Mischung aus Stadtkultur und Natur. Ganz in der Nähe des 70. Breitengrades, auf einer Fläche, die so groß ist wie Luxemburg, sind 50.000 geschäftige Menschen zu Hause. Die Stadt ist ein populärer Treffpunkt, ultramodern, »City of the Midnight Fun«. Hier kann man im Licht der Mitternachtssonne Berge besteigen oder sich zu Land und zu Wasser auf Fischfang begeben. Man kann die Eismeer-Kathedrale mit ihrer außergewöhnlichen Architektur in aller Ruhe auf sich wirken lassen und dem nördlichsten Nordlichtplanetarium der Welt einen Besuch abstatten. Außerdem befinden sich in der Stadt einige sehenswerte Museen wie das Polarmuseum, das Volksmuseum des Bezirks Troms, das Tromsø Museum mit Ausstellungen über Geologie, Zoologie und samische Kultur, das Tromsø Aquarium und last but not least das Nordnorwegische Kunstmuseum mit Arbeiten norwegischer Künstler aus den letzten 200 Jahren. Auch für diejenigen, die pulsierendes gesellschaftliches Leben bevorzugen, ist Tromsø eine sehr attraktive Stadt. Es gibt hier internationale Restaurants, Bars, Diskotheken und Nachtklubs. Ein ganz spezielles Erlebnis ist natürlich ein Glas mit echt norwegischem Bier im nördlichsten Brauereiausschank der Welt!
Aber auch die Umgebung von Tromsø ist ein reizvolles Reiseziel. Die Natur beeindruckt überall. Um die Stadt selbst zu erreichen, fährt man am Balsfjord entlang - durch eine arktische Fjordlandschaft. Ebenso interessant ist eine Fahrt nach Karlsøy, einer Küstengemeinde, die innerhalb ihrer Grenzen mehr als 600 Schären und Inseln aufweist. Dort kann man nach Herzenslust angeln oder die kleine Kirche von Helgøy oder NordFugløy, einen Vogelfelsen, besichtigen.

Aktivurlaub in den Lyngsalpen

Ebenfalls ein spannendes Reiseziel ist die Halbinsel Lyngen, ein arktisches Naturereignis besonderer Güte. Hier entdeckt man unvermutet die wildeste Berglandschaft Norwegens, Gletscher und alpine Bergspitzen, die bis zu 2.000 Metern hoch sind. Ob man hier eine Wanderung machen will, eine Tour über den Gletscher vorzieht oder lieber mit Eispickel und Seil an den Bergwänden emporklettert - das bleibt jedem in dieser sauberen, arktischen und unberührten Natur selbst überlassen!

Für weitere Informationen wenden Sie sich bitte an:

Tromsø Arrangement A/S
Turistkontoret
Storgata 63
Postboks 312
N-9001 Tromsø
Tel. 0047- (0)83- 10 000
Fax: 0047- (0)83- 10 010

Fjellheisen - »Höhepunkt« im hohen Norden

Tromsø, die »Pforte zum Eismeer« oder auch das »Paris des Nordens« genannt, ist eine Stadt voller Sehenswürdigkeiten, Überraschungen und Höhepunkte. Auf einer Insel mitten im Fjord gelegen und umgeben von schneebedeckten Berggipfeln, strahlt Tromsø, in dem rund 50.000 Einwohner leben, die Atmosphäre einer quirligen Großstadt aus. Auf Bergrücken und an Fjordarmen präsentiert sich die Stadt als buntes Bild mitten in den Farben der polaren Natur. Dieses faszinierende Panorama bietet sich dem Betrachter nach einer Fahrt mit der Seilbahn »Fjellheisen« auf den Storsteinen, Tromsøs 420 Meter hohen Hausberg. Die phantastische Aussicht über Tromsø und seine Umgebung, die man vom Plateau genießen kann, ist für viele Nordnorwegenreisende im wahrsten Sinne des Wortes einer der Höhepunkte ihres Urlaubs. Staunen Sie über eine einzigartige Stadtlandschaft, die in die majestätische Berg- und Fjordwelt Nordnorwegens eingebettet ist - die Fjellheisen-Seilbahn macht's möglich.

Weitere Informationen bei:

Fjellheisen
Postboks 466, N-9001 Tromsø,
Tel. 0047- (0)83- 35 121, (Tel. 0047- (0)83- 87 647)

Mit der »Fjellheisen«-Seilbahn zu einer phantastischen Aussicht

Finnmark

Finnmark ist das Land der Samen, der Urbevölkerung hier im hohen Norden. Sie haben sich bis heute ihre Sprache und kulturelle Eigenständigkeit bewahrt. Ihre Zentren sind vor allem Kautokeino und Karasjok, wo man sich über ihre Geschichte, Lebensweise und Kultur informieren kann.

Schon immer aber war Finnmark ein Grenzland. Norweger, Samen, eingewanderte Finnen (Quänen) und Russen haben den Bezirk zu einem Schmelztiegel werden lassen. Das russische Wort »Pomor-« Handel, was Küstenhandel bedeutet, hat z.B. hier im Norden Eingang ins Norwegische gefunden. Zwar hat dieser Handel heute keine Bedeutung mehr, aber längst ist der Kalte Krieg überwunden, und ein lebhafter Tagestourismus von Kirkenes in die russische Hafenstadt Murmansk läßt auf ein immer entspannteres, gutes Nachbarschaftsverhältnis schließen, das auch eine Zusammenarbeit auf umweltpolitischem Gebiet umfaßt.

Im Bezirk Finnmark erreichen wir zwei Extrempunkte des norwegischen Festlandes: den nördlichsten und den östlichsten Punkt. Außerdem hat Finnmark eine lange gemeinsame Grenze mit Finnland (und nach Schweden ist es von hier auch nicht weit) sowie eine nicht ganz so lange Grenze mit Rußland.

Der riesige Bezirk ist der größte Norwegens und zugleich der am dünnsten besiedelte. Statistisch leben hier nur 1,5 Einwohner auf einem Quadratkilometer. Reichlich Platz also für alle Arten von Aktivitäten im oft warmen Sommer und im schneereichen Winter.

Besonders die ausgedehnte Hochebene Finnmarksvidda ist im Sommer und Herbst ein beliebtes Ziel für Wanderer, Angler und Jäger, während die Skiläufer im Winter und Frühjahr kommen. Markierte Wege und ein Netz von Berggasthöfen erschließen das Gebiet.

Stimmungsvolles Angeln an hellen, endlosen Sommerabenden

FINNMARK

- Gesamtfläche: .... 48.637 km²
- Einwohner: 74.500

Städte/Einwohner:
- Hammerfest: 7.000
- Kirkenes 10.000
- Vadsø: 6.000
- Vardø: 3.100

Entfernungen (ab Alta):
- Oslo: .... 2.022 km
- Bergen: .... 2.114 km
- Kristiansand S: .... 2.346 km
- Trondheim: .... 1.432 km
- Bodø: .... 818 km
- Kirkenes: .... 571 km

Verkehrsflugplätze:
Alta, Berlevåg, Båtsfjord, Hammerfest, Hasvik, Honningsvåg, Kirkenes, Lakselv, Mehamn, Vadsø, Vardø

Sehenswürdigkeiten:
- Nordkap 71° 10' 21"
- Felszeichnungen (2.500-6.200 Jahre alt), Alta
- Samische Sammlung (Museum samischer Kultur), Karasjok
- Festung Vardøhus (nördlichste Festung der Welt), Vardø
- Sowjetisch-norwegische Grenze längs des Flusses Jakobselva, Kapelle König Oscar II., 1869. Von dort Blick auf sowjetische Wachtürme, Sør-Varanger
- Samisches Museum Varanger, Nesseby
- Heimatmuseum, Kautokeino
- Verlassenes Fischerdorf, Hamningberg
- »The Royal and Ancient Polar Bear Society«, Eisbärclub, Hammerfest
- Samische Opferstätten und Gräberfeld in Mortensnes, Varangerbotn
- Samisches Zentrum, Karasjok
- Stabbursnes Naturhaus und Museum, Stabbursnes in Porsanger
- Vardøhus-Museum und Brodkorbsjåene-Fischereimuseum
- »Königsstock« auf der Vardøhus-Festung mit Unterschriften aller norwegischen Könige seit 1599

Ausflüge:
- Bootstouren in die Umgebung Kautokeinos
- Sightseeingtouren auf dem Altaelv
- Meeresangeln auf dem Altafjord mit M/S Cacus
- Bootstouren zum Vogelfelsen »Hjelmsøystauren« von Måsøy aus
- Ausflug zu einem der größten Vogelfelsen Norwegens, 3 Std., Fotosafari rund ums Nordkap nach Skarsvåg, nördlichstes Fischerdorf der Welt
- Von Honningsvåg nach Sarnes (kleines, entlegenes Fischerdorf)
- Angel- / Sightseeingtouren mit traditionellen Flußbooten in Tana
- Tour mit samischen Flußbooten auf dem Karasjokka
- Lachsangeln mit Führer (Tagesausflug, Karasjok)
- Meeresangeltour im Båtsfjord
- Bootstour nach Hornøya bei Vardø
- Bootstouren auf dem Varangerfjord, auch zum Vogelfelsen auf Ekkerøy, geführte Busreisen nach Vardø (alle Angebote ab Vadsø)
- Sightseeingtouren zu den Bjørnevatn-Gruben und Skafferhullet ab Sør-Varanger
- Touren in samischen Flußbooten mit einheimischen Führern von Masi aus
- Mini-Kreuzfahrt zum Nordkap von Hammerfest aus
- Tagestour nach Murmansk
- Fahrt mit Fischkuttern in die Barentssee, Vardø
- Geführte Wanderungen im »Øvre Pasvik Nationalpark«
- Angeln im Meer, Touren zum Vogelfelsen, Seelachsangeln, Bugøynes
- Wanderungen auf den Vogelinseln im Kongsfjord, Berlevåg
- Angeltouren, Vardø
- Besichtigung des Leuchtturms von Kjølnes, Berlevåg
- Tanahorn, schroffer Vogelfelsen (259 m), alter samischer Opferplatz, Berlevåg
- ein- und zweitägige Lachsangeltouren, Kongsfjord
- Besichtigung der Festung und der Ruinen der Küstenartillerie aus dem zweiten Weltkrieg auf Veines, Kongsfjord

Veranstaltungskalender S. 275 ff.

Weitere Informationen:
Finnmark Opplevelser a/s
Postboks 1223
N - 9501 Alta
Tel. 0047 - (0)84 - 35 444
Fax: 0047 - (0)84 - 35 559

Am nördlichsten Ende Europas: Faszination Nordkap.

Finnmark

Ein ganzjähriges Erlebnis auf dem Dach Europas - das bietet eine Reise nach Finnmark, nicht nur die nördlichste, sondern auch die östlichste Region Norwegens. Für viele Besucher hat die Finnmark etwas geheimnisvolles, ja exotisches, und das sicherlich nicht ohne Grund. Schon die Anreise ist ein Erlebnis: mit dem Auto durch die endlosen Wälder und an den vielen Fjorden und Seen Norwegens vorbei, mit dem Schiff längs der majestätischen Küstenlandschaft des Landes und per Flugzeug incl. »Überblick« über das gesamte Land, über weitverzweigte Fjorde, Gletscher und endlose Hochebenen.

Bei seiner anschließenden Reise durch die Finnmark eröffnet sich dem staunenden Besucher eine Welt, die voller Überraschungen steckt. Zum Beispiel eine außergewöhnliche Natur, die den passenden Rahmen für einen ebenso außergewöhnlichen Aktivurlaub bildet: karge, endlose Hochebenen und Felsenküste, aber auch üppiges, grünes Weideland, Sandstrände und ausgedehnte Waldgebiete. Und zwischendrin immer wieder Häuser und Siedlungen, sowohl an der Küste als auch im Binnenland.

Menschen leben hier im hohen Norden nachweislich schon seit rund 10.000 Jahren. Davon zeugen nicht zuletzt die vielen beeindruckenden Felszeichnungen in Hjemmeluft bei Alta, die 1985 in die UNESCO-Kulturerbe-Liste aufgenommen wurden und die zu den vier wichtigsten vorgeschichtlichen Kulturdenkmälern Norwegens zählen.

Zwischen drei Kulturen

Heute wohnen im Bezirk Finnmark rund 75.000 Einwohner, die allerdings drei unterschiedlichen Sprach- und Kulturkreisen angehören, auch wenn sie alle norwegische Staatsbürger sind. In den Gemeinden Karasjok und Kautokeino, die im Landesinneren liegen und gut ein Drittel des Gesamtgebietes ausmachen, leben vornehmlich Samen. Über die Geschichte, Religion und Alltag der samischen Bevölkerung informiert in Karasjok das Museum »Die samischen Sammlungen«. Darüber hinaus hat das Sami Center-Frei-

Felszeichnungen bei Alta

Finnmark ist die Heimat der Samen

lichtmuseum in Karasjok seine Pforten geöffnet. Hier stellt man auch Schmuck her, den Sie als Souvenir erstehen können. Auch typisch samisches Handwerk wird in Karasjok betrieben: Silberschmuck und »Samenmesser« sind aber nicht nur besondere Souvenirs, sondern gehören ebenso zum Alltag der Bevölkerung. Eine nicht zuletzt architektonisch besondere Silberschmiede ist »Juhls Sølvsmie« in Kautokeino, wo es übrigens auch ein großes Heimatmuseum gibt.

Daß es im Zusammenleben verschiedener Volksgruppen keine größeren Schwierigkeiten mehr gibt, beweisen auch die Gemeinden Neiden und Bugøynes. Hier zeigt sich, daß Finnmark schon lange eine

Finnmark

Grenzregion ist, in der mehrere Kulturen aufeinandertreffen - man hört norwegisch, samisch und finnisch. Sogar die einzige griechisch-orthodoxe Kapelle Norwegens, die St. Georgs Kapelle, steht in Neiden.

Vom Binnenland zur Küste

Die kulturelle Vielfalt des Binnenlandes setzt sich auch an der Küste fort, allerdings unter anderen Vorzeichen. Nehmen wir das Nordkap: Hier, am Ende Europas, stößt man auf Besucher aus der ganzen Welt. Auch wenn die Mitternachtssonne nicht scheint und der berüchtigte Nebel den Felsen in Watte packt, so ist der Besuch des Nordkaps immer ein Erlebnis, für viele die Erfüllung eines lebenslangen Traumes. Vorbei an Rentierherden führt der Weg auf das wohl berühmteste Felsplateau Europas inmitten der an dieser Stelle kargen Küstenlandschaft.

Ein ganz anderes »Erlebnis Küste« bieten Siedlungen und Städte im Norden und Osten. Zum Beispiel Hamningberg, ein verlassenes Fischerdorf, das während des Krieges unzerstört blieb und inmitten einer faszinierenden Mondlandschaft liegt. Oder die Stadt Vardø. Sie liegt in der arktischen Klimazone und ist Norwegens östlichste Stadt. Die Festung Vardøhus aus dem 14. Jh. sicherte den Ort vor Kareliern und Russen.

Kirkenes, Zielhafen der Hurtigrute, hat sich dank Perestroika zum Tor nach Osten entwickelt. Von hier aus werden jetzt problemlos Tagestouren in die russische Stadt Murmansk, die größte Stadt der Welt nördlich des Polarkreises, durchgeführt.

Ein Angelparadies

Trotz des professionellen Umgangs mit Fisch hat das Angeln in Finnmark seinen Reiz nicht verloren und macht Einwohnern wie Gästen viel Spaß. Davon kann man sich nicht zuletzt beim »Meeresangelfestival« in Sørvær überzeugen, einem kleinen Fischerdorf auf der Insel Sørøya. Ein Eldorado für Sportangler ist die Finnmark aber allemal, die Lachsflüsse in Finnmark gehören nachweislich zu den besten Europas. Lachsangler können ihr Glück zum Beispiel in den Flüssen Tanaelva, Altaelva und noch fünfzig anderen Lachsflüssen versuchen. Aber auch Forelle und Saibling beißen hier im hohen Norden nicht schlecht. Beachten Sie die jeweiligen Angelbestimmungen für die verschiedenen Flüsse.

Aktiv im Winter

Sternenklare Nächte, schneebedeckte Hochebenen und das Nordlicht in seiner ganzen Farbenpracht - das ist Finnmark im Winter. Wohl kaum eine andere Jahreszeit macht die Faszination dieses nördlichen Landesteils so deutlich wie der Winter. Besonders im März und April, wenn die Sonne schon wieder kräftig aufgeholt hat, lädt Finnmark zum Verbleib ein. Ski- oder Schneescootertouren zum Nordkap, Hundeschlittenfahrten über endlos weite Hochebenen und ein Besuch im »Lavvu«, dem Samenzelt, bei knisterndem Feuer sind unvergeßliche und unvergleichliche Wintererlebnisse. Aber auch die manchmal auftretenden Winterstürme, die das Land erstarren lassen, sind Teil der Faszination Finnmark.

SAS North Cape Hotels

Die SAS North Cape Hotels betreiben als Eigner das beeindruckende Nordkapzentrum, das 1988 seine Pforten geöffnet hat. Zum Nordkapzentrum gehören: das nördlichste Postamt der Welt, eine Geschenkboutique, ein Supervideograph, der die 4 Jahreszeiten in Finnmark mit Bildern und Musik präsentiert, das Café »Kompasset« mit Aussicht über das Eismeer, das erstklassige Restaurant »Louis Philippe«, die Champagnerbar »Grotten« und der Royal North Cape Club, ein exklusiver Club für die Besucher des Nordkaps.
Eintritt: Erwachsene NOK 90,-; Kinder NOK 30,-.

Vier zentral gelegene Hotels in Finnmark:
SAS Vadsø Hotell, Tel. 0047 - (0)85 - 51 681
SAS Nordkapp Hotell, Tel. 0047 - (0)84 -72 333
SAS Karasjok Turisthotell, Tel. 0047 - (0)84 - 66 203
SAS Alta Hotell, Tel. 0047 - (0)84 - 35 000
Buchung: Postboks 1093, N - 9501 Alta

Am Nordkap

Karasjohka/Karasjok -
Ihr Reiseziel im Land der Samen

Verbringen Sie den Tag im SAPMI - dem Samenzentrum. Hier finden Sie Kunsthandwerkstätten (Kunstgewerbe, Silber, Messer), ein Café und eine Touristeninformation. Nehmen Sie Ihr Mittagessen im exotischen Restaurant »Gammen« ein, versuchen Sie Ihr Glück beim Goldsuchen in »Golleaja«, besuchen Sie das »Samenlager mit Rentieren« oder nehmen Sie an dem Frühjahrzug der Samen zur Küste teil - in unserem 15minütigem Multimediaprogramm.
Ausflüge auf Flußbooten, organisierte Angel- und Goldgräbertouren - Erlebnisse in der samischen Kultur und Natur. Die erfahrenen Mitarbeiter unserer Gesellschaft und unsere einheimischen Koordinatoren sind Ihnen bei der Planung Ihres Aufenthaltes behilflich - ob er nur einige Stunden dauert oder mehrere Tage, oder wenn Sie Karasjok als Ausgangspunkt für Ihre Rundreise durch die Finnmark wählen.
Herzlich willkommen!

Karasjok Opplevelser as

Karasjok Opplevelser AS, Boks 192, N-9730 Karasjok
Tel. 0047 - (0)84 - 67 360, Fax 0047 - (0)84 - 66 900

Kautokeino
Die Seele der Tundra

Kautokeino ist die größte Samengemeinde Norwegens. Nur hier sieht man noch viele Menschen im Alltag in traditioneller Tracht - besonders im Winter, wenn die Rentiernomaden im Dorf leben. Kautokeino bildet auch das kulturelle Zentrum der Samen und ist die Eingangspforte ins norwegische Lappland für diejenigen Nordkapreisenden, die über Schweden und Finnland kommen. Das ganze Jahr über kann man den Ort mühelos erreichen. Hier macht man eine Pause, um Langlauf zu üben, Pilze zu sammeln und vieles mehr. Auf guten Straßen fahren Sie unter Nordlicht oder ewiger Sonne durch die größte arktische Wildnis Europas, und mitten in der offenen Tundra stoßen Sie auf Kautokeino. Sein sprödes Äußeres darf Sie nicht täuschen. Hier wird eben nichts künstlich für Touristen gemacht - alles, was Sie erleben, ist echt. Und wenn Sie ein paar Tage bleiben, hat Sie's gepackt: der undefinierbare Charakter von Kautokeino ist Ihnen aufgegangen.

Besuchen Sie das Lebenswerk eines legendären Künstlerpaares.

Exklusiver Schmuck aus eigener Werkstatt, eine Sammlung alter, samischer Gebrauchsgüter und Kunsthandwerk aus Lappland und aller Welt werden in einmaliger Atmosphäre in einem architektonischen Meisterwerk präsentiert. Täglich bis spätabends geöffnet. Café. Führungen, auch für Reisegruppen, nach Anmeldung.
Tel. 0047 - (0)84 - 56 189; Fax 0047 - (0)84 - 56 966

Juhls´ Silvergallery: Die Oase in der Wildnis

Kautokeino Turisthotell

Freundlich und bequem in bester Lage mit schöner Aussicht über Kautokeino liegt das Kautokeino Turisthotell.

KAUTOKEINO TURISTHOTELL — Best Western WORLDWIDE HOTELS

Kautokeino Turisthotel
Postboks 25, N-9520 Kautokeino
Tel. 0047 - (0)84 - 56 205; Fax 0047 - (0)84 - 56 701

Cavzo Safari

Ausflüge auf Flußbooten mit Naturerlebnissen nach samischer Tradition

N-9525 Maze, Tel. 0047 - (0)84 - 57 588 / 57 544

SAMI TRAVEL

Wenn Sie Ihren Urlaub in Kautokeino erlebnisreich gestalten wollen, wenden Sie sich an das Reisebüro für Freizeit und Incentivereisen
Ihr Agent
Sami Travel, Postboks 25, N-9520 Kautokeino
Tel. 0047 - (0)84 - 56 205; Fax 0047 - (0)84 - 56 701

Finnmark

Grenseland

Im äußersten Nordosten von Norwegen und dem östlichsten Teil von Finnmark liegt die Gemeinde Sør-Varanger. Auf demselben Längengrad und der gleichen geographischen Breite wie Alaska lebt eine Gruppe moderner Norweger mit völlig eigener Tradition. Hier bilden Landwirtschaft, Fischerei und Industrie die Existenzgrundlage. Im Norden liegt das nördliche Eismeer, im Osten verläuft die 196 km lange Grenze zur Sowjetunion mehr oder weniger am Fluß Jakobselv entlang, und im Westen (!) von Sør-Varanger verläuft die Grenze zu Finnland. Aus diesem Grund heißt das Gebiet »Grenzland«. Dabei sollte man den ersten Teil dieses Begriffes nicht zu wörtlich nehmen, denn hier, rund um den »Dreiländerstein«, begegnen sich Menschen aus verschiedenen Ländern. Es ist ein Treffpunkt zwischen Ost und West.

Unterschiedlichste Kulturen bildeten schon früh eine Bereicherung für diesen außergewöhnlichen Landstrich. Man hört hier die verschiedensten Sprachen um sich herum und derartig exotische Namen, daß man sich fragt, wo man sich eigentlich befindet. Nach alter Tradition der Ostsamen und Quänen wird hier heute noch Forstwirtschaft betrieben, beeinflußt von südnorwegischer und schwedischer Industrie. Die Rentierhaltung wurde und wird von den Ostsamen betrieben, jedoch kann man dabei auch Einflüsse von fernen Völkern wie den Komi und den Samojeden entdecken. Auch in religiöser Hinsicht ist Sør-Varanger ein Schmelztiegel. Durch missionarische Tätigkeit von Rußland aus konvertierten die Ostsamen zum russisch-orthodoxen Glauben, während die Westsamen die lutherische Glaubensrichtung der Norweger und Dänen übernahmen. Selbstverständlich gibt es in Sør-Varanger noch erkennbare Überreste der verschiedenen Kulturen. Zum Beispiel haben die Norweger entlang der Grenze drei Kapellen in der Absicht gebaut, die norwegische Kultur vor zuviel fremdem Einfluß zu schützen. Es sind die Kong Oscars Kapelle (1869) bei Grense Jakobselv, die Kapelle in Neiden (1902), die sogar im Stil der Stabkirche erbaut wurde sowie die Svanvik Kapelle (1934). Hingegen zählen zu den orthodoxen Kulturdenkmälern die Trifon-Grotte bei Elvenes und die griechisch-orthodoxe St.Georgskapelle zu Neiden. Letztere ist die kleinste Kirche und gleichzeitig das älteste hölzerne Bauwerk in Norwegen.

Wenn man etwas Glück hat, kann man vielleicht noch an einigen Plätzen entlang des Flusses das traditionelle Kääpälä-Angeln erleben. Hierbei werden mit spezieller Technik Netze ins Wasser geworfen und sogleich wieder herausgezogen.

Sør-Varanger ist auch geographisch und naturkundlich gesehen ein Grenzgebiet. Die imposante Landschaft ist abwechslungsreich mit dem arktischen Küstenstreifen, weiten Hochplateaus, Gebirgsketten, Flußtälern und Mooren. Die wilde, ursprüngliche Natur wird von der Mitternachtssonne während des kurzen Sommers völlig ausgedörrt. Die Nadelwälder sind Ausläufer der großen sibirischen Wälder. Verschiedene Pflanzen- und Tierarten eher östlicher Breitengrade mischen sich hier mit arktischer und westlicher Flora und Fauna.

Trotz der einsamen Lage gibt es gute Straßen in alle Richtungen. Günstige Verbindungen per Bus, Schiff und Flugzeug lassen das Nordkap und Städte wie Alta und Tromsø, aber auch das übrige Skandinavien näherrücken. Für einen kurzen oder längeren Aufenthalt bei uns stehen alle modernen Übernachtungsmöglichkeiten zur Verfügung.

Daß Grenzen auch trennen, hat man hier während der langen Jahre des Kalten Krieges erlebt. Glücklicherweise spricht man heute dank Glasnost von einer Öffnung der Grenzen, wie z.B. beim Grenzübergang Storskog an der Straße 886 hinter Kirkenes. Eine der neuesten Attraktionen von Sør-Varanger ist daher auch ein Kurzbesuch in der Sowjetunion. Während einer Tagestour in die russische Hafen- und Fischereistadt Murmansk kann man das jenseitige kulturelle Hinterland dieses Gebietes kennenlernen. Auch kann man von hier aus die Reise fortsetzen in Richtung Leningrad, Moskau ... Informationen über die notwendigen Unterlagen sind beim Fremdenverkehrsbüro in Kirkenes erhältlich. Man sollte aber einkalkulieren, daß die Bearbeitung der Formalitäten einige Zeit in Anspruch nimmt.

Weitere Informationen:
Grenseland a/s, Storgt. 1, Postboks 8, N-9901 Kirkenes, Tel. 0047 - (0)85 - 92 501, Fax 0047 - (0)85 - 92 525

Auch in religiöser Hinsicht ist Sør-Varanger ein Grenzland.

Hammerfest - nördlichste Stadt der Welt

Hammerfest

Hammerfest, die nördlichste Stadt der Welt, ist eine aktive und lebendige Stadt mit Markt und Geschäften, die auch abends geöffnet sind. Besuchen Sie den berühmten Eisbärenklub mit seinem Museum. Hammerfest hat gute und vielfältige Übernachtungsmöglichkeiten sowie Restaurants mit einheimischer und internationaler Küche.

Mitte Juli finden zwei Wochen lang die »Hammerfesttage« statt. Hammerfest und Umgebung bieten großartige Naturerlebnisse mit zahlreichen Aktivitätsmöglichkeiten - von üppigen Wäldern bis zu zerklüfteten Felsformationen, von kahler Küste bis zu Gletschern; Rentiere weiden in der Nähe der Straßen und Ortschaften. Wählen Sie Hammerfest als Standort, wenn Sie Ihren Urlaub in Finnmark verbringen wollen. Wohnen Sie in der Stadt, nehmen Sie den Seeweg zum Nordkap und nutzen Sie die Gelegenheit, unsere phantastische Küste zu sehen.

Weitere Informationen erhalten Sie bei:
Hammerfest Turist a/s, Postboks 226
N-9601 Hammerfest, Tel. 0047 - (0)84 - 12 185
Vom 1.Juni bis 31.August auch: Hammerfest-INFO
Rådhusplassen, Tel. 0047 - (0)84 - 12 185
Skaidi INFO, Skaidikrysset, Tel. 0047 - (0)84 - 16 280

Svalbard

Der riesige Archipel Svalbard mit seinen fast 63.000 Quadratkilometern und nur ca. 3.500 Einwohnern stellt in jeder Hinsicht ein »anderes« Reiseziel dar. 900 Kilometer vom Nordkap und nur 1.300 Kilometer vom Nordpol entfernt, erfreut sich die Inselgruppe zwischen dem 77. und dem 81. Breitengrad wachsender Beliebtheit bei Touristen aus aller Welt. Eine behutsame Erschließung geht mit den steigenden Touristenzahlen einher. Dabei muß aber auch die empfindliche arktische Natur vor Schäden bewahrt werden, in der Umweltsünden nach Jahrzehnten noch so sichtbar sind, als wären sie gestern begangen worden.

Die Attraktionen auf Svalbard können sich sehen lassen: zahllose Gletscher, die direkt ins Meer kalben und denen man sich deshalb nur auf sichere Entfernung nähern kann; riesige Nationalparks mit einer reichen Tierwelt, besonders Vögel; die russischen Siedlungen Barentsburg und Pyramiden, zu denen inzwischen ein entspanntes, eher neugieriges Verhältnis besteht; Startplätze von Polarexpeditionen, geglückter wie gescheiterter. Schließlich die »Hauptstadt« Longyearbyen, eine Mischung aus Kleinstadt und Klondyke, wie es in unserem Artikel auf S. 118 heißt. Einst von dem amerikanischen Unternehmer Longyear großspurig als »Longyear City« gegründet, verfügt der Ort heute über die wichtigsten Einrichtungen, die das Leben angenehmer machen: u.a. Geldautomat, Schneescooterverleih und Blumenladen...

Die Naturlandschaft Svalbards besitzt eine verblüffende Variationsbreite. Um den Isfjord gibt es charakteristische, stark erosionsgeprägte Sedimentgebirge, auf Nordwestspitzbergen dagegen sägeblattartige Bergspitzen zwischen mächtigen Gletschern. Die Westküste wird vom Golfstrom erwärmt. Sie besitzt einen relativ fruchtbaren und blumenreichen Strandsaum mit zahlreichen Vogelfelsen. Nach Osten dagegen liegen kahle, teils mit Eis bedeckte Inseln, umgeben von Treibeis. Hier ist die Heimat des Eisbären.

Allein mit der Natur

Die »Hauptstadt« Longyearbyen

SVALBARD

- Gesamtfläche: .... 62.700 km²
- Einwohner: .... ca. 3.700

Größere Siedlungen/Einwohner:
- Longyearbyen (norw.): 1.000
- Barentsburg (sowj.): 1.400
- Pyramiden (sowj.): 1.200

Flugzeit von Longyearbyen:
- Bergen: .... 4 3/4 Std.
- Oslo (ca. 2.000 km): .... 3 1/4 Std.
- Tromsø (ca. 900 km): .... 1 1/2 Std.
- Trondheim: .... 4 Std.

Mitternachtssonne:
21.4. - 21.8.

Temperaturen (Durchschnitt):
- Winter: .... -8° bis -16° C
- Sommer: .... 5° bis 6° C

Dienstleistungen:
In Longyearbyen gibt es Bank, Post, Telefon, Geschäfte, Reisebüro, Kirche, Schwimmbad, Bibliothek, Kino, Geldautomat, Cafés, Restaurant, Bäckerei, Friseur, Camping, Taxi, Mietwagen, Schneescooterverleih, Krankenhaus, Zahnarzt.

Straßennetz:
Es gibt 40 km Straßen mit etwa 220 Autos.

Veranstaltungskalender S. 275 ff.

Weitere Informationen:
siehe Seite 90/91

Svalbard

Spitsbergen Tours

Jeder, der sich näher mit dem Gedanken an eine Spitzbergenreise befaßt, entdeckt rasch, daß hier vieles anders ist als in »südlichen« Regionen, wie z.B. in Lappland. So gibt es in Spitzbergen zwischen den verstreut liegenden Siedlungen weder einen fahrplanmäßigen Linienverkehr noch Wege, und die hocharktische Natur stellt gänzlich andere Anforderungen als andere Naturräume. Hinzu kommt die menschenleere Weite dieses Landes, die selbst für skandinavienerfahrene Reisende kaum vorstellbar ist. Gerade diese Unerschlossenheit hat das Land und seine Natur vor dem Massentourismus verschont.

Für die wenigen, die behutsam mit der Natur umgehen und die für das Erlebnis dieser eiszeitlichen Urwelt zu etwas Abenteuer und Komfortverzicht bereit sind, sind daher nicht bunte Prospektbilder wichtig, sondern möglichst vielseitige, handfeste Information. Hier bietet sich der Kontakt mit Spitsbergen Tours Andreas Umbreit an.

Diese kleine Firma hat sich bewußt vor allem auf Spitzbergen spezialisiert, um für dieses ausgefallene Land einen möglichst professionellen Service zu bieten. Das beginnt mit dem weltweit einzigen im Handel erhältlichen Spezialreiseführer für Spitzbergen, auf Deutsch (A.Umbreit: Spitzbergen Handbuch) und Englisch (A.Umbreit: Guide to Spitsbergen). Sie werden mittlerweile ergänzt durch bestellbare Spitzbergen-Diaserien; ein Spitzbergen-Video ist in Vorbereitung.

Der jährlich neu erscheinende Katalog (1992: 28 Seiten) bietet nicht nur die üblichen Standardprogramme, sondern das weltweit vielfältigste Angebot an Spitzbergenreisen in einem Katalog und erlaubt Ihnen so eine gute Auswahl aus den darin zusamengefaßten Angeboten verschiedener Spezialveranstalter:

*KURZAUFENTHALTE zum ersten Schnuppern.
*mehrere Fahrten von 1-28 Tagen Dauer auf kleinen KÜSTENSCHIFFEN entlang Spitzbergens wilden Küsten mit zahlreichen Landgängen.
*Leichte und schwere TREKKKINGTOUREN durch das weglose Inland.
*FRÜHJAHRSTOUREN durch winterlich-arktische Landschaft mit Schlitten und Ski.
*SONDERARRANGEMENTS: Modeaufnahmen in Spitzbergen, Spezialarrangements für Fossilienfreunde, Wildniscamps von preisgünstig für Familien bis exklusiv per Hubschrauber, Logistik und Betreuung für Forscherteams und Journalisten - naheliegenderweise machen solche SONDERARRANGEMENTS einen weiteren Teil der Arbeit von Spitsbergen Tours Andreas Umbreit aus.

Als Zusatzservice können Teilnehmer geeignete AUSRÜSTUNGSTEILE zu extrem günstigen Preisen bestellen.

Praktisch: Obwohl auf Spitzbergen spezialisiert, erreichen Sie Spitsbergen Tours Andreas Umbreit in Mitteleuropa: kundennah, schonend für Telefonrechnung und Porto, ohne Sprachprobleme und mit den Kundenwünschen vertraut.

Nähere Informationen liefert Ihnen die 28-seitige Spezialbroschüre für 1992:

Spitsbergen Tours Andreas Umbreit
Dammstr. 36, 2300 Kiel 1
Tel. 0431 - 91 678; Fax 0431 - 93 733

Landgang an der Nordwestküste von Spitzbergen

Spitzbergen Travel AS.

Der Archipel ist immer ein Abenteuer - ob Sie nun an einem klaren Tag im Juli über die Küste fliegen oder bei strahlend blauem Himmel im Februar mit dem Schneescooter über die Tundra brausen. Vielleicht erleben Sie ein ordentliches arktisches Unwetter mit eiskalten Winden vom Nordpol, sehen Sie den spiegelglatten Isfjord an einem Sommertag oder stehen draußen im Adventtal zur dunkelsten Zeit, in der Sternenregen und flammendes Nordlicht dennoch viel Licht spenden.

Wenn Sie auf Spitzbergen die arktische Welt erleben wollen, dann können wir Ihnen Flugtickets, Unterkunft, Pauschaltouren, Aktivitätsangebote etc. besorgen. Es gibt in der Wildnis soviel zu sehen, zu unternehmen und zu erleben! Fragen Sie uns, wenn Sie weitere Informationen haben möchten, aber auch für Buchungen und Vermittlung.

*Unterkunft (130 Zimmer) mit gutem norwegischen Pensions- oder Hotelstandard
*Schneescootertouren
*Grubenbesichtigung
*Wanderungen
*Sightseeing
*Reitausflüge
*Flugzeug- und Helikopterausflüge
*Wochenend- und Wochenmitte-Touren
*Flugtickets
*Kurs-, Konferenz- und Erlebnistouren
*Auto- und Fahrradvermietung
*Waffenverleih
*Ausflüge mit Hundeschlitten
*Schlauchbootvermietung
*Schiffsausflüge
*Fahrten zu den russischen Grubensiedlungen Barentsburg und Pyramiden
*Tax-free shopping
*Bars
*zwei Cafes und ein Restaurant, bei denen Sie arktische Spezialitäten neben norwegischer und internationaler Küche serviert bekommen.

Das Aktivitätsangebot ist natürlich von der Jahreszeit abhängig, und bei einzelnen Aktivitäten bzw. Veranstaltungen gibt es eine Mindest- oder Höchstteilnehmerzahl. Wir empfehlen Ihnen auf jeden Fall, Ihr Zimmer im voraus zu reservieren.

Für weitere Informationen und Buchungen wenden Sie sich bitte an Ihr Reisebüro oder direkt an uns:

SPITSBERGEN TRAVEL AS
Postboks 548, N-9170 Longyearbyen
Reisebüro: Tel. 0047 - (0)80 - 21 160
Fax 0047 - (0)80 - 21 010
Hotelabtlg.: Tel. 0047 - (0)80 - 21 811
Fax 0047 - (0)80 - 21 005

Longyearbyen im arktischen Winter

Mit dem Schneescooter unterwegs

Polarerlebnisse

Svalbard Polar Travel A/S (SPOT) ist der führende Veranstalter von Expeditions- und Erlebnisreisen auf Spitzbergen. Die Gesellschaft verfügt über Schiffe, Schneescooter, Expeditionsausrüstung und einen großen Stab an erfahrenen Guides bzw. Leitern. Neben festen Reisearrangements, die in Zusammenarbeit mit einer Reihe deutscher Reiseveranstalter auf dem Markt angeboten werden, kann SPOT auch Spezialreisen für kleine und große Gruppen, Incentives und wissenschaftliche Expeditionen nach Maß anbieten.

Sommer-Svalbard - mit dem Küstenschiff: Von Anfang Juni bis Mitte September eignen sich kleine Schiffe am besten als Transportmittel. SPOT verfügt 1992 über vier solcher Schiffe:

M/S NORDBRISE hat 19 Kabinen, alle mit Dusche/WC, und Platz für max. 40 Passagiere. Das Schiff führt planmäßig Küstenkreuzfahrten entlang der Nordwestküste Spitzbergens bis zur Eiskante oder 80° Nord durch. Inkl. Landgänge und professionelle Leitung.

M/S POLARSTAR ist ein echtes Eismeerfahrzeug mit Platz für bis zu 25 Passagiere in 2- oder 3-Bett-Kabinen mit Waschbecken. Sie unternimmt expeditionsähnliche Touren in die »Heimat« der Eisbären an der Ostküste Svalbards.

M/S SVALBARD verfügt über 12 Kabinen mit Waschbecken und unternimmt zweimal in der Woche als Transportschiff Touren für »Basis-Camps«, von denen aus Trekkingtouren zu den Gletschern und ins Gebirge führen. SPOT hat u.a. das nördlichste Wandergebiet der Welt am prachtvollen Raufjord erschlossen.

SPOT verfügt auch über einen Rettungskreuzer, der sich hervorragend für kleinere private und wissenschaftliche Expeditionen eignet.

Winter-Svalbard - Mitternachtssonne im April

Im April ist es schon rund um die Uhr hell und trotzdem noch tiefer Winter. In dieser Zeit veranstaltet SPOT Ausflüge und Expeditionen mit Skiern, Schneescootern und Hundeschlitten. Bei kürzeren Ausflügen wird in festen Quartieren gewohnt, während die längeren Expeditionen das Übernachten in Zelten notwendig machen.

Zu den Wintertouren gehören z.B. Expeditionen an die Ostküste bei denen es gute Chancen gibt, Eisbären zu sehen. Weitere Skiexpeditionen führen zum Newtontoppen, mit 1.707 m Svalbards höchster Berg. Komfortabler, aber dennoch sehr anregend sind die Touren zur Forschungsstation Ny Ålesund am Kongsfjord mit Aufenthalt im dortigen Nordpolhotel.

Weitere Informationen über Spitzbergen Touren erhalten Sie bei Ihrem Reisebüro oder, inkl. einer Übersicht über deutsche Veranstalter, die SPOT-Touren anbieten, beim Norwegischen Fremdenverkehrsamt Hamburg. Fragen bezüglich Spezialarrangements richten Sie bitte an:

Svalbard Polar Travel A/S (SPOT)
Næringsbygget
N-9170 Longyearbyen
Tel. 0047 - (0)80 - 21 971
Fax 0047 - (0)80 - 21 791

MS Nordbrise

Mit dem Schneescooter in die eisig schöne Wildnis

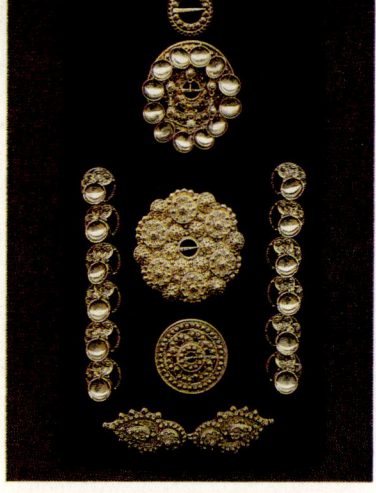

Aus vielen Einzelstücken setzt sich der filigrane Brautschmuck zusammen (Telemark)

Blick in die Werkstatt eines Silberschmieds im Setesdal

Von Marie-Luise Paul

Wenn eine Hochzeit traditionell gefeiert werden soll oder wenn der norwegische Nationalfeiertag am 17. Mai sich nähert, dann holen Ola und Kari Nordmann nicht nur ihre Trachten aus den Schatztruhen, waschen, bügeln und stärken sie, sondern putzen auch das dazugehörige Silber.

Von Broschen, Bauern und Bergleuten

Zur Kulturgeschichte des norwegischen Silberschmucks

Silberknöpfe unterschiedlicher Grösse für Hemd und Kragen, silbernen Brustschmuck, Gürtel- und Schuhspannen, ein kleines Messer, dessen Schaft mit Silberarbeiten verziert ist, und schließlich das kunstvoll gestaltete »sølje«, eine silberne, runde Filigranbrosche.

Von Tal zu Tal, von Landesteil zu Landesteil unterscheiden sich nicht nur die norwegischen Trachten, sondern auch der traditionelle Silberschmuck. Aus dem südnorwegischen Setesdal und der Nachbarregion Telemark stammt das meiste Trachtensilber, das sich heute in Familien- oder Museumsbesitz befindet.

Was inzwischen gleich dutzendweise auf den Samtauslagen der städtischen Juweliere ausliegt, war noch vor hundert Jahren eines der wenigen Zeichen, mit denen die Bauernfamilien ihren Wohlstand sichtbar machen konnten. In mühevoller Handarbeit stellten die kleinen Silberschmieden auf dem Land Stück für Stück nach alten Vorlagen her. Hämmerten die Silberklumpen in platte Formen, zogen mittels kleiner, mechanischer Maschinen die feinen Drahtstücke, formten filigrane Muster, schmolzen kleine Kügelchen und löteten schließlich die vielen kleinen Rohlinge zu einem Schmuckstück zusammen, das die Familie über viele Generationen hinweg als »ihren« Schmuck bewahrte.

Bis zu 30 Schmuckstücke zählten zur Komplettausstattung einer weiblichen Tracht im Setesdal. Doch dort ließen die schroffen Bergwiesen und schmalen Äcker zwischen Evje, Byglandsfjord, Valle und den Gebirgsregionen von Hovden den Kleinbauern gerade genug zum Leben. Und dann bei einem Silberschmied Schmuckstücke in Auftrag geben? Für viele blieb es ein lebenslanger Wunschtraum. Bis in die fünfziger Jahre unseres Jahrhunderts hinein war es deshalb auch üblich, die Anschaffung für viele Generationen in Naturalien zu zahlen. Allein eine Filigranbrosche entsprach dem Wert einer guten Milchkuh.

Silberschmuck und Geigenklänge

Wer heute auf der Straße 12 das Setesdal hinauffährt, sieht zwischen den Ortschaften Rysstad und Valle die graswachsenen Blockhäuser des »Sylvartun«. Die Hofanlage der Silberschmiede, die aus restaurierten Holzgebäuden aus dem 17. Jahrhundert besteht, hat sich im Laufe der Jahre zu einem kleinen Publikumsmagnet entwickelt. Seit vier Generationen arbeiten die Bjørgums hier als Silberschmiede. Weil im 19. Jahrhundert der Hof nicht mehr genug Ertrag brachte, war man auf zusätzliche Einkünfte angewiesen, und so guckte man sich die Schmiedekünste von Hof zu Hof ab, werkelte an den langen Winterabenden; der eine mit mehr, der andere weniger erfolgreich.

Auf manchem Hof im Setesdal entstand im 19. Jh. eine Silberschmiede

Hallvard T. Bjørgum betreibt, schon wie sein Vater und Großvater, erfolgreich das Silberschmiedehandwerk. Landesweit berühmt wurde er allerdings durch sein zweites Talent: Er fiedelt norwegische Volksmusik auf der traditionellen »hardingfele« so ausgezeichnet, daß ihm dafür im vergangenen Jahr der Norwegische Volksmusikpreis verliehen wurde. Im Sylvartun kann man traditionellen Silberschmuck in Augenschein nehmen, touristenfreundlich »modernisierte« Ohrgehänge, Halsketten und Broschen erwerben und - wenn man Glück hat - gleich noch einen Ohrenschmaus mit alten Fiedelklängen erleben.

Was im Setesdal viel von durchreisenden Touristen besucht wird, liegt auf der anderen Gebirgsseite in Dalen im Bezirk Telemark eher versteckt. In einer unscheinbaren Werkstatt mit kleinem Ladengeschäft betreibt ein Altmeister seiner Zunft das traditionelle Handwerk.

Trygve Dalen ist einer der drei letzten Silberschmiede am Ort. Wenn er sich in einigen Jahren zur Ruhe setzt, wird seine Werkstatt museumsreif. Einen Nachfolger hat er nicht. Drei Jahre dauert die Lehre, bis ein Silberschmied seinen Gesellenbrief (svennebrev) erhält. Wer seinen Meisterbrief machen möchte, muß eine sechsjährige Gesellenzeit absolvieren. Ein langer Ausbildungsweg für norwegische Verhältnisse. Zu mühsam für unsere schnellebige Zeit?

Zeitintensiv ist die Herstellung bis heute geblieben. Eine volle Arbeitswoche benötigt der Meister für die Herstellung einer Filigranbrosche, die mit den für Telemark typischen Kreismustern ringförmig besetzt ist. Der Preis für eine Trachtenausstattung mit allen Schmuckstücken liegt bei 10.000 Kronen und aufwärts.

Kunst am ursprünglichen Ort

Wo kann man heute norwegische Kulturschätze besser bewundern, als in einem »Bygdemuseum«, einem der zahlreichen kleinen Heimatmuseen. Dank unermüdlicher Privatinitiativen und moderner Museumspädagogik konnten an vielen Orten außerordentliche Sammlungen einer interessierten Öffentlichkeit zugänglich gemacht werden.

Ein Musterbeispiel für diese reichhaltige Museumslandschaft ist das Lårdal Bygdemuseum, das sich wenige Kilometer vor Dalen neben der Stabkirche von Eidsborg in einer weitflächigen Anlage von historischen Blockhäusern erstreckt. Die Silbersammlung dokumentiert die Geschichte und Entwicklung des Silberschmucks im Bezirk Telemark. Ihre ältesten Stücke sind gegossene Silberspannen aus der Wikingerzeit. Nur vereinzelt findet man hier sakrale Gegenstände aus dem Mittelalter.

Die Blütezeit des filigranen Trachtensilberschmucks lag im 18. und 19. Jahrhundert Die Formenvielfalt der verschiedenen Schmuckstücke, aber auch die äußerst feine, filigrane Verzierung erreichten damals ihren Höhepunkt. In dieser Zeit entwickelte sich auch die charakteristische Form der runden Filigranbrosche, in Telemark »bolesylje« genannt. Auf eine runde Silberplatte werden dabei mehrere kreisförmige, gezwirbelte Silberdrähte aufgesetzt, die wiederum mit schnecken- und rankenförmigem Filigran und kleine Kugeln dicht gefüllt sind. Meisterstücke erkennt man am üppigen Besatz (und entsprechenden Gewicht) sowie an der exakt symmetrischen Aufteilung.

Den Grundstock zu der Lårdal-Sammlung legte ein Silberschmied, der mit seiner Sammlerleidenschaft nicht nur einen bedeutenden Beitrag zur Geschichte des norwegischen Silberschmucks leistete, sondern durch seine eigenen Arbeiten die Kunst des Silberschmiedens in diesem Jahrhundert entscheidend prägte.

Eivind G. Tveiten (1887-1976) stammte aus der berühmten Silberschmiedfamilie Mandt, deren Vorfahren im 18. Jahrhundert aus Dänemark kamen, und war in den zwanziger Jahren Hoflieferant für das Trachtensilber der Königlichen Familie. Seine Werkstatt kann man heute ebenfalls im Bygdemuseum in Lårdal besichtigen.

Woher nehmen, wenn nicht stehlen?

Das glänzende Silbererz kannten viele Bauern vom Hörensagen, lange bevor sie einen silbernen Taler oder gar einen winzigen Silberklumpen in ihren Händen hielten. Vereinzelt fand man im 16. Jahrhundert besonders in südnorwegischen Gebieten geringe Mengen des begehrten Edelmetalls. Genug immerhin, daß König Christian III. 1539 ein Gesetz erließ, das alle Untertanen zur Schatzsuche ermuntern sollte. Als im Sommer 1623 zwei Hirtenkinder einen beachtlichen Fund machten, wurde sein Nachfolger Christian IV. hellwach und ließ von deutschen Bergbauexperten aus Sachsen die Gegend untersuchen. Ihr Ergebnis rief die Bergbaustadt Kongsberg ins Leben, die über drei Jahrhunderte hinweg in ihren Gruben über 1.350 Tonnen Silbererz zu Tage brachte. Waren es 1700

Silbererzabbau um 1910 in Kongsberg

Außer den hier genannten Silberschmieden und Silberausstellungen gibt es sowohl in Telemark und im Setesdal als auch in anderen Landesteilen zahlreiche Werkstätten und Besichtigungsmöglichkeiten. Die jeweiligen Adressen erfragen Sie am besten über die Touristenbüros. Hier die Anschriften der erwähnten Orte:

•
*Sylvartun,
N-4692 Rysstad,
während der Sommermonate täglich geöffnet.*
•
*Lårdal Bygdemuseum, Eidsborg,
N-3860 Høydalsmo
Führungen täglich zwischen 12 und 17 Uhr
(Juni-Sept.)*
•
*Norwegisches Bergwerksmuseum, Myntgaten 9,
N-3600 Kongsberg täglich von
10 bis 16 Uhr geöffnet
(Mai-August),
Führungen auf Anfrage.*

noch 700 Beschäftigte, wuchs ihre Zahl siebzig Jahre später auf 4.200 an und machte Kongsberg zur zweitgrößten Stadt Norwegens. Jeder Brocken Silber, den die Arbeiter unter mühsamen Bedingungen aus den Stollen brachen, mußte dem König abgeliefert werden, der im entfernten Kopenhagen residierte. Bei den spärlichen Löhnen der Bergleute wundert es nicht, daß viele versuchten, wenigstens einen kleinen Batzen in die eigenen Hosentasche zu schmuggeln, um ihn später zu verkaufen. Ein Kilogramm Silber entsprach bereits dem Jahreslohn eines Arbeiters. Auch wenn die - nie vollzogene - Todesstrafe auf Diebstahl stand, muß so manches Silberstück seine verschlungenen Wege durch Telemark und bis hinüber ins Setesdal gefunden haben. Dort erzählen noch heute viele Einheimische sagenhafte Geschichten vom »tjuvsølv«, dem Diebessilber.

Ob gestohlen, brav erworben oder getauscht - das Silber konnte so manchen Hunger stillen: den der Bauern, die durch ihre Nebentätigkeit ein Zubrot fanden, den der Silberschmiede, den der deutschen Bergleute. Den König hat es jedenfalls nicht arm gemacht. •

Die Autorin:

Marie-Luise Paul kam nach einem Studium der Skandinavistik und Germanistik 1987 als Redakteurin zur NORDIS Redaktion. Hier betreut sie hauptsächlich das »Norwegen Magazin«.

Der Telemarkkanal lockt so manchen zu einer beschaulichen Schiffsreise durch die reizvolle Landschaft Telemarks. 1992 wird das 100jährige Jubiläum gefeiert.

Von Schleuse zu Schleuse *Eine Fahrt auf dem Telemarkkanal*

Von Marianne Molenaar

Sommerliches Treiben auf dem Kanal bei Vrangfoss

M/S Victoria ist eine betagte, aber immer noch elegante Dame. 1882 gebaut - 10 Jahre vor Einweihung des Kanals - versieht sie ihren Dienst zwischen Skien und Dalen.

Da liegt sie! Unverkennbar. »Victoria«, die Siegerin, die 1992 110 Jahre alt wird. Als einziges der vielen Passagierschiffe, die früher über den Telemarkkanal fuhren, hat sie ihr ursprüngliches Aussehen behalten. Wenigstens im großen und ganzen. Der typische runde Rumpf, der Schornstein und das überdachte Achterdeck mit Platz für wetterfeste Passagiere sind geblieben. Nur die charakteristische Dampfwolke fehlt, seit sie »M/S« vor ihrem Namen hat. Bunte Fähnchen weisen darauf hin, daß aus dem seriösen Transportfahrzeug ein historisches Vergnügungsschiff geworden ist.

Es gibt nicht viele Fahrgäste, als ich an Bord gehe, denn dies ist die erste Fahrt der Saison. Am Kai stehen einige Leute und winken den vier bis fünf Passagieren nach. Die Ruhe vermittelt ein ganz anderes Stimmungsbild, als es zur Blütezeit der Kanalschiffahrt um die Jahrhundertwende geherrscht haben muß. Damals lagen mehrere Schiffe am Kai von Skien, und auf dem Wall versammelte sich zur Abfahrtszeit eine große Menschenmenge, um den vielen Fahrgästen nachzuwinken. Unter ihnen gab es Touristen, aber auch Bauern aus dem Inland, die ihre Waren in der Stadt verkauften, Händler, Arbeiter aus Rjukan, Bauernmädchen, die in Skien eine Stelle hatten, und andere Reisende, die wie ich unterwegs von Oslo nach Bergen waren. Pferdekarren fuhren auf das Schiff, Kohlen wurden an Bord geschleppt und die Ladung verstaut, manchmal sogar in Form von Vieh an Bord gehievt. Man hörte Geschrei, Rufen, Gelächter ...

Die Ruhe ist angenehm. Keine andere Beschäftigung wartet auf mich als »auf Reisen zu sein« und die Eindrücke während der Fahrt auf mich wirken zu lassen. Auf dem Vorderdeck genießen zwei ältere Ehepaare schon die herrliche Sonne. Der Kapitän verschwindet im Steuerhaus, die Landungsbrücke wird eingeholt, und dann erklingt das echte Geräusch einer Dampfpfeife. Wir verlassen den Hafen von Skien. Auf dem Wasser ist es ebenfalls ruhig, die Stadt liegt noch im Schlummer, auch wenn die Rauchschwaden der Fabrik am Ufer verraten, daß die Holzverarbeitung fleißig weiter geht.

Die Victoria biegt jetzt in eine stille Wasserallee ein. Die hügeligen Ufer sind dicht bewachsen mit Laub- und Nadelbäumen, die an einigen Stellen sogar bis ans Wasser reichen. Hier und da liegen Häusergruppen versteckt im Grünen.

»Dort links ist letztes Jahr ein Flugzeug abgestürzt, und hier rechts ist neulich einer mit dem Fahrrad gegen den Felsen geprallt.« Eine etwas makabre Information, die nicht recht in diese friedliche Landschaft passen will. Ein kleines Schiff, das ein riesiges Floß aus Baumstämmen hinter sich herschleppt, kommt uns entgegen. Ein typisches Bild auf dem Telemarkkanal, der seine Existenz dem Wunsch verdankt, Holz aus dem Landesinneren schnell und preiswert an die Küste zu transportieren.

Die erste Schleuse

Am Ende des Skien-Norsjøkanals, der als erster Abschnitt 1854-61 gebaut wurde, erreichen wir bei Løveid die erste und zugleich älteste der acht Schleusen im Telemarkkanal. Sie ist heute die einzige, deren Tore hydraulisch statt per Hand geöffnet und geschlossen werden. Wir müssen drei Schleusenkammern passieren, die uns insgesamt 10,30 m höher bringen - die erste Stufe der 72 Meter, die wir heute steigen werden.

Die Umgebung ist ein malerisches Fleckchen Erde, bewachsen mit riesigen Bäumen. Die schmalen Schleusenkammern liegen eingeklemmt zwischen den Felsen, und es ist schon ein beeindruckender Gedanke, daß dieser »Bergspalt« zum größten Teil von Menschenhand mit Hammer und Hacke gehauen ist.

Hoch über uns in der ersten Schleusenkammer guckt eine Schulklasse zu, wie sich die Schleusentore schließen und das Wasser hereinschießt. Sie winken uns zu. Langsam steigen wir, bis wir ihnen auf gleicher Höhe in die Augen sehen können. Dieses Spiel wiederholt sich von Kammer zu Kammer, während wir die Stille dieser grünen Welt genießen, nur gestört vom Brausen des Wassers, das zwischen den engen Schleusenwänden stärker wird.

Hinter den Schleusen öffnet sich die Landschaft, und wir erreichen den breiten See Norsjø. Weit erstreckt er sich vor uns, gesäumt von Bauernhöfen, niedriger Begrünung und sanften Bergen. Schneebedeckte Berggipfel im Hintergrund bilden einen reizvollen Kontrast. Vor uns liegt eine weitere ruhige Stunde voller Träumereien auf der unendlichen Wasserfläche. Nur Stille, Wasser, Sonne und das Schaukeln des Schiffes. Mehr braucht man nicht zum Glücklichsein. Höchstens vielleicht noch eine Tasse Kaffee und eine von den herrlichen »Lefsen«, den weichen, norwegischen Fladen.

Stufenweise in die Berge hinein

Bei den Schleusen im Industrieort Ulefoss werden wir von einer lebhaften Menge Schaulustiger empfangen. Hier beginnt der »Bandakkanal« genannte Abschnitt, der 1890-91 gebaut wurde und sechs Schleusen aufweist, die alle noch per Hand bedient werden.

Uns erwartet der eindrucksvollste Teil der Reise. Neue Fahrgäste kommen an Bord, es wird Englisch, Niederländisch und Deutsch gesprochen, und die intime Ruhe des Vormittags ist dahin. Eine gespannte Erwartung ist zu spüren, während sich die Victoria begleitet von Gelächter, Rufen und gemütlichen Gesprächen von Schleuse zu Schleuse bewegt. In den nächsten dreieinhalb Stunden wiederholt sich der Vorgang zwei- bis viermal pro Schleuse und wird mit gleichbleibendem Interesse von den Fahrgästen und den Leute am Kai beobachtet. Das Schiff gleitet in die Schleuse, die Besatzung jongliert behende mit den Tauen, die Tore schließen sich, das Wasser sprudelt herein, und langsam steigt die Victoria, bis Fahrgäste und Zuschauer auf gleicher Höhe sind.

Die beiden Schleusenwärter bedienen mit Kraft und Präzision die beiden Hebel, mit denen man die Schleusentore öffnet und schließt, dann fährt das Schiff in die nächste Schleusenkammer. Alle sind fasziniert von diesem geschmeidigen Zusammenspiel zwischen Schiff und Kanal, das schon ein Jahrhundert lang ein täglich wiederkehrendes Phänomen ist.

Wir wissen aus Berichten, daß es nicht immer so friedlich zugegangen ist. Früher war es viel lebhafter auf dem Wasser, und die Dampfwolken bildeten sozusagen einen beständigen Teil der Landschaft. Damals versuchten die Besatzungen der verschiedenen Schiffe einander auszustechen, um als erste in

Die »Victoria« um 1900 in Skien, damals noch dampfgetrieben

Der Telemarkkanal
Bau: Skien-Norsjøkanal 1854-61
Norsjø-Bandakkanal 1887-92
Gesamtlänge: 105 km
Höhenunterschied: 72 m
Anzahl der Schleusen: 8 mit 18 Kammern

»M/S Victoria«
Gebaut: 1882
Länge: 30 m
Breite: 5 m
Max. Geschwindigkeit: 9,5 Knoten
Maschine: 360 PS
Zahl der Passagiere: 180

An der Schleuse von Ulefoss

»Handbetrieb« an den Schleusen zwischen Ulefoss und Lunde

Die Bauarbeiten in Vrangfoss begannen 1887 und dauerten fünf Jahre

1992 feiert der Telemarkkanal sein 100jähriges Bestehen. Am 23. Mai beginnen die Festlichkeiten mit der Uraufführung eines symphonischen Werkes, Volksmusik, Lesungen, Reden und Unterhaltungsprogramm. Während des Sommers gibt es Ausstellungen in Oslo, Notodden, Skien, Dalen, Porsgrunn und im Kanalmuseum Ulefoss. Zahlreiche Veranstaltungen sind geplant von Blaskonzerten bis »Kanalrock-92«, von Ruderwettkämpfen bis zu historischen Vorführungen (weitere Informationen im Veranstaltungskalender des Norwegen Magazins).

Ein schöner Tag geht zu Ende

Die Schleusenanlage Vrangfoss heute

die Schleuse zu gelangen. Klappte das nicht, blieb einem nur das Warten übrig. Pech hatte man, wenn ein Floß-Schleppschiff das »Wettrennen« gewann. Und natürlich kam es hin und wieder zu einem unvermeidlichen Zusammenstoß zwischen Schiff und Schleusenwand, oder ein Schiff legte sich in der Schleusenkammer quer. Aber erfahren wie die meisten Kapitäne und Schleusenwärter waren, passierte das nur selten.

Die beeindruckendsten Schleusen sind die beim ehemaligen Wasserfall Vrangfoss. Fünf Schleusenkammern heben uns 23 m höher. Neben den Schleusen stürzte früher der Wasserfall hinunter, der aber seit dem Bau des Elektrizitätswerkes Tokke trockengelegt ist. Das Kraftwerk regelt auch die Höhe des Wasserspiegels im Kanal. Seit vor ein paar Jahren der Verkehr aufgrund eines zu großen Wasserzustroms unmöglich geworden war, gibt es jetzt feste Vereinbarungen für die Touristensaison.

Als wir alle sechs Schleusen hinter uns haben, ist es auf dem Schiff voll geworden. Sowohl oben auf Deck als auch unten im Salon raunen Stimmen, begleitet vom Klirren des Geschirrs und des Bestecks. Aus dem Restaurant steigt der Duft von gebratenem Fleisch auf.

Die gute alte Zeit

Bei all dieser Betriebsamkeit kann man sich gut vorstellen, wie es früher an Bord zugegangen ist. Viele Fahrgäste kannten sich untereinander, waren vertraut mit Kapitän und Besatzung. Es wurde gelacht, Handel getrieben und getrunken. Manchmal mußte die Besatzung sogar tatkräftig eingreifen und einen Hitzkopf irgendwo an Land setzen und dort zurücklassen. Zum Schutz der guten Sitten war die zweite Klasse sogar durch einen Gazevorhang in eine Frauen- und eine Männerabteilung getrennt, die im Volksmund schon bald die Namen Hühnerstall und Hahnenkäfig erhielten. Das Schiff war ein Ort der Begegnung für Leute, die aus den unterschiedlichsten Gründen unterwegs waren. Man hatte zwar einen Zielort, aber die Reise an sich war schon ein Erlebnis und für viele eine begrüßenswerte Abwechslung zum Alltagstrott.

Meistens waren die Schiffe, wie jetzt die Victoria, auf die Minute pünktlich an ihrem Ziel. In dem relativ isolierten Inland wurde sogar die Uhr beim Ertönen der Dampfpfeife gestellt. Es war das Symbol, das den Kontakt mit der Außenwelt herstellte.

Die Reisezeit war verhältnismäßig lang, und so blieb ausreichend Zeit, um unterwegs Kontakte zu knüpfen. Es führt zu einer engen Beziehung, wenn man ein ganzen Tag gemeinsam auf einem Schiff verbringt. Das ist heute auch nicht anders, wie ich feststelle. Ein Herr aus Dänemark erzählt mir seine Reiseerfahrungen in Norwegen, und eine Norwegerin weist mich auf die Sehenswürdigkeiten hin, die entlang der Route liegen.

Die westlichen Seen

Wir sind inzwischen im letzten Abschnitt angelangt, auf den sogenannten westlichen Seen: Flåvatn, Kviteseidvatn und Bandak. Früher waren Teile dieser Strecke Flüsse, aber seit dem Bau des Staudamms, der das Tokke Kraftwerk versorgt, sind die Flüsse zu Seen geworden.

Allmählich ändert sich die Landschaft. Das parkähnliche Grün entlang der Schleusen macht Platz für Nadelbäume, die Berge werden steiler, höher und rauher. Auch die Stimmung an Bord ändert sich; es wird wieder ruhiger. Man läßt sich mitreißen, sitzt da und freut sich an der Landschaft, läßt Atmosphäre und Reise auf sich wirken. Ein Luxus, den sich Autofahrer kaum noch vorstellen können: auf Reisen sein. In aller Ruhe genießen - den Widerschein der Sonne auf dem weißen Deck, den Schimmer im blauen Wasser, die majestätische, grüne Bergwelt.

In Kviteseid verlassen die meisten Fahrgäste das Schiff. Es bleibt eine kleine, intime Gruppe zurück. Diese Intimität wird noch verstärkt durch die Abgeschlossenheit der hoch aus dem See Bandak emporragenden Berge und den Einbruch der Dämmerung.

Sie teilt uns auch unmißverständlich mit, daß sich die Reise ihrem Ende nähert. Schade eigentlich, man hat sich so schön an dieses gemächliche Dahingleiten gewöhnt. Reisen um des Reisens willen, da paßt das Wort Ziel irgendwie gar nicht dazu. Aber die Motorschiffe, die der Victoria von Dalen aus entgegenfahren, um sie zu einer neuen Saison zu begrüßen, rufen uns in die Realität zurück. Auf dem Kai in Dalen erwartet uns das letzte Erlebnis der Reise: Der ganze Ort ist auf den Beinen, um die Victoria bei ihrer ersten Ankunft in diesem Jahr zu begrüßen. Ein Musikkorps spielt eine Begrüßungsmelodie, und als die Fahrgäste von Bord gehen, bekommt jeder eine Nelke. Denn die Bewohner Telemarks sind sich im klaren darüber, welche Bedeutung der Kanal und die Schiffe für sie haben. ●

Die Autorin: Marianne Molenaar hat in Groningen Skandinavistik studiert und mehrere norwegische Romane und Kinderbücher ins Niederländische übersetzt. Bis 1991 war sie Redakteurin in der NORDIS Redaktion.

An schönen Sommertagen boomt Oslos »Øl-«Branche. Das Vinmonopol hat aus Norwegen eine »Vier-(Bier-) Klassen-Gesellschaft« gemacht.

Alkohol im Staatsmonopol

Ein ganz spezielles Thema

Die drei nördlichsten Länder auf dem europäischen Festland - Norwegen, Schweden und Finnland - haben etwas gemeinsam: Sie reglementieren streng den Alkoholverkauf. Es ist undenkbar für uns Norweger, alkoholische Getränke in einem Lebensmittelgeschäft kaufen zu können, ausgenommen Bier. Wein und Spirituosen dagegen werden von einem staatlichen Handelsmonopol vertrieben, dessen Verkaufsfilialen bezeichnenderweise »Vinmonopol« heißen.

Von Harald Karlsen

Wir sind uns völlig im klaren über die Gefahren des Alkoholgenusses, und wer behauptet, es gäbe auch kurze Augenblicke der Freude mit einem Glas Wein in guter Gesellschaft, weiß es wahrscheinlich nicht besser. So etwas können doch nur Bemitleidenswerte äußern, die sich ohne ein paar »Angstvertreiber« zu nichts aufraffen können.

Ein etwas anderes Bild bietet sich, wenn man in der Spirituosenabteilung irgendeines Kaufhauses weiter südlich in Europa auf eine hektische, irritierte Gruppe norwegischer, schwedischer oder finnischer Reisender stößt oder sie bei dem lautstarken Bemühen antrifft, sich für den nächsten Tag Europas größten Kater in einer Bar in Kopenhagen, Hamburg oder Malaga zuzulegen. Dann sind wir weit weg von zu Hause in einer ganz anderen alkoholpolitischen Wirklichkeit ...

Norwegen ist ein relativ trockenes Land. Der registrierte (!) Verbrauch, in reinem Alkohol gemessen, liegt statistisch bei etwas mehr als fünf Liter im Jahr pro Einwohner über 15 Jahre. 1988 waren es 4,2 Liter. Damit nahmen wir in Europa Platz 25 ein. Im gleichen Jahr lag der deutsche Verbrauch bei etwas mehr als 10,5 Liter pro Einwohner. Zu diesem registrierten Verbrauch kommen noch Schmuggelware, hauseigene Herstellung und der zollfreie Reiseimport hinzu, 1988 immerhin geschätzte 1,8 Liter reinen Alkohols pro Einwohner über 15 Jahre.

Eine Reise durch Norwegen zeigt, daß es kein Weinland ist. Wir selbst sprechen gern von »Kartoffelland«; Kartoffeln und Korn sind die Hauptrohstoffe für die norwegischen Alkoholprodukte. Kartoffeln zum Schnapsbrennen und Gerste zum Bierbrauen. Lassen Sie die Augen aufmerksam über den Landschaft schweifen, wenn Sie auf der E 18 an der Südküste entlangfahren, dann entdecken auch Sie die norwegischen »Weingebiete« in der Nähe von Grimstad. Die weiten Rhabarberfelder dort liefern die »Trauben« für einen Großteil des Fruchtweins.

Bevor wir näher auf die Preise eingehen, wollen wir einen kurzen Blick auf die norwegischen Alkoholprodukte werfen. Das ist schnell getan. Wir produzieren Bier, etwas Schnaps und ein wenig Fruchtwein. An erster Stelle aber Bier.

Das Bier

In Norwegen gilt für Bier das Reinheitsgebot. Der Bierexperte Michael Jackson (nicht der Musiker) hat das norwegische Bier folgendermaßen beschrieben: »Es ist herzhaft, frisch und mit einem offenkundigen Malzgeschmack ... Aber die Auswahl ist begrenzt.« Das Bier ist in vier Steuerklassen eingeteilt. Die kleine Tabelle soll über das Wesentliche informieren.

Steuerklasse	% Alkohol	Typ
0	0 - 0,7	*Alkoholfreies Bier*
1	0,7 - 2,5	*Leichtbier*
2	2,5 - 4,75	*Bier, Bayrisches Bier, Spezialbier, Weihnachtsbier*
3	4,75 - 7,0	*»Gulløl«/Gold, Bockbier, Spezialbier, Weihnachtsbier*

Das Spezialbier ist in der Regel Pils, aber es kann sich dabei auch um Starkbiersorten handeln. Weihnachtsbier ist ein dunkles Bier, das zu Weihnachten gebraut und im Dezember und Januar verkauft wird, solange der Vorrat reicht. Die Bierpreise steigen sozusagen exponentiell zur Besteuerungsklasse. 1991 lagen die Abgaben an den Staat in diesen vier Klassen bei NOK 0,86, NOK 1,64, NOK 10,44 und NOK 18,05 pro Liter.

Der Aquavit

Das norwegische Produkt, das in der Welt am bekanntesten ist, ist Aquavit. Für die meisten steht Linieaquavit synonym für norwegischen Aquavit. Sein Name rührt daher, daß er in Sherryfässern zum Äquator und wieder zurückgeschippert wird. Aber es werden noch sechs andere Sorten Aquavit hergestellt, die alle ausgezeichnet schmecken, wenn Sie mich fragen, angefangen vom billigsten Løiten*** bis zum ziemlich teuren Gilde Non Plus Ultra. Norwegischer Aquavit zeichnet sich meist durch eine bräunliche Farbe und einen deutlichen Kümmelgeschmack aus. Er paßt hervorragend zu herzhaften und deftigen Schweine- und Hammelrippen und zu (gelaugtem) Stockfisch an Weihnachten. Norwegischer Aquavit ist eben nicht gern allein.

Abenteuer Biereinkauf

Selbst der Einkauf von Bier gestaltet sich hierzulande nicht immer einfach. Jede Gemeinde bestimmt, wann, wie und an wen Bier verkauft werden darf. Es gibt im großen und ganzen drei Möglichkeiten:
1. Es wird gar kein Bier in der Gemeinde verkauft. Das gilt für 23 der 448 Gemeinden.
2. Bier gibt es nur in besonderen »Bierhandlungen«.

Das Emblem von A/S Vinmonopolet ist ein stilisiertes »V«

3. Das köstliche Getränk wird in den Lebensmittelabteilungen der Geschäfte feilgeboten.

Auf jeden Fall darf Bier der Steuerklasse 3 nicht in Selbstbedienung verkauft werden - man erhält es daher an der Fleisch- oder Käsetheke. Manche Gemeinden überlegen übrigens, ob sie nicht auch den Verkauf von Limonaden begrenzen sollen, denn sie könnten ja zum Mischen verwendet werden ...

Ist man in einer bierlosen Gemeinde gelandet, muß man einen Kasten des kostbaren Getränks normalerweise eine Woche im voraus bestellen. Nicht früher und nicht später. Mit dieser Regelung soll natürlich der Konsum gesenkt werden. Die »Leidtragenden« sind die Touristen auf der Durchreise, die ihre Reserven verbraucht haben. Übrigens: Bierhandlungen liegen gern etwas abseits des Weges.

In »normalen« Gemeinden muß man den Unterschied zwischen den Öffnungszeiten des Geschäftes und des Bierverkaufs beachten. Schließt das Geschäft um 22.00 Uhr, kann es durchaus passieren, daß es schon ab 17.00 Uhr kein Bier mehr gibt. Ist der Verkauf geschlossen, helfen weder Gebete noch Bestechung. Unweigerlich verschwindet das Begehrte hinter einem einbruchsicheren Gitter. Merke: Erstens immer mit dem schlimmsten rechnen und zweitens - sonntags (fast) nie.

Auf zum »Pol«

Seit einigen Jahren gibt es sog. Leichtwein mit weniger als 2,5% Alkohol. Nach einer langen und gefühlsgeladenen Debatte hat man sich darauf einigen können, ihn in Lebensmittelgeschäften zu verkaufen.
Der Einkauf von normalem Wein, Likör und Spirituosen ist hingegen ausschließlich in den Verkaufsstellen des staatlichen Vinmonopols möglich. Etwa 100 Geschäfte, kurz »Pol« genannt, gibt es im ganzen Land. Diese staatlichen Verkaufsfilialen prahlen nicht mit ihrer Existenz. Man erkennt sie vielmehr an einem nüchternen Schild mit der Aufschrift »Vinmonopol«, an einem Rollgitter vor dem völlig leeren Schaufenster und an den Gardinen, die nach der Öffnungszeit zugezogen werden. Dann senkt sich auch das Gitter.

Nähert sich eines der alkoholischen Feste, erkennt man die Filialen schon von weitem: säuberlich gebildete Schlangen erwartungsvoller Kunden stehen davor. Ein gebieterischer Angestellter des »Pols« läßt die Wartenden in kleinen Gruppen in die Wärme treten. Wer als Ortsfremder das »Pol« sucht, kann sich gut an den unverkennbar anonymen, roten Plastiktaschen orientieren, auf denen das gelbe Zeichen des Vinmonopols leuchtet.

Wenn Sie hingefunden haben, überrascht die relativ große Auswahl. Eine liebevolle Preisliste informiert über die

Köstlichkeiten, die man in der Filiale erhält. Wenn es zu schwierig wird, sich zurechtzufinden, kann man auch die Verkäufer fragen. Sie sind in der Regel so unnorwegisch wie hilfsbereit und kennen sich bestens aus. Selbst wenn 15 Kunden in der Schlange stehen und es sieben weitere, gleichlange Schlangen im Geschäft gibt, nehmen sie sich die Zeit für eine zehnminütige Beratung des alten Mütterchens, welche Halbliterflasche Likör sie für die Jahresfeier des Nähvereins kaufen könnte.

Das war die Vorderseite der Medaille. Die Preise sind die Kehrseite. Für alle, die nicht aus Finnland oder Schweden kommen, muten sie exotisch an. Wein beginnt bei 45 Kronen, Aquavit bei 231 Kronen und Kognak bei 335 Kronen. Blickt man auf die Höchstpreise, kann man nur sagen, »the sky is the limit« - französischer Cognac liegt bei etwa 1.900 Kronen. Tröstlich, daß die Preise in allen Filialen gleich sind, so daß man nicht nach Sonderangeboten zu suchen braucht (gibt es sowieso nie!). Aber gesehen haben sollte man es einmal.

Das offizielle Angebot wird durch eine breite Heimproduktion an Spirituosen und Wein ergänzt. Selbstgebrannter basiert auf Zucker, Brothefe und Wasser; die Herstellung ist zwar strafbar, die Zutaten kann man jedoch in jedem Geschäft kaufen. Dieses Verfahren hat den Vorteil, daß das Produkt schon nach drei bis vier Wochen mit gewissen Zugeständnissen genießbar ist ...

Die Trinkkultur

Wo trinken die Norweger? Vor allem zu Hause. Das ist aber in diesem Zusammenhang weniger interessant. Selbstverständlich geht man auch aus, aber natürlich nicht so oft wie »auf dem Kontinent«. Es ist nämlich fast unerschwinglich. Meistens wird dann Bier oder Wein bestellt.

Hochprozentiges ist nicht überall zu bekommen, das hängt vom Schankrecht des Lokals ab. Ein Verstoß gegen das Schankrecht kann zu schnellem Lizenzentzug führen, dem in der Regel ein baldiger Konkurs folgt. Nicht erlaubt ist natürlich der Verkauf an Minderjährige (18 Jahre für Bier und Wein sowie 20 für Spirituosen), eine Altersdiskussion ohne Ausweis ist daher sinnlos.

Ein halber Liter Bier kostet im Restaurant 35 bis 40 Kronen. Früher gab es die Vorschrift, zum Getränk etwas zu verzehren. Als Alibi reichte schon ein Keks mit Wurst. Solche Bestimmungen sind inzwischen abgeschafft. Bei offenem Wein ist die Auswahl meist sehr begrenzt: nämlich zwischen rotem oder weißem. Das Angebot an internationalen Flaschenweinen ist reichhaltig, sie liegen preislich bei etwa 200 Kronen aufwärts pro Flasche.

All die Bestimmungen sollen dazu dienen, den Konsum einzuschränken. Aber denken Sie immer daran, daß die Schuld an dem ganzen ja nicht der Wirt trägt. *Wie* trinken die Norweger? Man sagt, daß wir dabei sind, eine kontinentale Trinkkultur zu entwickeln. Während wir früher dafür bekannt waren, entweder gar nichts zu trinken oder aber selten und dafür viel, sind wir heute dafür bekannt, entweder gar nichts zu trinken oder mäßig Wein und Bier (sogar mitten in der Woche) und viel dann, wenn es einen Anlaß gibt. Der Verkauf von Spirituosen geht jedenfalls zurück, während der Wein- und Bierkonsum steigt.

Es gibt viele, die gegen die Politik des Vinmonopols sind, aber noch ist nicht erkennbar, daß sich in absehbarer Zeit etwas ändert. Vielleicht ist es besser so. Wahrscheinlich müßten wir Norwegen für zehn Jahre schließen, wenn wir die kontinentalen Verkaufspraktiken für Alkohol bei uns einführten.

Zum Schluß noch eine kleine Warnung. Die Alkoholgrenze für das Führen von Motorfahrzeugen - Mopeds eingeschlossen - liegt bei 0,5 Promille. Kontrollen sind relativ häufig, und die Mühlen der Justiz mahlen unglaublich schnell bei »Promillefahrern« ohne festen Wohnsitz im Lande. Das Strafmaß ist einfach zu errechnen: drei Wochen Gefängnis oder eineinhalb Bruttomonatseinkommen Bußgeld.

So, nun eine gute Reise in Norwegen, genießen Sie die Natur und die hellen, lauen Sommernächte mit einem kühlen halben Liter norwegischem Pils und einem eiskalten Aquavit. Bier, Aquavit und Stockfisch oder gekochter Dorsch mit Rotwein passen auch gut zu einem funkelnden Nordlicht in einer knisternd kalten Winternacht. ●

Der Autor:

Harald Karlsen ist Norweger und arbeitet als Lehrer in Moss. Er hat schon mehrere Artikel für Reiseführer veröffentlicht.

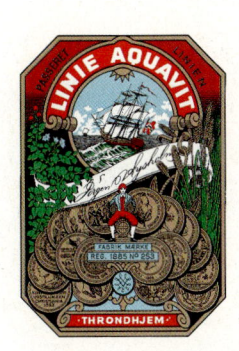

Ein Destillateur im Staatsdienst

Zentrallager von A/S Vinmonopolet in Oslo

Echter Linie Aquavit legt eine weite Reise zurück, bevor er gut gekühlt auf den Tisch kommt

Landschaft mit dem Auge des Malers betrachtet

Ein Thema des 19. Jahrhunderts

Von Stefanie Kamm

Vor fast 200 Jahren begannen Norwegens Maler »ihr« Land mit dem Pinsel und der Leinwand zu entdecken. Ihre Faszination durch die dramatische Landschaft spiegelt sich in ihren Werken wieder.

Zwei Jahreszahlen stehen in engem Zusammenhang mit dem nationalen »Erwachen« auf kulturellem Gebiet in Norwegen: 1814, das Jahr, in dem sich das Land eine eigene Verfassung gab, und 1905, als nach Jahrhunderten einer erzwungenen Union mit anderen Ländern die volle Unabhängigkeit zurückerlangt werden konnte. Bereits 1811 war in der Hauptstadt Christiania, dem heutigen Oslo, eine Universität gegründet worden, 1837 die Nationalgalerie. Hinter all diesen Entwicklungen stand eine bedeutende und reiche Volkskultur, die in einem selbstbewußten Bauerntum wurzelte und in alle Bereiche der Kunst hineinspielte.

Mit einem deutlich ausgeprägten Nationalcharakter behaftet, war sie im 19. Jahrhundert die Grundlage für die nationalromantische Bewegung in der Kunst. Dies schlug sich in der Malerei am eindringlichsten in den Darstellungen der norwegischen Landschaft nieder, der bereits im späten 18. Jahrhundert Symbolcharakter zugekommen war.

Die erste Generation

Der überraschende Aufbruch der malerischen Kräfte Norwegens beginnt mit dem Wirken des 1788 in Bergen geborenen *Johann Christian Dahl* (gestorben 1857). Von 1811 bis 1818 Schüler an der Akademie in Kopenhagen, lebte der mit Caspar David Friedrich befreundete Maler von 1818 bis zu seinem Tode in Dresden, wo er in den Jahren nach 1824 als Akademieprofessor tätig war. Dahl demonstrierte anschaulich, wie ein Künstler im Wesen Norweger bleiben konnte, während er im Ausland Karriere machte. Er besuchte seine Heimat häufig und bereiste das wilde Land, um Notizen und Studien für seine großen Gemälde anzufertigen, so daß durch ihn auch die norwegische Landschaft Berühmtheit erlangte. Darüber hinaus war er nicht unwesentlich an der Errichtung der Nationalgalerie und der Gründung von Kunstvereinen beteiligt. Dahl setzte sich aber auch für die Erhaltung alter Baudenkmäler, etwa der Stabkirchen, ein.

Die seit dem ausgehenden 18. Jahrhundert und während der Romantik weit verbreitete Thematik des Schiffbruchs wurde auch von Dahl mehrfach aufgegriffen, wobei es ihm weniger auf die Darstellung menschlicher Ohnmacht angesichts dramatischer Situationen ankam; er wollte vielmehr die Rettung aus der Katastrophe zeigen, wobei der Naturalismus der dargestellten Szenerien diese weit über das Reportagenhafte hinaushebt. Mit Caspar David Friedrichs Riesengebirgslandschaften der zwanziger Jahre läßt sich dagegen - zumindest vom Motiv her - eines von Dahls Hauptwerken vergleichen, das 1836 entstandene Bild »Blick vom Lyshornet«. Das Grandiose der fast unbegrenzt sich hinziehenden Gebirgsformationen mit aus den Tälern aufsteigenden Nebelschwaden, kraterartigen Seen und weitem, darüber ziehendem Gewölk scheint den natürlichen Gegebenheiten vollkommen zu entsprechen.

Nicht wenige jüngere Maler kamen von Norwegen nach Dresden, um bei Dahl zu studieren, beispielsweise Peder Balke, Jacob Calmeyer oder Thomas Fearnley.

Thomas Fearnley (1802-1842) gilt als der bedeutendste Nachfolger Dahls. Ähnlich wie dieser schildert er die Größe der Natur, wobei bei ihm oftmals ein weiteres romantisches Element hinzukommt, indem einzelne erregt-dramatische Partien besonders hervorgehoben werden. Der Gesinnung nach mehr Weltbürger als Dahl, schrieb er jenem einmal, er würde am liebsten in Italien sitzen und dort norwegische Landschaften schildern, »unsere rauhen und stürmischen Herbsttage malend, ohne nur im geringsten dadurch inkommodiert zu werden«.

Peder Balke (1804-1887) konzentrierte sich vor allem auf Küstenmotive aus dem nördlichen Norwegen und gab die düsteren, tief hängenden Wolkenmassen in einfachen, kurvigen Formen und die elementare schäumende Brandung des Eismeeres in monochromen Farbtönen wieder. Die norwegische Natur wird bei ihm ausschließlich von ihrer bedrohlichen Seite gezeigt, der Mensch erscheint höchstens am Rande als Staffagefigur.

Romantischer Realismus

Die folgende Malergeneration Norwegens ging zum Studium nicht mehr nach Dresden, sondern nach Düsseldorf, das inzwischen eines der führenden Kunstzentren Deutschlands geworden war. Hier pflegte man einen romantischen Realismus.

Die wichtigsten Künstler waren sicherlich Adolf Tidemand, Hans Gude, August Cappelen und Lars Hertervig.

Adolf Tidemand (1814-1876) widmete sich, von der üblichen Historienmalerei ausgehend, seit 1843 ausschließlich der Schilderung des norwegischen Bauernlebens, wobei seine besondere Stärke im Kompositorischen lag.

Thomas Fearnley:
Der Labrofoss bei Kongsberg (1837)
150,5 x 225 cm
Oslo, Nationalgalerie

August Cappelen: Sterbender Urwald (1852)
Öl auf Leinwand, 130 x 163 cm
Oslo, Nationalgalerie

Hans Gude:
Wildbach im
Hallingdal (1859)
Öl auf Leinwand
40,5 x 34 cm
Oslo, Nationalgalerie

Johan Christian Dahl:
Blick vom Lyshornet (1836)
Öl auf Leinwand, 41 x 50 cm
Oslo, Nationalgalerie

Hans Gude (1825-1903) folgte Dahls Vorbild und schuf sich in Deutschland eine Lebensgrundlage, was ihn jedoch nicht davon abhielt, sich häufig für längere Zeit in Norwegen aufzuhalten, um dort die Berglandschaft und später vor allem Fjordansichten auszuführen. Mehrere Generationen norwegischer Landschaftsmaler verdanken ihm ihre Ausbildung, da er über einen langen Zeitraum hinweg ein erfolgreicher Lehrer in Düsseldorf, Karlsruhe und Berlin gewesen war.

Die Bilder des früh verstorbenen *August Cappelen* (1827-1852) sind von echtem romantischen Erleben erfüllt. Seine dunklen »Waldinterieurs« mit ihren rauschenden Bächen und verkrümmten, abgestorbenen Bäumen fielen auf und brachten ihm in Düsseldorf wie in seiner Heimat beträchtliches Ansehen. Ebenso naturverbunden malte der größte norwegische Naturromantiker *Lars Hertervig* (1830-1902). Durch den Ausbruch einer Geisteskrankheit zur Rückkehr von Deutschland nach Stavanger gezwungen, schuf er dort in der künstlerischen Isolation Küsten-, Gebirgs- und Fjordlandschaften von großer Originalität, die sich in Malweise und Kolorit entscheidend von der damaligen Malerei unterschieden. Durch die Verwendung intensiver Blautöne und den Wechsel von scharf umrissenen und verschwommen-weichen Formen erlangten seine Gemälde einen traumartigen Charakter, der die Stimmung symbolistischer Malerei vom Ende des Jahrhunderts vorwegzunehmen schien.

Vom Realismus zum Impressionismus

In jener Düsseldorfer Zeit fand die erste Wachstumsperiode des norwegischen Malertums, die mit Dahl begonnen hatte, einen gewissen Abschluß. Zwar war es auch noch während der 1870er Jahre üblich, daß norwegische Maler sich in Deutschland ausbilden ließen, inzwischen jedoch in der Regel in München. Von dort aus ging man meist nach Paris, wo zu Beginn der 80er Jahre eine größere nordische Künstlerkolonie entstanden war. Da fast alle diese Künstler nach ihrer Ausbildung nach Norwegen zurückkehrten, entfaltete sich in der jungen, schnell expandierenden Hauptstadt Christiania bald ein reiches kulturelles Leben. Alljährlich fanden staatlich unterstützte Ausstellungen statt, und es gab bald Differenzen zwischen den Anhängern der »guten alten Zeit« einerseits, die noch in Tidemand und Gude künstlerische Idole sahen, und den Protagonisten der neuen, von Paris importierten Kunstrichtungen des Naturalismus, des Realismus und - zumindest auf literarischem Gebiet durch Erik Werenskiold und Andreas Aubert - des Impressionismus andererseits.

Man kann sagen, daß sich in diesen Jahrzehnten in der norwegischen Landschaftsmalerei der Übergang von der Romantik zum Realismus vollzog. Künstler wie Corot, Millet und Daubigny wurden die Vorbilder dieser Generation, zu deren führenden Köpfen auch Frits Thaulow, Christian Krohg, Gerhard Munthe, Theodor Kittelsen, Harriet Backer und Hans Heyerdahl zählten. Ihnen allen gemeinsam waren das Geburtsjahr im Zeitraum zwischen 1845 und 1857 sowie die solide deutsch-französische Ausbildung.

Wohl kein anderer nordischer Künstler hat die Freilichtmalerei Frankreichs mit ihrer offenen Malweise so konsequent übernommen wie *Frits Thaulow* (1847-1906), der das konservative Christiania mit dem Diktum »Lieber ein gut gemalter Pflasterstein in irgendeiner Straße als ein schlecht gemalter Napoleon auf St. Helena« verschreckte.

Ab 1883 leitete Thaulow zwei Jahre lang auf dem Lande bei Modum eine Schule für Freilichtmalerei, von seinen Zeitgenossen etwas doppeldeutig »Freiluftakademie« genannt. Auch der junge Edvard Munch zählte zu deren Schülern. In diesem Zusammenhang ist von besonderem Interesse, daß es bereits 1818 in Christiania eine »Kgl. norwegische Zeichen- und Kunstschule« gegeben hatte. 1859 konnte dann *J.F. Eckersberg* (1822-1870) als erster eine private Malschule begründen.

Schon 1881 war Thaulow maßgeblich an der Künstlerrevolte gegen den alles beherrschenden Konservatismus des Kunstvereins von Christiania beteiligt gewesen. Ein Ergebnis des »Aufstands« war die Einrichtung eines Herbstsalons, auch heute noch Norwegens bedeutendste, staatlich geförderte Jahresausstellung zeitgenössischer Kunst.

Zu den »Rädelsführern« der Revolte zählte auch *Erik Werenskiold* (1855-1938), der gemeinsam mit *Gerhard Munthe* (1849-1929) den Standpunkt vertrat, daß der Naturalismus zu einer nationalen Kunst führen müsse. Sie argumentierten, daß die Künstler nach ihrem Studium im Ausland die neuerworbenen Fähigkeiten dazu einsetzen sollten, ihr eigenes Land zu schildern, das ihnen vertraut war und das sie liebten. Werenskiold führte in seinen ernsten und unsentimentalen Darstellungen der ländlichen Bevölkerung bei ihrer Arbeit und in der Natur die Bauernschilderung Tidemands weiter, jedoch ohne jede romantische Aufmachung, mit scharfer Beobachtung individueller Züge und oft mit einem feinen lyrischen Ton. Munthe dagegen schuf wirklichkeitsnahe und malerische Ansichten der freundlicheren Regionen Norwegens vom Hochgebirge bis zum Meeresstrand.

Im Werk von *Theodor Kittelsen* (1857-1914) schließlich verbinden sich poetische Phantasie, Naturmystik und Humor. Wichtig war ihm vor allem die enge Beziehung zwischen der norwegischen Landschaft und dem Aberglauben im Volk. Er faßte in seinen Bildern die Natur als Nährboden für die übernatürlichen Wesen der Folklore und Mythologie auf.

»So viel die norwegischen Maler des 19. Jahrhunderts außer Landes waren«, schrieb Eduard Gudenrath 1943, »sie haben Norwegen nie aus den Augen verloren. Sie wollten eine norwegische Malerei hervorbringen, und darum waren sie beseelt von dem Willen, in der Darstellung der eigenen Welt sich selbst zu finden. Es hat also seinen guten Sinn, wenn man die norwegischen Maler vor allem in solchen Bildern, die sie von Norwegen gemalt haben, zu erkennen sucht. Und wiederum wird man in der norwegischen Malerei mehr sehen als nur ihre malerische Bedeutung, nämlich ein Bild Norwegens, erlebt aus norwegischem Geist und norwegischer Lebensempfindung.« ●

Erik Werenskiold:
Hirtenkinder (1883)
Öl auf Leinwand, 59 x 65 cm
Oslo, Nationalgalerie

Die Autorin:

Dr. Stefanie Kamm studierte Kunstgeschichte in München, Frankfurt/M. und Amsterdam. Sie beschäftigte sich in ihrer Magisterarbeit und Dissertation mit dem Münchner Maler und Akademieprofessor Wilhelm von Diez (1839-1907), ihr Spezialgebiet ist die Malerei des 19. Jahrhunderts.
Stefanie Kamm arbeitet freiberuflich als Kunsthistorikerin in München.

Johan Fredrik Eckersberg:
Gletscherlandschaft (1851)
Öl auf Leinwand
56 x 76,5 cm
Oslo, Nationalgalerie

Frits Thaulow:
Straße in Kragerø (1882)
58 x 79 cm
Oslo, Nationalgalerie

Gerhard Munthe: Eggedal (1888)
Öl auf Leinwand, 94 x 71 cm
Oslo, Nationalgalerie

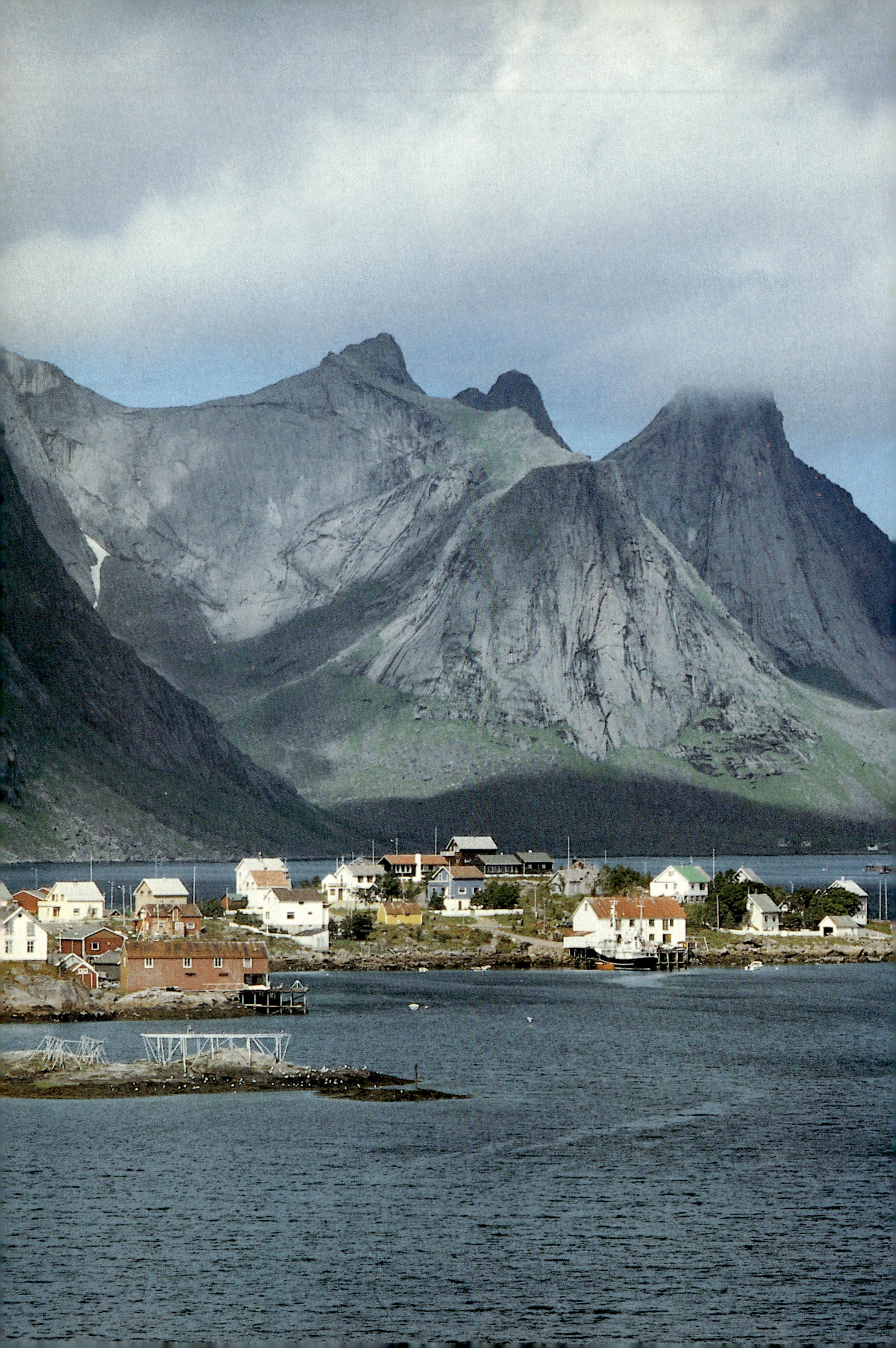

Die Lofoten sind das Ziel - Fischerdorf Reine auf Moskenesøya

Mit dem Fahrrad auf die Lofoten

Von Alexander Geh

Einmal dem Alltagstrott für längere Zeit den Rücken kehren: Natur anstatt Großstadtbeton, Weite und Einsamkeit anstatt dichter Besiedlung. Acht Wochen mit dem Fahrrad durch Norwegen reisen - ein Traum ging in Erfüllung.

Ich habe mir die Monate Mai und Juni ausgesucht, weil ich miterleben möchte, wenn die warme Jahreszeit die kalte ablöst, wenn die Tage ständig länger werden. Ob die Vorbereitung ausreichend war? Da ich die asphaltierten Hauptverkehrswege so weit wie möglich meiden will, entschied ich mich für ein stabiles Fahrrad, eine Mischung aus Tourenrad und Mountain bike. Packtaschen regenfest, Zelt und Schlafsack kältetauglich, Kocher windgeprüft, Klamotten für alle Wetterlagen - ich glaube, bei der Zusammenstellung kam mir zugute, daß ich Norwegen nicht zum ersten Mal besuche. Nur die 250 Trainingskilometer erscheinen mir etwas zu knapp.

Sonnenschein und Wärme empfangen mich, als ich Anfang Mai mit der Fähre in Oslo eintreffe. In den ersten Tagen hole ich mir sofort einen Sonnenbrand. Nur nachts wird es frisch, wobei es selbst hier, fast tausend Kilometer südlich des Polarkreises, gar nicht mehr richtig dunkel wird. Mein Weg führt nordwärts durch Ostnorwegen. Die braunen Ackerflächen werden gerade bestellt, sie zeugen davon, daß der Winter noch nicht allzu lange zurückliegt.

Wo der Mensch sich nicht breitgemacht hat, dominieren Wälder und Seen in der überraschend hügeligen Landschaft. Von einem geruhsamen Einradeln, so wie ich es mir vorgestellt hatte, kann keine Rede sein. Und der Wind kommt bekanntlich immer von vorn. Dem Wetter ständig ausgesetzt sein, anhalten können, wo einem danach ist, mehr Alternativen in der Wahl des Übernachtungsplatzes - der Kontakt zur Natur ist durch die langsamere Fortbewegung mit dem Rad unmittelbarer als während jedes Autourlaubs. Die Autofahrer zeigen sich gegenüber Radfahrern übrigens meist rücksichtsvoll. Mit zunehmender Straßenbreite nimmt die Vorsicht allerdings rapide ab.

Am sechsten Tag der Reise verschwindet die leichte Kleidung in den Packtaschen. Bei Temperaturen um 5 °C erreiche ich den 660 m hoch gelegenen See Femunden, an dessen Ufer noch Eisschollen treiben. Zwischen Femunden und schwedischer Grenze liegt der Gutulia-Nationalpark. Dort will ich zwei Nächte in einer Schutzhütte bleiben, die am oberen Ende einer verlassenen Alm steht.

Der Weg ist beschwerlich. Auf der Straße am Femund-Ostufer überraschen mich ein kräftiger Gegenwind mit Hagel- und Schneeschauern. Zuletzt sind noch 45 Minuten auf einem Wanderweg am Gutuli-See zurückzulegen. Ich lasse das Fahrrad und einen Teil meiner Ausrüstung in einem Holzverschlag zurück und trage das restliche Gepäck durch Schnee und Matsch, über Holzbohlen und umgelegte Baumstämme.

Mit der schweren Last verdoppelt sich die Gehzeit. Endlich liegt die Alm vor mir. Die Schutzhütte ist leer. Ich mache Feuer im Kamin und bereite mir ein aufwendiges Mahl als Ausgleich für die Strapazen. Draußen ist es bitterkalt.

In der folgenden Zeit lege ich lange Tagesetappen zurück. Es zieht mich unwiderstehlich gen Norden. Zum Eintreffen der Mitternachtssonne will ich auf den Lofoten sein. In Snåsa, 150 km nordöstlich von Trondheim, nehme ich den Zug nach Bodø, wo ich auf die »Kong Olav« umsteige, ein älteres Schiff der Postschiffverbindung Hurtigruten.

Vier Stunden später ist es soweit: Die »Kong Olav« nähert sich den Lofoten. Doch vom Archipel ist nicht viel zu sehen. Dunkle Wolken hängen tief über dem Meer. Vereinzelt bahnen sich Sonnenstrahlen ihren Weg durch das Grau, erhellen die Wasseroberfläche und sorgen so für ein imposantes Lichtspiel. Die Stimme im Lautsprecher kündigt 5 °C an. Als dann auch noch dicke Schneeflocken gegen das Schiff klatschen, denke ich: »Jetzt beginnt dein Abenteuer.«

In Stamsund verlasse ich das Schiff. Im Windschatten einer Werkshalle verpacke ich mich wetterfest und breche auf. Die Straße führt an steil aufragenden Felswänden entlang. Die Gipfel sind in einen undurchdringlichen Wolkenmantel gehüllt; das dunkle Grau und Braun wirkt beinahe unheimlich. Der Wind tut ein übriges. Je nach Fahrtrichtung muß ich mir jeden Meter erkämpfen. An einer Stelle zwingen mich Fallböen, abzusteigen und mit dem Rad zwischen den Beinen langsam vorwärtszutippeln. An diesem Abend bin ich froh, mich dem Schutz eines Campingplatzes anvertrauen zu können.

Die Wolken bleiben mir erhalten. Schnee- und Regenschauer wechseln

Auf den Vesterålen

Auf den Lofoten kann man besser radeln, als die dramatische Kulisse vermuten läßt

sich ab. Immerhin ohne Dauerregen, jedoch mit einer Temperatur von maximal 7 °C, setze ich meine Reise unverdrossen fort. Die Natur, diese Verbindung von Meer und Gebirge, belohnt alle Mühen. Die teilweise 1.200 m hohen, direkt aus dem Wasser aufragenden Berge sind ein unvergleichliches Schauspiel: unten glattgeschliffen von der Kraft des Eises, die Gipfel häufig zackig und wild.

Die Lofoten setzen sich aus fünf großen und vielen kleinen Inseln zusammen. Wo früher zahllose Fähren verkehrten, haben heute Brücken ihre Funktion übernommen. An der Meerenge Nappstraumen wurde 1990 die letzte Fährverbindung zwischen zwei der Hauptinseln eingestellt. Seitdem unterquert ein 1,8 km langer Tunnel das Wasser. Das beleuchtete und belüftete Bauwerk verfügt sogar über einen Bürgersteig für Radfahrer und Fußgänger, ein Komfort, den ich zu schätzen weiß. Zum Glück herrscht nicht viel Verkehr.

Die Straße 19 ist durchweg in gutem Zustand. Doch reizvoller, weil stiller, zeigen sich die kleinen Stichstraßen, z.T. ohne feste Fahrbahndecke, die in den Fischersiedlungen an der Küste enden. Dort hängen Zehntausende von Fischen, meist Kabeljau, paarweise zusammengebunden an den Trockengestellen. Nach vielen Jahren karger Ausbeute liegt diesmal eine gute Saison hinter den Fischern, wie mir ein Einheimischer bescheinigt.

Doch mit den Kabeljauschwärmen zu Jahresbeginn begnügt man sich nicht mehr. Große, runde Käfige in Buchten und Fjorden weisen auf die Aquakultur hin, ein etwas verklärender Begriff für die Zucht von Lachsen. Selbst an Land wird der Fisch mittlerweile in Bottichen gezüchtet. Als mich einmal die Neugier übermannt, ignoriere ich das ohnehin verblichene Verbotsschild und luge in einen dieser Bottiche. Eng an eng verharren die Lachse regungslos in ihrem Gefängnis. Ich verspüre kein gutes Gefühl.

Am vierten Tag meiner Lofoten-Reise bricht endlich der Himmel auf. Ich befinde mich mittlerweile auf Moskenesøya, der südlichsten der fünf Hauptinseln. Die Fischerorte Hamnøy und Reine liegen zu Füßen gewaltiger Bergketten und geben das wohl faszinierendste Panorama auf dem Archipel ab. Nur mühsam haben die Menschen hier Platz für ihre Häuser gefunden. In Å, der südlichsten Lofotensiedlung, lege ich einen Ruhetag ein. Die Berge setzen sich noch einige Kilometer Richtung Süden fort, doch das Gelände eignet sich bestenfalls für Bergsteiger. Der wolkenlose Himmel ermöglicht einen weiten Blick über den Vestfjord auf das norwegische Festland und auf die Vogelinsel Værøy im Süden. Doch zum Tagträumen ist leider nicht die Zeit: Speichen nachziehen, Bremsen neu einstellen, Kette ölen, Klamotten waschen - das Wetter bestimmt meinen Tagesablauf. Noch in der Nacht kehren die dunklen Wolken zurück. Der Regen wird ausgiebiger, erweist sich als ständiger Begleiter auf dem Weg zum anderen Ende der Lofoten. Erst als ich nach zwei Wochen auf den Lofoten und der nördlich gelegenen Inselgruppe der Vesterålen das Schnellboot nach Bodø besteige, lichten sich die Wolken endgültig.

Die Fahrt durch enge Fjorde an den schneebedeckten Gipfeln vorbei empfinde ich als kleine »Entschädigung« und gleichzeitig als Einladung wiederzukommen. In Bodø überraschen mich 17 °C. Die fast verblühten Tulpen in den Blumenkästen am Kai bilden einen eindrucksvollen Kontrast zu den letzten beiden kalten Wochen.

Die nächsten Tage fahre ich auf der Straße 17 südwärts. Der Beiname »Küstenstraße« scheint mir übertrieben, denn meistens verhindern Berge oder vorgelagerte Inseln den Ausblick aufs Meer. Insgesamt sieben Fähren sind in Anspruch zu nehmen. Am besten, weil wild und ursprünglich, gefällt mir der erste Abschnitt von Løding nach Ørnes. Ab Sandnessjøen wird die Landschaft flacher, runder; Besiedlung und Landwirtschaft nehmen zu. Mir bereitet das Zurück in eher zivilisierte Regionen Schwierigkeiten. Ich habe es schätzen gelernt, in freier Natur zu übernachten, in Stille zu essen, mich mit dem von den Bergen herabfallenden Wasser zu versorgen.

Diese absolute Ruhe finde ich erst in den Gebirgspassagen wieder, die ich südlich von Trondheim unternehme: in den Gebirgstälern rund um Sunndalsøra, bei Abstechern nach Rondane und Jotunheimen und während der Überquerung der Hochebene Hardangervidda auf dem alten Transportweg aus der Zeit des Eisenbahnbaus. Diese Abschnitte beanspruchen Rad und Durchhaltevermögen: kilometerlange Steigungen auf unbefestigten, mit Kies und Schotter bedeckten Wegen, teils unbeleuchtete Tunnel, die aufgrund der holprigen Fahrbahndecke zu Abenteuern werden. Aber gerade diese Anstrengungen und Abenteuer bilden, trotz vorübergehender Stimmungstiefs, die Höhepunkte der Reise.

In der letzten Woche, die ich im Lærdal am Sognefjord und auf der Hardangervidda verbringe, fällt kein Tropfen Regen mehr, und die Temperaturen erreichen 25 °C - Tendenz steigend.

Als ich mich Anfang Juli auf die Heimreise begebe, liegen 3.970 km hinter mir. Wichtiger als diese Zahl erscheinen mir die Erfahrungen, die ich teilweise geschildert habe. Sollte ich noch einmal allein Urlaub in Norwegen machen - nur mit dem Fahrrad. ●

Der Autor:
Alexander Geh lebt als freier Autor und Redakteur in Offenbach/Main. Reiseliteratur, Sportsoziologie sowie Film und Fernsehen sind seine bevorzugten Arbeitsbereiche. Da er Hitze verabscheut, fühlt sich in Nordeuropa am wohlsten. 1992 erscheint der Bericht über seine Fahrradreise als Buch bei Frederking & Thaler.

Lista fyr an der Südküste

Kavringen fyr an der Hafeneinfahrt nach Oslo

Ein Licht für die Schiffahrt

Leuchttürme und Küstenschutz

Von Fridtjof Fredriksen

Norwegen hat eine lange und außergewöhnlich zerklüftete Küste, an der auch der größte Teil der Bevölkerung lebt. So ist es kein Wunder, daß im Land der Fjorde die Küstenschiffahrt schon immer eine ausgesprochen wichtige Verkehrsader war und somit der Markierung bzw. der Sicherung der Küste größte Bedeutung zukam.

Die Idee eines »beleuchteten« Küstenschutzes mittels großer Leuchtfeuer ist nicht neu: Schon aus der Zeit um 900 v.Chr. stammen Berichte über solche Leuchtfeuer, die in Libyen und Ägypten die Sicherheit der Seefahrer deutlich verbesserten. Mit der Unterhaltung und Beaufsichtigung dieser Feuer waren übrigens Priester betraut. Aber auch die Römer unterhielten an den Küsten ihres Reiches relativ viele Leuchtfeuer.

1655: Der erste Leuchtturm

Bis zum organisierten Ausbau von Leuchtfeuern in Norwegen verging eine lange Zeit. Seinen ersten Leuchtturm bekam das Land 1655 in Lindesnes, dem südlichsten Punkt auf dem norwegischen Festland. Nach nur einjährigem Betrieb wurde das Feuer aber wieder gelöscht und erst 1725, diesmal zusammen mit dem in der Nähe befindlichen Leuchtfeuer von Markøy, wieder entzündet. Inzwischen waren allerdings schon drei neue Leuchtfeuer eingerichtet worden, nämlich 1696 Færder im Oslofjord und vier Jahre später Kvitsøy und Høgevarde in Rogaland.

Die ersten Leuchttürme wurden von Privatpersonen unterhalten, die durch königliche Privilegien das Recht erhalten hatten, für den Bau und den Betrieb des Leuchtfeuers von den vorbeifahrenden Schiffen eine festgesetzte Abgabe zu kassieren. Diese Privilegien wurden aber allmählich aufgehoben und vom Staat übernommen. Das letzte Sonderrecht galt für Kvitsøy und wurde 1815 aufgehoben.

107

Aufschwung nach 1814

Bis zum Jahr 1814, als Norwegen von Dänemark unabhängig wurde, hatte man nur wenige neue Leuchtfeuer errichtet, so daß ganze zehn Anlagen in Betrieb waren: fünf Küstenfeuer und fünf sogenannte Hafen- oder Leitfeuer. Erst nach 1814 kam dank einer Reihe von Organisationsänderungen Bewegung in Planung und Arbeit der staatlichen »Verwaltung für das Leuchtfeuerwesen«. So wurde 1821 mit dem Fulehuk-Leuchtfeuer im äußeren Oslofjord das erste Leuchtfeuer in Betrieb genommen, das ganz unter der Leitung einer norwegischen Behörde geplant, genehmigt und errichtet worden war.

Der nächste Schritt auf dem Weg zu einem verläßlichen Küstenschutzsystem war 1828 die Ernennung der ersten Leuchtfeuer-Kommission, der durch königliche Verfügung der Auftrag erteilt wurde, einen Plan zum Bau von Leuchttürmen und -feuern zu entwerfen. Da in den darauffolgenden Jahren weitere Kommissionen und Ausschüsse ins Leben gerufen wurden, kam es bald zu einem einheitlichen und kontinuierlichen Ausbau entlang der Küste. Als Folge wurden nun jährlich mehrere Leuchtfeuer an Norwegens Küste errichtet.

Nur zuverlässige Leuchtfeuer garantieren sicheren Schiffsverkehr

Die besagten Kommissionen setzten sich hauptsächlich aus Marineoffizieren, Oberlotsen und Kapitänen zusammen. Sie befragten die ortskundigen Bewohner der jeweiligen Region zu den Fahrwasserverhältnissen, so daß der Aufbau eines Küstenschutzsystems entsprechend den Forderungen und Wünschen der seefahrenden Bevölkerung durchgeführt wurde. Die Verantwortung für alle Angelegenheiten des Leuchtfeuerwesens war bis zum Jahr 1841 auf mehrere Ministerien und Kollegien verteilt. Schon lange hegten aber viele Verantwortliche den Wunsch, ein eigenes Amt für das Leuchtfeuerwesen einzurichten. Und so geschah es dann auch 1841, wiederum kraft einer königlichen Resolution. 140 Jahre lang sollte diese Organisationsform praktisch unverändert Bestand haben.

Heute werden alle Angelegenheiten der Küstenbefeuerung von der zentralen Wasser- und Schiffahrtsverwaltung betreut (»Kystverket« heißt sie auf norwegisch), die dem Fischereiministerium unterstellt ist.

Seit dem Bau des ersten Leuchtfeuers in Lindesnes sind an der norwegischen Küste 203 Leuchttürme in Betrieb genommen worden; dazu kommen noch 4.000 kleinere Leuchtfeuer, Laternen und Leuchtbojen sowie rund 15.000 landfeste und schwimmende Markierungen ohne Beleuchtung. Diese stattliche Zahl technischer Sicherungssysteme macht Norwegen zu einer der größten »Leuchtfeuer-Nationen« der Welt, obwohl Anfang 1991 nur noch 111 Leuchttürme in Betrieb waren.

Im Gegensatz zur nüchternen Leuchtturmatmosphäre an deutschen Küsten findet man in Norwegen durchaus noch etwas von der rauhen Romantik eines Leuchtturmwärterdaseins. Immerhin 47 Stationen sind noch besetzt, auch wenn sie wie alle anderen automatisch betrieben werden. Da die betreffenden Leuchtturmwärter noch andere wichtige Aufgaben in ihrer Umgebung wahrnehmen, wird die Besetzung eines Teils der Leuchttürme noch eine ganze Reihe von Jahren beibehalten werden.

Bautypen und Technik

Die ersten Leuchtfeuer bestanden aus Feuerkesseln, die auf weit sichtbaren Bergspitzen und Erhebungen postiert wurden. Brennstoff für diese Feuer war die Kohle. Der erste richtige Leuchtturm wurde 1799 auf Kap Lindesnes errichtet: ein kleines, einfaches Bauwerk aus gehauenem Stein, dessen Grundfläche sechs mal sechs Meter betrug, das auch sechs Meter hoch war und zwei Etagen hatte. Der uns heute geläufige Baytypus der Leuchttürme wurde erst später entwickelt, allerdings baute man auch die ersten größeren Turmanlagen noch aus Naturstein. Diese waren sehr solide und sind auch heute noch in Betrieb. Vier klassisch gemauerte Türme mußten wegen Feuchtigkeits- und Frostschäden abgerissen und durch gußeiserne ersetzt werden.

Der erste gußeiserne Turm in Norwegen wurde 1854 auf Egerøy errichtet, er steht heute noch. Diesen gußeisernen Bautyp hatten die Engländer entwickelt, die ihn im wesentlichen in ihren Kolonien verwendeten: zum einen, weil man ihn leichter zusammensetzen konnte, zum anderen, weil er sehr haltbar und billig im Unterhalt war. Soweit man weiß, wurde der erste Turm der Welt aus Gußeisen 1841 auf Jamaika errichtet. Der größte gußeiserne Turm in Norwegen ist Færder fyr, der 1857 errichtet wurde, vom Boden bis zur Galerie 34,5 Meter mißt und 173 Treppenstufen zählt.

Wie schon erwähnt, waren die ersten Lichtquellen offene Kohlenfeuer. Einige Anlagen wurden aber auch mit Talg oder Tranöl befeuert. Eine Verbesserung der Lichtverhältnisse brachte in den 1870er Jahren die Einführung von Parafin als Brennmittel, das zu einer wesentlich größeren Lichtstärke führte. Heute werden alle Leuchtfeuer mittels Netzstrom und/oder eigenem Stromaggregat elektrisch betrieben.

Da die ersten Leuchttürme keine Lichtverstärkung hatten, so wie man sie heute kennt, ist klar, daß die Reichweite der damaligen Leuchtfeuer sehr begrenzt war. Später nahm man dann verschiedene Typen von Reflektoren in Gebrauch, um die Reichweite zu verbessern. Heute sind alle Leuchttürme in norwegischen Gewässern mit sogenannten Fresnel-Linsen ausgestattet, die dafür sorgen, daß die Kraft des Lichts je nach Linsentyp im Verhältnis zur eigentlichen Lichtquelle um bis zu mehrere hundert mal verstärkt wird.

Einzelne Leuchtfeuer bzw. -türme ziehen Jahr für Jahr viele Touristen an. Prinzipiell können in Norwegen alle besetzten Leuchttürme besucht werden, doch auf Grund ihrer Lage und des meist schwierigen Hinkommens ist diese Möglichkeit in der Praxis stark eingeschränkt. Der meistbesuchte Leuchtturm ist übrigens Lindesnes, nicht nur der älteste Turm des Landes, sondern auch am südlichsten Punkt des norwegischen Festlandes liegend und über eine Fahrstraße direkt zu erreichen.

Bedeutung der Leuchttürme

Die großen Küstenfeuer sollen soweit wie möglich vor der Küste gesehen werden können, damit das Schiff rechtzeitig vor Erreichen der küstennahen Gewässer die eigene Position bestimmen kann. Die kleineren Hafen- und Leitfeuer sichern die Einfahrt und leiten die Schiffe bei ihrer Fahrt durch die schärenreichen Gewässer. Am wichtigsten sind dabei immer die Leuchtfeuer, die rund um die Uhr zur Navigation gebraucht werden.

Die Bedeutung der großen Leuchtfeuer für die Sicherung des Schiffsverkehrs wird in Zukunft allerdings abnehmen, da die elektronischen Navigationshilfen immer sicherer und zuverlässiger werden. Was die Leitfeuer und die ca. 2000 abgeschirmten Leuchtfeuer entlang der Küste anbetrifft, so ist man zur Zeit der Meinung, daß sie auch in Zukunft ein wichtiger Faktor für eine sichere Navigation in den schären- und inselreichen Küstengewässern sein werden. •

Der Autor:
Fridtjof Fredriksen ist nautischer Referent in der zentralen Wasser- und Schiffahrtsverwaltung.

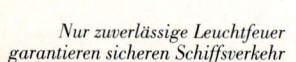

In schwierigen Gewässern ist der Kapitän immer selbst auf der Brücke

Auch Freizeitkapitäne sind auf Leuchtfeuer angewiesen (bei Stavern)

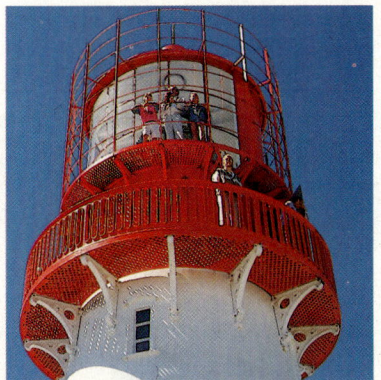

Kap Lindesnes strahlt 33 Kilometer weit

Auf Karmøy steht der älteste erhaltene Leuchtturm des Landes

Urlaub auf der Leuchtturminsel Ein Tip für diejenigen, die einmal abseits von Straßen und bekannten Reisezielen ausspannen möchten: Der Interessenverein Bragdøya kystlag hat sich die Pflege des 114 Jahre alten Leuchtturms Grønningen fyr in der Einfahrt nach Kristiansand zur Aufgabe gemacht. In den Sommermonaten wohnt immer eine »Wirtsfamilie« auf der ansonsten unbewohnten Leuchtturminsel. 30 Betten stehen bereit (ca. NOK 50,- pro Nacht), einen Schlafsack muß man allerdings selbst mitbringen - und sich selbst verpflegen, denn ein Leuchtturmwärterhaus ist kein Hotel. Aber zum nächsten Laden ist es nur eine halbe Stunde mit dem Boot. Komfort gibt es hier also nicht, dafür ein solides Plumpsklo. Und freie Sicht und immer frischen Wind. Angeln, baden, schauen, träumen, all das kann man auf der kleinen Leuchtturminsel - und bei Nebel tutet das Nebelhorn ... Wer Lust hat, sich bei der Instandhaltung körperlich etwas zu betätigen, ist sicherlich noch herzlicher willkommen.
Weitere Auskünfte erhalten Sie bei den Kontaktpersonen (alle in N-4600 Kristiansand):
Guri Paulsen, Skippergata 88, Tel. 0047-(0)42-24929 pr. oder 27040 Büro;
Sigbjørn Ubostad, Odins gt. 13, Tel. 0047-(0)42-96167 pr. oder 72000 Büro;
Tom Andresen, Artillerivollen 44, Tel. 0047-(0)42-22469.

»Mord am Fjord«

Norwegische Kriminalromane

Im Jahr 1991 wurde das 150jährige Jubiläum der internationalen Kriminalliteratur gefeiert. In Norwegen beging der »Riverton-Klub« das Jubiläum mit einem zweitägigen Krimi-Seminar und der Verleihung der »Goldenen Pistole«, des Literaturpreises des Vereins. 1991 erhielt der in Hamburg ansässige norwegische Autor Ingvar Ambjørnsen den Preis. Er wurde für seinen Roman *Den mekaniske kvinnen* mit dem Detektiv Viktor von Falk geehrt.

Von Lasse Morten Johannesen

Edgar Allan Poes »Mord in der Rue Morgue« (1841) gilt heute als der Anfang der internationalen Kriminalliteratur. Aber auch vor 1841 wurden schon Krimis geschrieben, auch in Norwegen. Schon 1840 gab Mauritz Christopher Hansen den Roman *Mordet på maskinbygger Roolfsen (Mord an Maschinenbauer Roolfsen)* heraus, mit einem der ersten Polizeiermittler der Weltliteratur. Inzwischen hat Norwegen schon viele gute Krimiautoren hervorgebracht, die zum Teil ins Deutsche übersetzt sind.

Krimis gibt es viele, und die Abgrenzung ist schwer. Innerhalb des Genres unterscheidet man zwischen klassischen Krimis (z.B. August Dupin oder Sherlock Holmes), eher »hartgesottenen« Helden wie »Mike Hammer«, Polizeigruppen (z.B. die Helden der schwedischen Krimiautoren Sjöwall/Wahlöö), Agentenromanen (James Bond), Polit-Thrillern usw. Norwegische Krimis sind vom Strickmuster her meist Varianten der klassischen Kategorie, in den letzten Jahrzehnten kann man aber einen Schwenk zu den »hartgesottenen« Helden beobachten.

Stein Riverton/Sven Elvestad

Der Riverton-Klub trägt seinen Namen zu Ehren des Autors Stein Riverton. Dies war aber nur eines der Pseudonyme des sehr produktiven Sven Elvestad (1884-1934). Elvestad war zwischen dem Ersten und dem Zweiten Weltkrieg schon einmal sehr populär in Deutschland, geriet dann aber wieder in Vergessenheit. Inzwischen scheint eine Renaissance einzusetzen.

Sein bekanntestes Buch ist wohl *Jernvognen* (1909, dt. *Der eiserne Wagen*, Heyne 1988), das sich nicht nur literarisch hervorhebt, sondern auch seinen Platz in der internationalen Kriminalliteratur hat. Hier erlebt man erstmals, daß der Erzähler des Buches auch der Mörder ist. Agatha Christie hat dieses Stilmittel später auch benutzt.

Weiter liegt auf deutsch vor *Manden som vilde plyndre Kristiania* (1915; dt. *Der Mann, der die Stadt plünderte*, Heyne 1987). Es ist die Geschichte des Meisterdetetives Asbjørn Krag, der mit Hilfe seines überlegenen, messerscharfen Verstandes und seiner Originalität den Drahtzieher hinter dem gigantischen Verbrechen entlarvt, die Oberklasse der norwegischen Hauptstadt auszuplündern (Oslo hieß von 1624 bis 1924 Kristiania).

Bernhard Borge

Auch Bernhard Borge ist ein Pseudonym. Dahinter verbirgt sich der Schriftsteller und Übersetzer André Bjerke, der u.a. die norwegische Übersetzung von Goethes »Faust« geschaffen hat. Borge wendet bei seinem Detektivhelden Kai Bugge ähnliche Kniffe an, wie wir sie aus den Sherlock Holmes-Romanen kennen: Der Leser wird möglichst lange im unklaren gelassen. Neu bei der Figur Kai Bugge sind die psychoanalytischen Fähigkeiten, mit deren Hilfe er den Verbrecher stellt. Bugge verachtet die Arbeitsmethoden traditioneller Detektive. Im Roman *Nattmennesket* (1941, dt. *Nachtmensch*, Ullstein 1959) stellt Kai Bugge fest, daß die Ganoven in den traditionellen Krimis meist farblose und durchsichtige Charaktere seien. Er dagegen versetzt sich in die Psyche der Verdächtigen und erforscht sie nach Art der Freudianer bis in die wichtigen Kindheitsjahre zurück.

Bernhard Borge, der als Autor der Bücher steht, nimmt auch an der Handlung teil. Borge schreibt nieder, was passiert, während Kai Bugge analysiert. Bugge hält Borge dabei ironischerweise für einen sehr mittelmäßigen Autor, der nur Massenware produziert. Außer im Roman *Nachtmensch* können deutsche Leser Kai Bugge in *De dødes tjern* (1942, dt. *Tod im Blausee*, Ullstein 1959) wiederfinden.

Unter eigenem Namen schrieb André Bjerke später Krimis, die oft vom Übernatürlichen und Unerklärlichen geprägt waren, und durchbrach damit die Tradition, daß alle Verbrechen aufgeklärt werden können und erklärbar sind. In seinem 1947 erschienenen Roman *Døde menn går i land* (1947; dt. *Tote Männer gehen an Land*, Ullstein 1959) und auch in anderen Krimis werden Wiedergänger, Telepatie, Okkultismus und andere Phänomene thematisiert.

Gunnar Staalesen

Eine neue »Krimi-Welle« gab es in Norwegen in den siebziger und achtziger Jahren. Viele von ihnen wurden - im Gegensatz zu früheren norwegischen Krimis - ins Deutsche übersetzt. Vier Namen sind hier vor allem zu nennen: Gunnar Staalesen, Kim Småge, Jon Michelet und Ingvar Ambjørnsen.

Gunnar Staalesens Anti-Held heißt Varg Veum. Wie in den meisten Krimis üblich, ist auch er ein Outsider, doch etwas »braver« als seine amerikanischen Kollegen. Varg Veum hat eine tragische Rolle, was auch sein Name symbolhaft widerspiegelt. (Varg bedeutet Wolf und kann auf die Einsamkeit des Detektivs und seine Rolle als Jäger hinweisen, Veum steht für rastlos, schafft aber auch Assoziationen zu Schmerz.)

Im Gegensatz zum traditionellen Krimi hat Veum keine Vergangenheit als Polizist, sondern war Sozialarbeiter. Sein Umfeld ist das westnorwegische Stadtmilieu, hauptsächlich das von Bergen. In *Kvinnen i kjøleskapet* (*Die Frau im Kühlschrank*, Butt 1989) ist allerdings die Ölstadt Stavanger Tatort der Verbrechen.

Staalesen ist nicht nur wegen seines metaphernreichen Stils berühmt geworden, auch diejenigen, die komplizierte Intrigen mit überraschenden, aber doch logischen Auflösungen erwarten, werden von ihm nicht enttäuscht. Ganz zeitgemäß rückt Varg Veum übrigens in Staalesens neuestem Roman der Umweltkriminalität zu Leibe. Auf deutsch erhältlich: *Im Dunkeln sind alle Wölfe grau* und *Das Haus mit der grünen Tür* (beide bei Butt, 1987 und 1990).

Kim Småge

Die norwegische Küste ist teils auch Handlungsort der Bücher Kim Småges. Sie ist eine der ganz wenigen Frauen, die sich als Krimi-Schreiberinnen in Norwegen einen Namen gemacht haben, und wurde dafür mit dem Riverton-Preis ausgezeichnet. In *Nattdykk* (»Nachttauchen«, demnächst auch auf deutsch) spielt die Handlung im Tauchermilieu, in *Kainan* (*Die weißen Handschuhe*, Argument 1991) in einem fast ebenso verschlossenen Milieu, nämlich unter den Freimaurern.

Jon Michelet

Ville Thygesen ist die Hauptperson in Jon Michelets Krimibüchern. Der leicht alkoholisierte Thygesen ist Jurist und ehemaliger Polizist. Er ist mit der Unterwelt Oslos ebenso vertraut wie Varg Veum mit der Bergens, und er ist weiß Gott nicht Mutters bestes Kind.

Ein gutes Beispiel dafür ist die Einleitung zu *Hvit som snø* (*Weiß wie Schnee*, Rowohlt 1986). Nach einer ordentlichen Zechtour wacht Thygesen auf, und seine ersten Gedanken kreisen darum, ob er die Frau, mit der er offenbar in der vergangenen Nacht das Bett geteilt hat, auch vergewaltigt hat. An diesem Morgen findet Thygesen eine Leiche in seinem Bad, und damit beginnt seine Arbeit, die Fäden in einer Mordsache zu entwirrren, die ihn in Oslos Unterwelt mit Rauschgiftsüchtigen, Hehlern und einer bunten Palette von Kriminellen zusammenbringt. Man ahnt auch, daß diese Fäden in den höheren Gesellschaftskreisen zusammenlaufen.

Ein andermal operiert Thygesen in New York, wo er in die Nachforschungen über einen alten Mordfall hineingezogen wird (*Den gule djevelens by*; dt. *In letzter Sekunde*, S. Fischer 1990).

Neben den eher traditionellen Kriminalfällen beschäftigt sich Michelet mit dem politischen Spiel, d.h. den Verbrechen der Supermächte. Das betrifft u.a. den Thygesen-Roman *Mellom barken og veden* (*Zwischen Hammer und Amboß*, Rowohlt 1986) und den Thriller *Orions belte* (*Der Gürtel des Orion*, S. Fischer 1990), der auf Svalbard spielt und auch zu einem der größten norwegischen Kinoerfolge unserer Tage geworden ist.

Ingvar Ambjørnsen

Nur die Filmversion von Ingvar Ambjørnsens *Døden på Oslo S* (*Endstation*, Sauerländer 1989) hat Michelets Erfolg noch übertroffen. Hauptpersonen sind hier die Jugendlichen Peter und der »Prof«, die Fälle lösen, in denen es um Drogen und Kinderprostitution geht. Die Popularität des Buches unter jungen (und älteren) Lesern beruht zum einen stark auf Ambjørnsens originellem, aber natürlichem mündlichem Erzählstil und zum anderen darauf, daß er auf eine spannende Art Probleme aufgreift, die moderne Jugendliche beschäftigen.

Von den fünf Büchern über die beiden Amateurdetektive sind zwei weitere ins Deutsche übersetzt (*Die Riesen fallen* und *Giftige Lügen*, Sauerländer 1988 und 1990). Sie beschäftigen sich u.a. mit Neonazismus und Umweltkriminalität.

Für Erwachsene hat Ambjørnsen mehrere Kriminal- und andere spannende Romane geschrieben, von denen der jüngste, *Den mekaniske kvinnen* (*Die mechanische Frau*, Edition Nautilus 1991), das Zeug hat, sein populärster unter deutschen Lesern werden. Der Held, Victor von Falk, hat sein Revier in Hamburg, und zwar vor allem im Stadtteil St. Georg. Sein Büro liegt nur einen Steinwurf vom Hauptbahnhof entfernt, so daß er seine Fälle im Sex- und Drogenmilieu direkt vor der Tür findet.

Detektiv von Falk bekommt einen Auftrag von einer Prostituierten, die sich in St. Georg neu niedergelassen hat - eine Prostituierte mit Beinprotesen. Dieser Auftrag erweist sich in verschiedener Hinsicht als äußerst ungewöhnlich.

Mit *Die mechanische Frau* ist die 150jährige Tradition der internationalen Kriminalliteratur durch eine gelungene norwegische Variante bereichert worden. ●

Der Autor:

Lasse M. Johannesen war 1986-88 Lektor für Norwegisch an der Universität Hamburg. Anschließend unterrichtete er norwegische Sprache, Literatur und Geschichte an verschiedenen Institutionen, bevor er 1990 an die Universität Oslo wechselte.

Gunnar Staalesen

Kim Småge

Jon Michelet

Ingvar Ambjørnsen

Heia Norge! We are the champions ...

Lillehammer - kein Zwischenbericht

Norweger kommen bekanntlich mit Skiern unter den Füßen zur Welt, außerdem können sie auf eine Vergangenheit zurückblicken, die eng mit Fliegenpilzen verknüpft ist. Warum? - Von den Wikingern weiß man, daß sie nach dem Genuß dieser Pilze zu Berserkern wurden. Und außerdem liefen sie noch Ski.

Von Gunn und Jan Gravdal

Ansonsten sind die Norweger vor allem als besonnene Menschen bekannt, die entweder in ihrem Häuschen sitzen oder Wanderungen unternehmen. Wandern ist Volkssport, alle nehmen teil, ganz gleich, ob ihre Gesundheit es zuläßt oder nicht.
Sobald der Winter kommt, finden die Wanderungen dann mit den untergeschnallten Brettern statt. Über Ostern zum Beispiel ist eine mehrtägige Skiwanderung für Norweger ein absolutes Muß. Bewaffnet mit riesigen Rucksäcken brechen sie auf und graben sich bei schlechtem Wetter im Schnee ein, bis Hilfsmannschaften kommen - oder das Wetter besser wird.
Falls das Wetter gut ist, ziehen sie so weit, bis sie eine der Übernachtungshütten erreichen. Sie schlafen auf dem Boden inmitten hundert fremder Menschen, stehen früh um sechs wieder auf, stellen sich bei 25 Grad Frost vor dem Außenklo in die Schlange, schnallen die Bretter wieder unter, und los geht's bis zum nächsten Abend in der nächsten Hütte. Alles ganz friedlich.

Die Bermudas sind besser

Das einzige, was einen heutigen Norweger zum Berserker werden läßt, ist eine olympische Goldmedaille. Bisher hat Norwegen 92 solcher Goldmedaillen errungen, 54 bei den Winterspielen, 38 bei den Sommerspielen. Hierüber wurden dann umfangreiche statistische Berechnungen angestellt, und heraus kam, daß Norwegen im Verhältnis zur Bevölkerungszahl als zweitbeste Sportnation abschneidet. Nur die Bermuda-Inseln sind besser! Gott allein weiß, wie diese Statistik zustande kam.
Interessant auch, daß Menschen aus schierer Begeisterung über das olympische Gold schon mal ihre Radios aus dem 3. Stock werfen. Während eines 5.000-Meter-Eisschnellaufes sinkt die nationale Produktion auf knapp die Hälfte, und als Hjalmar Andersen - für uns der berühmteste Norweger der Welt - während der Osloer Olympiade 1952 seine dritte Eisschnellauf-Goldmedaille gewann, erntete er Beifallsstürme, von denen ein Pavarotti auch heute nur träumen kann.
Von den damaligen Siegen Andersens erzählen sich die Norweger heute noch, denn in einem so kleinen Land sind Helden unsterblich. Und ein Olympiasieger ist ein Held. Punktum.

We are the champions

Am schlimmsten wird es während der Winterspiele. Wir schlagen uns gern an die Brust und verkünden, daß wir es sind, die den anderen im Winter zeigen, wo es lang geht.
Wenn uns jemand besiegt, ein paar Schweden oder ein oder zwei Russen, dann nur, weil sie mehr Geld haben, viel mehr trainieren oder möglicherweise gedopt sind.
Die ersten Winterspiele fanden 1924 in Chamonix statt. Traditionsbewußt zählte Norwegen zu den Gegnern der Winter-Olympiade: Es handelte sich ja um etwas Neues. Auch später sind die Norweger gegen alles Neue zu Felde gezogen, besonders im Skisport. Diese Einstellung ist gar nicht so son-

derbar. Mit dem Althergebrachten haben wir gute Erfahrungen gemacht. Immerhin haben wir früher Jahr für Jahr als beste Skination abgeschnitten. Wir hatten den oben erwähnten Hjalmar Andersen, außerdem Birger Ruud, den Skispringer, der 1936 zudem den Abfahrtslauf gewann. Wir hatten Ivar Ballangrud und Hallgeir Brenden und Knut Johannesen und Bjørg Eva Jensen - alles Goldmedaillengewinner. Alle haben gemeinsam, daß sie außerhalb der norwegischen Grenzen gleichermaßen unbekannt sind.

Statistik und Wahnsinn

Der Skisport, das heißt die nordische Version desselben, ist ein nationales Symbol. Langlauf und Skispringen besitzen in etwa den gleichen Stellenwert wie die Königsfamilie, die Nationalflagge und geräuchertes Lammfleisch. Das Holmenkollen Skifestival bietet jedes Jahr im März die reinste Orgie aus Nebel, bunten Rucksäcken, Thermoskannen mit zweifelhaftem Inhalt - und Spitzensport. Ganze Gesangsvereine oder Musikkorps kann man dann kilometerweit im Wald antreffen. Die Veranstaltung selbst ist ein einziges großes Frühlingserwachen, und man applaudiert allen Teilnehmern, ganz gleich, woher sie kommen. Sogar Schweden können hier zu einer gewissen Popularität gelangen.

Höchstens der Schlittschuhlauf übt eine noch größere Faszination auf die Menschen aus. Dieser Sport findet nämlich für die meisten im heimischen Wohnzimmer statt. Gebannt sitzt ein Großteil der Bevölkerung mit Formularen vor Radio oder Fernseher und notiert Rundenzeiten, Punktsummen und Gewinnchancen. Niemand - nicht einmal die Niederländer - weiß so viel über diesen merkwürdigen Sport, der hauptsächlich darin besteht, daß trikotgekleidete Menschen die Arme auf dem Rücken verschränken.

In norwegischen Buchhandlungen werden dann jedes Jahr Statistiken über den Schlittschuhsport feilgeboten. Wir haben es aufgegeben, anderen zu erklären, was das Ganze bedeuten soll.

Zur Sache

Während die Olympiaanlagen in der Region um Lillehammer zum Himmel aufstreben, sitzt Ola Nordmann im Biergarten und genießt sein kühles Pils. Für die Einwohner der Olympiastadt steht die Olympiade längst nicht mehr uneingeschränkt im Mittelpunkt. Sie haben sich daran gewöhnt, mit dem Rummel zu leben. Aber unter der Oberfläche brodeln die Erwartungen und Vorbereitungen auf das, was von den Norwegern als größte Sportveranstaltung der Geschichte angesehen wird - die XVII. Olympischen Winterspiele 1994.

Seit Lillehammer den Zuspruch für 1994 erhalten hat, taucht das Thema fast täglich in den Zeitungen auf. Jede Krone, die die Olympia-Arrangeure verbrauchen, wird vom gesamten norwegischen Volk genauestens überwacht. Gleichzeitig mit dem Ausbau in der Olympiastadt sinkt aber auch die positive Stimmung in der Region. Während 1990 noch zwei Drittel aller Bürger Lillehammers den Olympiaplänen begeistert gegenüberstanden, sind es heute nur noch rund 50%. Der Rest verhält sich eher zweifelnd oder negativ. Nicht sehr verwunderlich, bedenkt man, daß jetzt Baggerlärm und Staub, Streitigkeiten und Finanzdiskussionen in der Olympiaregion auf der Tagesordnung stehen.

Gleichzeitig steigt aber das Interesse im übrigen Land. Ein Viertel der gut vier Millionen Einwohner gab 1991 an, im Februar 1994 in Lillehammer dabei sein zu wollen. Das sind zehnmal mehr Menschen als vom Veranstalter ursprünglich geplant.

Was kommt auf uns zu?

Nichts wird Norwegen und Lillehammer daran hindern können, die beste Winterolympiade aller Zeiten durchzuführen. Der Umweltschutz steht auf der Prioritätenliste ganz oben. Soweit machbar, sollen die Spiele in Lillehammer ein internationaler Vorreiter in Sachen Umweltschutz werden. Die Olympiaanlagen sollen im Einklang mit der norwegischen Natur entstehen, und auch das Olympiasymbol greift typisch norwegische Materialien auf - Schneekristalle, Steine und Hölzer.

Die Veranstalter in Lillehammer denken keineswegs daran, die Winterspiele 1994 in Pomp und Pracht abzuhalten. Man möchte vielmehr die norwegische Lebensart, den Menschen in der Natur, die Schönheit und die Einfachheit hervorheben. Die norwegischen Zuschauer sind ja dafür bekannt, daß sie alle Sportler anfeuern, unabhängig von der Nationalität. Die Tribünen werden sich nicht leeren, bevor der letzte das Ziel erreicht hat. Die Olympiade in Lillehammer soll ein Volks- und Sportfest werden, das durch die Nähe von Athleten und Zuschauern geprägt ist. Und täglich wird es Aktivitäten und Unterhaltungsprogramme geben.

Heimspiel und die Kosten

Natürlich ist es teuer, solche Olympischen Spiele auszurichten. Wir tun es aber trotzdem. Die Kosten für die Olympiade 1994 in Lillehammer steigen langsam, aber stetig an, man rechnet mittlerweile mit 9 Milliarden Kronen. Zweierlei Hoffnungen verbinden sich mit Olympia: Die eine - seien wir ehrlich - ist, auf heimischem Boden möglichst viele Goldmedaillen einzuheimsen, besonders im alpinen Skisport. Die andere Hoffnung ist, daß Norwegen im Verlauf von zwei Wochen weltberühmt wird. Es ist sehr wichtig, weltberühmt zu sein, und so etwas kommt natürlich nicht von selbst. Vielleicht helfen da viele Goldmedaillen und gutes Wetter ...

Außerdem bietet Norwegen die schönste Landschaft der Welt. Das ist keine Übertreibung. Und nach den Spielen bleiben uns - besonders den Menschen in Lillehammer - viele schöne Anlagen für die Zukunft erhalten. Einige können wir gebrauchen, andere weniger. Das Interesse ist auf jeden Fall groß. In allen Landesteilen haben die Norweger jetzt damit begonnen, ihre Stammbücher zu durchforsten, um Verwandte ausfindig zu machen, bei denen sie

... und hier kommen die Champions von morgen

während der Olympiade wohnen können. Ferienpläne werden umgearbeitet - Touren in den Süden sind für Februar 1994 wenig gefragt, denn dann geht die Reise mit Zelt und Lunchpaket nach Lillehammer. Das nationale Anliegen geht vor!

Eine ganze Nation wird im Urlaub sein. Alle Schulkinder in der Umgebung von Lillehammer erhalten zwei Wochen frei, und die großen Betriebe machen Werksferien.

Wir werden der Welt mal wieder im eigenen Land zeigen, wo es im Winter lang geht. Das kann dann auch ruhig einmal 9 Milliarden Kronen kosten ... ●

Die Autoren:

Gunn Gravdal ist Journalistin, seit drei Jahren bei der Tageszeitung Aftenposten. Für ihre Zeitung verfolgt sie (mit Blick auf 1994) die Entwicklung in und um Lillehammer. Auch ihr Vater Jan Gravdal ist Journalist, dazu ein begeisterter Sportfan, der sämtliche Ergebnisse seit der Olympiade 1952 auswendig weiß.

Stabkirche in Borgund

Das Innere der Stabkirche in Fantoft

» Der Fremde, der diese Kirchen zum ersten Male sieht, fühlt sich fast unheimlich berührt, und ohne den Schatz trefflicher Konstruktionen und edler Ornamentik, der sich in den dunklen Bauwerken verbirgt, zu ahnen, wird er durch den märchenhaften Anblick ergriffen, und während der eine chinesische Tempel und indische Pagoden als Urbild dieser Kirchen wähnt, und ein anderer von spielenden Bizarrerieen der Kindheit des Menschengeschlechts träumt, setzt die Phantasie eines dritten sie unwillkürlich mit der wilden Natur, die sie umgibt, mit den Abstürzen und Tiefen, mit den Zinnen und Felsenhöhlen der Bergnatur in Verbindung. «

Stabkirchen - hölzerne Zeugen einer alten Zeit

Von Gert Imbeck

Wir sind es heute gewöhnt, die Dinge nüchterner zu betrachten. Trotzdem steckt in den pathetischen Worten des norwegischen Kunsthistorikers Lorentz Dietrichson, die er vor gut 100 Jahren veröffentlichte, immer noch viel Wahrheit. So mancher, der zum ersten Mal eine Stabkirche sieht, fühlt sich wirklich an eine Pagode erinnert.

Treten wir einmal durch die schmale Tür, die sich bedächtig geöffnet hat, in den halbdunklen Kirchenraum. Es riecht nach einer unnachahmlichen Mischung aus Holz und Teer. Wenn nicht einige Lampen für etwas Licht sorgen würden, wäre es nahezu dunkel. Der Blick richtet sich unwillkürlich nach oben. Hoch ragen die hölzernen Säulen des Innenraums auf, durch einige kleine runde Fenster fällt noch Licht. Wie hoch mögen die Säulen sein?

Wir befinden uns in der Fantoft Stabkirche in Bergen. Eigentlich heißt sie ja Fortun Kirche, denn sie stammt ursprünglich aus dem kleinen Ort Fortun am letzten Zipfel des Lustrafjords, eines Ausläufers des Sognefjords. Als sie abgerissen werden sollte, kaufte der Bergenser Kaufmann Gade sie 1884 und ließ sie auf seinem Anwesen Fantoft im alten Stil wiederaufbauen.

Während wir uns still in eine Bankreihe setzen und den Eindruck in Ruhe auf uns wirken lassen, drängen sich Fragen auf. Aus welcher Zeit stammt die Kirche? Wann wurde Norwegen christianisiert? Wie lebten die Menschen, die sich damals diese Kirche bauten?

Ein neuer Gott am Götterhimmel

Die Fantoft Kirche wurde wahrscheinlich um 1200 gebaut (genau weiß man es nicht), als das Christentum in Norwegen weithin Fuß gefaßt hatte. Die Christianisierung des Landes begann schon 200 bis 300 Jahre vorher. Sie hängt eng mit den Versuchen

Olav der Heilige

zusammen, das Land zu einem Reich unter der Herrschaft eines Königs zu einigen.

Nach wenig erfolgreichen Bemühungen seiner Vorgänger schien es König Olav Haraldsson - den man später den Heiligen nannte - kurz nach der Jahrtausendwende zu gelingen, die Reichseinigung herbeizuführen und zu festigen. Olav hatte durch Raubzüge im Ausland viel Reichtum erworben, ließ sich dann taufen und kam um 1015 nach Norwegen zurück. Schnell konnte er die mächtigen norwegischen Kleinkönige nacheinander besiegen.

In seinem Gefolge waren auch Missionare, die für die Ausbreitung des christlichen Glaubens sorgen sollten. Schon in den vorangegangenen hundert Jahren hatte das Christentum hier und da Anhänger gefunden, zuletzt durch die Bekehrungsversuche König Olav Tryggvasons (995-1000), kirchliche Institutionen gab es aber noch nicht. Die meisten Wikinger glaubten noch an ihre alten Götter: Odin, Thor, Frigg, Frøya und viele andere. Außerdem wußte sich jede Sippe in der Hand von Schutzgeistern, die wie die großen Götter durch Opfer geehrt werden mußten. Die Christen durften ihren Gott ehren, wenn sie nur nicht versuchten, die Menschen in ihrer Umgebung von den alten Göttern abzubringen.

Unter König Olav Haraldsson wurde das radikal anders. Er zwang die besiegten Kleinkönige und Sippenführer einen nach dem anderen, sich taufen zu lassen und den alten Göttern abzuschwören. Wachsende Königsmacht und beginnender Einfluß der neuen Religion gehörten eng zusammen. Olav zerstörte die heidnischen Opferstätten und »bewies« dadurch, daß keine Rache vom Himmel fuhr, daß sein Gott stärker war als die vielen anderen Götter. Wer sich widersetzte, mußte fliehen oder wurde getötet; seine Besitzungen wurden konfisziert und an königstreue Leute gegeben, die als Vögte Steuern einzogen und strategisch verteilte Königshöfe unterhielten.

Eine »Kathedrale aus Holz« - die Stabkirche von Heddal

Die unterworfenen Führer (Großbauern, Fürsten) waren schon bisher für die Kulthandlungen verantwortlich gewesen. Nun mußten sie sich verpflichten, für den Bau von Kirchen zu sorgen und für die neuen Priester aufzukommen, die nach und nach ausgebildet und in alle Teile des Landes geschickt wurden.

Und wie der Herr, so's Gescherr! Familie, Gefolgsleute, abhängige Pachtbauern und Sklaven folgten dem Vorbild und ließen sich taufen. Damit war natürlich noch nicht das christliche Gedankengut von Nächsten- und Feindesliebe, ewigem Leben nach dem Tode u.ä. in den Köpfen verankert. Das geschah nur sehr allmählich. Für die stolzen Wikinger, bei denen noch die Blutrache galt und Kampfbereitschaft, Ehre und Mannesmut zählten, hat sicherlich nicht der leidende Christus im Vordergrund gestanden. Man kann aber annehmen, daß andere Seiten der Christusfigur, etwa der triumphierende Weltenherrscher, der den Tod besiegte, gut akzeptiert werden konnten. Frühe Kruzifixe unterstützen das, indem sie Christus nicht leidend, sondern wie einen siegenden König mit erhobenem Haupt und einer Königskrone zeigen. Auch in der Fantoft Kirche sehen wir ein solches mittelalterliches Kruzifix.

Der neue Glaube

Für die Menschen veränderte sich zunächst nicht viel. Statt des alten Festes der Wintersonnenwende zum Beispiel wurde nun Weihnachten gefeiert und das Festbier eben dem neuen Gott geweiht. Allerdings war bei Bußandrohung das Arbeiten am Sonntag verboten, und die Fastentage, vor allem 40 Tage vor Ostern, mußten eingehalten werden. Das Hauptnahrungsmittel, die Grütze, durfte aber immer gekocht werden, denn »sie ist so heilig, für sie braucht man keine Buße zu zahlen«, wie es in einem alten Gesetz heißt.

Trotz strenger Strafandrohungen wird so mancher auch seinen alten Göttern weiter geopfert haben, und auch andere Traditionen, wie die Blutrache, verschwanden nur langsam. Wir müssen uns den Übergang wohl fließend vorstellen.

Im 11. Jahrhundert gab es noch keine norwegischen Priester, sie kamen aus Dänemark, England und Deutschland. Ihre Ausbildung war oft mangelhaft, ein bißchen Latein und ein paar Kenntnisse in den sakramentalen Handlungen. Sie waren in der Bevölkerung wenig angesehen, wurden oft verprügelt oder gar totgeschlagen, wenn man mit ihnen unzufrieden war. Es wundert nicht, daß das Zölibat im gesamten Mittelalter kaum durchgesetzt werden konnte. Gerade die Heirat des Priester verankerte ihn in der örtlichen Gemeinschaft, machte ihn ebenbürtig und verschaffte ihm Ansehen.

Das Leben im Mittelalter war einfach und hart. Altes Bauernhaus im Setesdal.

Portal der Kirche von Hedalen

Mit dem Zehnten, der Kirchensteuer, bekam die Kirche bald nach 1100 regelmäßige Einnahmen, von denen ein Teil zum Kirchenbau verwendet wurde. 1152 wurde Norwegen eine eigene Kirchenprovinz (Erzbistum) mit Trondheim, dem damaligen Nidaros, als Zentrum. Der neue Glaube hatte Fuß gefaßt, und eine kirchliche Organisation entstand.

Die ersten Kirchen

Die älteste erhaltene Kirche des Landes steht wohl in Moster. Der romanische Bau soll von Olav Tryggvason errichtet worden sein - und er ist aus Stein. Die überwiegende Zahl der frühen Kirchen aber war aus Holz. Mit diesem Baumaterial waren die Norweger seit alters her vertraut, und es war in unbegrenzter Menge verfügbar. Übrigens hat es hölzerne Kirchen überall in Europa nördlich der Alpen gegeben, sie waren keine norwegische Besonderheit.

Von den frühesten Holzkirchen ist allerdings keine erhalten geblieben. Den Grund dafür haben Archäologen ermittelt: Die ersten Holzkirchen hatten Pfosten und zum Teil auch Wände, die in den Boden eingegraben waren - sie verrotteten schnell.

Erst eine geniale Weiterentwicklung schuf hier Abhilfe, und ihr verdanken wir, daß wir heute in einer Kirche wie der in Fantoft sitzen können. Die Baumeister hatten offenbar erkannt, daß sie das Holz vor der Feuchtigkeit des Bodens schützen mußten. Also stellten sie das ganze Bauwerk auf einen Schwellenrahmen aus dicken Bohlen, der auf einem Steinfundament ruhte. Hoch aufragende Säulen tragen das Spitzdach mit seinen hölzernen Schindeln. Die Säulen wurden ebenso »stav«, d.h. Stab, genannt wie die dicken, aufrecht gestellten Planken, aus denen die Wände bestehen. Das Holz wurde nach einem Verfahren konserviert, das wir heute nicht mehr kennen, und von außen geteert. Kein einziger Eisennagel, nur Holznägel wurden für die Konstruktion verwandt. Fenster gab es ebensowenig wie die Kirchenbänke, auf denen wir hier in der Fantoft Kirche sitzen. Die Gemeinde mußte während des Gottesdienstes stehen, nur für die Alten und Gebrechlichen waren entlang der Wände Bänke aufgestellt.

Man kann sich die düstere und zugleich geheimnisvolle Atmosphäre gut vorstellen. Die Luft war stickig und roch nach den Ausdünstungen der Menschen. An der Stirnwand oder im Chor zelebrierte der Priester die Messe. Niemand verstand sein Latein, und nur wenn er die Bibel in einer kurzen Predigt auslegte, konnten die Leute ihm folgen. Nur bei ihm gab es etwas Kerzenlicht, das für die Menschen den Satz aus dem Johannisevangelium versinnbildlichte: »Ich bin das Licht der Welt ...«

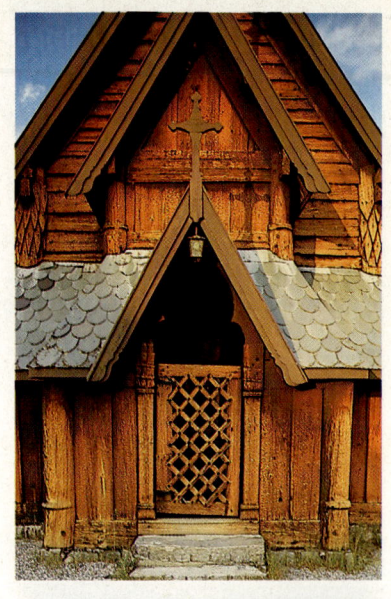

Die Kirche aus Gol steht heute im Norwegischen Volksmuseum in Oslo

Bauformen der Stabkirchen

Wir unterscheiden zwischen zwei Entwicklungstypen. Die *Säulenstabkirche* ist wohl das Bauwerk, das die meisten Norwegenreisenden mit dem Begriff Stabkirche verbinden. Freistehende Säulen - in Kaupanger und Lom sind es 20, hier in Fantoft 14 - ragen bis zu neun Meter auf und tragen

- Dachsparrenkonstruktion
- Lichtöffnung
- Balkenzange zur Stabilisierung
- Andreaskreuz
- tragende Säule ("Stav")
- Außenwand des Kirchenraumes
- Laubengang
- Wandschwelle
- Grundschwelle

Schematische Darstellung einer Säulenstabkirche

das spitze Hauptdach. Die Wandplanken stehen auf einem äußeren Schwellenrahmen und tragen ein weiteres, halbhohes Dach. Außen um das Gebäude läuft oft noch ein Umgang (»svalgang«) mit einem weiteren, niedrigen Dach. Hier traf man sich vor und nach dem Kirchgang und tauschte Neuigkeiten aus.

Der äußere Eindruck ist von den verschiedenen Stufen des Daches geprägt. Das hoch aufragende Mitteldach wird oft durch einen Dachreiter nochmals erhöht. Drachenköpfe verzieren die Firste. Sie sollten vermutlich die bösen Geister, von denen es im Volksglauben noch wimmelte, fernhalten. Vielfach gab es kunstvolles Schnitzwerk um die Eingangsportale herum.

Bei der *Wandstabkirche* sind die tragenden Säulen an den vier Ecken des Kirchenraumes plaziert, manchmal auch zusätzlich in den Längswänden. Beispiele für diesen Typ sind die Kirchen von Holtålen (heute im Volksmuseum in Trondheim) und Eidsborg. Als Variation ist es anzusehen, wenn sich im Kirchenraum noch eine freistehende Mittelsäule befindet, die entscheidende Tragfunktion für das Dach hat (Nore und Uvdal).

Trotz vieler gemeinsamer Merkmale besitzt jede der erhaltenen Kirchen ihren eigenen Charakter. Viele von ihnen machen durch einen Superlativ von sich reden. Urnes gilt als die älteste, ihre berühmten filigranen Schnitzereien an der Nordseite haben nicht nur einer ganzen Stilrichtung den Namen gegeben, sie stammen schon aus einer Vorgängerkirche, wahrscheinlich aus der Mitte des 11. Jahrhunderts. Kaupanger besitzt das längste Kirchenschiff, Borgund ist am ursprünglichsten aus dem Mittelalter erhalten und diente z.B. bei der Restaurierung der Kirchen in Fantoft und Hopperstad als Vorbild, weil diese im Laufe der Jahrhunderte stark verändert worden waren. Heddal besitzt das größte Kirchenschiff und die reichste Gliederung, hier kann man mit Recht von einer »Kathedrale aus Holz« sprechen.

Damals und heute

Man schätzt, daß von den 1.200 bis 1.500 Kirchen, die es etwa um das Jahr 1300 in Norwegen gegeben hat, ca. 800 bis 1.000 Stabkirchen waren. Heute sind es nur noch knapp 30. Warum nur noch so wenige?

Die Kirchen im Mittelalter waren zahlreich, aber klein. Als die Pest um 1350 etwa die Hälfte der Bevölkerung (ca. 200.000 Menschen) dahinraffte, starben ganze Dörfer aus, und die Gebäude verfielen. Die Kunst des Stabkirchenbaus geriet in Vergessenheit, und als die Gemeinden wieder wuchsen, bauten sie sich lieber neue, größere in Blockbauweise. Hier und da wurde auch eine Stabkirche umgebaut, in Kreuzform erweitert, dem Geschmack der Zeit angepaßt. Häufiger wurde einfach abgerissen. Denkmalpflege, wie wir sie heute kennen, war noch unbekannt, und man hätte sie sich auch nicht leisten können. Allein im 18. Jahrhundert wurden weit über 100 Stabkirchen abgerissen oder brannten ab, im 19. Jahrhundert noch einmal etwa 70.

Zum Glück entstand mit dem wachsenden Nationalbewußtsein im letzten Jahrhundert auch der Wunsch, so viele Stabkirchen wie möglich zu erhalten. Die meisten blieben an ihrem Platz, aber am Anfang stand paradoxerweise ein Ausverkauf: Der norwegische Maler Johan Christian Dahl erkannte als einer der ersten den kulturhistorischen Wert dieser ehrwürdigen Bauwerke. Um die Kirche von Vang zu retten, verkaufte er sie 1841 dem preußischen König Friedrich Wilhelm IV., der sie einer Gemeinde im schlesischen Brückenberg schenkte. Dort - der Ort heißt jetzt Bierutowice und liegt in Polen - steht sie noch heute.

Die Kirche aus Gol kam auf Initiative König Oscars II. 1885 nach Oslo, wo sie heute im Norwegischen Volksmuseum steht. Die Kirche aus Garmo ließ Anders Sandvig 1920 im Freilichtmuseum Maihaugen in Lillehammer wiederaufbauen.

Blinzelnd treten wir aus der Fantoft Kirche wieder ins Freie und müssen daran denken, daß auch sie ursprünglich einmal an einem anderen Ort gestanden hat. Wenn hoffentlich nie der Blitz in sie einschlägt, wird sie noch vielen Generationen für Hochzeiten, Gottesdienste oder einfach zum Nachdenken dienen. ●

Der Autor:
Gert Imbeck hat in Kiel Skandinavistik studiert. Sein Interesse galt in erster Linie Norwegen und den Norwegern. Zahlreiche Aufenthalte im Land und mehrere Buchübersetzungen (u.a. Knut Hamsun) dokumentieren das. Seit Frühjahr 1989 leitet er die NORDIS Redaktion.

Die Kirche von Urnes ist die älteste im Land. Wahrscheinlich war hier auch schon ein heidnischer Opferplatz.

Die Schnitzereien in Urnes sind über 950 Jahre alt

Bei jeder Kirche gibt es Informationsmaterial. Als Bücher sind zu empfehlen: Roar Hauglid, »Norwegische Stabkirchen«, Dreyers Forlag Oslo (ergiebig, aber in der Datierung umstritten) und Gunnar Bugge. »Die Stabkirchen in Norwegen«, Dreyers Forlag Oslo (architektonisch orientiert). Unerschöpfliche Fundgrube für Wissensdurstige: Claus Ahrens (Hrsg.), »Frühe Holzkirchen im nördlichen Europa«, Veröff. d. Helms-Museum Nr. 39, Hamburg 1981 Zur norwegischen Geschichte: John Midgaard, »Eine kurze Geschichte Norwegens«, (Tanum-Norli Oslo)

Ein bißchen Kleinstadt, ein bißchen Klondyke: die Hauptstadt Longyearbyen

Svalbard-Impressionen

Eine Reise in den arktischen Sommer

Von Reinhard Ilg

»Ich bin mir nicht mehr ganz sicher, ob es ein Italiener oder ein Österreicher war. Auf jeden Fall ist es noch gar nicht so lange her, vielleicht zwei Jahre. Aus irgendwelchen Gründen muß er den Eisbären nicht bemerkt haben, na ja, und diese Begegnung verlief dann leider recht einseitig.« Ein gruseliges Svalbard-Histörchen aus einer Kreuzfahrer-Klamotte? Nein, weit gefehlt.

Das norwegische Hoheitsrecht über Svalbard gilt auch für die russische Siedlung Barentsburg

Mein nordnorwegischer Gastgeber, der hier in seinem Svalbard Fundus kramt, ist eher ein handfester Mensch, dem es absolut nicht an Realitätssinn mangelt. Doch selbst hier oben in Tromsø, der legendären, fast schon beschworenen »Pforte zum Eismeer«, scheint es in puncto Svalbard eine Grauzone zwischen Dichtung und Wahrheit zu geben: Jeder kennt jemanden, der schon da war, manch einer hat selbst schon auf Svalbard gearbeitet, und in den Zeitungen liest man auch einiges. Der Mythos, der diese Inselgruppe zwischen dem 74. und 81. Breitengrad allen rationalen Forschungsarbeiten, High-Tech-Transfers und Luxuskreuzfahrten zum Trotz immer noch umgibt, gewinnt in den nördlichsten Landesteilen Norwegens an Konturen und zugleich an Kraft.

Warum nur ist Svalbard, das die meisten Deutschen in der Regel nach der Hauptinsel Spitzbergen nennen, »so anders«, warum ziehen die arktischen Breitengrade die Menschen an?

Selbst im vollbesetzten Flugzeug, das mit Kurs auf Longyearbyen vom Festland abhebt, ist etwas von der besonderen Stimmung zu spüren. Niemand sitzt mehr oder weniger zufällig hier, niemand könnte ein anderes Verkehrsmittel wählen, niemand kurzfristig sein Reiseziel ändern. Die Treibstoffmenge in den Tanks muß so bemessen sein, daß die Maschine im Notfall, z.B. bei extrem ungünstiger Witterung, von Svalbard aus nach Tromsø zurückfliegen kann - Ausweichflughäfen gibt es nicht.

Beim Überfliegen der (fast immer) wolkenumhüllten Bäreninsel, die mitten in der Barentssee liegt, verstummen schon die ersten Gespräche. Für Langstreckenflieger, die auf ihrer Reise zur anderen Seite der bewohnten Welt den Nordpol passieren, ist dieser Fels sicher völlig uninteressant; für Svalbardreisende markiert er die Hälfte der zurückzulegenden Flugstrecke. Und so dauert es nicht mehr lange, bis sich der Eismeerarchipel dem staunenden Betrachter präsentiert: Aus einer gleißend weißen, flaumweichen Wolkendecke ragen an diesem Tag überall mehr oder weniger gezackte Berggipfel wie einzelne geometrische Körper empor. Wie auf einer Schneepiste gleitet die Maschine mehrere Minuten mit ihrem Bauch über das Weiß, bevor sie zur Landung in Longyearbyen abtaucht.

Ein kühler Wind weht die wenigen Meter vom Isfjord zum Vorplatz des Flughafens herauf. Hier, nur wenige Schritte von der so gern zitierten Zivilisation entfernt, kapitulieren schon die Sinne: Trotz eines etwas diffusen Lichtes, das die auf den ersten Blick vorherrschenden grau-braunen Farben noch verstärkt, treten die Umrisse der umliegenden Berge und Fjordufer merkwürdig klar hervor. Schneefelder und Eisränder der sich zum Meer schlängelnden Gletscher lassen Anfang Juli keinen Zweifel daran, daß man dem Nordpol bis auf lächerliche 1.300 km nahe gekommen ist (Das ist weniger als die Fahrtstrecke Hamburg-Wien). Ein einzelnes vorbeifahrendes Auto hinterläßt einen derart üblen Abgasgeruch, daß mir fast schlecht wird. Stand ich nicht erst vor wenigen Stunden im donnernden Verkehrsgetöse des Ruhrgebiets, ohne den Moloch Ver-

Auf Svalbard gibt es noch keine ausgetretenen Pfade. Jeder trägt Verantwortung für sich und die Gruppe.

Zeltlager bei Bjørnehavna. Hier ist man allein mit der arktischen Natur.

kehr überhaupt wahrgenommen zu haben? Selbst das zänkische Gezeter einer Seeschwalbenkolonie dringt über den an dieser Stelle nicht gerade schmalen Fjord deutlich an mein Ohr: Erstaunlich, wie schnell man in dieser arktischen Welt seine Antennen neu ausrichtet.

Reisen oder entdecken

Nach Svalbard zu reisen, ist eine Sache. Die Inseln zu entdecken eine andere. Da spielen Geld, Zeit und körperliche Verfassung eine wichtige Rolle. Den weitaus größten Besucheranteil auf Svalbard stellen seit Jahren die Schiffspassagiere der zahlreichen Nordlandkreuzfahrten. Ihr dichtgedrängter Terminplan erlaubt allerdings nur kurze, stippvisitenartige Landausflüge. Ohne Zweifel erschließt sich die faszinierende arktische Natur bei einer ausgedehnten Wanderung ins Landesinnere am besten, doch Svalbard ist nicht Lappland, geschweige denn der Schwarzwald. Es gibt in diesen polaren Breitengraden keine Infrastruktur, auf die individuell reisende Wanderer zurückgreifen könnten - wohl aber ungeahnte Risiken. Für mitteleuropäische Verhältnisse ausgesprochen strenge Auflagen sorgen deshalb dafür, daß der Blauäugigkeit einiger Individualtouristen schnell Einhalt geboten wird. Die besondere Empfindlichkeit der arktischen Natur erfordert nun mal eine ebensolche Empfindlichkeit ihrer Gäste.

Daß man die nicht unbedingt voraussetzen kann, zeigen z.B. Anfragen von Wohnmobil- und Jeep-Fahrern in Reisebüros, die ihren vierrädrigen Liebling unbedingt per Schiff nach Svalbard transportieren lassen wollen, um dort das endgültige »Outdoor-Feeling« zu erleben.

Ein ganz anderes Erlebnis ist eine mehrtägige Küsten- und Gletschertour mit einem der kleineren Küstenschiffe, die vor allem die Nordwest- und Nordküste Svalbards erforschen. Besonders eisgängige Schiffe stoßen dabei sogar bis zum Franz-Josefs-Land vor oder umrunden die gesamte Inselgruppe. Kreuzfahrten, Küstenexpeditionen mit kleineren Spezialschiffen und Trekkingtouren haben dabei eigentlich nur eines gemeinsam: Die »Hauptstadt« Longyearbyen als Anlaufhafen bzw. Ausgangspunkt.

Wie alle Siedlungen in diesen Breitengraden wirkt die von Norwegern bewohnte Bergbausiedlung künstlich, wie ein großes Provisorium, einfach ar(k)-tifiziell. Der Mensch ist hier augenscheinlich ein Gast, der sich vor längerer Zeit selbst eingeladen hat und nun nach Gründen sucht, nicht gehen zu müssen.

Longyearbyen ist ein bißchen Kleinstadt, ein bißchen Industriegelände, ein bißchen Klondyke; die Lage der Häuser und Gebäude, von einer Reihenhaussiedlung abgesehen, scheint eher zufällig zu sein, und dennoch ist alles merkwürdig miteinander verwoben, alt und neu geben sich ein Stelldichein. Vom Geldautomaten der Bank zum Rand des ewigen Eises sind es drei, vielleicht vier Kilometer.

Eine Nacht, die keine wird

Mit knapp 10 Knoten schippert die M/S Nordbrise durch den Forlandsundet in Richtung Norden. Das gleichmäßige Arbeiten des Schiffsdiesels läßt die Passagiere den Schlaf finden, den ihnen die Natur in den endlosen Sommertagen nördlich des Polarkreises verwehrt. Während dieser Nacht, die keine wird, zieht steuerbord eine braun-weiß-blau gezackte Küste wie eine endlose, dramatische Theaterkulisse vorüber. Zwei Zwergwale, die das Schiff in einiger Entfernung für ein paar Minuten begleiten, zeigen dem Zuschauer in regelmäßigen Abständen ihre schwarzglänzenden Rücken, ganz so, als ob sie mit ihrer geradezu selbstverständlich ruhigen, rhythmisch gleitenden Fortbewegung dokumentieren wollen, wer hier zu Hause und wer Besucher ist: Schaut ruhig her, ihr habt uns zwar jahrhundertelang gejagt, aber endgültig vertrieben habt ihr uns nicht.

Von der grausamen Verfolgung, bei manchen Arten sogar Ausrottung der großen Meeressäuger zeugen hier oben an der Nordwestküste Namen wie Däneninsel, Engelsbukta und Smeerenburg, zu deutsch Transtadt. Die ehemalige Walfängersiedlung auf der Amsterdaminsel, die nicht einmal die größte Ansiedlung war, bot nach ihrer Gründung im Jahre 1619 einigen hundert Menschen ein Auskommen; selbst

Anflug auf das »Land der kalten Küste«

Bei Küstenexpeditionen ist das Schlauchboot ein unerläßliches Transportmittel

mit Blick auf die heute rund 3.800 Einwohner Spitzbergens eine stattliche Zahl. Wenn man allerdings bedenkt, daß in der Blütezeit des Walfangs, gegen Ende des 17. Jahrhunderts, rund 10-12.000 Männer auf Schiffen verschiedenster Nationalitäten in den küstennahen Gewässern Svalbards Jagd auf Wale machten, dann verwundert es auch nicht, daß die Siedlung im Einklang mit der fast völligen Vernichtung der Walbestände ein ebenso schnelles Ende fand. Ein gutes Jahrhundert nach ihrer Gründung wurde die Transtadt wieder Wind, Schnee und Eis übergeben.

Eisige Symphonie

Ihr Tod ist hörbar, doch ohne Leid. Das tröpfchenweise Sterben der vielen kleinen und großen Eisberge in der Blomstrandbucht ist eine Symphonie aus Klängen, die nur das Eis hervorzaubern kann. Paukenschlägen gleich stürzen hin und wieder große, türkisblaue Eisblöcke vom hohen Gletscherrand in ihr Verderben. Sonne, Wasser und Wind haben von nun an ein leichtes Spiel, doch von tödlicher Stille kann keine Rede sein: Überall knacken hörbar die Kristalle, schmatzt und gluckert es aus eisigen Wölbungen und Höhlen, tropft es auf sonnenerwärmte Steine am flachen Ufer. Dieser Klangteppich ist so dicht und nuancenreich wie endlos, seine Töne sind Balsam für das menschliche Ohr.

Entlang der gesamten Küste Svalbards, das zu knapp 60% von Eis bedeckt ist, lecken diese riesigen, bläulich schimmernden Zungen am Wasser und geben sich ihm preis. Hier offenbart sich der Kreislauf dieser endlosen Metamorphose, eines der größten Geheimnisse der Natur, die in ihrer Ungeheuerlichkeit eigentlich nicht zu erfassen sind.

Ein Schauspiel ganz anderer Art bieten die meist teller- oder plattenförmigen Treibeisstücke, die der »Nordbrise« plötzlich die Anfahrt zur Walroßinsel Moffen verwehren. Wie von Geisterhand bewegt, verschiebt sich hier an der Nordküste während des Sommers der Rand des Treibeises oft in Minutenschnelle, so daß manche Fjordeingänge je nach Wind- und Strömungsverhältnissen tagelang versperrt sein können. Die Lufttemperatur verspottet einen mitteleuropäischen Kalender und sinkt, trotz Sonnenscheins, auf fast null Grad. Hier und da machen Klappmützen, Bart- und Ringelrobben durch eine einzige, behäbige Kopfbewegung deutlich, daß sie nicht bereit sind, sich von uns in ihrem Schläfchen auf der eisigen Unterlage stören zu lassen. Warum auch - es ist ja zwei Uhr nachts.

Die Fahrt zurück in Richtung Longyearbyen ruft die alten, abgegriffenen Abenteuerbücher ins Gedächtnis zurück, die durch zigmaliges Lesen ihren welken Charme bekommen haben: Raufjord, Magdalenenfjord, die Däneninsel mit den Überresten der Andree- und Wellmann-Expeditionen, Ny-Ålesund, das so vielen Nordpolfahrern als Ausgangspunkt gedient hat - all diese Orte stecken voller Geschichten, oft auch betörender Schönheit. Spitzbergen, das hat auch etwas mit Ehrfurcht und Würde zu tun.

Romantische Spinnerei?

Der Pilot der Maschine nach Tromsø wird schon wissen, was er da beim Überfliegen der südlichen Ausläufer des Archipels sagt: »Wir verabschieden uns jetzt von Svalbard.« ●

Der Autor:

Reinhard Ilg hat in Hamburg Geschichte, Skandinavistik und Ethnologie studiert. Während seiner langjährigen Tätigkeit als Reiseleiter in Skandinavien hat er ein besonderes Faible für Norwegen entwickelt. Er arbeitet heute als Redakteur in der NORDIS Redaktion.

Harald und Sonja - ein Königspaar, das zu Norwegen paßt

»Alt for Norge«

Die Norweger und ihr Königshaus

Als König Olav am 17. Januar 1991 starb, trauerte eine ganze Nation über den Verlust ihres geachteten und geliebten Monarchen.- »Ich habe 4 Millionen Leibwächter in Norwegen«, hat der König einmal gesagt, um die ihm entgegengebrachte Zuneigung seiner Untertanen auszudrücken.

Von Berit Solhaug

Von Zeit zu Zeit flackert in den norwegischen Medien die Debatte auf, ob man die Monarchie zugunsten einer Republik abschaffen soll. Dennoch konnten König Harald und Königin Sonja nach dem Tod König Olavs den Thron in der Gewißheit besteigen, daß es für die meisten Norweger undenkbar ist, die Monarchie durch eine Republik zu ersetzen.

»König Olav ist tot«. Wenige Stunden nachdem sich die traurige Nachricht verbreitet hatte, leuchteten auf dem Schloßplatz Tausende von Kerzen. Rebellische Jugendliche pilgerten ebenso hierher wie ältere Damen, alle mit einem Kloß im Hals und einem Kerzenstummel in der Hand. König Olav hat etwas erreicht, was vor ihm nur wenigen Monarchen geglückt ist: er wurde zu einem Symbol für Gemeinsamkeit und Geborgenheit.

Welche Funktion hat aber nun der norwegische König? Ist es für eine moderne Demokratie nicht angemessener, auf eine Staatsform mit einem unpolitischen Staatschef zu verzichten? Im linken Parteienspektrum gibt es in der Tat Kräfte, die die Monarchie in Norwegen abschaffen wollen. Meinungsumfragen zufolge sind es aber nicht viele, die heute für ein Norwegen ohne Königshaus stimmen. Der Grund liegt vor allem in der persönlichen Ausstrahlung der norwegischen Könige seit 1905.

Haakon Magnus, gerade volljährig und schon frischgebackener Kronprinz

Prinzessin Märtha Louise ist eine begeisterte Reiterin

Das neue Königspaar symbolisiert auch einen Generationenwechsel in einer selbstbewußten Demokratie auf dem Weg ins 21. Jahrhundert

Von der Königsmacht zur Demokratie

Die norwegische Verfassung, Grundgesetz genannt, entstand 1814. Sie schrieb fest, daß Norwegen nach über 400 Jahren unter dänischer Herrschaft gleichberechtigter Partner in der neuen Union mit Schweden sein sollte. Übrigens wurde 1824 zum ersten Mal der 17. Mai als Nationalfeiertag begangen, sehr zur Irritation des damaligen Königs Carl Johan.

Die Verfasser des Grundgesetzes meinten es buchstäblich, als sie schrieben: »Die ausübende Macht liegt beim König.« Er wählte seine Ratgeber aus, die Staatsräte, die für ihn regierten.

1884 wurde der Parlamentarismus in Norwegen eingeführt. Von da an konnte keine Regierung mehr ohne Mehrheit im »Stortinget«, dem Parlament, regieren. Damit endete die alte Königsherrschaft. Heute liegt die Exekutive direkt bei der Regierung. Der König führt nur noch symbolisch den Vorsitz im Staatsrat.

Norwegen wird selbständig

1905 wurde die Union zwischen Schweden und Norwegen aufgelöst, Norwegen wurde ein souveräner Staat. Vorausgegangen war ein lange schwelender Streit mit König Oscar II. um eine eigene Flagge, eigene Konsulate, erhöhte Verteidigungsbereitschaft.

Noch im selben Jahr wurde Prinz Carl von Dänemark der norwegische Thron angetragen. Er kam mit seiner Frau Maud und seinem zwei Jahre alten Sohn nach Norwegen. Carl wollte sichergehen, daß die Norweger ihn als König wirklich wünschten und bat deshalb um eine Volksabstimmung. Das Ergebnis brachte trotz vorhandener republikanischer Strömungen eine solide Mehrheit für die Monarchie.

Prinz Carl nahm den alten norwegischen Königsnamen Haakon an, sein Sohn erhielt den Namen Olav.

Republikanische Strömungen

Mit großer Sicherheit hätte das damalige Ergebnis auch heute noch Bestand. Der wichtigste Grund für die gefestigte Monarchie in Norwegen liegt wohl in der Persönlichkeit der Könige begründet, von Haakon VII. über Olav V. bis seit kurzem zu König Harald.

Im Jahre 1905 gab es starke republikanischen Strömungen, zum einen im radikalen Flügel der Linkspartei (Venstre), zum anderen in der wachsenden Arbeiterbewegung. Auch heute findet sich die größte Skepsis gegenüber der Monarchie im linken Spektrum der norwegischen Politik. Die Sozialistische Linkspartei (Sosialistisk Venstreparti) spricht sich in ihrem Programm für eine Grundgesetzänderung aus, die den Übergang zur Republik bedeuten würde. Für die Partei ist es ein übergeordnetes Prinzip, daß Machtpositionen nicht erblich sein sollen. In der gleichen Partei gibt es aber auch viele Stimmen, die meinen, die Monarchie sei für Norwegen das beste, und dem Land sei mit einem Staatsoberhaupt, das außerhalb der Parteipolitik steht, sehr gut gedient.

Ein Land ohne Adel

Die Volksnähe, die das norwegische Königshaus prägt, wird durch den fast vollständigen Verzicht auf Pomp und Pracht noch verstärkt. Zwar tragen Königin Sonja und Prinzessin Märtha Louise zu besonderen Anlässen ein juwelbesetztes Diadem. Aber eine Krönungsreise, wie König Haakon sie noch vollzog, wurde von König Olav zu einer Reise mit Segnungszeremonie ohne Krone und Zepter umgewandelt. Und Norwegens neues Königspaar griff diese neue Tradition auf und absolvierte im Juli 1991 eine ebensolche Reise. Vielleicht entspricht dies genau der norwegischen Art - nüchtern und einfach. Auch das Fehlen eines norwegischen Adels deutet darauf hin. Früher besaß das Land zwei Grafschaften, Jarlsberg und Larvik, sowie die Baronie Rosendal in Kvinnherad. Das Grundgesetz von 1814 verbot neuen Adel in Norwegen. 1821 wurden mit einem Gesetz alle Adelstitel und Privilegien aufgehoben.

Norwegens erster Volkskönig

Von König Haakon heißt es, er habe mehr als irgendein anderer dazu beigetragen, Norwegen als selbständiges Land aufzubauen und zu stärken. Nicht zuletzt seine standhafte Haltung während des Zweiten Weltkriegs trug dazu bei, die Verbundenheit zwischen Volk und Königshaus zu intensivieren. Die gesamte königliche Familie wurde zu Symbolträgern für Freiheit, Frieden und nationalen Stolz.

Der König und der Kronprinz lebten 5 Jahre im englischen Exil. Als Haakon nach Norwegen zurückkehrte, stand er symbolisch für alle, die für ein neues und freies Norwegen gekämpft hatten. Norwegens erster Volkskönig starb im Jahre 1957. Er wurde 85 Jahre alt.

Der Abenteuerkönig

Volkskönig, Skikönig, Seglerkönig, oberster Befehlshaber, Symbol der Gemeinsamkeit - König Olav V. hatte einen besonderen Platz im Herzen der Norweger. Nicht nur die Generation, die den Krieg selbst erlebt hat, schätzte ihn als furchtlosen und mutigen Mann, der nicht von der Seite seines Vaters wich.

König Olav hatte drei Kinder - Prinzessin Astrid, Prinzessin Ragnhild und Kronprinz Harald. Olavs Frau, Kronprinzessin Märtha, starb schon 1954 und erlebte es nicht mehr, Königin zu werden.

König Olav lebte ganz nach dem Wahlspruch, den schon sein Vater gewählt hatte: »Alt for Norge« (Alles für Norwegen). Der König reiste gern, und Norwegen hatte großen Nutzen davon. Als unpolitisches Staatsoberhaupt konnte Olav zwar keine politischen Gespräche mit seinen ausländischen Gesprächspartnern führen. Aber die indirekte Wirkung in Form von positiver Aufmerksamkeit für den König und Norwegen darf nicht unterschätzt werden. Ein kleines Land wie Norwegen hat es schwer, in der weiten Welt zu Wort zu kommen. König Olavs Reisen waren die beste PR, die das Land sich wünschen konnte.

Sein Heimatland kannte der König wie kaum ein anderer. Er hat das ganze Land immer wieder bereist, den Abwechslungsreichtum erlebt und ist überall mit Menschen zusammengetroffen.

»Ich wußte nicht, was ich machen sollte. Ich war so baff, daß ich bestimmt ziemlich dumm ausgesehen habe«, er-

Alle Macht geht vom Volke aus: das Parlament

In Eidsvoll wurde 1814 eine der modernsten Verfassungen ihrer Zeit ausgearbeitet

zählte eine junge Mutter, die mit ihren beiden kleinen Kindern in den ausgedehnten Waldgebieten rings um Oslo auf Skiern unterwegs war. »Plötzlich traf ich mitten in der Loipe unseren König. Ich wußte wie jeder, daß er oft Ski lief, aber ich hatte mir nie vorgestellt, daß ich ihm irgendwo einmal begegnen könnte. Der König nickte uns freundlich zu und lief mit seinem Hund weiter. 'Da vorne läuft der König', flüsterte ich den Kindern zu. 'Was?

Am Nationalfeiertag (17. Mai) werden die Verfassung und die königliche Familie gefeiert

Wo?' riefen sie und drehten sich nach allen Seiten um. 'Da hinten, mit den Knickerbockern. Der mit dem Hund.' 'Das ist der König?'
Kein Zweifel, daß meine beiden Kleinen jetzt alle Illusionen verloren hatten. Sie hatten sich den König natürlich mit Krone und Purpurmantel vorgestellt. Hoffentlich hatte er sie nicht gehört!«
Eine Ölkrise ist eine Ölkrise, für den König wie für sein Volk, dachte sich König Olav in den »autofreien« Dezembertagen 1973, als die arabischen Ölexporteure die Hähne zudrehten. Er wollte keine Sonderbehandlung für sich in Anspruch nehmen, um in die Loipe zu gelangen. Also nahm Seine Majestät die Skier unter dem Arm und fuhr mit der Bahn in die Natur. Die Bilder von König Olav, der in der Bahn saß und noch dazu ganz normal seinen Fahrschein lösen wollte, gingen um die ganze Welt.
Das erste Zusammentreffen der Osloer Schulkinder mit der Königsfamilie ist am 17. Mai, dem Verfassungstag. Ziel des langen Marsches auf der Karl Johans gate, wo Tausende und Abertausende die Bürgersteige säumen, ist das königliche Schloß.
Stunde um Stunde stand König Olav mit seiner Familie auf dem Balkon, hörte den Jubel und sah die eifrigen Kinder, die ihm zuwinkten.

Eine Verlobung macht Furore

Am 17. Mai 1991 war es ein neuer König, der den Tausenden von Kindern vom Schloßbalkon zuwinkte - und eine neue Königin. Königin Sonja ist die erste norwegische Königin seit 69 Jahren. Als es Mitte der sechziger Jahre hieß, Kronprinz Harald habe sich mit der bürgerlichen Sonja Haraldsen verlobt, erhoben sich viele Proteste. Die Leute fürchteten, der Kronprinz würde mit einer bürgerlichen Hochzeit die Königswürde untergraben. Viele sahen mit einer Heirat der beiden das Ende der Monarchie in Norwegen gekommen.
Aber als die Verlobung 1968 offiziell bekannt gegeben wurde, schlug die Volksmeinung um. Kronprinz Harald und Kronprinzessin Sonja setzten die Königswürde nicht herab. Im Gegenteil, sie verliehen ihr eine neue menschliche Dimension, was ihr im Urteil des Volkes noch mehr Ansehen verschaffte.
Das geschah vor allem durch die Kraft der Persönlichkeit von Sonja und Harald. Alles deutet darauf hin, daß das neue Königspaar die Königswürde mit eigenem, neuem Inhalt füllen wird, der den hohen Erwartungen des norwegischen Volkes entspricht.
Die Regenbogenpresse bezieht einen Großteil ihres Stoffes aus den Geschehnissen in der Königsfamilie. In Norwegen geht es dabei freundlicher zu als in manchen anderen europäischen Ländern. Nicht um Skandale geht es den Menschen, sie möchten einfach etwas über König Harald, Königin Sonja und ihre zwei Kinder - Prinzessin Märtha Louise und Kronprinz Haakon - erfahren.
Obwohl Märtha Louise die ältere ist, wird Haakon später einmal zum norwegischen König gekrönt werden. Inzwischen ist das Thronfolgegesetz zwar geändert, aber erst in der nächsten Generation haben die Frauen das gleiche Recht auf den Thron.
In einer modernen Demokratie existiert die Königsfamilie sozusagen durch »öffentliche Gnade«. Der König ist der symbolische Bewahrer der wichtigen, grundlegenden Werte einer Gesellschaft. Das Volk hebt ihn auf einen Sockel, aber er muß sich aus eigener Kraft dort halten, den kritischen Blicken und Einschätzungen aller anderen ausgesetzt. Er kann die Kritik aber positiv nutzen, indem er seiner Rolle einen sinnvollen Inhalt verleiht. ●

Die Autorin:
Berit Solhaug studiert Journalistik in Oslo. Sie hat für Fachzeitschriften gearbeitet und schreibt jetzt freiberuflich für die Tageszeitung Aftenposten.

Die Norwegische Polizei informiert

In Norwegen legt man größten Wert auf Verkehrssicherheit. Um die Unfallzahlen so niedrig wie möglich halten zu können, werden deshalb auch hohe Summen für Verkehrskontrollen ausgegeben. Autofahrer müssen daher in Norwegen damit rechnen, öfter als in den meisten anderen Ländern von der Polizei und »Biltilsyn«, eine Art norwegischer TÜV, kontrolliert zu werden. Um die Selbstkontrolle der Autofahrer zu erhöhen, hat das Land darüber hinaus eine Art »Strafkatalog« entwickelt, der bei nachgewiesener Mißachtung der Verkehrsregeln zum Teil empfindliche Bußen nach sich zieht.

Damit Sie unbeschwert in Norwegen reisen können, möchten wir Sie hier über unsere wichtigsten Verkehrsregeln informieren:

Geschwindigkeitsbegrenzung:

Innerhalb dichtbewohnter Gebiete beträgt die Höchstgeschwindigkeit 50 km/h, außerhalb der Siedlungen liegt sie bei 80 km/h. Wenn andere Geschwindigkeitsbegrenzungen gelten, so geben die aufgestellten Schilder darüber Auskunft. Im Fall, daß die jeweilige Geschwindigkeitsbegrenzung übertreten wird, sind die Bußgelder sehr hoch. Wird beispielsweise in der 50 km-Zone 20 km/h zu schnell gefahren, ist ein Bußgeld von NOK 2.000,- fällig. Sehr hohe Geschwindigkeitsübertretungen werden sogar mit Gefängnis ohne Bewährung geahndet und/oder mit sehr hohen Geldstrafen.

Wenn die vorgeschriebene Geschwindigkeit mit mehr als 40 Prozent überschritten wird, hat dies in der Regel zur Folge, daß dem Fahrzeugführer die Fahrerlaubnis für mindestens 3 Monate entzogen wird.

Fahren mit Alkohol

In Norwegen ist das Führen eines Fahrzeuges mit einem höheren Alkoholgehalt im Blut als 0,5 Promille nicht zulässig. Ein Fahrzeugführer, der diese Bestimmung übertritt, muß 1 1/2 Bruttomonatsgehälter Strafe zahlen. Bei einer Alkoholkonzentration von mehr als 1,5 Promille wird sofort mit Gefängnis ohne Bewährung reagiert.

Automatische Verkehrskontrollen:

Auf einigen unserer Hauptverkehrsstraßen sind automatische Verkehrskontrollen installiert worden. Dieses Kontrollsystem wurde an Stellen eingeführt, die eine hohe Unfallziffer aufweisen. Wenn solche Kontrollsysteme installiert sind, warnen Schilder an den entsprechenden Straßen vor den Kontrollen.

Bezahlung der Bußgelder

Bei den meisten Überschreitungen von Verkehrsregeln wird von dem Polizisten, der Zeuge des Vergehens war, ein einfacher Bußgeldbescheid ausgestellt. In der Regel ist das Bußgeld an Ort und Stelle zu zahlen, es kann aber auch per Kreditkarte beglichen werden, oder aber der Bußgeldpflichtige erhält die Möglichkeit, den Betrag bei einem Postamt oder bei einer Polizeistation zu begleichen. Wir möchten Sie in diesem Zusammenhang insbesondere darauf hinweisen, daß die Polizei das Fahrzeug solange als Sicherheit einziehen kann, bis das Bußgeld bezahlt ist. Um zu vermeiden, daß das Fahrzeug sichergestellt wird, kann eine Bankgarantie vorgelegt werden.

Unser Rat, damit Sie einen reibungslosen Urlaub - oder besser: einen Urlaub ohne Bußgeld - bei uns verleben: Halten Sie sich an die norwegischen Verkehrsregeln, sie dienen auch Ihrer Sicherheit. In diesem Sinne wünschen wir Ihnen schöne und sichere Autoferien.

Det Kongelige Justis- og Politidepartement
Akersgt. 42
N-0030 Oslo 1
Tel. 0047 - (0)2 - 34 90 90

Rundreisen mit dem Auto

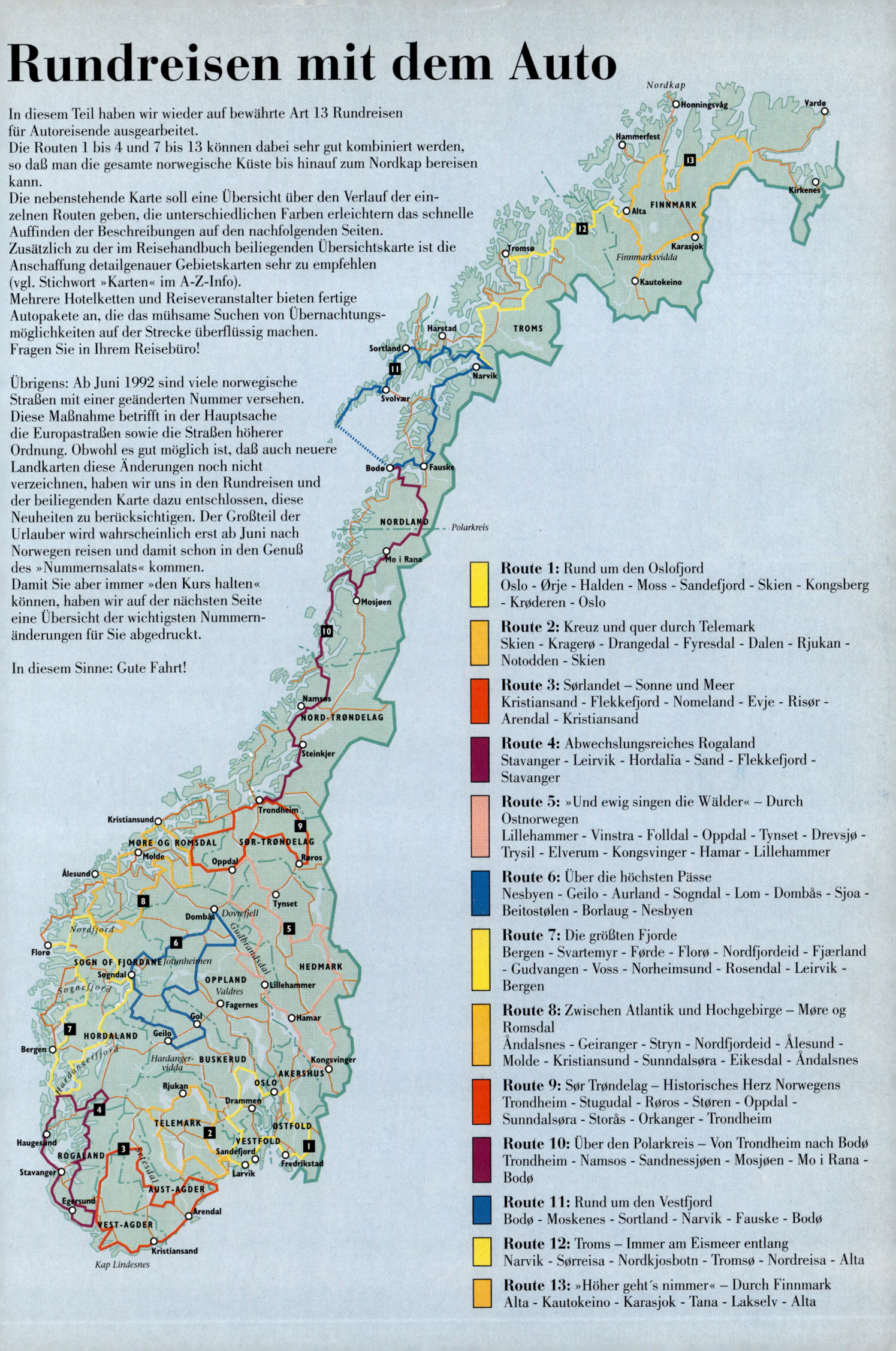

In diesem Teil haben wir wieder auf bewährte Art 13 Rundreisen für Autoreisende ausgearbeitet.
Die Routen 1 bis 4 und 7 bis 13 können dabei sehr gut kombiniert werden, so daß man die gesamte norwegische Küste bis hinauf zum Nordkap bereisen kann.
Die nebenstehende Karte soll eine Übersicht über den Verlauf der einzelnen Routen geben, die unterschiedlichen Farben erleichtern das schnelle Auffinden der Beschreibungen auf den nachfolgenden Seiten.
Zusätzlich zu der im Reisehandbuch beiliegenden Übersichtskarte ist die Anschaffung detailgenauer Gebietskarten sehr zu empfehlen (vgl. Stichwort »Karten« im A-Z-Info).
Mehrere Hotelketten und Reiseveranstalter bieten fertige Autopakete an, die das mühsame Suchen von Übernachtungsmöglichkeiten auf der Strecke überflüssig machen. Fragen Sie in Ihrem Reisebüro!

Übrigens: Ab Juni 1992 sind viele norwegische Straßen mit einer geänderten Nummer versehen. Diese Maßnahme betrifft in der Hauptsache die Europastraßen sowie die Straßen höherer Ordnung. Obwohl es gut möglich ist, daß auch neuere Landkarten diese Änderungen noch nicht verzeichnen, haben wir uns in den Rundreisen und der beiliegenden Karte dazu entschlossen, diese Neuheiten zu berücksichtigen. Der Großteil der Urlauber wird wahrscheinlich erst ab Juni nach Norwegen reisen und damit schon in den Genuß des »Nummernsalats« kommen.
Damit Sie aber immer »den Kurs halten« können, haben wir auf der nächsten Seite eine Übersicht der wichtigsten Nummernänderungen für Sie abgedruckt.

In diesem Sinne: Gute Fahrt!

Route 1: Rund um den Oslofjord
Oslo - Ørje - Halden - Moss - Sandefjord - Skien - Kongsberg - Krøderen - Oslo

Route 2: Kreuz und quer durch Telemark
Skien - Kragerø - Drangedal - Fyresdal - Dalen - Rjukan - Notodden - Skien

Route 3: Sørlandet – Sonne und Meer
Kristiansand - Flekkefjord - Nomeland - Evje - Risør - Arendal - Kristiansand

Route 4: Abwechslungsreiches Rogaland
Stavanger - Leirvik - Hordalia - Sand - Flekkefjord - Stavanger

Route 5: »Und ewig singen die Wälder« – Durch Ostnorwegen
Lillehammer - Vinstra - Folldal - Oppdal - Tynset - Drevsjø - Trysil - Elverum - Kongsvinger - Hamar - Lillehammer

Route 6: Über die höchsten Pässe
Nesbyen - Geilo - Aurland - Sogndal - Lom - Dombås - Sjoa - Beitostølen - Borlaug - Nesbyen

Route 7: Die größten Fjorde
Bergen - Svartemyr - Førde - Florø - Nordfjordeid - Fjærland - Gudvangen - Voss - Norheimsund - Rosendal - Leirvik - Bergen

Route 8: Zwischen Atlantik und Hochgebirge – Møre og Romsdal
Åndalsnes - Geiranger - Stryn - Nordfjordeid - Ålesund - Molde - Kristiansund - Sunndalsøra - Eikesdal - Åndalsnes

Route 9: Sør Trøndelag – Historisches Herz Norwegens
Trondheim - Stugudal - Røros - Støren - Oppdal - Sunndalsøra - Storås - Orkanger - Trondheim

Route 10: Über den Polarkreis – Von Trondheim nach Bodø
Trondheim - Namsos - Sandnessjøen - Mosjøen - Mo i Rana - Bodø

Route 11: Rund um den Vestfjord
Bodø - Moskenes - Sortland - Narvik - Fauske - Bodø

Route 12: Troms – Immer am Eismeer entlang
Narvik - Sørreisa - Nordkjosbotn - Tromsø - Nordreisa - Alta

Route 13: »Höher geht´s nimmer« – Durch Finnmark
Alta - Kautokeino - Karasjok - Tana - Lakselv - Alta

Die wichtigsten neuen Straßennummern (gültig ab ca. 20.6.92)

alt:	Strecke	neu:
E 68:	Sandvika - Voss →	E 16
E 68:	Voss - Granvin →	13
E 68:	Granvin - Trengereid →	7
E 69:	Dombås - Ålesund →	9
E 75:	Sundsvall (S) - Stjørdal →	E 14
E 76:	Drammen - Haugesund →	11
E 78:	Kemi (SF) - Tromsø →	E 8
E 79:	Umeå (S) - Mo i Rana →	E 12
3:	Elverum - Kongsvinger →	20
8:	Larvik - Geilo →	40
9:	Arendal - Egersund →	42
12:	Kr.sand - Haukeligrend →	39
13:	Sauda - Ropeid →	520
13:	Trengereid - Håland →	48
13:	Vadheim - Dragsvik →	55
13:	Voss - Trengereid →	E 16
14:	Skudeneshavn - Sveio →	47
14:	Sveio - Ålesund →	1
16:	Oppdal - Kristiansund →	70
19:	Bjerkvik - Å →	E10
28:	Tynset - Koppang →	30
35:	Brandbu - Bjørgo →	33/34
39:	Kr.sand - Brunkeberg →	41
46:	Hordalia - Sand →	13
47:	Jøsendal - Odda - Brimnes →	13
49:	Geilo - Fagernes →	51
58:	Eidsdal - Langevatnet →	63
66:	Molde - Kristiansund →	1
67:	Molde - Kristiansund →	64
95:	Olderfjord - Nordkap →	E 69
220:	Ringebu - Enden →	27
288/601:	Hol - Gudvangen →	50
310:	Horten - Tønsberg →	19
316:	Skien - Steinsholt →	32
551:	Norheimsund - Mundheim →	49
803:	Brenna - Brønnøysund →	76
810:	Leirosen - Mosjøen →	78

Route 1

Rund um den Oslofjord

Entfernungen:		
0 km	Oslo	629 km
68 km	Elvestad	561 km
119 km	Ørje	510 km
178 km	Halden	451 km
252 km	Moss	377 km
303 km	Sandefjord	326 km
372 km	Skien	257 km
453 km	Kongsberg	176 km
524 km	Krøderen	105 km
629 km	Oslo	0 km

Diese Route führt uns durch das relativ dichtbesiedelte Gebiet rund um den Oslofjord. Die Landschaft ist hügelig, sehr fruchtbar und bietet viele interessante Städte. Statt über die üblichen großen Verbindungsstraßen verläuft diese Route oft über kleinere Straßen durch ruhige Gebiete, vorbei an den vielen landschaftlichen und kulturhistorischen Sehenswürdigkeiten der Bezirke Akershus, Vestfold und Østfold.

Hotel Continental

Das traditionsreiche Hotel ist seit vier Generationen in Familienbesitz. Zentral gelegen im Herzen von Oslo, nahe Schloß und Storting. 170 exquisite Zimmer und Suiten. Einziges norwegisches Mitglied der »Leading Hotels of the World«, einem Zusammenschluß der führenden Hotels auf der Welt. 3 Restaurants, Gesellschaftsräume, Diskothek, Bar.
Hotel Continental
Stortingsgaten 24-26, N-0161 Oslo 1
Tel. 0047 - (0)2 - 41 90 60
Fax 0047 - (0)2 - 42 96 89

Unsere Fahrt beginnt in Norwegens Hauptstadt Oslo. Sie ist die älteste Hauptstadt Nordeuropas und wurde in den Jahren vor 1050 von König Harald Hardråde gegründet. Bereits vor 7.000 Jahren hatte der Ort große Bedeutung für die germanische Religion: Oslo (As-lo), die Ebene der Götter. Im Jahre 1624 brannte Oslo fast völlig nieder. Unter König Christian IV. wurde es als »Christiania« wieder aufgebaut.

Oslo-Sightseeing

- »Selected Oslo Sightseeing« mit dem Bus - 3 Std.
- »Große Oslo-Rundfahrt« Tagesausflug mit Bus und Boot.
- »Mini-Cruise« Hafenrundfahrt - Fjordidylle - 1 Std.
- »Fjord-Cruise« Rundfahrt in schöner Natur und Fjordidylle - 2 Std.
- »Fjord-Cruise« mit Lunch-Buffet - 3 1/2 Std.
- »Abend-Fjord-Rundfahrt mit maritimen Buffet« 3 1/2 Std.
- »Ein Sommerabend am Fjord« Mit dem Schiff zu einem privaten Sommersitz - 3 Std. (Alle Ausflüge mit deutschsprachigen Führern).

Båtservice Sightseeing A/S
Rådhusbrygge 3, N-0116 Oslo 1
Tel. 0047 - (0)2 - 20 07 15
Fax 0047 - (0)2 - 41 64 10

Im 17. und 18. Jh. handelten die Kaufleute von Christiania hauptsächlich mit Holz, das sie nach Holland und England verschifften. In der 2. Hälfte des 19. Jh. ließen sich Spinnereien, Webereien und metallverarbeitende Betriebe dort nieder. Bis zur Jahrhundertwende stieg die Einwohnerzahl auf 250.000. 1924 feierte Christiania sein 300jähriges Stadtjubiläum. Es wurde beschlossen, der Stadt ab 1925 ihren historischen Namen Oslo zurückzugeben. Heute ist Oslo Wirtschaftszentrum und mit 450.000 Einwohnern größte Stadt des Landes. An den 13 km langen Hafenanlagen legen jährlich 35.000 Schiffe an. 45% der norwegischen Importe gehen über Oslo. Einen Besuch lohnt auf jeden Fall das Einkaufs- und Kulturzentrum Aker Brygge, das sich teilweise in ehemaligen Fabrikgebäuden befindet und direkt am Wasser liegt. Auch in den modernen Einkaufszentren Oslo City und Galleri Oslo pulsiert das Leben.

Restaurant Det Gamle Raadhus

Det Gamle Raadhus ist das älteste Restaurant Oslos und bietet Platz für ca. 100 Personen. Hier finden Sie eine gemütliche, rustikale Umgebung, verbunden mit den heutigen Anforderungen an Qualität und Service. Spezialitäten sind Fisch und Wild, aber wir bieten auch eine breite Auswahl an Fleischgerichten sowie ein eigenes Menü für Reisegruppen.
Restaurant Det Gamle Raadhus
Rådhusgt. 28, N-0151 Oslo 1
Tel. 0047 - (0)2 - 42 01 07
Fax 0047 - (0)2 - 42 04 90

Sehenswert: Das Rathaus (1931-1950), zur 900-Jahr-Feier eingeweiht. - Die Festung Akershus (um 1300, im 17. Jh. umgebaut) ist heute Repräsentationsgebäude der norwegischen Regierung. Das Verteidigungs- und das Widerstandsmuseum befinden sich ebenfalls auf dem Gelände. Ganz in der Nähe, am Bankplassen, liegt das 1990 eröffnete Museum für Gegenwartskunst mit seinen vieldiskutierten Sammlungen, das von Anfang an zahlreiche Besucher angelockt hat. - In einem der ältesten Häuser der Stadt ist das Theatermuseum untergebracht (Nedre Slottsgt.). - Das Schloß (1849) am Nordwestende der alten Prachtstraße »Karl Johans gate« ist der offizielle Wohnsitz des norwegischen Königs (Wachablösung tägl. 13.30 Uhr). An der Karl Johans gate liegen das Nationaltheater, die Aula der Universität (Wandmalereien von E. Munch), das Parlament (»Storting«) und der Dom (Ende 17. Jh.). Daneben stehen die sog. Basarhallen und unweit davon das Husfliden-Geschäft (Kunsthandwerk u. Gebrauchskunst), Skandinaviens größte Verkaufsstelle für Kunsthandwerk. - In der Dronningensgt. (Querstr. zur Karl Johan) liegen die Hauptpost und das Postmuseum. - Im Norden der

Hotel Fønix in Oslo

Es ist nicht notwendig, die ganze »Reisekasse« für teure Hotels zu leeren. Hotel Fønix liegt mitten im Zentrum von Oslo, ca. 2 Minuten vom Hauptbahnhof entfernt, und ein Parkhaus liegt ganz in der Nähe. Hier wohnt man gut, aber preiswert. Von 67 Zimmern sind 24 Doppelzimmer. Die meisten sind frisch renoviert mit Dusche/WC. Frühstück im Preis inbegriffen. Es wird in unserem Restaurant »Kristine« - eingerichtet mit Eichenmöbeln aus dem Jahr 1920 - serviert. Hier können Sie auch günstige Mittags- und Abendgerichte einnehmen.
Hotel Fønix, Dronningens gate 19
N-0154 Oslo 1, Tel. 0047 - (0)2 - 42 59 57
Fax 0047 - (0)2 - 33 12 10

Innenstadt (Nähe Universität) laden die Nationalgalerie (beste und größte Kunstsammlung Norwegens) und das Historische Museum zum Besuch ein. - Wer das alte Christiania kennenlernen möchte, sollte das Viertel bei der Damstredet aufsuchen. Südwestlich liegt das Museum für Kunsthandwerk (Kunstindustrimuseet). - Folgt man dem Akersveien in nördlicher Richtung, gelangt man zur »Alten Aker Kirche«, einer Steinbasilika (um 1100), der ältesten heute noch genutzten Kirche Nordeuropas. - In einem Villenviertel aus der Mitte des 19. Jh. steht das Norwegische Architekturmuseum.

Engebret Café
Oslos erstes Theatercafé von 1857. Ein sehr beliebter Ort, bekannt für seine phantastische Atmosphäre und gute Küche. Es liegt mitten im alten Christiania, nahe der Festung Akershus und in unmittelbarer Nähe des Museums für Gegenwartskunst. Die Speisekarte umfaßt viele spannende Gerichte, die von Fjord und Fjell inspiriert sind. Außerdem Reisegruppenmenüs.
Engebret Café, Bankplassen 1
N-0151 Oslo, Tel. 0047 - (0)2 - 33 66 94

Auf der Halbinsel Bygdøy, einem der schönsten (und teuersten) Wohngebiete der Stadt, können Sie - gleich gegenüber dem Norwegischen Seefahrtsmuseum - das Polarschiff »Fram« besichtigen, mit dem Nansen, Sverdrup und Amundsen große Polarexpeditionen unternahmen. - Ein weiteres Museum zum Thema Forschungsreisen, das Kon-Tiki-Museum, liegt gleichfalls in der Nähe. - Die Geschichte der Wikingerzeit dokumentiert das Wikingerschiff-Haus. - Nur wenige hundert Meter entfernt bietet das Norwegische Volksmuseum (mit großer Freilichtabteilung) bei einem Spaziergang eine kulturgeschichtliche Reise durch das gesamte Königreich. - Über den Oscarshallveien kann man einen Abstecher zum Lustschlößchen Oscarshall unternehmen.
Im östlichen Stadtgebiet verdient das Munch-Museum besondere Beachtung. Der 1944 verstorbene Künstler hat sein Werk der Stadt Oslo vermacht. Westlich vom Munch-Museum erstreckt sich der schöne Botanische Garten mit den naturgeschichtlichen Sammlungen der Universität. - Im Stadtteil Gamlebyen liegt der Minnepark, auch Ruinenpark genannt. - Auf der Insel Hovedøya findet man die Ruinen eines Zisterzienser-Klosters (1147). - Unterhalb des Ekebergs liegt ein großes Gräberfeld aus frühgeschichtlicher Zeit, oben auf dem Hügel gibt es schöne Grünanlagen. In der Nähe der Seefahrtsschule sind Felszeichnungen aus der Eisenzeit erhalten.

Der im westlichen Stadtgebiet gelegene Frognerpark beherbergt u.a. die sog. Vigelandanlage. Die hier aufgestellten 192 Skulpturen mit 650 Figuren bilden das Lebenswerk des Bildhauers Gustav Vigeland (1869-1943). Sein Atelier- und Wohnhaus steht in der Nähe des gleichfalls im Park gelegenen Stadtmuseums von Oslo.

Das am Stadtrand gelegene Holmenkollen-Gebiet ist Standort der berühmtesten Skisprungschanze der Welt. In der Schanze ist auch das Skimuseum untergebracht - das älteste der Welt! - Vom Tryvanns-Turm (Fernmeldeturm) hat man eine einzigartige Aussicht. - In einer schönen Parkanlage am Bogstadvannet liegt der Herrenhof Bogstad (18. Jh.).

Bogstad Camp & Turistsenter
Dieser größte norwegische Campingplatz wird vom norwegischen Automobilclub NAF betrieben. Auf 180.000 m² befinden sich 1.200 Campingeinheiten, davon 160 mit Strom, außerdem 36 Hütten mit oder ohne Dusche/WC und TV. Bogstad Camp & Turistsenter ist ganzjährig geöffnet und liegt nahe der Holmenkollen-Skischanze, 9 km vom Zentrum Oslos entfernt.
Bogstad Camp & Turistsenter
Ankervn. 117, N-0757 Oslo 7
Tel. 0047 - (0)2 - 50 76 80
Fax 0047 - (0)2 - 50 01 62

Polhøgda, das Haus Fridtjof Nansens in Lysaker (westl. der Stadt), ist nur nach Absprache der Öffentlichkeit zugänglich.
Vom Zentrum aus folgen wir der E 6 in Richtung Trondheim, aber schon vor dem Erreichen der Stadtgrenze verlassen wir die Hauptroute. Die Straße 159 nach Lillestrøm führt zunächst durch die Vororte von Oslo. Im gemütlichen Lillestrøm (10.000 Einw.) zweigen wir ab auf die Straße 120. Die Fahrt führt vorbei am langgestreckten See Øyeren, der eigentlich nur ein breiterer Teil der Glomma ist (Norwegens längster Fluß).
Hinter Flateby verläßt die Straße den See und wir erreichen über Enebakk (mittelalterliche Kirche mit schöner Innenausstattung) und Tomter die E 18 bei Elvestad.
Hier biegen wir nach Osten ab und erreichen schon bald Spydeberg. Interessant sind hier das Freilichtmuseum und die Überreste einer Festung aus dem Anfang dieses Jahrhunderts. Spydeberg hatte historische Bedeutung als geeigneter Ort zum Überqueren des - auch strategisch - wichtigen Flusses Glomma; sowohl 1720, als der schwedische König Karl XII. Norwegen angriff, als auch bei der deutschen Invasion 1940 war die Fossum-Brücke heftig umkämpft. Ein Denkmal erinnert an den fehlgeschlagenen Versuch, die Brücke 1940 zu sprengen.
Über den Industrieort Askim (11.000 Einw.) erreichen wir Slitu, wo verschiedene Gräber aus der Zeit der Völkerwanderung zu finden sind. Etwas weiter liegt Momarken, ein Marktplatz, der schon in frühen Zeiten Bedeutung hatte. Heutzutage kommen die Menschen vor allem wegen des Pferderennens und des Jahrmarktes, der jährlich von über 100.000 Touristen besucht wird.
Nach weiteren 20 km erreichen wir das Ufer des Sees Rødenessjøen, der Teil des »Haldenvassdragets« ist, eines Systems von Flüssen, Kanälen und Seen, die 1909 künstlich geschaffen wurden und ab Halden weit ins Landesinnere führen. In Ørje kann man einige Schleusen bewundern sowie ein Museum, das dem Haldenvassdraget gewidmet ist. In diesem Museum werden der gesamte Prozeß der Holzgewinnung, der Transport (über den Haldenvassdraget) und die Verarbeitung dargestellt und erklärt, darüber hinaus machen die vielen Modelle von Schiffen, Brücken und Schleusen einen Besuch höchst empfehlenswert. In der Sommersaison fährt das Ausflugschiff »M/S Turisten« täglich nach Halden und benutzt dabei die größten Schleusen Europas (bei Brekke).

»Den Rustne Eike« - Fahrradtouren und -verleih
Unser Fahrradverleih liegt zentral in Oslo: in Rathausnähe, genau gegenüber von Fremdenverkehrsamt und Aker Brygge. Große Auswahl an erstklassigen Fahrrädern und nützlicher Zusatzausrüstung zu günstigen Preisen. Wir organisieren Tagesausflüge im Gebiet von Oslo und Touren mit Übernachtungen in anderen Landstrichen.
Den Rustne Eike, Sykkel-Tur og Utleie
Enga 2, N-0250 Oslo
Tel. 0047 - (0)2 - 83 72 31
Fax 0047 - (0)2 - 83 63 59

Imposant: »Stortinget«, das norwegische Parlament in Oslo

In Ørje verlassen wir die E18 und folgen der Straße 21 an den Kanälen und Seen entlang in Richtung Halden. In Otteid Vest werden Holzvorräte aus Schweden verladen. Es ist geplant, die Wasserwege beider Länder zu verbinden, bis dahin aber müssen Schiffe und Ware per Traktor über den Landweg transportiert werden.

Die Straße 21 erreicht Krusæter, hier führt eine Nebenstraße zu den Schleusen von Brekke. Diese mit 26.5 m höchsten Schleusen Europas sind eine beliebte Attraktion. Über Tistedal gelangen wir dann nach Halden, den Endpunkt des Haldenvassdraget. Halden (21.000 Einw.) war schon früh ein strategisch äußerst wichtiger Ort für Norwegen. Auf der anderen Seite des Iddefjords liegt Schweden, und ehe dieser Fjord (durch den Bau der Svinesund-Brücke) zu überqueren war, führte die Durchgangsstraße durch Halden. Der Ort war Ziel eines jeden Angriffs und »erkämpfte« sich 1665 seine Stadtrechte, als die Bewohner drei Jahre lang die schwedische Angriffe abwehren konnten. In diesem Jahr wurde auch die Festung Fredriksten erbaut, die hoch über der Stadt thront. Schon 60 Jahre später wurde die Festung »erprobt«, und der schwedische König Karl XII. fiel vor ihren Toren. Ab Mitte des letzten Jahrhunderts sind die Sägewerke die wichtigste Einnahmequelle in Halden. Sehenswert in der Umgebung sind u.a. die alten Kirchen von Berg und Idd.

6 Kilometer hinter Halden gelangen wir auf der Straße 21 bei Løkkeberg zur E 6. Wir biegen ab in nördlicher Richtung und folgen der Hauptstraße bis Skjeberg. Ab Skjeberg folgen wir der Str. 110, dem »Oldtidsvegen« (Altertumsweg), der uns in die Wikingerzeit zurückversetzt. Entlang der Straße befinden sich zahlreiche Felszeichnungen und Gräber. Vor allem die Felder bei Solberg, Ulleröy und Hunn sind sehenswert. Die meisten Stellen sind gut zu finden, da an den Straßenrändern ausgeschildert.

Willkommen in Høk
Das First-Class Høk Motel & Cafeteria befindet sich an der E 6 in schöner Umgebung mit vielen Möglichkeiten zur Freizeitgestaltung und zum Angeln.
Die Gemeinde Skjeberg liegt zentral zwischen den Städten Halden, Sarpsborg und Fredrikstad, etwa 8 km von der schwedischen Grenze (Svinesund) entfernt und ca. 25 Autominuten von Moss. Das Restaurant lädt zu Grillgerichten und traditionellen Speisen ein. Konferenzräume mit Platz für 300 Personen. Zusätzlich zu den 22 Hütten bieten wir Motelzimmer an, alle mit Bad/WC, Farbfernseher. Günstige Preise.
Høk Motel & Cafeteria
Ingedal, N-1745 Skjeberg
Tel. 0047 - (0)9 - 16 80 00
Fax 0047 - (0)9 - 16 80 21

Nach 18 km erreichen wir dann die Stadt Fredrikstad, die zusammen mit Sarpsborg (ein Stück weiter den Fluß Glomma aufwärts) ca. 90.000 Einwohner aufweist. Hier ist vor allem die alte Festungstadt Gamleby-

Kanutour auf dem Haldenvassdraget

en (mit Museum und Festungskirche) interessant. Diese einst größte Festung Norwegens ist völlig restauriert und vermittelt noch die Atmosphäre der damaligen Zeit, als diese Stadt noch bewohnt war.
Heute erwarten hier mehrere Kunstwerkstätten den Besucher. Der Zugang zur eigentlichen Festung (Kongsten) lohnt sich und ist sogar kostenlos.

Hotell St. Olav
Im mittelalterlichen Stadtkern von Sarpsborg liegt das moderne Stadthotel St. Olav mit behaglicher Atmosphäre. Auf norwegische Küche hat sich das hoteleigene Restaurant »Vertshuset St. Olav« mit deftigen, kulinarischen Leckerbissen spezialisiert.
Das Hotel veranstaltet auch Touren auf der Glomma: samstags mit Jazz, Essen und Trinken an Bord von MS Krabben.
Vertshuset St. Olav A/S
Glengsgt. 21, N-1700 Sarpsborg
Tel. 0047 - (0)9 - 15 20 55
Fax 0047 - (0)9 - 15 20 98

Der moderne Teil der Industriestadt Fredrikstad liegt heute auf der anderen Seite des Flusses.
Wir folgen anschließend der Str. 116 durch ein fruchtbares Gebiet und erreichen über Kjølberg und Spetalen (Aussicht über den Oslofjord) den Ort Rygge, der eine schöne Kirche mit Steinskulpturen aufweisen kann. Die Str. 118 führt uns parallel zur E 6 nach Moss (30.000 Einw.). In dieser modernen Industriestadt nehmen wir die Fähre nach Horten (Fahrtzeit ca. 1/2 Stunde), das auf der anderen Seite des Oslofjords liegt.
Horten (17.000 Einw.) ist eine Marine- und Industriestadt und bietet zahlreiche Sehenswürdigkeiten: die Seefestung Karl Johansvern (mit Marinemuseum), das Fotomuseum Preus sowie ein Automobilmuseum. Südlich der Stadt steht die mittelalterliche Kirche von Borre, und dort liegt ein Nationalpark mit zahlreichen Königsgräbern aus der Wikingerzeit.

Über die Str. 19/311 erreichen wir Åsgårdstrand, einen hübschen Fjord- und Badeort. Der nächste Ort ist Tønsberg (37.000 Einw.), Hauptstadt des Bezirks Vestfold und älteste Stadt Norwegens.
Tønsberg wurde bereits Ende des 9. Jahrhunderts urkundlich erwähnt und zählte früher zu den wichtigsten Handelsstädten des Landes. Sehenswert sind das Vestfold Fylkesmuseum (Bezirksmuseum), das u.a. aus einer Freilichtabteilung und einer eigenen Walfangabteilung besteht. Auf dem 63 Meter hohen und steilen Felsen Slottsfjell findet man die Ruinen der mittelalterlichen Festung Tunsberghus.
Über die Str. 303 erreichen wir Sandefjord (35.000 Einw.). Die Stadt lebte lange Zeit von den Walfängen in der Arktis. Seit dem Ende der Walfangperiode sind jedoch Industrie und Schifffahrt die wichtigsten Erwerbsquellen Sandefjords. Das Walfangmuseum dokumentiert den früher so bedeutenden Wirtschaftszweig. Auch das Walfänger-Denkmal in der Nähe des Yachthafens erinnert an alte Traditionen. Sehenswert sind außerdem das Stadtmuseum (in einem Patrizierhaus von 1792) und das Seefahrtsmuseum (mit einer großen Schiffsmodellsammlung). In der Nähe der Stadt befindet sich der Fundort des Wikingerschiffes Gokstad, das man heute im Osloer Wikingerschiffsmuseum bewundern kann.
Die Str. 303 führt uns nun die Küste entlang. Bei Klåstad befindet sich ein Schutzgebiet für Vögel und ein 5,5 m hoher Gedenkstein, einer der größten des Landes. Ein Seitenweg führt zum beliebten Badeort Ula.
Larvik (19.000 Einw.) ist eine moderne Hafenstadt mit viel Leichtindustrie. So stammt u.a. auch die Mineralwassermarke Farris aus Larvik. Ein Besuch wert sind der schöne Naturpark Bøkeskogen (mit alten Grabhügeln und einer schönen Aussicht über die Stadt) und das Schifffahrtsmuseum.

Holms Motel und Kafeteria
Zentral gelegen an der E 18 zwischen Sandefjord und Larvik, nur 10 Minuten zu den Fähren nach Strømstad und Frederikshavn. Das Motel bietet 36 erstklassige Zimmer mit Dusche/WC, Farb-TV und Telefon, alle praktisch und komfortabel eingerichtet.
Das gemütliche Restaurant ist bekannt für gutes Essen. Bis zu den Badestränden am Meer sind es nur 10 Minuten.
Holms Motel og Kafeteria A/S
Amundrød, N-3250 Larvik
Tel. 0047 - (0)34 - 92 480
Fax 0047 - (0)34 - 92 310

Die Straße 301 führt uns die Küste entlang nach Stavern, mit 2.700 Einwohnern die kleinste Stadt Norwegens. Dieses charmante Städtchen war früher ein wichtiger Flottenstützpunkt der norwegischen Marine. Davon zeugt noch die Werft Fredriksvern. Die alten Gebäude werden heutzutage als Altersheim für Seeleute genutzt.
Die Str. 301 führt weiter nach Søndersrød, wo wir einer Landstraße Richtung Langangen an der E 18 folgen. Über zwei große Brücken (gebührenpflichtig!) erreichen wir

Eidanger und biegen biegen dort auf die Str. 36 nach Porsgrunn ab.

Porsgrunn (36.000 Einw.) ist vor allem durch seine Porzellan- und petrochemische Industrie bekannt. Das mit Porsgrunn zusammengewachsene Skien (28.000 Einw.) ist die Hauptstadt des Bezirks Telemark und eine wichtige Industriestadt, vor allem auf dem Gebiet der Holzverarbeitung. In Skien beginnt der Telemark-Kanal, der in Dalen am See Bandak endet. Sehenswert sind das Bezirksmuseum, die Kirchenruinen auf dem Kapitalberg, die Kirche von Gerpen (1150), Lekeland (Norwegens ältester Abenteuerpark) und die Felszeichnungen bei Gjerpen, Fossum, Nordre Mæla und Grini.

Fahrten auf dem Telemarkkanal
Eine Reise zu Wasser über den 100jährigen, prachtvollen Kanal führt Sie sage und schreibe durch eine 110 km lange abwechslungsreiche Landschaft. Erleben Sie die Bedeutung dieser Wasserstraße, die für Norwegens Wirtschaft und Kultur äußerst wichtig ist.
Linienfahrten Skien - Dalen - Skien und Notodden - Lunde - Notodden. Boot-, Kanu- und Hausbootverleih.
Telemarkreiser, Postboks 743
N-3703 Skien, Tel. 0047 - (0)3 - 53 03 00
Fax 0047 - (0)3 - 52 70 07

Wir verlassen Skien über die Str. 32 in nordöstlicher Richtung.
Durch eine waldreiche Gegend rund um den Ort Siljan erreichen wir bei Steinsholt die Straße 40. Wir biegen ab in Richtung Kongsberg und folgen dem fischreichen Lågen flußaufwärts. Unterwegs passieren wir Svarstad (Holzkirche v. 1657 mit Innenausstattung einer noch älteren Stabkirche), Hvittingfoss (Felszeichnungen) sowie die Kirche von Efteløt.
Kongsberg (14.000 E.) war im 17./18. Jh. dank der Silbergruben, die heutzutage zu besichtigen sind, die wichtigste Stadt des Landes. Interessant sind besonders das Bergwerkmuseum (mit einer originalgetreu nachgeahmten Silbergrube), das Skimuseum, das Heimat- und Freilichtmuseum und die Kirche von 1761, eine der größten des Landes. Nördlich von Kongsberg beginnt das ruhige und waldreiche Numedal (Str. 40). Ein schöner Abstecher, zahlreiche Nebenstraßen führen von dort ins Blefjell.

Hütten auf dem Fagerfjell
In einem ruhigen Erholungsgebiet in 760 m Höhe, ca. 125 km von Oslo (Kongsberg 45 km), liegen unsere gutausgestatteten Ferienhütten: Wohnz./Küchenecke mit Kühlschr./Herd, 2 Schlafzimmer (3 u. 2 Betten), Dusche/WC, Farb-TV. Wandern, Angeln, Kanufahren. Ideales Langlauf-Skigelände mit 100 km Loipen. 3 Alpinski-Lifte. Auch Langzeitvermietung!
Bestellung und Information:
A/S Finans, Postboks 2536 Solli
N-0202 Oslo, Tel. 0047 - (0)2 - 55 74 24
Fax 0047 - (0)2 - 43 66 51

Bei Saggrenda (einige Kilometer westlich von Kongsberg) kann man mit einer Grubenbahn in den Berg hineinfahren und die Gruben von innen besichtigen.
Unsere Reise führt nun über die Str. 11, vorbei an Fiskum (mittelalterliche Kirche) und Vestfossen zum Industrieort Hokksund (6.000 Einw.). Ab hier kann man einen schönen Ausflug nach Drammen unternehmen, mit 57.000 Einwohnern die sechstgrößte Stadt des Landes. Sehenswert sind u.a. das mit dem Europa-Nostra-Preis ausgezeichnete, vorbildlich restaurierte Rathaus, das Stadtmuseum, der Herrenhof Austad - und die berühmte Spirale, ein in den Berg Bragernesåsen gesprengter Spiraltunnel, der sich im Berginneren nach oben schraubt (von dort großartige Aussicht).
Unsere Route führt dagegen ab Hokksund über die Str. 35 in nördliche Richtung, dem Fluß Drammenselva stromaufwärts folgend. Wir passieren unterwegs die Ortschaften Åmot (Ausflugsmöglichkeit zum Blaafarveværket) und Geithus (Felszeichnungen) und erreichen bei Vikersund (Skiflugschanze) den Tyrifjord, der eigentlich kein Fjord ist, sondern ein Binnensee. Ab Vikersund führt die Str. 280 landeinwärts nach Krøderen. Entlang dieser Strecke verläuft eine historische Eisenbahnlinie, die Krøderenbahn. Die Dampflok fährt auf der 25 km langen Strecke mit einer Höchstgeschwindigkeit von 30 km/h und schlängelt sich durch eine wunderschöne Landschaft. Wer die Fahrt miterleben möchte, kann in den Sommermonaten an allen Sonntagen diese aufregende Reise in die Vergangenheit unternehmen.
Kurz hinter Krøderen biegen wir an der Kreuzung Hamremoen (schöne Aussicht über den See Krøderen) auf die Str. 7 ab, die über Noresund und Nesbyen durch das Hallingdal in Richtung Norden weiterführt.

Komfortabler Hotelurlaub am See Krøderen
Übernachten Sie auf einem »Herrensitz«, etwa 100 km von Oslo entfernt (Str.7). Malerisch liegt das Hotel inmitten eines Parks am See Krøderen. In den Salons umgeben Sie ausgesuchte Antiquitäten und Kunstgegenstände. Darüber hinaus stehen Ihnen ein Hallen- und Freibad sowie Sauna und Fitneßraum zur Verfügung. Erkunden Sie unsere vielfältigen Wandermöglichkeiten oder entspannen Sie sich beim Angeln. Bootsverleih am See. Schönheit, Ruhe und Komfort sind kennzeichnend für das Sole Hotel.
Preisgünstige Angebote.
Sole Hotel, N-3516 Noresund
Tel. 0047 - (0)67 - 46 188
Fax 0047 - (0)67 - 46 525

Wir folgen dieser Straße aber in Richtung Süden, zurück nach Oslo. Über Sokna (Lunder Kirche v. 1704) erreichen wir Hønefoss, mitten in der leicht hügeligen Landschaft der fruchtbaren Region Ringerike gelegen. Hønefoss (12.000 Einw.) verdankt seine Existenz vor allem dem großen Wasserfall, der schon früh Sägemühlen heranlockte. Direkt am Wasserfall im Zentrum liegt der ehemalige Bauernhof »Riddergården« (8 Gebäude aus dem 18./19. Jh.). Die Familie Ridder bewirtschaftete 250 Jahre lang den Boden, der heute zum Ringerike Museum gehört.
Unsere Reise führt über die E 16 weiter in Richtung Süden. Über Norderhov (Kirche und Museum) erreichen wir wiederum den Tyrifjord. Hinter Sundvollen steigt die Straße eindrucksvoll gegen die steilen Felsen an. Neue Tunnel (gebührenpflichtig!) machen diese Hauptverbindung zwischen Oslo und der Nordwestküste Norwegens leichter befahrbar. Die alte Straße bietet dagegen eine wunderschöne Aussicht über den See. Nach einer Paßhöhe von 340 m tauchen wir ins Tal des kleinen Flusses Isielva ein.
Wir erreichen jetzt schon bald die äußeren Vorstädte von Oslo, die noch in der Gemeinde Bærum (90.000 Einw.!) liegen. Hier liegen auch das Henie-Onstad Kunstzentrum und der Osloer Flughafen Fornebu. Im Zentrum der Gemeinde - Sandvika - biegt die E 18 in Richtung Osten ab, und wir erreichen wieder die Stadtgrenze von Oslo, den Endpunkt unserer Reise.

Besondere Hinweise:
Die Route ist das ganze Jahr über befahrbar, auch für Wohnwagengespanne.

Spannung an der Schleuse - Telemarkkanal bei Ulefoss

Route 2

Kreuz und quer durch Telemark

Entfernungen:		
0 km	Skien	578 km
64 km	Kragerø	514 km
104 km	Drangedal	474 km
197 km	Fyresdal	381 km
240 km	Dalen	338 km
301 km	Haukeligrend	277 km
387 km	Rjukan	191 km
501 km	Notodden	77 km
578 km	Skien	0 km

Diese Rundreise führt durch die manchmal - zu Unrecht - wenig beachteten Gebiete der Telemark, eines Bezirks, der alle Schönheiten und Landschaftsformen Norwegens in sich vereinigt: Wälder, Gebirge, ruhige Seen und schöne Küstenstriche.

Skjærgården Hotell og Badepark

Gönnen Sie sich einen tropischen Badetag an der Südküste in Langesund - mit 32 Grad Lufttemperatur und 31 Grad im Wasser. Springen Sie durch den Wasserfall - ein erholsamer Badespaß mit Hawaii-Abenden, Bade-Rock und Grillfesten. Eintritt für Erwachsene nur NOK 100,-, für Kinder NOK 70,-. Und zur Nacht heißt Sie das Hotel mit seinen 80 gemütlichen Zimmern willkommen.
Skjærgården Hotell og Badepark
Stathelleveien 35, N-3970 Langesund
Tel. 0047 - (0)3 - 97 30 11

Der Ausgangspunkt unserer Reise durch Telemark ist Skien, die Hauptstadt des Bezirks. Die Sehenswürdigkeiten der Stadt sind in der Rundreise 1 ausführlich beschrieben. Wir verlassen die Stadt in südwestlicher Richtung über die Str. 353 und erreichen über Solum das Ufer des Frierfjords. Wir folgen dem Fjord bis Stathelle (Abstecher nach Langesund an der Südküste!), dort biegen wir nach Westen auf die E18 ab. Bei Dørdal nehmen wir die Str. 363 und gelangen nach Kragerø, ein Küstenort mit ca. 5.500 Einwohnern und vielen malerischen Holzhäusern. Die Str. 38 führt uns dann nordwärts, kreuzt bei Gjerdemyra die E 18 und taucht dann in das Drangedal ein. Durch üppige Wälder und entlang der Seen Nedre- und Øvre Tokke führt die Strecke zum Ort Drangedal, dem Zentrum der Gemeinde Drangedal. Besonders beachtenswert sind hier die Kirche und das Freilichtmuseum. Ungefähr 10 km hinter Drangedal an der Kreuzung Bostrak folgen wir der Straße 358. Die Strecke steigt über Gautefall bis 500 m an und führt dann wieder hinunter nach Treungen im Nissedal.

Gautefall Turisthotell

In einem der interessantesten Teile der Telemark liegt im Südwesten das Gautefall Turisthotell, 140 km von Kristiansand und 107 km von Larvik entfernt.
Der Gast erhält einen maßgeschneiderten Aufenthalt. Wir bieten 30 Familien- und Luxuswohnungen in 106 Zimmern mit insgesamt 350 Betten an. Alle Zimmer liegen in dem zweistöckigen Flügel der Anlage und haben Farbfernseher (mit Video), Radio und Telefon. Sie bestimmen, ob Sie selbst für Ihr Essen sorgen, ob Sie in unserem Bistro oder à la carte Restaurant speisen, oder ob Sie Vollpension wünschen. Außerdem sind vorhanden: Tanzbar, Lobbybar, Fitneßraum, Schwimmbad, Kinderspielzimmer. Wir arrangieren Aktivitäten und Ausflüge für Sie.
Gautefall Turisthotell
Gautefallheia, N-3750 Drangedal
Tel. 0047 - (0)3 - 99 66 00
Fax 0047 - (0)3 - 99 97 11

Hier bietet sich ein Abstecher zum Touristenzentrum Vrådal an. Dazu fährt man den idyllisch gelegenen, 37 km langen See Nisser in Richtung Norden. Vrådal gilt im Winter als ausgezeichneter Skiort und hat auch für Sommergäste sehr gute Wandermöglichkeiten zu bieten. Wer will, kann hier auch einen Vergnügungspark besuchen oder mit dem restaurierten Schiff »Fram« über den Nisser schippern.

Obwohl dieser Abstecher sehr empfehlenswert ist, führt unsere Route in die andere Richtung, um das nicht weniger attraktive Fyresdal zu bewundern.
Wir folgen bei Tveitsund/Treungen der Str. 41 in südlicher Richtung und biegen bei Tjønnefoss (6 km weiter) auf die Str. 355 ab. Bei Kilegrend tauchen wir die südlichen Ausläufer des 30 km langen Sees Fyresvatn auf. Die Straße führt nun bergan und bietet mehrfach eine beeindruckende Aussicht auf einen der ruhigsten und idyllischsten Seen Telemarks. Schon bald erreichen wir Fyresdal. Hier sollte man sich das örtliche Freilichtmuseum nicht entgehen lassen.

Die Straße verläßt den See, und wir gelangen nach weiteren 20 km zur Kreuzung Krossli, wo wir die Str. 38 in westlicher Richtung befahren. Mehrere Serpentinen führen hinab nach Dalen, das am Ufer des schmalen Sees Bandak liegt. Hier endet der Telemark-Kanal, der Dalen mit dem Meer verbindet und im Sommer mit Linienbooten befahren wird. » M/S Victoria« und »M/S Vildanden« verbinden täglich mit einer ca. zehnstündigen, geruhsamen Fahrt die Orte Skien und Dalen.
Von Dalen aus führt ein schöner Abstecher über die Straße 45 in mehreren Haarnadelkurven zur Eidsborg Stabkirche, die aus der Zeit um 1300 stammt.
Wir folgen aber der Str. 38 und erreichen über Nesland den Ort Åmot. Hier fahren wir weiter über die Str. 11 in Richtung Haukeligrend. Es geht nun ständig bergan. Bei Edland zweigt die Str. 362 nach Osten ab und führt am schönen See Totak entlang, einem bei Anglern sehr beliebten Gebiet. Wir passieren Rauland (Kirche mit einem Kruzifix aus dem 12. Jahrhundert) und stoßen anschließend bei Krossen auf die Str. 37, der wir anschließend nach Austbø folgen, einem Gebiet mit vielen historischen und unter Denkmalschutz stehenden Holzgebäuden.
Mittlerweile hat sich die Landschafts-Szenerie gänzlich geändert, die Straße führt in einer Höhe von 1.004 m durch karges Hochgebirge, ehe man bei Rjukan wieder tief unten im Tal anlangt. Unterwegs kann man bei Maristijuvet den 105 m hohen Wasserfall Rjukanfoss bewundern, wie er majestätisch die steile Felswand hinunterstürzt. Auch die Aussicht in das enge Vestfjorddal zählt zu den herausragenden Landschaftseindrücken einer Telemark-Tour.
Durch den »Canyon« des Vestfjorddals erreichen wir dann den langgestreckten Industrieort Rjukan (5.000 Einwohner). Sehenswert sind hier u.a. das Vemork Industriearbeitermuseum, das Rjukan und Tinn Museum sowie das Mår Wasserkraftwerk, das 300 m in den Felsen hinein gebaut ist. Hier kann man die längste Holztreppe der Welt bewundern: 3.880 Stufen, 1,2 km lang, ca. 2 Std.

»Kanone und Idylle« - Ungewöhnlicher Blick auf Kragerø

Route 3

Sørlandet – Sonne und Meer

Die Stabkirche von Heddal bei Notodden ist ein historisches Kunstwerk

Entfernungen:		
0 km	Kristiansand	662 km
43 km	Mandal	619 km
96 km	Farsund	566 km
155 km	Flekkefjord	507 km
242 km	Svartevatn	420 km
314 km	Nomeland	348 km
395 km	Evje	267 km
461 km	Åmli	201 km
529 km	Risør	133 km
595 km	Arendal	67 km
662 km	Kristiansand	0 km

Von Krosso führt eine Seilbahn hinauf zum 890 m hohen Berg »Gvepseberg«, der eine imponierende Aussicht über Rjukan und auf den Berg Gaustatoppen (1.883 m hoch) bietet. Nur die Aussicht vom Gipfel des Gaustatoppen hat noch mehr Klasse.

Von Dale aus (etwas weiter im Tal, hinter Rjukan) führt eine Nebenstraße nach Svineroi, schon dieser Weg ist ein Erlebnis für sich. Der anschließende Fußmarsch zum Berggipfel dauert dann ca. 2-3 Stunden. Oben entschädigt ein faszinierendes Panorama für alle Mühen.

Die Str. 37 führt weiter durch das Vestfjorddal bis zum See Tinnsjø. Dieser mit 460 Metern zweittiefste See Europas spielte in der industriellen Entwicklung von Rjukan eine wichtige Rolle. Die Produkte des norwegischen Konzerns »Norsk Hydro« wurden wegen mangelhafter Bahn- und Strassenverbindungen per Schiff an die Südspitze des Sees nach Tinnoset transportiert. Von dort ging es per Bahn weiter nach Notodden und Skien.

Die Straße verläuft parallel zum Ostufer des langgestreckten Sees. Im Osten erhebt sich bald das Blefjell. Kurz vor Bolkesjø (beliebter Urlaubsort) zweigt die Str. 361 nach Ørvella ab. Anschließend geht es auf der Str. 11 nach Heddal, bekannt durch die größte Stabkirche Norwegens.

Gran Hotel - Bolkesjø
Ein Hotel in angenehmer Umgebung im Ort Bolkesjø (Telemark), ca. 110 km von Oslo entfernt. Das Hotel hat neben 83 gut ausgestatteten Zimmern auch ein Schwimmbad mit Sauna und Fitneßraum. Außerhalb des Hotelgebäudes gibt es Tennisplätze, Minigolf, Ruderboote und viele Wandermöglichkeiten. Unser Restaurant heißt auch Gäste außer Hause willkommen.
Gran Hotel, N-3654 Bolkesjø
Tel. 0047 - (0)36 - 18 640
Fax 0047 - (0)36 - 18 631

Dem Ufer des Sees Heddalsvatnet folgend erreichen wir dann Notodden, einen ausgeprägten Industrieort mit ca. 9.000 Einwohnern, der sich schon von weitem durch qualmende Schlote ankündigt. Im Zentrum biegen wir ab auf die Str. 360, die dem See-ufer folgt und uns nach Gvarv bringt.

Unterwegs passiert man bei Klevar eine schöne Holzscheune aus dem Jahre 1500 sowie die Sauherad-Kirche von ca. 1100 (im Chor ca. 25.000 gemalte Dämonengesichter!). In Gvarv gibt es eine prachtvolle Baumschule, die den höchsten Tannenbaum besitzt, der je in Norwegen wuchs. Der 170 Jahre alte und fast 47 Meter hohe Baum wurde in Drangedal gefällt.

Wanderfreunde können ab Gvarv einen kurzen Abstecher nach Bø unternehmen (Str. 36). Oberhalb des Ortes liegt das Lifjell, das ein weitverzweigtes Wandernetz bietet.

Ferien auf dem Bauernhof
Wenn Sie einen Eindruck vom norwegischen Landleben gewinnen wollen, dann bieten dazu etwa 20 Höfe rund um Bø Gelegenheit. Die Wohnungen sind für 4-12 Personen mit Dusche/WC und Küche zur Selbstversorgung bestens ausgestattet. Alle Höfe verfügen über Spielzeug für die Jüngsten sowie Grill und Gartenmöbel. Bewirtschaftet wird jeder Hof, die meisten halten Tiere.
Bø Gardsturisme, N-3800 Bø
Tel. 0047 - (0)3 - 95 21 55

Von Gvarv aus führt uns die Str. 36 am See Norsjø entlang in Richtung Süden. Über Romnes (mittelalterliche Kirche) erreichen wir Ulefoss, mit einigen restaurierten Schleusen des Telemark-Kanals.

Die letzte Etappe führt dann über die Str. 36 zurück nach Skien, den Ausgangspunkt der abwechslungsreichen Route.

<u>Besondere Hinweise:</u>
Diese Route ist das ganze Jahr über befahrbar, auch für Wohnwagengespanne.
Die Strecke läßt sich gut mit Route 1 kombinieren (»Rund um den Oslofjord«; ab Skien). Über die Europastraße 18 (Kragerø - Risør) läßt sich der Anschluß an Route 3 herstellen.

Die Rundreise führt durch die Bezirke Aust- und Vest-Agder, die in Norwegen als »Sørlandet« bezeichnet werden. Das Gebiet wird von der sonnigen und beliebten Küste sowie zahlreichen malerischen, kleinen Städtchen dominiert. Der Küste vorgelagert ist ein leicht hügeliges Gebiet mit Wäldern, Seen und Flüssen sowie das bekannte, teils liebliche, teils schroffe Setesdal, das weit ins Landesinnere vordringt. Die größte Stadt des Gebietes ist Kristiansand, das wegen seiner zentralen Lage und der guten Verkehrsverbindungen mit Dänemark und Mitteleuropa als das »pochende Herz« von Sørlandet gilt.

Kristiansand ist auch Ausgangspunkt der Rundreise durch den »sonnigen Süden« Norwegens. Die Stadt wurde 1641 als militärischer Stützpunkt gegründet und erhielt ein damals nicht unübliches rechteckiges Straßenmuster, ein noch heute völlig intaktes Stadtbild.

Hotel Norge
Dieses Erste-Klasse-Hotel liegt im Zentrum von **Kristiansand**. 200-300 m zum Bahnhof, zur Busstation und den Fähren vom Kontinent. Flughafenbus vor der Tür. Es verfügt über 114 moderne Zimmer, Konferenzsäle und ein Restaurant. Die hauseigene Bäckerei liefert täglich frische Backwaren zum Frühstück. Das Hotel ist bekannt für seinen hohen Komfort und gemäßigte Preise.
Hotel Norge A/S, Dronningensgt. 5
Postboks 729, N-4601 Kristiansand
Tel. 0047 - (0)42 - 20 000
Fax 0047 - (0)42 - 23 530

Kristiansand wuchs anfangs nur sehr langsam, aber die Schiffahrt im letzten Jahrhundert und die Industrialisierung zu Beginn dieses Jahrhunderts ließen die kleine Stadt an der Küste schnell bis weit über die Grenzen ihres »Quadratur«-Zentrums anwachsen. Heute ist Kristiansand mit immerhin 51.000 Einwohnern die sechstgrößte Stadt Norwegens. Sehenswert sind neben dem wichtigen Hafen der Dom mit seinem 70 m

Setesdal-Ansichten: Blick auf den Byglandsfjord

hohen Turm, die Festung Christiansholm aus dem Jahre 1680, das große Freilichtmuseum außerhalb der Stadt und der ca. 400.000 m² große Tier- und Freizeitpark »Dyreparken« an der Europastraße 18.

Museumsbahn durch das Setesdal
Das besondere Erlebnis, 20 km nördlich von Kristiansand: Mit einer historischen Bahn, angetrieben von einer Dampflok aus dem Jahre 1894, können Sie sonntags von Mitte Juni bis Ende August auf den einzig verbliebenen Schmalspurschienen (1067 mm; 5 km Länge) Norwegens fahren. Die Strecke wurde 1896 eröffnet. Im Juli fährt der Zug auch mittwochs sowie dreimal sonntags.
Setesdalsbanen
Grovane, N-4700 Vennesla
Tel. 0047 - (0)42 - 56 482
Fax 0047 - (0)42 - 56 721

Über diese Straße, die ab Kristiansand Teil der »Grünen Küstenstraße« ist, verlassen wir den Ort auch und gelangen über Sogne (kleines Freilichtmuseum; Grab aus der Zeit der Völkerwanderung; schöne Fachwerkkirche von 1590) nach Mandal. In Mandal, der ältesten der pittoresken Städte der Südküste, leben ca. 8.400 Einwohner. Sehenswert sind hier die um den Marktplatz erbaute Altstadt sowie die traditionellen Holzhäuser in der Straße »Store Elvegate«. Die im klassizistischen Stil erbaute Kirche von 1821 hat 1.800 Sitzplätze und gilt als die größte Holzkirche Norwegens. Einen Besuch wert sind auch das Stadtmuseum sowie die Patrizierhäuser Skrivergården und Wattnegården.

Schon im 17. Jahrhundert war Mandal berühmt für seinen »Mandalslaks«. Auch heute noch kann man in mehr als einem Dutzend Restaurants und Cafes seine frischen Lachsspezialitäten genießen.

Die E 18 führt weiter durch abwechslungsreiches Gelände nach Vigeland (Abstechermöglichkeit zum Kap Lindesnes) und Lyngdal. Hier führt ein schöner Abstecher zum Fischerort Korshamn, der direkt am Meer liegt.

Urlaub in der Fischerhütte
Erstklassige Einquartierung in 22 neuen, komfortabel ausgestatteten, holzvertäfelten Fischerhütten mit Küche, Dusche/WC. Alle Hütten liegen direkt am Meer. Ein 14 Fuß-Ruderboot steht Ihnen zur freien Verfügung. Motoren und größere Boote werden zusätzlich verliehen. Das Fischerdorf Korshamn liegt westlich von Lindesnes und wird als Angelparadies geschätzt. Kostenloser Liegeplatz im Gästehafen, organisierte Angeltouren.
Korshamn Rorbuer, N-4586 Korshamn
Tel. 0047 - (0)43 - 47 233
Fax 0047 - (0)43 - 47 234

In Lyngdal biegen wir auf die Str. 43 ab, die am Lyngdalfjord entlang zur malerischen Hafenstadt Farsund führt. Leider ist der größte Teil der Altstadt bei einem Brand im Jahre 1901 zerstört worden. Von Farsund aus bieten sich herrliche Ausflüge an, z.B. zur Halbinsel Lista mit herrlichen Badestränden und manch idyllischer Siedlung. Über die Str. 465 verlassen wir Lista und gelangen nach Kvinesdal. Ab Kvinesdal folgen wir der E 18 über Feda (idyllische weiße Häuser) nach Flekkefjord, einem von Hügeln umgebenen, besuchenswerten Städtchen mit typischem Hafen am Stolsfjord. Die Stadt war im letzten Jahrhundert wichtig für den Holzexport in die Niederlande. An diese internationale Beziehung erinnert »Hollenderbyen«, die Stadt der Holländer. Hier kann man durch schmale Gassen mit malerischen Bootsschuppen schlendern und die historischen, im »holländischen Stil« erbauten Holzhäuser bewundern. Sehenswert sind darüber hinaus die Festungsanlagen sowie das im ältesten Gebäude des Ortes befindliche Stadtmuseum. Wir verlassen Flekkefjord über die E 18 und erreichen den kleinen Ort Sirnes, der eine sehr schöne Aussicht über den See Lundevatn bietet. Von dort biegen wir ab auf die Str. 467 nach Sira (Kirche aus 1807) und folgen anschließend einer Nebenstraße am See Sirdalsvatn entlang bis Tonstad. Auf den Straßen 468 und 45 geht es dann in Richtung Norden, der Hochebene entgegen. Wir erreichen Suleskar, dort führt die Straße 45 nach Nomeland im Setesdal. In 1.000 m Höhe passiert man eine fast unberührte Fjellandschaft, die erst 1990 vom Straßenverkehr durchschnitten wurde, um eine direktere Verbindung von der Westküste bis ins Setesdal zu schaffen. Fährt man ab Suleskar in die entgegengesetzte Richtung, ist auch ein wunderschöner Abstecher nach Lysebotn am Lysefjord möglich. Die Straße endet mit einer spektakulären »Abfahrt« hinunter nach Lysebotn. Im Verlauf von 27 Serpentinen wird ein Höhenunterschied von ca. 800 Metern bewältigt!

Die Strecke Suleskar - Nomeland führt über die Hochebene Urvassheia. Entlang der Strecke hat man sehr gute Wandermöglichkeiten. Bei Nomeland erreichen wir dann das berühmte Setesdal - ein beliebtes Ferienziel für viele Touristen. Die Str. 39 führt uns in Richtung Süden, und schon bald erreichen wir Rysstad. Hier steht gegenüber der Hylestad Kirche von 1839 der Heimegård-Bauernhof aus dem 14. Jahrhundert. In Helle, dem nächsten Ort, kann man eine der vielen Silberschmieden besuchen, die das Setesdal so berühmt gemacht haben.

Wir verlassen Helle und durchfahren einen besonders engen Teil des Tals. Hier bildet der Fluß Otra einige langgestreckte Seen. Über Ose (Wasserfall Reiarsfoss) und die Brücke über den Fluß Storstraumen erreichen wir Ellingstjønn. Wir folgen dem Ostufer des Sees mit dem verwirrenden Namen Byglandsfjord und erreichen dann Evje, ein beliebtes Zentrum für Geologen und Mineralogen.

Revsnes Hotell
Das Hotel liegt in **Byglandsfjord**, am Südende des gleichnamigen Sees. Es ist ein sorgsam geführtes Privathotel, das man einmal erlebt haben muß. Das Haus verfügt über eine große Gartenanlage direkt am See, komfortable Zimmer und von Tradition geprägte Aufenthaltsräume. Seine Lage macht es zu einem idealen Ausgangspunkt für Ausflüge ins Setesdal und ins Hochgebirge.
Revsnes Hotell, N-4680 Byglandsfjord
Tel. 0047 - (0)43 - 34 300
Fax 0047 - (0)43 - 34 127

In Evje biegen wir ab auf die Str. 42, die uns dann ein Stück nach Osten führt, durch das Landesinnere des Bezirks Aust-Agder. Die Straße schlängelt sich durch das dichtbewaldete Hügelland und wir erreichen Svenes. Ab hier entscheiden wir uns für die Straße 41, die nach Norden in Richtung Åmli führt. Kurz vor Åmli, übrigens eine »Hochburg« für die norwegische Bienenzüchtung, biegen wir ab auf die Str. 415 in Richtung Südosten. Wir folgen dem Fluß Nidelva und können am See Nelaug eine sehr schöne Aussicht über die Umgebung genießen.

Bei Ubergsmoen biegen wir - wieder einmal - ab, diesmal nach Norden auf die Str. 414. Hinter Vegårshei folgt die nächste Abbiegung; die Str. 416, die über Akland (Kreuzung mit der E18) nach Risør führt.

Mit seinen guterhaltenen, hellgestrichenen Holzhäusern ist Risør (3.500 Einwohner) ein typischer Hafenort der Südküste. Die Küstenlandschaft ist durch schöne Inseln und Schären geprägt, die herrliche Bade- und Bootsportmöglichkeiten bieten. Sehenswert sind u.a. die barocke Heiliggeist-Kirche aus dem Jahre 1647 sowie das Schloß auf Tangen.

Ab Risør geht es auf den Straßen 411 und 410 weiter an der Küste entlang nach Tvedestrand (wunderschöne Holzhäuser; Bootsausflüge) und nach Arendal, der »Hauptstadt« von Aust-Agder. Im letzten Jahrhundert waren in Arendal über hundert Segelschiffe registriert. Der schönste Teil der 23.000-Einwohner-Stadt ist wohl das Altstadt-Viertel Tyholmen. Dort stehen noch die historischen, gut erhaltenen Holzhäuser von einst (u.a. das große Rathaus). Die Straßen von Arendal waren früher Kanäle, wurden aber nach großen Bränden ausgefüllt und als Straßen genutzt. Sehenswert in Arendal sind außerdem noch das Bezirksmuseum und die Gemäldegalerie im Rathaus, eines der größten Holzgebäude Norwegens. Vom Kai »Langbrygga« werden schöne Bootsausfahrten organisiert.

Ab hier endet unser lebhaftes »Straßenkreuzen« und wir folgen nun wieder der E 18 nach Grimstad und Lillesand, beides typische Südküstenstädte. In Lillesand sollte man sich das Rathaus aus dem Jahre 1734 ansehen. Außerdem interessant sind die Seefahrtsgeschichtliche Sammlungen im Patrizierhof »Carl Knudsen Gaarden«.

Helmershus Hotel
Das Helmershus Hotel liegt in unmittelbarer Nähe des Zentrums von Grimstad mit schönem Blick auf Yachthafen und Schärenküste. Es handelt sich um ein individuelles und modernes Hotel mit erstklassigem Service und gemütlicher Atmosphäre. Eine große Terasse und eine gepflegte Gartenanlage laden zur Entspannung ein. Kostenloser Parkplatz ist vorhanden.
Helmershus Hotel
Vesterled 23, N-4890 Grimstad
Tel. 0047- (0)41- 41 022
Fax 0047- (0)41- 41 103

Die letzte Strecke zurück nach Kristiansand, dem Ausgangspunkt der Reise, führt noch am Tier- und Freizeitpark »Dyreparken« entlang, einer immer größer werdenden Attraktion für die ganze Familie.

Besondere Hinweise:
Die Str. 465 (Farsund-Kvinesdal) ist für Wohnwagen nicht geeignet. Als Ausweichmöglichkeit bieten sich die Str. 43 und die E 18 (Farsund - Lyngdal - Kvinesdal) an. Die Strecke Suleskar - Nomeland (Straße 45) führt durch Hochgebirge und bleibt das ganze Winterhalbjahr über gesperrt.
Diese Rundreise läßt sich gut kombinieren mit den Rundreisen 2 (»Telemark«; E 18 Gjerdemyra - Akland) und 4 (»Rogaland«; Flekkefjord).

Route 4

Abwechslungsreiches Rogaland

Entfernungen:		
0 km	Stavanger	686 km
43 km	Haugesund	643 km
113 km	Leirvik	573 km
204 km	Hordalia	482 km
274 km	Sand	412 km
403 km	Lauvvik	283 km
461 km	Vikeså	225 km
534 km	Flekkefjord	152 km
602 km	Egersund	84 km
686 km	Stavanger	0 km

Der Bezirk Rogaland ist mehr als nur die Hauptstadt Stavanger, obwohl die Ölstadt an der Südwestküste Norwegens dem Besucher einiges bieten kann. Auch die Städte Haugesund und Egersund sind nicht unbedingt typisch für Rogaland. Rogaland bedeutet auch: die wüste Gegend von Dalane, das fruchtbare Jaeren, die reiche Insel Karmoy und die bergige Küste von Ryfylke mit dem berühmten Felsen Preikestolen, der 600 Meter senkrecht aus dem Fjord emporsteigt.
Im Verlauf der folgenden Rundreise erhält man einen schönen Überblick über die Sehenswürdigkeiten von Rogaland.

Ausgangspunkt der Tour ist Stavanger, Hauptstadt des Bezirks und darüber hinaus drittgrößte Stadt Norwegens. Hier leben (inkl. Sandnes) ca. 120.000 Einwohner. Stavanger war anfangs Sitz des Bischofs und erhielt im Jahre 1245 die Stadtrechte. Als der Bischofssitz nach Kristiansand verlegt wurde, ebbte die Bedeutung etwas ab, schon bald aber sorgten der Aufschwung von Fischerei und Seefahrt dafür, daß Stavanger schnell größer wurde. Fischverarbeitende Fabriken und Schiffswerften machten Stavanger schon vor dem Aufschwung durch die Ölindustrie zu dem wichtigen Ort. Heute steht die Stadt ganz im Zeichen des »schwarzen Goldes«, denn von Stavanger aus wird die gesamte Ölindustrie verwaltet und organisiert. Die Ölförderung und -verarbeitung selbst findet jedoch an anderer Stelle statt. Die Stadt ist damit immer noch eine »saubere« Stadt geblieben.

Sehenswert ist vor allem der historische Altstadtkern (Gamle Stavanger) mit ca. 170 malerischen Holzhäusern und idyllischen Kopfsteinpflaster-Gäßchen. Eine wunderbare Aussicht über die gesamte Innenstadt hat man vom Leuchtturm Valbergtårnet in der Altstadt. Einen Überblick über den gesamten Stadtbereich bietet dagegen der Ullandhaug-Turm, der höchste Punkt von Stavanger.
Weitere Sehenswürdigkeiten sind die Domkirche (12. Jh; schönes Barockinventar), das Stadtmuseum, das Konservenindustriemuseum (in Alt-Stavanger), der rekonstruierte Hof Ullandhaug aus der älteren Eisenzeit sowie die herrschaftlichen Häuser Ledaal und Breidablikk. Auf einer Insel im Boknafjord kann man das außergewöhnlich gut erhaltene Kloster Utstein aus der 2. Hälfte des 13. Jh. besuchen (zu erreichen per Fähre und Bus).

Am Anfang dieser Rundreise wenden wir uns dem Element zu, das für Stavanger so wichtig ist: dem Meer. Nach kurzer Fahrt über Land (Str. 1 nach Randaberg) setzen wir mit der Fähre zur Insel Karmøy über. Sehenswert ist hier u.a. das Karmøy Fischereimuseum. Nach ca. 75 Minuten (Aussicht über die Nordsee) legen wir dann in Skudeneshavn an, einem netten Ort mit 2.500 Einwohnern und einer idyllischen Altstadt, die durch gepflegte Holzhäuser im Empirestil (erste Hälfte 19. Jh.) geprägt ist. Einen Spaziergang durch die alten Gassen sollte man sich nicht entgehen lassen. Im historischen Hof Mælandsgården befindet sich ein kleines interessantes Museum. Sehenswert ist auch der kleine Naturpark »Doktor Jensens Minne« mit seinen für diese Breitengrade seltenen Baumgewächsen.
Die Str. 47 führt uns an der Westküste der

»Vil du prøve?« - Krebsverkauf im Hafen von Stavanger

Steinkirche auf Karmøy

Insel entlang und streift einige schöne Aussichts- und Badestellen. An der Kirche von Ferkingstad bietet sich eine besonders schöne Aussicht auf das Meer bis hin zur Fischerinsel Utsira, die fast 20 km außerhalb im offenen Meer liegt. Bei Åkrehamn liegt der 1 km lange Åkresanden, einer der schönsten Sandstrände Norwegens. Die Straße wechselt zur anderen Seite der Insel, und über Kopervik erreichen wir Avaldsnes. Kurz vorher führt eine Nebenstraße nach Visnes, wo man ein Bergwerksmuseum besichtigen kann (Visnes Gruvemuseum).
In Avaldsnes steht die St. Olavs Kirche (um 1250). Um den 6,5 m hohen Stein an der Kirchenwand rankt sich eine Sage: die Welt soll untergehen, wenn diese »Nähnadel der Jungfrau Maria« (Jomfru Marias synål) die Mauer berührt. In der Nähe befinden sich auch die Grabhügel »Rehaugene« mit einem der bedeutendsten aus der Bronzezeit stammenden Grabfelder Norwegens.
Über die 690 m lange Karmsund-Brücke verlassen wir die Insel. 5 Gedenksteine aus der Zeit der Völkerwanderung erinnern am Ende der Brücke an »die fünf törichten Jungfrauen« (De fem dårlige jomfruer).
Wenig später erreichen wir das Zentrum von Haugesund. Haugesund (30.000 Einw.) ist eine wichtige Hafenstadt, deren Geschichte eng mit der Entwicklung von Fischerei und Seefahrt verbunden ist. In den letzten Jahren gewinnt auch die Ölindustrie an Bedeutung. Außerdem ist Haugesund Gastgeber für das bedeutendste norwegische Filmfestival. Sehenswert: das Karmsund-Volksmuseum und die Städtische Gemäldegalerie. 2 km nördlich liegt Haraldshaugen mit dem 1872 errichteten Nationalmonument: ein 17 m hoher Obelisk mit 29 kleineren Steinen, die die geeinten Bezirke Norwegens symbolisieren. Das Steinkreuz auf dem benachbarten Hügel Krosshaugen stammt aus dem Jahre 1000.
Wir folgen der Str. 47 bis Våge und gelangen dann über die Str. 541 zum Kai des Fährhafens Buavåg. Wir nehmen die Fähre nach Langevåg auf der Insel Bømlo (ca. 20 min). Die Str. 541 führt nordwärts über die interessante Insel und erreicht über eine Landenge die Kreuzung Indre Havik. Hier lohnt sich ein Abstecher nach Mosterhamn, wo jährlich das »Mostraspelet« aufgeführt wird, ein historisch-religiöses Freilicht-Theaterstück. Die alte Kirche stammt ca. aus dem Jahre 1000.
An der Kreuzung biegen wir links ab und gelangen in kurzer Zeit zum Fährhaven Siggjarvåg. Eine Fähre bringt uns in ca. 20 Min. nach Sagvåg auf der Insel Stord. In Leirvik, mit 9.000 Einwohnern der größte Ort der Insel, folgt die nächste Fährverbindung. In ca. einer Stunde erreichen wir Sunde unterhalb des Hardangerfjordes, nach einem Zwischenstop auf der Insel Halsnøy (Klosterruine). Ab Sunde folgen wir der Str. 48 in Richtung Süden. Über eine weitere Fährverbindung (Utåker - Skånevik; 25 Min.) gelangen wir bei Håland auf die Str. 11.
Wir folgen der Straße nach Norden am See Storädalsvatnet entlang und später hoch über dem engen und steilen Åkrafjord. Unterwegs passieren wir den Wasserfall Langfoss, der mit einer Gesamthöhe von 612 Metern zu den höchsten in Norwegen zählt. Der freie Fall beträgt aber »nur« knappe 60 Meter. Hinter der Schlucht Rullestadjuvet steigt die Straße an, und wir erreichen die Kreuzung Jøsendal. Wir folgen der Str. 11 in Richtung Süden.
Hinter dem Skiort Seljestad führt die Straße mit einigen Tunneln (der längste ist 4,6 km lang) unter dem Bergplateau Røldalsfjellet durch. Die alte Straße, die mit mehreren Serpentinen und einer maximalen Steigung von 12 Prozent das Plateau überquert (Paßhöhe 1.067 m), ist eine besondere Erfahrung und bietet natürlich mehr landschaftliche Schönheiten als die durch mehrere Tunnel führende neue Verbindung.
Bei Hordalia (hervorragende Aussicht auf den See Røldalsvatnet) biegen wir dann in südlicher Richtung ab auf die Str. 520 nach Sauda. Die Strecke folgt anfangs von hoch oben dem Verlauf des Sees, taucht dann aber in die Berglandschaft hinein. Der höchste Punkt (900 m) wird am Fuß des Berges Røldalssåta (1.418 m) erreicht. Die Abfahrt hinunter nach Sauda ist anfangs gemäßigt, später jedoch erfordern die für Norwegen üblichen Serpentinen alle Aufmerksamkeit. Der schön gelegene Industrieort Sauda (5.000 Einwohner) wird von einem Schmelzwerk geprägt, das jährlich bis zu 200.000 Tonnen Stahl erzeugt.
Die Str. 520 führt uns am Ufer des Fjordes entlang nach Ropeid. Mit der Fähre setzen wir in 10 Minuten nach Sand über, dem Zentrum der Gemeinde Suldal.

Gullingen Fjellstove - familienfreundlicher Gebirgsgasthof und Jugendherberge

In reizvoller Landschaft (570 m ü.d.M.) liegt diese preisgünstige Übernachtungsmöglichkeit, die 100 Betten in 40 Zimmern bietet. Gästeküchen zur Selbstversorgung. Cafeteria für alle Mahlzeiten. Reitangebote und tägl. Aktivitäten. Fitneßraum. Beleuchtete Sportbahn. Spielplatz. Gute Angel- und Bademöglichkeiten. Ruderboot, Segelboot und Kanuverleih.
*Gullingen Fjellstove, Mosvatnet
N-4230 Sand, Tel. 0047 - (0)4 - 79 99 01
Fax 0047 - (0)4 - 79 99 37*

Sehr bekannt ist hier der Fluß Suldalslågen, einer der besten Lachsflüsse des Landes. Der Suldalslågen bildet hier einen 4 Meter hohen, breiten Wasserfall, der als Ausgangspunkt für ein Lachsstudio dient, eine Art natürliches Fischereimuseum. Am Fluß entlang tauchen mehrere Herrenhäuser auf, die im letzten Jahrhundert von englischen Lords gebaut wurden, die auf die guten Angelmöglichkeiten aufmerksam geworden waren. Wer Zeit hat, sollte der Str. 13 ein Stück flußaufwärts folgen, um z.B. »Suldalsporten« zu erleben, eine extrem enge Stelle am Ausgang des Sees Suldalsvatnet.
Die Str. 13 führt weiter in Richtung Süden durch eine beeindruckende felsige Fjordlandschaft (mehrere Tunnel). In Nesvik wartet die Fähre nach Hjelmeland (15 min). Die Straße schwenkt häufig von der Küste weg, um einen Bergrücken zu überqueren, und kehrt dann wieder zum Fjordufer zu-

Aussicht vom Preikestolen. Wer sich so weit wagt, muß schwindelfrei sein.

rück. Auf diese Weise erreicht man auch den Ort Årdal am Årdalsfjord. Interessant sind hier eine schöne alte Kirche von 1600 (Inventar im Stavanger-Renaissance-Stil mit schönen bauernbarocken Wandmalereien) und ein Grabfeld aus der Eisenzeit. Weiter geht's über Tau, Solbakk (Felszeichnungen aus der Bronzezeit) und den Industrieort Jørpeland nach Jøssang. Ab Jøssang führt eine Nebenstraße zur Preikestolhytta, Ausgangspunkt für die berühmte Wanderung zum Berg »Preikestolen« (mindestens 2 Stunden Aufstieg; gutes Schuhwerk und ausreichende Kondition erforderlich, unbefestigter u. z.T. steiler Pfad). Die Aussicht von diesem vielleicht meistfotografierten Felsen Norwegens ist phänomenal und entschädigt für alle Mühen.

Die Str. 13 führt uns am Høgsfjord entlang nach Oanes (Fähre nach Lauvvik; 10 min). Diese Fährverbindung wird in Zukunft durch ein gigantisches Projekt abgelöst, das ein gutes Beispiel für die innovative norwegische Straßenbaukunst bietet. Neben einer »normalen« Brücke zwischen Oanes und Forsand (auf der anderen Seite des Lysefjords) plant man zwischen Forsand und Lauvvik einen kilometerlangen Fjordtunnel, der als Brücke beginnt und dann unter Wasser fortgeführt wird, um die Durchfahrt durch den Fjord auch für sehr hohe Schiffe zu gewährleisten. Ab Lauvvik führt die Str. 508 nach Oltedal, dort biegen wir ab auf die von Ålgård kommende Str. 45 nach Dirdal.

Hütten / Ferienhäuser in Sørlandet und Westnorwegen

Hütten und Ferienhäuser können Sie bei uns das ganze Jahr über mieten. Wir haben uns darauf spezialisiert, Ihnen sowohl an der Küste als auch im Inland Hütten zu bieten. Lage, Standard und Preis variieren. Unseren Katalog, in dem alle Ferienhäuser beschrieben und abgebildet sind, senden wir Ihnen gern zu.
Aspen Hytteformidling
Myrabekkveien 20, N-4330 Ålgård
Tel. 0047 - (0)4 - 61 76 95
Fax 0047 - (0)4 - 61 85 68

In Gilja bietet sich ein Abstecher über eine kurvenreiche Nebenstraße nach Frafjord an. Hier laden der schöne Wasserfall Manafoss und das Fjordpanorama unterwegs zu einigen Schnappschüssen ein. In Byrkjedal folgen wir der Str. 503 und gelangen in südwestlicher Richtung vorbei an Wäldern und Seen nach Vikeså. Unterwegs kann man eines der größten Geröllfelder Norwegens bewundern: Gloppedalsura, mit imponierenden Felsbrocken und Überhängen.

Bei Vikeså befinden sich die Überreste eines der größten Höfe Norwegens aus der Eisenzeit. Unsere Fahrt geht weiter auf der E 18 in Richtung Südosten (oder gleich nördlich bis Stavanger).

Bei Hæstad zeugen die Überreste einer alten Burg sowie ein 100 Meter langer Verteidigungswall, der von der Straße aus zu sehen ist, von einer bewegten Vergangenheit.

Die E18 schlängelt sich mühsam durch die wilde Landschaft von Dalane und erreicht bei Moi den See Lundevatn. Wir verlassen kurz Rogaland und gelangen über einen schönen Aussichtspunkt nach Flekkefjord (Ortsbeschreibung in Rundreise 3).

Auf der Str. 44, die den Küstenstreifen von Rogaland durchstreift, geht es dem Ende der Reise entgegen. Über Åna-Sira und einen kleinen Paß (275 m) gelangen wir zum Jøssingfjord, dort wurde die Straße in die steile Felswand hineingesprengt. Durch eine rauhe Gegend gelangen wir nach Hauge, wo wir der Fischerei-Abteilung des Dalane Museums einen Besuch abstatten können. Der nächste Ort an der Str. 44 ist Egersund, eine Handelsstadt, die früher vor allem vom Heringsfang lebte. In der Straße »Strandgate« stößt man auf die malerischen, für Südnorwegen so typischen Holzhäuser.

An der Küste entlang geht es weiter auf der Straße 44 durch das fruchtbare Landwirtschaftsgebiet Jæren. Bei Brusand führt unser Weg auf einer Nebenstraße landeinwärts in Richtung Brusali. Hier bietet sich eine Wanderung zum Berg Synesvarden (359 m) an. Von oben bietet sich ein weites Panorama über die gesamte Küste von Rogaland. Bei Vigrestad passieren wir das Gräberfeld Evestad. Über Bryne geht die Fahrt weiter nach Sandnes, einen 27.000-Einwohner-Ort am Gandsfjord, der allmählich mit Stavanger zusammengewachsen ist, das wir 17 km weiter wieder erreichen.

Besondere Hinweise:
Die Tour ist abgesehen von der Strecke Hordalia - Sauda das ganze Jahr über befahrbar und mit Ausnahme der Strecken Hordalia - Sauda und Åna Sira - Hauge auch für Wohnwagen geeignet. Ausweichmöglichkeiten bietet die Str. 13 (Hordalia - Sand) bzw. die E 18 (Flekkefjord - Egersund).

Die Wanderung zum Preikestolen bietet großartige Natur, zählt aber zu den anspruchsvolleren Touren in Norwegen, so daß man sich genügend Zeit nehmen sollte, um in Ruhe die Schönheiten dieses Gebietes genießen zu können.

Diese Rundreise läßt sich ausgezeichnet kombinieren mit den Rundreisen 3 (»Sørlandet«) und 7 (»Die großen Fjorde«).

Strand bei Skudeneshavn

Route 5

»Und ewig singen die Wälder« - Durch Ostnorwegen

Entfernungen:		
0 km	Lillehammer	961 km
86 km	Vinstra	875 km
197 km	Folldal	764 km
298 km	Ulsberg	663 km
374 km	Tynset	587 km
482 km	Åkrestrømmen	479 km
546 km	Drevsjø	415 km
619 km	Trysil	342 km
682 km	Elverum	279 km
783 km	Kongsvinger	178 km
887 km	Hamar	74 km
961 km	Lillehammer	0 km

Diese Rundreise berührt die Nationalparks von Oppland, die dichten Wälder Hedmarks, außerdem so beliebte Ferienziele wie das Gudbrandsdal, das fruchtbarste Tal Norwegens, die Gebirge Rondane und Dovrefjell, den See Femund sowie verschiedene Wintersportzentren, allen voran natürlich Lillehammer, den zukünftigen Austragungsort der Olympischen Winterspiele 1994.

In Lillehammer beginnt auch unsere Tour. Die Stadtrechte erhielt der Ort im Jahre

---

Rustad Hotel og Fjellstue

Der Gebirgsgasthof liegt am See Sjusjøen bei Lillehammer in 830 m Höhe. Rustad besitzt 52 Zimmer (davon 36 mit Dusche/WC. Gemütlicher Speisesaal, 2 Kaminstuben, 2 Saunen, großer Skischuppen. Skischule, Skiverleih, Bergführer. Badestrand, Boote, Wander- und Fahrradwege. In Rustad, seit 55 Jahren in Familienbesitz, findet man noch echte norwegische Gastlichkeit.
Rustad Hotel og Fjellstue
N-2612 Sjusjøen
Tel. 0047 - (0)65 - 63 408
Fax 0047 - (0)65 - 63 574

Dølaheimen Hotel

Das Hotel liegt in der Nähe des Bahnhofs im Zentrum Lillehammers. Großer Parkplatz mit Behindertenplätzen und »Motorwärmern«. 21 Zimmer mit Dusche, WC, Radio, Telefon & TV. Das familienfreundliche Hotel bietet 3-und 4-Bettzimmer, eine Cafeteria mit Nichtraucherzone und Klimaanlage und ist für seine frisch zubereiteten Spezialitäten (Rømmegrøt) bekannt.
Dølaheimen Hotell & Kafeteria
Jernebanegt. 3, Postboks 136
N-2601 Lillehammer
Tel. 0047 - (0)62 - 58 866

1827 - ganze 50 Einwohner wohnten damals dort. Seitdem ist die Stadt zu einer - für norwegische Begriffe - großen Stadt mit ca. 16.000 Einwohnern herangewachsen. Trotzdem ist der Kleinstadtcharakter weitgehend erhalten geblieben, immer noch prägen gepflegte alte Holzhäuser das Ortsbild.
Die größte Sehenswürdigkeit der Stadt ist das Freilichtmuseum Maihaugen mit zahlreichen Gebäuden (u.a. einer Stabkirche).

Lebendige Geschichte in Lillehammer
Eines der größten und interessantesten Museen Norwegens liegt mitten in der Olympiastadt Lillehammer. In »Maihaugen« wird die Geschichte des Gudbrandsdals vom Mittelalter bis zum heutigen Tag lebendig. Holzhäuser und Stabkirchen aus dem 13. Jahrhundert und Bauernhöfe aus dem 18. Jahrhundert. Einige Höfe halten Tiere und werden wie vor 100 Jahren bewirtschaftet. Entsprechend lange Kunsthandwerkstradition. Große Sammlung an Volkskunst, vor allem Holzschnitzerei und Rosenmalerei. Norwegische Gerichte und Souvenirs. Führungen auf Deutsch.
Maihaugen - De Sandvigske Samlinger
Maihaugveien 1, N-2600 Lillehammer
Tel. 0047 - (0)62 - 50 135
Fax 0047 - (0)62 - 53 959

Sehenswert sind auch das Kunstmuseum und das Fahrzeugmuseum mit vielen Oldtimern.

Bjørn's Gasthof und Motel
Eine hervorragende Rastmöglichkeit bietet sich an der E 6 in Lillehammer an: »Bjørn's Kro og Motell« hat 30 moderne Zimmer mit Hotelstandard. Alle mit Fernseher, Dusche/WC. Restaurant, Cafeteria, großem Kiosk und eigenem Bäcker. Seit neuestem gibt es auch Appartements: 20 voll ausgestattete Wohnungen mit Dusche/WC, Miniküche und Fernseher. Sehr günstige Preise.
Bjørn's Kro og Motell
Vingnes, N-2600 Lillehammer
Tel. 0047 - (0)62 - 58 300
Fax 0047 - (0)62 - 55 517

Familienurlaub in Sjusjøen
Sparpreise für Familien bietet das Høyfjellshotel: 3 Tage Übernachtung für 2 Erwachsene mit bis zu 2 Kindern unter 15 Jahren inkl. Halbpension und Lunchpaket komplett für NOK 2.670,-.
Dazu komfortable Hotelatmosphäre mit Schwimmhalle, Sauna, Solarium, Zimmer mit Dusche/WC, Telefon und TV. Komplettangebot für Hütten und Ferienwohnungen (6-10 Betten): 3 Tage: NOK 1.665,-/2.325,-.
Sjusjøen Sommerland:
Wassersportzentrum, Gasthof, Disko, Lebensmittelladen, Reiten.
Nur 20 km von Lillehammer entfernt.
Nor-Sju Hotels, N-2612 Sjusjøen
Tel. 0047 -(0)56 - 63 401
Fax 0047 - (0)56 - 63 404

Wir verlassen Lillehammer in nordwestlicher Richtung über die Str. 253. Nach knapp 10 km erreichen wir Brusvea gegenüber von Fåberg und biegen ab auf die Str. 255 ins Gausdal.

Hunderfossen Familienpark - ein wahres Abenteuer
Willkommen in dem Park, in dem alle gleich jung sind. Vergessen Sie Ihr Alter und haben Sie den ganzen Tag lang Spaß. Unser Motto heißt: Spielen und lernen. 50 verschiedene Attraktionen und Aktivitäten warten auf Sie. Bei uns sehen Sie den größten Troll der Welt. In der Märchengrotte treffen Sie Könige und Königinnen, Prinzen und Prinzessinnen - und viele Ihnen bekannte Märchenfiguren. Die 6 -10jährigen können hier ihren ersten Führerschein erwerben, und das Energiezentrum zeigt anschaulich die Produktion von Energie.
Der Hunderfossen Familienpark liegt 13 km nördlich von Lillehammer. Der Zug hält direkt auf unserem »Bahnhof«.
Von Mitte Juni bis Mitte August haben wir von 10 -20 Uhr geöffnet. Davor und danach etwas kürzer.
Hunderfossen Familienpark
N-2638 Fåberg
Tel. 0047 - (0)62 - 77 222
Fax 0047 - (0)62 - 77 100

Kurz hinter Follebu erreichen wir Aulestad, das Haus Bjørnstjerne Bjørnsons, Norwegens großem Dichter und Literatur-Nobelpreisträger. Das Haus ist noch wie zu Lebzeiten Bjørnsons erhalten (Ende 19. Jh.).
Bei Segalstad biegen wir auf die Str. 254 nach Svingvoll ab, dort beginnt der sogenannte »Peer Gynt Veien«. Diese Privatstraße (gebührenpflichtig) erschließt das »Reich Peer Gynts«, ein großartiges Fjellgebiet mit ausgezeichneten Wandermöglichkeiten, z.B. auf dem 60 km langen Peer-Gynt-Pfad. Wir erreichen eine Höhe von 1.053 m und gelangen über mehrere Hotels und die Kreuzung Vollsdammen bei Vinstra (3.000 Einwohner) wieder ins Gudbrandsdal. Hier findet alljährlich im August das große Peer-Gynt-Festival statt. Sehenswert sind die Sødorp-Kirche aus dem Jahre 1752 und die 5.000 Jahre alten Felszeichnungen in der Nähe des Gemeindehauses.

Wadahl Høgfjellshotell
Das Hotel liegt im **Gudbrandsdal**, in 933 m Höhe, mit Ausblick auf die Gebirgsgruppe Jotunheimen.
100 komfortable Zimmer, gemütliche Kaminstube, Bar, Schwimmbad, Sauna. Ideales Skigelände mit 200 km Loipen, 6 Skilifte mit 11 Abfahrtspisten direkt vor der Haustür.
Aktivitäten im Sommer: Wandern, Tennis, Wassersport oder Angeln.
Wadahl Høgfjellshotell, N-2645 Harpefoss
Tel. 0047 - (0)62 - 98 300
Fax 0047 - (0)62 - 98 360

Vor der Brücke über den Fluß Lågen biegen wir ab auf die Str. 256, die in Richtung Süden der ruhigeren Talseite folgt. Bei Ringebu (1.500 Einwohner) kann man eine Stabkirche aus dem Jahre 1200 besichtigen. Hier wurde einst ein interessanter Münzenfund gemacht. Ab Ringebu folgen wir dem »Rondevegen«, der Straße 27, über einen Ausläufer des Rondane-Gebirges.
Die Straße steigt bis zu einer Paßhöhe von 1.060 m ständig an und durchquert ein Gebiet, daß sich bei Wintersportlern großer Beliebtheit erfreut (zahlreiche Hotels).
Aber auch im Sommer ist das Gebiet einen Besuch wert. Es eignet sich hervorragend für Wanderungen über die Hochebene von Rondane. Das Gebirge, das zugleich ein Nationalpark mit einer reichen Flora und Fauna ist und noch viele Spuren aus der Eiszeit aufweist, erhebt sich linkerhand.
Schon alleine im Vuludal befinden sich ca. 30 Grabhügel. Bei Gunstadseter, kurz vor dem Abstieg nach Enden, hat man eine wunderschöne Aussicht.
Ab Enden folgen wir weiter der Str. 27, die uns über Atnbrua in Richtung Norden bringt. Mehrere Nebenstraßen führen zu schön gelegenen Berghotels.
Wir erreichen schließlich Folldal und biegen dort auf die Str. 29 nach Hjerkinn ab. Hjerkinn hält den norwegischen Rekord für den geringsten durchschnittlichen Niederschlag (jährlich 222 mm).
In dieser Gegend kann man sogar noch Reste der alten Königsstraße nach Trondheim sowie mehrere Altertumsfunde aus der Zeit vor 1.000 n. Chr. bewundern. In der Umgebung von Hjerkinn befinden sich u.a. eine alte Grube, die Estein-Kirche und der kleine Nationalpark Hjerkinnholen.
Wir folgen jetzt der E 6 durch das Drivadal in Richtung Norden und erreichen, nach dem Überqueren der Paßhöhe (1.026 m), Kongsvoll.
Im Gebirgsgasthof Kongsvold Fjeldstue befindet sich ein sehr sehenswertes Museum. Der benachbarte Berg Knutshø ist für Botaniker sehr interessant, da hier noch seltene Pflanzenarten wachsen, von denen angenommen wird, daß sie die letzte Eiszeit überlebt haben. An beiden Seiten der E 6

Moschusochsen auf dem Dovrefjell

erstreckt sich der Nationalpark Dovrefjell. Der höchste Berg des Dovrefjells, der Snøhetta (2.286 m ü.d.M.), wird nur von den höchsten Gipfeln im Jotunheimen-Gebirge überragt und ist zu Fuß in ca. 3 Stunden von der Hütte Reinheim (5 Std. ab Kongsvoll durch das Stroplsjødal) aus erreichbar.

Kurz hinter Kongsvoll ist ein größerer Teil der alten Königsstraße erhalten und lädt zu einer kleinen Wanderung ein. Diese - nicht ganz ungefährliche - Strecke heißt Vårstigen und führt Wanderer in ca. 45 Minuten hinunter ins Tal.

Die Straße durch das Drivadal führt uns schließlich nach Oppdal, einen populären Wintersportort. Hier befinden sich mehrere Skilifte und eine Seilbahn, die zu einem Restaurant mit Panorama-Blick in 1.125 m Höhe führt.

Wir folgen der E 6 weiter in Richtung Norden bis Ulsberg und zweigen dann in südöstlicher Richtung auf die Str. 3 nach Tynset ab. Diese Strecke folgt dem Fluß Orkla stromaufwärts und passiert bei Kvikne den Hof Bjørgan, Geburtshof des berühmten norwegischen Romantikers Bjørnstjerne Bjørnson.

Über eine Paßhöhe (700 m) erreichen wir Tynset, hier lohnt ein Besuch des örtlichen Freilichtmuseums. Wir befahren weiterhin die Str. 3, immer dem Ufer der Glomma folgend, des längsten Flusses Norwegens. Kurz hinter Tynset führt eine Nebenstraße nach Savalen, vor allem bei Eisschnelläufern bekannt, aber auch ein Ort, an dem Skiläufer Spaß finden können.

Am Fuß des imposanten Berges Tronfjell liegt Alvdal (600 Einwohner), wo ein weiteres sehenswertes Freilichtmuseum lockt. Das Tronfjell dominiert das ganze Gebiet und erhebt sich hoch über das Tal und die relativ flache Umgebung. Der Gipfel in 1.666 m Höhe ist zwar mit dem Auto zu erreichen (gebührenpflichtige Straße, die letzte Strecke besteht aus steilen Serpentinen), kann aber durchaus auch zu Fuß erklommen werden. Oben hat man eine großartige Aussicht über das fruchtbare Østerdal.

Weiter geht die Fahrt auf der Str. 3 in Richtung Süden. Bei Barkald liegt »Jutulhogget«, der größte Canyon Norwegens. Diese 150 m tiefe und 2,5 km lange Schlucht ist wahrscheinlich entstanden, als in der letzten Eiszeit der natürliche Damm brach, der einen See im oberen Teil des Østerdals aufgestaut hatte.

Bei Hanestad verlassen wir die Str. 3 und folgen einer Nebenstraße, die uns über den Bergrücken Hanestadkjølen nach Øvre Rendal führt, eine der kürzesten Paßstraßen (700 m) Norwegens (schöne Aussicht!).

Ab Øvre Rendal (Kirche von 1759) folgen wir der Str. 30 südlich nach Åkrestrømmen am fischreichen See Storsjøen. Unterwegs steht bei Ytre Rendal eine schöne Kirche (1753).

Die Str. 217 führt uns ab Åkrestrømmen in Richtung Osten. Lohnenswerte Abkürzung: Fährt man stattdessen die Str. 30 in südwestlicher Richtung, erreicht man bei Koppang wieder das schöne Østerdal.

Koppangtunet Hotell - Urlaub nach Maß

Das Hotel liegt in Koppang, in der Mitte zwischen Oslo und Trondheim. Schöne Atmosphäre durch historische Holzgebäude. Wander- und Angelmöglichkeiten im Sommer und Winter. 23 Zimmer mit 54 Betten. Wildspezialitäten. Bistro mit 60 Plätzen. TV, Video im Zimmer. Cafeteria mit 75 Plätzen, Restaurant mit 50 Plätzen. Gesellschaftsraum, 2 Salons. Alle Schankrechte.
Koppangtunet Hotell, Synnøve und Jan M. Tollhaug, N-2480 Koppang
Tel. 0047 - (0)64 - 60 455
Fax 0047 - (0)64 - 61 180

Die Str. 217 steigt am Anfang stark an und folgt dann dem Fluß Mistra, hoch über dem Flußbett. Über einen Paß (700 m) erreichen wir das Tal des Flusses Trysil, der in Schweden Klarälven heißt und zu den längsten Flüssen Skandinaviens zählt. Nördlich von uns erhebt sich das Bergmassiv Rendalsølen bis in 1.755 m Höhe. Über das Skizentrum Sølenstua gelangen wir an die Seen Isteren (Wasserfall Isterfossen) und Femund. Der Femund, Norwegens drittgrößter Binnensee, ist wegen seiner relativen Isoliertheit ideal für Fischer, Kanufahrer und alle anderen, die Ruhe und nahezu unberührte Landschaft schätzen. Nur wenige Straßen führen bis zum Ufer, oft ist der See nur zu Fuß zu erreichen. Es sei denn, man fährt mit dem Schiff. »M/S Fæmund II« fährt im Sommer täglich über den See und legt auch an abgelegenen Stellen an, die mit dem Auto unerreichbar bleiben.

Bei Femundsenden biegen wir auf die Str. 26 in Richtung Süden ab. Über Drevsjø (Wildnismuseum), Engerdal und den See Engeren erreichen wir bei Engerneset, wo wir wieder dem Fluß Trysil begegnen. Wir folgen dem Fluß stromabwärts und gelangen bald nach Trysil/Innbygda.

Dieser 3.000 Einwohner zählende Ort ist ein wichtiges Zentrum für diese Region und hat sich in den letzten Jahren zu einem der größten Wintersporte Skandinaviens entwickelt. Insgesamt 12 Skilifte führen zum 640 m über dem Ort liegenden Berg Trysilfjellet, und in der direkten Umgebung liegen ca. 1000 Hütten. Sehenswert im Ort selbst sind die 1857 erbaute Kirche und das Freilichtmuseum.

In Nybergsund, 7 km südlich von Trysil, biegen wir auf die Str. 25 ab, die mitten durch die dichten Wälder des Bezirks Hedmarks nach Elverum führt. Elverum (10.000 Einwohner) bietet seinen Besuchern das zweitgrößte Freilichtmuseum Norwegens: das Glomdalsmuseum mit 80 alten Gebäuden aus dem Østerdal und Solør (das Tal südlich der Stadt).

Weitere Sehenswürdigkeiten bieten das Forstwirtschaftsmuseum (einzig in Norwegen), die Kirche von 1738, die Schanze Grinsdalen und die Festung Christiansfjell, beide von 1683. Die schönste Aussicht über Elverum hat man vom Wasserturm oberhalb der Festung.

Elverum - Tor zum Østerdal

Norsk Skogbruksmuseum, Nordeuropas einziges Fachmuseum, das sich mit Forstwirtschaft, Jagd und Angeln auseinandersetzt.
Das Areal beläuft sich auf 200 Ar und hat einen eigenen Kinderspielplatz.
Das Glomdalsmuseum, malerisch am Fluß Glomma gelegen, ist eines der größten Freilichtmuseen in Norwegen mit einem Areal von 170 Ar.
Hier sehen Sie 89 historische Häuser von Østerdalen, Solør und Finnskogen.
Hotel Central (140 km von Oslo) 79 kürzlich renovierte Zimmer, persönlicher Service, günstige Preise. Tanz. Golfferien.
Elverum Reiselivslag, N-2400 Elverum
Tel. 0047 - (0)64 - 13 116
Fax 0047 - (0)64 - 15 070

Auf der Straße 20 fahren wir nun am Ostufer der Glomma entlang. Das Tal zwischen Elverum und Kongsvinger trägt den Namen »Solør«.

Über Flisa erreichen wir Kirkenær (1.500 Einw.), das Zentrum der Region Finnskogene, die früher viele Finnen anzog. Sehenswert sind hier die Kirche aus dem Jahre 1828 und das Heimatmuseum Gruetunet mit einigen mehrere hundert Jahre alten

Im Hedmarksmuseum in Hamar

Gebäuden, darunter zwei Vorratshäuser (»stabbur«) aus dem 15. Jahrhundert.

Finnskogen Turist- og Villmarksenter
Reizvolle Lage am See Skasen im unberührten Waldgebiet nahe der schwedischen Grenze (140 km nördlich von Oslo). 20 Hütten mit Kaminstube, Küchenecke, 2 Schlafzimmer mit 2 Betten, Dusche/WC. Campingplatz mit Stromanschluß. Geschäft und Gasthaus. Aktivitäten: Wander- und Angelmöglichkeiten, Kanuverleih, Mountainbike-Verleih, Ski Alpin, Langlauf.
Finnskogen Turist- og Villmarksenter
N-2260 Kirkenær, Tel. 0047 - (0)66 - 45 750
Fax 0047 - (0)66 - 45 775

Der nächste interessante Ort ist Kongsvinger. Keimzelle der Stadt war die 1681/82 angelegte Grenzfestung, um die herum eine Siedlung entstand. Kongsvinger erhielt 1854 die Stadtrechte und hat heute 10.000 Einwohner. Die strategische Lage des Ortes wird deutlich an der Straße 2, die von Oslo über Kongsvinger nach Magnor und weiter nach Schweden führt.

Eda und Eidskog -
Im norwegisch-
schwedischen Grenzland
Hier verlaufen die alte »Königsstraße« St. Petersburg - Oslo und der historische Pilgerweg nach Trondheim - Str. 2 (N) und Str. 61 (S). Das Gebiet ist von Kriegen geprägt und bietet viele Sehenswürdigkeiten: Eda Schanze, Friedensmonument Morokulien, Eda Heimatmuseum, Magnor Glasfabrik u.v.m. Aktivitäten: Kanufahren, Wandern, Jagd, Angeln, Golf, Ski. Viele Übernachtungsmöglichkeiten.
Morokulien Turistbyrå
N-2242 Morokulien
Tel. 0047 - (0)66 - 37 259
Fax 0046 - (0)571 - 23 370

Wir halten uns aber auf der Str. 175 am südlichen (und ruhigeren) Ufer der Glomma und überqueren bei Skarnes den Fluß in Richtung Norden. Ab hier führt die Str. 24 durch ein dicht bewaldetes Gebiet. Wir gelangen zum fischreichen See Storsjøen, über den Ort Sand geht es weiter am Fluß Styggda entlang. Über Vallset (Holzkirche aus 1850 mit alten Inventar) erreichen wir Uthus und überqueren die E 6. In Stange (Zentrum der Kornkammer von Hedmark; Kirche von 1250) zweigt die Str. 222 ab, die uns bald nach Hamar führt.

Die am großen See Mjøsa gelegene Hauptstadt des Bezirks Hedmark war im Mittelalter Sitz des Bischofs (1152). Hamar wuchs rasch und zählte zu den wichtigsten Städten Norwegens, bis es 1567 von den Schweden völlig zerstört wurde. Die Ruinen der Domkirche sind schweigende Zeugen dieser Tragödie. Erst 1849 erhielt Hamar wieder die Stadtrechte. Der alten Tradition treu erhielt die »junge« Stadt 15 Jahre später wieder einen Bischofssitz, die Schiffahrt über den Mjøsa-See und die Eisenbahn ließen Hamar zudem schnell aufwachsen.

Heute ist Hamar eine moderne Stadt mit 27.000 Einwohnern und viel Leichtindustrie. Sehenswert sind u.a. das Freilichtmuseum, die Ruinen der Domkirche, das Eisenbahnmuseum, das Auswanderermuseum (alle auf der Halbinsel Domkirkeodden direkt am See gelegen, dem Erholungsort aller Bewohner von Hamar) und die neue Domkirche von 1866.

Skibladner
Machen Sie eine Fahrt auf dem **Mjøsa**, Norwegens größtem Binnensee, mit dem ältesten Raddampfer der Welt!
Seit der Jungfernfahrt 1856 hat sich das Schiff nicht viel verändert und ist daher schon ein Stück Kulturgeschichte geworden. Mit 14 Knoten verkehrt »die alte Dame« heute zwischen Gjøvik, Lillehammer, Hamar und Eidsvoll.
Die Preise liegen zwischen NOK 60,- und NOK 110,-; Saison ist von Mitte Juni bis Mitte August.
Zwischen Mai und September kann der »Skibladner« für Gesellschaften und festliche Anlässse gechartert werden.
A/S Oplandske Dampskibsselskap
Grønnegt. 11, N-2300 Hamar
Tel. 0047 - (0)65 - 27 085
Fax 0047 - (0)65 - 22 149

Ab Hamar benutzen wir die E 6 in Richtung Norden bis zum Industrieort Brumunddal (8.000 Einwohner). Anschließend folgen wir der Str. 212, die den Furnesfjord überquert und uns nach Nes führt.
An der Kirche von Stavsjø biegen wir ab nach Norden auf die Str. 213, die uns über Skredshol (Herrenhof von 1680), die Ringsaker-Kirche (Basilika aus dem 12. Jh., mit einem 68 m hohen Turm von 1694 und einem wunderschönen Inventar) und Stein (Ruinen einer Burg von 1234, 4.000 Jahre alte Felszeichnungen und Gräber aus der Bronzezeit) in die Industriestadt Moelv führt. Ab Moelv (4.500 Einwohner) befahren wir statt der E 6 (neue Brücke über den See) weiterhin die Str. 213, die dem ruhigeren Westufer des Sees folgt und uns so wieder zum Ausgangspunkt unserer ruhigen Tour durch die ostnorwegischen Wälder führt: Lillehammer, Olympiastadt 1994.

Besondere Hinweise:
Die folgenden Strecken sind im Winter gesperrt: Svingvoll - Vinstra (Peer-Gynt-Veien) und Ringebu - Enden (Rondevegen). Beide Straßen sind für Wohnwagen ungeeignet. Alternativrouten sind: Lillehammer - Ringebu über die E 6 oder Lillehammer - Vinstra über die Str. 255 (Espedalen), und Ringebu - Hjerkinn über Otta und Dombås (E 6).
In der Sommersaison bieten sich manche der oben beschrieben Strecken für Reisende nach Norden als interessante Alternative zur vielbefahrenen E 6 an.

Diese Rundreise läßt sich gut kombinieren mit den Rundreisen 9 (»Sør-Trøndelag«; in Oppdal) und 6 (»Über die höchsten Pässe«; Strecke Vinstra-Sjoa).

Route 6
Über die höchsten Pässe

Entfernungen:

0 km	Nesbyen	799 km
79 km	Hol	720 km
176 km	Aurland	623 km
243 km	Sogndal	556 km
382 km	Lom	417 km
448 km	Lesja	351 km
522 km	Sjoa	277 km
620 km	Beitostølen	179 km
700 km	Borlaug	99 km
799 km	Nesbyen	0 km

Daß Norwegen viele Berge hat, ist weithin bekannt. Viele Touristen kommen wohl hauptsächlich aus diesem Grund in das Land am Polarkreis. Speziell für diese »Gipfelfans« führt die Rundreise 6 über acht der zehn höchsten Pässe des Landes und bietet Ausblicke auf die höchsten Berge Skandinaviens. Die Route durchquert die Gebirgsgruppe Jotunheimen und führt an einigen Berggipfeln vorbei, die sogar mit dem PKW zu erreichen sind. Anschnallen und los geht's!

Venehallet Høyfjellstue -
preiswerter Hotelurlaub
Ein grandioses Panorama auf den See Myking bietet Ihnen unser Gebirgshotel, das 950 m ü.d.M. und 20 km von Nesbyen entfernt liegt. Die 23 Zimmer bieten einfachen Standard: alle haben fließend Kalt- und Warmwasser, Toilette auf dem Flur. Großer Aufenthaltsraum.
Unser à la carte Restaurant ist besonders berühmt für seine Fischgerichte und einheimischen Spezialitäten, wie beispielsweise selbstgemachte »Rømmegrøt«, eine Art Sauerrahmgrütze. Bier- und Weinausschank.
Die Gebirgsgegend bietet viele Möglichkeiten zum Wandern. Fischreicher See. An unsere Gäste vermieten wir Boote und Kanus. Bei uns bekommen Sie viel für Ihr Geld. Beispiel: Übernachtung mit Frühstück NOK 190,-.
Willkommen in unserem Familienbetrieb.
Venehallet Høyfjellstue
Myking, N-3540 Nesbyen
Tel. 0047 - (0)67 - 73 420
Fax 0047 - (0)67 - 73 470

Die Route beginnt in Nesbyen im Hallingdal. Besuchenswert sind vor allem das Hallingdal Freilichtmuseum und die Nes Kirche aus dem Jahre 1862.
Ab Nesbyen folgen wir auf einer gutausgebauten Nebenstraße dem Rukkedal in Richtung Westen. Die Strecke bietet herrliche Landschaft, zahlreiche Nebenstraßen führen zu gemütlichen Hotels und Gasthöfen im Gebirge. Ab Tunnhovd wendet sich die Strasse nach Nordwesten. Nach kurviger Abfahrt

erreicht man bei Lia das Skurdal und die Straße 40 nach Geilo, einen beliebten Wintersportort mit 2.700 Einwohnern.

Lia Fjellstue / Motel

Mitten in der Natur und in ruhiger Umgebung liegt der Gebirgsgasthof und das Motel Lia Fjellstue (850 m ü.d.M.), 15 km von Geilo entfernt. Alle 45 Zimmer haben hohen Standard, Dusche/WC und Telefon. Alle Schankrechte. Sportangeln. Verleih von Ruderbooten. Guter Ausgangspunkt für Wandertouren in die Hardangervidda und für Ausflüge mit dem Auto. Geführte Ausflüge.
*Lia Fjellstue/Motel, Skurdalen
N-3580 Geilo, Tel. 0047 - (0)67 - 88 700
Fax 0047 - (0)67 - 88 701*

Bakkegaard Appartement

Der Familienbetrieb Bakkegaard Appartement im Zentrum von Geilo ist eine Wohnanlage, umgeben von zahlreichen Bäumen. 25 geschmackvoll eingerichtete und 43 m² große Wohnungen für bis zu 5 Personen.
Zur Anlage gehören u.a. ein Restaurant, Salons, Konferenzzimmer, ein Fitneßraum, Saunen, Solarien, eine Sonnenterasse und ein Spielzimmer für Kinder.
*Bakkegaard Appartement, N-3580 Geilo
Tel. 0047 - (0)67 - 85 000
Fax 0047 - (0)67 - 85 192*

In Geilo zweigt die Straße 7 nach Osten in Richtung Hol ab. Sehenswert ist hier vor allem das Heimatmuseum (Hol Bygdemuseum) mit den schönen Rosenmalereien. Kurz vor Hol verlassen wir die Str. 7 und folgen nun der Str. 50 in Richtung Aurland, eine der beindruckendsten Straßen des Landes.

Geilo Apartment

Zwischen Oslo und Bergen liegt die Gebirgsgemeinde Hol mit dem beliebten Touristenort Geilo.
Geilo Apartment bietet 56 völlig moderne Apartments für 4 Personen à 41 m², alle mit Dusche/ WC, Satelliten-TV, gut eingerichteter Küche samt Kühlschrank und Balkon. Außerdem stehen Ihnen 2 Hallenbäder (28°C), Solarium, Sauna, Wasch- und Trockenraum sowie eine Spielstube für Kinder zur Verfügung. In unmittelbarer Nähe gibt es 17 Skilifts, 25 km Alpinabfahrten und 130 km gekennzeichnete Loipen. Geilo Apartement liegt im Zentrum von Geilo.
*Geilo Apartment, N-3580 Geilo
Tel. 0047 - (0)67 - 86 200
Fax 0047 - (0)67 - 86 179*

Wir fahren zuerst durch Hol - Zentrum der gleichnamigen Gemeinde -, wo eine Kirche mit historischem Inventar zu bestaunen ist. Wenig später durchqueren wir das Sudndal, mehrere jahrhundertealte Höfe erinnern hier an die landwirtschaftliche Vergangenheit Norwegens.
Die Straße steigt an und passiert den 950 m hohen See Strandavatn. Bei Geiteryggen

Raggsteindalen Høyfjellstue

Mitten zwischen Oslo (280 km) und Bergen (250 km) liegt das Gebirgshotel Raggsteindalen (Str. 288). Es wird in der dritten Generation als Familienbetieb geführt. Wir bieten Zimmer mit unterschiedlichem Standard. Die Umgebung lädt zu vielfältigen Aktivitäten ein: Wandern im Gebirge und auf Gletschern, Rudern, Angeln, Surfen. Kinderparadies »Lekeland«.
*Raggsteindalen Høyfjellstue
N-3577 Hovet
Tel. 0047 - (0)67 - 88 540
Fax 0047 - (0)67 - 89 803*

(»Ziegenrücken«) erreichen wir den ersten von mehreren Tunneln, die dafür sorgen, daß diese Strecke auch im Winter befahrbar bleibt. Am Ausgang des Tunnels (3,3 km lang) erreicht die Str. 288 mit 1.156 m ihren höchsten Punkt - weit oberhalb der Baumgrenze. An der Geiterygghytta beginnen mehrere gekennzeichnete Wanderwege, u.a. nach Finse (an der Bergenbahn) sowie über den Gletscher Hardangerjøkulen. Am Lachsfluß Aurdalselva entlang geht es nun wieder abwärts. Wir kommen durch mehrere lange Tunnel, der längste ist mit 4.250 m der Berdaltunnel. Allein zwischen Låvisberget (schöne Aussicht!) und Vass-bygdi fährt man auf einer Strecke von kaum 5 km nicht weniger als 3 km durch Tunnel. Es bleibt aber immer noch genug Zeit, um zwischen den Tunneln die großartige Aussicht ins Tal zu genießen.

Ryggjatun Hotel

Das Ryggjatun Hotel in Aurland (8 km von Flåm entfernt) bietet seinen Gästen viel Ruhe und Entspannung. Es hat 78 Betten, verteilt auf 44 Zimmer - alle mit Bad/Dusche und WC. Neben geräumigen Salons und einer Bar lädt die Sonnenterasse zu einem »Bad« ein.
Gute Wandermöglichkeiten und Erreichbarkeit lassen das Hotel zu einem empfehlenswerten Urlaubsort werden.
*Ryggjatun Hotel, N-5745 Aurland
Tel. 0047 - (0)56 - 33 500
Fax 0047 - (0)56 - 33 606*

Die Straße führt schließlich nach Aurlandsvangen (1.000 Einw.), einem lebhaften Ort am inneren Arm des Sognefjords. Sehenswert sind u.a. die große mittelalterliche Kirche, das Heimatmuseum Lensmannsstova sowie die Gräber aus der Wikingerzeit. Außerdem werden von Aurlandsvangen aus Fjordkreuzfahrten organisiert. Die Spezialität des Ortes aber sind die in Handarbeit hergestellten Aurlandsschuhe, in Norwegen ein Begriff. Ein lohnender Abstecher führt nach Flåm, wo man mit der Bahn nach Myrdal und zurück fahren kann. Diese Bahn überwindet auf einer Strecke von 20 km einen Höhenunterschied von 865 m und bietet eine herrliche Aussicht über den Fjord und die Strecke, die der Zug so mühsam überwindet. In einiger Zeit (ca. 1992) soll es sogar möglich werden, von Flåm aus - u.a.

Rauhe Natur auf dem Sognefjell

durch den längsten Tunnel Skandinaviens (11,4 km) - noch weiter in Richtung Westen zu fahren. Bis dahin müssen sich Reisende in Richtung Gudvangen mit der prachtvollen Bootsfahrt über den Aurlandsfjord »zufriedengeben«. Vor dem Anlegen in Gudvangen passiert man auch den berühmten, schmalen Nærøyfjord, einen der schönsten Fjorde Norwegens.

Fretheim Hotell

Umgeben von Fjord und Fjell liegt das traditionsreiche Fretheim Hotell. Die modernisierten Zimmer (125 Betten) sind größtenteils mit Bad/Dusche/WC ausgestattet. Man muß nicht Hotelgast sein, um die vorzügliche Küche genießen zu können. Direkt von Flåm verkehrt die berühmte Flåmbahn nach Myrdal. Großer Park. Ausgezeichnete Lachs- und Forellenangelmöglichkeiten.
*Fretheim Hotell, N-5743 Flåm
Tel. 0047 - (0)56 - 32 200
Fax 0047 - (0)56 - 32 303*

Von Aurlandsvangen aus folgen wir jetzt der schmalen, kurvenreichen Straße hinauf ins Gebirge und weiter nach Lærdal. Während des Anstiegs (max. 10 Prozent) hat man eine überwältigende Aussicht über den Aurlandsfjord. Diese Straße stellte bis vor wenigen Jahren die einzige Straßenverbindung zwischen Aurland und der »Außenwelt« dar. In großartiger und rauher Gebirgslandschaft (Gipfel bis zu 1.800 m) erreicht man bei 1.306 m die Paßhöhe. Wenn man im Frühjahr hierher kommt, kann man bei etwas Glück zwischen meterhohen Schneewänden fahren, und auch im Sommer taut der Schnee nie ganz auf.
Wir fahren anschließend durch ein enges Tal hinab nach Erdal am Lærdalsfjord (einem weiteren Arm des Sognefjords). Auf der E 16 gelangen wir nach Revsnes und benutzen hier die Fähre nach Kaupanger (15 min). In Kaupanger steht eine schöne Stabkirche aus dem Jahre 1185, die im Stil des 17. Jahrhunderts modernisiert wurde.

»Gigantisch« - Gletscherwanderung am Nigardsbreen

Wir folgen der Str. 5 vorbei am Sogn Folkemuseum bis Sogndal, einem wichtigen Regionalzentrum mit 4.500 Einwohnern. In der Umgebung des Ortes kann man mehrere Runensteine und Grabhügel besichtigen. In Sogndal befahren wir die Str. 55, über die wir Hafslo erreichen. Ein Abstecher führt zum malerischen Ort Solvorn und weiter mit der Fähre nach Urnes, dort steht die älteste Stabkirche Norwegens.
Der nächste interessante Ort an der Str. 55 ist Gaupne, das Zentrum der Gemeinde Luster. Hier lohnt sich ein Abstecher durch das wilde Jostedal bis zum Nigardsbreen, einem Seitenarm des Gletschers Jostedalsbreen (organisierte Gletscherwanderungen; festes Schuhwerk erforderlich!).

Gletscherführungen auf dem Jostedalsbreen

- geführte Wanderungen auf dem Nigardsbreen, 1.6. - 15.9. tägl.
- Ski- und Fußwanderungen auf dem Jostedalsbreen, 1.5. - 20.8.
- Wochenkurse mit Gletscherausbildung für Anfänger und Fortgeschrittene.
- Spezielle Angebote für Gruppen, Touren nach Vereinbarung, 1.2. - 30.10.

Information und detaillierte Programme erhältlich bei:
Jostedalen Breførarlag, N-5828 Gjerde
Tel. 0047 - (0)56 - 83 273 / 83 204
Fax 0047 - (0)56 - 83 296

Von Gaupne aus folgen wir dem Lustrafjord und haben bald Ausblick auf den insgesamt 293 m hohen Wasserfall Feigumsfossen, der am anderen Ufer des Fjords aus den Bergen hinabstürzt. Über Luster (sehenswerte mittelalterliche Kirche mit schönen Kalkmalereien) und Skjolden erreichen wir Fortun, wo der beeindruckende Anstieg zum Sognefjell beginnt. Nach einer kurzen Atempause steigt die Straße am Berghotel Turtagrø in mehreren Serpentinen wieder stark an.
Ein ganz besonderes Erlebnis ist ein Abstecher von Turtagrø nach Årdal. Die kostenpflichtige Privatstraße führt über einen Paß von 1.315 m Höhe, und bietet eine Hochgebirgskulisse vom Feinsten. Die schneebedeckten Berge des Hurrungane-Gebirges sind bei gutem Wetter zum Greifen nahe. Der Ort Øvre Årdal wird ganz vom größten Aluminiumwerk Westeuropas dominiert. Eine schmale Straße führt von hier aus nach Hjelle im Utladal. Von dort sind es zu Fuß noch ca. 2,5 Stunden (ca. 2 Stunden über einen breiten Pfad, der Rest über Stock und Stein) bis zum Vettisfossen, dem höchsten Wasserfall des Landes (275 m freier Fall). Der größte Teil der Strecke kann auch per Pferdekutsche zurückgelegt werden.
Die Str. 55 steigt noch immer an und führt über die imponierende Hochebene Sognefjell, die auch im Sommer noch ausreichend Schnee zum Skilaufen bietet. Östlich der Straße erstreckt sich die Gebirgsgruppe Jotunheimen mit den höchsten Bergen Skandinaviens. Der Nationalpark Jotunheimen ist ein Paradies für Bergsteiger und Wanderer. Ein Netz von markierten Pfaden steht allen Wanderfreunden zur Verfügung.
Den höchsten Punkt der Straße (1.440 m) erreichen wir an der Berghütte Sognefjellhytta. Von dort aus führt eine kurze Wanderung zum Fuß des Gletschers Fannaråken. Die Sognefjellstraße führt jetzt wieder hinab nach Krossbu und weiter durch das Breiserdetal. In Leirvassbudelet bietet sich ein weiterer Abstecher zur Berghütte Leirvassbu an (1.405 m). Von dieser Hütte aus kann man zu Fuß relativ leicht verschiedene Berghütten und Hotels im Gebirge erreichen. Die Str. 55 führt uns weiter nach Galdesand (schöne Kirche von 1864). Von dort verläuft eine steile und schmale Bergstraße bis zur Juvasshytta, Nord-Europas höchstem, per Auto zu erreichendem Punkt (1.840 m hoch). Vom Hotel aus kann man in zwei Stunden zu Fuß (in Begleitung eines Bergführers) den höchsten Berg Norwegens erklimmen, den 2.469 Meter hohen Galdhøpiggen. Die Aussicht ist für alle Gipfelstürmer ein riesiges Erlebnis: schneebedeckte Berggipfel und Gletscher, soweit das Auge reicht.
Über die schmale Brücke bei Røysheim überquert die Str. 55 den Fluß Bøvra, der sich hier durch eine enge Kluft schlängelt. Hier lohnt es sich doppelt, anzuhalten - einerseits kann man die restaurierten alten Holzgebäude vom Hotel Røysheim und dem Bauernhof Hoft bewundern, andererseits kann man 100 Meter vom Parkplatz zurückgehen, zum Fluß hinuntersteigen und die »Mondlandschaft« bewundern, die die Bøvra in ihrem Flußbett geschaffen hat. Bei Røysheim beginnt auch eine Nebenstraße durch das enge und dichtbewaldete Tal Visdal zur Berghütte Spiterstulen (1.100 m ü.d.M.; gute Wandermöglichkeiten). Hier soll es besonders viele Elche geben, die des öfteren die Straße überqueren, man sollte also langsam und vorsichtig fahren. Der Fluß Bøvra fließt jetzt ruhig durch ein fruchtbares Tal, flankiert von Bergen, die über 1.000 m über dem Tal emporragen.
Wir erreichen schließlich Lom im Ottadal. Sehenswert sind hier die Stabkirche aus dem 12. Jahrhundert sowie das örtliche Museum. Lohnenswert ist auch eine Wanderung zum Aussichtspunkt auf dem Berg Lomsegga, der hoch über das Dorf ragt.
Die Bøvra bahnt sich brausend ihren Weg durch das Zentrum von Lom und fließt dann in den türkisfarbenen See Ottavatn. Diesem See folgen wir stromabwärts. Über die Str. 15 erreichen wir Vågåmo (1.500 Einw.). Die Ortskirche war ursprünglich in Stabbauweise errichtet (12. Jh), wurde aber später umgebaut (zum Teil mittelalterliches Inventar).
Eine mautpflichtige Nebenstraße führt zum Gipfel des Berges Blåhø (1.617 m ü.d.M.), der eine - natürlich - phantastische Aussicht bietet. Nur die Bergstraßen zur Juvasshytta und zum Tronfjell (siehe Rundreise 5) reichen höher.
Von Vågåmo aus befahren wir den »Slådalsveien« nach Lesja. Diese Mautstraße steigt rasch an (max. 11 Prozent) und führt über eine kahle Hochebene (Paßhöhe 1.200 m ü.d.M.) mit bis zu 1.600 m hohen Bergen. Nach einer steilen Abfahrt erreichen wir Lesja. Dieser Ort bietet u.a. ein interessantes Freilichtmuseum und eine hübsche Kirche aus dem Jahre 1748.
Wir biegen jetzt ab auf die Str. 9 nach Dombås, einem wichtigen Verkehrsknotenpunkt mit ca. 1.200 Einwohnern. Anschließend befahren wir die E 6 in Richtung Süden - durch das manchmal rauhe und enge Tal des Flusses Lågen - nach Dovre (schöne Kirche von 1740). Linkerhand erhebt sich das Hochgebirge Rondane (Gipfel bis 2.200 m), ein ideales Gebiet für Wanderer und - im Winter - Abfahrts- und Langläufer. Nebenstraßen führen bis weit ins Gebirge, z.B. zu

Rondane Høyfjellshotell

Durch seine Lage am Eingang des Rondane Nationalparks (912 m ü.d.M.) in Mysuseter, nahe der E 6, bietet das Hotel einen guten Ausgangspunkt für Wanderungen. Gemütliche Salons, Bar, Schwimmbad, Sauna und Solarium sorgen für Ihr Wohl. 14 komfortable Appartements (für 5 und 7 Personen) bieten Möglichkeiten zur Selbstversorgung. Die Piste ist nur 300 m vom Hotel entfernt. Ausgezeichnete Küche.
Rondane Høyfjellshotell, N-2670 Otta
Tel. 0047 - (0)62 - 33 933
Fax 0047 - (0)62 - 33 952

den Wintersportzentren Mysuseter und Høyringen.

Rapham Høyfjellshotell - Spitze in Rondane

Das Hotel besitzt 63 Einzel- und Doppelzimmer (113 Betten) mit Du/WC, Telefon und Radio. Hallenbad, Sauna, Fitneßraum, Solarium, Spielzimmer, 2 TV-Räume, Kaminzimmer, Bar. Wöchent. sechsmal abends live Musik. Draußen: Spielhaus und Minigolf. 8 km gekennzeichnete Wanderwege und Loipen zum Skilift Mysuseter. Angelmöglichkeiten in mehreren Waldseen.
Rapham Høyfjellshotell
Postboks 64, N-2671 Otta
Tel. 0047 - (0)62 - 30 266
Fax 0047 - (0)62 - 31 535

Die Straße folgt dem Fluß, und über den wichtigen Knotenpunkt Otta (2.500 Einw.) erreichen wir Sjoa im Gudbrandsdal. Hier biegen wir ab auf die Str. 257, dem Fluß Sjoa stromaufwärts folgend.

Rafting

mit dem ältesten und meisterfahrenen Raftingveranstalter Norwegens, Norwegian Wildlife & Rafting A/S. NWR bietet Familientouren, Kurztouren, Tagestouren, Firmentouren, Übernachtungstouren, Rafting-Safari (2-4 Tage) sowie eine sechstägige Raftingschule. Preise von NOK 60,- bis NOK 3.600,- NWR unterhält ein eigenes Raftingzentrum in Randsverk, direkt am Fluß Sjoa im Gudbrandsdal.
Saison: Mitte Mai bis Mitte September. Willkommen zu einem wasserwitzigen Abenteuer!
NWR Rafting Senter
Norwegian Wildlife & Rafting A/S
im Sommer: *N-2655 Heidal*
Tel. 0047 - (0)62 - 38 727
im Winter: *N-2254 Lundersæter*
Tel. 0047 - (0)66 - 29 794
Fax 0047 - (0)62 - 38 760

Wenig später reichen wir »Tjuvespranget« (Diebes-Sprung); hier hat man die Straße in den Fels hineingesprengt. Der Fluß liegt ca. 100 m tiefer. Der Sage nach sprang ein Dieb nach dem Raub eines Schinkens über diese Kluft. Der ihn verfolgende Polizist wagte sich nicht hinterher, und der Dieb entkam.

Sjoa Rafting

Der Gebirgsfluß Sjoa gilt in Vågå und im Heidal als Raftinggewässer Nr. 1 in Europa. Mit Sjoa Rafting erleben Sie Spannung, Spaß und jede Menge Natur, bei Kurz-, Tagestouren und mehrtägigen Expeditionen zusammen mit professionellen, hochqualifizierten Guides. Einladung an alle Singles, Paare, Freunde, Gruppen, Firmen!
Sjoa Rafting, N-2680 Vågåmo
Tel. 0047 - (0)62 - 38 750
Fax 0047 - (0)62 - 38 751

In Heidal steht eine Kapelle von 1600 sowie eine originalgetreue Kopie einer Kirche von 1752. Heidal bietet die größte Sammlung unter Denkmalschutz stehender Gebäude in Norwegen. Der Bauernhof Bjolstad wird schon seit 1270 in 25. Generation (!) von der Familie Bratt bewirtschaftet und besteht aus sieben unter Denkmalschutz stehenden, sehr interessanten Gebäuden.

An der Kreuzung Randsverk biegen wir nach links auf die Str. 51 ab, die durch das hier noch üppig bewaldete Sjoadal führt. Über Bessheim (guter Ausgangspunkt für eine Wanderung auf den 2.258 m hohen Berg Besshø) gelangen wir nach Maurvangen. Charakteristisch sind hier mehrere bizarr gestaltete Berge, die stark an gekrümmte Katzenbuckel erinnern.

Eine Nebenstraße führt nach Gjendesheim. Hier beginnt eine der schönsten und vielleicht spektakulärsten Wanderungen durch Norwegen - die Besseggen-Tour! Während der Sommersaison fährt ein Schiff über den See Gjende nach Memurubu, wo der Anstieg zum Besseggen beginnt, einem schmalen Grat zwischen zwei Seen mit einem Höhenunterschied von 400 Metern. Vom Gipfel des Veslefjells aus (»der kleine Berg«!) bietet sich eine Aussicht 700 Meter senkrecht nach unten. Nichts für schwindelige Gemüter!

Die Besseggen-Aussicht ist eine der meist photographierten Sehenswürdigkeiten Norwegens. Die Tour ist ein Erlebnis, aber auch recht anstrengend.

Die Str. 51 steigt nun stark an und überquert dann die nächste Mondlandschaft: die mit Steinen übersäte Hochebene Valdresflya. Den höchsten Punkt (1.389 m ü.d.M.) erreicht man kurz hinter der Jugendherberge. Wenig später gelangen wir nach Bygdin.

Das Bygdin Hotel liegt am Fuß des Berges Synshorn, von wo aus man eine herrliche Aussicht hat. Die Straße steigt jetzt wieder an und zwängt sich durch die enge Schlucht Båtskar (1.166 m ü.d.M.) am Fuße des markanten, beinahe senkrechten Berges Bitihorn (1.607 m ü.d.M.), der schon von weitem zu sehen ist. Auch auf diesen Berg führt eine Wanderung, die ein paar Kilometer zurück in Richtung Bygdin beginnt.

Die Straße schlängelt sich an der Bergwand entlang und erreicht den bekannten Wintersportort Beitostølen. Den nächsten hohen Paß erreichen wir, indem wir ab Beitostølen die kurvenreiche Abfahrt nach Beito nehmen und von dort über Lykkja zu einer Mautstraße fahren, dem »Slettefjellvegen«, der den flach ansteigenden Berg Slettefjell überquert und eine Paßhöhe von 1.306 m erreicht. Die Straße ist sehr abwechslungsreich. Besonders beeindruckend ist die Rundumsicht auf der Paßhöhe, bei schönem Wetter kann man sogar die schneebedeckten Jotunheimengipfel sehen. Ein charakteristisches Merkmal unterwegs ist mehrfach der Berg Bitihorn.

Bei Hensås (vorher schöner Wasserfall Sputrefossen) erreichen wir wieder ein Tal und wir fahren hinunter nach Øylo, wo wir die E 16 erreichen und nach Westen abbiegen. Wir gelangen schon bald an den von hohen Bergen umschlossenen See Vangsmjøsa. Über Grindaheim (Kirche; Runenstein von 1100) erreichen wir den Ort Oye am Westende des Sees, wo neben einer Stabkirche von 1125 noch eine Holzkirche von 1747 zu besichtigen ist. Bei Uppdal (weiter flußaufwärts) können zumindest Norweger mit etwas Phantasie im Profil des Berges Skyrifjell (im Südwesten) das Gesicht ihres berühmten Dichters Bjørnstjerne Bjørnson erkennen.

An der Kreuzung Tyinkrysset besteht die Möglichkeit, einen Abstecher zu den Seen Tyin und Bygdin zu unternehmen.

Die E 16 überquert jetzt das Fillefjell (Paßhöhe 1.004 m ü.d.M.). Früher hatte dieser Paß nicht als Postroute von Christiania - wie Oslo damals hieß - und Bergen eine strategisch wichtige Bedeutung, sondern war darüber hinaus wegen seiner Räuber und unheimlichen Ereignisse berüchtigt, die dort angeblich an der Tagesordnung waren. Heutzutage denkt man beim Namen Fillefjell hauptsächlich an Wintersportvergnügungen.

Die Abfahrt führt uns über Maristova nach Borlaug. Wir folgen ab hier der Str. 52 durch das Hemsedal. Wer stattdessen der E 16 weiter folgt, erreicht bald die Stabkirche von Borgund, vielleicht die schönste Norwegens.

Gegenlichtstimmung am Gjende-See in Jotunheimen

Die Str. 52 steigt stark an und passiert das Mørkedal (»das dunkle Tal«). In kurzer Zeit überwindet man einen Höhenunterschied von 500 Metern und kann die wunderbare Aussicht über das Borgunddal und die Berge ringsum genießen. Hinter der Paßhöhe von 1.137 Metern fahren wir hinab durch ein enges Tal und gelangen bald ins Hemsedal, eines der ältesten und wichtigsten Wintersportzentren des Landes.
Wir folgen dem Fluß Heimsil flußabwärts und erreichen Gol.

Ferienwohnungen in Hemsedal
Die Alternative zum Hotelkomfort: Acht neue, hochkomfortable Ferienwohnungen für 4 - 9 Pers.: 1 - 3 Schlafzimmer, Wohnzimmer, Kochnische mit Spülmaschine, Mikrowelle, Gefriertruhe, Bad. Angebotspreis für Mai bis November 1992: ab NOK 1.500,- / Woche. Mitten im Zentrum von Hemsedal. Nur 50 m zur Schwimmhalle mit Fitneßzentrum. Sonderpreise für Feriengäste.
Hemsedal Café & Vertshus
Postboks 104, N-3560 Hemsedal
Tel. 0047 - (0)67 - 78 615
Fax 0047 - (0)67 - 78 691

Gol (2.200 Einw.) ist einer der wichtigsten Orte des Hallingdals, ein bekannter Wintersportort, der auch im Sommer gute Erholungsmöglichkeiten bietet. Vor allem das Wasserkraftwerk »Heimsil II« und das Freilichtmuseum sind einen Besuch wert.
Von Gol aus bietet sich ein Abstecher nach Torpo an, das einige Kilometer weiter westlich liegt. Die Stabkirche des Ortes stammt aus dem 12. Jh. und besitzt sehr schöne Malereien.

Natur- und Kulturpfad Torpo
Holzkaten, einen ehemaligen Bauernhof, den Tuftelia Urwald - das alles können Sie auf einer einstündigen Fahrt erleben. Ausgangspunkt ist der Bauernhof Bråtalien (4 km ab Torpo Stabkirche). Auf dem Anwesen zeigt eine Verkaufsausstellung Kunsthandwerk: Rosenmalerei, Holzarbeiten sowie Gewebtes in Elisas Weberei. Vorführungen. Cafeteria. Geöffnet: 1. Juli - 15. August.
Bråtalien Gård, N-3579 Torpo
Tel. 0047 - (0)67 - 83 196

Nur einige Kilometer südlich von Gol erreichen wir wieder Nesbyen, den Ausgangspunkt unserer Rundreise.

Besondere Hinweise:
Die Strecke Aurlandsvangen - Erdal ist nicht für Wohnwagen geeignet. Die folgenden Strecken sind im Winter gesperrt: Aurlandsvangen - Erdal, Fortun - Bøverkinn (Sognefjellsveien), Bessheim - Beitostølen (Valdresflya) sowie der Übergang über das Slettefjell.
Diese Rundreise läßt sich gut mit Rundreise 7 (»Die großen Fjorde«) kombinieren (in Kaupanger und Sogndal).

Route 7
Die großen Fjorde

Entfernungen:		
0 km	Bergen	742 km
114 km	Svartemyr	628 km
168 km	Førde	574 km
263 km	Florø	479 km
373 km	Nordfjordeid	369 km
462 km	Fjærland/Gudvangen	280 km
509 km	Voss	233 km
586 km	Norheimsund	156 km
642 km	Rosendal	100 km
676 km	Leirvik	66 km
742 km	Bergen	0 km

Diese Fjordreise führt quer durch die Fjordbezirke Hordaland und Sogn og Fjordane mit den größten und schönsten Fjorden Norwegens.

Ausgangspunkt der Reise ist Bergen, die Hauptstadt des Fjordlandes.
Heute ist Bergen mit seinen 210.000 Einwohnern die zweitgrößte Stadt des Landes. Die alte Hanse- und Hafenstadt ist ein bedeutendes Handels-und Industriezentrum. Außerdem hat Bergen ein reiches kulturelles Leben aufzuweisen, dessen Höhepunkt die alljährlich Ende Mai/Anfang Juni stattfindenden internationalen Festspiele sind. Die wohl bekannteste Sehenswürdigkeit der Stadt ist die »Tyske Bryggen«, das ehemalige Viertel der Hansekaufleute an der Nordseite des Hafenbeckens.
Auch die Marienkirche, das älteste Bauwerk der Stadt, ist durch die Hansezeit geprägt (teilweise norddeutsches Inventar). In ihrer Nachbarschaft befindet sich das Bryggen-Museum mit Funden und Ausgrabungen aus dem Viertel.
An der Kopfseite des Hafenbeckens Vågen findet werktags der viel fotografierte Bergenser Fischmarkt statt.

Bergen bietet auch einige sehenswerte Kunstsammlungen. Hierzu gehören u.a. am See Lille Lungegårdsvann das Kunstmuseum und im Anschluß daran die Räume des Bergenser Kunstvereins. In der Nähe des Museums steht die moderne, architektonisch eindrucksvolle Grieg-Halle. An der Spitze der Halbinsel Nordnes befindet sich das bekannte Bergenser Aquarium (gute Bademöglichkeiten im dortigen Freibad). Im südlichen Stadtgebiet ist die Stabkirche von Fantoft (ca. 1150) zu besichtigen. Dort außerdem besuchenswert: Gamlehaugen (die Residenz des Königs während seines Aufenthaltes in Bergen) sowie Troldhaugen (das ehemalige Haus des Komponisten Edvard Grieg). Eine beliebte Touristenattraktion ist auch die großartige Aussicht vom 320 Meter hohen Berg Fløyen, den man mit einer Drahtseilbahn vom Stadtzentrum aus erreicht.

Bergen Airport Hotel
Das Bergen Airport Hotel ist ein modernes Sommerhotel, nicht weit entfernt vom **Stadtzentrum** und dennoch in ruhiger Lage. 234 Doppelzimmer und Suiten mit Bad, Minibar, Telefon, TV und Video. Familienappartements mit kompletter Miniküche. Eigener Hotelbus und Wäscherei für Gäste. Schwimmhalle, Squashcourts, Trimmcenter, Solarium, Sauna und Fahrradverleih. Spielmöglichkeiten für Kinder.
Die Stadt Bergen und die nähere Umgebung bieten außerdem zahllose Sehenswürdigkeiten.
Besonders günstige Sommerpreise!
Bergen Airport Hotel, Kokstadveien 3
N-5061 Kokstad, Tel. 0047 - (0)5 - 22 92 00
Fax 0047 - (0)5 - 22 92 80

Wir verlassen Bergen auf der Straße 1 in nördlicher Richtung und gelangen über den Vorort Åsane zur Kreuzung Haukås. Hier biegen wir ab zum Fährhafen Breistein und setzen in ca. 10 min nach Valestrandfossen über. Auf der Str. 567 überqueren wir die Insel Osterøya. Die Straße führt durch eine Landschaft mit grünen Hügeln, bizarren Felsen, üppigen Wäldern und Seen voller

Auch bei Regen ist auf dem Fischmarkt in Bergen gute Stimmung

Auto-Rundreisen für Entdecker

An dieser Stelle möchten wir Sie auf das FJORDTRA-Programm für Auto-Rundreisen aufmerksam machen. Es besteht aus fertig geschnürten Paketen und aus »Bausätzen« zum Selbermachen - stets jedoch zu Preisen, die günstiger sind als die Normaltarife vor Ort. FJORDTRA-Rundreisen gibt es in mehreren Preisklassen und durch (fast) alle Gebiete Norwegens - von der zehntägigen Fjordlandfahrt für DM 899,- bis hin zur großen Nordkapreise. Eine komplette Übersicht erhalten Sie in FJORDTRA's neuem Katalog. Dort informieren wir Sie auch über Hotelschecks und andere vorteilhafte Angebote.

Aus unserem Programm:

Unser **»8-Tage-Scheckheft-Paket«** besteht aus der Schiffsreise Kiel-Oslo-Kiel mit PKW-Beförderung und 5 Best-Western-Hotelschecks (für Übernachtung im Doppelzimmer mit Frühstück) und kostet in der Hauptsaison **DM 1.148,-** (Nebensaison: DM 936,-). Reisen Sie auf der Strecke Hirtshals-Kristiansand-Hirtshals beträgt der Preis **DM 788,-** (699,-).

Noch preiswerter ist das Sparpaket der Jugendherbergen: An- und Abreise auf der Strecke Kiel-Oslo-Kiel in Vierbett-Innenkabinen mit Dusche/WC einschl. Autotransport, 7 Übernachtungen in Vierbett-Zimmern in beliebigen norwegischen Jugendherbergen - Komplettpreis **DM 1.665,-** für 4 Personen. Wer sagt da noch, daß Norwegen teuer sei?

Das NORWAY-TICKET-Paket bietet Ihnen die Schiffsreise Kiel-Oslo-Kiel (Doppel-Innenkabinen mit Dusche/WC) mit PKW-Beförderung sowie ein TICKET-Heft mit 56 Coupons. Hauptsaison: **DM 1.318,-**, Nebensaison: DM 1.098,- (Hirtshals-Kristiansand-Hirtshals: DM 968,- bzw. 896,-). Für 56 Coupons kann man 7mal in Best Western Hotels oder 18mal in Jugendherbergen übernachten (oder beides kombinieren).

Unsere beliebten Komplettpakete

Unser 19tägiges Komplettpaket »Kreuz und quer durchs Fjordland« bietet für **DM 1.948,-** (Hauptsaison; Nebensaison: DM 1.698,-) die Schiffsreise Frederikshavn-Larvik-Frederikshavn (einschl. Kabine und Autotransport), 9 Hotelübernachtungen in einigen der interessantesten Gegenden und Städte Norwegens (Doppelzimmer mit Frühstück), 1 Woche »Hüttenferien« in einem komfortablen Haus im Fjordland, alle innernorwegischen Fjordfähren auf der Strecke sowie mehrere Aktivitäten. Reiseroute: Larvik-Hardangerfjord-Bergen-Ålesund-Geirangerfjord-Nordfjord-Sognefjell-Sognefjord-Hallingdal-Oslo-Larvik.

Sehr beliebt ist auch die 10tägige Rundreise »Norwegen zum Kennenlernen« **(Hochsaison DM 899,-, Nebensaison DM 728,-)**, die durch das Land der Fjorde und durch Telemark führt.

FJORDTRA hat auch Pakete für Wohnmobil-Touristen entwickelt, die wir an anderer Stelle präsentieren. Auch hier kann man zwischen festen Routen und einem Schecksystem wählen.

Diese Angebote und zahlreiche weitere finden Sie im neuen FJORDTRA-Katalog für 1992. Bestimmt ist auch für Sie das richtige Angebot dabei.

Katalog-Anforderung: FJORDTRA Katalogservice, Vilbeler Str. 29, 6000 Frankfurt; Tel. 069 -297 78 19; Fax 069 - 28 21 45.

FJORDTRA Handelsgesellschaft mbH

Zentrale Essen: Rosastr. 4-6, 4300 Essen 1 Tel. 0201 - 79 14 43; Fax 0201 - 79 18 23.
Büro Berlin: Ku'Damm-Eck 227/228, 1000 Berlin 15; Tel. 030 - 881 82 15.
Büro Frankfurt: Vilbeler Str. 29, Konstabler Arkaden 6000 Frankfurt; Tel. 069 - 297 78 19.
Außerdem bald in Hannover und Köln.

Wo Anders muß man danach suchen...

Wasserlilien. Wir erreichen schließlich Tyssebotn und nach ca. 25minütiger Fährfahrt Vikanes auf der anderen Fjordseite.

Wir folgen nun der Str. 1 in nordwestlicher Richtung nach Matre am Masfjord. Eine nur im Sommer geöffnete Nebenstraße bringt uns in mehreren Serpentinen zur Hochebene von Stølsheimen. Die Straße erreicht eine Paßhöhe von 700 Metern.

Eine eindrucksvolle Fahrt bringt uns zum Sognefjord, dem größten Fjord Norwegens, der 200 km ins Landesinnere ragt und bis zu 1.308 m (!) tief ist. Wir folgen dem Ufer des Fuglesfjord nach Svartemyr. In ca. 20 Minuten bringt die Fähre uns nach Nordeide am Nordufer des Sognefjords. Weiter geht es in westlicher Richtung über die Str. 55 nach Vadheim, wo wir auf die Str. 1 abbiegen. Diese Straße führt durch das Ytredal und bietet einige schöne alte Steinbrücken. Über Sande und eine kurvenreiche Strecke erreichen wir Førde.

Førde (6.000 Einw.) ist eine lebhafte Kleinstadt, die über zahlreiche Geschäfte und etliche Kleinindustriebetriebe verfügt. Sehenswert sind u.a. die Kirche von 1885 und der Vogtshof Bruland (3 km landeinwärts). Ab Førde folgen wir der Straße 5 bis Naustdal und biegen anschließend auf die ruhige Straße 611 ab, die weiter am Fjord entlang nach Westen und zur Küste führt. Bei Ausevik kann man Felszeichnungen bewundern. Bei Eikefjord gelangen wir wieder auf die Str. 5, der wir in Richtung Florø folgen.

Florø ist die einzige Stadt des Bezirks Sogn og Fjordane. Sehenswert sind vor allem das Küstenmuseum sowie das Herrenhaus Svanøy auf der gleichnamigen Insel. Von Florø aus werden auch interessante Bootsausflüge zur Insel Kinn organisiert (mittelalterliche Steinkirche). Wir verlassen das gemütliche Städtchen, das auf einer Halbinsel zwischen verschiedenen kleinen Seen liegt, wieder über die Straße 5, die einzige Straße nach Florø. Bei Grov biegen wir ab auf die Str. 614 nach Isane. Durch einen 2,8 km langen Tunnel erreichen wir Svelgen, hier kann man zu Fuß - oder per Schiff - die größte Sammlung von Felszeichnungen in Skandinavien besichtigen (bei Vingen). Nach einem kleinen Paß und einer ruhigen Abfahrt gelangen wir nach Ålfot (Holzkirche von 1678) am Ålfotfjord, einem Nebenarm des Nordfjords, mit einer Länge von etwas mehr als 100 km viertgrößter Fjord des Landes. In Isane verordnen wir unserem Auto wiederum eine kleine Zwangspause und setzen mit der Fähre nach Stårheim über (15 min). Ab dort folgen wir der Str. 15 nach Nordfjordeid (2.300 Einw.).

Nordfjordeid - oder einfach »Eid«, wie man hier sagt - ist ein wichtiges Zentrum der Region. Der Ort hat eine lange militärische Geschichte, die in einem Museum nachgezeichnet ist. Auch für die Fjordpferde ist Eid wichtig, denn alljährlich wird hier eine Pferdeschau organisiert, auf der diese prächtigen Tiere ihr Können zeigen.

Die Str. 1 führt uns zum nächsten Fährhafen nach Lote. 10 Minuten später laufen wir Anda an, und weiter geht es am Ufer des Gloppenfjords entlang über Vereide (Steinkirche von 1160, die älteste der Region) nach Sandane (2.000 Einw.). Sehenswert sind hier das Nordfjord Folkemuseum (35 alte Gebäude) und der Berg Utsikten (per Auto erreichbar). In der unmittelbaren Umgebung befinden sich u.a. die Kirche von Gjemmestad (von 1692) sowie einige Grabhügel (z.B. Tinghøgjen beim Hof Hauge; 7 m hoch). Wir folgen weiter dem Fluß Breimselva (Wasserfall Eidsfossen; außerdem eine der größten Lachstreppen Europas, fast 300 m lang und 33 m hoch) und dem See Breimsvatnet und erreichen so über den Ort Breim den Verkehrsknotenpunkt Byrkjelo.

Die Straße führt weiter durch das Våtedal (oft Schafe und Ziegen auf der Fahrbahn!) nach Skei, einem wichtigen Kunsthandwerks- und Webzentrum. In Skei biegen wir ab auf die Str. 625 und fahren dann am Ufer

---

Skei Hotel

Erstklassiges Familienhotel seit 1889 in herrlicher Natur am See **Jølstravatnet**. Das Hotel ist vollständig renoviert und hat 72 Zimmer mit Bad und Dusche/WC. Komfortable Salons, geräumiger Speisesaal, Bar mit Tanzkapelle. Sauna, Solarium und Whirlpool. Großer Garten mit beheiztem Schwimmbad und Tennisplatz.
Best Western Hotel.
Skei Hotel, N-6850 Skei i Jølster
Tel. 0047 - (0)57 - 28 101
Fax 0047 - (0)57 - 28 423

des idyllisch gelegenen Kjøsnesfjords entlang. Die Straße führt durch einen Tunnel unter einem Arm des Gletschers Jostedalsbreen hindurch und erreicht an der anderen Seite Fjærland. Freunde des ewigen Eises sollten einen Besuch des neu errichteten Gletschermuseums nicht versäumen.

In Fjærland wartet ein besonderes Fährerlebnis: In ca. 75 Minuten durchquert man den engen und von hohen Bergen umsäumten Fjærlandsfjord. Von Hella aus führt die Str. 5 am Ufer des Sognefjords über Leikanger und Hermannsverk nach Sogndal, dem Zentrum des Bezirks Sogn og Fjordane. Wir überqueren die Sogndalsfjord (Brücke), und über Hovland (Sogn Folkemuseum) erreichen wir Kaupanger (schöne Stabkirche).

Fährmäßig sind wir jetzt gut eingestimmt, so daß nun einer der Höhepunkte der Rundreise beginnen kann: die Fjordkreuzfahrt durch einen der beeindruckendsten Fjorde Norwegens, den Nærøyfjord (norw. nær = eng). Die Fährverbindung Kaupanger - Gudvangen bietet während ca. 2,5 Std. großartige Landschaftseindrücke, wenn das Schiff durch die immer enger werdenden Fjordarme tuckert. Der Sognefjord ist noch breit, der Aurlandsfjord schon erheblich schmaler, der Nærøyfjord aber ist an Enge kaum noch zu überbieten. Die Berge türmen sich bis zu 1.660 Meter hoch über dem Fjord auf.

Von Gudvangen aus folgen wir der E 16, einer der Hauptverbindungsstraßen zwischen Oslo und Bergen. Bei Stalheimskleivi beginnt ein eindrucksvoller Paß mit 13 Serpentinen und einer max. Steigung von 20 Prozent (!), ehe man nach Stalheim gelangt. Das Stalheim Hotel liegt am Rande eines steilen, 550 m tiefen Abgrunds, an dem der Wasserfall Stålheimsfossen 126 Meter tief hinunterstürzt. Wer die Automühen scheut, kann das Hotel übrigens auch über die neue Strecke erreichen, die durch einige Tunnel führt und sogar für Wohnwagen geeignet ist. Über Oppheim und Vinje erreichen wir dann Tvinne, dort rauscht der schöne Tvindefossen mit Elan ins Tal.

Im 6.000-Einwohner-Städtchen Voss, das im Sommer wie im Winter ein beliebtes Ferienziel darstellt, sind vor allem die Kirche aus dem 13. Jh., das Volksmuseum Mølstertunet oberhalb des Zentrums, Finneloftet (das älteste nicht-kirchliche Holz-

bauwerk Norwegens), das Troll-Taral-Museum (mit Werken des Troll-Zeichners Taral) und das Magnus Dagestad-Museum einen Besuch wert. Mit der Kabinenseilbahn »Hangursbanen« gelangt man zu einem bekannten Aussichtspunkt mit verschiedenen guten Wandermöglichkeiten.

Weiter geht es über die Straße 13 vorbei am imposanten Wasserfall Skjervefossen nach Granvin am Hardangerfjord. Über Kvanndal (wichtiger Fährhafen mit u.a. Verbindungen nach Utne und Kinsarvik) folgen wir weiter der Str. 13 nach Ålvik und Øystese und erreichen schließlich Norheimsund.

Die Str. 49 folgt nun immer dem Westufer des wunderschönen Hardangerfjords. In Vikøy steht ein alter Pfarrhof und eine Kirche (mit Inventar einer abgerissenen Stabkirche), über Strandebarm gelangen wir dann nach Mundheim. Hier bringt uns die Str. 48 nach Gjermundshamn, wo wir mit der Autofähre in ca. 25 Minuten nach Løfallstrand übersetzen. Ein schöner Abstecher führt von hier nach Sunndal, das etwas weiter nördlich am Hardangerfjord liegt. Man passiert dabei die Kirche von Ænes und den sehenswerten Wasserfall Furebergfossen. Von Sunndal aus kann man zu Fuß einen der Seitenarme des Gletschers Folgefonn erreichen (z.B. den Bondhusbreen: erst mit dem Auto über eine schmale Naturstraße, dann 2 Std. zu Fuß). Vom Hotel Breidablikk werden Touren über den Folgefonn angeboten. Die Str. 48 führt uns von Løfallstrand nach Rosendal, dem Zentrum der Gemeinde Kvinnherad. Die bedeutendste Sehenswürdigkeit ist hier die Baronie Rosendal aus dem Jahre 1671. Das im Renaissance-Stil errichtete Hauptgebäude des ehemaligen Adelssitzes (mit Barock-Dekoration) ist von einem üppigen Park umgeben. Die Pflanzenpracht ist in dieser Gegend sowieso sehenswert, darüber hinaus sind die Regionen Sunnhordland und Hardanger für ihre vielen Obstgärten berühmt, die einen augenfälligen Kontrast zu den mächtigen Bergen bilden, die sich hinter den Gärten erheben. Ebenfalls einen Besuch wert ist die Kirche von Kvinnherad (13. Jh.). Über Dimmelsvik und Uskedal gelangen wir nach Sunde, um in 60 Minuten nach Leirvik auf der Insel Stord überzusetzen. Entlang an der Ostküste der Insel geht es dann auf der Straße 1 nach Sandvikvåg. Dort wartet die letzte Fähre dieser wasserreichen Rundtour auf uns, die in einer Stunde Halhjem erreicht. Die Fährfahrt geht über den geschützten Bjørnafjord, der von vielen Inseln übersät ist. Von Halhjem aus sind es nur 6 km nach Osøyro, einem beliebten Badezentrum der Bergenser. Über Søfteland und Nesttun erreichen wir wieder Bergen, Start und Ziel unserer erlebnisreichen Rundreise durch Westnorwegens Fjordlandschaft.

Besondere Hinweise:
Der gesamte Streckenverlauf ist ganzjährig befahrbar, auch für Wohnwagengespanne. Es ist ratsam, sich im voraus nach den Fährverbindungen zu erkundigen, um nicht zu viel Zeit an der Anlegestelle zu verbringen. Manche Fähren haben eine geringe Kapazität und fahren zudem nicht allzu oft.

Fleischer's Hotel

Im Herzen der Fjordgegend - mit kurzer Entfernung nach Bergen sowie zum Hardanger- und Sognefjord - liegt Fleischer's ehrwürdiges, über 100 Jahre altes Luxushotel. Alle 71 Zimmer verfügen über Bad, WC, Satelliten-TV, Radio und Minibar. Gediegene Atmosphäre. Bar, Tanz, Orchester. Schwimmbad mit Saunen und Solarien. Sonnenterrasse mit Bedienung. Tennis, Badminton, Bootsverleih, Aktivitäten für Kinder. Skiparadies mit 40 maschinenpräparierten Pisten. Mitglied der Inter Nor Hotelkette. Motel mit 30 bestens eingerichteten Wohnungen.

FLeischer's Hotel, Evangervegen 13
N-5700 Voss, Tel. 0047 - (0)5 - 51 11 55
Fax 0047 - (0)5 - 51 22 89

Route 8

Zwischen Atlantik und Hochgebirge - Møre og Romsdal

Entfernungen:		
0 km	Åndalnes	807 km
94 km	Geiranger	713 km
131 km	Grotli	676 km
196 km	Stryn	611 km
255 km	Byrkjelo	552 km
293 km	Nordfjordeid	514 km
333 km	Ørsta	474 km
390 km	Ålesund	417 km
476 km	Molde	331 km
551 km	Kristiansund	256 km
645 km	Sunndalsøra	162 km
706 km	Eikesdal	101 km
807 km	Åndalsnes	0 km

Diese Rundreise durch den wunderschönen und abwechslungsreichen Bezirk Møre og Romsdal beginnt im zentral gelegenen Fjordort Åndalsnes.

Åndalsnes (3.000 Einw.) liegt am Isfjord und ist Endstation der Rauma-Bahnlinie. Als Ferienort ist Åndalsnes besonders bei Anglern und Bergsteigern beliebt, es eignet sich aber auch ausgezeichnet als Ausgangspunkt für Rundfahrten durch das Fjordgebiet.

Wir verlassen Åndalsnes über die Str. 9 und fahren bis zur Kreuzung Sogge Bru. Dort biegen wir auf die Str. 63 ab - besser bekannt als »Trollstigen«. Der Weg hinauf zur Paßhöhe (850 m ü.d.M.; unterwegs die schönen Wasserfälle Stigfossen und Tverrdalsfossen) gehört sicherlich zu den beeindruckendsten Erlebnissen eines Norwegen-Aufenthalts. Der 1936 fertiggestellte Trollstigen besteht u.a. aus elf aufeinander folgenden Serpentinen, die eine großartige Aussicht auf die grandiose Gebirgskulisse bieten.

Während der Abfahrt hinunter zum Norddalsfjord passieren wir »Gudbrandsjuvet«, eine enge Schlucht von 25 m Tiefe und 5 m Breite.

Vom Valldal aus bietet sich ein Abstecher zum abgeschiedenen Ort Tafjord an, der mitten in einer kahlen Felsenlandschaft liegt. Kurz hinter Valldal liegt Linge. Von dort setzen wir in 25 Minuten über den Norddalsfjord nach Eidsdal über. Auf den nächsten Kilometern erwarten uns weitere landschaftliche Höhepunkte, wir befahren nun den »Ørnevegen« (Adlerstraße), einen Teil der sogenannten »Golden Route« von Åndalsnes nach Geiranger.

Die Str. 63 erreicht zwischen Eidsdal und Geiranger eine Höhe von 624 Metern. Besonders eindrucksvoll ist die Fahrt hinunter ins Tal, die wiederum 11 Serpentinen aufweist und eine phänomenale Aussicht auf den Geirangerfjord bietet.

Geiranger ist einer der bekanntesten Ferienorte Norwegens. Kein anderes Gebiet wird von so vielen Kreuzfahrtschiffen angelaufen wie der von hohen Bergen umgebene Fjordort. Sehenswert ist die Kirche aus dem Jahre 1842. Die größte Attraktion ist allerdings die aufregend schöne Natur.

Sehr empfehlenswert ist eine Bootsfahrt auf dem Fjord, die dicht an den steilen Uferwänden entlangführt, an denen mächtige Wasserfälle in die Tiefe stürzen, wie die »Syv Søstre« (Sieben Schwestern) und der »Brudesløret" (Brautschleier).

Hinter Geiranger steigt die Str. 63 wieder steil an und führt in 20 Kehren hinauf bis in eine Höhe von 1.038 Metern. An der Djupvasshytta kann man einen Abstecher über den Nibbevegen bis hinauf zum Berg Dalsnibba unternehmen. Aus 1.495 m (!) Höhe hat man dort praktisch ganz Norwegen zu Füßen liegen - eine unvergleichliche Aussicht über Fjord und Gebirge!

Die Straße schlängelt sich weiter entlang an zahlreichen Schneefeldern und Seen, die oft im Juni noch eine dicke Eisdecke aufweisen.

An der Kreuzung Langevatn gibt es zwei Möglichkeiten: Wer nicht der neueren Route über die Straße 15 folgt (3 Tunnel von 2,5, 3,7 und 4,5 km Länge), kann nach Norden abbiegen und dann ab Grotli die alte Straße über das Strynefjell befahren. Unterwegs »lockt« »manche sicher das »Strynefjell Sommerskisenter«, ein Sommerskizentrum mit mehrere Skiliften, Loipen und Pisten. Von dort hat man auch eine schöne Aussicht über das Hjelledal und die bis zu 1.900 m hohen Berge ringsum.

Zwischen hohen Bergen und entlang am Gletscher Tystigbreen führt der Weg zu einer Paßhöhe von 1.139 m. Es folgt ein eindrucksvoller Abstieg nach Videseter, wo wir wieder auf die neue Straße treffen, die gerade den letzten der 3 Tunnel passiert hat. Von Videseter aus folgt die Straße dem Fluß Strynelva und über Jol Bru (Steinbrücke über eine 53 m tiefe Schlucht) erreichen wir Stryn (1.200 Einwohner), den wichtigsten Ort im Nordfjord-Gebiet. In der direkten Umgebung des beliebten Ferienortes befinden sich auch einige interessante Grabhügel.

Am Ufer des Innvikfjords entlang führt die Str. 60 weiter nach Loen, einem weiteren bekannten Ferienziel am Ende des Nordfjord. Von Loen aus sollte man einen Abstecher am türkisfarbenen Loenvatn entlang bis zum Gletscherarm Kjenndalsbreen unternehmen (ein Ausläufer des gewaltigen Jostedalsbreen, des größten europäischen Festlandsgletschers). Statt eines 2,5 km langen Fußweges über eine hoch über dem See entlangführende Mautstraße (Top-Aussicht über Gletscher und See!) kann man den Gletscher auch mit einer Bootsfahrt über den idyllischen See Lovatnet erreichen.

Gerade einmal 6 km hinter Loen warten dann in Olden (Kirche aus d. 18. Jh.) schon die nächsten Gletschererlebnisse.

Der Abstecher zum Gletscherarm Briksdalsbreen ist ein absolutes Muß für alle Gletscherfans. Man fährt dazu mit dem Auto bis zum Berggasthof »Briksdalsbre Fjellstove« am Ende des Sees, anschließend geht es dann entweder zu Fuß oder mit einer tradi-

Am Briksdalsbreen gelangt man sogar mit der Kutsche zum Gletscher

tionellen Pferdekutsche hautnah bis zum mächtigen Gletscherarm.

Über Innvik und Karistova (Paßhöhe 630 m, teilweise herrliche Aussicht) erreichen wir Byrkjelo. Hier biegen wir ab auf die Str. 1, die über Anda (Autofähre nach Lote) nach Nordfjordeid führt. (siehe auch Rundreise 7). Von Nordfjordeid aus fahren wir nach Hjelle am Hornindalsvatn, dem tiefsten See Europas. Über das Stigedal und entlang am Ufer des Sees Bjørkedalsvatnet (bekannt durch seine Bootsbauer, die alte Wikinger-Schiffe originalgetreu nachbauen und schon jahrhundertelang den Ruf besitzen, die besten Bootsbauer Norwegens zu sein), erreichen wir den Austefjord bei Straumshamn. Ab hier folgen wir der Str. 651, die dem Ufer des schönen Fjords folgt und nach Volda führt.

Volda (2.500 Einwohner) ist ein wichtiges Unterrichts-Zentrum der Region und beherbergt auch ein interessantes Freilichtmuseum. Die Str. 1 führt uns jetzt über den Industrieort Ørsta (6.200 Einw.; interessante Kirche von 1864 mit flämischem Altarschrein um 1520) zum Fährhafen Rjånes. Lohnenswerte Abstecher führen von hier zu den Inseln Gurskøy und Hareidlandet.

Über eine Reihe von Brücken kann man sogar bis zur Insel Runde gelangen, die den südlichsten Vogelfelsen Norwegens bietet - ein Erlebnis für Ornithologen, aber auch für Normalinteressierte.

Wir fahren jetzt aber weiter über die Str. 1 am Ufer des Vartdalsfjords entlang nach Festøy. Hier setzen wir mit der Fähre über den breiten Storfjord nach Sunde (15 min) über. In naher Zukunft soll ein Fjordtunnel von Rjånes zur Insel Hareid entstehen und ein weiterer nach Ålesund, so daß die Jugendstilstadt an der Westküste dann ohne Fährverbindung zu erreichen sein wird.

Ab Sunde ist es nicht mehr weit zum Industrieort Spjelkavik, der mittlerweile mit Ålesund zusammengewachsen ist.

Ålesund (35.000 Einwohner), die Stadt, die auf drei Inseln verteilt ist, ist Norwegens größter Fischereihafen. Im Jahre 1848 gegründet, wurde sie in der 2. Hälfte des 19. Jh. durch den Fischfang immer bedeutender. Im Jahre 1904 zerstörte ein großer Brand weite Teile der Stadt, aber innerhalb weniger Jahre wurde der Ort völlig neu wiederaufgebaut. Es entstand eine Stadt im Jugend-stil, quasi »aus einem Guß«: ein architektonisches Denkmal ihrer Epoche. Die Stadt ist heutzutage ein beliebtes Touristenziel und durch ein System von Brücken und Tunneln mit den interessanten Inseln Giske (Kirche aus 1135), Valderøy (Grotte mit Resten einer prähistorischen Ansiedlung), Vigra (Flughafen) und Godøy (Grabhügel aus der Bronzezeit) verbunden.

Sehenswert in der Stadt selbst sind das Stadtmuseum, das Aquarium, die Kirche aus dem Jahre 1909 (mit Fresken und Glasmalereinen) und vor allem das eindrucksvolle Jugendstil-Viertel der Innenstadt. Außerhalb des lebhaften Stadtkerns liegen das große Freilichtmuseum Sunnmøre in Borgund und die benachbarte mittelalterliche Kirche von Borgund (1250). Die beste Aussicht über die Stadt hat man vom Berg Aksla, den man entweder über 418 Treppenstufen oder bequem mit dem Auto erreicht.

Wir verlassen die prachtvolle Stadt über die Str. 9 und erreichen über Spjelkavik und am Ufer des Sees Brusdalsvatnet entlang Digernes. Ab hier folgen wir der Str. 661, die uns über eine sehr sehenswerte Steinbrücke über das Wasser des Skodjestraumen führt.

In Eidsvik wechseln wir auf die Str. 659 zum Industrieort Brattvåg. Von dort geht es weiter mit der Fähre nach Drynaholmen (20 min). Auf der Str. 668 gelangen wir dann weiter über die Inseln Mia und Otrøy zum Fährhafen Solholmen. Die Fahrt nach Mordalsvågen dauert ca. 15 Minuten. Die Str. 662 bringt uns dann in wenigen Minuten nach Molde.

Molde, die »Rosenstadt«, liegt in einem Gebiet mit ungewöhnlich günstigen klimatischen Verhältnissen, was sich durch einen beeindruckenden Pflanzenreichtum bemerkbar macht. Die Stadt (21.000 Einwohner) ist das Verwaltungszentrum des Bezirks und seit 1983 auch norwegischer Bischofssitz.

Molde wurde im letzten Weltkrieg durch die deutsche Luftwaffe zum Großteil zerstört; nur wenige alte Gebäude sind übriggeblieben. Sehenswert sind trotzdem u.a. die moderne Domkirche, das Romsdalmuseum (mit über 40 Gebäuden) und das Fischereimuseum auf der Insel Hjertøya. Auf dem Dach des modernen Rathauses von 1966 ist ein kleiner Garten eingerichtet - natürlich mit vielen Rosen.

Auch das »Moldepanorama« vom Berg Varden gehört zu den Attraktionen der Stadt: es bietet eine wunderbare Aussicht auf insgesamt 87 mit Schnee bedeckte Berggipfel, den Fjord mit seinen vielen Inseln sowie das offene Meer.

Wir verlassen Molde auf der Str. 64 über Sylte (Pfad zur Grotte Trollkyrkja) und Eide nach Vevang. Hier nimmt die sogenannte »Atlantikstraße« ihren Anfang, eine neue Strecke, die über eindrucksvolle Brücken und mehrere Inseln zur Insel Averøya führt, direkt an der Atlantikküste entlang. Über Bruhagen erreichen wir schließlich Bremnes und die Fähre nach Kristiansund (20 min).

Håholmen Havstuer - Urlaub auf einer Trauminsel

Håholmen auf der Außenseite der Insel Averøy ist eine «Trauminsel», wie geschaffen als Ferienparadies mit Hotelstatus. Ein idyllisches Fischerdorf. 9 erhaltungswürdige Gebäude wurden restauriert. Die komfortablen Zimmer und Fischerhütten verfügen über insgesamt 51 Betten. Konferenzmöglichkeiten für 10-30 Personen. Pub, Restaurant mit »Meeresdelikatessen«. Tauchen, Meeresangeln, Bootsverleih.
Im Sommer verkehrt stündlich ein Linienboot zum Festland (Atlanterhavsveien). (5 Min. Entfernung). Überfahrt auch nach Absprache möglich.
Håholmen Havstuer A/S
Postboks 9, N-6533 Kårvåg
Tel. 0047 - (0)73 - 12 412
Fax 0047 - (0)73 - 12 502

Kristiansund (17.600 Einw.) liegt wie Ålesund auf drei Inseln und besitzt einen besonders geschützten Hafen, der den Quellen zufolge schon vor 8.000 Jahren benutzt wurde. 1742 erhielt der Ort die Stadtrechte und wurde nach dem damaligen dänisch-norwegischen König Christian IV benannt. 1991 feiert die Stadt ihr 250jähriges Jubiläum, die verschiedenen Aktivitäten und Festlichkeiten sollte man nicht verpassen.

Durch Fischfang und Seehandel wurde die Stadt immer bedeutender: eine typisch norwegische »Karriere«. In den letzten Jahrzehnten sind auch andere Industriezweige hinzugekommen, wie z.B. Zulieferbetriebe für die Ölindustrie.

Im 2. Weltkrieg wurde die Stadt - wie so viele andere norwegische Städte - fast völlig zerstört und später modern und großzügig wiederaufgebaut. Parkanlagen und Grünflächen machen seitdem einen wesentlichen Teil des Stadtbildes aus.

Sehenswert sind vor allem das Patrizierhaus Lossiusgården (Ende 18. Jh.) und das Nordmøre Museum im Norden der Stadt.

Die beste Aussicht über Kristiansund und die Umgebung bietet der Aussichtsturm auf dem Berg Varden, mitten im Zentrum der Stadt.

Unbedingt empfehlenswert ist auch ein Bootsausflug zum verlassenen Fischerdorf Grip, das 13 km vor der Küste im offenen Meer liegt. Rund um eine mittelalterliche Stabkirche stehen dicht gedrängt bunte, typisch norwegische Holzhäuser. Hier lebten einmal 400 Menschen; heute ist die Insel nur noch im Sommer bewohnt.

Ein anderer Bootsausflug führt zu den Inseln Smøla und Hitra, zwei relativ flache Inseln mit vielen Überresten aus historischen Zeiten.

Wir verlassen Kristiansund auf der Str. 16 und benutzen in Kvalvåg die Fähre in östlicher Richtung nach Kvisvik (15 min). Diese Fährverbindung wird im Jahre 1993 durch eine Ponton-Brücke von 825 m Länge ersetzt werden.

Weiter geht die Fahrt am Tingvollfjord entlang nach Tingvoll. Hier kann man ein interessantes Freilichtmuseum, eine Kirche aus dem 12. Jh. sowie einige Felsenzeichnungen (bei Hindhammer) besichtigen.

Die Straße 70 schlängelt sich von Fjord zu Fjord, und wir erreichen über Ålvund den Industrieort Sunndalsøra.

Dieser Ort (5.000 Einw.) ist vor allem durch das Aluminiumwerk geprägt, das so gar nicht zur majestätischen Natur ringsum passen will. Direkt vom Zentrum aus ragen die Berge vom Meeresniveau aus bis zu 1.600 Meter hoch auf.

Nun wird es dramatisch: Wir biegen nach Süden auf eine enge und steile Straße durch das Lilledal ab, ein enges Tal mit senkrechten Felswänden, die über 1.000 m Höhe erreichen.

Die Westwand des »Store Kalken« (1.884 Meter hoch) gehört zu den wenigen Berghängen Norwegens, die noch nie »besiegt« wurden. Wenig überraschend, wenn man vom Tal aus den steilen Felsen hinaufblickt! In engen Serpentinen steigt die Straße an und erreicht eine karge Hochebene, die einen dramatischen Gegensatz zum üppig bewachsenen Lilledal bildet.

Über Torbudal erreichen wir Aursjøhytta, eine Touristenhütte, die sich prächtig für wunderschöne Wanderungen über die Hochebene eignet.

Die Straße führt uns jetzt westlich durch das Tal des Flusses Aura, der eine enge Schlucht bildet. Steigung und Gefälle wechseln sich anfangs ab, dann aber geht es steil und kurvenreich »in die Tiefe« (einmal sogar mit einer Kurve in einem Tunnel). Nach landschaftlich dramatischer Fahrt gelangen wir dann ins Eikesdal: ein idyllisches Tal, das jedes Jahr viele Angler anzieht.

Wir folgen der erst vor kurzem fertiggestellten Straße am Ostufer des langgestreckten, ruhigen Sees Eikesdalsvatnet.

Hinter Reitan kann man auf der gegenüberliegenden Seite des von steilen, hohen Bergen eingefaßten Sees in einem kleinen Tal den Wasserfall Mardalsfossen sehen - bis zu seiner Regulierung der höchste Wasserfall Europas (297 m). Heute ist der Wasserfall nur noch zur Touristenzeit im Sommer »in Betrieb«.

Wichtig für Wanderer: »Kopf« und »Fuß« des Wasserfalls sind zu Fuß zu erreichen (von Reitan aus).

Über Øverås fahren wir weiter nach Eresfjord. Hier folgen wir der Straße 660, die über einen kleinen Paß (nette Aussicht) nach Vistdal am Langfjord führt. Die Straße verläuft am Ufer des Fjordes, und wir erreichen Åfarnes (Fährverbindungen in Richtung Molde).

Die Str. 64 folgt dem Ufer des Rødvenfjords. Bei Leirheim führt eine Nebenstraße zur Stabkirche von Rødven, die seit dem Mittelalter mehrmals umgebaut wurde. Auch die Ortskirche auf Eid enthält noch Teile einer mittelalterlichen Stabkirche.

Bald erreichen wir den Romsdalfjord, auf der anderen Seite des Fjordes sieht man schon Åndalsnes liegen. Autofahrer müssen aber erst noch dem Verlauf des Fjordes folgen. Über Isfjorden erreichen wir schließlich wieder Åndalsnes, den Ausgangspunkt der Rundreise.

Besondere Hinweise:
Mit Ausnahme der Strecken Åndalsnes - Valldal und Sunndalsøra - Eresfjord sind alle Straßen das ganze Jahr über geöffnet. Die letztgenannte Straßenverbindung führt zum Teil über sehr kleine Nebenstraßen, die dem mitteleuropäischen Standard nicht entsprechen. Autofahrer mit hohen Ansprüchen an den Straßenkomfort sollten dies bedenken.

Abgesehen von diesen zwei erwähnten Teilstrecken ist auch die Strecke Eidsdal - Geiranger für Wohnwagen verboten. Ausweichmöglichkeiten sind: Die Str. 9 von Åndalsnes direkt nach Ålesund (statt über Valldal und Geiranger) und die Straßen 62 und 660 von Sunndalsøra über Eidsvåg nach Eresfjord.

Diese Rundreise läßt sich gut mit den Rundreisen 7 (»Die großen Fjorde«; in Nordfjordeid) und 9 (»Trøndelag«; in Sunndalsøra) kombinieren.

Am Hafen von Molde

Route 9

Sør-Trøndelag – Historisches Herz Norwegens

Entfernungen:		
0 km	Trondheim	616 km
32 km	Hell	584 km
138 km	Stugudal	478 km
211 km	Røros	405 km
314 km	Støren	302 km
379 km	Oppdal	237 km
448 km	Sunndalsøra	168 km
544 km	Storås	72 km
573 km	Orkanger	43 km
616 km	Trondheim	0 km

Diese Rundreise führt durch den Bezirk Sør-Trøndelag, ein fruchtbares landwirtschaftliches Gebiet mit einer weit zurückführenden Vergangenheit, auf deren Spuren man noch heute trifft. Die zwei größeren Städte des Bezirks, Trondheim und Røros, besitzen eine interessante Vergangenheit, die durch zahlreiche historische Gebäude dokumentiert ist. Die Landschaft setzt sich zusammen aus fruchtbaren Tälern und Tiefebenen, üppigen Wäldern, Flüssen voller Fische, kahlen Hochebenen und unzugänglichen Bergregionen - eine Rundreise, bei der für jeden Geschmack etwas dabei ist!

Hotel Augustin
Das Hotel Augustin in **Trondheim** bietet erstklassigen Komfort zu vernünftigen Preisen. Es liegt im Zentrum der Stadt. 75 helle, freundlich eingerichtete Zimmer, alle mit Bad/ Dusche und WC, stehen für unsere Gäste bereit.
Die Zimmer sind mit extra breiten Betten, TV, Haartrockner und Hosenbügler ausgestattet. Gute Parkmöglichkeiten hinter dem Hotel.
Hotel Augustin
Kongensgt. 26, N-7011 Trondheim
Tel. 0047 - (0)7 - 52 83 48
Fax 0047 - (0)7 - 51 55 01

Diese Reise beginnt in Trondheim, der drittgrößten Stadt Norwegens mit ca. 135.000 Einwohnern. Sie liegt am Fluß Nidelva, der dort in den breiten Trondheimsfjord (der zweitgrößte Fjord Norwegens) mündet. In Trondheim wurden schon seit der Wikingerzeit die Könige gekrönt, die von hier aus auch regierten. Als dann auch noch der Bischof hier residierte, war Nidaros (wie die Stadt damals hieß) mit Abstand die wichtigste Stadt Norwegens. Später verlor sie ihren Status als Königsstadt und sogar den Bischofssitz. Die Stadt wurde oft von schwedischen Angriffen heimgesucht und zudem Opfer von damals häufig vorkommenden Stadtbränden. 1681 wurde die Stadt nach einem verheerenden Brand so wiederaufgebaut, daß das Risiko einer nochmaligen Brandkatastrophe verringert wurde. Trondheim hat seitdem viele breite Alleen und Grünanlagen zu bieten. Trotz aller Widrigkeiten stieg die Einwohnerzahl, im Jahre 1800 z.B. war Trondheim noch immer größer als Oslo. In den letzten Jahrhunderten hat sich Trondheim zu einem wichtigen Zentrum für ganz Mittelnorwegen entwickelt, besonders in den Bereichen Handel, Landwirtschaft und Leichtindustrie.

Sehenswert sind vor allem die vielen Kirchen, von denen der Nidaros-Dom natürlich die bekannteste ist. Der Dom stellt das größte mittelalterliche Gebäude Norwegens dar (101 x 50 m) und wurde im prachtvollen gotischen Stil erbaut. Außerdem erwähnenswert sind die mittelalterlichen Kirchen Byneset, Lade und Vår Frue. Weitere interessante Gebäude sind das alte Kloster Munkholmen, die Festung Kristiansten, die Höfe Erkebispegården (in der Nähe der Domkirche) und Stiftsgården, ein gewaltiges Holzgebäude im Rokoko-Stil.

Auch einige interessante Museen hat die Stadt zu bieten. Das Musikhistorische Museum, das Nordenfjeldsche Kunsthandwerksmuseum, das Seefahrtsmuseum und das Trøndelag Folkemuseum sind nur einige der zahlreichen Museen der Stadt.

Trondheim Hotell
Das gemütliche und komfortable Trondheim Hotell liegt mitten im **Zentrum** der Stadt. Alle 140 Zimmer und Suiten wurden 1987, 1989 und 1990 modernisiert, haben Dusche/WC, Haartrockner, Minibar und TV mit 15 Programmen. Niedrige Sommerpreise von Ende Juni bis Anfang August. Bar, Café, Parkplatz, Selbstbedienungswäscherei, Behinderten- und Nichtraucherzimmer.
Trondheim Hotell
Kongensgt. 15, N-7013 Trondheim
Tel. 0047 - (0)7 - 52 70 30
Fax 0047 - (0)7 - 51 60 58

Wir verlassen Trondheim in nördlicher Richtung über die E 6, die hier am Ufer des Fjords entlang führt. Nach ca. 35 km, kurz vor der Brücke nach Stjørdal, erreichen wir Hell (schöne Felszeichnungen; ca. 200 m von der Straße).

Wir verlassen nun die E 6 und biegen ab auf die Str. 705, die durch eine Landschaft mit engen Schluchten und steilen, bewaldeten Bergen führt. Nach 25 km gelangen wir zum See Selbusjøen. Die Gemeinde Selbu ist durch das sogenannte »Selbustrikking« bekannt, das spezielle Strickmuster der Gegend. Im Ort Selbu steht eine sehenswerte Kirche aus dem 11 Jh. Die Straße folgt jetzt dem Tal des Flusses Nea, und wir erreichen über Rolset und Flora den Ort Ås, das Zentrum der Gemeinde Tydal. Hier befindet sich eine Kirche aus dem Jahre 1696 sowie ein nettes Freilichtmuseum. Die Str. 705 endet schließlich im Ort Stugudal, der am See Stugusjøen liegt. Ab hier folgen wir einer gebührenpflichtigen Nebenstraße, die über eine Hochebene (Paßhöhe 920 m; schöne Aussicht) nach Brekken führt. In Brekken biegen wir ab auf die aus Schweden kommende Str. 31 in Richtung Røros. Die Straße führt durch ein Gebiet mit alten Kupfergruben, nach 17 km, der Hälfte der Strecke, trifft man auf das Grubenmuseum »Olavsgruve«. Hier laden die alten Grubengänge und Stollen zur Besichtigung ein.

Røros (3.500 Einwohner) ist das Zentrum dieses ehemaligen Kupferbergbaugebietes. Die ganze Innenstadt steht unter Denkmalschutz und strahlt noch immer die Atmosphäre von einst aus, als hier der Bergbau noch blühte. Zusammen mit der Stabkirche von Borgund und dem Häuserviertel »Bryggen« in Bergen steht Røros sogar auf der UNESCO-Liste der besonders erhaltenswerten Kulturdenkmäler aus aller Welt. Besonders malerisch heben sich die hölzernen Arbeiterwohnungen vom Hintergrund der hohen Schlackenberge ab. Die schöne Kirche war früher das einzige Steingebäude der Stadt.

Wir verlassen Røros über die Str. 30 in Richtung Norden und folgen dabei dem Fluß Glomma stromaufwärts, vorbei an großen Sanddünen. Über Nyplass Bru (Nebenstraße zur Kongens Grube) erreichen wir eine Paßhöhe von 670 m. Dann geht es abwärts in das Gauldal. In Ålen befindet sich ein kleines Freilichtmuseum und etwas

Die gesamte Innenstadt von Røros steht unter Denkmalschutz

»Bybrua«, eine der interessanten Brücken Trondheims

Route 10

Über den Polarkreis - Von Trondheim nach Bodø

Entfernungen:

0 km	Trondheim	874 km
93 km	Verdal	781 km
199 km	Namsos	675 km
301 km	Foldereid	573 km
394 km	Brønnøysund	480 km
468 km	Sandnessjøen	406 km
535 km	Mosjøen	339 km
626 km	Mo	248 km
739 km	Hestbrinken	135 km
874 km	Bodø	0 km

Auf dieser Reise durchqueren wir das Gebiet zwischen dem südlichen Teil Norwegens und dem hohen Norden: eine Landschaft, die viel Interessantes bietet. Deshalb wollen wir diesen weniger bekannten Teil Norwegens einmal etwas näher betrachten, indem wir nicht nur der E 6 folgen, sondern ab und zu auch andere, kleinere Straßen benutzen, die durch sehr sehenswerte Gebiete führen.

Rundfahrt in Mittelnorwegen - Natur und Kultur

6-Tagestour:
1.-2. Tag: Ankunft am Flughafen Værnes, Stjørdal. Weiterfahrt nach Steinkjer, dort 2 Tage Aufenthalt. Wikingerabend. Ausflüge: vorchristlicher Fürstensitz Egge; Felsritzungen in Bølareinen; Kirche in Steinkjer;
3.-4. Tag: Fahrt an die Küste nach Namsos, 2 Übernachtungen. Ausflüge: Bootsfahrt zum Küstenort Rørvik; 2 Museen; Badeparadies Oasens im Fjell.
5 Tag: Fahrt nach Trondheim. Besichtung des Nidarosdom.
6 Tag: Abreise zum Værnes Flughafen.
NOK 3.577,-. EZ-Zuschlag NOK 575,-.
Im Preis enthalten: Übernachtung in Hotels mit hohem Standard. Transfer. Führer. Führungen/Schiffsticket. Eintritt Sammlung Woxengs, Oasen und Nidarosdom.
Midt-Norsk Reiseliv A/S
Postboks 65, N-7001 Trondheim
Tel. 0047 - (0)7 - 51 70 30
Fax 0047 - (0)7 - 52 04 30

weiter trifft man auf die Ruine eines alten Kupferschmelzofens. Bei Svølgja bildet der Wasserfall Eggafossen eine nicht zu bewältigende Barriere für Lachse, die man weiter stromabwärts aber reichlich findet. Hier lohnt es sich, einmal das Angelglück herauszufordern!

Støren Camping
Familiencamping in schöner Umgebung am Ufer des Lachsflusses Gaula. Vom Verkehrsknotenpunkt Støren aus idealer Ausgangspunkt für Tagestouren nach Trondheim (50 km), Røros (105 km), Oppdal (70 km).
Moderne sanitäre Anlagen, Wickelraum. 80 Stromanschlüsse, 32 Anschlüsse für Kabel-TV. Behindertengerecht.
Ausgeschildert ab Kreuzung E6/Str. 30.
Støren Camping
N-7090 Støren
Tel. 0047 - (0)74 - 31 470

Wir passieren zwei interessante »Bygdetun« (Freilichtmuseen mit Gebäuden und Gebrauchsgegenständen des Gebietes) in Haltdalen und Singsås und erreichen schließlich am Knotenpunkt Støren wieder die E 6. Dort biegen wir in Richtung Süden ab und erreichen durch das steile und bewaldete Soknadal sowie über Berkåk und Ulsberg den Ort Oppdal. Dieser Ort (3.500 Einw.) ist vor allem im Winter ein beliebtes Ferienziel.
In Oppdal folgen wir der Str. 70 durch das Drivadal. Bei Vang befinden sich 758 Grabhügel aus der Eisenzeit: die größte Ansammlung Norwegens. Auch die Oppdal Kirche von 1651 und der alte Dorfladen in Vognill (von 1850) sind einen Besuch wert. Über die Festa-Brücke überqueren wir eine tiefe Schlucht und erreichen schließlich Lønset, dort kann man bei Sonnenschein am Wasserfall Vindøla mehrmals täglich einen Regenbogen bewundern. Die Str. 16 folgt dem Sunndal, dem Tal des Flusses Driva. Während wir zum Fjord hinabfahren, werden die Berge auf beiden Seiten des Tals immer höher. In der Nähe von Elverhøy befindet sich das örtliche Freilichtmuseum sowie ein Gräberfeld mit 200 Gräbern aus der Eisenzeit. Wir gelangen schließlich nach Sunndalsøra, ein Industrieort am Sunndalsfjord mit ca. 5.000 Einwohnern. Der Ort liegt fast beklemmend eingekeilt zwischen dem Fjord sowie steilen und kahlen, fast 1.600 m hohen Bergen. Die Straße führt durch einige kleine Tunnel am Fjord entlang, und wir erreichen über Ålvundeid die Kreuzung Ålvundfoss. Dort biegen wir ab auf die Str. 670, die uns über die Fährverbindung Røkkum-Kvanne (10 min) nach Melhus führt. Hier kann man einen Abstecher in das Todal unternehmen, dort hat man die Möglichkeit, den Hof »Svinvik Arboretun« zu besuchen, eine Baumschule mit interessanten und seltenen Pflanzen und Bäumen.
Wir gelangen schon bald nach Skei im Surnadal und biegen dort auf die Str. 65 ab, die durch das Surnadal führt, entlang am Ufer des fischreichen Flusses Surna. Über Røv (Y-förmige Kirche von 1728) erreichen wir Rindal (Freilichtmuseum). Bei Storås erreichen wir dann den Fluß Orkla, dem wir stromabwärts folgen. Über Svorkmo (Oldtimer-Eisenbahn, die im Sommer zwischen Svorkmo und Løkken verkehrt) gelangen wir nach Orkanger, ein Industrieort mit 6.000 Einwohnern. Entlang am Ufer des Orkdalsfjords erreichen wir über Børsa (Kirche von 1857) und Buvik (Kirche von 1819) die Kreuzung Klett. Von dort aus führt uns die E6 wieder nach Trondheim zurück.

<u>Besondere Hinweise:</u>
Die Straßen dieser Rundreise sind das ganze Jahr befahrbar und außerdem für Wohnwagen geeignet. Eine Ausnahme bildet die Strecke Stugudal - Brekken, die zur Sicherheit von schweren Wohnwagen nicht befahren werden sollte.
Diese Rundreise läßt sich ausgezeichnet kombinieren mit den Rundreisen 5 (»Ost-Norwegen«; in Oppdal und Ulsberg), 8 (»Møre og Romsdal«; in Sunndalsøra) und 10 (»Polarkreis«; in Trondheim).

Der Ausgangspunkt dieser Reise ist die alte Domstadt Trondheim (135.000 Einw.). Diese drittgrößte Stadt Norwegens, die sich zu einem wichtigen Forschungs- und Technologiezentrum entwickelt hat, bietet neben dem prächtigen und berühmten Nidaros-Dom noch etliche weitere Sehenswürdigkeiten wie z. B. die vielen guterhaltenen Gebäude in den alten Stadtvierteln am Fluß

Nidelv oder die Festung Kristiansten. Eine ausführlichere Beschreibung befindet sich in Rundreise 9 (»Sør-Trøndelag«).

Wir verlassen Trondheim über die E 6 und folgen dem Ufer des Trondheimfjords, der mit einer Gesamtlänge von 126 km als drittlängster Fjord Norwegens gilt. Das Gebiet um den Fjord gehört zu den fruchtbarsten Landwirtschaftsgebieten des Landes. Der Bezirk Trøndelag war im Mittelalter das politische und religiöse Zentrum Norwegens.

In Stjørdal (8.000 Einw.) fahren wir unter der Rollbahn des Trondheimer Flughafens Værnes hindurch. Sehenswert in Stjørdal sind vor allem die mittelalterliche Kirche von Værnes mit ihrem berühmten Barockstuhl sowie das benachbarte Heimatmuseum.

Wir folgen weiter der E 6 über Asen (Abstecher zur Südspitze der geschichtsträchtigen Halbinsel Frosta mit einer Kirche und Thingstätte) nach Skogn. Hinter Skogn lohnt ein kurzer Abstecher zur Kirche von Alstadhaug, die aus der Zeit um 1200 stammt und sich durch ihre mittelalterlichen Kalkmalereien auszeichnet. In der Nähe der Kirche befindet sich einer der größten Grabhügel Norwegens (50 m Durchmesser; 6 m Höhe). Weiter geht es über Levanger nach Verdalsøra, ein expandierender Industrieort mit ca. 7.000 Einwohnern.

Kultur in Mittelnorwegen

Rund um den Trondheimfjord und die Küstenlandschaft erwartet Sie eine reiche Kulturlandschaft. In Trondheim, das König Olav Tryggvason im Jahre 997 gründete, wird jährlich das Schauspiel »Die Schlacht von Stiklestad« im Freien aufgeführt. An der Mündung des Trondheimsfjords auf der Halbinsel »Fosenhalvøya« beweist eine riesige interessante Höhle, daß der Küstenstreifen schon vor 5.000 Jahren besiedelt war. Aktivitäten: Angeln im Meer, Lachsangeln, z.B. im berühmten Fluß Namsen. Tauchen. Wandern. Fjordrundfahrten.
2 Tierparks: in Orkdal und in Namskogen.
Sehenswürdigkeiten u.a.: Die Bergwerkstadt Røros und das Gräberfeld bei Steinskjer. Mittelalterliche Burg Austeråtborgen. Sakrale Bauwerke, z.B.: Nidarosdom, Sakhaug, Mære.
Midt-Norsk-Reiseliv A/S
Postboks 65, N-7001 Trondheim
Tel. 0047 - (0)7 - 51 70 30
Fax 0047 - (0)7 - 52 04 30

Einige Kilometer östlich der Stadt liegt Stiklestad, einer der historisch bedeutendsten Orte Norwegens. Hier fiel 1030 der später zum Nationalheiligen ernannte König Olav. Im 12. Jh. wurde an dieser Stelle eine Kirche errichtet, und auch das Heimatmuseum von Verdal kann man hier bewundern. Auf einer Freilichtbühne wird alljährlich Ende Juli in Stiklestad das Olsok-Spiel aufgeführt, das an die historischen Ereignisse um Olav den Heiligen vor über 900 Jahren erinnern soll. Über Salberg (kleine Kirche von 1720) und Sparbu (großes Grabfeld) erreichen wir die nächste große Stadt: Steinkjer (10.000 Einw.). Diese Garnisons- und Hauptstadt von Nord-Trøndelag liegt am Ende des Trondheimfjords. Die Gemeinde Steinkjer ist eine der größten Landwirtschaftsgemeinden Norwegens. Sehenswert: das Stadtmuseum und das Steinfeld von Tingvoll im Nordteil der Stadt mit 38 in Schiffsform aufgestellten Steinen aus der jüngeren Eisenzeit.

Wir verlassen nun die E 6 und folgen einer Nebenstraße, die am Ufer des Fjords entlangführt. Über die Orte Bardal und Hammer (Felszeichnungen aus der Steinzeit - 2.000 v.Chr.) gelangen wir nach Beistad und auf die Str. 17 nach Namsos.

Namsos (8.000 Einw.) entstand als Holzumschlagsplatz, und auch heute hat die Verarbeitung von Holz noch immer große Bedeutung. Von den alten Gebäuden ist nach den großen Stadtbränden im letzten Jahrhundert und dem Bombardement der Deutschen im Jahre 1940 wenig übriggeblieben. Der Hof Fogedgården (aus dem Jahre 1897) ist eines der wenigen Gebäude, die den Krieg überlebt haben. Wir folgen der Str. 17 durch das Namdal, um hinter Ramsletta (Kirche von 1200) das Hinterland zu erforschen. Durch eine hügelige Landschaft führt uns die Straße zum tief ins Land führenden Fjord Indre Folda. Am Ende des Fjords, bei Kongsmoen, endet eine 45 km lange Kabelbahn, die den Schwefel aus den Gruben bei Skorovatn zum Hafen von Kongsmoen transportierte. Die Kabelbahn, die mitten durch das Namdal führt, wurde im Jahre 1976 stillgelegt.

Wir fahren zuerst am Fjord entlang und überqueren ihn dann über eine 336 m lange Hängebrücke. Über Foldereid und die Kreuzung Nordlandkorset fahren wir bergauf, danach am See Kolbotn entlang, wo die Straße wieder zum Meer hin abfällt. Bei Årsandøy erreichen wir einen Nebenarm des Bindalsfjords, den Sørfjord. Über eine Brücke über den Malstrom Simlestraumen erreichen wir Kjelleidet, hier ist der Fjord nur durch eine schmale Landenge vom Meer getrennt. Die Straße führt über diese Landenge und dann am Fuß des Bergplateaus Hornfjellet entlang. In Holm nehmen wir die Fähre nach Vendesund (20 Min.) auf die äußerst fruchtbare Halbinsel Somna.

Beim Ort Berg hat man eine wunderschöne Aussicht auf den 260 m hohen Berg Torghatten auf der anderen Seite des Fjords. Der Berg ist auch bekannt als »Der Berg mit dem Loch«, wegen des gewaltige Lochs (Durchmesser 25 Meter, Länge 169 Meter), das mitten durch den Berg geht. Der Sage nach ist das Loch das Resultat eines Pfeils, der bei einer Verfolgung abgeschossen wurde und sein Ziel nicht traf. Die Beteiligten dieser Verfolgungsjagd sind versteinert in der Umgebung des Berges zurückgeblieben. Bei Trænes hat man ein Skelett des Riesenalks gefunden, eines seit 1844 ausgestorbenen Vogels. Von diesem Vogel sind in der ganzen Welt nur noch 10 vollständige Skelette erhalten.

Wir erreichen wenig später Brønnøysund (3.000 Einw.), einen wichtigen Verkehrsknotenpunkt für Nordnorwegen (Flughafen, Hurtigrute). Die Str. 17 führt uns weiter über Tilrem (Ruinen einer mittelalterlichen Kirche) zum Fährhafen Horn. Von hier aus kann man einen lohnenden Abstecher zur

Der sagenumwobene Torghatten bei Brønnøysund

sehenswerten Insel Vega unternehmen. Wir benutzen die Fähre nach Anndalsvågen (20 Min.) und fahren an der Küste entlang zum nächsten Fährhafen nach Forvik. Drei Kilometer nördlich des Kais von Forvik liegt ein Feld mit Felszeichnungen aus der Eisenzeit (Vistnesdalen). Sehenswert ist auch die Kirche von Vevelstad (Ende 18. Jh.). Eine weitere Fähre bringt uns in einer Stunde nach Tjøtta. Der Weg führt dann über eine Reihe schmaler (Halb-)Inseln zur Insel Alsten. Wir fahren jetzt an der markanten Gebirgskette »De Syv Søstre« (Die sieben Schwestern) entlang nach Sandnessjøen, einen Industrieort mit ca. 5.000 Einwohnern. Die Blütezeit der Stadt wurde durch das Anlaufen der Hurtigrute ausgelöst. Heute ist Sandnessjøen ein wichtiger Verkehrsknotenpunkt. Fähren fahren z.B. nach Donna und Herøy, zwei interessante Inseln mit u.a. schönen alten Kirchen aus dem 12. Jahrhundert.

Über eine neue Brücke überqueren wir den Fjord nach Leinesodden und folgen dem Ufer des Leirfjords. An der Kreuzung Leirosen biegen wir ab in Richtung Süden auf die Str. 78 nach Mosjøen. Der Weg schlängelt sich durch einige Tunnel entlang am Ufer des Vefsnfjords. Am Ende des Fjords erhebt sich der steile, 800 Meter hohe Berg Øyfjell und überragt den Fjord, das Tal und die Stadt Mosjøen.

Die Industriestadt Mosjøen hat ihre 9.300 Einwohner vor allen Dingen dem Aluminiumwerk zu verdanken, das fast 1.000 Arbeitsplätze bietet und das Wirtschaftsleben dominiert. Andererseits bietet die Stadt aber auch das größte zusammenhängende Holzhausviertel Norwegens (Sjøgate). Sehenswert sind darüber hinaus die Kirche von Dolstad (1734) sowie das Vefsn-Freilichtmuseum. Bei Mosjøen kann man auch die Øyfjellsgrotte besichtigen, in deren Innerem sich ein unterirdischer Fluß, ein kleiner See und sogar ein Wasserfall (3 m) befinden. Für erfahrene Grottenbesucher (mit der richtigen Ausrüstung) ist diese Grotte ein schönes Erlebnis.

Ab Mosjøen geht es auf der E 6 wieder nach Norden, vorbei an mehreren Seen zur Kreuzung Osen. Die Straße führt jetzt hinauf zum Korgfjell (höchster Punkt 550 m; herrliche Aussicht). In Serpentinen geht es dann hinab nach Korgen. Bald darauf folgen wir erst dem Ufer des Sørfjords und dann kilometerlang dem Ranafjord bis zur Industriestadt Mo i Rana, die sich nur wenige Kilometer unterhalb des Polarkreises befindet. Mo i Rana (10.000 Einw.) ist vor allem durch seine große Eisenhütte bekannt. Dieser zweitgrößte Industriebetrieb Norwegens (2.000 Arbeitsplätze) produziert hauptsäch-

lich für den Export. Sehenswert sind das Rana-Museum und die Kirche von 1800. 22 Kilometer nördlich der Stadt liegt die berühmte Grønli-Grotte. Im Sommer finden Führungen statt, die zwei Kilometer in die Grotte hinein zu einem unterirdischen Wasserfall führen. Eine weitere Attraktion ist der Svartisen-Gletscher (mit dem Auto über Røssvoll, Bootsverkehr über den Gletschersee). Der Gletscher verdankt seinen Namen dem scheinbar schwarzen Eis. Während der Sommermonate werden Gletscherwanderungen und -kurse veranstaltet. Ein paar Kilometer östlich von Mo i Rana, an der E 12 in Richtung Schweden, liegt der Berg Utsikten, der ein schönes Panorama bietet.
Wir folgen nun weiter der E 6, gelangen zum Bergwerksort Storforshei und fahren anschließend durch das ansteigende Dunderlandsdal. Hier bestehen ausgezeichnete Wandermöglichkeiten (z.B. ins wilde Stormdal oder zur stillgelegten Silbermine Nasafjäll, die schon jenseits der Grenze liegt). Wir fahren durch das Lønsdal hinauf zum Saltfjell, wo wir in 650 m Höhe den Polarkreis erreichen. Die Überschreitung dieser magischen Linie kann man sich durch ein Polarkreis-Zertifikat bescheinigen lassen.

Das Polarkreiszentrum

Im Innern des Zentrums finden Sie eine Verkaufsausstellung mit Werken nordnorwegischer Künstler, eine Tierausstellung, u.a. mit Europas größtem Eisbären, und einen Geschenkladen mit handgefertigten, nordnorwegischen Artikeln. Hier stellen wir Ihnen den Bezirk Nordland vor und zeigen die phantastische Multivisionsshow »Norge Norge«.
Polarsirkelsenteret A/S,
N-8242 Polarsirkelen
Tel. 0047 - (0)87 - 66 066
Fax 0047 - (0)87 - 66 049

Die E 6 erreicht auf diesem Streckenabschnitt, der im Winter nur mit Mühe befahrbar zu halten ist, eine Höhe von 707 m. Über den Ort Lønsdal (beliebtes Zentrum für Ferienhäuser) erreichen wir Hestbrinken, wo der sogenannte »Graddisveien« nach Schweden beginnt. Diese Straße führt durch das üppig bewachsene Junkerdal und den gleichnamigen Nationalpark, der nicht nur eine arktische Flora bietet, sondern auch Pflanzen, die man nur in weit südlicheren Breitengraden erwarten würde.

Willkommen im Rognan Hotel!

Das einzige Hotel in Rognan liegt am Skjerstadfjord. Dank unserer nicht übermäßigen Bettenzahl können wir uns individuell um alle Gäste kümmern. Die Zimmer sind mit modernem Komfort, Fernseher, Video und Minibar ausgestattet. Für Konferenzen sind Gruppen- und Arbeitsräume vorhanden. Restaurant mit hervorragender Küche. Orchester, Bar, Diskothek. Vielfältige Aktivitäten.
Rognan Hotel, N-8250 Rognan
Tel. 0047 - (0)81 - 90 011
Fax 0047 - (0)81 - 91 372

In der Grønli-Grotte bei Mo i Rana

Die E 6 folgt dem Fluß Saltdalselva stromabwärts. In Medby, 5 km vor Rognan, biegen wir westlich ab auf die Str. 812, den »Dugnadsveien«. Diese Straße steigt erst an bis zu einer Paßhöhe von 500 m und fällt dann ab ins Misvaerdal. Bei Vesterli führt eine Nebenstraße ins schöne, enge Beiardal, das im Schatten einer Reihe von Gletschern liegt. Im kleinen Dorf Misvaer können u.a. drei Gebäude (18. Jh., unter Denkmalschutz) besichtigt werden. Wir folgen dem Ufer des Misvaerfjords (Nebenstraßen: Skjerstad - drei romanische Grabkreuze; Grabhügel von Ljønes aus der Eisenzeit). Weiter geht die Fahrt durch eine üppige Landschaft. Bei Tjuv gelangen wir wieder auf die Straße 17 in Richtung Bodø. Schon bald erreichen wir den berühmten Gezeitenstrom »Saltstraumen«. Im Laufe von 6 Stunden pressen sich mit einem Tempo von 13 km pro Stunde 372 Millionen Liter Wasser durch eine 150 m breite und 31 m tiefe Meerenge. Die örtlichen Fischereischiffe sind auf diese Naturgewalt eingerichtet und besitzen einen besonders hohen Bug und Heck sowie extrem solide Schiffswände.
Über Løding und die Str. 80 erreichen wir schließlich Bodø, das auf der Spitze einer Halbinsel liegt und direkt auf den Atlantik hinausblickt. Bodø hat 28.000 Einwohner und ist die Hauptstadt des Bezirks Nordland, eine moderne Stadt, die nach den Zerstörungen des Zweiten Weltkrieges neu aufgebaut werden mußte. Sehenswert sind das Bezirksmuseum für Nordland (mit großer Fischereiabteilung), der moderne Dom und die Steinkirche von Bodin (um 1200; mit beachtenswerter barocker Altartafel).
In Bodø endet unsere Reise von Mittelnorwegen bis zum Polarkreis.

Besondere Hinweise:
Bis auf die Strecke Mo i Rana - Rognan ist die gesamte Strecke ganzjährig befahrbar. Die zahlreichen Fährverbindungen bieten zwar schönere Landschaft als die Fahrt auf der E 6, man braucht aber mehr Zeit und sollte auch die Fahrpläne vorher studieren, um lange Wartezeiten zu vermeiden.

Route 11

Rund um den Vestfjord

Entfernungen:		
0 km	Bodø/Moskenes	717 km
125 km	Svolvær	592 km
205 km	Sortland	512 km
270 km	Harstad	447 km
370 km	Gratangen	347 km
420 km	Narvik	297 km
500 km	Bognes	217 km
654 km	Fauske	63 km
717 km	Bodø/Moskenes	0 km

Diese Rundreise bietet zwei Möglichkeiten, um von Bodø nach Narvik zu reisen. Wer vom Polarkreis in Richtung Nordkap fährt, muß nicht ausschließlich die E6 benutzen, auch die Landschaft ringsum bietet viele Schönheiten. Zum Beispiel sollten die Inseln an der Küste auf der Liste der zu besuchenden Orte und Gebiete nicht fehlen. Und obwohl Nordnorwegen auch für norwegische Verhältnisse kein sehr dichtes Straßennetz aufweist, gibt es viel mehr zu sehen als den Ausblick von der E6.
Unsere Rundreise führt teilweise über Nebenstraßen und beschreibt idyllische Orte und Gebiete, die abseits der Hauptroute liegen. Machen Sie aus ihrer Nordkapfahrt kein Wettrennen, sondern nehmen Sie sich die Zeit, Nordnorwegen besser kennenzulernen. Die Reise hat ihren Ausgangspunkt in Bodø, dem Endpunkt der Rundreise 10, in der auch eine ausführliche Stadtbeschreibung zu lesen ist.

Wir nutzen gleich die neue Fährverbindung von Bodø nach Moskenes auf den Lofoten, die uns in ca. 4 Stunden zu dieser prachtvollen Inselgruppe bringt. Die Insel Moskenesøya wird von Fjorden und Buchten durchschnitten und ist durchgehend nur wenige Kilometer breit. Die steilen Berge ragen ca. 1.000 Meter aus dem Meer empor. Moskenes besitzt eine schmucke Kirche aus dem Jahre 1821 und ist vor allem durch seinen guten Stockfisch bekannt. Weiter im Süden liegen noch die Inseln Værøy und Røst, die durch den bekannten Malstrom »Moskenesstraumen« von Moskenesøya getrennt sind. Mit einem Tempo von 6 Knoten wirbelt das Wasser durch die Meerenge und bildet dabei mehrere Strudel, die für kleinere Schiffe recht gefährlich werden können.
Die E 10 führt uns in Richtung Norden, wobei wir ständig von Insel zu Insel »hüpfen«. Die norwegischen Straßenbauer mußten Schwerstarbeit leisten, die Straßen sind teilweise in den Felsen gesprengt und durch viele eindrucksvolle Brücken verbunden. Nach einer beeindruckenden Fahrt durch großartige Landschaft führt uns schließlich auch ein Tunnel - der die frühere Fährverbindung Napp - Lilleeidet abgelöst hat - zur Insel Vestvågøy (Hauptort Leknes) sowie später zwei Brücken zur Insel

Austvågøy. Die Straße folgt der Ostküste der Insel, über Storvågan (Museum, Rorbuer aus dem 18.Jh.) und Kabelvåg (Aquarium, Kirche von 1898, Schulgebäude von 1670) erreichen wir Svolvær, die »Hauptstadt der Lofoten«.

Lofoten-Aquarium

In den 10 Aquarien, die seit 1989 in neuen Baulichkeiten in **Kabelvåg** untergebracht sind, finden sich alle Arten von Süß- und Salzwasserfischen, Schalentiere und Muscheln; außerdem eine Lachszuchtanlage und eine Multimediaschau zur Meeresfauna und -flora der Lofoten.
Preise 1992: NOK 40,- (übliche Ermäßigungen). Geöffnet im Sommer tägl. 10-21 Uhr. Außerdem: Café mit Mittagessen.
Lofot-Akvariet A/S, Storvågan
N-8310 Kabelvåg
Tel. 0047 - (0)88 - 78 665

Svolvær, ein 4.000-Einwohner-Ort, ist ein Sammelplatz für Künstler, die sich hier von der Landschaft inspirieren lassen, und liegt prachtvoll an der Küste mit alpinen Bergen im Hintergrund. Die E 10 schlängelt sich weiter an der Küste entlang nach Fiskebøl, wo wir die Fähre nach Melbu nehmen (30 min). Melbu (2.500 Einw.) auf der Insel Hadseløya bietet ein schönes Freilichtmuseum sowie die größte Trawlerflotte der Vesterålen. Über Hadsel (Holzkirche von 1824) erreichen wir später Stokmarknes (3.500 Einw.), ein wichtiges regionales Zentrum und Anlaufhafen der Hurtigrute. Die große Brücke »Hadselbrua«, die uns zur Insel Langøya führt, ist sogar mit einer Ultraschall-Zone versehen. Man will verhindern, daß Füchse über die Brücke nach Hadseløya gelangen.

Sortland Nordic Hotel

Das Nordic Hotel liegt in Sortland, im Herzen der Vesterålen. Wir können 82 Zimmer anbieten, davon die meisten mit Dusche und WC, Fernseher, Telefon und Minibar. Außerdem besitzt unser Hotel ein Restaurant, eine Bar, eine Diskothek und eigene Konferenzräume sowie einen hauseigenen Parkplatz. Wohnen Sie billig und nutzen Sie den Scandinavian Bonus Pass!
Sortland Nordic Hotel, Vesterålsgt. 59
Postboks 274, N-8401 Sortland
Tel. 0047 - (0)88 - 21 833
Fax 0047 - (0)88 - 22 202

Bei Sortland (4.000 Einw.) verlassen wir die Insel Langøya, und über eine Brücke gelangen wir zu Norwegens größter Insel - Hinnøya. Direkt hinter der Brücke bietet sich die Möglichkeit, einen wunderschönen Abstecher zur Nordspitze der Insel nach Andenes zu unternehmen (Str. 82).
Von dort aus werden z.B. unvergeßliche Walsafaris organisiert.
Wir folgen der E 10 weiter über Langvassbukt und am Ufer des Gullesfjords entlang nach Kanstad, das am engen Indrefjord liegt. Ein schöner Abstecher führt ab hier über die Straße 837 nach Süden an die Küste, wo mehrere malerische Fischerdörfer zu bewundern sind.

Offersøy - Tor zu den Lofoten

Wenn Sie das Besondere suchen, dann sind Ferien in einem »Rorbu« genau richtig für Sie. Diese Fischerhütten (8 Betten) liegen direkt an der Mole und bieten hohen Standard und Komfort. Außerdem bieten wir Ferienhäuser (5 Betten) und Motelzimmer.
Lage: Mitten in den Naturschönheiten von Lødingen, 27 km von Kanstad und der Str. 19 zu den Lofoten entfernt.
Aktivitäten: Gute Bedingungen zum Angeln im Meer, Tauchen, Wandern im Gebirge, Besuchen von Bauernhöfen. Boots- und Kanuverleih, Loipen, Minigolf, Spielplatz. Familienfreundlich.
Offersøy Feriesenter A/S
N-8583 Rinøyvåg
Tel. 0047 - (0)82 - 35 480
Fax 0047 - (0)82 - 35 414

Die Straße führt weiter am Ufer der Meeresenge Tjeldsundet entlang. Über Sandtorg (Handelsort aus dem 17. Jh.) erreichen wir die Tjeldsund-Brücke, die Hinnøya mit dem Festland verbindet. Hier bietet sich die Möglichkeit, über die Str. 83 einen Abstecher nach Harstad zu unternehmen.
Harstad (15.000 Einw.) machte sich im letzten Jahrhundert als Hafen für den Heringsfang einen Namen und zählt auch heute noch zu den wichtigsten Zentren Nordnorwegens. Die Stadt ist darüber hinaus das Zentrum der Ölförderungsaktivitäten im hohen Norden. Während der alljährlich stattfindenden Festspielwochen und während des Meeresangeln-Festivals blüht die Stadt richtig auf. Fast alle Sehenswürdigkeiten befinden sich auf der Halbinsel Trondenes im Norden der Stadt. Dort kann man auch die Trondenes-Kirche von 1250 sowie ein gewaltiges Geschütz aus dem 2. Weltkrieg mit den dazugehörenden Festungsanlagen besichtigen.

»Gigantische Kolosse« - Walbeobachtung bei Andenes

Natur erleben!
Lofoten und Vesterålen

- Nordlandboot segeln
- Angeln
- Bergwandern
- Beeren sammeln

Menschen, die sich auskennen, zeigen Ihnen die Gegensätze von Licht, Meer, Gebirge und fruchtbarer Natur. Schon einmal Moltebeeren gegessen? Bei uns können Sie sie probieren, selbst pflücken und mit nach Hause nehmen. Nordlandboot segeln? Die Nachfahren der Wikingerschiffe. Segeln ... angeln ... die Ruhe an einem kleinen Bach genießen und erfrischendes, reines Wasser trinken.
Bergwandern ... nachts ... bei Mitternachtssonne ... und dennoch Tageshelligkeit erleben ...
Weitere Informationen über Naturerlebnisse auf den Lofoten und Vesterålen:
Vesterålen Reiselivslag
Postboks 243 , N-8401 Sortland
Tel. 0047 - (0)88 - 21 555
Fax 0047 - (0)88 - 23 666

Lofoten Reiselivslag, Postboks 210
N-8301 Svolvær
Tel. 0047 - (0)88 - 71 053
Fax 0047 - (0)88 - 71 929

Direkt hinter der Brücke biegen wir auf die Str. 825 ab, die der Küste in Richtung Norden folgt und neben einer faszinierenden Landschaft auch historische Gräber aus der Eisenzeit (bei Kvitnes) sowie Norwegens nördlichsten Fundort aus der Bronzezeit (Tennevik) bietet. Bei Gratangen kann man darüber hinaus interessante Schiffe besichtigen.
Bei Storfossen erreichen wir die E6, der wir anschließend in Richtung Süden folgen. Nach steiler Abfahrt gelangen wir bei Bjerkvik wieder ins Tal und fahren am Herjangsfjord entlang nach Süden. Eine 765 m lange Brücke über den Fjord Rombaken bringt uns dann Narvik näher.
Narvik (15.000 Einw.) war aufgrund seines eisfreien Hafens bereits im letzten Jahrhundert ein wichtiger Ausfuhrort für das schwedische Eisenerz. Die Stadt wurde an das schwedische Eisenbahnnetz angeschlossen und ist seitdem Norwegens nördlichster Bahnhof. Durch die Erzausfuhr war Narvik im Zweiten Weltkrieg ein strategisch wichtiger und schwer umkämpfter Punkt. Das vom Roten Kreuz errichtete Gedenkmuseum erinnert an diese Zeit. Das Ofoten-Museum informiert ebenfalls über die noch junge Geschichte der Stadt. Im Brennholtet-Park, nordwestlich des Bahnhofs, findet man hingegen ca. 4.000 Jahre alte Felszeichnungen. Auf den Aussichtsberg Fagernesfjell gelangt man mit einer Seilbahn - sie verkehrt während der Zeit der Mitternachtssonne sogar nachts! Die E6 folgt dem Ufer des mächtigen Ofoten-Fjords. Brücken führen uns über seine Nebenarme. Kurz vor der gewaltigen Skjomen-Brücke (710 m lang; höchster Pfeiler 100 m) führt eine Nebenstraße landeinwärts am Fjord Skjomen entlang zum Berg- und Gletschergebiet im Hin-

Tausendfach fotografiert: Reine auf den Lofoten

Route 12

Troms – Immer am Eismeer entlang

Entfernungen:		
0 km	Narvik	632 km
62 km	Fossbakken	570 km
146 km	Sørreisa	486 km
263 km	Nordkjosbotn	369 km
337 km	Tromsø	295 km
408 km	Olderdalen	241 km
457 km	Nordreisa	175 km
632 km	Alta	0 km

terland Narviks. Die Gipfel reichen hier bis zu 1.900 m (am Fjord bis zu 1.300 m) und bilden eine unwiderstehliche Herausforderung für viele Bergsteiger. Aber auch weniger abenteuerliche Aktivitäten kann man hier hervorragend betreiben.
Bei Ballangen verlassen wir das Ufer des Fjords, überqueren später den Efjord und werden dann mit einem Fjord konfrontiert, über den es noch keine Brücke gibt. Die Fähre von Skarberget nach Bognes führt in ca. 30 Minuten über den Tysfjord und ist die letzte Fährverbindung auf der gesamte Strecke der E 6. Während der sehr schönen Überfahrt hat man Aussicht auf den Berg Snetind (1.381 m), einen obeliskförmigen Gipfel im Südosten. Die Ausläufer des Tysfjords erstrecken sich so weit landeinwärts, daß es an ihrem Ende nur noch 6 Kilometer zur schwedischen Grenze sind.
Bei Bognes kann man 5.000 Jahre alte Felszeichnungen bewundern, die Elche, Bären, Wale und andere Tiere darstellen. Die E 6 schlängelt sich weiter durch die zahlreichen Berge, Seen und Fjorde. Tømmernes am Sagfjord bietet sogar 8.000 Jahre alte Felszeichnungen. Erst seit 1990 gibt es den Tunnel zur Halbinsel Steigen, der mit 8,4 km als zweitlängster Tunnel des Landes gilt. Wir fahren weiter am See Sandnesvatnet entlang. Dort, so munkelt man, sei in letzter Zeit immer wieder ein Wassertroll aufgetaucht. Vorsicht also bei Nachtfahrten!
Die E6 verläuft jetzt durch das Sagvassdal. Kurios: Hier ist selbst den wassergewöhnten Norwegern kein Name mehr eingefallen, einige Seen sind ausschließlich durch Nummern gekennzeichnet! Bei Mørsvikbotn erreichen wir den ersten einer Reihe von Tunneln, die uns schließlich nach Straumen bringen (10 Tunnel auf einer Strecke von 45 km). Die Aussicht zwischen den Tunneln entschädigt allerdings oft für die düstere Fahrt »unter Tage«. Vor allem der Leirfjord (hinter Sørfjordmo) bietet ein wunderbares Panorama. Eine fast schnurgerade Straße führt uns dann weiter nach Fauske.
Fauske (6.500 Einw.) ist ein wichtiger Verkehrsknotenpunkt mit Bahnstation und Anschluß an die Busse in Richtung Norden. Von Fauske aus lohnt sich ein Abstecher nach Sulitjelma (Str. 830). Die alte Bergbaustadt (2.000 Einw.) gilt seit einiger Zeit unter Touristen als Geheimtip für Wildnisferien. In der Umgebung gibt es mehrere große Gletscher und Berge (bis zu 1.900 m) mit großartiger Aussicht. Wanderwege führen u.a. zu den Naturparks Rago und Junkerdal, sowie zum gigantischen schwedischen »Padjalanta«.

Ferien in abwechslungsreicher Natur
Sowohl Küstenlandschaft als auch Berge erleben Sie von unserem Hotel aus. Es liegt 120 km von Bodø und 60 km von Fauske entfernt. Alle 26 Zimmer sind mit Bad, Fernseher, Radio, Telefon und Minibar ausgestattet. Speisesaal mit 100 Plätzen, Restaurant mit 90 Plätzen, alle Schankrechte. Tagungsräume für etwa 40 Personen. Fitneßraum, Sauna, Solarium. Jagd- und Angelmöglichkeiten.
*Kobbelv Vertshus, Sørfjordmo
N-8264 Engan, Tel. 0047 - (0)81 - 95 801
Fax 0047 - (0)81 - 95 707*

Von Fauske aus folgen wir der Str. 80 am Ufer des Skjerstadfjords entlang nach Bodø, das wir über Valnesfjord, Vågan (Felszeichnungen) und Løding (Abstechermöglichkeit zum Malstrom Saltstraumen; Str.17) erreichen. Hier endet dann die Rundreise durch den nördlichen Teil des Bezirks Nordland.

Besondere Hinweise:
Diese Route ist das ganze Jahr über befahrbar, auch für Wohnwagen. Es ist empfehlenswert, die Fähre Bodø - Moskenes im voraus zu buchen. Anschlüsse an andere Rundreisevorschläge ergeben sich in Bodø (Nr. 10: »Über den Polarkreis«) und in Narvik (Nr. 12: »Troms«).

Zu oft fahren Touristen, die sich den Besuch des Nordkapfelsens vorgenommen haben, auf schnellstem Wege durch den Bezirk Troms, ohne den besonderen Reiz dieses Gebietes richtig kennenzulernen. Sicherlich ist die Strecke über die E 6 einigermassen schnell und bietet landschaftliche Schönheiten, aber nicht nur nach Rom führen viele Wege ...
Bei diesem Reisevorschlag wird die E 6 - wenn möglich - gemieden und man sieht, wie abwechslungsreich der zweitnördlichste Bezirk Norwegens sein kann.

Inter Nor Grand Royal Hotel - Narvik
Das Grand Royal Hotel ist ein First-class-Hotel, das mitten im Zentrum von Narvik liegt. Der Weg zu Bus, Bahn, Hurtigbootanlegeplatz und zum Flughafen ist daher kurz.
Das Hotel hat 108 gut ausgestattete Zimmer, davon 5 Suiten. Außerdem gibt es einen Nachtclub, eine Lobbybar, ein Grillrestaurant, ein à la carte Restaurant, Sauna und Solarium.
Die Hafenstadt Narvik hat eine Reihe Sehenswürdigkeiten zu bieten, so z.B. über 4.000 Jahre alte Felszeichnungen und das Kriegsgedenk-Museum, das 300 m vom Hotel entfernt liegt.
*Inter Nor Grand Royal Hotel
Kongensgate 64, N-8501 Narvik
Tel. 0047 - (0)82 - 41 500
Fax 0047 - (0)82 - 45 531*

Wir beginnen in Narvik, das in der Rundreise 11 näher beschrieben worden ist. Über die E 6 (siehe auch Tour 11) erreichen wir Fossbakken und folgen anschließend der Str. 84, die über Lavangen nach Sjøvegan am Fjord Salangen führt. Von hier aus verläuft die Straße zwischen hohen Bergen nach Sørreisa. Hier hat man die Möglichkeit, einen Abstecher zur Insel Senja zu unternehmen. Der Weg führt über die Str. 86 nach Finnsnes und anschließend über die 1 km lange Gisundbrücke bis zu dieser zweitgrößten Insel des Landes. Die dem Festland zugewandte Seite der Insel ist ziemlich flach und besitzt ein relativ dichtes Straßennetz, während sich die Westküste bizarr und bergig gibt - mit senkrecht aus dem Meer emporragenden Gipfeln bis zu 1.000 m Höhe. Auf der Insel befinden sich u.a. der Ånderdalen Nationalpark, weiße Sandstrände und verschiedene idyllische Fischerdörfer.

Bardufoss Hotell
Das im Sommer wie im Winter preiswerte Hotel liegt an der E 6 am Flugplatz von Bardufoss, auf halbem Wege zwischen Narvik und Tromsø. Der nahegelegene Målselv ist ein bekannter Lachsfluß mit guten Angelmöglichkeiten. Darüber hinaus gibt es den Dividalen-Nationalpark und die Gelegenheit zum Reiten, Hundeschlittenfahren, Rafting und Kanufahren.
Bardufoss Hotell , Andselv
N-9200 Bardufoss
Tel. 0047 - (0)89 - 33 488
Fax 0047 - (0)89 - 34 255

Von Sørreisa aus folgen wir der Str. 86 landeinwärts nach Andselv/Bardufoss, und über einen kleinen Paß erreichen wir den See Andsvatnet und den Ort Andselv (wichtiger Flugplatz). Für kurze Zeit fahren wir nun auf der E 6 in Richtung Süden, um dann bei Elverum auf die Str. 87 zu wechseln. Kurz hinter Elverum führt eine Nebenstraße zum Målselvfossen, einer gewaltigen Stromschnelle mit über 600 Meter Länge. Entlang des Wasserwegs verläuft eine enorme Lachstreppe, die einen Höhenunterschied von 45 Metern überbrückt. Dem bekannten Lachsfluß Målselv folgen wir flußaufwärts bis nach Øverbygd, wo sich ein schöner Abstecher in das dichtbewaldeten Dividal anbietet. In den Seitentälern des Dividals soll es noch immer Bären und Füchse geben. Der obere Teil des Dividals ist ein Naturschutzgebiet, hier hat man gute Wandermöglichkeiten. Unsere Fahrt geht weiter durch das Tamoktal, bis wir bei Øvergård wieder die E 6 erreichen, der wir in Richtung Westen bis nach Nordkjosbotn folgen.

Vollan Gjestestue
In Nordkjosbotn, inmitten herrlicher Natur, liegt das Gasthaus, seit drei Generationen in Familienbesitz. Während des Weltkriegs von Deutschen als Offiziersmesse im Blockhausstil gebaut, verfügt es heute über 13 komfortable Zimmer, ein Café-Restaurant, ein modernes Konferenzzentrum und Aufenthaltsräume. Norwegische Hausmacherkost, Gruppenrabatte.
Vollan Gjestestue, Postboks 25
N-9040 Nordkjosbotn
Tel. 0047 - (0)89 - 28 103
Fax 0047 - (0)89 - 28 480

Wir benutzen nun die E 8, die am Ufer des Balsfjordes entlang nach Kantornes führt, von wo aus er landeinwärts einschwenkt. Flankiert von hohen Bergen erreichen wir schließlich Tromsø, mit 40.000 Einwohnern die größte Stadt Nordnorwegens. Das Zentrum dieser pulsierenden und schnell wachsenden Stadt liegt auf den Inseln Tromsøya, die durch lange Brücken mit dem Festland verbunden ist, und der großen Insel Kvaløy. In der Innenstadt von Tromsø, die aufgrund ihrer zahlreichen Straßencafes sehr beliebt ist, findet man noch viele alte Holzhäuser. Für Touristen gibt es viel zu unternehmen und zu besichtigen, ganz abgesehen von der beeindruckenden Atmosphäre dieser Stadt.

Mitten in der Innenstadt steht die Domkirche von 1861, eine der größten Holzkirchen Norwegens. Die Elverhøykirche, die früher auf dem Platz vor dem Dom stand, ist zum Hafen versetzt worden (Skansen), und steht jetzt neben dem Stadt- und Polarmuseum. Andere interessante Museen sind das Tromsø Museum (Nordnorwegische Kultur und Geschichte) und das Kunstmuseum.

Eine weitere wichtige Sehenswürdigkeit ist das Nordlichtplanetarium, das u.a. Naturerscheinungen wie die Mitternachtssonne, das Nordlicht und die Polarnacht eindrucksvoll darstellt.

Nordlichtplanetarium Tromsø
Erleben Sie das flammende Nordlicht am Nachthimmel, die faszinierende Dunkelheit des Polarwinters, den Sternenhimmel und die Mitternachtssonne in »Arktisches Licht« (45 Min. Dauer). Willkommen zu einem einzigartigen Filmerlebnis auf der 360°-Leinwand.
Öffnungszeiten: 15.5. - 30.8.92 -11 - 19 Uhr
Eintritt: - Erwachsene .... NOK 50,-
- Kinder .... NOK 25,-
- Rentner/Studenten .... NOK 40,-
Vorbestellung und Information über:
Nordlichtplanetarium Tromsø A/S
Universitätsviertel, Breivika
N-9000 Tromsø, Tel. 0047 - (0)83 - 76 000
Fax 0047 - (0)83 - 75 700

Im Viertel Tromsdalen (auf dem Festland) befindet sich die »Eismeerkathedrale«, die durch ihre hellweiße Farbe und ihre moderne Architektur weltberühmt geworden ist. In der Kirche findet man das größte Glasmosaik Europas (23 m hoch; 140 m²). Mit einer

Die Eismeerkathedrale, das Wahrzeichen von Tromsø

Zahnradbahn kann man zum Gipfel eines 420 Meter hohen Berges fahren und die wunderbare Aussicht über die Stadt und ihre Umgebung genießen.

Wir verlassen Tromso wiederum über die E 8 bis Fagernes. Dort folgen wir der Str. 91 durch ein schönes Tal bis nach Breivikeidet an der Ostküste der Halbinsel. Eine Fähre bringt uns in 25 Minuten nach Svensby.

Unterwegs haben wir eine phantastische Aussicht auf die eindrucksvollen Lyngsalpen, ein alpines Hochgebirge, das fast senkrecht aus dem Meer emporsteigt (bis zu 1.830 m). Zwischen den Gipfeln schimmern Gletscher und ewiger Schnee.

Die Straße folgt dem Ufer des schmalen Fjordes Kjosen, der die »Alpen« durchschneidet. In Lyngseidet (650 Einwohner; Kirche von 1775) schiffen wir uns auf die Fähre nach Olderdalen (35 Min. Fahrzeit) ein.

Für den letzten Abschnitt bis Alta greifen wir dann wieder auf die E 6 zurück. Die Straße führt entlang am Ufer des breiten Fjordes Lyngen, und zum zweiten Mal kann man die herrliche Aussicht auf die Lyngsalpen genießen.

Über Djupvik und Langslett erreichen wir Storslett. Von dort führt eine gute Straße ins schöne und üppige Reisadal. Man kann auch per Boot den Fluß Reisa stromaufwärts fahren, z.B. bis zum Mollisfossen. Dieser Wasserfall ist in keiner Weise durch Menschenhand reguliert, mit 269 Metern senkrechten Falls ist er Norwegens zweithöchster.

Die E 6 führt weiter an der Küste entlang und erreicht auf dem Bergplateau Kvænangsfjellet eine Höhe von 402 Metern. Im Sommer kann man hier etliche Samenzelte bewundern. Die Aussicht auf den Fjord Kvænangen, der ca. 400 Meter tiefer verläuft, ist beeindruckend. Wenig später fällt die Straße steil ab und es geht selbst hinunter zum Fjord.

Über die Sørstraumen-Brücke überqueren wir den fischreichen Fjord (Malstrom). Auf der anderen Seite geht es schnell wieder bergan (Paßhöhe 270 m).

Bei Bufjord erhebt sich der Berg »Store Kvænangstind« (1.175 m), dessen Nordwand noch niemand erklommen hat. Von den etwas weiter entfernt liegenden Orten Alteidet und Langfjordbotn aus kann man über Nebenstraßen schöne Ausflüge bis zum großen Gletscher Øksfjordjøkulen unternehmen, Norwegens einzigen Gletscher, der in einen Fjord kalbt.

Wir fahren weiter entlang am Ufer des schmalen Langfjords und erreichen schon bald den Altafjord. Bei Toften befinden sich alte Festungsanlagen sowie Reste einer Siedlung aus der Steinzeit. Von Kåfjord aus führt ein markierter Pfad zum Berg Lille Haldde (904 m), wo sich ein restauriertes Nordlichtplanetarium befindet (3-4 Std. zu Fuß).

15 Kilometer weiter liegt Alta, der Endpunkt dieser Reise. Eine Beschreibung der Sehenswürdigkeiten von Alta findet man in Rundreise 13.

Besondere Hinweise:
Die Route ist das ganze Jahr über befahrbar, auch für Wohnwagengespanne.

Route 13

»Höher geht's nimmer« – Durch Finnmark

Entfernungen:		
0 km	Alta	823 km
131 km	Kautokeino	692 km
259 km	Karasjok	564 km
440 km	Tana Bru	383 km
528 km	Ifjord	295 km
649 km	Lakselv	174 km
736 km	Skaidi	87 km
823 km	Alta	0 km

Abstecher:	
Olderfjord - Honningsvåg:	71 km
Honningsvåg - Nordkap:	33 km
Tana Bru - Kirkenes:	141 km

Finnmark ist der nördlichste Bezirk Norwegens und besteht zum Großteil aus der Finnmarksvidda, einer kahlen und relativ flachen Hochebene. Obwohl der Bezirk hoch oberhalb des Polarkreises liegt, ist das Klima im Sommer recht angenehm und die karge Schönheit der Landschaft beeindruckt zudem nahezu jeden, der sich bis in diesen nördlichsten Bezirk Norwegens vorgewagt hat. Darüber hinaus bietet Finnmark einige interessante Orte sowie Überreste aus alten Zeiten, so daß man sich neben der »Pflicht« eines Nordkap-Besuches ruhig auch für die »Kür« noch einige Zeit lassen sollte.

Drei Hotels - beste Leistungen

In unseren Hotels (Best Western Hotels) finden Sie immer modernen Komfort und Gastlichkeit. In Havøysund gibt es auch 4 Fischerhütten (rorbuer) und 8 Wohnungen (32 Betten). In Kautokeino sind Sie mitten in der samischen Kultur. Gute Möglichkeiten zu Ausflügen z.B. zum Nordkap, Aktivitäten im Freien, maritime Freizeitaktivitäten. Beste Bedingungen zum Lachsangeln.
Havøysund Hotell & Rorbuer
Postboks 3, N-9690 Havøysund
Tel. 0047 - (0)84 - 23 103

Kautokeino Turisthotel
Postboks 25, N-9520 Kautokeino,
Tel. 0047 - (0)84 - 56 205

Lakselv Hotell
Postboks 84, N-9701 Lakselv
Tel. 0047 -(0)84 - 61 066

Die Reise beginnt in Alta, dem größten Ort (ohne Stadtrechte) des Bezirks (10.000 Einwohner). Eine wichtige Einkommensquelle der Bevölkerung sind Schiefersteinindustrie und -export. Für Touristen ist Alta vor allem durch die Felszeichnungen bei Hjemmeluft und auf dem Komsafjell bekannt. Hjemmeluft liegt ca. 1,5 km östlich vom Zentrum Altas und bietet 7 Gebiete mit insgesamt 42 Felszeichnungen und 7 prähistorischen Wohnplätzen (2.000-5.000 Jahre alt).

SAS Alta Hotel - Urlaub 1. Klasse

Das Alta Hotel ist ein Hotel 1. Klasse und liegt im Zentrum von Alta. Ein idealer Ausgangspunkt für Ihre Entdeckungsreise in die Finnmark! Das Hotel verfügt über 154 Zimmer, alle mit Dusche/WC, TV, Radio und Telefon. Weiterhin gibt es Restaurant, Bar, Disko, Nachtklub sowie einen Konferenzsaal für 300 Personen. Das Hotel liegt nur 5 km vom Flugplatz und 4 km vom Hurtigrutenkai entfernt.
SAS Alta Hotel
Postboks 1093, N-9501 Alta
Tel. 0047 - (0)84 - 35 000
Fax 0047 - (0)84 - 35 825

Wir verlassen Alta in Richtung Süden über die Str. 93 durch das Eibydal, das am See Trangdalsvatn immer enger und dramatischer wird. Hinter Suolovuobme erreicht die Straße ihren höchsten Punkt (418 m ü.d.M.) und führt dann wieder hinunter zum samischen Dorf Masi (samisches Kunstzentrum). Wir folgen jetzt dem Fluß Kautokeinoelva, der 20 km hinter Masi den Wasserfall Pikefossen bildet. Am Straßenrand tauchen mehrere Stände mit samischen Kunsthandwerks- und Gebrauchsgegenständen auf. Über die klangvollen Orte Gievdnjeguoikka und Mierom erreichen wir Kautokeino - oder eigentlich Guovdageainnu -, die einzige Gemeinde mit einem offiziell samischen Namen.
Hier existieren zwei Sprachen nebeneinander, so daß Behörden auch einige Dolmetscher beschäftigen müssen. In dieser mit 9.687 km² flächenmäßig größten Gemeinde Norwegens leben nur etwa 3.000 Menschen, davon ungefähr die Hälfte im Ort selbst. Dem gegenüber stehen ca. 80-100.000 Rentiere, denn Kautokeino ist auch ein wichtiges Handels- und Rentierzentrum. Zu Ostern feiert man ein großes, traditionelles samisches Fest mit Hochzeiten, Taufen und aufregenden Rentierschlittenwettkämpfen. Im Kulturhaus (kulturhuset) hat man ein modernes samisches Kulturzentrum eingerichtet. Ferner verfügt der Ort über ein Freilichtmuseum und eine Silberschmiede.
Da die Zahl der Straßen in Finnmark sehr gering ist, müssen wir anschließend einige km zur Kreuzung Gievdnjeguoikka zurückfahren, um dann nach Osten auf die ruhige Str. 92 in Richtung Karasjok abzubiegen. Diese Straße führt an einigen samischen Siedlungen entlang. Wir folgen dem Verlauf des Flusses Jiesjokki und gelangen schließlich nach Karasjok.

SAPMI-Samelandssentret

Im Samenzentrum in Karasjok werden samische Kultur und Lebensweise geboten. In einer gemütlichen Atmosphäre mit samischer Prägung finden Sie Kunsthandwerk, eine Messer- und Silberschmiede, Touristeninformation, Café, ein Goldwäscher- und ein Samenlager mit Rentieren. Das Restaurant »Gammen« serviert samische Spezialitäten zum Mittagessen.
Karasjok Opplevelser AS
Postboks 192, N-9730 Karasjok
Tel. 0047 - (0)84 - 66 902
Fax 0047 - (0) 84 - 66 900

Karasjok ist die offizielle Hauptstadt und das kulturelle Zentrum der Samen. Hier verfügen die Samen über eine eigene Radiostation, eine Volkshochschule, eine Bibliothek und eine eigene Zeitung. Das höchst interessante Freilichtmuseum stellt Gebrauchsgegenstände der Samen aus und dokumentiert ihre Geschichte und Kultur.

Karasjok Opplevelser

Fahren Sie mit uns in samischen Flußschiffen. Begleiten Sie uns auf Angeltouren in Flüssen und Seen oder auf Wanderungen mit Packhunden oder Rentieren. Erleben Sie die Spannung, wenn Sie Ihr eigenes Gold aus dem Flußkies waschen. Wir stehen Ihnen für eine erlebnisreiche Reise in die samische Kultur und Natur zur Verfügung. Willkommen in Karasjok!
Karasjok Opplevelser AS
Postboks 192, N-9730 Karasjok
Tel. 0047 - (0)84 - 66 902
Fax 0047 - (0)84 - 66 900

Wir verlassen Karasjok über die E 6 in Richtung Tana. Die Straße folgt dem immer breiter werdenden Fluß Tanaelv, der die Grenze zwischen Norwegen und Finnland bildet. Verirren kann man sich hier nicht, denn es gibt nur diese eine Straße. Wir können uns also ruhig zurücklehnen und die beeindruckende Landschaft genießen. Hinter Levajok kann man den kilometerlangen Wasserfall »Ailestrykene« bewundern. Ungefähr 30 km weiter liegt auf der finnischen Seite des Flußes der Ort Utsjoki.
Über einige samische Siedlungen gelangen wir schließlich nach Tana, einen Ort, der durch die zweitlängste Hängebrücke des

Felszeichnungen bei Alta

> **Storfossen Camping**
>
> Wir heißen Sie auf unserem frisch renovierten Campingplatz willkommen, der in landschaftlich reizvoller Umgebung und an Tanas bestem Lachsangelplatz liegt. Wir bieten Campinghütten, Stromanschlüsse für Wohn- und Campingwagen sowie Zeltplätze. Verkauf von Angelkarten. Gutes Wandergebiet. Traditionelle samische Küche. Sauna.
> *Storfossen Camping*
> *N-9845 Deatnu/Tana*
> *Tel. 0047 - (0)85 - 28 837*

Landes (Tana Bru; 195 m) bekannt wurde, die den zweitlängsten Fluß des Landes (360 km) überbrückt. Der Name Tana ist vom finnischen »Teno« abgeleitet, was so viel wie »großer Fluß« bedeutet. Die Brücke ermöglicht schöne Abstecher nach Kirkenes oder Vardø.

Wir folgen dem Fluß über die Str. 98 in Richtung Norden. Die Straße schlängelt sich am Ufer des Fjords Vestertana entlang und erreicht - nach der Überquerung der Hochebene Ifjordfjell (Paßhöhe 340 m) - den Ort Ifjord am Laksefjord. Eine Nebenstraße führt zu den weitabgelegenen Fischerdörfern Kollefjord, Mehamn und Gamvik.

Wir fahren am Ufer des Laksefjords entlang und überqueren dann die nächste Halbinsel über das kahle Børselvfjell nach Børselv am Porsangerfjord. Am Südende des Fjords liegt Lakselv. Dieser Ort (2.500 Einwohner) ist das Zentrum der riesigen Gemeinde Porsanger (5.000 km²).

Hier stoßen wir wieder auf die E6, die uns entlang am Ufer des drittgrößten Fjords Norwegens nach Olderfjord führt. Unterwegs passieren wir Stabbursnes (Fußpfad zum Stabbursdalen Nasjonalpark, einem der nördlichsten Tannenbaumwälder des Landes), Ytre Billefjord (Samensiedlung) und die Kirche von Kistrand (eines der wenigen Gebäude, das die deutschen Besatzer im Zweiten Weltkrieg unbeschädigt ließen).

> **Stabbursdalen**
> **Camp & Villmarksenter**
> • Hier erleben Sie Natur pur.
> • Einer der schönsten Lachsangelflüsse
> • Nationalpark und Naturreservat.
> • Angeln im Fjord vom Boot aus.
> • Ausflüge zu Pferd im Nationalpark.
> • Angeln u. Kleinwildjagd im Gebirge.
> • 150 km vom Nordkap entfernt.
> • Gute Hütten/Zimmer/Café/Geschäfte.
> • Caravan-Stellplätze mit Strom.
> • Ortskundige Fremdenführer.
> *Stabbursdalen Camp & Villmarksenter*
> *N-9710 Indre Billefjord*
> *Tel. 0047 - (0)84 - 64 760*
> *Fax 0047 - (0)84 - 64 762*

Von Olderfjord aus führt die E 69 zum Nordkap, dem Ziel fast aller Touristen in Nordnorwegen. Die Straße durchquert ein unbewohntes, unbewirtschaftetes Gebiet. Dennoch herrscht hier im Sommer oft Hochbetrieb. Unzählige Fahrzeuge sind hier in Richtung der zwischen Kåfjord und Honningsvåg Tag und Nacht verkehrenden Fähren (45 Min. Überfahrt) unterwegs, um anschließend den kahlen Nordkapfelsen zu besichtigen - wenn das Wetter es zuläßt. Honningsvåg ist der Hauptort der Gemeinde Nordkapp und mit 3.500 Einwohnern Norwegens nördlichste stadtähnliche Siedlung (und hier liegt der feine Unterschied zum mit offiziellen Stadtrechten ausgestatteten Hammerfest). Sehenswert sind das Museum, die Kirche von 1884 (die als einziges Gebäude den deutschen Rückzug von 1945 überstand) und natürlich der große Fischereihafen. Mitte Juni wird hier am 70. Breitengrad alljährlich das Nordkapfestival durchgeführt.

Das Nordkap selbst erreicht man mit dem eigenen Auto, aber auch per Linienbus. Die Straße ist kurvenreich und nicht gerade einfach zu fahren; aber es lohnt sich!

Das Nordkap wurde bereits im 16. Jh. von einem englischen Forscher auf der Suche nach einer Nordost-Verbindung entdeckt. Die neue, überwiegend unterirdisch erbaute Nordkaphalle bietet ein Panorama-Restaurant, die nördlichste Champagnerbar der Welt und sogar eine Multivisionshow, in der man die arktische Natur auch bei schlechtem Wetter erleben kann. Die Mitternachtssonne scheint hier oben übrigens vom 12. Mai bis zum 1. August - wenn sie scheint!

Hinter Olderfjord verläßt die Straße das Ufer des Fjords, und wir erreichen bald die Kreuzung Skaidi. Hier bietet sich ein schöner Abstecher nach Hammerfest an (Str. 94; hin und zurück ca. 116 km).

Hammerfest (6.800 Einwohner) ist die nördlichste Stadt der Welt und feierte 1989 ihr 200jähriges Stadtjubiläum. Im Jahre 1890 erhielt Hammerfest als erste Stadt in Europa eine elektrische Straßenbeleuchtung - eine wichtige Einrichtung für einen Ort, an dem es im Sommer zwar für zweieinhalb Monate nicht dunkel wird, im Winter aber für genauso lange Zeit Finsternis herrscht.

Nach dem Zweiten Weltkrieg mußte Hammerfest völlig neu aufgebaut werden.

Von Hammerfest aus werden Bootsausflüge zum Nordkap und Hochseeangeltouren veranstaltet.

»Alle wollen hin« - Der Nordkapfelsen

> **Nordkap-Exkursion**
>
> Vom 6.6.92 bis 6.8.92 finden täglich Ausflüge mit Katamaranen von Hammerfest und Havøysund aus statt. Die Abfahrt ist nachmittags, die Rückkehr findet in der gleichen Nacht statt. Die Bootsausflüge führen an einem Vogelfelsen vorbei nach Honningsvåg, wo Busse warten. Auf dem Nordkap haben Sie dann zwei Stunden zur eigenen Verfügung. Verpflegung auf dem Boot. Ein Reiseleiter begleitet die Fahrt.
> *Finnmark Fylkesrederi & Ruteselskap*
> *Postboks 308, N-9601 Hammerfest*
> *Tel. 0047 - (0)84 - 11 655 / 14 344*
> *Fax 0047 - (0)84 - 14 655*

Ab Skaidi führt unsere Reise in südlicher Richtung auf der E6 über eine karge Ebene, bis wir wieder zum Altafjord und nach Alta zurückkehren, dem Ausgangspunkt unserer Rundreise durch den hohen Norden.

> **Polarexpedition nach Murmansk**
>
> Wir organisieren in der Zeit vom 13.6.92 bis 15.8.92 täglich außer sonntags nichtvisapflichtige Tagesausflüge von Kirkenes nach Murmansk. Dort Stadtbesichtigung und Museumsbesuch. Zeit für einen Einkaufsbummel. Für Verpflegung an Bord ist gesorgt, Abendessen in Murmansk. Die Fahrt wird von einem Reiseleiter begleitet. Anmeldungen 10 Tage vor Abreise.
> *Finnmark Fylkesrederi & Ruteselskap*
> *Postboks 308, N-9601 Hammerfest*
> *Tel. 0047 - (0)84 - 11 655 / 14 344*
> *Fax 0047 - (0)84 - 14 655*

Besondere Hinweise:
Die Strecke Honningsvåg - Nordkap ist im Winter gesperrt, das Ifjordfjell (Str. 98) ebenfalls.

REISEN MIT DEM WOHNMOBIL

Der Weg ist das Ziel

Heute für ein paar Tage an den Fjord, morgen zur ausgedehnten Stippvisite ins Hochgebirge und übermorgen vielleicht zum Gletscher ... Mit einem Wohnmobil ist das alles überhaupt kein Problem, hat man doch nicht nur sein Auto dabei, sondern auch Bett und Küche.

Da es sich herumspricht, daß Norwegen voller Schönheiten steckt, die individuell entdeckt werden wollen, sind logischerweise in den letzten Jahren auch immer mehr Besucher mit dem Wohnmobil in das Land der Fjorde und Fjells gereist.
Sie alle genießen das Privileg des sogenannten »Allemannsrett«, des Jedermannsrechts (siehe S.171), das seit alters her für alle Norweger und Gäste des Landes gilt.
Die Norweger betrachten das Gesetz, das mit Rechten und Pflichten das freie Bewegen in der Natur großzügig regelt, als Teil ihres Kulturerbes und erwarten dies verständlicherweise auch von den Besuchern des Landes.
Es liegt in der Natur der Sache, daß gerade die »wohn-mobilen« Norwegen-Freunde hier eine Vorreiterrolle einnehmen sollten, sind es doch gerade sie, die den intensiven Kontakt mit der Natur suchen.

Helfen Sie mit, durch ein bewußt umweltgerechtes Verhalten dazu beizutragen, daß das Urlaubs- und Naturparadies Norwegen für niemanden seinen Reiz verliert.

Norwegen ist ein ideales Reiseland für Wohnmobil-Touristen. Dies hat sich inzwischen auch in Mitteleuropa herumgesprochen, mit der Folge, daß im letzten Sommer mehrere 10.000 Wohnmobil-Urlauber das Land der Fjorde besucht haben.

Dies hat bei den Norwegern nicht nur helle Begeisterung ausgelöst. Denn unter den an sich willkommenen Wohnmobilisten gibt es einige schwarze Schafe, die Norwegens Gastfreundschaft überstrapazieren und außer ihrem Abfall so gut wie nichts im Land lassen. Lebensmittel werden von zu Hause mitgenommen, es wird steuerfreier norwegischer Diesel getankt, und übernachtet wird einfach am Straßenrand.

Die Consulting-Abteilung von FJORDTRA in Sogndal hat für das norwegische Wirtschaftsministerium eine vielbeachtete Studie erarbeitet, in der vor Verteufelung der Wohnmobil-Urlauber gewarnt wird.

Statt dessen schlägt man vor, den Wohnmobiltourismus mit geeigneten Angeboten und Programmen in geordnete Bahnen zu bringen. Als Konsequenz dieser Sichtweise hat FJORDTRA mit Hilfe öffentlicher Mittel für die Sommersaison 1992 ein Angebot speziell für Wohnmobilisten erarbeitet.

Entdeckerreisen mit dem Wohnmobil

Zwei komplette Entdecker-Rundreisen

FJORDTRA bietet zwei Rundreisen an, die durch die schönsten Gebietes Südnorwegens führen - vor allem durch das Fjordland. Diese Pakete bestehen jeweils aus folgenden Teilen:

- Anreise und Abreise mit der Fähre von Deutschland oder Dänemark nach Norwegen
- Übernachtungsschecks für 12 bzw. 14 Übernachtungen auf ausgesuchten Campingplätzen oder in Wohnmobilcamps
- Tickets für alle Fjordfähren im Zuge der Strecke
- Zahlreiche Aktivitäten: 24-Stunden-Karte zur freien Besichtigung der wichtigsten Sehenswürdigkeiten in Oslo, Bootsfahrt auf dem Sognefjord, 5 Museumsbesuche, Fjord- und Gletscher-Rundflug mit dem Wasserflugzeug, großes norwegisches Spezialitäten-Buffet in einem Gasthaus, Bauernhofbesuch - und einiges mehr
- Reiseführer und Kartenmaterial

Ein solches Paket kostet für 2 Personen ab DM 1.980,- (also weniger als DM 1.000,- pro Person).

Entdecken auf eigene Faust

Wer statt auf einer festgelegten Route mit Vorabbuchungen lieber auf eigene Faust reisen will, kann unseren »Entdecker-Baukasten« buchen. Dann erhält man eine beliebige Anzahl von Übernachtungsschecks, die auf ca. 25 besonders ausgewählten Plätzen eingelöst werden können. Sie liegen in den schönsten und interessantesten Gebieten Südnorwegens, vor allem jedoch im traumhaft schönen Fjordland. Ansonsten ist der Leistungsumfang wie im obigen Angebot - dies gilt auch für das Preisniveau.

»Fly and drive«

Wer nicht mit dem Wohnmobil den langen Weg aus Deutschland zurücklegen will, hat die Möglichkeit, mit dem Ferienflugzeug von München oder Frankfurt nach Fagernes (Valdres) zu fliegen und dort ein Wohnmobil in Empfang zu nehmen.

Dies kostet für 2 Personen (einschl. Flug und 2 Wochen Wohnmobil Typ »Großer Nasenbär«) ab Frankfurt je nach Saison zwischen DM 3.178,- und 4.908,-.

Kombiniert mit einem FJORDTRA-Paket ohne Anreise können somit 2 Personen bereits ab DM 4.500,- einen erlebnisreichen Wohnmobil-Urlaub in Norwegen verleben.

Weitere Informationen:
Das FJORDTRA-Programm für Wohnmobilurlauber wird ausführlich im neuen FJORDTRA-Katalog beschrieben.

Sie erhalten den Katalog beim
FJORDTRA-Katalogservice
Vilbeler Str. 29, Konstabler Arkaden
D-6000 Frankfurt
Tel. 069 -297 78 19
Fax 069 - 28 21 45.

FJORDTRA Handelsgesellschaft mbH

Zentrale Essen:
Rosastr. 4-6
D-4300 Essen 1
Tel. 0201 -79 14 43
Fax 0201 - 79 18 23

Büro Berlin:
Ku'Damm-Eck 227/228
D-1000 Berlin 15
Tel. 030 - 881 82 15

Büro Frankfurt:
Vilbeler Str. 29, Konstabler Arkaden
D-6000 Frankfurt
Tel. 069 -297 78 19

Bald auch in Hannover und Köln.

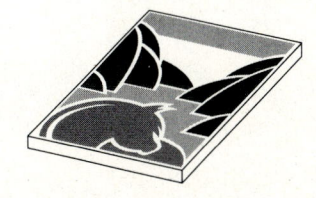

FJORDTRA
Handelsgesellschaft mbH

Wo Anders muß man danach suchen...

KURZREISEN NACH NORWEGEN

»Raus aus dem Trott«

Wer kennt sie nicht, die Probleme mit den schönsten Wochen des Jahres. Die vier Urlaubswochen im Sommer sind um, der Alltag im Büro hat längst wieder begonnen, und im Hinterkopf wächst langsam aber sicher ein Gedanke, der immer stärker wird: ich könnt' schon wieder ...

Warum also nicht »mal kurz« nach Norwegen? Immer mehr Reiseveranstalter bieten abwechslungsreiche Kurzreisen an, die in die schönsten Gebiete Norwegens führen und einen guten Überblick über die landschaftliche und kulturelle Vielfalt des Landes vermitteln. Nicht weniger als vier Reedereien - Color Line, Stena Line, Larvik Line und Scandinavian Seaways - bringen die kurzreisefreudigen Urlauber bequem und sicher in den Norden. Auch die Reise in Norwegen geht reibungslos vor sich, denn die norwegischen Staatsbahnen NSB, die Busgesellschaft »NOR-WAY Busseks-press« sowie die Fluggesellschaften Widerøe und Braathens Safe sorgen dafür, daß man pünktlich ans Ziel gelangt.

Wie wäre es zum Beispiel mit einem Wochenendtrip nach Oslo oder einem Flug nach Bergen zu den Internationalen Festspielen - die skandinavische Fluggesellschaft SAS ist bekannt für sicheren Transport in den Norden. Wer will, wandelt in Trondheim auf den Spuren der norwegischen Geschichte oder besucht Tromsø, die lebhafte nordnorwegische Metropole. In Stavanger, der Ölstadt an der Westküste, findet man nicht nur Spuren des Ölbooms der achtziger Jahre. Die Anfänge der Stadt reichen über 850 Jahre zurück, neben modernen Perspektiven ergeben sich so auch viele Einblicke in historisches Milieu.

Manche lockt auch die norwegische »Provinz«. Wanderungen in nahezu unberührter Natur und klarer Luft lassen den Alltagsstreß schnell vergessen. Und da die Anreise dank der komfortablen Fähren eher einer Kreuzfahrt gleicht und auch ein schneller »Flieger« oft schon in der Nähe des Wohnortes wartet, ist man in der Regel schon nach vier oder fünf Tagen gut erholt und um viele beeindruckende Erlebnisse reicher.

Auch der Winter hat in Norwegen seinen eigenen Reiz. Unberührter Schnee, soweit das Auge reicht, kalte, trockene Luft und Gebiete, in denen Langlaufhorden Mangelware sind, der Schnee aber reichlich liegt. Weiter südlich sieht es ja oft umgekehrt aus ...

Der Frühjahrsmüdigkeit ein Schnippchen schlägt man z.B. mit einem Kurztrip ins Gebiet von Hardanger. Tausende von Obstbäumen bieten Mitte Mai zur Baumblüte ein unverwechselbares Schauspiel und holen die in Deutschland oft schon verlorengegangenen Frühlingsgefühle für eine kurze Zeit zurück.

Norwegen ist bei weitem nicht nur ein Sommerland. Zwar sind die Temperaturen mit Ausnahme von Juli und August meist niedriger als in Mitteleuropa, die Ruhe und die einzigartige Landschaft aber schaffen eine ganz eigene Atmosphäre, so daß eine Kurzreise auch zu auf den ersten Blick »ungemütlichen« Jahreszeiten lohnt. Die nachfolgenden Reisevorschläge bieten nur eine Auswahl aus dem mittlerweile schon recht umfangreichen Angebot der Reiseveranstalter.

Städtetouren

Nahezu ideal für Kurztrips sind die »großen Drei« in Norwegen: Oslo, Bergen und Trondheim. Gute Flug- und Fährverbindungen machen die drei größten Städte Norwegens auch schon für ein verlängertes Wochenende attraktiv. Wer es erübrigen kann, sollte sich aber mindestens drei Tage Aufenthalt am Ort gönnen, um wenigstens einige Attraktionen besichtigen zu können.

Color Line

Mal was anderes sehen? Raus aus dem Alltagstrott? Mit Color Line können Sie was erleben. Das Kurzreisenprogramm ist bunt und vielseitig und kann jetzt neu mit allen Color Line-Strecken kombiniert werden.
- Darf es ein farbiges Wochenende sein? In Kristiansand oder in Oslo!
- Oder in fünf Tagen mit der berühmten Bergenbahn über das Dach Norwegens zur alten Hansestadt Bergen!
- Mit dem Auto auf Entdeckungsreise ins Gebirge und zu den Fjorden!
- Oder eine Woche Hüttenzauber in Telemark!

Color Line, Postfach 2646, D-2300 Kiel 1
Tel. 0431 - 97 40 90, Fax 0431 - 97 40 920

»Zwischen Bygdøy und Nordmarka« - Oslo

Die norwegische Hauptstadt ist dank ihrer günstigen Lage ein sehr beliebtes Kurzreiseziel. Oslo liegt am Nordende des ca. 100 km langen Oslofjords und ist im Norden von der Nordmarka umgeben, einem großen Gebiet mit bewaldeten Bergen und Höhenzügen, das als Wander- und Skigebiet für die Stadtbevölkerung von unschätzbarem Wert ist. Wer Oslo einen Besuch abstattet, schlägt sozusagen zwei Fliegen mit einer Klappe: Einerseits findet man in Oslo ein pulsierendes Leben mit allem, was das Kultur- und Großstadtherz begehrt, andererseits hat man die Möglichkeit, sich nur wenige Minuten oberhalb der Stadt in die Einsamkeit der Wälder zurückzuziehen.

In Oslo gibt es rund 50 Museen, Baudenkmäler, Ausstellungen und andere Sehenswürdigkeiten. Einige der interessantesten, »kurzreisetauglichen« Attraktionen sollen nachfolgend erwähnt werden.

Südöstlich des Rathauses erstreckt sich das Gelände der Festung Akershus, die aus dem 13. Jahrhundert stammt. Besonders bemerkenswert: Das Gelände ist heute ein für alle zugängliches Erholungsgebiet mit schönen Grünanlagen und interessanten Sehenswürdigkeiten.

Direkt in der Innenstadt liegt die Karl Johans gate, die Pracht- und Einkaufsstraße Oslos, die vom Hauptbahnhof bis hinauf zum königlichen Schloß führt. Weiter nördlich befindet sich die Nationalgalerie mit Werken nahezu aller bedeutenden norwegischen Künstler. Der Halbinsel Bygdøy, einem der schönsten (und teuersten) Wohngebiete Oslos, sollte man auf jeden Fall einen Besuch abstatten. Dort befinden sich mehrere sehenswerte Museen, so das Norwegische Seefahrtsmuseum, das Kon-Tiki-Museum, die Wikingerschiffshalle und das Norwegische Volksmuseum.

Die Wache am königlichen Schloß in Oslo

Ein Muß ist das Munch-Museum im Osten der Stadt, das dem großen norwegischen Maler Edvard Munch gewidmet ist.
Im Westteil der Stadt liegt der Frognerpark mit der Vigelandanlage, die aus 192 Skulpturgruppen mit insgesamt 650 Figuren besteht.
Abschließend sei noch auf zwei jährlich stattfindende Ereignisse hingewiesen. Im März wird das Holmenkoll-Festival abgehalten, ein zweiwöchiges Wintersportereignis, das traditionell sonntags mit einem großen Skispringen abgeschlossen wird. Am 17. Mai, dem norwegischen Nationalfeiertag, ist die ganze Stadt auf den Beinen, um die Gründung der norwegischen Verfassung im Jahre 1814 gebührend zu begehen. Ein großer bunter Umzug führt durch die Karl Johans gate bis hinauf zum Schloß, wo es sich die königliche Familie Jahr für Jahr nicht nehmen läßt, auf dem Balkon zu stehen und mit der Bevölkerung zu feiern. Es herrscht eine unbeschreibliche Stimmung. Wer die Stadt am 17. Mai besucht, lernt die Norweger einmal von einer ganz anderen Seite kennen.

Der alte Teil von Bergen, einer der schönsten Städte Europas

SCANDINAVIAN SEAWAYS

Die modernen Fährschiffe »Queen of Scandinavia« und »King of Scandinavia« der traditionsreichen Reederei (gegründet 1866) verkehren im täglichen Wechsel zwischen Kopenhagen und Oslo. Während der 16stündigen Seereise stehen den Passagieren alle Annehmlichkeiten einer Kurzkreuzfahrt zur Verfügung: Komfortable Kabinen, gemütliche Restaurants, Nachtklub mit Live-Musik und Unterhaltungsprogramm, diverse Bars, Sauna und Swimmingpool, Spielcasino und Duty-Free-Shops. Die Schiffe fahren unter der Flagge Dänemarks und haben dänisches Bordpersonal.
SCANDINAVIAN SEAWAYS,
Van-der-Smissen-Str. 4,
D-2000 Hamburg 50,
Tel. 040 - 38 903-71, Fax 040 - 38 903-141

»Zwischen Fischmarkt und Festspielhaus« - Bergen

Auch Bergen, die zweitgrößte Stadt Norwegens, ist ein nahezu »klassisches« Kurzreiseziel. Sie liegt an der Westküste, ist sowohl durch Schiffs- als auch durch Flugverbindungen mit dem Kontinent verbunden und gilt aufgrund ihrer schönen landschaftlichen Lage sowie ihrer zahlreichen kulturellen Attraktionen bei vielen als »Kulturhauptstadt« Norwegens. Auch die Bergenser selbst sind sehr stolz auf ihre Stadt und bringen dies gern zum Ausdruck.
Einige der bekanntesten Sehenswürdigkeiten Bergens befinden sich im Bereich von Bryggen an der Nordseite des Hafenbeckens Vågen. Ein Spaziergang durch dieses historische Viertel kann leicht zum Tagesausflug werden, bietet aber auch unvergeßliche Eindrücke. Unbedingt sehenswert sind hier die alten Kaufmannshöfe, das Hanseatische Museum, das Bryggen Museum, die Marienkirche und die Festung Bergenhus.
Ein heißer Tip für hungrige Mägen: An der Kopfseite des Hafenbeckens Vågen findet werktags der Fischmarkt statt, auf dem es die herrlichsten Lachsbrötchen und Krabben gibt.
Unbedingt empfehlenswert sind auch die Rasmus-Meyer Sammlung mit Werken Edvard Munchs und das Aquarium, eine der größten Sammlungen Europas von lebenden Salz- und Süßwassertieren.
Im südlichen Stadtgebiet von Bergen liegt Troldhaugen, das 22 Jahre das Zuhause des norwegischen Komponisten Edvard Grieg war. Wer höher hinaus will, sollte mit der Drahtseilbahn auf den »Hausberg« der Stadt, den Fløyen, fahren. In 320 m Höhe hat man Bergen zu Füßen liegen.
Eine ideale Zeit für eine Kurzreise nach Bergen ist u.a. Ende Mai/Anfang Juni, wenn die Internationalen Festspiele stattfinden. Zur Zeit des westnorwegischen Frühlings kann man dann einem Festival von internationalem Renommee beiwohnen. Das Programm umfaßt Kammerkonzerte, Theatervorstellungen, Tanz- und Ballettvorführungen, Kirchenkonzerte, Orchestergastspiele, Filme und sogar sogenannte »Nightjazz-Konzerte«. Wem da nicht die Ohren klingen ...

»Zwischen Dom und Fjord« - Trondheim

Für die dritte im Bunde der norwegischen Städte sollte man sich mindestens fünf Tage gönnen, denn auch das Gebiet um Trondheim mit dem riesigen Trondheimsfjord ist faszinierend. Die Stadt hat aufgrund ihrer bewegten Vergangenheit historisch einiges zu bieten. Auf Schritt und Tritt wandelt man in Trondheim, der Krönungsstätte der norwegischen Könige, auf historischen Pfaden. Darüber hinaus fällt gerade der eher kleinstädtische Charakter der Stadt besonders positiv auf. Man hat zu keiner Zeit das Gefühl, sich in der drittgrößten Stadt Norwegens zu befinden.
Hauptsehenswürdigkeit der Stadt ist zweifellos der mächtige Nidaros-Dom, das größte mittelalterliche Bauwerk des Nordens. In der Nachbarschaft des Domes befindet sich das Trondheimer Kunstmuseum, das vor allem norwegische Bildkunst ausstellt, dar-

Historisches Trondheim, bis heute Krönungsstätte der norwegischen Könige

unter auch mehrere Werke Edvard Munchs. Musikfreunde sollten auf jeden Fall dem Musikgeschichtlichen Museum einen Besuch abstatten, das im Herrenhof Ringve untergebracht ist. Eine besonders gute Aussicht über Stadt und Fjord hat man von der Festung Kristiansten im östlichen Bereich der Stadt und vom Tyholtturm, in dessen Spitze sich das einzige Drehrestaurant Norwegens befindet.

LARVIK LINE

FREDERIKSHAVN–LARVIK

Tag wie Nacht - mit der Larvik Line von Frederikshavn nach Larvik. Genießen Sie die Atmosphäre an Bord, besuchen Sie die Restaurants, Bars, die Diskothek, das Kino und den Taxfree-Shop, während sich die Kleinen im Kinderspielraum austoben. Wir bieten Autopakete zu günstigen Preisen sowie attraktive Sonderangebote. Fahrplan kostenlos! Außerdem können Sie aus dem Norden Tours Katalog günstige Pauschalangebote für Hotel- und Ferienhausaufenthalte inkl. Fährüberfahrt mit der Larvik Line buchen. Informationen beim Automobilclub, im Reisebüro oder bei:
Reisebüro Norden,
Ost-West-Str. 70, D-2000 Hamburg 11,
Tel. 040 - 36 00 15 78, Fax 040 - 36 64 83

Die norwegische Gebirgswelt, hier bei Oset, ist ein herrliches Wanderparadies

Wanderkurzreisen

Absolute Ruhe, intakte Wälder, Einsamkeit, klare und stille Seen, Angelgewässer, die vor Fischen nur so wimmeln, die Weite und Unendlichkeit der Hochebenen, bei deren Anblick allein schon die Entspannung vom Alltag einsetzt, Gipfel, so mächtig und überragend, daß man Respekt bekommt vor den gewaltigen Kräften der Natur. Wer all dies sucht, für den ist ein Wanderkurztrip genau das Richtige.

Man sollte allerdings etwas mehr Zeit mitbringen, da Wanderungen durch die norwegische Gebirgsluft anstrengender sind als zu Hause der regelmäßige Gang zur Kneipe um die Ecke. Mindestens 5 Tage sollte man sich vor Ort aufhalten, wer eine ganze Woche Urlaub opfert, kann sich sicherlich schon sehr gut erholen. Die bequeme Anreise mit einem Flugzeug oder einem der Fährschiffe mit Kreuzfahrtcharakter tut natürlich ein übriges dazu, nicht schon vor der ersten Wanderung Blei in den Beinen und Schlaf in den Augen zu haben.

»In die Wiege des Skisports« - Telemark

Telemark, die Wiege des Skisports, ist auch außerhalb der weißen Saison eine Reise wert. In der Gegend um Rjukan z.B. herrscht großartiges, rauhes Hochgebirgsklima vor. Der Gaustatoppen mit seinen 1.883 m Höhe stellt für geübtere Wanderer ein lohnendes Ziel dar - falls das Wetter mitspielt. Eher lieblich ist der Süden von Telemark. Das Lifjell oberhalb von Seljord ist zwar im Durchschnitt nur etwas über 1.000 m hoch, bietet aber ein schönes Wandernetz und großartige Weitblicke. Die Seen Fyresvatn und Nisser bieten neben Wandermöglichkeiten auch das kostbare Naß, das viele so fasziniert. Einen Besuch wert ist auch Morgedal, die Heimat von Sondre Norheim, dem Vater des modernen Skisports. Das Olav Bjåland-Museum und die »Sondre Norheimstogo«, das Geburtshaus des berühmten Sohnes von Morgedal, verraten einiges über das Skisportland Norwegen.

»Das Tal der Täler« - Gudbrandsdal

Sehr gut erreichbar auch für »Schnell-Urlauber« ist das Gudbrandsdal, das neben einer Vielzahl von Wandermöglichkeiten auch kulturell einiges bietet. Auch die zukünftige Olympiastadt Lillehammer, Ausrichter der Winterolympiade von 1994, liegt im Gudbrandsdal. Mehrere Gebirgsgebiete mit ausgedehnten Wandernetzen (Ringebufjell, Rondane-Nationalpark) bilden ein Natur- und Wanderparadies besonderer Art.

»Warm wie nix« - Hallingdal

Das Hallingdal nimmt seinen Anfang schon ca. 60 km nordwestlich von Oslo. Ab Hønefoss wird die Besiedelung dünner, die Natur dafür schöner. Schon oberhalb des Krøderen-Sees wird die Landschaft typisch norwegisch, und rechts und links der einzigen Hauptstraße durch das Tal, der Straße 7, laden viele Wanderwege zum Ausprobieren ein. Ca. 170 km nördlich von Oslo liegt Nesbyen, der »berühmteste« Ort des Hallingdals. Sage und schreibe 35,6 Grad hat man hier im Sommer schon gemessen!

Mitternachtssonnen - Flüge

Ganz eiligen Zeitgenossen, die nur das freie Wochenende für eine Kurzreise benutzen möchten, kann natürlich auch geholfen werden. Immer beliebter werden sogenannte Mitternachtssonnen-Flüge, die kurze, aber um so intensivere Erlebnisse bieten. Wer das nötige Kleingeld besitzt, muß nur einen Flug buchen, zur Not noch die Zahnbürste und die Kamera einpacken, und los geht's zur großen Sonnen-Show! Wenn möglich,

Rings um den Rondane Nationalpark gibt es hervorragende Kanugewässer

sollte man vielleicht doch drei oder vier Tage für einen Ausflug in den hohen Norden einplanen. Der Sommer in Nordnorwegen kann so phantastisch sein, daß man natürlich auch bei einem längeren Aufenthalt auf seine Kosten kommt.

Hurtigrute

Mit 11 Postschiffen von 3 Reedereien wird der Postdampferdienst der Hurtigruten betrieben. 1893 fuhr das erste Schiff unter dem Kommando von Kapitän Richard With. Seitdem wird der Dienst sommers wie winters aufrechterhalten - bei Tag und Nacht. Die Kombi-Postschiffe sind speziell für diese Fahrten gebaut (zw. 2.200 u. 4.200 BRT groß) und stellen ein lebenswichtiges Glied in der Versorgungskette für etwa eine halbe Million Norweger dar, die an der langgestreckten Küste leben. Die Hurtigrute ist Transportmittel für Post, Fracht und Passagiere von Ort zu Ort.
NSA Norwegische Schiffahrtsagentur, Kleine Johannisstr. 10, D-2000 Hamburg 11, Tel. 040 - 37 69 30, Fax 040 - 36 41 77

»Auf zur Sonne« - Nordkap

Wen die Magie des Nordens mit seiner Mitternachtssonne schon immer fasziniert hat, der träumt sicherlich auch davon, einmal mitten in der Nacht am Nordkap-Plateau zu stehen und gen »Ende der Welt« zu blicken. Die Nebel lichten sich und die tiefstehende Sonne taucht die Landschaft in ein fast unnatürlich intensives Licht mit zahllosen Farbnuancen ...

»Tor zum Eismeer« - Tromsø

Wer die nördlichste Universitätsstadt der Welt kennenlernen möchte, der nördlichsten Kathedrale einen Besuch abstatten will und anschließend vielleicht noch ein kühles »Mack-Øl« genießen möchte, ein Bier,

Das Nordkap »am Ende der Welt«

Weit nördlich vom Polarkreis: Die Eismeerkathedrale in Tromsø

gebraut - wie sollte es anders sein - in der nördlichsten Brauerei, der ist in Tromsø genau richtig. Neben solchen Superlativen gibt es in Tromsø natürlich auch »normale« Sehenswürdigkeiten wie das Polarmuseum, das Freilichtmuseum und nicht zu vergessen das Nordlichtplanetarium auf dem Universitätsgelände. Schöne Ausblicke auf eine hinreißende nordnorwegische Landschaft bietet der Gipfel des Storsteinen, auf den man mit der Fjellheisen-Seilbahn gelangt.
Tromsø ist eine Stadt, die im Frühsommer ganz von der nie untergehenden Sonne geprägt ist. Wer einmal um zwei Uhr nachts im T-Shirt auf der Außenterrasse einer echt nordnorwegischen Kneipe gesessen hat, das Pils fest in der Hand und die Sonne im Gesicht, den wird es unweigerlich wieder hinaufziehen in die Stadt am Nordmeer.

Stena Line

bietet für Ihre Norwegenreise vier Routen an: mit der komfortablen Nachtfähre von Kiel nach Göteborg, dann entlang der schwedischen Westküste in das Land der Fjorde; außerdem die kurze Verbindung von Frederikshavn in Nord-Dänemark nach Göteborg sowie die Direktverbindungen von Frederikshavn nach Oslo und nach Moss. Für den Winter-Kurzurlaub bieten wir einige besonders interessante Tarife. Näheres finden Sie im Fahrplan 1992, der Ende November erscheinen wird.
Weitere Informationen in Ihrem Reisebüro oder bei:
Stena Line, Schwedenkai, D-2300 Kiel, Tel. 0431 - 90 90
bzw.
Stena Line, Hildebrandtstr. 4d, D-4000 Düsseldorf 1, Tel. 0211 - 90 55 - 0

»Alpine Gipfel mitten im Meer« - Lofoten

Hautnahe Landschaftserlebnisse bietet ein Kurztrip auf die Lofoten. Je nachdem, ob man sich für den Frühsommer als Reisezeit entscheidet - die Mitternachtssonne scheint auch auf den Lofoten fast zwei Monate lang - oder lieber in den Wintermonaten den Fischern bei ihrer harten Arbeit zusieht und das rauhe Klima des Nordens auf sich wirken läßt, eines ist sicher: Diesen Kurzurlaub vergißt man nicht so schnell! Das Gebiet ist landschaftlich äußerst vielfältig, die größte Anziehungskraft aber übt die gewaltige Natur im Süden der Inselgruppe aus. Die »Hauptstadt« der Lofoten ist Svolvær. Hier ließen sich zahlreiche Künstler nieder, um ihre auf den Inseln gewonnenen Landschaftseindrücke festzuhalten.

Sehenswürdigkeiten, die man sich auch bei einem sehr kurzen Trip nicht entgehen lassen sollte, sind vor allem die idyllischen Fischerdörfchen Ramberg (echter Sandstrand!), Hamnøy, Nusfjord, das seit 1975 unter Natur- und Denkmalschutz steht, Reine und Å.

Kurzrundreisen

Einige Reiseveranstalter bieten auch Rundreisen an, die zumeist für drei bis acht Tage konzipiert sind und einen guten Überblick über verschiedene Landschaftsformen bieten.
Eine erlebnisreiche Kurzrundreise ist zum Beispiel eine Tour mit dem Schiff nach Oslo, von dort mit der Bergenbahn durch typisch norwegische Hochgebirgslandschaft nach Bergen, weiter mit der Hurtigrute auf dem Schiffsweg nach Trondheim und zurück mit der Dovrebahn durch das Gudbrandsdal und die zukünftige Olympiastadt Lillehammer nach Oslo. Dort wartet dann wieder das Schiff, und man läßt die Reise durch eine Kreuzfahrt bis Kiel langsam ausklingen. Übrigens bietet allein die Bahnfahrt von Oslo nach Bergen mit der Bergenbahn so phantastische Eindrücke, daß sie für viele schon ein lohnendes Kurzreiseziel darstellt.
Aktuelle Kurzreiseangebote, Reiseveranstalter und Reiseziele finden Sie auch an anderer Stelle in diesem Reisehandbuch sowie im NORWEGEN MAGAZIN.

Grüner Tourismus -
Aktivurlaub auf dem Lande

Norwegen ist bekannt für seine großartige Natur, die frische Luft und das saubere, kristallklare Bergwasser. Der größte Teil des Landes gehört den Bauern und dem Staat, aber die Allgemeinheit hat seit alters her das Recht, sich frei in der Natur zu bewegen (vgl. die Informationen auf S. 171). Das ist eben das schöne: Die norwegische Natur ist nicht nur zum Anschauen da, man kann sie aktiv erleben.

Wie erfährt man aber, wo es sich z.B. lohnt, einen Angelurlaub zu verbringen, wo die besten Fangplätze sind, welche Fischsorten vorkommen? Schließlich soll der Urlaub doch vom ersten Tag an schöne Erlebnisse bieten, an die man später so gern zurückdenkt. Da trifft es sich gut, daß immer mehr norwegische Bauern Engagement zeigen und sich als Gastgeber und Fremdenführer für Gäste von nah und fern zur Verfügung stellen.

Ein Paradies für Fliegenfischer

Angelferien
auf dem Lande als Familienurlaub

In einigen Gegenden mit guten Angelmöglichkeiten haben sich die Bauern zusammengetan, um Sportanglern einen erlebnisreichen Urlaub zu ermöglichen. In der Praxis heißt das, daß man an einem leicht zugänglichen Ort den Angelschein kaufen kann, der ein größeres Gebiet mit vielen langen Flußstrecken und großen und kleinen Angelseen im Wald und in den Bergen umfaßt. Viel Platz und Ruhe sollen auch weiterhin typisches Merkmal für das Sportangeln in Norwegen bleiben.

Beim Kauf des Angelscheins erhalten Sie gute schriftliche Informationen und Kartenhinweise auf Angelplätze sowie Tips für Geräte und Angelmethoden entsprechend den verschiedenen Fischarten. Forellen gibt es fast überall in Norwegen, in manchen Gegenden auch Saibling, Felchen, Äsche, Hecht, Barsch u.a.

Angler und ihre Familien brauchen ein ordentliches Dach über dem Kopf! Ein komfortables Ferienhaus - bescheiden »Hütte« genannt - oder eine Ferienwohnung gehört zu einem gelungenen Angelurlaub einfach dazu. Drinnen gibt es ein gemütliches Wohnzimmer, eine gut ausgestattete Küchenecke, einen oder mehrere Schlafräume, Dusche und Toilette.

Das besondere Angebot:
die Nordnorwegen-Karte

In den nördlichen Landesteilen besitzt der Staat riesige Wildnisgebiete (insgesamt ca. 77.000 km²). Dort liegen über 50.000 Angelgewässer, in denen hauptsächlich große Mengen Forellen und Saiblinge vorkommen. Wer gern weit ab von der Zivilisation mit der Angel durch die Einsamkeit wandert, wird hier ein Eldorado finden. Der Fischreichtum erschließt sich durch die 10-Tage-Karte, die für Hobbyangler auf dem gesamten Staatsland in Nordnorwegen gilt.
Für die etwa 70 lachsführenden Flüsse sind besondere Lachsangelscheine erhältlich. Die Nordnorwegen-Karte können Sie auf allen Postämtern im nördlichen Landesteil kaufen, und hier können Sie auch gleich die allgemeine staatliche Angellizenz erwerben. Auf den Postämtern gibt es außerdem Informationsbroschüren mit Kartenhinweisen.

Gute Fangplätze erreicht man leicht von der Hütte aus.

wollen. In manchen Orten werden auch regelmäßig Tagesausflüge mit Fischerbooten veranstaltet, begleitet von erfahrenen Ortskundigen.

Sie haben die Wahl: Entweder können Sie in komfortablen Hütten und Ferienwohnungen mit allen Annehmlichkeiten wohnen, oder Sie ziehen die authentische Atmosphäre der alten Rorbuer vor. Auf jeden Fall werden Ihre Gastgeber bemüht sein, Ihnen einen fischreichen Angelurlaub zu ermöglichen. Weil es wahrscheinlich viel mehr Fisch gibt, als Sie während Ihres Aufenthaltes aufessen können, wird man Ihnen auch beim Einsalzen, Räuchern oder Einfrieren von Dorsch, Seelachs, Aal usw. gern behilflich sein. Oft gibt es sogar Spezialverpackungen, um den tiefgefrorenen Fang mit nach Hause nehmen zu können.

Geführte Touren

Es ist nicht jedermanns Sache, in die wirkliche Wildnis zu ziehen, über Gletscher zu wandern oder in einem Gummifloß ein tosendes Wildwasser hinunterzufahren. An solchen spannenden, dramatischen Ferienerlebnissen können Sie aber teilnehmen und sich ganz sicher fühlen, wenn ortskundige, erfahrene Führer als Begleiter zur Verfügung stehen. Für große und kleine Gruppen gibt es inzwischen Touren von 2-3 Stunden bis zu 3-4 Tagen Dauer. Sie finden z.B. zu Fuß, zu Pferd, mit dem Kanu oder mit dem Gummifloß (Riverrafting) statt. Übernachtet wird - soweit es zur Tour dazugehört - auf alten Almen oder in primitiven Schutzhütten, die seit Urzeiten von Jägern, Fischern und Waldarbeitern benutzt wurden. Manchmal wird auch unter dem freien Himmel campiert. Allen Tourangeboten ist gemeinsam, daß sie für die Teilnehmer ein Höchstmaß an Sicherheit bieten und zugleich darauf abzielen, nicht nur spannende, sondern auch lehrreiche Erlebnisse zu bieten - Sie erwerben neue Fertigkeiten, neue Kenntnisse über die Natur.

Meeresangeln

Die norwegische Küste ist zwischen den größeren Orten sehr dünn besiedelt. Dazwischen erstreckt sich über Tausende von Kilometern eine buchten- und inselreiche Küstenlinie, die auf Angler nur zu warten scheint. Die einen angeln vom Land aus, die anderen rudern ein kleines Stück zu einem guten Fangplatz zwischen Schären und Holmen. Wenn Sie rechtzeitig eine Hütte, Ferienwohnung oder Rorbu, die traditionelle Fischerhütte, an der Küste mieten, ist Ihnen ein Ruderboot sicher. Einen Außenbordmotor können Sie dazumieten, wenn Sie es einmal eilig haben oder ein Stück weiter hinausfahren

Das Angeln im Meer ist nicht nur ein Sport - es ist zugleich Ferienerlebnis für die ganze Familie: der Geruch von Salzwasser und Seetang, die kleinen Orte, die sich an die Küste krallen, die rauhe Natur, das schnell wechselnde Wetter ... Den einen Tag liegt das Meer spiegelglatt in der Sonne, ein andermal wühlt ein Sturm die Wellen auf.

Wenn Sie gern mehr über die reizvollen Möglichkeiten eines aktiven Urlaubs auf dem Lande erfahren möchten, können Sie Informationsmaterial zu den Themen

- Angelferien auf dem Lande
- Meeresangelferien
- Aktivitätstouren in der Natur
- Hüttenferien = Hobbyferien

im »Infopaket Nr. 14«
(Coupon auf S. 249) anfordern bei:

NORTRA Marketing GmbH
- Versandservice -
Christophstr. 18-20
W-4300 Essen 1

AKTIV IN NORWEGEN

ANGELN

Seinen Anfang nahm der Tourismus in Norwegen, als reiche englische Adlige im 19. Jahrhundert dem Angeln und Jagen im Fjordland frönten. Mit einer 2.650 km langen Küstenlinie (ohne Fjorde und Buchten), über 200.000 großen und kleinen Seen sowie unzähligen Flüssen ist Norwegen als Angelparadies wie geschaffen. Nachdem die englischen Lords schon etliche Male die Nordsee überquert hatten, kamen im 20. Jahrhundert auch die Amerikaner auf den Geschmack. Sie pachteten die Fischereirechte für die besten Gewässer, so daß viele Europäer dabei leer ausgingen.
Während der letzten Jahrzehnte hat sich die Situation wieder grundlegend geändert. Fast alle Seen und Flüsse sind heute in norwegischem Besitz. Zu vergleichsweise erschwinglichen Preisen erhält man eine Angelerlaubnis für ein bestimmtes Gebiet, sei es für einen Tag, eine Woche oder auch länger.
Die Sportfischer, die Lachs und Forellen locken, sind oft von den zahlreichen anderen Fischarten in Süß- und Salzwasser überrascht.
Das Angeln ist für viele Norwegen-Touristen die beliebteste Aktivität. Aus diesem Grund wollen wir hier auch ausführlich auf die notwendigen Bestimmungen hinweisen, um Fischarten und Angelmöglichkeiten zu erhalten.

»Allmenning«
Auf allen staatlichen Ländereien (»allmenning«) hat die Bevölkerung das Nutzungsrecht. In fast allen diesen Gebieten erhalten auch Touristen, die eine gültige Angelkarte besitzen, das Recht, mit Rute und Handschnur zu fischen.

Privates Grundeigentum
Etwa 2/3 von Norwegens Gesamtfläche sind Privateigentum, auf dem die Grundeigentümer die Fangrechte innehaben. Gewöhnlich schließen mehrere Grundeigentümer sich für größere Gebiete zu Verbänden zusammen und betreiben Fischpflege sowie Vermietung und Verkauf von Angelkarten gemeinsam. Das private Fangrecht wird häufig auch an Jagd- und Angelvereine verpachtet, die ihrerseits unter bestimmten Bedingungen die Sportfischerei in dem in Frage kommenden Gebiet verwalten und Angelkarten verkaufen.

Staatliche Angellizenz
Jeder über 16 Jahre, der in Norwegen angeln will, muß auf einem Postamt eine »Fischschutzabgabe« entrichten. Sie betrug 1991 NOK 80,-, für Lachsfische NOK 150,-.

Angelkarte (Fiskekort)
Diese gibt es in Sportgeschäften, an Kiosken, in einigen Fremdenverkehrsämtern, Hotels, auf Campingplätzen und in den lokalen Touristenbüros. Eine Angelkarte gilt meistens für ein bestimmtes Gebiet. Ihr Preis richtet sich u.a. nach ihrer Gültigkeitsdauer, nach der Größe des Gebiets und der Qualität des Fisches. An vielen Orten kann zwischen Tages-, Wochen-, Monats- und Saisonkarten gewählt werden. Im allgemeinen ermächtigt die Angelkarte zum Angeln mit Rute oder Handschnur, aber an einigen Orten erlaubt sie auch das Fischen mit Netz und »Oter« (s. Angelgeräte). Einschränkungen in Bezug auf die Sportfischerei sind gewöhnlich auf der Angelkarte angegeben. Die Angelkarte muß jeweils am Ort gekauft werden. Preisunterschiede für Norweger und Nicht-Norweger sind möglich.

Desinfektion von Angelgeräten
- Netzausrüstungen und Geräte für den Krebsfang dürfen nur in Norwegen selbst, nicht jedoch vorher in anderen Ländern benutzt werden. Das gilt auch für Netze und Ausrüstungen, die in Gewässern benutzt wurden, in denen man Fischkrankheiten nachgewiesen hat. Selbst Krebsausrüstungen, die nur einmal in Norwegen benutzt wurden, müssen in der nächsten Saison desinfiziert werden. Einige Fischereipächter schätzen es, wenn man die gesamte Ausrüstung desinfiziert. Auf Schildern wird jeweils darauf hingewiesen. Um die Verbreitung des Lachsparasiten zu verhindern, gelten folgende Bestimmungen:
- Sämtliche Angelausrüstung (Ruten, Schöpfnetz, Stiefel, Boote, Netze usw.), die in Berührung mit Wasser aus solchen Flüssen gewesen ist, muß völlig trocken sein, bevor sie in einem neuen Wasserlauf verwendet werden kann.
- Wasserbehälter mit Wasser von einem Gewässer dürfen nicht direkt in einen anderen (z.B. beim Camping) entleert werden.

Verbot der Einfuhr neuer Fischarten
In weiten Teilen des Landes gibt es nur Lachs und/oder Forellen. Das ist ein großer Vorteil für die Sportfischerei und die Fischpflege des jeweiligen Gebiets. Damit keine neuen und unerwünschten Fischarten verbreitet werden, ist es verboten, in Gewässern Fischarten auszusetzen, die es vorher dort nicht gegeben hat. In Norwegen ist es verboten, lebenden Fisch als Köder zu benutzen!

»Wer zieht den dicksten Fisch an Land?«
Überall im Land finden besonders während der Sommermonate Angelwettbewerbe, Angelfestivals u.ä. statt. Mehr darüber erfahren Sie auf den Informationsseiten der einzelnen Bezirke!

SÜSSWASSERANGELN

In den 200.000 Binnenseen, Flüssen und Bächen tummeln sich allein 42 verschiedene Fischarten. Die norwegischen Sportfischer haben hauptsächlich auf Forelle und Saibling ein Auge geworfen, die man in vielen sog. Lachsflüssen findet. Doch auch und gerade die Gewässer in den weiten Fjellgebieten bieten für Angelfreunde spannende Erlebnisse.

Fangzeiten
Die beste Fangzeit für Forellen und Saiblinge ist nach der Schneeschmelze, eine Zeit, die nicht nur von Jahr zu Jahr, sondern auch von Landesteil zu Landesteil variiert. Für die tiefer liegenden Gewässer im Süden und im Fjordland beginnt das Fliegenfischen auf Forellen normalerweise im April, die Hochsaison liegt zwischen Mai und Juni. Im Hochsommer ist es zu warm, erst ab 15. September geht die gute Fangzeit weiter. Als Faustregel für das Forellenangeln in Südnorwegen gilt: die ergiebigsten Fänge macht man vor Juni, ebenso in den Waldgebieten in Ostnorwegen und in allen nördlichen Gebieten, die unter 400 m.ü.d. Meer liegen. Für die nordnorwegischen Gewässer, die über 800 m hoch liegen, ist die beste Zeit vom 15. Juli bis 31. August.
Je weiter nördlich und je höher die Fischgewässer liegen, um so später liegt die günstigste Angelzeit.

Angelgeräte
Für Fliegenfischer eignen sich an den norwegischen Flüssen und Seen Ruten von 2,5 bis 3 m Länge. Vorfächer sollten aus bestem Nylon bestehen; die Rollen eine Kapazität von etwa 30 m Wurfschnur und 50 m sog. Hinterschnur besitzen. In Verbindung mit dieser Ausrüstung kann man Naß- und Trockenfliegen, Nymphen und andere Nachahmungen, Streamer (Fliege mit langen Federn) und Würmer benutzen. Bei Naßfliegen verwendet man meist Größe 10 (nachts Gr. 8), bei Trockenfliegen Größe 12. Typ und Größe der Ausrüstung sind von veschiedenen Faktoren abhängig. Je größer der Fluß, desto gröber müssen die Fliegen sein; Wind, Wetter, Lichtverhältnisse und Wasserstand bestimmen den Köder. Zum Fliegenfischen muß die Wurfschnur der Rutengröße und dem Fluß angepaßt sein. Einheimische haben dazu oft gute Tips! An mehreren Stellen ist Schleppangeln vom Boot und Angeln mit »Oter« (ein Schleppbrett mit einer Hauptschnur und mehreren Seitenarmen für Haken mit künstlichen Fliegen) zugelassen.

Süßwasserfische

Aal	ål
Äsche	harr
Bachforelle	bekkaure / ørret
Barsch	abbor
Brasse	brasme
Felchen	sik
Hecht	gjedde
Quappe	lake
Saibling	røye
Schleier	suter
Zander	gjørs

Schonzeiten
Das Angeln von Forellen und Saiblingen ist an den meisten Gewässern von September bis Ende Oktober/Anfang November nicht gestattet. Zusätzlich hat jedes Gebiet eigene Schonzeiten. Mehrere Bestände von Fischen und Schalentieren sind so vom Aussterben bedroht, daß Schonzeiten und Mindestgrößen eingeführt wurden. Die Mindestgröße für geangelte Fische beträgt 20 - 25 cm.

Gute Angelgebiete für Süßwasserfisch
Hecht, Brasse, Felche und Aal findet man reichlich in der Glomma (Hedmark), um Kongsvinger und in den niederen Flußläufen in Sørland. Mandalselva und Audneelva in Aust-Agder sind speziell für ihre Aale bekannt.
Die besten Angelgebiete für Forellen sind die Gebirgsseen und -flüsse oberhalb der Baumgrenze. Die Größe und Qualität dieser Fische unterscheidet sich deutlich von denen im Flachland. Je weiter man nach Norden reist, um so niedriger wird die Baumgrenze, und die Auswahl an guten Forellengewässern steigt somit. In Nordnorwegen (mit Ausnahme der östlichen Finnmark) und in einigen Fjellgebieten Südnorwegens sind Forellen und Saiblinge die einzigen Fischarten. In den meisten der größeren Gewässer der Finnmark und Ostnorwegens findet man zudem Hecht und Äsche. Gute Gebiete in den südlichen Landesteilen liegen um Kristiansand und nördlich von Røros, in den großen Tälern Østerdal, Gudbrandsdal, Hallingdal und Valdres. In Westnorwegen in den Gebirgsseen der Hardangervidda.
Die übrigen Fischarten, die für Sportangler von Interesse sind; z.B. Barsche, findet man in den tieferen Lagen in Ostnorwegen und in der Ost-Finnmark.

LACHSANGELN

Zum Lachsangeln rechnet man das Angeln nach Lachsen, Meerforellen und Wandersaiblingen. Norwegen besitzt insgesamt 240 Lachsflüsse, in denen fast überall eigene Lachsstämme wandern. Die besten Lachsflüsse liegen im Fjordland und nördlich davon. Der Bezirk Møre og Romsdal zählt insgesamt 62 Lachsflüsse, Trøndelag 35, Finnmark 56, Sogn og Fjordane 25, Hordaland 21, Nordland 19, Rogaland 14, Vest-Agder 4 und Telemark, Buskerud, Vestfold, Akershus, Oslo und Østfold haben zusammen 11 Lachsflüsse. Norwegischer Lachs ist für seine Größe berühmt. Den bislang größten registrierten Lachs fand man in den dreißiger Jahren - er wog 36 kg! Auch wenn solche Rekorde die Ausnahme sind, liegt das Durchschnittsgewicht der Lachse in einigen Flüssen bei 20 kg. Insgesamt beträgt das Durchschnittsgewicht 7 bis 10 kg, in manchen Flüssen auch nur 3 bis 4 kg. In den Seen darf der Lachs mit Rute oder Handleine geangelt werden. Angelscheine sind erforderlich.

Fangzeit

Offiziell beginnt die Lachssaison am 1. Juni und endet am 1. bzw. 15. September. Da die größten Lachse immer zuerst den Fluß hinauf wandern, gelten die Tage Ende Mai/Anfang Juni als beste Fangzeit. Die kleineren Lachse folgen anschließend. Mitte Juli steigt dann die Anzahl der Meerforellen, abhängig von Wasserstand, Temperatur usw. in den verschiedenen Flüssen. In Nordnorwegen verschiebt sich die beste Fangzeit um vier bis sechs Wochen, verglichen mit der in Südnorwegen.

Angelgeräte

Beim Lachsangeln ist eine besonders solide Ausrüstung erforderlich. Üblich sind Fliegenruten, Einhand- und Zweihandruten.
Für einen kleinen Fluß reicht eine Einhandrute von 2,5 bis 3 m Länge aus Glasfiber oder anderen Kunststoffen. Die Schnur sollte 0,40 mm dick sein. In Flüssen mit stärkerer Strömung empfiehlt sich eine 3,5 - 4 m lange Zweihandrute mit mindestens 0,45 mm Dicke. Die Wurfschnur muß zur Rute und zum Fluß passen. Auf der Spule sollten mindestens 150 m Schnur sein, denn der Lachs kann groß sein und braucht entsprechend viel Spielraum. Da ein Lachs erheblich an der Angel zappeln kann, muß die Nylonschnur reißfest sein (»backline« Nr. 045-050). Man kann sowohl mit Fliege als auch mit Blinker oder Regenwurm angeln (Regenwurm reicht nicht für alle Flüsse). Dort nehme man eine kurze, einhändig benutzbare Fliegenrute (Schnur mit mindestens 0,45 mm). Auf einigen Flüssen darf vom Boot aus geangelt werden, üblicher ist das Fischen vom Ufer aus. Oft sind »Anglerhosen« oder hohe Stiefel notwendig und natürlich ein guter, spitzer Gaff (Fischhaken). Zu Beginn der Fangsaison empfehlen sich große Fliegen (7/0), später etwas kleinere Fliegen.
Lachs, Meerforelle und Wandersaibling kann man in den Seen mit einer Schleppangel angeln. Dazu benutzt man relativ schwere, große Löffelblinker, Wobler oder Fliegen. Da fast jedes Gewässer seine eigenen Bestimmungen hat, sollten Sie sich vorher danach erkundigen.

Schonzeiten

Für Lachs, Meerforelle und Wandersaibling im Meer sind die Schonzeiten vom 5. August bis einschließlich 31. Mai, in den Flüssen normalerweise vom 1. September bis 31. Mai. Es ist streng verboten, abgelaichten Fisch sowie Exemplare unter 30 cm zu fangen. Die Bestimmungen für das Lachsangeln sind besonders streng; bitte beachten Sie die örtlich geregelten Schonzeiten. Das Ziel aller Einschränkungen ist, die Fischbestände zu erhalten, was natürlich zum Wohle aller ist! Zur Zeit ist in 72 Wasserzügen das Lachsangeln verboten.

Lachsfische	
Lachs	laks
Meerforelle	sjøørret
Wandersaibling	sjørøye

ANGELN IM MEER

Entlang der norwegischen Küste hat man während der letzten Jahre viel für die Sportfischer getan: Man vermietet Hütten mit eigenem Boot, bietet die Möglichkeit, den gefangenen Fisch gleich einzufrieren, Ausrüstungen werden verliehen, und vieles mehr.
Die norwegische Küste bietet so auch für Urlauber hervorragende Angelmöglichkeiten. An einem schönen Sommertag, wenn die See ruhig ist, kann man weit draußen auf den Schären und auf offener See fischen. Bei rauher See hat der Sportangler die Möglichkeit, im Schutz der vielen Schären und vorgelagerten Inseln oder auch in den Fjorden selbst zu angeln. Man kann sich einfach an den Uferrand setzen und die Schnur auswerfen, oder aber mit einem Kutter und großer Ausrüstung hinaus fahren. Jeder darf mit Rute und Handschnur im Meer angeln. Dazu braucht man weder Angelschein noch eine staatliche Angellizenz. Beachten Sie jedoch, daß für Lachs, Meerforelle und Wandersaibling die gleichen Schonzeiten wie im Süßwasser bestehen. Wurfnetze sind, mit gewissen Ausnahmen, verboten.
Viele der Salzwasserfische laichen in den Fjorden. Dank des Golfstroms herrschen dort milde Wassertemperaturen. Dorsch, Köhler, Lengfisch, Schellfisch und Makrele gibt es in rauhen Mengen. Das Durchschnittsgewicht der Dorsche (Kabeljau) liegt bei 1-5 kg, ein Dorsch kann aber auch zwischen 10-15 kg wiegen. Der Köhler hat ein Gewicht zwischen 250 g und 1 kg. Seltener als die oben genannten Fische findet man Flunder oder Steinbutt. Fährt man mit dem Boot hinaus, kann man auf den Grönlandshai oder Heilbutt (kveite) stoßen.
Wie bereits erwähnt, gibt es für das Meer zwei Fangarten: Entweder mit der Rute oder Handschnur vom Boot aus oder mit der Wurfschnur vom Land aus. An der norwegischen Küste kann man überall kleinere Boote mit Außenbordmotor zu erschwinglichen Preisen mieten. Adressen finden Sie unter »Bootsverleih«. Auch örtliche Touristenbüros, Hotels, Pensionen, Campingplätze verleihen Boote, auf Wunsch mit Skipper.
An vielen Orten gibt es organisierte Angeltouren auf dem Meer mit Fischkuttern. Dazu braucht man eine gute Ausrüstung, die oft an Bord angeboten wird. »Wertvolle« Fänge belohnen für alle Strapazen. Ein Preisbeispiel für geliehene Boote,

---

Offersøy - Tor zu den Lofoten
Auf Offersøy erleben Sie abenteuerliches Angeln im Meer oder einem reizvollen Gebirgssee, in dem die Forellen noch willig anbeißen.
Im Offersøy Ferienzentrum können Sie Boote mieten, allein aufs Meer hinaus fahren oder mit unseren Fischkuttern zu den besten Dorschplätzen gelangen. Natürlich können Sie auch gern Ihre eigene Angelausrüstung mitnehmen, obwohl wir komplette Ausrüstungen verleihen.
Das Offersøy Ferienzentrum liegt mitten in den Naturschönheiten von Lødingen Vestbygd, 27 km von Kanstad und der Straße 19 zu den Lofoten entfernt.
*Offersøy Feriesenter A/S
N-8583 Rinøyvåg
Tel. 0047 - (0)82 - 35 480
Fax 0047 - (0)82 - 35 414*

---

auch wenn die Preise stark variieren:
Ruderboot ohne Außenbordmotor: ca. NOK 20,- pro Stunde, ca. NOK 500,- pro Woche.
Ruderboot mit Außenbordmotor: ca. NOK 30,- pro Stunde, ca. NOK 700,- pro Woche (ohne Benzin).
Ferienhütten am Meer werden oft mit Boot und/oder Angelausrüstung vermietet. Häufig hat man Gelegenheit, seine Fänge an Ort und Stelle einzufrieren, gelegentlich kann man die Fische auch räuchern lassen.

Fangzeit

Auf dem Meer kann man eigentlich das ganze Jahr über angeln. Frühjahr und Herbst sind für Dorsch die beste Zeit. Während des Sommers, wenn die Wassertemperaturen steigen, halten sich die Fische im tieferen Wasser auf, so daß man vom Boot aus angeln muß. In Nordnorwegen kann man auch im Hochsommer gut angeln. Der Köhler ist ein ausgesprochener Sommerfisch.

Angelausrüstung

Angeln im Meer kann man mit Rute oder Handschnur vom Boot aus, oder mit Wurfangeln vom Land aus. Will man Dorsch mit Blinkern angeln, empfehlen sich relativ schwere Blinker. Der Blinker muß tief einsinken, dann zieht man ein paar Mal ruckartig an und zieht ein. In der Regel beißt der Dorsch an, wenn der Blinker sinkt. Man kann einfache Wurfblinker zum Meeresangeln benutzen, wenn solides Nylongarn (Nr. 0,40 - 0,50) vorhanden ist. Nehmen Sie zusätzliche Blinker und ein Gaff mit langem Schaft als Reserve mit. Für alle anderen Fische können Regenwürmer, Muscheln, Krabben, Herings- oder Sprottenstücke als Köder benutzt werden. Vom Boot aus benutzt man am besten eine Schleppangel oder Blinker. Oft verraten Vogelschwärme, wo die Fische sich aufhalten. Die Schleppangel sollte man langsam durchs Wasser ziehen. Geeignete Länge: 15-20 Meter. Besonders spannende Angelerlebnisse bieten die Gezeitenströme.

Salzwasserfische	
Dorsch, Kabeljau	torsk
Gefleckter Lippfisch	berggylte
Grönlandshai, Dornhai	håkjerring
Heilbutt	kveite
Köhler, Kohlfisch, Seelachs	sei
Lengfisch	lange
Makrele	makrell
Pollak	lyr
Schellfisch	hyse
Wittling, Merlan	hvitting

Schonzeiten

In den unten genannten Gebieten und Zeiträumen ist es verboten, Hummer zu fangen oder Spindeln mit oder ohne Laich auszusetzen, um Hummer zu fangen:
a) An der Küste nahe der schwed. Grenze und im Bezirk Rogaland vom 1. Jan. bis 1. Okt.
b) In Hordaland, Sogn of Fjordane und Sunnmøre (Møre og Romsdal), vom 1. Juni bis 1. Oktober.
c) Bezirk Trøndelag und Teile von Møre og Romsdal, vom 1. Juli bis 16. September.
d) Kommune Tysfjord im Bezirk Nordland, vom 1. Januar bis 1. Oktober.
e) In den Gebieten, die nördlich der unter a) und b) genannten Grenzen liegen, vom 15. Juli bis 1. Oktober.
Fällt der letzte Tag der Schonzeit auf ein Wochenende, so beginnt der erste Angeltag erst am darauffolgenden Werktag um 8.00 Uhr.
Scholle (»rødspette«) darf innerhalb der 12-Meilen-Zone von der schwedischen Grenze bis nach Romsdal vom 1. März bis 31. Mai nicht gefischt werden.
Lachs, Meerforelle und Wandersaibling sind im Meer vom 5. August bis zum 31. Mai geschützt. In der gesetzlich erlaubten Angelzeit ist es verboten, Geräte wie Wurfnetze u.a. für diese Fisch-

arten zu benutzen. An den Wochenenden müssen ebenfalls alle Gegenstände von den Booten eingeholt werden, in denen Lachsfische gefangen werden könnten.

EISANGELN

Sportfischer können in Norwegen nicht nur im Sommer, sondern auch im Winter ihr Hobby ausüben. Auf den zugefrorenen Seen werden dazu ca. 15 cm große Löcher gebohrt. Zum Eisangeln benutzt man dann sog. Pilker, eine besondere Art Saibling, die man kaufen kann. Für das Eisangeln benötigt man die staatl. Angellizenz und einen Angelschein. Vorsicht: An den Ufern und Flußmündungen kann die Eisdecke erheblich dünner sein als auf der Seemitte. Weitere nützliche Tips erhält man bei den örtlichen Touristenbüros.

Buchtip:
Ausführliche Informationen und Gebietsbeschreibungen:
»Angeln in Norwegen«
Hrsg. Johan Berge
NORTRABOOKS, Oslo 1990
192 S., zahlr. Abb., DM 39,80

Weitere Auskünfte erteilen die folgenden Verbände:
- Norges Jeger- og Fiskerforbund, Hvalstadåsen 5, N-1364 Hvalstad, Tel. 02 - 78 38 60; oder:
- Direktoratet for Naturforvaltning, Tungasletta 2, N-7004 Trondheim, Tel. 07 - 58 05 00
sowie alle örtlichen Touristenbüros.

EINZELNE ANGELGEBIETE:

Akershus
- A/S Artemis, Stangeskovene,
  N-1933 Lierfoss, Tel. 06 - 86 58 88
Forellenangeln.

Oslo
- Oslo Markas Fiskeadministrasjon,
  Rifflesgt. 13,
  N-0470 Oslo 4, Tel. 02 - 95 07 98
- Fastfisk Sportsforretning,
  Thr. Meyersgt. 52
  N-0552 Oslo 5, Tel. 02 - 71 68 62

Østfold
- Østfold Utmarkslag,
  N-1870 Ørje, Tel. 09 - 81 11 22

Hedmark
- Aktiv Fritid Trysil, Korsberget,
  N-2420 Trysil, Tel. 064 - 50 659
Gute Angelmöglichkeiten in Flüssen und Seen.
- Glommen Skogeierforenings utmarkslag,
  Postboks 1329 Vestad,
  N-2401 Elverum, Tel. 064 - 10 166
Angeln mit Rute oder Netz; Forelle, Renke und Äsche mit Fliege in Flüssen und Seen; auch Verleih von Netzen und Booten.
- Stor-Elvdal Reiselivslag,
  N-2480 Koppang, Tel. 064 - 60 000
Gute Angelmöglichkeiten in Flüssen und Seen.
- Trysil Ferie og Fritid, N-2420 Trysil,
  Tel. 064 - 50 511
Gute Angelmöglichkeiten in Flüssen und Seen.
- A/S Artemis, Stangeskovene,
  N-1933 Lierfoss, Tel. 06 - 86 58 88
Gute Angelmöglichkeiten in Flüssen und Seen.

Oppland
Zum Angeln im Gudbrandsdal braucht man eine sog. »G-Kort«; sie ist in den lokalen Touristenbüros erhältlich.

Hauptangelgebiete:
- im See Mjøsa
Angeln vom Boot aus ist allen erlaubt. Beim Angeln vom Ufer müssen die Grundbesitzer ihre Genehmigung geben.
- Gausdal / Espedalen
Fischreich sind die Flüsse Gausa und Jøra sowie die Seen Jevsjøen und Nisjuvannet. Lokale Angelkarte.
- Reich Peer Gynts
Fischen mit Angel, Ottergerät und Netz (auch Kurse) in Golå und den umliegenden Flüssen und Seen. Lokale Angelkarte.
Informationen bei:
- Peer Gynt Sommerarena, Tel. 062 - 98 528.
- Rondane (Rapham/ Mysuseter)
Lokale Angelkarte für die Seen der Region zusätzlich zur »G-kort«. Informationen beim Touristenbüro in Otta, Tel. 062 - 30 365.
- Jotunheimen
Zum Angeln im Lemonsjøen und Sjodalen lokale Angelkarte in Vågåmo erhältlich. Für die Gewässer im Bøverdalen, Vårdalen, Visdalen und Leirdalen Angelkarte in Lom, für den Fluß Skim spezielle Angelkarte erforderlich (ebenfalls in Lom erhältlich).
- Dovrefjell/ Grimsdalen
Lokale Angelkarte wird nur im Touristenbüro in Dombås verkauft.
- Gemeinde Lesja/ Lesjaskogsvannet
Lokale Angelkarten in Dombås und Bjorli.
- Valdres
Regionale Angelkarte und verschiedene lokale Karten.
- Vestoppland
Im Randsfjord ist nur die Genehmigung des Grundbesitzers notwendig zum Angeln, für die anderen Gewässer sind lokale Angelkarten erforderlich. Im Randsfjord und in den Flüssen Dokka und Etna gibt es reiche Felchengründe. Hauptangelzeit ist der Oktober mit Tagesfängen bis zu 50 kg. Nähere Informationen erteilen die örtlichen Touristenbüros.

Buskerud
Angeln im Numedalslågen und in den Gebirgsseen in Nore und Uvdal.
- Kongsberg Turistkontor,
  N-3600 Kongsberg, Tel. 03 - 73 15 26
- Numedal Turist- og Næringsservice,
  N-3630 Rødberg, Tel. 03 - 74 13 90
- Turistkontoret, Drammen Rådhuset,
  N-3008 Drammen, Tel. 03 80 62 10
Angeln in Drammenselva (Lachs, Forellen und viele Sorten Süßwasserfisch), Krøderen, Soneren und Haglebuvannet.
- Turistkontoret for Midt-Buskerud,
  N-3516 Noresund, Tel. 067 - 46 611
- Hole og Ringerike Markedsføring A/S,
  N-3500 Hønefoss, Tel. 067 -26 260
Forellenangeln im Hallingdalselva.
Angelkarte und weitere Informationen bei:
- Gol Turistkontor,
  N-3550 Gol, Tel. 067 - 74 840
- Geilo Turistservice A/L,
  N-3580 Geilo, Tel. 067 - 86 300
- Ål Turistkontor,
  N-3570 Ål, Tel. 067 - 81 060
- Hemsedal Fiskeforening, Erik Langehaug,
  N-3560 Hemsedal, Tel. 067 - 78 315
- Hemsedal Turistkontor, Postboks 3,
  N-3560 Hemsedal, Tel. 067 - 78 156
- Hadding Info A/S,
  N-3540 Nesbyen, Tel. 067 - 70 170

Vestfold
Fischgebietskarte für Süßwasserfische, Angeln am Meer und Lachsangeln bei:
- Vestfold Reiselivsråd, Postboks 200,
  N-3251 Larvik, Tel. 034 - 30 100, oder bei den örtlichen Fremdenverkehrsämtern
- Rica Havna Hotell og Skjærgårdspark,
  N-3145 Tjøme, Tel. 033 - 90 802
Angeln auf dem Meer mit M/S »Bornøy«.
- Tønsberg Havfiskeklubb, May Hansen, Post-

boks 42, N-3101 Tønsberg, Tel. 033 - 32 784
- Hem Elvelag, Anton Evjen Jr., Styrmo,
  N-3275 Svarstad, Tel. 034 - 29 010
- Brufossfisket, Fossekroa, Brufoss,
  N-3275 Svarstad, Tel. 034 - 29 041
- Svarstad Laksefiske, Asmyhr Foto og Fritid,
  N-3275 Svarstad, Tel. 034 - 28 640
- Kjærrafossen, Svarstad Tankstelle,
  N-3275 Svarstad, Tel. 034 - 28 065
- Hvarnes Lakselag,
  Lågendalen Fina Senter, Odberg,
  N-3272 Kvelde, Tel. 034 - 13 018
- Kjelde Lakselag, Asbjørn Næss,Tankstelle,
  N-3272 Kvelde, Tel. 034 - 12 099 / 12 098
- Holmfoss, Harald A. Holm, Holm,
  N-3272 Kvelde, Tel. 034 - 12 054
- Melø-Bjerke, Larvik Turistkontor,
  Storgt. 20, N-3250 Larvik, Tel. 034 - 82 623
- Hedrum Lakselag, Larvik Turistkontor
- Hans A. Trevland,
  N-3243 Kodel, Tel. 034 - 41 022
Hagneselva, Svartåa, Skorgeelva u.a.
- Delfin Havfiskeklubb, Jan Erik Johannessen,
  Turistkontoret, Storgt. 20,
  N-3250 Larvik, Tel. 034 - 86 623

Agder
Forellenangeln in den Flüssen Otra und Nidelva, Lachsangeln im Mandalselva und Audneelva (Angelschein in Geschäften), Aalangeln in Mandal, Kvinesdal, Flekkefjord und im Gebiet von Arendal. Mehrere Campingplätze haben eigene Aalräuchereien und können Ihre Fänge räuchern. In Farsund, Mandal und Korshamn werden Angeltouren auf dem Meer organisiert.
- Korshamn Rorbuer,
  N-4586 Korshamn, Tel. 043 - 47 233
- Hovdenferie A/S, Postboks 18,
  N-4695 Hovden, Tel. 043 - 39 630
- Nedre Setesdal Reiselivslag, Postboks 146,
  N-4660 Evje, Tel. 043 - 31 056
- Valle/Rysstad Reiselivslag,
  N-4690 Valle, Tel. 043 - 37 312
- Sørlands Info, Postboks 518,
  N-4801 Arendal, Tel. 041 - 22 193
- INFO SØR, N-4993 Sundebru, Tel. 041 - 58 560
- Risør Fritidssenter, Øysang,
  N-4990 Søndeled, Tel. 041 - 54 690
- Hillestad Galleri, Tovdal, N-4837 Dølemø,
  Tel. 041 - 82 421
- Gjerstad Jeger- og Fiskeforening,
  N-4980 Gjerstad, Tel. 041 - 58 020
- Lillesand Turistkontor, N-4790 Lillesand,
  Tel. 041 - 72 377
- Sørlandets Dykkersenter A/S, Nygårdsgt. 22
  N-4790 Lillesand, Tel. 041 - 72 130
- Tvedestrand Turistkontor, Postboks 32,
  N-4901 Tvedestrand, Tel. 041 - 61 101
- Otra Fiskelag,
  N-6484 Bygland, Tel. 043 - 31 056
- Egenes Camping,
  N-4400 Flekkefjord, Tel. 043 - 20 148
Aalfischen in Selura.
- Fiskeforvaltaren, Fylkesmannen i Vest-Agder,
  Miljøvernavdelinga, Tinghuset,
  N-4605 Kristiansand S., Tel. 042 - 28 000
- Grønberg Sport
  N-4610 Kristiansand S., Tel. 042 - 27 397
- Trysnes Marina
  N-4640 Søgne, Tel. 042 - 69 210/69 380
- Tregde Marina
  N-4500 Mandal, Tel. 043 - 68 630
- Mandal & Lindesnes Turistkontor
  N-4500 Mandal, Tel. 043 - 60 820
Lachsangeln
- Åseral Servicekontor
  N-4540 Åseral, Tel. 043 - 83 287
- Tonstad Turistkontor
  N-4440 Tonstad, Tel. 043 - 70 586
Forellenangeln in Bergseen und Bächen.
- Øvre Sirdal Turistkontor
  N-4443 Tjørhom, Tel. 043 - 71 276

Rogaland
Angelmöglichkeiten in den Flüssen Bjerkreims-

elva, Ognaelva, Håelva, Figgja, Frafjord, Dirdal, Helle, Jørpelandselva, Vorma i Tøtlandsvik, Ulla, Hålandselva, Suldalslågen, Nordelva, Storelva in Sauda und Vikedalselva.
Angelscheine NOK 20,- / 350,-.
- Karmøy Reiselivslag,
  N-4250 Kopervik, Tel. 04 - 85 22 00

Meeres- und Süßwasserangeln, Angelfestival.
- Reisetrafikkforeningen for Haugesund,
  Smedsundet 90,
  N-5500 Haugesund, Tel. 04 - 72 52 55

Salz- und Süßwasser.
- Dalane og Sirdal Reiselivslag,
  N-4370 Egersund, Tel. 04 - 49 08 19

Salz-und Süßwasser, Lachs-, Forellen- und Aalangeln. Bootsverleih.
- Strand Reiselivslag,
  N-4100 Jørpeland, Tel. 04 - 44 74 00

Fjordangeln, Lachs- und Forellenangeln, Aalangeln.
- Suldal Reiselivslag,
  N-4230 Sand, Tel. 04-79 72 84 / 79 74 11

Lachs- und Forellenangeln im Suldalslågen, Lachsfestival; Angeln im Fjord.
- Stavanger Reiselivslag, Postboks 11,
  N-4001 Stavanger, Tel. 04 - 53 51 00

Alljährlich: »Nordseefestival« (Tananger Angelfestival).
- Sola Reiselivslag,
  N-4050 Sola, Tel. 04 - 65 15 75

Hordaland

Forellen-, Lachs- und Aalangeln im Granvinfjord und im See Granvinvatnet. Angelkarte bei den Campingplätzen in Granvin, Hardanger, erhältlich.
Viele Flüsse und Seen mit guten Angelmöglichkeiten in Hardanger, Ullensvang, Kvam und Ulvik. Auskunft über den Verkauf von Angelkarten geben die örtlichen Fremdenverkehrsämter. Freies Angeln im Hardangerfjord.
Lachs-/Forellenangeln in den Flüssen Eio, Bjoreia und Sima in Eidfjord. Saison 1. Juni bis 30. August. Information und Verkauf von Angelkarten:
- Eidfjord Turistinformasjon,
  N-5783 Eidfjord, Tel. 054 - 65 177.

Nationalpark Hardangervidda: Hunderte Seen und Flüsse mit Bergforellen. Angelkarten und Information:
- Eidfjord Turistinformasjon,
  N-5783 Eidfjord, Tel. 054 - 65 177.

Meeresangeln im Gebiet von Sunnhordland. Verleih von Booten und Ausrüstung. Viele Flüsse und Seen mit Lachs- und Forellenvorkommen. Auskunft über den Verkauf von Angelkarten geben die örtlichen Fremdenverkehrsämter. Freies Angeln im Meer und im Fjord. Bootsverleih. Lachsangeln im Fluß Melselva, Rosendal.
Lachsangeln im Fluß Etneelva. Saison von 1. Mai bis Ende August. Angelkarten u. Information bei:
- Etne Hotel,
  N-5590 Etne, Tel. 04 - 75 66 00
- Skånevik Fjordhotel,
  N-5593 Skånevik, Tel. 04 - 75 55 00
- E. Grindheim und Sohn,
  N-5590 Etne, Tel. 04 - 75 60 51

Lachsangeln im Vosso und im Bolstadelva, Voss. Saison vom 1. Juni bis Ende August. Saibling-, Forellen- und Meerforellenangeln in vielen Seen und Flüssen im Bereich von Voss. Angelkarte und Information bei S. Endeve Sport, Voss und Intersport Voss A/S. Auch Verleih von Angelausrüstungen und Karten.
Meeresangeltouren mit dem Fischkutter »Fiskestrilen«. Ausgangspunkt ist Glesvær an der Südspitze der Insel Sotra westlich von Bergen. Angelausrüstung erhält man an Bord. Der Kutter kann auch von Gruppen gemietet werden. Busverbindungen von Bergen und Steinsland. Information:
- Marsteinen Fjordhotel,
  N-5395 Steinsland, Tel. 05 - 33 87 40
- Kulturbüro, Tel. 05 - 33 75 00

Meeresangeltouren im Gebiet Nordhordland, nördlich von Bergen, speziell von der Insel Fedje aus. Ausleihe von Booten und Kuttern.

Information:
- Nordhordland Reiselivslag,
  N-5100 Isdalstø, Tel. 05 - 35 16 01

Weitere Adressen:
- Etne Reiselivslag, Postboks 105,
  N-5590 Etne, Tel. 04 - 75 69 26
- Kvinnherad Reiselivslag,
  N-5470 Rosendal, Tel. 054 - 81 311 / 81 328
- Kvam Reiselivslag,
  N-5600 Norheimsund, Tel. 05 - 55 17 67
- Bjørnafjorden Reiselivslag,
  N-5200 Os, Tel. 05 - 30 15 60

Lachs- und Forellenangeln.

Sogn og Fjordane

- Fiskeferie A/S, Ottar Silden,
  N-6714 Silda, Tel. 057 - 55 396 / 55 372

Nach Absprache: Angeltouren auf dem Meer mit 70 Fuß langen Fischkuttern. Angeln vom Ufer aus, Sporttauchen, Übernachtungsmöglichkeiten.
- Flora Reiselivslag, Postboks 219,
  N-6901 Florø, Tel. 057 - 42 010 / 41 000

Organisierte 5-7stündige Meeresangeltour mit Führung zu den besten Angelstellen. Fischkutter aus Florø. Zubereitung der Fänge an Bord. Auf Anfrage: Angeltour mit Verpflegung.
- Svein Fosse,
  N-6913 Kalvåg, Tel. 057 - 92 118
- Selje Hotell,
  N-6740 Selje, Tel. 057 - 56 107

Halbtägige, organisierte Meeresangeltouren mit Führer. Lachsangeln/Kurse.
- Einar Losnegård,
  N-5985 Krakhella, Tel. 057 - 87 928
- Eivindvik Vertshus,
  N-5966 Eivindvik, Tel. 057 - 84 121
- Gloppeneventyret, Jørn Holst Kristiansen,
  Postboks 223,
  N-6860 Sandane, Tel. 057 - 66 100

3tägige Meeresangeltour, Angeln im Fjell, Fjordsafari mit Grillparty. Nach Absprache in Luster organisierte Fjordtouren mit einem Wikingerschiff, Angelausrüstung kann geliehen werden.
- Selje Sjøsportsenter, Trond Sætren,
  N-6740 Selje, Tel. 057 - 56 606

Angeltouren auf dem Meer und Fjord nach Absprache.
- Eid Reiselivslag, Postboks 92,
  N-6671 Nordfjordeid, Tel. 057 - 61 375

Lachsangeln im Eidselva und im Fluß Hjalma. Angeln nach Forelle, Saibling und Aal im Hornindalsvatnet und den umliegenden Seen.
- Stryn reiseliv as, Postboks 18,
  N-6880 Stryn, Tel. 057 - 72 332

Angeln in Olden, auf dem See Loenvatnet und im Fluß Stryneelva.
- Turtagrø Hotell,
  N-5834 Fortun, Tel. 056 - 86 143 / 86 116
- Årdal Reiselivslag, Postboks 126,
  N-5875 Årdalstangen, Tel. 056 - 61 177
- Aurland Reiselivslag,
  N-5745 Aurland, Tel. 056 - 33 313
- Gulen Reiselivslag,
  N-5966 Eivindvik, Tel. 057 - 84 342

Meeres- und Fjordangeltouren mit einem 63 Fuß großen alten Rettungskreuzer. Wöchentliche, feste Termine und für Gruppen nach Absprache. Zubereitung des Fanges an Bord. Angelausrüstung und Regenkleidung stehen für 10 - 40 Personen zur Verfügung. Außerdem Angelferien im Herbst. Salz- und Süßwasserangeln und Krabbenfang. Übernachtung.
- Jomar Haukås, N-5880 Kaupanger,
  Tel. 056 - 78 120.

Lachs- und Forellenangeln in eigenen Fischteichen mit Fanggarantie. Angelkurse und Fischzubereitung.
- Sogndal Jeger og Sportsfiskarlag,
  Oddvar Fimreite, Kjørnes,
  N-5800 Sogndal, Tel. 056 - 71 483
- Sogndal Reiselivslag, Postboks 222,
  N-5801 Sogndal

Mehrere andere Fremdenverkehrsämter veranstalten Angeltouren / Ausrüstungsverleih, siehe Adressenliste auf den Informationsseiten der einzelnen Bezirke.

Møre und Romsdal

- Åndalsnes og Romsdal Reiselivslag, Postboks 133, N-6301 Åndalsnes, Tel. 071 - 21 622

Verkauf von Angelkarten, Angeln in Flüssen und Gebirgsseen.
- Hotel Christineborg, Postboks 23,
  N-6096 Runde, Tel. 070 - 85 950
- Torvald Jørstad,
  N-6470 Eresfjord, Tel. 072 - 34 116

Lachs und Forelle im Fluß Eira
- Åndalsnes Turistkontor, Postboks 133,
  N-6301 Åndalsnes, Tel. 072 - 21 622

Angeln in der Rauma. Verkauf von Angelkarten.
- Hellesylt Turistkontor,
  N-6218 Hellesylt, Tel. 071 - 65 052

Verkauf von Angelkarten für Forelle.
- Sunndal Reiselivslag, Postboks 62,
  N-6601 Sunndalsøra, Tel. 073 - 92 552

Angeln in den Flüssen Driva, Litldalselv und im See Larstjønn. Gehbehinderte können von einer Rollstuhlbrücke auf Forellen angeln.
- Finn Harry Bergmann,
  N-6650 Surnadal, Tel. 073 - 60 533

Angelkurse. Fliegenfischen. Bergseen.
- Ørsta Reiselivslag,
  N-6150 Ørsta, Tel. 070 - 66 100

Lachsangeln im Ørstaelv.
- Laksestova Camping, Bjørn Urkegjerde
  N-6180 Sæbø, Tel. 070 - 40 300/68 157

Angeln im Bondalselv. Verleih von Boote und Angelausrüstung. Verkauf von Angelkarten, Fliegenfischen.
- Bård Andreassen, Toveien 3,
  N-6650 Surnadal, Tel. 073 - 61 544/61 273
- Nordre Vartdal,
  N-6150 Ørsta, Tel. 070 - 66 100

Angeln im Storelva und Åavatnet
- Aukra Kommune, Trond Sørensen
  N-6420 Aukra, Tel. 072 - 74 005/72 220
- Thore Jarl Lindås,
  N-6690 Aure, Tel. 073 - 46 275
- Strømsholmen Sjøsportsenter,
  N-6494 Vevang, Tel. 072 - 98 174

Bootsverleih. Angeltouren.
- Sveggvika Feriesenter, Jan und Wenche
  Røeggen, N-6552 Sveggesundet,
  Tel. 073 - 11 113/11 790

Bootsverleih.
- Giske Kommune,
  N-6050 Valderøy, Tel. 071 - 82 000

Bootsverleih.
- Runde Camping, Anne-Marie Vadset,
  N-6096 Runde, Tel. 070 - 85 016

Angeltouren mit einheimischen Fischern.
- Losmann A/S, Postboks 231,
  N-60990 Fosnavåg, Tel. 070 - 89 530

Angeltouren.
- Aure Reiselivslag, Unni Elden Todal,
  N-6598 Foldfjorden, Tel. 073 - 45 142

Angeltouren mit einheimischen Fischern. Bootsverleih.
- Sande Kommune, N-6084 Larsnes,
  Tel. 070 - 68 900
- Flø Feriesenter A/S, Eldar Stein Flø,
  N-6065 Ulsteinvik, Tel. 070 - 15 080

Bootsverleih.
- Ulstein Turistservice A/S (Inter Nor Ulstein Hotel), Brynhild Ulstein,
  N-6065 Ulsteinvik, Tel. 070 - 10 162

Bootsverleih und Angelausrüstung.
- Hjørundfjorden, Ørsta Reiselivslag,
  N-6150 Ørsta, Tel. 42 180

Bootsverleih.
- Viking Fjord Hotel A/S, Terje Høybakk,
  Parkvn., N-6150 Ørsta, Tel. 070 - 66 800

Bootsverleih mit Angelausrüstung.

Trøndelag

- Midt Norsk Reiseliv A/S, Postboks 65,
  N-7001 Trondheim, Tel. 07 - 51 70 30
- Trondheim Omegn Fiskeadministrasjon,
  Postboks 917, N-7001 Trondheim,

Tel. 07 - 52 78 23
Angeln in der Gaula (Melhus) und im Nidelva.
- Orkledal Fiske og Fritid A/S,
  N-7300 Orkanger, Tel. 07 - 96 344
Komplettes Angelpaket für die Orkla (Meldal).
- Salvesen & Thams,
  N-7332 Løkken Verk, Tel. 074 - 96 700
- Fosen Fjord Hotel,
  N-7170 Afjord, Tel. 076 - 31 421
Angeln in den Flüssen Stordalselva und Nordalselva.
- Osen Turistnemnd, Kommuneadministrasjonen, N-7740 Steinsdalen, Tel. 077 - 77 180
Angeln im Steindalselva.
- Båtservice A/S,
  N-7300 Orkanger, Tel. 074 - 82 230
Haiangeln.
- Overhalla Reiselivslag,
  N-7863 Overhalla, Tel. 077 - 81 500
- Grong Reiselivslag,
  N-7870 Grong, Tel. 077 - 31 550
- Høylandet Reiselivslag, N-7977 Høylandet
Lachsangeln im Namsen.
- Verdal Reiselivslag,
  N-7650 Verdal, Tel. 076 - 78 500
Lachsangeln im Verdalselva.
- Stjørdal Reiselivslag,
  N-7500 Stjørdal, Tel. 07 - 82 42 11
Lachsangeln im Stjørdalselva.
- Turistinformasjon Berkåk,
  N-7391 Berkåk, Tel. 074 - 27 705
Lachsangeln im Flußlauf Orklavassdraget.
- Ankeret Lysøysundet A/S,
  N-7168 Lysøysund, Tel. 076 - 29 388
Hochseeangeln.
- Midt-Norgekysten,
  N-7240 Fillan, Tel. 074 - 41 579
Hochseeangeln.

Nordland
Meeresangeln frei entlang der gesamten Küste. Organisierte Bootsangeltouren; Information durch die örtlichen Fremdenverkehrsämter. Ruderbootverleih durch die Campingplätze entlang der Küste, »Rorburer« auf den Lofoten und Vesterålen. Süßwasserangeln in Binnenseen und Flüssen. Angelkarten über die örtlichen Fremdenverkehrsämter erhältlich.
- Nord-Norsk Reiselivsindustri A/S,
  N-8501 Narvik, Tel. 082 - 46 033
- Meløy Reiselivslag Turistkontor,
  N-8150 Ørnes, Tel. 081 - 54 011 oder 54 888
- Ørnes Hotell,
  N-8150 Ørnes, Tel. 081 - 54 599
- Bolga Gjestegård,
  N-8177 Bolga, Tel. 081 - 51 045
- Torghatten Reiselivslag,
  N-8901 Brønnøysund,
  Tel. 086 - 21 688 oder 21 601
- Halsa Gjestegård,
  N-8178 Halsa, Tel. 081 - 50 677 oder 50 550
- Brennviksanden Camping,
  N-8082 Leines, Tel. 081 - 78 519
Angeln mit Rute nach Grönlandhaien. Angeltouren mit einheimischen Fischern.
- Lovund Turist A/S,
  N-8764 Lovund, Tel. 086 - 94 532
Meeresangeln.
- Polar Mushing and Wildlife, Osvoll - Nyjord,
  N-8200 Fauske, Tel. 081 - 42 462
Wildnistouren mit Hunden, Angeln in Gebirgsseen im Sommer und Winter.
- Svartisen Turistsenter, Holandsfjord,
  N-8178 Halsa, Tel. 081 - 50 032 / 50 011
- Midt-Helgeland Reiselivslag, Boks 323,
  N-8801 Sandnessjøen, Tel. 086 - 44 044/40 433
- »Das Sportanglerreich«
  N-8100 Misvær, Tel. 081 - 38 102
Angeln nach Lachs, Forellen, Seesaibling, Heilbutt und Haiarten. Meersafaries, Fischfestivals, organisierte Bootsangeltouren.

Troms
Angeltouren (Süß- und Salzwasser) auf Anfrage:
- Tromsø Arrangement A/S, Postboks 1077,
  N-9001 Tromsø, Tel. 083 - 10 000
- Harstad og Omland Arrangement A/S,
  Postboks 447,
  N-9401 Harstad, Tel. 082 - 63 235
- Nord-Troms Reiseliv a.s, Bjørklisvingen 13,
  N-9086 Sørkjosen, Tel. 083 - 67 020
- Troms Adventure A/S, Andslimoen,
  N-9201 Bardufoss, Tel. 089 - 33 644
- Senja Tour a.s, Postboks 326,
  N-9301 Finnsnes, Tel. 089 - 42 090
- Bjørnar Hansen,
  N-9130 Hansnes, Tel. 083 - 48 100

Finnmark
Spezielle Angelbestimmungen gelten für Neidenelva, Altaelva und und alle Gewässer im Grenzland. Für Ausländer ist das Angeln in den Flüssen Pasvikelva, Jakobselva und allen Seitenarmen des Tanaelva verboten.
- Wisløff Camping, Øvre Alta,
  N-9500 Alta, Tel. 084 - 34 303
Angeln nach Lachs, Meerforelle, Wandersaibling im Eibyelv, Lachs und Meerforelle im Mathiselva.
- Kviby Postkontor,
  N-9530 Kviby, Tel. 084 - 38 112
Lachs, Meerforelle, Wandersaibling im Lakselva.
- Hasvik Gjestgiveri,
  N-9590 Hasvik, Tel. 084 - 21 207
Angeln nach Wandersaibling im Risvågelva.
- Skaidi Turisthotell,
  N-9626 Skaidi, Tel. 084 - 16 121
Angeltouren: Meerforelle, Wandersaibling.
- Levajok Fjellstue,
  N-9826 Sirma, Tel. 085 - 28 746
Lachs, Meerforelle im Tanaelva.
- Solstad Camping,
  N-9700 Lakselv, Tel. 084 - 61 404
Angeln nach Lachs und Meerforelle im Brennelva.
- Banak Camping,
  N-9700 Lakselv, Tel. 084 - 61 031
Angeln nach Lachs, Meerforelle und Wandersaibling im Lakselva (Porsanger).
- Karasjok Opplevelser A/S, Postboks 192,
  N-9730 Karasjok, Tel. 084 - 66 902
Verschiedene Angeltouren, teils mit Flußbooten, Touren durch die Finnmarksvidda, Angeln in den Fjellseen (Bergforellen). Lachsangeln im Tana, Karasjokka, Annarjokka. 7tägige Ausflüge, Tagesausflüge, Süßwasserangeln.
- Berlevåg Kommune,
  N-9980 Berlevåg, Tel. 085 - 81 162
Angeln nach Lachs und Wandersaibling im Kongsfjordelv. Jährliches Lachsangelfestival.
- Lilly Hansen, Hamningberg Jern og Sport,
  N-9950 Vardø.
Lachsangeln im Sandfjordelva.
- Vadsø Samvirkelag,
  N-9800 Vadsø, Tel. 085 - 51 643
Angeln nach Lachs und Wandersaiblingen im Skallelva, Wandersaibling im Storelva (Vadsø), Lachs, Meerforelle, Wandersaibling im Vestre Jacobselva.
- Kirkenes Turistkontor,
  N-9900 Kirkenes, Tel. 085 - 92 544
Lachsangeln bei Grense Jakobselv (Sør-Varanger).
- Neiden Fjellstue,
  N-9930 Neiden, Tel. 085 - 96 141
Angeln nach Lachs, Meerforelle, Wandersaibling im Neidenelva.
- Rica Hotell,
  N-9900 Kirkenes, Tel. 085 - 91 491
Angeln nach Lachs, Meerforelle, Wandersaibling.
- Stabbursdalen Camp & Villmarksenter,
  N-9710 Indre Billefjord, Tel. 084 - 64 760
Angeltouren mit Übernachtung in samischen Lavvu-Zelten. 4tägige Lachsangeltour, 3tägige Angelferien in den Schären, 4tägige Fjellangeltour.
- Altafjord Camping,
  N-9545 Bognelv, Tel. 084 - 32 824
Angeln mit Booten für 4 Personen.
- Nordkapp Båtservice,
  N-9750 Honningsvåg, Tel. 084 - 72 008 / 73 277
Touren mit M/S »Solfuglen«, einem Katamaran mit Platz für 58 Personen. M/S »Isfuglen« nimmt bis zu 15 Personen an Bord.
- Vadsø Hotell,
  N-9800 Vadsø, Tel. 085 - 51 681
Täglich Angeltouren auf dem Varangerfjord. Verleih von Angelausrüstungen.
- Finnmark Wildlife Services, Snekkernes,
  N-9710 Indre Billefjord, Tel. 084 - 61 644
Alle Angelarten; Paketangebote; Sommer und Winter.
- Schulstad Adventures, Stabbursdalen,
  N-9710 Indre Billefjord, Tel. 084 - 64 746
Lachs- und Forellenangeln; Paketangebote.
- Viddas Veiviser, Båteng,
  N-9845 Tana, Tel. 085 - 28 869 / 28 857
  oder Tel. 090 - 99 319 / 16 789
Längere Angeltouren auf der Vidda mit Übernachtung in Samenzelten oder Hotels.
- Finnmark Fjellferie, Tverrelvdalen,
  N-9500 Alta, Tel. 084 - 33 823
Angel- und Jagdtouren auf der Finnmarksvidda.
- Arctic Hunting & Fishing, Postboks 105
  N-9845 Tana, Tel. 084 - 28 616
Jagd- und Angeltouren in Ost-Finnmark und der UdSSR.
- Sami Travel, Boks 25,
  N-9520 Kautokeino, Tel. 084 - 56 205
Angel- und Jagdtouren in der Umgebung von Kautokeino.
- Storfossen Camping, Båteng
  N-9845 Tana, Tel. 085 - 28 837
Angelkartenverkauf für den Fluß Tanaelva. Lachs und Forelle.

BADEN

Badeferien in Norwegen? Aber ja! An der Südküste Norwegens mit langen Sandstränden, Tausenden von Inseln, Holmen und Schären, abgelegenen Buchten und blankgespülten Felsen kann sich jeder seinen Lieblingsplatz aussuchen. Es ist erwiesen, daß diese Gegend Norwegens die meisten Sonnentage im Jahr hat. Schöne Sandstrände und einsame Badeplätze finden Sie aber auch an den meisten Binnenseen, an der Westküste und selbst nördlich des Polarkreises: Kilometerlange Sandstrände laden sogar auf den Lofoten und Vesterålen zum Verweilen ein; allerdings müssen Sie sich hier für Wassertemperaturen unter 20°C begeistern können. Überzeugen Sie sich selbst und machen Sie Badeferien in Norwegen. Die meisten offiziellen Badeplätze sind mit Schildern markiert; an vielen Campingplätzen und Hütten sind Badeplätze für Kinder angelegt. Laut Gesetz ist Nacktbaden in Norwegen nicht verboten, jedoch sind stark bevölkerte Strände und die Umgebung von privaten Gebieten zu meiden.

Informationen über FKK-Anlagen in Norwegen erhalten Sie bei:
- Norsk Naturistforbund (NNF),
  Postboks 189 Sentrum, N-0102 Oslo 1

Viele Hotels haben eigene Frei- oder Hallenbäder, meist zusammen mit Sauna und Solarium. Ansonsten stehen die städtischen Schwimmhallen und Freibäder jedem Besucher offen. Die örtlichen Touristenbüros geben Ihnen weitere Auskünfte.

BERGSTEIGEN

Die norwegische Gebirgswelt bietet reichlich Gelegenheit, wilde, unberührte Gletscher und Gipfel zu erleben. Herausforderungen findet man in allen Schwierigkeitsgraden. Die 1.000 m hohe, fast senkrechte Felswand »Trollveggen« im Romsdal ist eine der anspruchvollsten Wände und zieht Spitzenbergsteiger aus der ganzen Welt an. Ein-

fachere Bergsportarten kann man fast überall im Land betreiben. In Südnorwegen bieten sich in erster Linie Jotunheimen und einige der westnorwegischen Gebirgszüge dafür an. Im Norden locken Lofoten und Lyngsalpen mit vielen Wanderungen in allen Schwierigkeitsgraden. Gletscherwanderungen werden vor allem in Jotunheimen und auf dem Jostedalsbreen angeboten. Dafür sind keine besonderen Vorkenntnisse erforderlich. Man kann beispielsweise die Bezwingung des Galdhøppigen, mit 2.468 m Meereshöhe Norwegens höchster Berg, mit einer prickelnden Gletscherwanderung verbinden. Sowohl im Jostedal (Sogn og Fjordane) als auch in Lom (Oppland) gibt es Gletscher- und Bergführervereinigungen, die den Urlauber über jeden Berg bringen. Am Hardangerjøkulen auf der Hardangervidda werden Touren mit Führer und Kletterkurse von Finse aus angeboten. Gletschertouren werden auch am Folgefonna und am Svartisen organisiert. Am Folgefonna werden die Touren mit einem Gletscherführer von Jondal, Rosendal und Odda aus durchgeführt. Das Aak Fjellsportsenter im Romsdal ist Norwegens einziges ganzjährig betriebenes Bergsportzentrum und ein sehr guter Ausgangspunkt für Bergtouren im Nordwesten. Gletscher- und Kletterkurse werden an mehreren Stellen in Norwegen angeboten. Der größte Veranstalter ist - traditionell - der DNT.
- Den Norske Turistforening (DNT)
  Abt. Norsk Tindeklubb, Postboks 1727 Vika, N-0125 Oslo 1, Tel. 02 - 83 25 50

Oslo
- Turistinformasjonen, Knut Mork
  Vestbaneplassen 1, N-0250 Oslo 2, Tel. 02 - 83 00 50
  Veranstaltet Kurse und Touren.

Oppland
- Norwegian Wildlife & Rafting, N-2254 Lunderseter, Tel. 06 - 62 97 94 / 23 87 27
- Mad-Rafters, Hasselbakken 3, N-2020 Skredsmokorset, Tel. 062 - 38 916 oder 094 - 77 376
- Norsk Senter for Uteaktiviteter, Postboks 3 N-2671 Otta, Tel. 062 - 31 600
- Lom Bre- og Fjellførarlag N-2686 Lom, 062 - 11 286/12 578
- Brenna Leirskole og Aktivitetssenter N-2960 Røn, Tel. 063 - 63 102

Buskerud
- Norges Høgfjellskole, N-3560 Hemsedal, Tel. 067 - 78 306
  Sommerkurse in freier Natur, Gipfeltouren, alpines Klettern auf Klippen.
- Skandinavisk Høyfjellsutstyr A/S, N-3560 Hemsedal, Tel. 067 - 78 177
- Turistkontoret for Midt-Buskerud, N-3516 Noresund, Tel. 067 - 46 611
  Bergsteigen möglich in »Andersnatten«.

Agder
- Valle og Rysstad Reiselivslag, N-4690 Valle, Tel. 043 - 37 312
- Tonstad Turistkontor, N-4443 Tonstad, Tel. 043 - 71 390
- Utveg a.s., Ingrid Smines, N-4631 Kristiansand, Tel. 042 - 95 226

Rogaland
- Stavanger Turistforening, Postboks 239, Muségate 12, N-4001 Stavanger, Tel. 04 - 52 75 66

Hordaland
- Folgefonn Villmarksturar, N-5470 Rosendal, Tel. 054 - 80 040
- DNT Bergen Turlag, C. Sundtsgt. 3, N-5004 Bergen, Tel. 05 - 32 22 30
- Odin Adventure, N-5470 Rosendal, Tel. 054 - 81 311/81 950
- Bømlo-Olavskulen Kystsenter, N-5437 Finnås, Tel. 054 - 25 300
- Folgefonn Sommerskisenter, N-5627 Jondal, Tel. 054 - 68 500/090 - 44 650
- »Finse 1222«, N-5690 Finse, Tel. 05 - 52 67 11
- Odda Reiselivslag, N-5751 Odda, Tel. 054 - 41 297

Sogn og Fjordane
- Jostedalen Breførarlag, N-5828 Gjerde, Tel. 056 - 83 273 / 83 204
- Gloppen Eventyret, Jørn Holst Kristiansen, Postboks 223, N-6860 Sandane, Tel. 057 - 66 100
  Leichte Klettertour über 6 Stunden. Auch für Anfänger geeignet.
- Turtagrø Hotell, N-5834 Fortun, Tel. 056 - 86 143
  Bergsteigerschule mit Einführung ins Bergsteigen, Klettern im Fjell, Führungen über Gletscher und durch schwieriges Gelände. Turtagrø ist der wichtigste Ausgangspunkt für Kletter- und Gletschertouren in Hurrungane, einem hochalpinen Gebiet mit 24 Gipfeln über 2.000 m. Höchster Berg: Store Skagastølstind (2.405 m). Der Kurs ist geeignet für Teilnehmer mit etwas Erfahrung im norwegischen Fjell und mit mittlerer Kondition.
- Sogndal Klatreklubb, Jon Pedersen, Postboks 22, N-5801 Sogndal, Tel. 056 - 71 542

Møre og Romsdal
- AAK Fjellsportsenter, Postboks 238, N-6301 Åndalsnes, Tel. 072 - 26 444
  Verschiedene Bergsportkurse im Romsdalsfjell; kombinierte Erlebnistouren mit Klettern, Fjellwandern und Flußpaddeln; im Sommer geführte Bergwanderungen.
- Ålesund og Sunnmøre Turistforening, Tollbugt. 6, N-6002 Ålesund, Tel. 071 - 25 804
- Sunndalsøra Reiselivslag, Postboks 62, N-6600 Sunndalsøra, Tel. 073 - 92 552.
  Kletterkurse in Innerdalen, Beginn an jedem Montag.
- Aukra Kommune, Trond Sørensen N-6420 Aukra, Tel. 072 - 74005/72 220
- Nesset Reiselivslag, Bjørn M. Øverås N-6460 Eidsvåg i Romsdal, Tel. 072 - 32 100/34 146
- Innerdal Turisthytte, Toril und Iver Innerdal N-6620 Ålvundeid, Tel. 073 - 97 990/97 797

Trøndelag
- Oppdal Turistkontor, Postboks 50, N-7340 Oppdal, Tel. 074 - 21 760
  Kletterkurs in Trollheimen.

Nordland
- Nord-Norsk Klatreskole, Postboks 3057, N-8501 Narvik, Tel. 082 - 47 338
- Sulitjelma Wildlife and Adventure, N-8230 Sulitjelma, Tel. 081 - 40 147 oder 40 416

Troms
- Lyngen Adventure A/S, N-9060 Lyngseidet, Tel. 083 - 86 390
- Tromsø Arrangements A/S, Turistkontoret, Postboks 312, N-9001 Tromsø, Tel. 083 - 84 776
  Bergsteigen und Wandern, von 8-9stündigen Tagestouren bis zu einer Woche.
- Troms Adventure A/S, Andslimoen, N-9201 Bardufoss, Tel. 089 - 33 644
- Senja Tour a.s, Postboks 326, N-9301 Finnsnes, Tel. 089 - 42 090

Finnmark
- Finnmark Wildlife Services, Snekkernes, N-9710 Indre Billefjord, Tel. 084 - 61 644

Svalbard
- Svalbard Polar Travel A/S, Næringsbygget, N-9170 Longyearbyen, Tel. 080 - 21 971

BERGWANDERN

Urlauber finden in Norwegen hervorragende Bergwandermöglichkeiten vor. Ein dichtes Netz von Hütten und markierten Wanderwegen erschließt alle wichtigen Gebirgsregionen des Landes - ohne die Natur zu schädigen. Das würde nur die Freude am Wandern schmälern. Der Abstand zwischen den Hütten entspricht einem »normalen« Tagesmarsch. Wenn man will, kann man auf diese Weise ganz Norwegen durchwandern.
Bei den Norwegern ist diese Form des Urlaubs sehr beliebt:, sowohl per Ski zu Ostern als auch zu Fuß im Sommer. Die in den letzten Jahren schwunghaft gestiegene Anziehungskraft der Berge läßt es ratsam erscheinen, Touren in die Zeit außerhalb der traditionellen Hochsaison (Juli, August) zu verlegen. Das Hüttenangebot reicht von einfachen und rustikalen Häusern, in die man Verpflegung und Schlafsack selber mitbringen muß, bis zu fast luxuriös zu nennenden Berghöfen mit jeglichem Komfort.
Der norwegische Gebirgswanderverein (DNT) ist die Hauptanlaufstelle für Bergwanderer.
- DNT, Stortingsgt. 28, Postboks 1693, N-0161 Oslo 1, Tel. 02 - 83 25 50

Er stellt Informationsmaterial bereit, und hier erfährt man auch, welche Tour dem eigenen Können am besten angemessen ist. Tourenvorschläge und Angaben über die Entfernungen zwischen den einzelnen Hütten sind ebenfalls dort zu erhalten. Die Hardangervidda, Europas größtes Hochgebirgsplateau, eignet sich sowohl für wenig erfahrene Bergwanderer als auch für die, die größere Herausforderungen suchen. In Breheimen dagegen gibt es durchaus Touren mit großen Höhenunterschieden und langen Entfernungen zwischen den Hütten. Wandermöglichkeiten gibt es in der norwegischen Bergwelt auf jedem Niveau: Von den idyllischen Almgründen an der schwedischen Grenze bis zu den wilden Gebirgszügen Westnorwegens, von den kleinen Gipfeln der Setesdalsheiene im Süden bis zu den weiten Ebenen der Finnmark im Norden. Auf den Übersichtskarten des DNT ist die Zeit angegeben, die man von einer Hütte zur anderen benötigt. Wer mehr von Norwegen sehen möchte, kann mehrere Gebiete per Zug, Bus oder Schiff zusammenlegen.

Ausrüstung
Eine gelungene Fjellwanderung ist nicht nur vom Wetter, sondern auch erheblich von einer guten Ausrüstung abhängig. Der Rucksack soll möglichst nicht mehr als 7-8 kg wiegen. Im Fjell muß man mit allen Wetterverhältnissen rechnen, deshalb ist es wichtig, sowohl luftige Kleidung als auch warme Wäsche dabeizuhaben. Für die meisten Touren reichen normale Bergschuhe, Bedingung ist nur, daß sie ausreichend eingelaufen sind. Vielleicht hilft Ihnen unser Packvorschlag weiter?
Kleidung: Mütze, Halstuch, Unterwäsche, Hemd, Schal, Pullover, Socken/Strümpfe, gute Stiefel aus Leder oder Gummi, Einlegsohlen, Hosen, Anorak.
In den Rucksack und die Taschen: Messer, Geld, Schlüssel, Mitgliedskarte des DNT, Sonnenbrille, Stullen, Schokolade, gutes Regenzeug mit Kopfbedeckung, Jacke, zweite Hose, Ersatzschuhe und -strümpfe. Warme Unterwäsche (möglichst Wolle), Trainingsanzug, zweites Hemd, Handschuhe, Taschentücher, Taschenlampe, Streichhölzer, Karten, Kompaß, Schnellverband, Pflaster, Wundsalbe, Mückenöl, Handtuch, Waschzeug, Schlafsack, Sonnencreme, Stiefelfett.

Die Planung
Bei jeder Wanderung sind Planung und Vorbereitung unerläßlich. Hat man ein Wandergebiet ausgewählt, kann man sich entscheiden, ob man preiswert im eigenen Zelt übernachtet oder bequemer in einer Hütte. Die Wahl des Terrains und die Entfernungen einer Tagesetappe sollten sich

immer nach dem konditionsschwächsten Mitglied der Gruppe richten.
Wichtig für die Planung ist gutes Kartenmaterial. Der norwegische Gebirgswanderverein (DNT) hat Übersichtskarten über die Gebirge in Südnorwegen und über die Finnmarksvidda herausgegeben. Auf ihnen sind die entsprechenden Detailkarten, die Touristenhütten und die gekennzeichneten Wege mit ihrer durchschnittlichen Wanderzeit angegeben. Die Übersichtskarten erhält man beim DNT kostenlos. Für Wanderungen empfehlen sich außerdem topografische Karten im Maßstab 1 : 50.000. Diese können Sie beim NORDIS Buch- und Landkartenhandel, Postfach 343, W-4019 Monheim, Tel. 02173 - 5 66 65 bestellen. Auch sollte man frühzeitig die Ausrüstung kontrollieren, denn bei richtiger Planung und Vorbereitung lassen sich Engpässe im Beschaffen von Kartenmaterial oder Ergänzung der Ausrüstung vermeiden.
Sind Sie vor Ort, erkundigen Sie sich stets bei den Hüttenwirten oder ortskundigen Wanderern nach den Wetteraussichten und dem aktuellen Streckenzustand, und hinterlassen Sie in den Hütten eine Tourenmitteilung. Durch Steinhaufen gekennzeichnete Pfade verbinden die Hütten miteinander. Üblicherweise tragen die Steinhaufen ein rotes T. An Brücken, Furten und Kreuzungen sind Wegweiser aufgestellt. Das Übernachten im Zelt unterwegs ist gestattet, allerdings sollte sich Ihr Zeltplatz nicht auf privatem Gelände und möglichst weiter als 150 m vom nächsten Wohngebäude entfernt befinden. Der Platz muß immer sauber hinterlassen werden.

Fjellregeln:
(besonders wichtig im Winter)

1. Machen Sie keine langen Touren ohne vorheriges Training!
2. Hinterlassen Sie Ihre Tagesroute am Ausgangspunkt!
3. Beachten Sie die Wettervorhersage!
4. Beachten Sie die Tips der Einheimischen!
5. Rechnen Sie mit plötzlichen Wetterstürzen, auch auf kurzen Touren, und nehmen Sie immer die notwendige Ausrüstung mit!
6. Karten und Kompass nicht vergessen!
7. Gehen Sie nie allein!
8. Kehren Sie beizeiten um!
9. Sparen Sie Kräfte und graben Sie sich, falls notwendig, im Schnee ein!

AKERSHUS

Ausflüge und geführte Wanderungen durch die bewaldete Hügellandschaft von Akershus organisiert:
- Kim Camp Safari, Knut Ivar Mork, Aas Gård, N-1488 Hakadal, Tel. 02 - 77 52 05

Weitere Auskünfte erteilt das Informationsbüro:
- Akershus Reiselivsråd, Postboks 6888, N-0130 Oslo, Tel. 02 - 36 58 85
- A/S Artemis (Norwegian Wildlife Experience) Stangskovene, N-1933 Lierfoss, Tel. 06 - 86 56 88

JOTUNHEIMEN - BREHEIMEN

Jotunheimen - »Riesenheim« - ist eines der urwüchsigsten Fjellgebiete Norwegens. Hier findet man die höchsten Gipfel des Landes, und es wimmelt von Gletschern, Seen und Wasserfällen. Viele Gebirgshütten liegen im Jotunheimen-Gebiet, die Wege sind markiert und die meisten Flüsse überbrückt.
Breheimen - »Gletscherheim« - heißt die Landschaft westlich von Jotunheimen. Große und kleinere Gletscher prägen die Gegend. Einige der Hütten hier sind für Selbstverpfleger mit Proviant.

Beachten Sie, daß Gletscherwanderungen unbedingt mit einem erfahrenen Führer und am Seil durchgeführt werden müssen.
Der DNT, Bergen Turlag und Årdal Turlag verwalten Hütten im Gebiet.

Tourenvorschlag:
Jotunheimen, 7-8 Tage
1. Tag: Gjendesheim. Mit dem Zug nach Otta und dem Bus nach Gjendesheim, oder im Sommer mit dem Expreßbus von Oslo nach Gjendesheim.
2. Tag: Memurubu, 6 Stunden. Der Weg verläuft über den Besseggen-Kamm, in schwindelnden Höhen, aber ungefährlich. Eine der spannendsten Touren in Jotunheimen.
3. Tag: Gjendebu, 4 1/2 Stunden. Über Memurutunga mit großartigem Rundblick. Zum Schluß steil hinunter über Bukkelegeret nach Gjende. Für eine Wochenendtour kann man von Gjende aus das Boot zurück nehmen.
4. Tag: Olavsbu, 5 Stunden. Leichte Tour über Veslådalen und Rauddalen. Bei gutem Wetter: Über Gjendetunga, von dort herrliche Aussicht über Gjende und die umliegenden Gipfel, dann zurück zum Wanderweg nach Grisletjønn.
5. Tag: Skogadalsbøen, 5 Stunden. Idyllisch gelegene Hütte. Bei gutem Wetter weiter über Skogadalsnåsi und hinunter ins Skogadal.
6. Tag: von Skogadalsbøen eine Tagesstour zum Fannaråken, 7 Stunden Auf- und Abstieg. Oder zum restaurierten »Fjellgarten« Vormeli.
7. Tag: Vetti, 5 Stunden. Der Weg führt am Wasserfall Vettisfoss (271 m freier Fall) vorbei.
8. Tag: Nach Hjelle, 1 Stunde. Bus nach Øvre Årdal und weiter nach Fagernes und Oslo oder von Øvre Årdal mit dem Bus nach Årdalstangen und weiter mit dem Boot nach Aurland/Flåm oder Bergen.

Karten:
Für diese Region empfehlen wir folgende topographischen Karten: 1317 I Fjærland, 1318 I Stryn, 1318 II Briksdalsbreen, 1417 I Lusterfjord, 1417 IV Solvorn, 1418 I Skridulaupen, 1418 II Mørkrisdalen, 1418 III Jostedalen, 1418 IV Lodalskåpa, 1518 I Skjåk, 1518 II Visdalen, 1518 Sognefjell, 1518 IV Pollfoss, 1517 I Tyin, 1517 II Hurrungane.
Alle im Maßstab 1:50.000. Zusätzlich empfehlen wir für diese Region die Tourenkarte Jotunheimen 1 : 100.000.

Organisierte Wanderungen mit Führer bei:
- Lom Bre- og Fjellførarlag, Lom Turistinformasjon, N-2686 Lom, Tel. 062 - 11 286
- Norsk Fjellferie, N-2680 Vågåmo, Tel. 062 - 37 880
- Beitostølen Turistinformasjon, Tel. 063 - 41 006/41 360

DOVREFJELL - TROLLHEIMEN - MØRE OG ROMSDAL

Diese Fjellgebiete sind besonders schön und abwechslungsreich. Sie bieten sich zu interessanten Touren an, die sich auch gut mit Wanderungen in Jotunheimen und Rondane kombinieren lassen.
Der DNT, Kristiansund og Nordmøre Turistforening, Møre og Romsdals Turistforening, Trondhjems Turistforening und Ålesund-Sunnmøre Turistforening verwalten Hütten in diesen Gebieten.

Karten:
Für dieses Gebiet empfehlen wir folgende topographische Karten: Trollheimen 1 : 100.000, 1319 I Romsdalen, 1319 II Torsvatnet, 1319 III Tafjord, 1319 IV Valldal, 1320 II Eresfjord, 1320 III Åndalsnes, 1320 IV Eide, 1419 I Storskrymten, 1419 II Dombås, 1419 III Lesjaskund, 1419 IV Aursjøen, 1420 I Snota, 1420 II Romfo, 1420 III Sunndalsøra, 1420 IV Stangvik, 1519 I Einunna, 1519 II Folldal, 1519 III Hjerkinn, 1519 IV Snøhetta, 1520 II Inset, 1520 III Oppdal, 1520 IV Trollhetta.

RONDANE

Das Rondane-/Dovrefjellgebiet ist eine großartige Bergregion, mit Gipfeln bis über 2.000 m Höhe, die relativ leicht bestiegen werden können. Gute Möglichkeiten für Klettertouren bieten Bjørnhollia und Rondvassbu. Rondane kann man auch gut mit dem Nachbargebiet Sølnkletten kombinieren, denn dort gibt es viele Almen mit Übernachtungsmöglichkeiten. Ideal für ältere Menschen oder Familien mit Kindern, denn die Tagesetappen sind kurz und leicht zu bewältigen.
DNT, Kristiansund og Nordmøre Turistforening und Lillehammer og Omland Turistforening verwalten Hütten im Gebiet.

Karten:
Für das Gebiet empfehlen wir folgende Karten: Touristenkarte Sølnkletten 1:75.000, 1519 II Folldal, 1519 III Hjerkinn, 1519 IV Snøhetta, 1619 II Tyldal, 1619 III Alvdal, 1718 I Rondane, 1718 IV Otta, 1817 I Gopollen, 1818 I Sollia, 1818 II Imsdalen, 1818 III Ringebu, 1818 IV Atnasjøen. Alle im Maßstab 1:50.000. Die Karte von Rondane im Maßstab 1:100.000 kann auch benutzt werden.

Tages- und Wochentouren mit Führer organisieren:
- Den Norske Fjellskolen Rondeheim A/S, N-2679 Høvringen, Tel. 062 - 33 714
- Venabu Fjellhotell, N-2632 Venabygd, Tel. 062 - 84 055

REICH PEER GYNTS

Durch dieses Gebiet im Herzen Opplands führen der »Peer-Gynt-Pfad« (stien), der »Peer-Gynt-Weg« (veien) und der »Peer-Gynt-Almweg« (seterveg). Von allen Strecken bieten sich schöne Aussichten auf die Berge von Jotunheimen und Rondane. Die Wanderwege sind markiert, übernachten kann man in Hotels.
Geführte Wanderungen werden angeboten von:
- Peer Gynt Hotels, N-2647 Hundorp, Tel. 062 - 96 666
- Peer Gynt Sommerarena, Golå N-2645 Harpefoss, Tel. 062 - 98 528

RYFYLKE-HEIENE

Auf der weiten Hochebene von Setesdal und Ryfylke mit ihren vielen Seen gibt es zahlreiche markierte Wanderwege. Die Stavanger Turistforening unterhält über 30 bewirtschaftete und nichtbewirtschaftete Hütten. Eine Aufstellung der Hütten ist erhältlich bei der:
- Stavanger Turistforening, Postboks 239, Muségate 12, N-4001 Stavanger, Tel. 04 - 52 75 66
- Sirdalsferie A/S, N-4443 Tjøhann, Tel. 043 - 71 390
- Kristiansand og Omland Turistforening, Postboks 633, N-4601 Kristiansand, Tel. 042 - 25 263 (9.00 bis 15.00 Uhr)
- Arendal og Oppland Turistforening, Postboks 400, N-4801 Arendal, 041 - 23 214
- Hovdenferie A/S, Postboks 18, N-4695 Hovden, Tel. 043 - 39 630
- Valle & Rysstad Reiselivslag, Valle Turistkontor, N-4690 Valle, Tel. 043 - 37 312
- Nedre Setesdal Reisetrafikklag, Postboks 146, N-4660 Evje, Tel. 043 - 31 056

Karten:
Abgedeckt wird das Gebiet durch die folgenden topographischen Karten: 1312 I Øvre Sirdal, 1313 I-IV Blåfjell, Lysekammen, Lyngsvatn, Sand, 1412 I Austad, 1412 IV Kvifjorden, 1413 I-IV Urdenosi, Valle, Rjuven, Botsvatnet.

Das Jedermannsrecht

Rechte und Pflichten für einen bewußten Umgang mit der norwegischen Natur

Die Möglichkeiten, Wälder und Fjellregionen, die Fjorde, Bergseen, Lachsflüsse und Küstenregionen zu erleben und sich frei in der Natur bewegen zu können, sind in Norwegen durch das sogenannte »Allemannsretten« garantiert. Die Norweger betrachten es als Teil ihres Kulturerbes und gehen sorgsam mit ihren Naturschätzen um.

Durch ein bewußt umweltgerechtes Verhalten können auch Sie in Ihrem Urlaub dazu beitragen, daß dieses Naturparadies trotz aller Umweltbelastungen weitgehend intakt erhalten bleibt.

»Innmark« und »utmark«

Das Betreten von land- und forstwirtschaftlich genutzten Flurgebieten, der sogenannten »innmark«, ist eingeschränkt. Dazu zählen Ackerflächen, Viehweiden, Obst- und Gemüsefelder, Saatland, Schonungen und die Wiesenflächen rund um die Bauernhöfe. »Utmark« hingegen bilden die unermeßlich großen Gebirge, Wälder und Fjells, Moore und alle Gewässer, sozusagen das wilde, weite Norwegen. In bestimmten Gebieten, wie z.B. Nationalparks und Naturschutzgebiete können auch hier spezielle Vorschriften gelten.

Das Jedermannsrecht erlaubt Ihnen:

- sich zu Fuß und auf Skiern frei in der Natur zu bewegen;
- im Winter auch über gefrorene und zugeschneite Felder und Weiden zu laufen;
- mit Kanus, Kajaks, Ruder- und Segelbooten Flüsse und Seen zu befahren. Auch auf zugefrorenen Gewässern dürfen Sie sich frei bewegen;
- in der Natur zu rasten, zu zelten und zu übernachten;
- in Flüssen, Seen und im Meer zu baden;
- mit Booten und Schiffen entlang der Küste zu fahren und in »utmark«-Gebieten an Land zu gehen.

Das Jedermannsrecht verpflichtet Sie aber auch:

- die Umwelt nicht zu schädigen;
- die land- und forstwirtschaftliche Nutzung zu beachten.

Es ist verboten,
- bestellte Felder und Wiesen zu betreten;
- Schonungen zu betreten, bevor die Bäume mindestens kniehoch sind;
- Pflanzen auszureißen, Bäume zu fällen, Zweige abzubrechen oder Rinde abzuschälen oder auf andere Art zu beschädigen;
- Tiere, besonders ihre Jungen, zu vertreiben und Vogelnester zu beschädigen;
- Zäune zu zerstören.

Bitte denken Sie auch daran:

- nach sich aufzuräumen;
- keinen Abfall zu hinterlassen;
- kein offenes Feuer zwischen dem 15. April und dem 15. September zu entzünden.
- Das Benutzen von Motorfahrzeugen in der freien Natur ist grundsätzlich verboten.
- Die Verhaltensregeln für Trinkwasserquellen müssen respektiert werden.

Übernachtung, Rast- und Zeltplätze

In wilder, freier Natur (»utmark«) ist es erlaubt, ein Zelt aufzuschlagen und zu übernachten. Wollen Sie auf den oben beschriebenen »innmark«-Gebieten übernachten, brauchen Sie dazu die Erlaubnis des Eigentümers.
Der Standort Ihres Zeltes sollte mindestens 150 m vom nächsten Haus entfernt liegen, sonst ist auch hier die Erlaubnis des Eigentümers erforderlich. Auch wenn Sie länger als zwei Tage am gleichen Ort bleiben wollen, müssen Sie dazu die Erlaubnis des Eigentümers einholen.
Im Hochgebirge und in unbesiedelten Gegenden können Sie unbegrenzt übernachten.

Mit dem Boot: Anlegen und Landgänge

Während einer Bootstour dürfen Sie an Land gehen, das Boot vertäuen und in der »utmark« übernachten. Es gelten die gleichen Einschränkungen wie bei Wanderungen.
Bei kurzen Pausen können Sie Anlegereinrichtungen wie Vertäuringe u.ä. benutzen, wenn der Grundeigentümer sie nicht benutzt. Private Kais und Bootsstege dürfen nur mit Einwilligung des Eigentümers benutzt werden.
In den Seevögelreservaten gilt ein generelles Fahrverbot während der Brutzeit. Die Reservatsgrenzen verlaufen 50 m vor der Uferlinie im Meer. Schützen Sie die Vögel!

Hinweise zu umweltgerechtem Verhalten finden Sie außerdem unter den einzelnen Aktivitätsbeschreibungen (z.B. Angeln, Jagd, Pilze und Beeren sammeln).
Pflücken Sie keine Blumen, die unter Naturschutz stehen.

Weitere Auskünfte über das Jedermannsrecht erhalten Sie bei allen Gemeindeverwaltungen, den Umweltschutzämtern der Bezirke oder beim Staatlichen Amt für Naturschutz:

- **Direktoratet for naturforvaltning**
  Tungasletta 2
  N-7004 Trondheim
  Tel. 0047 - (0)7 - 58 05 00

oder auch bei folgenden Adressen:

- **Friluftslivets Fellesorganisasjon (FRIFO)**
  Postboks 26
  N-1364 Hvalstad
  Tel. 0047 - (0)2 - 90 01 46

- **Friluftsrådenes Landsforbund**
  Postboks 156
  N-1364 Hvalstad
  Tel. 0047 - (0)2 - 90 08 11

HARDANGERVIDDA

Die Hardangervidda ist Nordeuropas größte Hochebene. Sie ist den größten Teil des Jahres schneebedeckt, nur im Sommer bricht die besondere Vegetation durch. Die Hardangervidda ist für alle Arten von Familien-, Angel- und Gletscherurlaub ein ideales Betätigungsfeld, zumal sich dort mit 12.000 Tieren Norwegens größter Rentierbestand findet. Ausgangspunkte für Wanderungen können die Straßen 7, Finse an der Bergenbahn oder Kinsarvik sein. Die Straße 8 (40) ist auch ein guter Ausgangspunkt, z.B. bei Solheimstulen, wo die alte Straße von Ost nach West-Norwegen, »Nordmannsslepa« anfängt. Der DNT hat eine eigene Broschüre mit Gebirgswanderungen auf der Hardangervidda herausgegeben. Erhältlich ist die Broschüre in den Fremdenverkehrsämtern in Oslo und Bergen oder direkt bei:
- Eidfjord Reiselivslag, N-5783 Eidfjord
- Bergen Turlag, C. Sundtsgt. 3, N-5004 Bergen

Der DNT und die Wandervereine in Bergen, Drammen, Oppland, Telemark und Stavanger betreiben außerdem Hütten.

Tourenvorschlag:
Finse - Haukeliseter, 9-10 Tage
1. Tag: Mit dem Zug nach Finse, Übernachtung in der Finsehytta. Bei Ankunft morgens Tagestour zum Blåisen oder zum Gipfel des Hardangerjøkulen möglich. Bergführer in Finse. Oder Haugastøl-Krækkja, 4 Std.
2. Tag: Krækkja, 6-7 Std. Am Fuß des Hardangerjøkulen entlang, vorbei am Finnsbergvann und Dragøyfjorden.
3. Tag: Kjeldebu, 4 Std. Leichte Tour über Olavsbuvatn - Kjelsås.
4. Tag: Vøringsfoss, 3 Std. Fossli Hotell, Garen und Liset Pension.
5. Tag: Hedlo, 3 1/2-4 Std. Um Skiseter - Hallinghaugane, Brückensteg über Berdøla.
6. Tag: Sandhaug, 7 Std. (oder von Hadlaskar, 6 Std.). Über Rjotoseter und Sørfjordingsrindane.
7. Tag: Litlos, 7 Std. Abwechslungsreiche Tour über Groflot, östlich über das Fjell Holken.
8. Tag: Hellevassbu, 5 Std. Um Belabotn und Sigridtjern.
9. Tag: Haukeliseter, 6-7 Std. Um den Abfluß des Holmesjøen und durch die Felsenge in Vesle Nup. Eventuell von Litlos nach Middalsbu, 6 Std. Weg am Valldalsvatnet entlang nach Røldal, evtl. auf markiertem Weg westlich um Klentanut nach Røldal.

Eine gute Alternative für diejenigen, die keine langen Touren machen wollen, sind folgende Routen:
- Haranatten - Hein - Rauhelleren - Hein - Haranatten (jede Strecke ca. 15 km)
- Haranatten - Hein - Tuva - Krækkja - Hein (15 bis 20 km-Strecken)
- Krækkja - Halne (5 km), Halne - Sleipa per Schiff (1 Std.), Sleipa - Hein (5 km), oder Sleipa - Rauhelleren (13 km), Rauhelleren - Hein (15 km).

Karten:
Für das Gebiet empfehlen wir folgende topographische Karten: 1314 I Røldal, 1315 I Ullensvang, 1315 II Ringedalsvann, 1414 iV Haukeliseter, 1415 I Bjoreio, 1415 II Normannslågen, 1415 III Hårteigen, 1415 IV Eidfjord, 1515 I Skurdalen, 1515 II Kalhovd, 1515 III Lågaros, 1515 IV Hein, 1416 I Hardangerjøkulen, 1416 II Ulvik, 1514 I Frøystul, 1514 IV Møsstrand, 1516 II Hallingskeid. Alle im Maßstab 1:50.000. Hardangervidda 1:200.000 umfaßt das gesamte Gebiet.

HALLINGDALSFJELLENE

»Askeladden« - Wochentouren mit Bergführer durch das Hallingdalsgebirge mit Gepäcktransport und Übernachtungen in Hotels. Auch Wochentouren auf der Hardangervidda und in Jotunheimen. Eigenes Programm.
- Gol Turistkontor, N-3550 Gol, Tel. 067 - 74 840
- Club Travel, N-3550 Gol, Tel. 067 - 75 333

ØSTERDAL - FEMUND

Das Herb-Ursprüngliche findet man in der Femundsmarka. Hier versammeln sich große Seen, langgezogene Flußläufe und in den Höhen rauhe Fjellregionen. Noch heute findet man Spuren der Bergbewohner, die ihren Lebensunterhalt mit Jagd und Fischen bestritten haben. Eine Landschaft, die so manches Gemüt in Bewegung versetzt und in ihren Bann gezogen hat.

Karten:
Für das Gebiet gibt es folgende topographische Karten: 1619 I Tynset, 1619 II Tyldal, 1619 III Alvdal, 1719 I Roa, 1719 II Elgå, 1719 III Holøydal, 1719 IV Narbuvoll, 1720 II Brekken, 1720 III Røros, 1818 I Sollia. Alle im Maßstab 1 : 50.000.

FINSE - BYGDIN

Das Streckengebiet der Bergenbahn zwischen Sundnefjord und Filefjell dominiert im Süden ein mächtiger Fjellkamm, Hallingskarvet. Vom Sundnefjord aus zwängen sich tiefe Täler in das Fjellmassiv hinein, Flåmsdal, Aurlandsdal und Lærdal. Im Osten liegen Valdres und Hemsedal. Für Wanderer hat diese Gegend viel zu bieten. In bequemen Abständen liegen Hütten und andere Quartiere. Die Wege sind gut markiert. Die Tour von Finse nach Tyin ist schön und abwechslungsreich, zudem gut kombinierbar mit Wanderungen in Jotunheimen oder als Skitour im Winter. DNT, Bergen Turlag und Voss Utferdslag verwalten Hütten.

Tourenvorschlag:
Aurlandsdalen, 4-5 Tage
1. Tag: Zug nach Finse, Übernachtung auf der Finsehytta.
2. Tag: Geiteryggshytta, 5 Std. Der Weg verläuft um Klemsbu (Wetterschutzhütte), östlich von St. Pål, über den spaltenfreien Storefonn und östlich um Omnsvatn. Großartiger Blick, u.a. auf den Hardangerjøkul.
3. Tag: Steinbergdalshytta, 3 Std. Leichte und schöne Tour, hoch oben über dem Fluß.
4. Tag: Østerbø, 3 Std. Am Aurlandselv entlang und hinunter zur Berghütte am idyllischen Aurlandsvatn, Østerbø Fjellstove und Østerbø Turisthytte.
5. Tag: Aurland, 6 Std. Spannende und interessante Tour, regulierte Wassertrasse. An den Berghöfen Sinjarheim und Almen vorbei nach Vassbygd. Mehrmals täglich Bus nach Aurlandsvangen (Hotel), von dort weiter mit dem Bus nach Flåm und Lærdal, oder mit dem Boot nach Gudvangen, Kaupanger, Årdalstangen und Bergen.
Die Tour durch das Aurlandsdal kann man gut kombinieren mit einer Tour nach Haugastøl - Krækkja - Kjeldebu - Finse oder über Rembesdalseter. Von Aurland kann man auch mit dem Boot nach Ärdalstangen fahren, weiter mit dem Bus nach Hjelle und über Vetti nach Jotunheimen wandern.

Karten:
Für das Gebiet empfehlen wir folgende topographische Karten:
Flåmsdalen, Aurlandsdalen, Djup, Hemsedal, Hallingskarvet, Hardangerjøkulen, Fillefjell, Borgund, Øye und Vangsmjøsi. (Alle 1 : 50.000, oder 1 : 100.000).

STØLSHEIMEN - VOSS

In diesem Gebiet zwischen dem Vikafjell, Voss und dem Sognefjord finden sich sieben kleinere Hütten. Ausgangspunkte für Wanderungen auf den markierten Wegen sind Voss, Vik oder Nordhordland. Dieses Gebiet eignet sich besonders für Familien mit Kindern.
Weitere Informationen:
- DNT Bergen Turlag, C Sundtsgt. 3, N-5004 Bergen, Tel. 05 - 32 22 30

LUSTER

Die Gemeinde Luster veranstaltet geführte Fjellwanderungen von Ende Juni bis Anfang August.
- Touren nach Dalseter im Mørkridsdal (4 bis 5 Std.)
- Touren nach Nørstedalseter (5 Std.)
- Touren nach Turtagrø und Skagastølsbandet (4 Std.)
Außerdem viele markierte Wanderwege in Luster wie im gesamten Bereich von Sogn og Fjordane. Weitere Informationen und auch Wanderkarten erhält man im örtlichen Fremdenverkehrsamt.

SUNNFJORD

Im Sunnfjord-Gebiet, das vom Nordfjord nach Norden und dem Førdefjord nach Süden hin begrenzt wird, führen Wanderstrecken vom Meer im Westen bis auf den Ålfotbreen-Gletscher und ins Gebirge von Gloppen, Jølster und Naustdal hinauf.
Flora Turlag und Indre Sunnfjord Turlag betreiben Hütten.

Karten:
Folgende topographische Karten decken das Gebiet ab: 1118 I Måløy, 1118 II Eikefjord, 1118 III Florø, 1118 IV Bremanger, 1218 I Nordfjordeid, 1218 II Fimlandsgrend, 1218 III Naustdal, 1218 IV Ålfoten, 1318 III Breim. Eine Karte für die gesamte Ålfothalbinsel kommt 1991 heraus.

GAUSDAL VESTFJELL

Im Gausdal Vestfjell findet man typisch ostnorwegische Landschaftsformen, mit Flüssen und Seen und harmonisch-abwechslungsreichen Fjellgebieten. So z.B. auch den Ormtjernkampen Nasjonalpark, mit dem Skaget (1.686 m ü.d.M.) und Langesuen (1.595 m ü.d.M.). Hier gibt es gute Wandermöglichkeiten, die sich auch für Familien mit Kindern eignen. Von Liomseter kann man Rundtouren machen.

Karten:
Wir empfehlen folgende topographische Karten: 1617 I Sikkilsdalen, 1618 II Sjodalen, 1717 I Svatsum, 1717 II Synnfjell, 1717 III Fullsenn, 1717 IV Espedalen.

NOREFJELL

Das Norefjell liegt rund 110 km (1,5 Autostunden von Oslo entfernt an der Str. 7 oberhalb vom Krøderen-See. Die höchste Gipfel sind Høgevarde (1.468 m) und Gråfjell 81.480 m). Es gibt gut markierte Wanderwege, und hervorragende Aussichtspunkte über große Teile Ostnorwegens.

HEMSEDAL

Hemsedal liegt auf 650 m und bietet gute Wandermöglichkeiten auf bis zu 1.900 m Höhe.
- Hemsedal Turistkontor, Postboks 3, N-3560 Hemsedal, Tel. 067 - 78 156

BLEFJELL

Das Blefjell liegt zwischen dem Numedal und dem Tinnsjø, mit dem Bletoppen auf 1.341 m ü.d.M. Der Pfad verläuft auf bzw. an dem Höhenkamm entlang mit vielen schönen Aussichtspunkten. Die höchsten Gipfel sind Borgsjåbrotet (1.484 m), Skjerveggin (1.381 m), Bletoppen (1.341 m), Store Grønut (1.296 m) und Taggrønut (1.159 m). An allen führt der Wanderweg vorbei.
DNT, Kongsberg und Omegns Turistforening, Drammens und Opplands Turistforening verwalten Hütten.

Karten:
Folgende topographische Karten gibt es über das Gebiet: 1515 II Kalhovd, 1515 III Lågaros, 1714 III, 1614 I Tinnsjø, 1615 II Nore, 1615 III Austbygdi. Für die Gegend zwischen Bolkesjø u. Eriksbu gibt es eine Spezialkarte über das Blefjell.
Auch über das Gebiet Norefjell og Eggedalsfjella gibt es eine Sonderkarte.

TROMS

Für Tourenvorschläge im Nationalpark Øvre Dividalen wenden Sie sich bitte an:
- Troms Adventure A/S, Andslimoen
  N-9201 Bardufoss, Tel. 089 - 33 644

FINNMARKSVIDDA

Die Finnmark, das norwegische »Lappland«, bietet Wege auf Hunderten von Kilometern an, die über bewaldete Hochebenen mit offenem Birkenwald und Krüppelbirken führen. Auf den Pfaden treiben die Samen seit Jahrhunderten ihre Rentierherden zusammen. Unzählige Flüsse, Bäche und kleine Seen müssen täglich überquert werden, meist ohne Brücken oder Stege.
Hervorragende Angelmöglichkeiten bieten sich überall in der Finnmark. Beachten Sie, daß dazu Angelscheine nötig sind! (Saison vom 15. Juni - 15. September)
Die Berghütten in der Finnmarksvidda sind während der Sommermonate auch gleichzeitig Jugendherbergen. Dazu werden je 8 Betten zusätzlich aufgestellt. Folgende Hütten liegen zwischen den Flüssen Tana und Anarjokka: Sirma, Levajok, Valjok und Storfossen. Zwischen Kautokeino und Karasjok: Lappoluobbal, Suodnju, Sjusjavrre und Jergul. Zwischen Kautokeino und Alta: Suolovuobme und Gargia. Zwischen Karasjok und Alta: Ravnastua, Mollisjok, Jotkajavrre und Tverrelvdalen.

Karten:
2033 I Karasjok, 2033 IV Raite, 2034 II Fattevarre, 1934 II Jiesjavrre, 1934 IV Gargia (alle 1 : 50.000).

aksla	Ausläufer
austre	östlich
bekk, bekken	Bach
berg, berget, bergi	Berg(e)
botn, botnen, botnane	Talmulde, Kar
bukt, bukti, bukta	Bucht
dal, dalen	Tal
dokk, dokki	Loch, Höhle, Senke
egg, egga, eggi	(Gebirgs-)Kamm
eid, eidet	Landenge
elv, elva, elvi	Fluß, Bach
fjell, fjellet	Berg, Gebirge
foss, fossen	Wasserfall
hallet, halline	Abhang (Halde)
halsen, halsane	(Land-, Meer-)Enge
hamar, hamrane	steiler Fels
haug, haugen, haugane	Hügel, Anhöhe
hav	Meer, Ozean
hei, heiane	flacher Gebirgsrücken (auch:) Bergmoor
holm, holmen	kl. Insel
hovd, hovda	Hügel, Berg
hø, høene	Höhe(n), Gipfel
høgda, høgdene	Hügel, Berg(e)
hølen	(Wasser-, Fluß-)Tiefe
kvelven	Wölbung
li, lii, lia	Abhang
litle	klein
lægret, lega, legene	Schutz(hütte)
ned, nedre	unterer, -e, -es
nibba	Gipfel
nordre	nördlich
nut, nuten, nutane	Gipfel, Spitze
os, osen	(Fluß-)Mündung
pigg, piggen	Gipfel, Spitze
rygg, ryggen	(Gebirgs-)Kamm
sjø, sjøen	See
skar, skard, skardet	Einschnitt, Pass
stein, steinen	Stein, Fels
store	groß
strupen	Paß
sund	Sund, Meeresenge
sæter (seter), støl, stul, støyl	Alm, Bergbauernhof
søndre	südlich
tangen	Landzunge
tind, tinden, tindan, tindane	Gipfel
tjørn, tjern, tjørnan	See, Teich(e)
topp, toppen	Spitze, Gipfel
turisthytte	Wanderer-, Touristenhütte
ur, urd, urdi, urda	Geröll
varde, varden	Steinhaufen
vatn, vatnet, vatni	(Binnen-)See(n)
vesle	klein
vestre	westlich
vik, viki, vika	Bucht
voll, vollen	Bergwiese
vær	Fischerdorf
våg, vågen	Bucht
øvre	oberer, -e, -es
øy, øya, øyni	Insel(n)
å, åi, åa, åni	Bach
ås, åsen	Hügel, Bergrücken

Weitere Tourenvorschläge finden Sie in dem Buch
- »Bergwandern in Norwegen«,
  Erling Welle-Strand, NORTRABOOKS, Oslo, 112 S., DM 23,80

DRACHENFLIEGEN

siehe LUFTSPORT

FAHRRADFAHREN

Auf den ersten Blick scheint Norwegen nicht gerade das ideale Land für einen Fahrradurlaub zu sein. Bei so mancher Steigung muß das Rad bergauf geschoben werden. Anschließend geht es dann in rasantem Tempo bergab, aber von weitem sieht man schon, wie sich die Straße am nächsten Berg wieder in Serpentinen hochschlängelt. Muß man Leistungssportler sein, um Norwegen mit dem Fahrrad zu entdecken? Nein, auch das ist ein Vorurteil, denn die abwechslungsreiche norwegische Landschaft mit ihren langgestreckten Flußtälern und den flachen Uferstreifen entlang der Küste und der Fjorde bietet genügend Möglichkeiten für eine längere Radwanderung oder eine Tagestour. Fahrradfahren ist die vielleicht faszinierendste Art, Norwegen kennenzulernen. Relativ lange Strecken kann man in verhältnismäßig kurzer Zeit zurücklegen - und das in der schönsten Natur und mit den Menschen, die in ihr leben. Man kann auch einfacher mit der einheimischen Bevölkerung in Kontakt kommen, wenn man z.B. per Fahrrad »vorfährt«, anstatt motorisiert an verärgerten Gesichtern vorbeizubrausen. Fahrradferien kann man auch gut mit dem Zug und einer Fährüberfahrt verbinden. Außerdem gibt es auch in Norwegen Möglichkeiten, auf autofreien Straßen vorwärtszukommen. Die dramatischsten und großartigsten Fahrradtouren erlebt man selbstverständlich in den Gebirgen Westnorwegens. Natürlich wird hier auch die Kondition am härtesten geprüft. Zudem muß man das Feld mit den Autos teilen. In Ostnorwegen ist die Natur von ruhigen, bewaldeten Hügeln, idyllischen Seen und kreuzenden Flüssen geprägt. Hier findet man auch eher Straßen mit weniger Autos. Idylle und wenig Autos bietet auch die Küste des Sørlandet. Eine etwas »schroffere«, aber in ihrer Art ebenso schöne Küstenstrecke befindet sich auf den Lofoten. »Rund um die Lofoten« mit Übernachtungen in »rorbuer« (Fischerhütten) und kleinen Fähren zwischen den Inseln ist für geübte »Drahteselfreaks« ein tolles Erlebnis. Wenn man seine Radtouren ins Hochgebirge verlegt, sollte man auf die besonderen Angebote des norwegischen Wetters gefaßt sein, denn Schnee und Frost sind auf den höchsten Gebirgspässen selbst im Juli keine Seltenheit. Wer Fahrradtouren mit dem Zelt vorzieht, für den reicht ein »normales« Fahrrad mit Gangschaltung aus.

Planung:
Eine längere Radtour sollte auf jeden Fall sorgfältig vorbereitet werden. Die beste Zeit für ein solches Unternehmen ist Anfang Juni bis Mitte September. Um Ihnen die Planung Ihrer Reise zu erleichtern, hat der norwegische Radfahrerverband (Syklistenes Landsforening) ein Buch mit 22 Fahrradtouren, Karten und nützlichen Tips herausgegeben. Die deutsche Ausgabe ist unter folgendem Titel erschienen:
Sissel Jenseth: Radwandern in Norwegen, Hayit Verlag/Edition Rutsker.
Die einzelnen Tourvorschläge sind durch Verbindungsstrecken (koblingsrutene) miteinander verbunden. So können Sie entweder mehrere Touren kombinieren oder sich Ihre individuelle Reiseroute zusammenstellen. Auf den Karten finden Sie für Radfahrer geeignete Strecken von der Sørlandküste bis zum Nordkap. Ebenfalls verzeichnet sind alle Straßenabschnitte und Tunnel, die in Norwegen für Radfahrer gesperrt sind. Davon besonders betroffen ist die E 18 von Kristiansand nach Oslo. Hier sind aber Ausweichstrecken für Radfahrer ausgeschildert. Das gleiche gilt für die E 6 bis etwa 200 Kilometer nördlich von Oslo. Trotzdem sollten Sie die Europastraßen in Norwegen nach Möglichkeit meiden, denn Fahrradwege gibt es dort kaum. Da kann es für den Radler zwischen Wohnwagengespannen, Campingbussen und Lastwagen schon mal ganz schön eng werden. Aber wie gesagt, kleine Straßen gibt es ja genug.
Wenn Sie das erste Mal mit dem Fahrrad unterwegs sind, empfiehlt sich eine Rundtour durch Østfold, das Grenzgebiet zwischen Norwegen und Schweden, südlich von Oslo. Die Steigungen auf dieser Strecke sind kaum erwähnenswert und mit einem Dreigangrad durchaus zu schaffen.

Ausrüstung:
Ganz allgemein gilt: Nehmen Sie nur das Allernotwendigste mit. Jedes Kilogramm zuviel merken Sie beim mühevollen Bergauffahren. Das Gepäck sollte mit niedrigem Schwerpunkt gleichmäßig auf das Fahrrad verteilt werden, d.h. Sie benötigen je einen Gepäckträger für hinten und vorne. Denken Sie an Flickzeug, Ersatzschläuche, eventuell auch einen Ersatzreifen. Die Taschen sollten wasserdicht sein oder mit großen Plastikmüllsäcken von innen gegen Nässe geschützt werden. Ganz wichtig sind auch ein guter Regenzug und leichte Gummistiefel.

Straßen: Die Hauptstraßen sind gut ausgebaut und haben Asphaltbelag. Bei Nebenstraßen hingegen ist der Belag recht unterschiedlich (festgefahrener Ölkies, Grus, Lehmdecke, meist jedoch auch hier fester Belag). Wenn Sie Gebirgsübergänge Anfang des Sommers einplanen, sollten Sie sich vorher erkundigen, ob die Pässe geöffnet sind.

Tunnel: Hier ist es wichtig, eine gute Lampe zu haben! Einige Tunnel sind für Radfahrer sogar gesperrt (Hinweise s.o.).

Transport mit der Bahn: Auch die Bahn nimmt Fahrräder mit. Es kostet - ungeachtet der Entfernung - jeweils NOK 60,-. Das Fahrrad muß 30 Minuten vor Abfahrt des Zuges am Bahnhof aufgegeben werden (in Oslo besser 30 bis 60 Minuten vor Abfahrt). Wichtig: Expreßzüge nehmen keine Fahrräder mit (aber Schnellzüge/Hurtigtog).

Bustransport: In Städten und deren Umgebung ist es verboten, Fahrräder im Bus zu befördern. In ländlichen Gebieten haben die Busse meist eine spezielle Vorrichtung. Die Kapazität ist begrenzt. Der Preis entspricht ungefähr dem Entgelt für eine Kinderfahrkarte.

Transport mit der Hurtigrute: Der Fahrrad-Transport ist kostenlos auf dem Schiff, aber ein gültiges Personenticket muß vorgewiesen werden. Fahrräder können auch bei vielen Touristenbüros gemietet werden.

Mountainbikes
Einige Fremdenverkehrsämter bieten organisierte Touren mit Mountainbikes an oder verleihen Geländeräder, wenn Sie auf eigene Faust die Fjellregionen erkunden wollen. Bitte benutzen Sie möglichst Wald- und Feldwege und vermeiden Sie das Querfeldeinfahren, um die urwüchsige, aber empfindliche norwegische Natur zu schützen.

Tourenvorschläge:

1. »Rund um die Nordmarka«
Die Tour beginnt in Hammeren im Maridal und führt zunächst am Skjærsjødammen entlang und weiter in nordöstlicher Richtung nach Bjørnholt. Der Weg ist einfach, geht aber ständig bergan. Eine steile Abfahrt führt dann hinunter nach Fortjern, von dort fährt man in östlicher Richtung am Ufer des Sees Bjørnsjøen entlang nach Kikut. Nach einer verdienten Rast geht es dann weiter am See »Fyllingen« entlang. Über eine Brücke führt der Weg südlich bergauf nach Glåmene und später wieder hinunter nach Brenna im Sørkedal. Hier beginnt eine öffentliche Straße zur örtlichen Schule und südwärts zum See Bogstadvannet. Nun geht es wieder nach Osten, vorbei am Bogstad-Campingplatz und der Straße »Ankerveien« folgend ein kleines Stück in Richtung Slemdal, bis man an der Station Vettakollen nach links in den Båndtjernsveien abbiegt. Man gelangt nach Sognsvann und weiter nach Svartkulp, um dort auf den Fahrradweg nach Skjærsjødammen abzubiegen. In südlicher Richtung geht es schließlich wieder zurück nach Hammeren.
Fahrradverleih, Karten und Tourenvorschläge:
- »Den Rustne Eike«, Enga 2 (gamle Vestbanen), N-0250 Oslo 1, Tel. 83 72 31

2. Oslo - Nesodden - Moss - Fredrikstad - Hvaler - Halden - Hemnes - Oslo
Ausgangspunkt dieser Tour ist Oslo. Mit dem Schiff fährt man bis Nesoddtangen, das auf einer Landzunge am Ostufer des Oslofjords liegt. Von hier aus folgt man zunächst auf der Straße 157, später auf kleinen Nebenstraßen, dem Fjord Richtung Süden bis Moss. Auf der Straße 118, parallel zur E 6, geht es weiter bis Karlshus, dort Abzweig auf der Straße 110 nach Fredrikstad. Hier gibt es zwei Möglichkeiten: entweder fährt man direkt über Skjeberg weiter nach Halden oder macht einen Umweg über das sehenswerte Schärengebiet Hvaler auf der Insel Kirkeøy südlich von Fredrikstad. Von dort aus gibt es eine Schiffsverbindung bis Sponvika; es sind dann nur noch 8 km bis Halden. Jetzt folgt man wieder einem Wasserlauf, dem Haldenvassdraget, einem Seengebiet entlang der schwedischen Grenze. Parallel dazu verläuft die Straße 21, die man über Ørje bis Tangen fährt (gute Angel- und Bademöglichkeiten). Von hier aus geht es auf der Straße 170 über Bjørkelangen und Fetsund wieder zurück nach Oslo. Die ganze Strecke umfaßt etwa 350 km.

Ein guter Ausgangspunkt für eine Radwanderung ist auch die Bergstadt Røros. Von hier aus können Sie über Trondheim auf die Lofoten oder gar bis zum Nordkap fahren. Überschaubarer ist die Strecke von Røros nach Oslo, auch hier halten sich die Steigungen in Grenzen. Auf einer Nebenstraße folgt man zunächst dem Lauf des Gebirgsflusses Håevla bis Sørvika am Femundsee. Über den See geht es mit dem Schiff bis Elgå oder bis Femundsenden (bis hierher verkehrt das Schiff nicht täglich!). In Elgå nimmt man die Straße 221 bis Røstvollen (Steigungsstrecke), dann Abzweig nach rechts Richtung Drevsjø. Von Femundsenden sind es nur 5 km bis Drevsjø. Über 60 km fährt man jetzt durch ein langgestrecktes Flußtal, zunächst entlang dem Engeråa, dann am Trysilelv (gute Angelmöglichkeiten). In Jordet verläßt man das Tal und wendet sich Richtung Westen auf der Straße 215 bis Rena. Danach durchfährt man auf einer Strecke von 230 km über Elverum, Kongsvinger, Skarnes und Fetsund das Glåmatal und erreicht schließlich durch flaches Gebiet Oslo. Die gesamte Tour umfaßt etwa 400 km.

Buskerud
- Numedal Turist- og Næringsservice, N-3630 Rødberg, Tel. 03 - 74 13 90
Interessante Wege für Mountainbiker auf der Hardangervidda, Mountainbike-Verleih.
- Ål Turistkontor, N-3570 Ål, Tel. 067 - 81 060
Mountainbike-Verleih, Tourenvorschläge, Netz von Wirtschaftswegen im Hochgebirge
- Gol Turistkontor, N-3550 Gol, Tel. 067 - 74 840
Tourenvorschläge für Mountainbiking auf dem Golsfjell und im Gebiet von Gol/Fagernes.
- Vasstulan Høyfjellseter, N-3632 Uvdal, Tel. 03 - 74 36 00
- Torsetlia Fjellstue, N-3632 Uvdal, Tel. 03 - 74 36 81
- Fjordgløtt Camping, N-3630 Rødberg, Tel. 03 - 74 13 35

Hordaland
»Über Norwegens Dach«
Der norwegische Jugendherbergsverband organisiert jeden Sommer Radtouren über die Hardangervidda. Die Strecke führt von Geilo nach Voss und nimmt fünf Tage in Anspruch. Für Geländerad, Führer, Übernachtung und Verpflegung wird gesorgt. Eine Broschüre und weitere Informationen erhalten Sie bei:
- Terra Nova, Strandgt. 4, N-5013 Bergen, Tel. 05 - 32 23 77
Dort bekommen Sie auch spezielle Fahrradkarten von der Hardangervidda und den Gebirgen um Voss.
- »Finse 1222«, N-5690 Finse, Tel. 05 - 52 67 11
Radtouren über den »Rallarvegen« nach Myrdal und Flåm. Fahhradverleih. Fahrradzug ab Bergen.

Achse	aksel
Fahrrad	sykkel
Felge	felg
Gabel	gaffel
Gangschaltung	girskifte
Handbremse	håndbremse
Hinterrad	bakhjul
Kette	kjede
Kugellager	kulelager
Luftpumpe	pumpe
Platten	punktering
Reifen	dekk
Sattel	sykkelsete
Schlauch	slange
Speiche	eikne
Vorderrad	forhjul

FALLSCHIRMSPRINGEN

siehe LUFTSPORT

GLETSCHERWANDERN

Ein Gletscher kann zu einem großartigen Erlebnis werden, egal ob Sie eine Gletscherwanderung unternehmen, das Eiswunder aus sicherem Abstand betrachten oder aus der Luft bestaunen. Gletscher-Norwegen bietet Ihnen alle Möglichkeiten. An den großen Gletschern werden täglich Wanderungen mit Führern veranstaltet.

Gletscherwandern / Kurse
Jeden Tag während der »Touristensaison« gibt es Gletscherkurse mit Führer von Leirvassbu, Glitterheim, Spiterstulen, Juvasshytta, Krossbu und Sognefjell Turisthytter. Mit dem Ausgangspunkt Spiterstulen und Juvasshytta kommt man hinauf zum Galdhøpiggen, dem höchsten norwegischen Gipfel (2.468 m.ü.M.). Jostedalsbreen, der größte Festlandgletscher Europas mit seinen 486 km, bietet organisierte Touren auf dem Seitenarm Nigardsbre. Darüber hinaus gibt es Gletscherführer für verschiedene andere Gebiete des Gletschers und bei einigen Hütten. Gletscherkurse werden auf dem Hardangerjøkul, Svartisen Gård, Jostedalsbre und in Jotunheimen arrangiert. Informationen darüber gibt es bei:
- Den Norske Turistforening (DNT), Postboks 1963 Vika, N-0125 Oslo 1, Tel. 02 - 83 25 50

Oppland, Jotunheimen
- Norwegian Wildlife & Rafting, N-2254 Lundersæter, Tel. 06 - 62 97 94 / 23 87 27
- Lom Bre- og Fjellførarlag Lom Turistinformasjon, N-2686 Lom, Tel. 062 - 12 578
Gletschertour zum Smørstabbre, Grottentour durch das Dummudal, Sonntagstour in Jotunheimen sowie Kletter- und Gletscherkurse. Geführte Touren auf Norwegens höchsten Berg, den Galdhøpiggen (2.469 m). Juli - August.
Der DNT veranstaltet Wochenkurse von Anfang Juli bis Anfang August in den Gebieten: Krossbu - Smørstabbreen, Glitterheim - Veobreen.
- Galdhøpiggen Sommerskisenter, N-2686 Lom, Tel. 062 - 12 142
Geführte Gletschertouren zum Galdhøpiggen (2.469 m) von der Juvasshytta.

Buskerud
- Norges Høgfjellskole, N-3560 Hemsedal, Tel. 067 - 78 306
Alpine Gletschertouren in Jotunheimen, Ende Juli bis Anfang August.

Telemark
- Haukeli Høyfjellshotell A/S, Vågslid, N-3895 Edland, Tel. 036 - 70 585

Hordaland
- Bergen Turlag - Fjellsportgruppen, C. Sundtsgt. 3, N-5004 Bergen, Tel. 05 - 32 22 30
Gletscherkurs auf dem Folgefonn im Sommer. Erlernen verschiedener Sicherungsmethoden, Rettungstechniken u.a. Gletscherkurse auf dem Hardangerjøkulen.
- Finse 1222, Postboks 12, N-5690 Finse, Tel. 05 - 52 67 11

Gletscherkurs auf dem Hardangerjøkul oder geführte Sommerskitouren auf dem Plateau. Wochenendveranstaltungen von August bis September.
Der DNT veranstaltet Wochenkurse auf der Finsehütte (Bergenbahn), mit Touren zum Hardangerjøkul.
- DNT Bergen Turlag, C. Sundtsgt. 3,
  N-5004 Bergen, Tel. 05 - 32 22 30
- Odda Reiselivslag, Postboks 147,
  N-5751 Odda, Tel. 054 - 41 297

Gut markierte Wege von Buar zum Buarbre, eine Stunde Aufstieg. An den Wochenenden im Juli und August oder nach Absprache mit dem örtlichen Fremdenverkehrsamt werden geführte Wanderungen zum Buarbre (Folgefonna) durchgeführt.
- Kvinnherad Reiselivslag,
  N-5470 Rosendal, Tel. 054 - 81 311 oder 81 328

Tagestour oder zweitägige Tour zum Bondhusbre. Bergen Turlag (Tel. 05 - 32 22 30) veranstaltet Gletscherkurse auf dem Bondhusbre von Juli-August und Skitouren auf dem Folgefonna.
- Folgefonn Sommerskisenter,
  N-5627 Jondal, Tel. 054 - 68 500 od.
  090 - 44 650 (Juni - September)
- Folgefonn Villmarksturar, Boks 3,
  N-5470 Rosendal, Tel. 054 - 80 040

Gebirgswanderungen, Kletter- und Gletschertouren.

Sogn og Fjordane, Jostedalsbreen
- Sogn og Fjordane Turlag, Postboks 365,
  N-6901 Florø, Tel. 057 - 71 200/71 184

Veranstaltet Touren über den Gletscher und das Fjell von Mai-September. Feste Termine.
- Jostedalen Breførarlag, Heidi Zimmermann,
  N-5828 Gjerde, Luster, Tel. 056 - 83 273/83 204
  oder:
- Luster Reiselivslag, Rådhuset,
  N-5820 Gaupne, Tel. 056 - 81 211

Gletscherkurse und -wanderungen mit unterschiedlicher Länge und Schwierigkeitsgrad. Wochen- und Tagestouren, Skitouren auf dem Gletscher, Ende Juni-Ende August.
- Flatbrehytta, Anders Øygard,
  N-5855 Fjærland, Tel. 056 - 93 118

Organisierte Touren von der Hütte zum Flatbre donnerstags und sonntags, 3stündige Tour von Mitte Mai-Ende September. Gletscherkurs.
- Balestrand og Fjærland Reiselivslag,
  Postboks 57,
  N-5850 Balestrand, Tel. 056 - 91 255

Arrangiert Touren nach Fjærland und weiter mit dem Bus zu den Gletscherarmen des Jostedalsbre, Bøyabre und Suphellebre. Gletscherwanderungen mit ortskundigen Führern von Mai bis September.
Der DNT veranstaltet Wochenkurse auf dem Suphellebre in Fjærland, die mit einer zweitägigen Skitour auf dem Gletscher abschließen.
- Vest Hotels, Selje Hotel,
  N-6740 Selje, Tel. 057 - 56 107

»Die große Vestlandstour« ist ein Tourenvorschlag der Hotels Sogndal Hotell, Stryn Hotell und Selje Hotell. Zusätzlich zur Gletschertour auf dem Jostedalsbre, gehören noch andere Aktivitäten wie Pferdekutschentour, Bootstour, Meeresangeltour und ein Museumsbesuch.
- Stryn Reiselivslag, Postboks 370,
  N-6880 Stryn, Tel. 057 - 72 332

Für Touren zum Briksdalsbre erkundigen Sie sich bitte im voraus beim Fremdenverkersamt.
- Gloppen Eventyret, Jørn Holst Kristiansen,
  Postboks 223,
  N-6860 Sandane, Tel. 057 - 66 100

Gletschertour über 10-12 Stunden mit Führer.
- Stryn Fjell- og Breførarlag, Eivind Skjerven,
  Postboks 72,
  N-6880 Stryn, Tel. 057 - 71 200
- Nordfjord Booking,
  N-6880 Stryn, Tel. 057 - 72 070

Angeboten werden Gletscherkurse und -wanderungen unterschiedlicher Länge und Schwierigkeitsgrade. Wochen- und Tagestouren. Skitouren auf dem Gletscher. Ende Juni - Ende August.
Der DNT veranstaltet Wochenkurse auf Bødalsseter (Nordfjord) u.a. mit einer zweitägigen Tour auf dem Jostedalsbre.
- Norw. Gletschermuseum/Gletscherzentrum,
  N-5855 Fjærland, Tel. 058 - 93 288

Nordland, Svartisen
- Friundervisningen i Bodø,
  Havnegt. 5, Postboks 444,
  N-8001 Bodø, Tel. 081 - 29 951

Gletscherkurs auf Svartisen Gard, u.a. mit einer zweitägigen Tour auf dem Engabre, einem Gletscherarm des Svartisen. Saison von Juli bis August.
- Rana Turistkontor,
  N-8600 Mo i Rana, Tel. 087 - 50 421

Gletschertour auf dem Okstindbre und Høgtuvbre im Juli und August, je nach Wetter.
- Meløy Reiselivslag Turistkontor,
  N-8150 Ørnes, Tel. 081 - 54 048

Gletscherkurse und -wanderungen mit Führer auf dem Svartisen.
- Polarsirkelen Reiselivslag, Boks 225,
  N-8601 Mo i Rana, Tel. 087 - 50 421
- Sulitjelma Wildlife and Adventure A/S,
  Postboks 57, N-8230 Sulitjelma,
  Tel. 081 - 40 147 / 40 416
- Svartisen Turistsenter, Holandsfjord,
  N-8178 Halsa, Tel. 081 - 50 032 / 50 011

Troms
- Tromsø Arrangement A/S, Postboks 312,
  N-9001 Tromsø, Tel. 083 - 10 000

Klettertour und Wanderungen. 3-6tägige Kurse mit Gletscherwanderungen, Rettung aus Gletscherspalten u.a., Juli-September.
- Nord-Reiser A/S, Postboks 6,
  N-9060 Lyngseidet, Tel. 089 - 10 508

Gletscherwanderungen in den Lyngsalpen, Juni - September.

Finnmark
- Finnmark Wildlife Services, Snekkernes,
  N-9710 Indre Billefjord, Tel. 084 - 61 644

**Gletscher:
Schön - aber gefährlich!**

Eine Gletscherwanderung ist ein großartiges Erlebnis, wenn sie zusammen mit ortskundigen Führern gemacht wird. Gletscher bestehen aus gewaltigen Ansammlungen von Schnee und Eis, die ständig in Bewegung sind.
Die norwegischen Gletscher wandern täglich bis zu 2 Meter! Die Spalten können daher mehrere Meter lang sein und 30-40 Meter tief. Allerdings sind sie oft mit Schnee bedeckt und nicht sichtbar. Daher sind die Schneefelder oft die gefährlichsten Gebiete auf einem Gletscher. Wo Gletscher über steile Berge hängen oder abrupt enden, können sich Lawinen bilden. Fallen Lawinen oder Eisstürze von Gletschern in ein Gewässer, kann es zu Aufstauungen kommen. Werden diese durchbrochen, können sich plötzlich große Mengen Wasser und Eis in das Tal hinunter ergießen - eine ernstzunehmende Gefahrenquelle.
Deshalb:
- Gehen Sie nie ohne ortskundige Führer über Gletscher!
- Gehen Sie nie nah an steile Gletscherwände und niemals unter Gletscher!
- Beachtfen Sie unbedingt alle Warnschilder!

GOLDWASCHEN

Reich wird man dabei kaum, aber es macht dennoch einen Riesenspaß, im Bezirk Finnmark unter der Mitternachssonne Gold zu waschen. Wenn man Glück hat, findet man einen kleinen Klumpen, den man sich um den Hals hängen kann. Und das ist nicht nur ein Touristen-Mitbringsel. Seriöse Zechen haben in den letzten Jahren in der Finnmark förderbare Goldadern entdeckt. Und wer weiß, was die alten Goldfelder an der norwegisch-finnischen Grenze noch alles bergen! Waschpfannen und alle übrige Ausrüstung kann man in mehreren Ortschaften der Finnmark mieten. Ein wenig Anleitung, und Sie dürfen sich ins Abenteuer stürzen! Übrigens: auch in einigen Abenteurparks kann man das Goldwaschen ausprobieren (s. »Abenteuerparks« im »A-Z Info« am Ende des Buches).

Akershus
- Gullverket A/S, Eidsvoll Almenning,
  N-2080 Eidsvoll, Tel. 06 - 96 91 63

Schächte und Reste des früheren Bergwerkbetriebs, Waschen von Naturgold, Naturpfad, u.a.

Hordaland
- Bømlo Fremdenverkehrsamt, Postboks 130,
  N-5420 Rubbestadneset, Tel. 054 - 27 705/26 926

Die Goldgruben Lykling bei Bømlo sind seit den Goldgräberzeiten vor hundert Jahren bekannt. Dort wird das Goldwaschen demonstriert und die notwendige Ausrüstung ausgeliehen.

Troms
- Troms Adventure A/S, Andslimoen,
  N-9201 Bardufoss, Tel. 089 - 33 644

Goldwaschen im See Altevatn.

Finnmark
- Karasjok Opplevelser as, Postboks 192,
  N-9730 Karasjok, Tel. 084 - 66 902

Zur Jahrhundertwende wurde das Gold kommerziell aus dem Flußkies geschürft. Zwar wurde eine richtige Hauptader nie gefunden, aber es gibt auch heute noch Goldstaub im Flußsand. Im Finnmark Feriesenter können Sie eine Goldwaschpfanne erwerben und erhalten auch Informationen, wo Sie fündig werden können. Oder Sie nehmen einen ortskundigen Führer mit, der Sie zu den alten Goldfeldern nahe des Anarjokka Nationalpark leitet.
- Levajok Fjellstue,
  N-9826 Levajok, Tel. 085 - 28 746

Goldwasch-Touren.
- Schulstad Adventures, Stabbursdalen,
  N-9710 Indre Billefjord, Tel. 084 - 64 746

Lapplandtour: Diese Tour, die einen Tag in Anspruch nimmt, zeigt die ältesten Goldfelder im Bezirk Finnmark. Die Anmeldung kann im vorhinein unter folgender Adresse erfolgen:
- Lapplandsturer,
  N-9730 Karasjok, Tel. 084 - 66 445

GOLF

Die Saison dauert von ca. Mai bis September. Preise: NOK 100,- bis 200,- pro Gast/Tag (Juniorrabatt).
Weitere Informationen über Golfturniere etc. erhalten Sie bei:
- Norges Golfforbund, Hauger Skolevei 1,
  N-1351 Rud, Tel. 02 - 51 88 00

Informationen erhalten Sie auch bei folgenden Adressen:

Oslo
- Oslo Golfklubb, Bogstad,
  N-0757 Oslo 7, Tel. 02 - 50 44 02

Verleih von Golfausrüstung, 18-Lochplatz.

Akershus
- Bærum Golfklubb, Postboks 31, Hellerudvn. 26, N-1350 Lommedalen, Tel. 02 - 51 30 85
- Oppegaard Golfklubb, Postboks 84, N-1411 Kolbotn, Tel. 02 - 99 18 75

Østfold
- Borregaard Golfklubb, Postboks 348, N-1701 Sarpsborg, Tel. 09 - 15 74 01
9-Lochplatz.
- Skjeberg Golfklubb, Postboks 67, N-1740 Borgenhaugen, Tel. 09 - 16 63 10
Neuer 18-Lochplatz seit 1989.
- Sarpsborg Turistkontor, Rådhuset, N-1700 Sarpsborg, Tel. 09 - 11 90 00
18-Lochplatz und 9-Lochplatz.
- Oslofjorden Golf- og Country Club, N-1600 Fredrikstad, Tel. 09 - 33 30 33
18-Lochplatz innerhalb eines größeren Freizeitgeländes.
- Reisetrafikkforeningen for Fredrikstad og Omegn, Turistsenteret, N-1600 Fredrikstad, Tel. 09 - 32 03 30
18-Lochplatz.

Oppland
- Randsfjorden Golfklubb, N-2860 Hov, Tel. 061 - 28 000

Buskerud
- Kjekstad Golfklubb, Douglas Craig, Postboks 201, N-3440 Røyken, Tel. 02 - 85 58 50 / 85 53 53
18-Lochplatz Greenfee, NOK 100,-.

Vestfold
- Vestfold Golfklubb, Jenice Vinder, Postboks 64, N-3101 Tønsberg, Tel. 033 - 65 105
18-Lochplatz, Verleih von Ausrüstung.
- Borre Golfbane, Semb Hovedgård, N-3190 Horten, Tel. 033 - 73 240

Telemark
- Grenland Golfklubb, Postboks 433, N-3701 Skien

Agder
- Arendal og Omegn Golfklubb, Postboks 15, N-4801 Arendal, Tel. 041 - 88 101
- Kristiansand Golfklubb, Postboks 31, N-4601 Kristiansand S., Tel. 042 - 45 863
9-Lochplatz, Verleih von Ausrüstung, Unterricht nach Absprache.
Einige Hotels in Kristiansand vergeben sogenannte »Greenfee«-Karten, die Hotelgästen freien Zugang zum Golfplatz ermöglichen:
Hotel Caledonien, Hotel Christian Quart, Ernst Park Hotel, Rica Fregatten Hotel, Hamresanden Appartements, Hotell Norge.

Rogaland
- Stavanger Golfklubb, Longebakken 45, N-4040 Stavanger, Tel. 04 - 55 54 31 / 55 70 25
18-Lochplatz, Verleih von Ausrüstung. Zeiten müssen mit den Trainern abgesprochen werden.

Hordaland
- Bergen Golfklubb, Postboks 470, N-5001 Bergen, Tel. 05 - 18 20 77
9-Lochplatz.

Trøndelag
- Trondheim Golfklubb, Sommersæter, N-7020 Trondheim, Tel. 07 - 53 18 85
Einer der nördlichsten Golfplätze, auf dem man bis tief in die Nacht hinein spielen kann. 9-Lochplatz.
- Nidaros Golfklubb, Postboks 2180, N-7001 Trondheim

HÖHLENWANDERN

Im norwegischen Bezirk Nordland liegt mit 600 m Tiefe Nordeuropas tiefste Höhle. Die tiefsten Höhlen kommen vor allem in Kalkgesteinen vor, die typisch für Nordnorwegen und Nordland sind. Da fast jedes Jahr noch neue Höhlen entdeckt werden, wächst Nordland mittlerweile zur »Höhlen-Hochburg« heran. Natürlich gibt es solche Kalksteinvorkommen sowie interessante Exkursionen »in die Unterwelt« auch in anderen Landesteilen. Höhlen auf eigene Faust zu entdecken, sollte übrigens nur Spezialisten vorbehalten bleiben. In mehreren Orten werden aber mittlerweile geführte, ungefährliche, aber deshalb nicht weniger spannende Höhlentouren angeboten.

Oppland
- Norwegian Wildlife & Rafting, N-2254 Lundersæter, Tel. 066 - 29 794 /23 87 27
- Lom Bre- og Fjellførarlag, N-2686 Lom, Tel. 062 - 11 286
- Gausdal Turistkontor, Postboks 62 N-2621 Østre Gausdal, Tel. 062 - 20 066
Die Grotte »Helvete« ist 100 m tief.
- Strandefjord Hytte & Fritidssenter, N-2920 Leira, Tel. 063 - 62 365
»Mini Grand Ganyon«

Møre und Romsdal
- Reiselivsforeningen i Molde, Boks 484, N-6401 Molde, Tel. 072 - 57 133

Troms
- Troms Adventure A/S, Andslimoen, N-9201 Bardufoss, Tel. 089 - 33 644

Nordland
- Polarsirkelen Reiselivslag, Boks 225, N-8601 Mo i Rana, Tel. 087 - 50 421
- Torghatten Reiselivslag, N-8901 Brønnøysund, Tel. 086 - 21 688 oder 21 601
- Midt-Helgeland Reiselivslag, Boks 323, N-8801 Sandnessjøen, Tel. 086 - 44 044/44 033

HUNDESCHLITTENFAHREN

Polarhunde im Geschirr, ein hinterhersausender Schlitten und ein knallender Peitschenschlag in der klaren Winterluft, während schneeschwangere Wolken über der Spur hängen und der Vollmond über den Gebirgen am Horizont kauert. Das hört sich an wie aus den Pioniertagen in Alaska. Aber diese »Pelzjägerstimmung« kann man auch heute noch erleben. An vielen Stellen gibt es hundeschlittenbegeisterte Tourenanbieter, die ihren Gästen dieses kleine »Abenteuer« nicht vorenthalten möchten. Als Hundeschlittenpassagier kann man auf bequeme Art die weiße Wildnis kennenlernen. Im Sommer kann man den Schlitten mit dem Packgeschirr vertauschen, und die Hunde transportieren alles, was man für eine gute Angeltour oder eine erlebnisreiche Bergwanderung benötigt.
Allgemeine Auskünfte:
- Den Norske Turistforening (DNT), Postboks 1963 Vika, N-0125 Oslo 1, Tel. 02 - 83 25 50/83 80 20

Hedmark
- Aktiv Fritid Trysil, Korsberget, N-2420 Trysil, Tel. 064 - 50 659
- Trysil Ferie og Fritid, N-2420 Trysil, Tel. 064 - 50 511
- Artemis, Stangeskovene, N-1933 Lierfoss, Tel. 06 - 86 58 88

Oppland
- Togo Sledeturer, Odd Rydjord, Roterud, N-2600 Lillehammer, Tel. 062 - 69 899
- Peer Gynt Ski og Sommerarena N-2645 Harpefoss, Tel. 062 - 98 528
- Kjell Smestad, N-2623 Vestre Gausdal, Tel. 062 - 23 297
- Roar Laugerud, N-2655 Heidal, Tel. 062 - 34 955
- Sel Kommune, Bengt Magnussen, Tel. 062 - 33 278
- Randsverk Hundesenter, N-2680 Vågåmo, Tel. 062 - 38 750
- Vågå Turistkontor, Tel. 062 - 37 880
- Beitostølen Reiselivslag, N-2953 Beitostølen, Tel. 063 - 41 006/41 006
- Venabu Fjellhotell, N-2632 Venabygd, Tel. 062 - 84 055
- Jotunheimen Hundesenter, N-2680 Vågåmo, Tel. 062 - 38 750
- Beitostølen Reiselivslag, N-2953 Beitostølen, Tel. 063 - 41 006/41 360

Buskerud
- Hemsedal Turistkontor, Postboks 3, N-3560 Hemsedal, Tel. 067 - 78 156
Hundeschlittenfahrt am Osethotel in Golsfjellet.
- Ove Enger, Ekeberg, N-3073 Galleberg, Tel. 03 - 77 07 78

Telemark
- Haukeli Høyfjellshotell A/S, Vågslid, N-3895 Edland, Tel. 036 - 70 585

Agder
- Aktiv Villmark Opplevelse N-4440 Tonstad, Tel. 043 - 71 862

Hordaland
- Finse 1222, Postboks 12, N-3590 Finse, Tel. 05 - 52 67 11
- Geilo Turistservice A/L, Postboks 85, N-3581 Geilo, Tel. 067 - 86 300
- Folgefonn Villmarksturar, Postboks 3, N-5470 Rosendal, Tel. 054 - 80 040
- Odin Adventures, N-5470 Rosendal, Tel. 054 - 81 311 oder 81 950

Trøndelag
- Midt Norsk Reiseliv A/S, Postboks 65, N-7001 Trondheim, Tel. 07 - 51 70 30
- Meråker Fjell A/S, N-7530 Meråker, Tel. 07 - 81 36 11

Nordland
- Polar Mushing and Wildlife, Osvoll - Ny jord, N-8200 Fauske, Tel. 081 - 42 462
- Nord-Norsk Reiselivsindustri A/S, Postboks 318, N-8501 Narvik, Tel. 082 - 46 033 oder 43 309

Troms
- Harstad og Omland Arrangement A/S, Postboks 447, N-9401 Harstad, Tel. 082 - 63 235
- Tromsø Arrangement A/S, Postboks 1077, N-9001 Tromsø, Tel. 083 - 10 000
- Troms Adventure A/S, Andslimoen, N-9201 Bardufoss, Tel. 089 - 33 644

Finnmark
- Nordkapp Reiselivslag, Postboks 34, N-9750 Honningsvåg, Tel. 084 - 72 894
- Finnmark Tur og Guideservice, Postboks 101, N-9500 Alta, Tel. 084 - 37 277
- Canyon Huskies, Stengelsen, N-9500 Alta, Tel. 084 - 33 314 / 33 306
- Finnmark Wildlife Services, Snekkernes, N-9710 Indre Billefjord, Tel. 084 - 61 644
- Schulstad Adventures, Stabbursdalen, N-9710 Indre Billefjord, Tel. 084 - 64 746
- Stabbursdalen Camp og Villmarkssenter A/S, N-9710 Indre Billefjord, Tel. 084 - 64 760
- Husky Adventures, Sven Engholm, N-9730 Karasjok, Tel. 084 - 67 166
- Karasjok Opplevelser A/S, Postboks 192, N-9720 Karasjok, Tel. 084 - 66 902

JAGD

Norwegen hat eine Fläche von über 324.000 km², von denen große Teile aus Wald und Fjell bestehen. Das Land besitzt eine vielfältige Natur mit einer artenreichen Fauna.

Wichtige Wildarten
Gute Bestände bei den Hirschwildarten Elch, Hirsch, Ren, und Reh. Bei den Hühnervögeln sind Schneehuhn (»rype«), Birkhuhn (»orrfugl«), Auerhahn (»storfugl«) und Haselhuhn (»jerpe«) die begehrtesten. Gute Bestände weisen auch Watvögel (»vadarar«), Enten, Gänse und Seevögel auf. Von den kleineren Säugetieren wird besonders der Hase gern erlegt.

Jagdrecht
Auf Privatgrundstücken hat der Grundeigner oft zusammen mit anderen Eigentümern das Jagdrecht. Es kann an andere, auch Ausländer, verpachtet werden. Im Staatsforst (»statsalmenningane«) hat die jeweilige Bezirksbehörde das Jagdrecht bei Niederwild- und Rentierjagd, wobei die Behörde »fjellstyret« die Jagd verwaltet. Alle anderen Jagden im Staatsforst oder in anderen staatlichen Ländereien obliegen den Forstämtern (»skogforvaltarane«). Ausländer, die nicht in Norwegen leben, haben im allgemeinen keinen Zugang zum Staatsforst, Ausnahmen genehmigt die Forstverwaltung für die Hochwildjagd, mit Ausnahme der Rentierjagd. Auf den anderen Staatsländereien gibt es für Ausländer ebenfalls vereinzelt Jagdmöglichkeiten.

Jäger- und Schießprüfung
Personen, die im Ausland leben, brauchen keine Jägerprüfung in Norwegen abzulegen, wenn sie entsprechende Qualifikationen und Bescheinigungen aus ihrem Heimatland vorlegen. Hochwildjäger (Ausnahme: Rehwild) müssen jedes Jahr eine Schießprüfung ablegen. Personen mit Wohnsitz im Ausland sind davon befreit, sofern sie entsprechende Nachweise aus ihrem Land vorlegen.

Jägerabgabe
Wer in Norwegen auf die Jagd gehen will, muß eine Gebühr in den sog. »Wildfond« einzahlen. Diese Abgabe beträgt zur Zeit NOK 150,- und gilt für das ganze Jahr. Das Jagdjahr rechnet man vom 1. April - 31. März. Die Abgabe ist Voraussetzung, um jagen zu dürfen, sie gewährt aber kein Jagdrecht in einem Gebiet. Eine Einzahlungskarte erhält man beim Bezirksobmann oder beim »Direktoratet for Naturforvaltning« (siehe S. 171). Bei Abschuß von Rentieren, Hirschen oder Elchen ist anschließend eine »Erlegungsgebühr« zu entrichten. Sie beträgt für einen Elch ca. NOK 8.000,- und für Rentiere NOK 1.000,- bis NOK 2.000,- (abhängig von der Art des Jagdrechts).

Einfuhr von Waffen
Um eigene Waffen nach Norwegen einzuführen, müssen Ausländer bei der Ankunft dem Zoll die Waffenlizenzen des Heimatlandes vorlegen. Dabei muß eine doppelte Erklärung ausgestellt werden. Danach erhält man einen norwegischen Waffenschein für drei Monate.

Waffen und Munitionsvorschriften
Die genauen Bestimmungen über Waffen und Munitionsvorschriften erhält man beim »Direktoratet for Naturforvaltning« (siehe S. 171).

Jagdzeiten
Die Jagdzeiten sind in den verschiedenen Bezirken unterschiedlich. Sie variieren von Jahr zu Jahr und von Tierart zu Tierart. Die Eigentümer, das »fjellstyre«, der Bezirksobmann oder die Jagdbehörde (»viltnemnd«) geben genaue Einzelheiten über die jeweiligen Zeiten und Jagdmöglichkeiten bekannt.

Weitere Einzelheiten erfährt man bei:
- Direktoratet for Naturforvaltning, Tungasletta 2, N-7004 Trondheim, Tel. 07 - 58 05 00

Akershus
- Artemis Norw. Wildlife Experience, Stangeskovene, N-1933 Lierfoss, Tel. 06 - 86 58 88
Organisierte Elch- und Waldvögeljagd.

Østfold
- Viking Natur, Øystein Toverud, N-1870 Ørje, Tel. 09 - 81 11 22
Spezielle Atmosphäre der norwegischen Elchjagd als Gastjäger, entweder als Jagdposten oder zusammen mit ortskundigen Führern. Elche, Rehwild, Waldhühner.

Vestfold
- Vestfold-Lågen Skogeierforening, N-3647 Hvittingfoss, Tel. 03 - 76 83 60
Waldvögel, Biber, Ente, Tauben, Kleinwild, Elch.

Hedmark
- Glommen Skogeierforenings utmarkslag, Postboks 1329 Vestad, N-2401 Elverum, Tel. 064 - 10 166
Elch-, Rentier-, Reh-, Biber- und Niederwildjagd.
- Nordjakt A/S, Herbert Bachmann, N-4695 Hovden, Tel. 043 - 39 766 / 39 647
Elch-, Auer- und Birkwild-, Schneehuhn-, Hasen-, Fuchs-, Marder- und Minkjagd.

Oppland
- Ringebu Reiseliv A/L, N-2630 Ringebu, Tel. 062 - 80 533
Jagdscheinverkauf und Hüttenvermittlung während der Jagdsaison.

Buskerud
- Numedal Turist og Næringsservice AS N-3630 Rødberg, Tel. 03 - 74 13 90
Vermittlung von Hütten und Jagd/Angelkarten.
- Tempelseter Fjellstue, N-3359 Eggedal, Tel. 03 - 71 46 71
Verleih von Ausrüstung.
- Geilo Jeger og Fiskeforening, Tom Furuseth, N-3580 Geilo, Tel. 067 - 86 506
- Statsalmenningen, Gunnar Skogheim, N-3580 Geilo, Tel. 067 - 85 204/85 586
- Gol Jeger- og Fiskeforening, Øystein Brenno, N-3550 Gol, Tel. 067 - 74 100

Telemark
- Haukeli Høyfjellshotell, Vågslid, N-3895 Edland, Tel. 036 - 70 532
Rentier- und Vogeljagd.

Agder
- Norsk Skytesenter A/S, Øysang, N-4990 Søndeled, Tel. 041 - 54 690
Schießschule, geführte Jagd.
- Aktiv Villmark Opplevelse, N-4440 Tonstad, Tel. 043 - 71 862
Schneehuhnjagd

Hordaland
- Nordhordaland Reiselivslag, N-5100 Isdalstø, Tel. 05 - 35 16 01
Hirschjagd in der Zeit von 10.09.-25.09. und 10.10.-14.10. nur für Jäger.
- Hardangervidda, Eidfjord Reiselivslag, N-5783 Eidfjord, Tel. 054 - 65 177

Møre og Romsdal
- Aure Turistsenter, N-6690 Aure, Tel. 073 - 46 555
Jagd auf Rehwild und Hirsche. Saison von September bis Dezember.
- Jakt & Fiske, Øvstestøl Sæterlag, Odd Langdak, N-6210 Valldal, Tel. 071 - 58 622

Jagdkarte. Viel Niederwild.

Trøndelag
- Atlanten Reisebyrå, N-7240 Fillan, Tel. 074 - 41 470
Hirsch- und Wildgänsejagd.

Nordland
- Okstindan Allsport, Postboks 52, N-8646 Korgen, Tel. 087-91 337 / 91 316
Schneehuhnjagd.

Troms
- Norw. Activities / Tour and Advenure Johann Stirner, N-9454 Ånstad, Tel. 082 - 97 257
Elch-, Rentierjagd, Auerwild und Waldvögel.
- Espnes Reiser A/S, Postboks 57, N-9250 Bardu, Tel. 089 - 81 211
Organisierte Jagdtouren.
- Troms Adventure A/S, Andslimoen, N-9201 Bardufoss, Tel. 089 - 33 644

Finnmark
- Karasjok Opplevelser A/S, Postboks 192, N-9730 Karasjok, Tel. 084 - 66 902
Schneehuhnjagd auf der Finnmarksvidda mit Packhunden.
- Levajok Fjellstue, N-9826 Sirma, Tel. 085 - 28 746 / 28 714
- Schulstad Adventures, Stabbursdalen, N-9710 Indre Billefjord, 084 - 64 746
- Stabbursdalen Camp og Villmarkssenter A/S, N-9710 Indre Billefjord, Tel. 084 - 64 760
- Viddas Veiviser, Båteng, N-9845 Tana, Tel. 085 - 28 869 / 28 857 oder 090 - 99 319 / 16 789
- Finnmark Fjellferie, Tverrelvdalen, N-9500 Alta, Tel. 084 - 33 823
- Sami Travel, Boks 25, N-9520 Kautokeino, Tel. 084 - 56 205
- Arctic Hunting & Fishing, Postboks 105, N-9845 Tana, Tel. 085 - 28 616

KANU

Mit dem Kanu ruhig auf einem See dahingleiten ist für viele ein beeindruckendes Naturerlebnis. Vom Boden eines Kanus aus gewinnt man eine ganz neue Perspektive für die Umgebung. Für idyllische Kanutouren eignet sich besonders das Sørlandet. Flüsse, Seen und Kanäle ermöglichen lange, zusammenhängende Fahrten. An vielen Orten in Norwegen kann man Kanus mieten. Die Gewässer östlich des Femund-Sees gehören zu den beliebtesten Paddelgebieten Südnorwegens. Ansonsten findet man auf den Seen und Kanälen Østfolds und Telemarks gute Möglichkeiten zum »Paddeln«.
Mit seinen vielen Wildwassern bietet Norwegen auch Flußpaddlern, die auf Wasserfälle und Strudel aus sind, viele Gelegenheiten. In den meisten Landesteilen befinden sich Flüsse unterschiedlichster Schwierigkeitsgrade.
Der norwegische Kajak- und Kanuverband hat das Buch »Elvepadling« (Wildwasserfahren) auf norwegisch und englisch herausgegeben (96 S. mit zahlr. Abb., DM 29,80). Darin findet man Tourenbeschreibungen der meisten Flüsse Südnorwegens.
Weitere Informationen:
- Norges Kajakkforbund, Hauger Skolevei 1, N-1351 Rud, Tel. 02 - 51 88 00

Oder bei folgenden Adressen:

Oslo
- Aktiv Fritid Padlesenter, Tel. 02 - 84 80 70
- Bull Kajakk A/S, Middelthunsgt. 19, N-0368 Oslo 3, Tel. 02 - 56 94 86
- Turistinformasjonen, Knut Mork, Vestbaneplassen 1, N-0250 Oslo 2, Tel. 02 - 83 00 50

Akershus
- Norges Padleforbund, Hauger skolevei 1
  N-1351 Rud, Tel. 02 - 13 77 00
  Information, Kanuverleih, Literatur.
- Aktiv Fritid Sykkel og Padlesenteret,
  Bergervn. 6, N-1362 Billingstad, Tel. 02 - 84 80 70
- U-BI-LA, Terje Lier,
  N-1540 Vestby, Tel. 02 - 95 07 08
- A/S Artemis (Norwegian Wildlife Experience),
  Stangeskovene,
  N-1933 Lierfoss, Tel. 06 - 86 58 88

Østfold
- Viking Natur, Øystein Toverud,
  N-1870 Ørje, Tel. 09 - 81 11 22
  Kanuverleih und organisierte Touren.
- Tojak Friluftsservice, Thore Hoell,
  Postboks 53 Glenne,
  N-1750 Halden, Tel. 09 - 19 20 11
  Kanuverleih.
  Auch die örtlichen Touristenbüros verleihen teilweise Kanus.

Hedmark
- Canorado, N-2480 Koppang,
  Tel. 064 - 61 102 / 60 424
  Kanuverleih und -transport, Tourenvorschläge. Tourenangebote Mai-Ende Sept. Im Frühling Touren bei Eisgang für speziell Interessierte.
- Femund Canoe Camp,
  N-2445 Femundsenden, Tel. 064 - 59 019
- Trysil Ferie og Fritid,
  N-2420 Trysil, Tel. 064 - 50 511
- Trysil Flåteferie A/S, N-2422 Nybergsund,
  Tel. 064 - 53 175 od. 09 - 49 25 39
  Kanuverleih.
- Artemis, Stangeskovene,
  N-1933 Lierfoss, Tel. 06 - 86 58 88

Oppland
- Venabu Fjellhotell,
  N-2632 Venabygd, Tel. 062 - 84 055
  Kanuverleih, Touren mit Führer.
- Rondane Turleiarlag, Turistkontoret,
  N-2630 Ringebu, Tel. 062 - 80 533
  Paddeln in ruhigen Gewässern, Tagestour mit Kaffee und Grillen.
- Spidsbergseter Fjellstue,
  N-2632 Venabygd, Tel. 062 - 84 000
  Kanuverleih.
- Krekke Camping,
  N-2634 Fåvang, Tel. 062 - 84 571
  Kanuverleih.
- Espedalen Fjellstue,
  N-2628 Espedalen, Tel. 062 - 99 912
  Kanuwoche im Reich Peer Gynts, mit Einführung, Safari und Ausflügen.
- Nordseter Aktivitetssenter,
  N-2614 Nordseter, Tel. 062 - 64 037
- Fjellheimen Vannsportsenter,
  N-2612 Sjusjøen, Tel. 065 - 63 409
- Strand Restaurant og Vannsportsenter,
  Vingnes, N-2600 Lillehammer, Tel. 062 - 54 800
  Verleih von Kajaks, Segelbooten und Tretbooten.
- Austlid Feriesenter,
  N-2622 Svingvoll, Tel. 062 - 28 513
  Verleih von Kanus und Kajaks.
- Beitostølen Sport, Arve Kalrud,
  N-2953 Beitostølen, Tel. 063 - 41 081
  Kanuverleih.
- Peer Gynt Ski og Sommerarena,
  N-2645 Harpefoss, Tel. 062 - 98 528
  Paddeln im Fluß Gudbrandsdalslågen und in Gebirgsseen. Geführte Touren und Kanuverleih.
- Randen Kajakk, N-2584 Dalholen,
  Tel. 064 - 93 125 / 93 015
  Wochen- und Wochenendkurse von Januar - Juni; Kanuverleih.
- Norske Senter for Uteaktiviteter, Postboks 3,
  N-2671 Otta, Tel. 062 - 31 600
  Touren auf dem Fluß Lågen und dem See Furusjøen; Kanuverleih.
- Fagernes Camping,
  N-2900 Fagernes, Tel. 063 - 60 510
- Strandefjord Hytte & Fritidsenter,
  N-2920 Leira, Tel. 063 - 62 365
- Solvik Kanoutleie og kiosk, Ingvar Bølviken,
  N-3522 Bjoneroa, Tel. 063 - 38 068
- Skjåk Vannsport, Postboks 40
  N-2692 Bismo, Tel. 062 - 14 126
- Fagernes Turistkontor,
  N-2900 Fagernes, Tel. 063 - 60 400
- Ringebu Turistkontor,
  N-2630 Ringebu, Tel. 062 - 80 533

Buskerud
- Norefjell Aktiv Ferie, Olav Golberg,
  N-3516 Noresund, Tel. 067 - 46 611
  Tagestouren mit und ohne Führer.
- Turistkontoret for Kongsberg og Numedal,
  N-3600 Kongsberg, Tel. 03 - 73 15 26
- Hemsedal Turistkontor,
  N-3560 Hemsedal, Tel. 067 - 78 156,
  Verleih von Kanus, Ruderbooten, Segeljollen und Zugbooten für Wasserski.
- Golsfjellet Hotell, N-3550 Gol, Tel. 067 - 77 988
  Verleih von Kanus, Ruderbooten und Segeljollen.
- Geilo Turistservice A/L, Postboks 85,
  N-3581 Geilo, Tel. 067 - 86 300
- Vik Fritidssenter A/S,
  N-3506 Røyse, Tel. 067 - 39 240
- Drammens Sportsfiskere/Sølfastøya,
  Tel. 03 - 87 05 77
  Bootsverleih und Beratung, auch:
- Turistkontor, Rådhus, Tel. 03 - 80 62 16
- Imingfjell Turistheim, N-3632 Uvdal,
  Tel. 03 - 74 36 90
  Verleih von Kanus, Booten und Surfbrettern.
- Torsetlia Fjellstue, N-3632 Uvdal,
  Tel. 03 - 74 36 81
  Verleih von Kanus und Booten.
- Fjordgløtt Camping, N-3630 Rødberg,
  Tel. 03 - 74 13 35
  Verleih von Booten, Surfbrettern und Wasserscootern.

Vestfold
- Håkon Rishovd, Furuhøgda 5,
  N-3260 Østre Halsen, Tel. 034 - 86 707
- Tønsberg Kajakklubb, Jan Johansen,
  Nordbyen, N-3100 Tønsberg,
  Tel. 033 - 83 601 / 83 920
- Paddeltouren auf dem Lågen, Jan Høeg,
  Hovlandveien 150 c,
  N-3250 Larvik, Tel. 034 - 14 495
- Villmarksguiden, Ilestad,
  N-3240 Andebu, Tel. 034 - 42 066
- Telemark Vannsport, Omlidstranda,
  N-3250 Larvik, Tel. 034 - 87 736

Der Telemark-Kanal
- Telemark Reiser A/L, Nedre Hjellegt.18, Postboks 743, N-3701 Skien, Tel. 03 - 53 03 00

Der Telemark-Kanal ist ein einzigartiges Bauwerk: Von Dalen in der Telemark verläuft ein Kanal über 110 km nach Skien. Auf einigen Strecken dieses Kanalsystems kann man auch paddeln. 18 Schleusen heben die Schiffe und Boote auf 72 m ü.d.M. an. Will man mit dem Kanu weiterkommen, muß man direkt in die Schleusen hineinfahren und wird dann »geschleust«. Achtung: Es ist gefährlich, sich den Weg neben den Schleusen durch die Wasserfälle zu suchen. Bleiben Sie in Ufernähe. Der Kanal ist in beiden Richtungen mit dem Kanu befahrbar, am besten ist es jedoch, wenn man von Kviteseid aus startet.

1. Etappe: Der Bandaksjøen ist fast 30 km lang und bietet gleich einen Höhepunkt der Tour. Wilde Fjellgebiete, Vögel und Wild leben ungestört, und der Bandaksjøen ist ein fischreiches Gewässer.
2. Etappe: Bei Straumane fängt eine neue Welt an: Der Fluß wird hier ruhiger und Buchten mit Sandstränden laden zu einer Rast ein.
3. Etappe: Der See Kviteseidvatn ist »lieblicher« als der Bandaksee. Die Berge sind hier weniger steil und Badeplätze gibt es überall. An der Brücke in Kviteseid kann man einen kleinen Spaziergang machen, z.B. zum Bezirksmuseum. Auf dieser Etappe hat man auch Einkaufsmöglichkeiten in Fjågesund. Bis jetzt ist man auf der Südseite der Seen gepaddelt, hier wird nun die Seite gewechselt. Richtung Kilen liegen wieder einige idyllische Rastplätze.
4. Etappe: Wir nähern uns den Schleusen Hogga und Kjeldal.
5. Etappe: Die Kanalanlage ist ein Meisterwerk alter norwegischer Ingenieurskunst. Auch die Natur hat einiges zu bieten. Wir empfehlen eine Übernachtung auf der Halbinsel mitten im Nomevatn. Die nächste Paddeletappe führt durch Nome, eine exzellente »Kanalgemeinde«. Hier kann man überall Schleusen und ihre Anlagen besichtigen. Legen Sie an und schauen Sie sich einmal um!

In Ulefoss gibt es übrigens eine »Kanalausstellung«, die das Leben auf dem Kanal in alten Zeiten darstellt. Hier gibt es auch ein Touristenbüro mit Kunstgewerbeverkauf.
- Hallbjønn Høyfjellsenter, Tokke,
  N-3880 Dalen, Tel. 094 - 51 436
- Telemark Vannsport, Norsjø Ferieland,
  N-3812 Akkerhaugen, Tel. 03 - 95 84 30
- Lifjell Turisthotell,
  N-3800 Bø i Telemark, Tel. 03 - 95 00 11
  Halbtägige Tour mit Aktivitäten.
- Morgedal Turisthotell,
  N-3847 Brunkeberg, Tel. 036 - 54 144
  Kanuverleih.
- Gaustablikk Høyfjellshotell,
  N-3660 Rjukan, Tel. 036 - 91 422
- Haukeli Høyfjellshotell,
  N-3895 Edland, Tel. 036 - 70 58532
  Touren mit Führer.

Agder
Audnedalselva, Lyngdalsvassdraget, Otra, Tovdalselva und Nidelva sind gute Paddelgewässer. Kanu- und Kajakverleih an vielen Campingplätzen.
- Aust-Agder Idrettskrins, Postboks 1673,
  N-4801 Arendal, Tel. 041 - 26 060
  Verleih von Kanus und Anhängern
- Hegni Friluftsområde, N-4695 Hovden i
  Setesdal, Tel. 043 - 39 662
- Hovdenferie A/S, N-4695 Hovden i
  Setesdal, Tel. 043 - 39 630
- Rosfjord Apt. Hotell,
  N-4580 Lyngdal, Tel. 043 - 43 700
- Tregde Marina,
  N-4500 Mandal, Tel. 043 - 68 630
- Åros Motell Camp,
  N-4640 Søgne, Tel. 043 - 66 411
- Kristiansand og Opplands Turistforening,
  Rådhusgt. 5,
  N-4611 Kristiansand S., Tel. 042 - 25 263
  Organisierte Wochenendtouren.
- Hamresanden Båtutleie, Moneheia 4,
  N-4752 Hamresanden, Tel. 042 - 46 825
  Verleih von Kajaks.
- Eiken Hotell- og Feriesenter,
  N-4596 Eiken, Tel. 043 - 48 200
- Hamresanden Apartments/Camping,
  N-4752 Hamresanden, Tel. 042 - 46 200
- Åseral Turistsenter, Qvarstein,
  N-4544 Fossdal, Tel. 043 - 83 850
- Åseral Servicekontor
  N-4540 Åseral, Tel. 043 - 83 289
- Aktiv Villmark Opplevelse
  N-4440 Tonstad, Tel. 043 - 71 862
- Sørlands INFO, Postboks 518,
  N-4801 Arendal, Tel. 041 - 28 444
- Adventura, Postboks 46,
  N-4800 Arendal, Tel. 094 - 87 161
- Valle og Rysstad Reiselivslag, Valle Turistkontor, N-4690 Valle, Tel. 043 - 37 312
- Nedre Setesdal Reisetrafikklag, Postboks 146,
  N-4660 Evje, Tel. 043 - 31 056
- Kilsloftet, N-4930 Vegårshei, Tel. 041 - 68 412
- Gjeving Marina & Camping,
  N-4912 Gjeving, Tel. 041 - 66 367
- Ogge Kanoland A/S,
  N-4760 Birkeland, Tel. 042 - 61 803

Rogaland
- DT Wildlife, Dag Tveit, Nesevn. 8,
  N-4330 Ålgard, Tel. 04 - 61 76 87

Verkauf von »Inkas«- und »Ally«-Kanus und Booten; Vermittlung von Jagd, Süßwasser- und Meeresangeln; Verleih von Kanus (Inkas Aluminiumkanus) und Ruderbooten (mit oder ohne Außenbordmotor); Lavvu-Verleih (moderne, tragbare 8-Mann Samenzelte)
- Grindafjord Naturcamping,
  N-5570 Grindafjord, Tel. 04 - 77 57 40
- Gullingen Fjellstove, Mosvatnet,
  N-4230 Sand, Tel. 04 - 79 99 01
- Sauda Reiselivsforum, N-4200 Sauda,
  Tel. 04 - 78 36 90 / 78 39 88
- Dalane & Sirdal Reiselivslag,
  N-4370 Egersund, Tel. 04 - 49 08 19

Hordaland
- Smedholmen Kyst- og Naturlivsskule,
  N-5419 Fitjar, Tel. 054 - 97 432

Kajak-Kurs: Die Teilnehmer bauen selbst ihr Kajak und unternehmen anschließend eine Tour.
- Finse 1222, O. G. Nordengen, Postboks 12,
  N-5690 Finse, Tel. 05 - 52 67 11

Kanuwochenende mit geschulten Führern; Angelmöglichkeiten.
- Jonshøgdi Turisthytte, Kvamskogen,
  N-5600 Norheimsund, Tel. 05 - 55 89 80
- Voss Vandrerhjem, Evangervn. 27,
  N-5700 Voss, Tel. 05 - 51 20 17
- Harding Motell & Hyttetun,
  N-5780 Kinsarvik, Tel. 054 - 63 182
- ER-AN Auto Service,
  N-5210 Kalandseidet, Tel. 05 - 30 71 75
- Hotell Ullensvang,
  N-5774 Lofthus, Tel. 054 - 61 100
- Brakanes Hotell,
  N-5730 Ulvik, Tel. 05 - 52 61 05
- Bømlo Reiselivslag, Postboks 130,
  N-5420 Rubbestadneset, Tel. 054 - 27 705

Herstellung und Verleih von Kanus.
- Olavskulen Kystsenter, N-5437 Finnås
  Tel. 054 - 25 300

Herstellung von Eskimokajaks.
- Folgefonn Villmarkstur
  Jostein Hatteberg, Postboks 3,
  N-5470 Rosendal, Tel. 054 - 80 040

Kanu- und Kajaktouren.
- Litlabø Kurs og Treningssenter, Postboks 1298, N-5401 Stord, Tel. 054 - 14 357

Sogn og Fjordane
- Gloppen Eventyret, Postboks 223,
  N-6860 Sandane, Tel. 057 - 66 100

Zweitägige Touren, Verleih von Kanus, Wassersportzentrum.
- Hotel Mundal,
  N-5855 Fjærland, Tel. 056 - 93 101

Kanuverleih.
- Hauglandsenteret, N-6820 Flekke i Sunnfjord,
  Tel. 057 - 35 761

Veranstaltet Touren für Gruppen.

Møre og Romsdal
- Aak Fjellsportsenter, Postboks 238,
  N-6301 Åndalsnes, Tel. 072 - 26 444

Verleih von Kanus mit Ausrüstung, Kanutouren mit Führer.
- Åndalsnes Camping og Motell, Ivar Åndal,
  N-6300 Åndalsnes, 072 - 21 629

Kanuverleih.

Trøndelag
- Røros Reiselivslag, Postboks 61,
  N-7460 Røros, Tel. 074 - 11 165

Kanuverleih.
- Håneset Camping,
  N-7460 Røros, Tel. 074 - 11 372
- Røros Turisthotell, An Magritt vei,
  N-7460 Røros, Tel. 074 - 11 011
- Sibe's Kystmarina, Sigbjørn Larsen, Flatval,
  N-7263 Hamarvik, Frøya, Tel. 074 - 41 470

Kanu- und Kajakverleih.
- Teveltunet Fjellstue,
  N-7530 Meråker, Tel. 07 -81 36 11

Nordland
Kanuverleih bei vielen Übernachtungsbetrieben an der Küste. Informationen in den örtlichen Touristenbüros.
- Lovund Turist A/S,
  N-8764 Lovund, Tel. 086 - 94 532
- Polar Mushing and Wildlife, Osvoll - Ny jord,
  N-8200 Fauske, Tel. 081 - 42 462

Geführte Touren.
- Svartisen Turistsenter, Holandsfjord,
  N-8178 Halsa, Tel. 081 - 50 032 / 50 011

Troms
- Harandvollen Leirskole, Rachel Vangen,
  N-9200 Bardufoss, Tel. 089 - 33 249

Kanuverleih.
- Dividalen Camping,
  N-9234 Øverbygd, Tel. 089 - 37 816
- Tromsø Arrangement A/S, Turistkontoret,
  Postboks 312,
  N-9001 Tromsø, Tel. 083 - 10 000
- Tromsø Havpadleklubb, Postboks 2803,
  N-9001 Tromsø, Tel. 083-81 418 / 56 233
- Troms Adventure A/S, Andslimoen
  N-9201 Bardufoss, Tel. 089 - 33 644
- Spitsbergen Travel,
  N-9170 Longyearbyen, Tel. 080 - 21 160 / 21 300

Finnmark
- Karasjok Opplevelser A/S, Postboks 192,
  N-9730 Karasjok, Tel. 084 - 66 902

Touren auf dem Karasjokka mit samischen Flußbooten. Mit diesen bis zu 15 m langen Booten wurden früher hunderte Kilo Gepäck und Lasten transportiert. Karasjok Opplevelser läßt Sie nicht nur die nördliche Landschaft direkt vom Fluß aus erleben, sondern auch Pausen mit Lagerfeuer und nordnorwegischen Spezialitäten sind im Programm.
- Levajok Fjellstue,
  N-9826 Sirma, Tel. 085 - 28 746

Kanuverleih, Unterricht.
- Finnmark Leirskole/Aktivitetssenter,
  N-9500 Alta, Tel. 084 - 32 644
- Karalaks Vandrerhjem,
  N-9700 Lakselv, Tel. 084 - 61 476

Verleih von Kanus, gut für Kinder geeignet.
- Skoganvarre Turistsenter,
  N-9700 Lakselv, Tel. 084 - 64 846

Kanuverleih.
- Neiden Fjellstue,
  N-9930 Neiden, Tel. 085 - 96 141

Tourenvorschläge mit dem Kanu.
- Alta Elvebåtservice, Storelvdalen,
  N-9500 Alta, Tel. 084 - 33 378

Flußboottouren.
- Finnmark Wildlife Services, Snekkernes,
  N-9710 Indre Billefjord, Tel. 084 - 61 644

Geführte Touren.
- Schulstad Adventures, Stabbursdalen,
  N-9710 Indre Billefjord, Tel. 084 - 64 746

Geführte Touren.
- Cavzo Safari, Tore Fredrik Turi,
  N-9525 Masi, Tel. 084 - 57 588

Flußtouren vom samischen Ort Masi aus. Samische Bootsführer.
- Sami Travel, Boks 25
  N-9520 Kautokeino, Tel. 084 - 56 205

Kanuverleih.

LUFTSPORT

Informationen über Drachen- und Segelfliegen, Fallschirmspringen und andere »luftige« Abenteuer erhalten Sie über den Dachverband »Norsk Aeroclub«. Dort erhält man auch Auskunft über alle geltenden Richtlinien und darüber, welche Gebiete sich für welchen Sport eignen.

- Norsk Aeroklub, Møllesvingen 2,
  N-0854 Oslo 8, Tel. 02-69 03 11

oder bei den jeweiligen Clubs:

Oslo
- Norsk Aeroclub, Møllesvingen 2,
  N-0854 Oslo 8, Tel. 02 - 69 03 11
- Christiania Ballongklubb,
  Postboks 6628 Rodeløkka,
  N-0502 Oslo 5
- Oslo Ballongklubb, Postboks 2642,
  St. Hanshaugen, N-0131 Oslo 1
- KS Fallskjermklubb, Postboks 42 Linderud,
  N-0517 Oslo 5, Tel. 02 - 64 91 90
- Oslo Fallskjermklubb, Postboks 125,
  N-2020 Skedsmokorset

Akershus
- Asker og Bærum Fallskjermklubb,
  Svartdalsvn. 10, N-0678 Oslo,
  Tel. 02 - 33 69 11
- HJS Fallskjermklubb, Postboks 144,
  N-2059 Trandum, Tel. 06 - 97 80 10
- Ikaros Fallskjermklubb, Postboks 14,
  N-1405 Langhus, Tel. 09 - 87 52 46

Østfold
- RW Klubb Nimbus, Lars Jakob Coucheron
  Aamodt, Postboks 3,
  N-1580 Rygge, Tel. 032 - 53 520

Oppland
- Ving Fallskjermklubb Oppland,
  Kirkebyskogen 42,
  N-2800 Gjøvik, Tel. 062 - 80 000
- Regionsenteret for Luftsport
  H.J. Nordskogen, N-2640 Vinstra
- Valdres Flyklubb, Bjarne Bergsund,
  N-2900 Fagernes, Tel. 063 - 60 299
  (nach 16.00 Uhr).

An den Wochenenden Flugunterricht und Sommerkurse auf den Flugplätzen Klanten (21 km von Fagernes entfernt Richtung Gol) und Leirin bei Fagernes.
- Norsk Rikssenter for Hanggliding,
  N-2680 Vågåmo
- Valdres Turistkontor, Rådhuset,
  N-2900 Fagernes, Tel. 063 - 60 400

Buskerud
- Drammen Fallskjermklubb,
  Postboks 2106 Strømsø,
  N-3001 Drammen, Tel. 03 - 81 26 35
- Klanten Flyklubb, Knut O. Kvissel,
  N-3550 Gol, Tel. 067 - 74 818

Segeln und Motorsegeln.
- Hemsedal, Oslo Paragliderclub
  Lasse Solberg, Tel. 02 - 49 32 38
- Hemsedal Turistkontor, Postboks 3,
  N-3560 Hemsedal, Tel. 067 - 78 156
- Turistkontoret for Kongsberg og Numedal,
  Schwabesgt. 1, N-3600 Kongsberg,
  Tel. 03 - 73 15 26
- Nore og Uvdal Hanggliderclub, G. Prestegaarden, N-3632 Uvdal, Tel. 03 - 74 31 00
- Numedal og Hallingdal Flyklubb, Dagali
  Flyplass, N-3588 Geilo, Tel. 067 - 87 758
- Nore og Uvdal Sjøflyhavn, T. Myran/V. Larsen,
  N-3630 Rødberg, Tel. 03 - 74 12 61/030 - 54 202

Vestfold
- Skylift A/S, Sightseeing by air,
  Jarlsberg Flyplass
  N-3100 Tønsberg, Tel. 033 - 80 711

Fallschirmspringen und Segelfliegen: Treffpunkt am Flugplatz Jarlsberg: samstags und sonntags ab 12.00 Uhr.
- Tønsberg Fallskjermklubb, Postboks 601,
  N-3101 Tønsberg, Tel. 033 - 25 782

Telemark
- Grenland Fallskjermklubb, Postboks 101,
  N-3701 Skien, Tel. 03 - 54 66 50

Agder
- Kjevik Fallskjermklubb, Postboks 316, N-4601 Kristiansand S., Tel. 042 - 63 200
9stündiger Kurs im Fallschirmspringen.
- Kristiansand Fallskjermklubb, Postboks 2089, N-4602 Kristiansand S., Tel. 042 - 25 354
- Lyngdal & Lista Fallskjermklubb, Postboks 243, N-4580 Lyngdal

Rogaland
- Stavanger Fallskjermklubb, Stavanger Lufthavn, Sola, N-4050 Sola, Tel. 04 - 65 64 11

Hordaland
- Bergen Hangglider klubb, Postboks 336, N-5051 Nesttun, Tel. 05 - 11 93 62
- Bergen Fallskjermklubb, Postboks 34, N-5069 Bergen Lufthavn, Tel. 05 - 22 99 40
- Voss Fallskjermklubb, Anton Lahlum, Postboks 285, N-5701 Voss, Tel. 05 - 51 32 70
- Voss Hanggliderklubb, Gjernesvn. 22, N-5700 Voss
- Os Aeroklubb, Ulvensletta, Tel. 05 - 30 84 30
- Folgafonn Hangglider Klubb, Postboks 104, N-5451 Valen
- Norwild Adventure, Boks 105, N-5600 Norheimsund, Tel. 05 - 55 56 20

Sogn og Fjordane
- Stryn Hangglidingklubb, John Lødøen, N-6880 Stryn, Tel. 057 - 71 621

Møre og Romsdal
- Molde Fallskjermklubb, Postboks 1093, N-6401 Molde
- Volda/Ørsta Hangegliderlag, Postboks 519, N-6151 Ørsta, Tel.070 - 66439
- Ørsta Reiselivslag, Postboks 324, N-6150 Ørsta, Tel. 070 - 66 100

Trøndelag
- Røros Fallskjermklubb, Bersvenåsen 25, N-7460 Røros
- Røros Reiselivslag, Boks 61, N-7460 Røros, Tel. 074 - 11 165
Segelfliegen.
- NTH Fallskjermklubb, Student post 243, N-7034 Trondheim
- Trondheim Ballongklubb, Postboks 46, N-7058 Jakobsli
- Trondheim Fallskjermklubb, R. Ramstad, Hoemshøgda 16 B, N-7023 Trondheim
- Bjørgan Fritidssenter, N-7870 Grong

Nordland
- Bodø Arrangement A/S, Postboks 514, N-8001 Bodø, Tel. 081 - 26 000
- Vesterålen Reiselivslag, Postboks 243, N-8401 Sortland, Tel. 088 - 21 555
- Okstindan Allsport, Boks 52, N-8646 Korgen, Tel. 087 - 91 337 / 91 316
- Nord-Norsk Reiselivsindustri A/S, Postboks 318, N-8501 Narvik, Tel. 082 - 46 033 oder 43 309

Troms
- Harstad Fallskjermklubb, Kjetil Olufsen, Postboks 890, N-9401 Harstad, Tel. 082 - 76 333
- Troms Fallskjermklubb, Postboks 200, N-9201 Bardufoss, Tel. 089 - 39 996
- Tromsø Fallskjermklubb, Postboks 3297 Grønnåsen, N-9001 Tromsø, Tel. 083 - 72 755
- Tromsø Arrangement A/S, Turistkontoret, Boks 312, N-9001 Tromsø, Tel. 083 - 10 000

Finnmark
- Alta Fallskjermklubb, Postboks 2266 Elvebakken, N-9501 Alta

MINERALOGIE

Informationen über Mineralvorkommen erhalten Sie bei:

Oppland
- Fossheim Steinsenter, N-2686 Lom, Tel. 062 - 11 460

Buskerud
- Kongsberg Silbergrube, Bergwerksmuseum, N-3600 Kongsberg, Tel. 03 - 73 32 60
Grubenzug 2,5 km in den Berg hinein, Führung in 342 m Tiefe.
5 km lange Wanderung durch 270 Jahre alte Gruben.
- Drammen Geologiforening, Øyvind Juul Nilsen, Tel. 03 - 80 62 49 / 88 47 45

Vestfold
- Vestfold Geologiforening, Postboks 1237, Krokemoa, N-3201 Sandefjord, Tel. 033 - 30 540

Telemark
Telemark ist eines der ältesten Grubengebiete Norwegens. In den letzten Jahren hat man hier einige vorher nie entdeckte Mineralien gefunden. So fand man 1976 in der Høydalen Grube das sog. Tveitit. In den Gruben im Westen Telemarks gibt es die Mineralvorkommen Bornit, Chalcopyrit, Galena, Molybdenit und Bismuhtinit. Daneben gibt es Funde in Arsen-, Kupfer-, Silber-, Gold-, Eisen-, Fluorit- und Mangangruben
Während der Sommermonate vom 15. Mai bis 1. Oktober sind diese Gruben dem Publikum zugänglich. Geführte Besichtigungen nach Absprache. Eine Broschüre erhält man bei:
- Telemark Reiser A/L, Nedre Hjellegt. 18, N-3701 Skien, Tel. 03 - 53 03 00

Agder
Für den Steinsammler sind die unermeßlichen Mineralienadern in Evje/Iveland im Setesdal ein Dorado. Dort gibt es mehrere stillgelegte Gruben, und auf dem angelegten »Evje Mineralienpfad« kann man mit der ganzen Familie Mineralien sammeln. Mit etwas Glück findet man den blaugrünen Amazonit. In Iveland sind mehrere Gruben für Mineraliensammler geöffnet. Berechtigungskarten hierzu verkaufen die örtlichen Läden. Im Gemeindehaus Iveland sind Mineralien der Gegend ausgestellt. Seit 1991 gibt es den neuen Setesdal Mineralienpark. An verschiedenen Stellen im Evjegebiet kann man gefundene Mineralien bestimmen und auch schleifen lassen.
- Nedre Setesdal Reisetrafikklag, N-4660 Evje, Tel. 043 - 31 056
- Valle og Rysstad Reiselivslag, N-4690 Valle, Tel. 043 - 37 127
- Setesdal Mineralpark, N-4670 Hornnes, Tel. 043 - 31 310

Rogaland
- Dalane Geologiforening
Formann Georg W.Tønnesen, Helleren, N-4393 Uáland, Tel. 04 - 46 07 07, oder:
- Dalane & Sirdal Reiselivslag, N-4370 Eigersund, Tel. 04 - 49 08 19
In Egersund findet Ende Mai/Anfang Juni eine Stein- und Mineralienmesse statt.

Hordaland
- Bergen Geologiforening, N-5000 Bergen
- Bergen Steinsenter, Bredsgården 1F, Bryggen, N-5003 Bergen, Tel. 05 - 32 52 60
- Naturhistorisk Museum, Muséplass 3, N-5000 Bergen
Große geologische Sammlung, geöffnet täglich außer donnerstags, zwischen 11 und 14 Uhr Eintritt frei.

Sogn og Fjordane
- Hyen Turistsenter, N-6780 Hyen, Tel. 057 - 69 802
- Steinbui, N-5743 Flåm, Tel. 056 - 32 149
- Kunstsenteret, Lunde Camping, N-5745 Aurland, Tel. 056 - 33 540
- Stryn Steinsenter, N-6880 Stryn, Tel. 05 - 71 433

Trøndelag
- Salvesen & Thams, N-7332 Løkken Verk, Tel. 074 - 96 700
Im Grubenland Løkken vermitteln erfahrene Grubenarbeiter die Arbeit unter Tage. Während der geführten Rundgänge kann man den Edelstein Jaspis finden.

Troms
- Troms Adventure A/S, Andslimoen, N-9201 Bardufoss, Tel. 089 - 33 644
- Spitsbergen Travel, N-9170 Longyearbyen, Tel. 080 - 21 160 / 21 300

NATIONALPARKS

1987 wurde der 16. Nationalpark Norwegens im Reisagebiet eingeweiht. Die Zahl der staatlich geschützten Naturgebiete wächst ständig an. Mit der Einrichtung von Nationalparks will die norwegische Umweltbehörde zur Erhaltung der ursprünglichen Landschaft mit ihrer vielfältigen Tier- und Pflanzenwelt beitragen. Die Nationalparks bieten häufig gute Wandermöglichkeiten, teilweise auch Übernachtungsmöglichkeiten in Hütten. Siehe »Nationalparks« im »A-Z Info«.

ORIENTIERUNGSLAUF

Eine weit verbreitete Sportart in Norwegen ist der Orientierungslauf, in Norwegen »orientering« genannt. Dieser in Deutschland noch recht unbekannte Sport wird im ganzen Land betrieben, und das schon seit mehr als 20 Jahren. Die Aufgabe besteht darin, innerhalb eines bestimmten Gebiets mit Hilfe von Karte und Kompaß den Weg von Kontrollpunkt zu Kontrollpunkt zu finden. Die Reihenfolge, in der man die Kontrollpunkte anläuft, ist dabei beliebig. Orientierungstouren werden oft als Wettbewerbe in Märschen usw. organisiert und eignen sich auch hervorragend als Familiensport.
Insgesamt gibt es über 200 Orientierungsstrecken in Norwegen, an denen die örtlichen Vereine ihre Karten mit den eingezeichneten Kontrollpunkten verkaufen. Die Saison beginnt etwa Mitte Mai und endet im September. Man sammelt in dieser Zeit seine Punkte und kann sich damit als Landesmeister qualifizieren, denn »orientering« ist auch ein anerkannter Vereinssport in Norwegen.

Weitere Information:
- Norges Orienteringsforbund, Hauger Skolevei 1, N-1351 Rud, Tel. 02 - 51 88 00.

Østfold
- Østfold Orienteringskrets, O.H. gate 41, N-1700 Sarpsborg, Tel. 09 - 15 29 85

Oppland
- Beitostølen Reiselivslag, N-2953 Beitostølen, Tel. 063 - 41 0 06
Orientierungs-Touren in leichtem Fjellterrain. (Lift) Information beim örtlichen Touristenbüro.

Buskerud
- Nedre Sigdal Idrettsforening, Orienterings-

gruppa, N-3350 Prestfoss
- Vikersund Idrettsforening, Orienterings-
  gruppa, N-3370 Vikersund
- Gol Idrettslag, Orienteringsgruppa
  Jan Henrik Engh,
  N-3550 Gol, Tel. 067 - 74 544
- Geilo Idrettslag, Orienteringsgruppa
  Øivind Jacobsen,
  N-3580 Geilo, Tel. 067 - 86 469
- Hemsedal Turistkontor,
  N-3560 Hemsedal, Tel. 067 - 78 156
- Ål Turistkontor,
  N-3570 Ål, Tel. 067 - 81 060

Vestfold
- Vestfold Orienteringskrets, Anne Grete Holt
  Postboks 88, N-3201 Sandefjord,
  Tel. 034 - 68 780
- Tønsberg og Omland Reiselivslag, Storgt. 55,
  N-3100 Tønsberg, Tel. 033 - 14 819
  Orienteringskarte zum Verkauf.
- Numedal Turist og Næringsservice AS,
  N-3630 Rødberg, Tel. 03 - 74 13 90

Agder
- Sørlands INFO, Torvgt. 6,
  N-4800 Arendal, Tel. 041 - 22 193
  Ständige Orientierungsbahn im Gebiet um Arendal.
- Kristiansand Orienteringsklubb,
  N-4600 Kristiansand S., Tel. 042 - 94 534

Sogn og Fjordane
- Sogn og Fjordane Friidrettskrins, Hafstadvn.
  29 A, N-6800 Førde, Tel. 057 - 23 540

Nordland
- Nord-Norsk Reiselivsindustri A/S, Postboks 318,
  N-8501 Narvik, Tel. 082 - 46 033
- Bodø Arrangement, Postboks 514,
  N-8001 Bodø, Tel. 081 - 26 000

Troms
- Tromsø Arrangement A/S, Postboks 1077,
  N-9001 Tromsø, Tel. 083 - 10 000
- Senja Tour as, Postboks 326,
  N-9301 Finnsnes, Tel. 089 - 42 644
- Troms Adventure A/S, Andslimoen,
  N-9201 Bardufoss, Tel. 089 - 33 644

Finnmark
- Finnmark Orienteringskrets, Torgeir Strand,
  Frøyasvei 2, N-9500 Alta

ORNITHOLOGIE

In Norwegen gibt es folgende Vogelgebiete, die besonders interessant sind:

Oslo
Der Østensjø-See sowie die Steilene und andere Inseln im Oslofjord haben Vogelreservate. Anfahrt: Mit der Østensjøbahn Nr. 3 bis Skøyenåsen Station.

Akershus
Das Naturreservat Nordre Øyeren ist das größte skandinavische Inlandsdelta, Brut- und Rastplatz für 233 registrierte Vogelarten.
- Fylkesmannen i Oslo og Akershus,
  Miljøvernavd., N-0032 Oslo 1,
  Tel. 02 - 42 90 85

Østfold
Vogelreservat auf Øra vor Fredrikstad.

Agder
- Vestre Vest-Agder Reiselivslag, Liknes
  N-4480 Kvinesdal, Tel. 043 - 50042

Oppland
- Fokstua Gård, N-2660 Dombås, Tel. 062 - 41 497
- Info Nor, N-2660 Dombås, Tel. 062 - 41 444
Das Moor Fokstumsmyra liegt nicht weit von Dombås entfernt im Dovrefjell. Seit 1969 ist dieses Gebiet ein Naturreservat mit einem reichhaltigen Vogelleben. Von Pfaden und markierten Wegen aus kann man Kraniche, Kampfläufer, Odinshühnchen, Blaukehlchen, Kornweihe, Spornammer, Buchfink und Schafstelze beobachten. Auf Wunsch geführte Wanderungen. Beste Jahreszeit: Frühjahr, Frühsommer.
- Nordre Land Reiselivslag, N-2870 Dokka
Dokkadelta Naturreservat, Moorlandschaft mit einem reichen Vogelleben.

Buskerud
- Geilo Ornitologforening, Bill Sloan,
  N-3580 Geilo, Tel. 067 - 86 028
- EKT Langedrag Gjestegård og Villmarkspark,
  Tunhovd, N-3540 Nesbyen, Tel. 03 - 74 46 50
Wildpark mit wilden Enten- und Gänsearten, Schwänen und über 20 anderen Tierarten.

Vestfold
- Norsk Ornitologisk Forening, avd. Vestfold
  Formann Jørn Thollefsen, Postboks 153,
  N-3201 Sandefjord, Tel. 033 - 11 523
Vogelbeobachtungsturm am Grafenpfad, Ilene Naturschutzgebiet, Tønsberg. Information beim:
- Turistkontoret for Tønsberg og Omland,
  Storgt. 55, N-3100 Tønsberg, Tel. 033 - 10 220

Rogaland
Auf der Insel Utsira in Rogaland liegt ein wahres Vogelparadies. Die Insel zählt mit ihren 260 registrierten Vogelarten zu einem der größten norwegischen Vogelreservate längs der Küste. Bootsverbindung von Haugesund aus. Weitere Vogelgebiete liegen in Revtangen im westlichen Jæren sowie in Ryfylke.
- Utsira Kommune,
  N-5515 Utsira, Tel. 04 - 74 91 35
- Stavanger Museum, Zoologisk avdeling,
  Muségt. 16, N-4010 Stavanger, Tel. 04 - 52 60 35
- Ornitologisk stasjon Revtangen,
  Tel. 04 - 42 01 68

Hordaland
- Fylkesmannen i Hordaland-Miljøavdelinga,
  Walckendorffsgt. 6, N-5012 Bergen,
  Tel. 05 - 32 67 20
Karte und Broschüre über die Vogelreservate, besonders die Seevogelreservate in Hordaland.

Møre og Romsdal
Die Vogelinsel Runde ist durch eine Brücke mit dem Festland verbunden. Von Ålesund aus sind es etwas 2 1/2 Stunden. Auf dem Campingplatz Goksøyr erhält man ausführliche Informationen über Runde (auch für Gruppen und Schulklassen). Die Vogelreservate liegen auf der West- und Nordseite. Hier gibt es ca. 170.000 brütende Seevogelpaare, wie z.B. Dreizehenmöwen, Papageientaucher, Tordalk, Trottellumme, Scharbe, Eissturmvogel, und Baßtölpel. Die Brutzeit von April bis Mitte August.
- Goksøyr Camping,
  N-6096 Runde, Tel. 070 - 85 905
- Christineborg Turisthotel
  N-6096 Runde, Tel. 070 - 85 950
- Runde Camping,
  N-6096 Runde, Tel. 070 - 85 916

Nordland
Die Insel Røst, 60 Seemeilen vor Bodø südlich der Lofoten, erreicht man mit der Fähre oder mit dem Flugzeug. Hier leben Papageientaucher, Baßtölpel, Seeschwalben, Eissturmvögel, Austernfischer und Eiderenten. Die Fährüberfahrt von Bodø aus dauert 4 - 6 Stunden, der Flug 40 min. Andere interessante Vogelgebiete in Nordland sind Vøroy, Lovund in Helgeland und Træna. Den größten Bestand an Seeadlern in Norwegen hat Lurøy.

- Polarsirkelen Reiselivslag, Postboks 225,
  N-8601 Mo i Rana, Tel. 087 - 50 421
- Lofoten Reiselivslag, Postboks 210,
  N-8301 Svolvær, Tel. 088 - 71 053

Finnmark
In Finnmark gibt es mehrere Vogelfelsen oder Vogelgebiete. Im »Hornøya og Reinøya naturreservat« nisten im Inneren der Vogelinseln 40-50.000 Paar Grau-, Sturm- und Mantelmöwen, während man in den steilen Felswänden Alke, Trottel- und Dickschnabellummen, Papageientaucher, Dreizehenmöwen und einige Krähenscharben findet. Im »Gjesværstappan naturreservat« am Nordkap nistet eine der größten Papageientaucherkolonien Finnmarks. Reiches Vogelleben ist auch in den Nationalparks »Øvre pasvik« und Stabbursdalen und im Stabbursnes-Naturreservat zu beobachten. Der Vogelfelsen von Ekkerøy bei Vadsø ist der einzige, der man mit dem Auto erreichen kann.
- Finnmark Opplevelser as, Postboks 1223,
  N-9501 Alta, Tel. 084 - 35 444

Dreizehenmöwe	krykkje
Papageientaucher	lunde
Tordalk	alke
Trottellumme	lomvi
Scharbe	skarv
Eissturmvogel	havhest
Baßtölpel	havsule
Kranich	trane
Kampfläufer	brushane
Odinshühnchen	svømmesnipe
Blaukehlchen	blåstrupe
Kornweihe	myrhauk
Spornammer	lappspurv
Bergfink	bjørkefink
Schafstelze	gulerle

PILZE UND BEEREN SAMMELN

In den riesigen norwegischen Wäldern wachsen Mengen von schmackhaften Pilzen, darunter aromatische Pfifferlinge. Diesen Pilz findet man nur in Laub- und Nadelwäldern von Juli bis Mitte September. Nehmen Sie ein Pilzbestimmungsbuch zum Sammeln mit oder fragen Sie Einheimische bei besonders »seltenen« Exemplaren.

Pilz	sopp
Pfifferling	kantarell

Auch Beerenpflücken ist sehr populär in Norwegen. Bei einer Fjellwanderung kann man auf große Mengen wilder Himbeeren, Erdbeeren, Brom- und Blaubeeren, sogar kostbare Multebeeren stoßen. In der Finnmark darf - nach einem alten Gesetz - nur die dort lebende Bevölkerung »molte« pflücken. In den übrigen Landesteilen beachten Sie bitte, daß Sie nicht Privatgrundstücke einfach »abgrasen«. Achten Sie auf evtl. Schilder und pflücken Sie nicht mehr, als Sie wirklich verzehren wollen, damit Sie auch noch im nächsten Sommer auf Ihrem »tyttebær-Plätzchen« ernten können. Beeren und Pilze findet man in allen Wald- und Fjellgebieten Norwegens, nähere Auskünfte erhält man in den Touristenbüros vor Ort.

Multebeere	molte-/multe
Brombeere	bjørnebær
Himbeere	bringebær
Erdbeere	jordbær
Blaubeere	blåbær
Preißelbeere	tyttebær

RAFTING / WILDWASSERFAHREN

Wenn Sie die wilden norwegischen Gebirgsflüsse einmal hautnah erleben möchten, sollten Sie unbedingt eine Rafting-Tour ausprobieren. Auf den breiten Gummischlauchbooten finden ca. 8 Personen Platz, erfahrene Führer begleiten Sie und zeigen Ihnen nützliche Kniffe. Haben Sie Mut? Dann auf zur nächsten Stromschnelle.

Akershus
- Flåte Opplevelser a/s, Postboks 227,
  N-2051 Jessheim, Tel. 06 - 97 29 04

Hedmark
- Trysil Flåteferie A/S, N-2422 Nybergsund,
  Tel. 06 - 45 31 75 od. 09 - 49 25 39

Oppland
- Flåteopplevelser A/S, H.M.Gystadsv. 8,
  N-2050 Jessheim, Tel. (Sommer) 062 - 35 051,
  (Winter) 06 - 97 29 04
- Sjoa Rafting, Vågå Turistkontor,
  N-2680 Vågåmo, Tel. 062 - 37 880
- Norwegian Wildlife & Rafting A/S,
  N-2254 Lundersæter, Tel. (Sommer) 062 - 38 727,
  (Winter) 066 - 29 794
- Mad Rafters, Hasselbakken 3,
  N-2020 Skedsmokorset, Tel. (Sommer)
  062 - 38 916, (Winter) 06 - 87 69 21

Buskerud
- Flåteopplevelsen A/S, Numedalslågen in Dagali,
  Tel. 067 - 87 820
- Numedal Turist- og Næringsservice,
  N-3630 Rødberg, Tel. 03 - 74 13 90
  Rafting auf dem Numedalslågen.

Telemark
- Haukeli Høyfjellshotell,
  N-3892 Vinje, Tel. 036 - 70 532
  Rafting mit Gummifloß.

Agder
- Nedre Setesdal Reiselivslag,
  N-4660 Evje, Tel. 043 - 31 056
- Valle & Rysstad Reiselivslag,
  N-4690 Valle, Tel. 043 - 37 312

Hordaland
- Norwild Adventure, Thor Mørklid,
  N-5600 Norheimsund, Tel. 05 - 55 56 20
  Rafting im Fluß.

Trøndelag
- Sporty Oppdal, Stein Mellemseter,
  Hotel Nor Alpin, N-7340 Oppdal, Tel. 074 - 22 130
  Floßfahrt auf der Driva.
- Oppdal Friluftsenter A/S,
  N-7340 Oppdal, Tel. 074 21 382
- Oppdal Næringsforening, Boks 50,
  N-7341 Oppdal, Tel. 074 - 21 760

Nordland
- Polarsirkeleventyr,
  N-8255 Røkland, Tel. 081 - 93 199

Troms
- Troms Adventure A/S, Andslimoen,
  N-9201 Bardufoss, Tel. 089 - 33 644

Finnmark
- Karasjok Opplevelser A/S, Postboks 192,
  N-9730 Karasjok, Tel. 084 - 66 902
  Spannende Ausflugsfahrt. Große Gummiboote mit Platz für 10 Personen. Mit Guide, mindestens 4 Personen.
- Levajok Fjellstue, N-9826 Sirma,
  Tel. 085 - 28 746

Flußpaddeln auf dem Tanavassdraget, auf Wunsch mit Guide.
- Alta Elvebåtservice, Storelvdalen,
  N-9500 Alta, Tel. 084 - 33 378
  Flußboot-Touren zum Canyon.
- Cavzo Safari, Tore Fredrik Turi,
  N-9525 Masi, Tel. 084 - 57 588
- Sami Travel, Boks 25,
  N-9520 Kautokeino, Tel. 084 - 56 205
- Schulstad Adventures,
  N-9710 Indre Billefjord, Tel. 084 - 64 746

REITEN

Die gemütlichen norwegischen Fjordpferde sind nicht nur begehrte Fotomotive, sondern auch beliebte Reittiere. Überall in Norwegen können Sie Pferde leihen und Unterricht nehmen.
Dazu bieten die Reitzentren gute Möglichkeiten: Man kann für bestimmte Stunden oder Tage Pferde mieten oder an organisierten Tages- oder Wochentouren teilnehmen. Auch für spezielle Reitlehrgänge gibt es Angebote. Einige der Zentren sind besonders gut geeignet für Körperbehinderte, wie z.B. Steinseth Reitzentrum in Asker und Kjell's Rideskole in Gol. Falls Sie es vorziehen, die Vierbeiner lieber mit Abstand zu bewundern, dann ist es nicht weit bis zur nächsten Trabrennbahn.
Weitere Informationen:
- Norsk Rytterforbund, Hauger Skolevei 1,
  N-1351 Rud, Tel. 02 - 51 88 00

Oslo
- EKT Rideskole, Jomfrubråtvn. 40,
  N-1179 Oslo 11, Tel. 02 - 19 97 86
- Oslo Ridehus, Drammensvn. 131,
  N-0277 Oslo 2, Tel. 02 - 55 69 80
- Helge Torp, Sørbråten Gård, Maridalen,
  N-0890 Oslo 8, Tel. 02 - 42 35 79
- Elveli Gård, Sørkedalen Skole,
  Tel. 02 - 49 91 58 / 49 90 75

Akershus
- Steinseth Ridesenter, Sollivn. 74,
  N-1370 Asker, Tel. 02 - 78 75 46
  Theoretischer und praktischer Reitunterricht mit Einführung im Pferdestall. Reitkurse für Kinder und Jugendliche im Sommer. Therapeutisches Reiten für Körperbehinderte.
- A/S Artemis (Norwegian Wildlife Experience), Stangeskovene, N -1933 Lierfoss,
  Tel. 06 - 86 58 88
  Reittouren durch die Wälder von Akershus
- Hurdal Hestesenter A/S,
  N-2090 Hurdal, Tel. 06 - 98 77 55

Oppland
- Sørumstallen Randsverk,
  N-2680 Vågåmo, Tel. 062 - 37 547
- Sjusjøstallen,
  N-2612 Sjusjøen, Tel. 065 - 63 477
  13 Pferde für kürzere oder längere Touren, Präriewagen, Reitkurse.
- Dalseter Høyfjellshotell,
  N-2628 Espedalen, Tel. 062 - 99 910
- Gausdal Høyfjellshotell,
  N-2622 Svingvoll, Tel. 062 - 28 500
  5 Pferde für kürzere oder längere Touren, Reitunterricht.
- Peer Gynt Rideskole, Slangen Seter,
  N-2643 Skåbu, Tel. 062 - 95 518
  Unterricht im Fjellreiten, Springen, Dressur. Auch gut geeignet für Körperbehinderte.
- Venabu stallen, Line Tvete, Venabu Fjellhotell,
  N-2632 Venabygd, Tel. 062 - 84 055
  8-10 Pferde für Touren, auch mit Übernachtung, Pferdefuhrwerk, usw.
- Per's Rideskole, Sulseter Fjellstugu,
  N-2640 Vinstra, Tel. 062 - 90 153
  10 Dølapferde und Fjordpferde.
- Wadahl Høgfjellshotell,
  N-2645 Harpefoss, Tel. 062 - 98 300
  3-5 Pferde.
- Golå Høyfjellshotell,
  N-2646 Golå, Tel. 062 - 98 109
  7 Pferde.
- Varmalækur Rideleir, Hjerkinn Fjellstue Dr. Østensen,
  N-7080 Heimdal, Tel. 07 - 88 77 66; oder:
- Varmalækur Fjellstue, Dr. Østensen,
  N-2660 Dombås, Tel. 062 - 42 927.
  Nur ab 1.6.: Isländerpferde, Wochenprogramm für Erwachsenen und Kinder.
- Sermitsiak Rideferie, Hjerkinn Fjellstue Hr. Wilton Johansen,
  N-7341 Oppdal, Tel. 074 - 21 012
- Beitostølen Hestesenter, Torgeir Svalesen,
  N-2953 Beitostølen, Tel. 063 - 41 101
  12 Pferde, Reitunterricht, Tagestouren mit Führer, Wochen- und Wochenendtouren in Jotunheimen.
- Yddin Fjellstue,
  N-2940 Heggenes, Tel. 063 - 40 276
  5 Pferde für Touren
- Glenna Høgfjellsenter,
  N-2890 Etnedal, Tel. 061 - 21 000
  5 Pferde, Reitunterricht
- Gjøvik Ridesenter,
  N-2800 Gjøvik, Tel. 061 - 75 785
- Hadeland Kjøre- og Rideklubb, Karin Castberg,
  N-2754 Vestre Gran, Tel.063 - 39 096
- Lure Helsesportsenter, Anne Løvik,
  N-2820 Biri, Tel. 061 - 81 204
- Toten Kjøre- og Rideklubb,
  Tel. 061 - 91 585
- Øyer Turistinformasjon,
  N-2636 Øyer, Tel. 062 - 78 950
  Reitkurs im Øyerfjell.
- Torgeir Svalesen,
  N-2950 Skammestein, Tel. 063 - 41 101
  Unterricht auf der Bahn, kleine Touren mit Reitlehrern, Fjelltouren in Jotunheimen.
- Reinli Ridesenter,
  N-2933 Reinli, Tel. 061 - 47 143
  Reitkurs mit Unterricht.
- Dovre Reiselivslag / Info-Nor, Postboks 153,
  N-2660 Dombås, Tel. 062 - 41 444
- Fjellrittet,
  N-2950 Skammestein, Tel. 063 - 41 101
- Vågå Produkt og Reiselivslag, Brennvegen 1,
  N-2680 Vågåmo, Tel. 062 - 37 880
- Kjells Ridesenter, Rondablikk,
  N-2670 Otta, Tel. 094 - 44 175
  Stunden- und Tagestouren, Reitunterricht.
- Høvringen Fjellridning, N-2690 Høvringen,
  Tel. 062 - 33 760 oder 030 - 45 102
- Dokka Ridesenter, Anne Karin Rognerud,
  N-2870 Dokka
  Reittouren aufs Synnfjell.
- Sulseter Rideleir, N-2640 Vinstra,
  Tel. 062 - 90 153/91 321
- Bjorli Hestesenter, N-2669 Bjorli,
  Tel. 062 - 45 514
- Stugård Hestesenter, N-3528 Hedalen,
  Tel. 063 - 49 073
- Valdres Hestesenter, Skrutvold Gård
  N-2945 Skrautvål, Tel. 063 - 63 735
- Brennabu Leirskole og Aktivitetssenter,
  N-2960 Røn, Tel. 063 - 63 102

Buskerud
- Huso Gebirgshof, Pers Hotell,
  N-3550 Gol, Tel. 067 - 74 500
  Kinderreiten - Stunden-und Tagestouren.
- Geilo Hestesenter, Asle Kirkevoll,
  N-3580 Geilo, Tel. 067 - 85 181
  Stunden- und Tagestouren.
- Fjellheim Hestesenter,
  N-3550 Gol, Tel. 067 - 77 922
  Touren, gut geeignet für Körperbehinderte.
- Eivindsplass Fjellgard, Skurdalen
  N-3580 Geilo, Tel. 067 - 86 300
  Wochentour im Hallingdalsfjell mit gebirgserprobten Isländer-Ponys.
- Skogshorn Hytteutleige og Hestesenter,
  N-3560 Hemsedal, Tel. 067 - 78 133

- Hemsedal Hestesenter, Morten Guldbrandsen, N-3560 Hemsedal, Tel. 067 - 78 862

Wochentour im Hemsedal, Hallingdal und Valdres, Übernachtung in Hotels.

- Eirik Torpe, N-3579 Torpo, Tel. 067 - 83 115

Wochentouren in Hemsedal, Hallingdal und Valdres.

- Norefjell Hestesenter, Dynge Gård, Håkon Hede, N-3516 Noresund, Tel. 067 - 46 184/46 611
- EKT Fjellgård og Naturskole, Langedrag, N-3540 Nesbyen, Tel. 03 - 74 46 50
- »Vassfarrittet« Nes Ridesenter, Olaf Brenno, N-3540 Nesbyen, Tel. 067 - 73 124

Praktischer und theoretischer Unterricht, täglich Touren und Voltigieren, Stallarbeit. Behindertenfreundliche Wohnungen.

- Drammen Travbane, Buskerudvn. 200, N-3027 Drammen, Tel. 03 - 82 14 10
- Hemsedal Turistkontor, Postboks 3, N-3560 Hemsedal, Tel. 067 - 78 156
- Ål Turistkontor, N-3570 Ål, Tel. 067 - 81 060
- Turistkontoret for Midt-Buskerud, N-3516 Noresund, Tel. 067 - 46 611
- Stall Gulsrud, N-3359 Eggedal, Tel. 03 - 71 48 75
- Numedal Turist- og Næringsservice, N-3630 Rødberg, Tel. 03 - 74 13 90
- Bentestøvren Gård, Christina Ege, N-3510 Sokna, Tel. 067 - 44 371

Vestfold
- Hovland Ridestall og Rideskole, N-3250 Larvik, Tel. 034 - 14 407/15 950
- Jarlsberg Rideklubb, Sande Gård, N-3100 Tønsberg, Tel. 033 - 24 688
- Vestfold Travforbund, Postboks 110, N-3101 Tønsberg, Tel. 033 - 32 299
- Waaler Farm, Skauen, N-3160 Stokke, Tel. 033 - 39 424
- Gipø Ponnistall, N-3145 Nøtterøy, Tel. 033 - 21 041
- Grorud Gård, N-3240 Andebu, Tel. 033 - 95 398
- Skauen Riderskole, N-3160 Stokke Tel. 033 - 39 424
- Sølvsletten Ponnistall, Hemsgt. 84, N-3200 Sandefjord, Tel. 034 - 55 400

Telemark
- Rauland Hestesenter, Rehabilitationszentrum in Rauland, N-3864 Rauland, Tel. 036 - 73 500

Reittouren, Unterricht, Kurse im Sommer, Rehabilitationszentrum.

- Fjellhest, Rjukan Turistkontor, N-3660 Rjukan, Tel. 036 - 91 290

Wochenaufenthalt mit Tagestouren, Übernachtung in Hütten auf der Hardangervidda.

- Straand Hestesenter, Straand Hotel & Konferansesenter N-3853 Vrådal, Tel. 036 - 56 100

7 Pferde für Touren in Wald und Fjell, Touren mit dem Pferdewagen.

- Haukeli Høyfjellshotell A/S, Vågslid, N-3895 Edland, Tel. 036 - 70 585
- Kalhovd Turisthytte, Hardangervidda, N-3656 Atrå, Tel. 036 - 97 105

Agder
- Fjellgardane Rideklubb, Hovdenferie A/S, N-4695 Hovden i Setesdal, Tel. 043 - 39 630

Verleih von Pferden, Unterricht.

- Sørlands INFO, Torvgt. 6, N-4800 Arendal, Tel. 041 - 22 193

Reitzentrum in Fevik.

- Valle/Rysstad Reiselivslag, N-4690 Valle, Tel. 043 - 37 127

Reitzentrum in Valle.

- Nedre Setesdal Reiselivslag, Postboks 146, N-4660 Evje, Tel. 043 - 31 056

Reitzentrum in Evje.
Reitschule, veranstaltet 5tägige Kurse.

- Åros Reitzentrum, N-4640 Søgne, Tel. 042 - 67 177

Rogaland
- Torstein Fossan, Fossanmoen, N-4110 Forsand, Tel. 04 - 64 37 61

Reittour mit Isländerpferden über das Uburen-Fjell, Aussicht über den Lysefjord, 3stündige Tour. Wochen- und Wochenendtouren auf Bestellung. Neu: 3stündige Touren von der Preikestolhytta zum Preikestolen.

- Sokndal Rideklubb, Harald Olsen, Kvassåsen, N-4380 Hauge i Dalane, Tel. 04 - 47 76 92
- Grindafjord Naturcamping, N-5570 Aksdal, Tel. 04 - 77 57 40/77 55 47
- Karmøy Ridesenter, N-4274 Stol, Tel. 04 - 82 06 73
- Rogaland Islandshestforening, Gramstad, N-4300 Sandnes, Tel. 04 - 66 29 46
- Sandnes & Jæren Rideklubb, Foss-Eikeland N-4300 Sandnes, Tel. 04 - 67 31 65
- Rennesøy Ridesenter, N-4150 Rennesøy, Tel. 04 - 51 34 60
- Sauda Reiselivsforum, N-4200 Sauda, Tel. 04 - 78 36 90 / 78 39 88

Hordaland
- Roligheten Reitzentrum, N-5044 Nattland, Tel. 05 - 28 95 90
- Storebø Kurs- og Feriesenter, N-5392 Storebø, Tel. 05 - 38 06 10
- Sletten Reitzentrum, N-5065 Blomsterdalen, Tel. 05 - 22 68 11
- Stall Alvøen, N-5076 Alvøy, Tel. 05 - 93 24 40
- Svana Reitzentrum, Strømsnes, N-5306 Erdal, Tel. 05 - 14 93 27/14 29 21
- Alver Hotel, N-5102 Alversund, Tel. 05 - 35 00 24
- Myrkdalen, Helgatun Ungdomsheim, N-5700 Voss, Tel. 05 - 52 27 68
- Hardanger Feriepark, N-5780 Kinsarvik, Tel. 054 - 63 288/63 141
- Sunnhordland Ritell, Postboks 1310, N-5401 Stord, Tel. 054 - 12 000 od. 090 - 65 924

Pferdeverleih und organisierte Reitkurse.

- Folgefonn Villmarksturar, Postboks 3, N-5470 Rosendal, Tel. 054 - 81 590
- Jonshøgdi Leirskole og Aktivitetssenter, Kvamskogen, N-5600 Norheimsund, Tel. 05 - 55 89 80
- Kvinnherad Reiselivslag, N-5470 Rosendal, Tel. 054 - 81 311 / 81 328
- Litlabø Kurs og Treningssenter, Postboks 1298, N-5401 Stord, Tel. 054 - 14 357
- Geilo Hestesenter, N-3580 Geilo, Tel. 067 - 85 181
- Kvam Reiselivslag, Postboks 180, N-5601 Norheimsund, Tel. 05 - 55 17 67

Sogn og Fjordane
- Norsk Fjordhestsenter, Ove Natland, N-6770 Nordfjordeid, Tel. 057 - 60 233

Reitunterricht. Kurse im Sommer. Fahren mit Pferd und Wagen. Ausflüge.

- Gloppen Eventyret, Jørn Holst Kristiansen, Postboks 223, N-6860 Sandane, Tel. 057 - 66 100

Reitsafari auf dem Utvikfjell, Tagestouren, 2tägige Touren mit Übernachtung in Jagdhütte, Unterricht.

- Norsk Fjordhestgard, Bjørn Fløtre, N-6867 Byrkjelo, Tel. 057 - 67 394

Reiten und Pflege von Fjordpferden.

- Sogn Hest og helsesportsenter, Turistkontoret, N-5875 Årdalstangen, Tel. 056 - 61 177
- Årdal Rideklubb, N-5870 Øvre Årdal, Tel. 056 - 62 056
- Sogndal Køyre- og Rideklubb, Vestrheim, N-5880 Kaupanger, Tel. 056 - 78 562
- Brandsøy og Naustdal Rideklubb Flora Reiselivslag, Postboks 219, N-6901 Florø, Tel. 057 - 42 010 / 41 000
- Hauglandssenteret, N-6820 Flekke, Tel. 057 - 35 761

Nur für Gruppen.

- Klakegg Reitzentrum, N-6852 Klakegg, Tel. 057 - 28 151

Møre og Romsdal
- Rindal og Surnadal Reiselivslag, N-6650 Surnadal, Tel. 073 - 60 551
- Sula Rideklubb, Karl Elling Skaar, N-6030 Langevåg, Tel. 071 - 92 977

Täglich Reitkurse. Pferdeverleih mit Führer.

- Setnes Hestesenter, N-6310 Veblungsnes, Tel. 072 - 21 595

Pferdeverleih

- Ørsta Reiselivslag, Postboks 324, N-6150 Ørsta, Tel. 070 - 66 100
- Magne Hestflått, N-6686 Valsøybotn, Tel. 073 - 35 322

Möglichkeiten zu Reittouren über Landstraßen, durch Wälder und ins Gebirge, mit Führer.

- Tresfjord Hestesenter, Bjørn Kjersem, N-6380 Tresfjord, Tel. 072 - 84 457

Kurse und Reittouren. Kurze und lange Touren auf der Bahn oder in der freien Natur.

- Averøy Travklubb, Ole Kårvåg, N-6533 Kårvåg, Tel. 073 - 12 140

Reittouren nach Verabredung.

Trøndelag
- Rissa Næringsforening, N-7100 Rissa, Tel. 076 - 51 980
- Atlanten Reisebyrå, N-7240 Fillan, Tel. 074 - 41 470
- Wiltons Rideferie, Sletten Fjellgård, N-2584 Dalholmen, Tel. 064 - 93 108

Reitausflüge auf dem Dovrefjell und in Rondane.

- Kvåles Reitzentrum, Jorid og Amund Kvåle, N-7320 Fannrem, Orkdal, Tel. 074 - 85 215

Organsierte Touren durch Trollheimen. Kurze und längere Reitouren mit Lehrern, Touren mit Pferd und Planwagen im Sommer. Auch für Anfänger.

- Dyrhaugs Reitzentrum, N-7590 Tydal

Reittour auf alten Pilgerwegen zwischen Jämtland und Trøndelag, mit Isländerpferden.

- Tveltunet Fjellstue, N-7530 Meråker, Tel. 07 - 81 36 11
- Endre Østby, N-7977 Høylandet, Tel. 077 - 21 625

Nordland
- Okstindan Allsport, Postboks 52, N-8646 Korgen, Tel. 087 - 91 337 / 91 316
- Svartisen Turistsenter, Holandsfjord, N-8178 Halsa, Tel. 081 - 50 032 /50 011
- Brønnøy Hesteklubb, N-8900 Brønnøysund, Tel. 086 - 21 907
- Høgtun Ridesenter, N-8850 Herøy, Tel. 086 - 58 310
- Saltdal Hestesenter, N-8255 Røkland, Tel. 081 - 14 148
- Bodø Fritidsgård & Camping, N-8052 Bertnes, Tel. 081 - 14 148

Troms
- Tromsø Ryttersportsklubb, Sandnes, N-9000 Tromsø, Tel. 083 - 71 131
- Øverbygd Hestesenter, Erik Bjørkeng, Bjørkeng Gård, N-9234 Øverbygd, Tel. 089 - 38 291
- Harraldvollen Leirskole, Rachel Vangen, Andslimoen, N-9200 Bardufoss, Tel. 089 - 33 249
- Nordreisa Rideklubb, Kjell Alstad, N-9080 Storslett, Tel. 083 - 65 673

Nach Absprache Reittouren für Touristen.

- Harstad og Omland Arrangement A/S, Postboks 447, N-9401 Harstad, Tel. 082 - 63 235
- Troms Adventure A/S, Andslimoen, N-9201 Bardufoss, Tel. 089 -33 644

Finnmark
- Rigmor og Johan Daniel Hætta, N-9520 Kautokeino, Tel. 084 - 56 351 / 56 273
- Alta Strand Camping, N-9500 Alta, Tel. 084 - 34 240
- Levajok Fjellstue, N-9826 Sirma, Tel. 085 - 28 746 / 28 714

Reitschule, organisierte Reittouren.

- Stabbursdalen Camping & Villmarksenter, N-9700 Lakselv, Tel. 084-63 285 / 64 760
- Stein Torgeir Salamonsen, N-9700 Lakselv, Tel. 084 - 61 009

Touren nach Wunsch mit Übernachtung. Angeltouren, Fotosafari, Unterricht. Gruppen bis 8 Personen.
- Sør-Varanger Kommune, Reiselivskonsulenten, N-9900 Kirkenes, Tel. 085 - 91 601
- Sør-Varanger Reiselivslag, Postboks 184, N-9901 Kirkenes, Tel. 085 - 92 544
- Bugøynes Turistinformasjon, N-9935 Bugøynes, Tel. 085 - 96 405

Verleih von Pferden, Unterricht, 5stündige Tour.
- Finnmark Wildlife Services, Snekkernes, N-9710 Indre Billefjord, Tel. 084 - 61 644
- Ongajoksetra - villmarksgård, Line Kjellmann Pedersen, Mathisdalen, N-9500 Alta, Tel. 090 - 19 335

RENTIER-SAFARI

Oppland
- Vågå Turistkontor, N-2680 Vågåmo, Tel. 062 - 37 880

Nordland
- Polar Mushing and Wildlife, Osvoll - Ny jord, N-8200 Fauske, Tel. 081 - 42 462

Troms
- Lyngen Adventure A/S, N-9060 Lyngseidet, Tel. 083 - 86 390

Finnmark
- Br. Triumf Turistservice, N-9520 Kautokeino, Tel. 084 - 56 516 / 56 694

Rentiersafari in der Finnmarksvidda auf Anfrage.
- Karen Anna Bongo, N-9520 Kautokeino, Tel. 084 - 56 160

Traditionelle samische Gerichte werden im Lavvu, dem Samenzelt, serviert. Voranmeldung erforderlich.
- Karasjok Opplevelser A/S, Postboks 192, N-9730 Karasjok, Tel. 084 - 66 902
- Finnmark Tur og Guideservice, Postboks 101, N-9500 Alta, Tel. 084 - 37 277
- Karasjok Opplevelser A/S, Boks 192, N-9730 Karasjok, Tel. 084 - 66 902
- Sami Travel, Boks 25, N-9520 Kautokeino, Tel. 084 - 56 205

SEGELFLIEGEN

siehe LUFTSPORT

SEGELN

Nur wenige Länder besitzen eine Küste, die sich besser zum Segeln und Wassersport aller Art eignet als Norwegen. Mit Ausnahme einer weniger offenen Küstenzüge ist die gesamte Küste mit Inseln, Holmen und Schären reich bestückt. Fast überall ist das Wasser bis zum Festland tief genug, jedoch ist es gefährlich, ohne Seekarten durch den zerklüfteten Küstengürtel zu navigieren. Ausgezeichnetes Kartenmaterial ist erhältlich und die Fahrwasser sind nach dem IALA A-System markiert. Daher kann man nur Karten benutzen, die nach 1982 erschienen sind. Viele Naturhäfen bieten gute Ankerplätze. In Südnorwegen ist zudem die Differenz zwischen Hoch- und Niedrigwasser minimal. Obwohl es entlang der nordnorwegischen Küste viele Ankermöglichkeiten gibt, sind die Gastliegeplätze in den Häfen oft knapp. Jeder möchte gerne einmal einige der vielen kleinen Fischerdörfer, Ortschaften mit Sehenswürdigkeiten besuchen oder auch größere Küstenstädte anlaufen, in denen man die Vorräte ergänzen, sowie Treibstoff und Wasser erhalten kann.

Zoll, Dokumente u.a.
Wenn Sie mit eigenem Boot nach Norwegen reisen, müssen Sie zuerst einen Zollhafen ansteuern. Dokumente über das Eigentumsverhältnis, Nationalitäts- und Heimatnachweis sind erforderlich. Die genauen Bestimmungen erfährt man beim Zoll. (vgl. »A-Z«, Zoll). Für geliehene Boote muß der Chartervertrag vorgelegt werden. Mit Rücksicht auf militärische Anlagen sollten ausländische Boote sich immer an die in der Seekarte markierten Seewege halten und ihre Flagge zeigen.

Wetterbericht
Da das Wetter sich schnell ändert, sollte man mindestens fünfmal täglich den ausführlichen Wetterbericht im Radio hören: um 6.00, 8.00, 14.55, 18.30, und 21.50 Uhr (werktags). An Sonn- und Feiertagen um 7.00, 9.00, 14.55, 18.30 und 21.50 Uhr (nur auf norwegisch). Überall in Norwegen können Sie unter der Telefonnummer 0174 den Tel. Wetterbericht hören (nur auf norwegisch).

Seekarten
Es gibt verschiedene Reihen der offiziellen norwegischen Seekarten: Die Hauptkartenserie (Maßstab 1 : 50.000 bis zu 1 : 100.000) deckt die gesamte Küste ab, der Maßstab ist zum Navigieren ausreichend. Zusätzlich empfehlen sich, die »Hafen- und Ansteuerungskarte« für die Gebiete, in denen man anlegen will. Sie haben den Maßstab 1 : 50.000 und sind bequem zu lesen. Die sog. »Bootsportkarte« gibt es für alle Küstenbereiche, die extrem stark von Freizeitbooten befahren werden. Im kleineren und praktischen Format bildet sie einen Auszug aus der Hauptkartenserie. Sie enthält zusätzlich Informationen über Servicestellen, Campingplätze, u.ä. Diese Serie umfaßt 6 - 8 Karten und deckt folgende Gebiete: A, B, C und D für den Oslofjord und die Sørlandsküste bis Kristiansand. Serie G und F deckt das Gebiet von Stavanger und Haugesund und die Serie L und M die Gegend um Bergen. Alle Seekarten erhalten Sie über den norwegischen Buchhandel oder direkt bei:
- Norges Sjøkartverk, Postboks 60, N-4001 Stavanger

> Benutzen Sie nur Seekarten, die Norges Sjøkartverk herausgibt und die neueren Datums sind!

Wassersportverbände:
- Kongelig Norsk Motorbåt-Forbund, Frognerstranda 2, N-0271 Oslo 2
- Kongelig Norsk Seilerforening (KNS), Huk Aveny 3, N-0287 Oslo 2

Im folgenden finden Sie weitere Adressen und Charterfirmen.

Oslo
- Norway Yacht Charter A/S, Skippergt. 8, N-0152 Oslo 1, Tel. 02-426498/414323
- CMC, Rådhusgt. 2, N-0151 Oslo 1, Tel. 02 - 42 36 98
- Adventure Yacht Charter A/S, Skippergt. 30, N-0154 Oslo 1, Tel. 02 - 33 27 61 / 42 10 79
- Swan Charter, Hollerallee 26, W-2800 Bremen, Tel. 0421 / 34 69 650

Hedmark
- Engerdal Reiselivslag, Postboks 64, N-2443 Drevsjø, Tel. 064 - 59 000
Windsurfing.

Oppland
- Austli Feriesenter, N-2622 Svingvoll, Tel. 062 - 28 513
Bootsverleih.
- Vågå Produkt og Reiselivslag, Brennvegen 1, N-2680 Vågåmo, Tel. 062 - 37 880
Segeln mit Rahsegel und Rudern auf dem Gjende.

Telemark
- Telemark Reiser, N. Hjellegt. 18, N-3700 Skien, Tel. 03 - 53 03 00
Segeln auf dem Telemark-Kanal. Näheres siehe unter »Kanu«.

Agder
- Stiftelsen Fullriggeren »Sørlandet«, Gravene 2, N-4610 Kristiansand S, Tel. 042 - 29 890
14-tägige Sommertörns in der Nordsee mit Besuch mindestens eines ausländischen Hafens
- Sørlands-Info, Postboks 518, N-4801 Arendal, Tel. 041 - 22 193

Der Segler »Ekstrand« und das Schulschiff »Agder« können zu Segeltörns an der Sørlandküste gechartert werden (mit Skipper).
- »S/S Liberty«, Arne Krogstad, Vennesla Ungdomsskole, N-4700 Vennesla, Tel. 042 - 55 455 / 55 862 oder:
- Arne Bang, Vennesla Ungdomskole, Tel. 042 - 55 453 / 56 492

Die S/S Liberty war ursprünglich ein Fischerboot, das 1932 gebaut wurde. Das Schiff kann sehr gut für einen Segelurlaub gemietet werden, z.B. an der südnorwegischen Schärenküste. Miete pro Stunde: NOK 500,- / pro Tag: NOK 5000,- / pro Woche: NOK 14.000,-
- »Odin Femberng«, Adventura, Postboks 46 N-4800 Arendal, Tel. 094 - 87 161

Kleines Wikingerschiff, 44 Fuß, Segel, Ruder und moderner Notmotor.

HOCHSEE YACHTSCHULE
SWAN CHARTER DEUTSCHLAND
DSV-anerkannte Segelschule

NORWEGEN UND ISLAND

■ **LOFOTEN-TÖRNS** mit SWAN 44 ab **Bodö**

■ **NORWEGISCHE FJORDE-TÖRNS** mit SWAN 391 ab **Oslo**

■ **ISLAND-TÖRNS** mit SWAN 43 ab **Cuxhaven** bzw. **Reykjavik**

Bitte Gesamtprogramm anfordern!

Hollerallee 26 · 2800 Bremen 1
Tel. 04 21 / 3 46 96 50, Fax 3 46 90 32

- Lyngør Seilmakerverksted og Skipshandel, N-4910 Lyngør, Tel. 041 - 66 500
- J-Seil, N-4912 Gjeving, Tel. 041 - 66 710

Vestfold
- Adventure Yacht Charter, Postboks 349, N-3201 Sandefjord, Tel. 034 - 62 296
Vermietung von Segelbooten mit oder ohne Mannschaft.
- Stiftelsen Havnøy, Kirkeveien 572, N-3145 Kjøpmannskjaer/ Nøtterøy Tel. 033 - 84 267 / 86 730
S/S Havnøy, galeassegetakelte Hardanger-Jacht, 72 Fuß.
- Turistkontoret i Larvik, Storgt.20, N-3251 Larvik, Tel. 034 - 82 623
S/S Frithjof II -restauriertes Colin Archer Lotsenboot.
Segeltouren während der Sommermonate.
- Tønsberg Seilforening, Postboks 185, N-3101 Tønsberg, Fjærholmen, Tel. 033 - 84 210
- Sandefjord Reiselivsforening, Postboks 367, N-3201 Sandefjord, Tel. 034 - 60 590
Boote für Gruppen und Individualsegler.
- Vadskjæret Marina, N-3250 Larvik, Tel. 034 - 81 473
- Larvik Reiselivsforening, Postboks 200, N-3251 Larvik, Tel. 034 - 30 100
- Tønsberg og omland Reiselivslag, Storgt. 55, N-3100 Tønsberg, Tel. 033 - 10 200

Rogaland
- West Coast Charter, Jarle Worre, Bjørnstjerne Bjørnsonsv.11, N-4250 Kopervik, Tel. 04 - 72 68 55 / 85 21 47
Vermietung von Segelbooten, 30 - 42 Fuß.
- Nordic Charter, Lyder Sagens gt. 8, N-4012 Stavanger, Tel. 04 - 56 79 20
Vermietung von Segelbooten, 30 - 50 Fuß.
- Andreas Kleppe A/S, Grasholmbryggå 28, N-4085 Hundvåg, Tel. 04 - 89 00 15
Vermietung von Segelbooten.

Hordaland
- Nordhordland Reiselivslag, N-5100 Isdalstø, Tel.05 - 3516 01
M/K »Hindøy«: Fischerboot mit Motor und Segel zu mieten. Angeltouren und Sightseeing. Angelausrüstung an Bord.
- Kilstraumen Gjestehus, N-5130 Austrheim, Tel. 05 - 36 96 90
Vermietung von 2 Fischerbooten mit Platz für 10-15 Personen.
- Askøy båtsenter A/S, Bakarvågen, N-3505 Florvåg, Tel. 05 - 14 35 20
Vermietung von Freizeit- und Ruderbooten.
- Marsteinen Fjordhotel, N-5382 Skogsvåg, Tel. 05 - 33 75 00
»Fiskestrilen«, Ein Fischkutter aus dem Jahre 1904. Meeres-Angeltouren. Angelausrüstung an Bord. 45 Personen. Salon unter Deck. Bus ab Bergen.
- Veteranskiplaget Fjordabåten, Klostergt. 28, N-5005 Bergen, Tel. 090 - 56 209
Veteranboot »Granvin«. Restauriertes Veteranboot (Fjordschiff), 40 Personen, Sonnendeck. Angeltouren. »Lunchcruise«. Kreuzfahrt zu alten Handelsplätzen in Sunnhordland. Rundfahrt durch den Bergener Hafen vom Fisketorget aus, im Sommer täglich. Ausflüge zur Insel Lysøyen sonntags und mittwochs.
- HDS - maritime avdeling, Strandgt. 191, N-5004 Bergen, Tel. 05 - 23 87 00
- Stiftinga Hardangerjakt, N-5600 Norheimsund, Tel. 05 - 55 22 77
»Stiftung Hardangerjacht« ist ein Verein, der sich auf das Restaurieren alter Yachten und Segelschiffe spezialisiert hat.
Das Segelschiff »Mathilde«, 1884 gebaut, wurde originalgetreu restauriert. Es kann für Tagesausflüge oder Fünftagestouren von Gruppen von 25-50 Personen gemietet werden. Spezielles Tourprogramm für Individualreisende.
- Fitjar Fjordhotel, N-5419 Fitjar, Tel. 054 - 97 888

Meeresangeltour zu alten Handelsplätzen entlang der Küste.
- OK Charter, Fløksand, N-5110 Frekhaug, Tel. 05 - 37 91 77 od. 090 - 51 848
Touren zu den Lofoten und den Shetlandinseln.
- Statsraad Lehmkuhl, Lodin Leppsgt. 2, N-5003 Bergen, Tel. 05 - 32 25 86
Auch mit Norwegens größtem Rahsegler, der »Statsraad Lehmkuhl«, kann man von Mai bis Oktober Törns machen.
- Westland Boat Pool, Rosenlundveien 42, N-5033 Fyllingsdalen, Tel. 05 - 16 07 22/ 090 - 78 535
- Smedholmen Kyst- og Naturlivsskule, N-5419 Fitjar, Tel. 054 - 97 432
Touren mit alten Wikingerseglern.
- Hotell Ullensvang, N-7574 Lofthus, Tel. 054 - 61 100
Vermietung von Segelbooten.
- Folgefonn Villmarksturer, Postboks 3, N-5470 Rosendal, Tel. 054 - 81 590
- Jonshøgdi Leirskole og Aktivitetssenter, Kvamskogen, N-5600 Norheimsund, Tel. 05 - 55 89 90
- Litlabø Kurs og Treningssenter, Postboks 1298, N-5401 Stord, Tel. 054 - 14 357
- Hjellestad Marina, Hjellestadveien 313, N-5066 Hjellestad, Tel. 05 - 22 65 85
- Bergen Yacht Service, Magne Andreassen, Boks 838, N-5001 Bergen, Tel. 05 - 16 38 72

Sogn og Fjordane
- Touristeninformation in Florø, N-6900 Florø, Tel. 057 - 42 010
Segeltörns nach Absprache
- Vesterland Feriepark, Postboks 230, N-5801 Sogndal, Tel. 056 - 71 011 / 78 330
- Gulen Reiselivslag, N-5966 Eivindvik, Tel. 057 - 84 342
Segeltörns im Sognefjord und Ytre Sogn mit einem alten Rettungskreuzer, 63 Fuß, 220 m² Segelfläche. Übernachtungsmöglichkeiten an Bord für 6-16 Personen.

Møre og Romsdal
- Svein Flem, N-6533 Kårvåg, Tel. 073 - 34 194
Der Veteransegler »Framstig« macht Touren von Kristiansund nach Geiranger. Übernachtung in Naturhäfen, Angeln. Alle Teilnehmer können an Bord mitarbeiten.
- Ulstein Turistservice A/S, Ulstein Hotell, N-6065 Ulsteinvik, Tel. 070 - 10 162
»Wikinger für einen Tag«. Information über das Schiff »Saga Siglar«, Törn zum Küstenmuseum Herøy Gard, geschichtl. Informationen.
- Håholmen, N-6533 Kårvåg, Tel. 073 - 12 412
- Strømsholmen Sjøsportsenter Olav Magne Strømsholm, N-6494 Vevang, Tel. 072 - 98 174
Segeltouren.
- Høstmark Yachting, Postboks 18, N-6401 Molde, Tel. 072 - 52 855
Vermietung von 2 Segelbooten: Drabant 38 (38 Fuß) und Hero 101 (34 Fuß).

Trøndelag
- Båtservice A/S, N-7300 Orkanger, Tel. 074 - 88 449
Mit M/S »Poseidon« erleben Sie den schönen Schärengarten längs der Trøndelag-Küste. Das Motorschiff hat viel Platz an Deck, gemütliche Salons und eignet sich hervorragend für kleinere Gruppen und Vereine.
- K/S A/S Midnight Sun Charter, Olav Tryggvasonsgt. 15, N-7011 Trondheim, Tel. 07 - 51 24 09
Vermietung von Segelbooten.
- Stiftelsen Pauline, Seilmakergt. 2, N-7700 Steinkjer, Tel. 077 - 45 500
Der Küstensegler »Pauline« von 1897 ist der letzte seiner Art. Er kann zu verschiedenen Unternehmungen gechartert werden.

Nordland
- Okstindan Allsport, Postboks 52, N-8646 Korgen, Tel. 087-91 337 / 91 316
- Swan Charter, Hollerallee 26, W-2800 Bremen, Tel. 0421 - 34 69 650

Troms
- Tromsø Yachting klubb, Postboks 60 A, N-9100 Kvaløysletta, Tel. 083 - 81 530
Vermietung von Segelbooten und Motorseglern.
- Harstad og Omland Arrangement A/S, Postboks 447, N-9401 Harstad, Tel. 082 - 63 235
- Senja Tour as, Postboks 326, N-9301 Finnsnes, Tel. 089 - 42 090

Dänemark
- Dansk Yacht Charter, Vonsild Stations vei 13, DK-6000 Kolding, Tel. 075 - 56 70 08

Gästehäfen
In Norwegen gibt es rund 120 Gästehäfen. Die Preise für die jeweiligen Anleger variieren zwischen NOK 20,- bis NOK 100,-.
Eine Auflistung und Beschreibung aller Häfen mit ausführliche Informationen bietet das Buch
- »Gästehäfen in Norwegen«, NORTRABOOKS, DM 34,80.

SKI

Ob Langlauf, Abfahrt oder Telemark-Technik - die Skisportmöglichkeiten in Norwegen sind nahezu grenzenlos. Und das von oft von November bis Ende April. Mehr darüber im »Winterkatalog Norwegen«, den Sie beim Norwegischen Fremdenverkehrsamt kostenlos bestellen können.

SOMMERSKI

Ein typisch norwegisches Erlebnis: an einem warmen Sommertag fährt man mit dem Wagen einige Kilometer vom Badestrand bis in das Gebirge und schnallt dort die Skier an. Slalom- oder Langlaufski wohlgemerkt. Bikini oder Shorts kann man anbehalten.
Es stimmt wirklich: Auf Gletschern und ewigem Schnee kann man auch im Juli noch Skifahren. Abgerundet wird das Erlebnis unter Umständen durch die Mitternachtssonne, die die Nacht zum Tag macht und den Skianzug vergessen läßt.
Nähere Informationen:

Oppland
- Galdhøpiggen Sommarskisenter, Per Vole, N-2687 Bøverdalen, Tel. 062 - 12 142
Gleich neben dem Galdhøpiggen liegt das Galdhøpiggen Sommarskisenter auf dem Veslejuvbreen. 3 Skilifte, mit je 400 m Länge. Insgesamt 1.500 m lange Abfahrten, mit einem Höhenunterschied von 350 m. Abfahrtskurse (Info: Kjell Fjeld Tel. 062 - 12 109), Verleih von Ausrüstung (Alpin, Langlauf, Telemarkski und Snowboard). Saison: Anfang Juni bis Mitte Oktober.
- Valdres Turistkontor, Rådhuset, N-2900 Fagernes, Tel. 063 - 60 400
Skitouren auf der Hochebene Valdresflya bis Mitte Juni.

Hordaland
- Finse Skisenter & Alpinanlegg, Postboks 12, N-3590 Finse, Tel. 05 - 52 67 11
Abhängig vom Schneefall, Oktober bis Mai/Juni. Die höchste Bergstation Nordeuropas, 1.450 m hoch. Flutlicht, 850 Meter Länge, 200 m Höhenterschied, geeignet für nationale Slalommeisterschaften.

- Folgefonn Sommarskisenter A/S
  N-5627 Jondal, Tel. 054 - 68 500,
  MobilTel. 090 - 44 650

Sommerskizentrum auf dem Gletscher Folgefonna. In 1200 Meter Höhe (Autostraße), 3 Lifte, Aufwärmraum/Cafeteria, Skiverleih und Skischule für Abfahrt und Telemarkski. Autobus von Bergen und Jondal.
Langlauf- und Alpinmöglichkeiten, geführte Gletscherwanderungen.
Saison von Juni bis Oktober.

Sogn og Fjordane
- Strynefjellet Sommarski A/S, Frode Bakken,
  N-6880 Stryn, Tel. 057 - 71 995

Das Sommerskizentrum am Strynefjell bietet: 975 m Sessellift, 775 m Gletscherlift, 8 Alpinpisten, 30 km Langlaufloipen, »Snøland«, ein Aktivitätszentrum mit Spiel und Spaß für die ganze Familien, Ski- und Rennschule, Telemarkski, Monoski, Freestyle, »Haute Route«, u.v.m. Saison: Mitte Juni bis Mitte August.

Møre og Romsdal
- Aak Fjellsportsenter, Boks 238,
  N-6301 Åndalsnes, Tel. 072 -26 444

Unterricht, Verleih von Telemarkzubehör.

Nordland
- Sulitjelma Wildlife and Adventure,
  N-8230 Sulitjelma, Tel. 081 - 40 147 oder 40 416

SURFEN

Auch in Norwegen ist das Segeln auf dem schmalen Brett sehr beliebt. Das Land mit seinen Seen und der mehrere tausend Kilometer langen Küste mit zahlreichen Buchten und Schären eignet sich hervorragend für diese Sportart. An zahlreichen Stränden, Hotels und Campingplätzen kann man Surfausrüstung (»seilbrett«) leihen, auch Kurse, Regatten und spezielle Arrangements werden im Sommer veranstaltet, so z.B. von:

Oslo
- Sea-Sport Windsurfingcenter,
  Bygdøy Allé 60 A, N-0265 Oslo 2,
  Tel. 02 - 44 79 28

Verleih von Ausrüstung.

Østfold
Adressen über die örtlichen Touristenbüros.

Oppland
- Peer Gynt Sommerarena, Golå,
  N-2645 Harpefoss, Tel 062 - 98 528

Windsurfen auf dem See Golåvann; Brettverleih.

Vestfold
- Petterson, Tønsberg Seilbrettskole,
  N-3100 Tønsberg, Tel. 033 - 28 460
- Lilleby & co, Trælleborgodden 2,
  N-3100 Tønsberg, Tel. 033 - 14 626

Telemark
- Kragerø UH og Maritime Leirskole,
  Lovisenbergv. 20,
  N-3770 Kragerø, Tel. 03- 981866

Verleih von »Defour-Brettern«, Unterricht.
- Fyresdal Turisthotell,
  N-3870 Fyresdal, Tel. 036 - 41 255

Verleih von Brettern, Anzügen und Ausrüstung.
- Rauland Alpin Appartementshotell,
  N-3864 Rauland, Tel. 036 - 73 555

Windsurfing auf dem Totak.
- Straand Hotell,
  N-3853 Vrådal, Tel. 036 - 56 100

Verleih von Brettern, Unterricht.

Agder
- Sørlands-Info, Torvgt. 6,
  N-4800 Arendal, Tel. 041 - 22 193
- G-Sport Hauge A/S, Henrik Wergelandsgt. 20
  N-4612 Kristiansand S., Tel. 042 - 29 414

Surfkurs in Hamresanden.
- Blomberg Sport, Kongensgt. 8,
  N-4600 Kristiansand S., Tel. 042 - 21 709
- Dvergsnestangen Camping,
  Tel. 042 - 47 155
- Rosfjord Apt. Hotel,
  N-4580 Lyngdal, Tel. 043 - 43 700
- Åros Motell Camp,
  N-4640 Søgne, Tel. 042 - 66 411
- Korshamn Rorbuer,
  N-4586 Korshamn, Tel. 043 - 47 233
- Trysnes Marina,
  N-4640 Søgne, Tel. 042 - 69 210/69 380

Buskerud
- Golsfjellet Hotell, N-3550 Gol, Tel. 067 - 77 988

Verleih von Surfbretter. Surfen auf dem Tisleia See.

Rogaland
- Karmøy Reiselivslag,
  N-4250 Kopervik, Tel. 04 - 85 22 00
- Stavanger Reiselivslag, Postboks 11,
  N-4001 Stavanger, Tel. 04 - 53 51 00
- A/S Sjø og Land, Erik Astad, Faahadlet,
  N-4160 Judaberg, Tel. 04 - 51 25 81,
  Kontakt: Olav Reilstad, Tel. 04 - 51 24 29

Hordaland
- BT Brettseilerskole, Nygårdsgt. 5/11,
  N-5015 Bergen, Tel. 05 - 21 45 00.

2tägiger Surfkurs im Sommer.
Verleih von Ausrüstung und Brettern auf Anfrage.
- Solstrand Sommersport, Solstrand Fjordhotel
  N-5200 Os/Bjørnefjorden, Tel. 05 - 30 00 99

Verleih von Brettern und Surfkurse.

Sogn og Fjordane
- Gloppen Eventyret, Jørn Holst Kristiansen, Postboks 223, N-6860 Sandane, Tel. 057 - 66 100

Verleih von Surfbrettern.
- Selje Sjøsportsenter, Trond Sætren,
  N-6740 Sandane, Tel. 057 - 56 606

Verleih von Surfbrettern, Anzügen und sonstiger Ausrüstung.
- Hotel Mundal,
  N-5855 Fjærland, Tel. 056 - 93 101

Verleih von Surfbrettern.
- Kviknes Hotell,
  N-5850 Balestrand, Tel. 056 - 91 101
- Måløy Sport,
  N-6700 Måløy, Tel. 057 - 51 600
- Stongfjorden Surfing og Vannski,
  N-6790 Stongfjorden, Tel. 057 - 31 783
- Flora Reiselivslag, Postboks 219,
  N-6901 Florø, Tel. 057 - 42 010/43 166
- S-Sport, N-6800 Stryn, Tel. 057 - 71 965

Trøndelag
- Øysand Camping,
  N-7083 Leinstrand, Tel.07 - 87 06 98
- Dolmsundet Marina, N-7250 Melandsjø,
  Tel. 074 - 45 979. Brettverleih.

Nordland
- Nord-Norsk Reiselivsindustrie A/S,
  Postboks 318, N-8501 Narvik, Tel. 081 - 46 033

Troms
- Tromsø Arrangement A/S, Postboks 1077,
  N-9001 Tromsø, Tel. 083 - 10 000
- Spitsbergen Travel,
  N-9170 Longyearbyen, Tel. 080 - 21 160 / 21 300
- Harstad og Omland Arrangement A/S, Postboks 447, N-9401 Harstad, Tel. 082 - 63 235

TAUCHEN

Die norwegische Küste mit ihrem im europäischen Vergleich sehr klaren, sauberen Wasser, guter Sicht und einer vielfältigen Unterwasserfauna bietet Sporttauchern in Norwegen ungeahnte Möglichkeiten. Im gesamten Küsten- und Schärengebiet liegen zahlreiche Taucherzentren (»Dykkersenter«), die Kurse organisieren, Ausrüstungen verleihen und oft auch Unterkunftsmöglichkeiten bieten. Außerdem beherbergt kaum eine andere europäische Küste so viele Schiffwracks wie Norwegen an seiner südlichen Küste. Einige davon wurden in den letzten Jahren entdeckt und geborgen, aber es liegen immer noch genug im Wasser, um den Entdeckerdrang zu befriedigen.
Für ausländische Sporttaucher gelten im Prinzip die gleichen Regeln wie für Norweger. Neben strengen Regeln, die das Entfernen von Gegenständen in den Wracks verbieten, dürfen Ausländer auch nur in Begleitung eines Norwegers von Booten aus tauchen. Luftflaschen müssen alle 2 Jahre auf ihre Sicherheit überprüft werden. Für eigene Luftflaschen muß ein Zertifikat mitgebracht werden, um sie auffüllen lassen zu können.
Dachverband:
- Norges Dykkerforbund, Hauger Skolevei 1,
  N-1251 Rud, Tel. 02 - 51 88 00

Hier die Adressen in den einzelnen Bezirken:

Oslo
- Dykkerreise, Postboks 395 Sentrum,
  N-0152 Oslo 1, Tel. 02 - 41 10 60

Hütten, kostenloses Nachfüllen und Verleih von Flaschen und Bleigürteln. Sporttaucherkurse, Schwimmbad. Veranstaltet auch Taucherreisen.
- Oslo Froskemannsskole, Gøteborgsgt. 27B,
  N-0566 Oslo 5, Tel. 02 - 71 75 60
- Tema Froskemannsskole, Storgt. 37,
  N-0182 Oslo 1, Tel. 02 - 60 03 79

Akershus
- Aqua-Sport A/S, Oslofjorden Dykkesenter,
  N-1458 Fjellstrand, Tel. 09 - 91 97 30

Buskerud
- Drammen Dykkerklubb, Trond B. Hansen,
  Scania E-18 A/S, Lierstranda 93,
  N-3400 Lier, Tel. 03 - 84 01 66
- Drammen Sportsdykkere, Odd Åge Lid, Postboks 210, N-3001 Drammen, Tel 03 - 83 88 70
- Hallingdal Dykkerklubb, Oddvar Oland,
  N-3570 Torpo, Tel. 067 - 83 229

Vestfold
- Vestfold Froskemannssenter og -skole,
  Farmandsvn. 37, N-3100 Tønsberg,
  Tel. 033 - 14 513

Wochenkurs für Anfänger. 2-3 Tageskurse für Fortgeschrittene, Spezialkurs für Nachttauchen, Rettungskurs, Ausrüstungsverleih.
- Larvik Sjøsportsenter,
  N-3250 Larvik, Tel. 034 - 28 500
- Moby Dick Sjøsportsenter,
  N-3200 Sandefjord, Tel. 034 - 60 668

Agder
- Risøya Folkehøyskole,
  N-4912 Gjeving, Tel. 041 - 66 333
- Hegner Dykkerservice, Riggen 22 c,
  N-4950 Risør, Tel. 041 - 52 140
- Norwegian Diving Senter,
  N-4990 Søndeled, Tel. 041 - 54 690
- Sørlandets Dykkesenter A/S,
  Nygårdsgt. 22, N-4790 Lillesand,
  Tel. 041 - 72 130/71 542
- Gjeving Marina og Camping,
  N-4912 Gjeving, Tel. 041 - 66 367
- Lyngørfjorden Marina, N-4910 Lyngør.
  Tel. 041 - 66 800

- Korshamn Rorbuer,
  N-4586 Korshamn, Tel. 043 - 47 233
- Nordykk A/S, Markensgt. 41,
  N-4612 Kristiansand S., Tel. 042 - 25 124
Tauchkurs mit internationalem Zertifikatsabschluß, Werkstatt, Verkauf von Ausrüstung, Surfbretter, Wasserski.
- Kristiansand Froskemannsskole,
  Kristian IV's gt. 7,
  N-4612 Kristiansand S., Tel. 042 - 22 100
Tauchkurs mit internationalem Zertifikatsabschluß, Werkstatt, Druckprüfung für Flaschen.

Rogaland
- Ryvarden Dykkerklubb, Ryvarden Fyr,
  N-5500 Haugesund, Tel. 04 - 72 77 77
- Haugesund Sportsdykkere, Tonjer Fyr,
  N-5500 Haugesund, Tel. 04 - 72 77 77
- Siddis Dykkerskole,
  N-4174 Helgøysund, Tel. 04 - 53 32 97
Alle Veranstalter verleihen Ausrüstungen.

Hordaland
- Bergen Froskemannssenter/-skole,
  L. Sagensgt. 12, N-5008 Bergen,
  Tel. 05 - 32 62 07 / 32 47 75
Tauchkurse werden von Zeit zu Zeit angeboten, Verleih von Ausrüstung.
- Fedje Sportsdykkerklubb, M. Gullaksen,
  N-5133 Fedje, Tel. 05 - 36 80 95
Eigenes Tauchboot zur Verfügung.
- Sund Reiselivsnemd, Sunde Kommune
  N-5382 Skogsvåg, Tel. 05 - 33 75 00
- Bømlo Dykkerklubb/Olavskulen Kystsenter,
  N-5437 Finnås, Tel. 054 - 25 300
Verleih von Ausrüstungen und Taucherbooten mit Führer. Im Sommer Taucherkurse.

Sogn og Fjordane
- Vestro A/S, Postboks 109,
  N-6701 Måløy, Tel. 057 - 54 510
- Kjell Beitveit,
  N-6750 Stadlandet, Tel. 057 - 57 263
Taucherzentrum für Sporttaucher mit kompletter Ausrüstung, Boote und Fischerhütten.
- Florø Reiselivslag, Postboks 219,
  N-6901 Florø, Tel. 057 - 42 010 / 43 166
Tauchen in den Schären nach Absprache.
- Selje Sjøsportsenter, Trond Sætren,
  N-6740 Selje, Tel. 057 - 56 606
Verleih von Taucherausrüstungen.
- Måløy Undervassteknikk, Kristin Lillebø, Gate 1 nr. 24, N-6700 Måløy,
  Tel. 057 - 50 488
Ausrüstungsverleih, Service, Flaschenauffüllung.

Møre og Romsdal
- Barmanns Dykkesenter, Postboks 201,
  N-6501 Kristiansund N., Tel. 073 - 71 649
Übernachtung, Ausrüstung, Werkstatt, Boote.
- Strømsholmen Sjøsportsenter,
  Olav Magne Strømsholm,
  N-6494 Vevang, Tel. 072 - 98 174
Kompressor, Wasch- und Trockenraum, Bootsverleih, Spezialität: Wintertauchen, viele Wracks an der Küste. Tauchtouren mit Guide, Meeresangel- und Segeltouren.
- Ulstein Turistservice A/S, Ulstein Hotell A/S
  Steinar Sivertsen Kulen,
  N-6065 Ulsteinvik, Tel. 070 - 10 162
Viele Wracks, nach denen man tauchen kann, sowie organisierte Aufenthalte speziell für Taucher. Kompressor, Boote. Verleih von Taucherflaschen und Blei.
- Herøy Dykkerklubb,
  N-6510 Fosnavåg, Tel. 070 - 85 905
- Ålesund Dykkersenter, Storgt. 38,
  N-6002 Ålesund, Tel. 071 -23 424
- Runde Camping, Anne-Marie Vadset,
  N-6096 Runde, Tel. 070 - 15 080
Bootsverleih, Kompressor.
- Runde Reiselivslag, N-6096 Runde,
  Tel. 070 - 85 905
- Flø Feriesenter A/S, Eldar Stein Flø,
  N-6065 Ulsteinvik, Tel. 070 - 15 080
Bootsverleih.

Trøndelag
- Fosen Fjord Hotel,
  N-7170 Åfjord, Tel. 076 - 31 421
- Dolmsundet Marina og Camping,
  N-7250 Melandsjø, Hitra, Tel. 074 - 45 979
Sporttauchen, organisierte Touren.
- Havsport A/S, Kjøpmannsgt. 41,
  N-7011 Trondheim, Tel. 07 - 51 19 16
- Atlanten Reisebyrå / H&F Hytteformidling,
  Postboks 164, N-7240 Fillan,
  Tel. 074 - 41 500 / 41 470
- Øysand Camping,
  N-7083 Leinstrand, Tel. 07 - 87 06 98

Nordland
- Lofoten Reiselivslag, Postboks 210,
  N-8301 Svolvær, Tel. 088 - 71 053
- Polarsirkelen Reiselivslag, Postboks 225,
  N-8601 Mo i Rana, Tel. 087 - 50 421
- Nord-Norsk Reiselivsindustri A/S, Postboks 318,
  N-8501 Narvik, Tel. 082 - 43 309
- Torghatten Reiselivslag, N-8901 Brønnøysund,
  Tel. 086 - 21 688 oder 21 601
- Brennviksanden Camping
  N-8082 Leines, Tel. 081 - 78 519
- Lovund Turist A/S,
  N-8764 Lovund, Tel. 086 - 94 532

Troms
- A/S Teamdykk, Ringvn. 200,
  N-9000 Tromsø, Tel. 083 - 73 511
Verleih von Ausrüstungen.
- Uvitek A/S, Postboks 5253,
  N-9020 Tromsdalen, Tel. 083 - 30 611
- Dykkersenteret, Hansjordnesgt. 12,
  N-9000 Tromsø, Tel. 083 - 57 915
- Harstad Sportsdykkerklubb, Rikard Mathisen,
  N-9400 Harstad, Tel. 082 - 61 374
- Tromsø Arrangement A/S, Turistkontoret,
  Boks 312, N-9001 Tromsø, Tel. 083 - 10 000

Finnmark
- Havøysund Hotell,
  N-9690 Havøysund, Tel. 084 - 23 103

TENNIS

Zahlreiche Hotels besitzen eigene Tennisplätze, teils überdacht, teils im Freien. Während der Sommersaison arrangieren einige Hotels auch Kurse. Genaueres erfährt man über:
- Norges Tennisforbund, Hauger Skolevei 1,
  N-1351 Rud, Tel. 02 - 51 88 00

TIERSAFARIS

Eine Reihe europäischer Tierarten bekommt man fast nur in Skandinavien zu sehen. Neben Elch und Rentier sind die exotischsten darunter vielleicht Wal und Moschusochse. Um den Touristen diese und andere wild lebende Tiere etwas »näherzubringen«, werden an verschiedenen Orten in Norwegen Exkursionen an. Von Andenes an der Nordspitze der Vesterålen aus kann man mit dem Schiff aufs Meer fahren, um die bis zu 40 Tonnen schweren Pottwale zu beobachten, wie sie aus dem Wasser auftauchen. Aus kürzester Entfernung sieht man diese riesigen Tiere im Meer spielen. Die wenigen Moschusochsen, die es in Skandinavien noch gibt, leben überwiegend auf dem Dovrefjell. Von Oppdal, Dovre und Kongsvold werden Kurzexkursionen angeboten, um diese an prähistorische Mammuts erinnernden Tiere zu beobachten und zu fotografieren.
In Trysil schließlich kann man an Elch-, Biber- und Bärenhöhlen-Safaris teilnehmen.

Agder
- SørlandsInfo, Nedre Tyholmsgt. 7b,
  N-4800 Arendal, Tel. 041 - 22 193
- Info sør, N-4993 Sunderbru, Tel. 041 - 58 560
- Nedre Setesdal Reisetrafikklag, Postboks 146,
  N-4660 Evje, Tel. 043 - 31 056
Fotosafari ins Reich der Biber.

Hedmark
- Aktiv Fritid Trysil, Korsberget,
  N-2420 Trysil, Tel. 064 - 50 659
Elch- und Bibersafari.

Oppland
- A/L Øyer Turist, Postboks 48,
  N-2636 Øyer, Tel. 06 - 27 89 50
Elchsafari.
- Dovre Reiselivslag /Info-Nor, Postboks 153,
  N-2660 Dombås, Tel. 062 - 41 444
Moschusochsensafari.
- Kongsvold Fjeldstue og Svein Taagvold,
  Dovrefjell, N-7340 Oppdal,
  Tel. 074 - 20 980 / 074 20 911
Moschusochsensafari.
- Vågå Produkt og Reiselivslag, Brennvegen 1,
  N-2680 Vågåmo, Tel. 062 - 37 880
Rentiersafari.

Trøndelag
- Oppdal Turistkontor, Postboks 50,
  N-7341 Oppdal, Tel. 074 - 21 760
Moschusochsensafari.

Nordland
- Hvalsafari A/S, Postboks 58,
  N-8480 Andenes, Tel. 088-42611/ 41273

TRABSPORT

Der Trabsport in Norwegen hat lange Traditionen. Der Sport wird überwiegend mit zwei Pferderassen bestritten, die gleichwertig vertreten sind. Als »rein norwegisch« gelten die Kaltbluttraber, während die Warmbluttraber meist amerikanischer Abstammung sind.
Der norwegische Trabsport ist nicht zuletzt ein wichtiger »Wirtschaftszweig«, in dem rund 3.500 Personen einen Arbeitsplatz finden. Daneben kommt ihm in der Pferdezucht auch eine kulturfördernde Aufgabe zu. Auf den derzeit zehn norwegischen Trabrennbahnen kann man spannende Rennen verfolgen. Im Laufe der neunziger Jahre wird sogar Nordnorwegen eine Trabrennbahn erhalten.

Die norwegischen Trabrennbahnen:
- **Bjerke Travbane.** Hauptarena des Norw. Trabsports. Im nördlichen Stadtgebiet von Oslo. Rennen: mittwochs im Sommerhalbjahr. Sonst: Mittwoch und Sonntag
- **Biri Travbane.** Am Binnensee Mjøsa zwischen Gjøvik und Lillehammer. Rennen: jeden Freitag und vereinzelt sonntags.
- **Momarken Travbane.** Bei Mysen in Østfold. Rennen: montags und vereinzelt sonntags.
- **Drammen Travbane.** Stadtteil Åssiden. Rennen: dienstags und vereinzelt sonntags.
- **Jarlsberg Travbane.** Rekordbahn von Tønsberg. Rennen: jeden Freitag ab 18.00 Uhr.
- **Klosterskogen Travbane.** Bei Skien. Rennen: donnerstags.
- **Sørlandets Travpark.** Gegenüber dem Dyreparken (Zoo) zwischen Grimstad und Kristiansand. Rennen: montags, gelegentlich auch sonntags.
- **Forus Travbane.** In Rogaland, Nähe Stavanger. Rennen: dienstags, gelegentlich am Wochenende.

- **Bergen Travpark.** Stadtteil Åsane. Rennen: donnerstags, gelegentlich am Wochenende.
- **Leangen Travbane.** Trondheim. Rennen: montags, gelegentlich am Wochenende.

WANDERN

siehe BERGWANDERN

WASSERSKI

Informationen erhalten Sie über:

- Norges Vannskiforbund, Hauger Skolevei 1, N-1351 Rud, Tel. 02 - 51 88 00

Østfold
Adressen über die örtlichen Touristenbüros.
- Halden Turistkontor, Postboks 167, N-1751 Halden, Tel. 09 - 18 24 87
- Moss Turistinformasjon, Chrystiesgt. 3, N-1500 Moss, Tel. 09 - 25 54 51

Vestfold
- Rica Havna Hotell og Skjærgårdspark, N-3145 Tjøme, Tel. 033 - 90 802
- Kvelde Vannskiklubb, Tom Hvaara, Postboks 77, N-3272 Kvelde, Tel. 034 - 88 688

Telemark
- Skien Vannskiklubb, Postboks 344, N-3701 Skien

Agder
- Kuholmen Marina, Roligheden Camping, N-4632 Kristiansand, Tel. 042 - 96 635
- Hamresanden Apartments N-4752 Hamresand, Tel. 042 - 47 222
- Trysnes Marina N-4640 Søgne, Tel. 042 - 69 210/69 380
- Tregde Marina N-4500 Mandal, Tel. 043 - 68 630
- Kuholmen Marina, Bertesbukta N-4630 Kristiansand S., Tel. 042 - 96 635

Hordaland
- Ulvik Vannskiklubb, N-5730 Ulvik, Tel.05 - 52 63 60
- Solstrand Sommersport/Solstrand Fjordhotel, N-5200 Os/Bjørnefjorden, Tel. 05 - 30 00 99

Sogn og Fjordane
- Selje Sjøsportsenter, Trond Sætren, N-6740 Selje, Tel. 057 - 56 606
Verleih von Ausrüstung.
- Kviknes Hotell, N-5850 Balestrand, Tel. 056 - 91 101
- Måløy Sport, N-6700 Måløy, Tel. 057 - 51 600
- Stongfjorden Surfing og Vannski, N-6790 Stongfjorden, Tel. 057 - 31 783
- Flora Reiselivslag, Postboks 219, N-6901 Florø, Tel. 057 - 42 010/43 166
- Hotel Alexandra, N-6867 Loen, Tel. 057 - 77 660

Trøndelag
- Dolmsundet Marina, N-7250 Melandsjø, Hitra, Tel. 074 - 45 979

WILDNIS-FERIEN

Es gibt Leute, denen Paddeln, Klettern oder Reiten allein zu wenig ist und die gerne verschiedene Aktivitäten miteinander kombinieren möchten. Mancherorts hat man deswegen spezielle »Wildnisangebote« zusammengestellt, die ein wenig von allem bieten. Die Angebote variieren je nachdem, welche Aktivitäten in welchem Landesteil gerade »in« sind. Die meisten Anbieter haben ihr Spezialgebiet. Sie können sich direkt an diese wenden und in Erfahrung bringen, woraus das Angebot im einzelnen besteht.

Oslo
- Kim-Camp Nordic Safari, K. Mork, Touristeninformation, Vestbaneplassen 1, N-0250 Oslo 2, Tel. 02 - 83 00 50

Akershus
- Artemis Norw. Wildlife Experience, Stangeskovene, N-1933 Lierfoss, Tel. 06 - 86 58 88
Breites Erlebnisangebot in den tiefen Wäldern, 70 km von Oslo entfernt. Das Angebot variiert je nach Jahreszeit. Reiten im Wald, Kanufahren, Forellenangeln, Fotosafari. Hoch- und Kleinwildjagd (10 Pers.).

Vestfold
- Villmarksguiden, N-3240 Andebu, Tel. 033 - 42 066
Waldtouren, Jagd, Angeln, Fotosafari. Für kleinere Gruppen.

Hedmark
- Trysil Flåteferie A/S, N-2422 Nybergsund, Tel. 064 - 53 175

Oppland
- Norsk Fjellferie A/S, N-2680 Vågåmo, Tel. 062 - 37 880
- Peer Gynt Ski & Sommerarena, Golå, N-2645 Harpefoss, Tel. 062 - 98 528
- Norsk Senter for Uteaktiviteter, Stein Øvereng, N-2670 Otta, Tel. 062 - 31 600
- Lom Bre- og Fjellførarlag, Lom Turistinformasjon, N-2686 Lom, Tel. 062 - 11 286
- Brennabu Leirskole og Aktivitetssenter, Vaset, N-2960 Røn, Tel. 063 - 63 102
- Beitostølen Reiselivslag, N-2953 Beitostølen, Tel. 063 - 41 006
- Vassfarfoten A/S, N-3528 Hedalen, Tel. 063 - 49 675
Bärensafari.

Buskerud
- Norefjell Aktiv Ferie/Sommerleir, Olav Golberg, N-3516 Noresund, Tel. 067 - 46 611
- Hemsedal Turistkontor, N-3560 Hemsedal, Tel. 067 - 78 156
Aktive Feriengestaltung mit Reiten, Klettern, Kanufahren, Touren über Nacht, Gebirgstouren.
- Villmarksteam A/S, N-3540 Nesbyen, Tel. 067 - 70 140
Erlebnisreiche Ferien mit Segeln, Angeln, Aktivitäten im Freien und auf dem Bauernhof.

Agder
- Triangel Villmarkskole, N-4695 Hovden i Setesdal, Tel. 043 - 39 501
- Hovdenferie A/S, N-4695 Hovden i Setesdal, Tel. 043 - 39 630
- Adventura, Postboks 46 N-4800 Arendal, Tel. 094 - 87 161

Sogn og Fjordane
- Gloppen Eventyret, Jørn Holst Kristiansen, Postboks 223, N-6860 Sandane, Tel. 057 - 66 100

Hordaland
- Smedholmen Kyst- og Naturlivsskule, N-5419 Fitjar, Tel. 054 - 97 432
- Finse 1222, Postboks 12, N-3590 Finse, Tel. 05 - 52 67 11
- Voss Utferdslag, N-5700 Voss Gruppentouren ins Fjell.
- Folgefonn Villmarksturer, Jostein Hatteberg, N-5470 Rosendal, Tel. 054 - 81 590 (Gletscherwanderungen, Bergsteigen, Rafting, Kajakkpaddeln, Fjelltouren, Segeln).
- Bømlo Reiselivslag, Postboks 130, N-5420 Rubbestadneset, Tel. 054 - 27 705
- Bergen Turlag - Fjellsportgruppen, C.Sundtsgt. 3, N-5004 Bergen, Tel. 05 - 32 22 30
Gruppentouren ins Fjell oder auf Gletscher).
- Askeladden Eventyrreiser, Andrew Stevenson, Huk Avenry 17, N-0257 Oslo, Tel. 02 - 55 55 66

Møre og Romsdal
- AAK Fjellsportsenter, Postboks 238, N-6301 Åndalsnes, Tel. 072 - 26 444
- Herdalsferie, N-6214 Norddal, Tel. 071 - 59 229

Trøndelag
- Stølsvang Turistgård, N-7340 Oppdal, Tel. 074 - 25 418
- Oppdal Turistkontor, N-7341 Oppdal, Tel. 074 - 21 760
- Væktarstua Turistsenter, N-7590 Tydal, Tel. 07 - 81 46 10
- Namsskogan Familiepark, Trones Kro og Motell, N-7896 Brekkvasselv, Tel. 077 - 34 255
- Oppdal Motell, N-7340 Oppdal, Tel. 074 - 20 600

Nordland
- Polar Mushing and Wildlife, Osvoll - Ny jord, N-8200 Fauske, Tel. 081 - 42 462
- Nord-Norsk Reiselivsindustri A/S, Postboks 318, N-8501 Narvik, Tel. 082 - 46 033

Troms
- Norw. Activities / Tour & Adventure, J. Stirner, N-9454 Ånstad, Tel. 082 - 97 257
- Nord-Reiser A/S, Postboks 6, N-9060 Lyngseidet, Tel. 089 - 10 508
- Espnes Reiser A/S, Postboks 57, N-9250 Bardu, Tel. 089 - 81 211
- Lyngen Adventure A/S, N-9060 Lyngseidet, Tel. 083 - 86 390
- Troms Adventure A/S, Andslimoen, N-9201 Bardufoss, Tel. 089 - 33 644
- Tromsø Arrangement A/S, Postboks 1077, N-9001 Tromsø, Tel. 083 - 10 000

Finnmark
- Karasjok Opplevelser A/S, Postboks 192, N-9730 Karasjok, Tel. 084 - 66 902
- Levajok Fjellstue, N-9826 Sirma, Tel. 085 - 28 764
- Finnmark Reisebyrå A/S, Postboks 295, N-9601 Hammerfest, Tel. 084 - 12 088
- Schulstad Adventures, Stabbursdalen, N-9710 Indre Billefjord
- Finnmark Leirskole & Aktivitetssenter, Øksfjordbotn, N-9545 Bognelv, Tel. 084 - 32 644
- Stabbursdalen Camp og Villmarkssenter A/S, N-9710 Indre Billefjord, Tel. 084 - 64 760
- Finnmark Fjellferie, Ulf Bakken, Tverrelvdalen, N-9500 Alta, Tel. 084 - 33 823
- Viddas Veiviser, Båteng, N-9845 Tana, Tel. 085 - 28 869 / 28 857 oder 090 - 99 319 / 16 789
- Sami Travel, Boks 25, N-9520 Kautokeino, Tel. 084 - 56 205
- Arctic Hunting & Fishing, Boks 105, N-9845 Tana, Tel. 084 - 28 616

Reisen statt rasen

Zugegeben – das hat man schon anderswo gelesen. Doch paßt es nicht gerade zu einer Reise nach Norwegen besonders gut? Wenn man z.B. gleich am ersten Urlaubstag an Deck einer der vielen Fähren steht und sich den frischen Seewind um die Nase wehen läßt, anstatt Stauluft zu atmen, dann hat die Erholung schnell gewonnen.

Die skandinavische Küche mit ihren Köstlichkeiten trägt ihren Teil dazu bei, daß schon die Anreise nach Norwegen ein Erlebnis ist, ob man nun im Schiffsrestaurant, im Speisewagen der Bahn oder mit Blick auf das Skagerrak im Flugzeugsessel sitzt.

Möglichkeiten zur Anreise nach Norwegen gibt's reichlich – wählen Sie das Passende...

Mehrmals täglich verlassen Fähren, Flugzeuge und Fernzüge Deutschland mit Ziel Norwegen.

Auf den folgenden Seiten können Sie sich ausführlich über die Angebote der verschiedenen Reedereien, Luftfahrtgesellschaften und der Eisenbahn informieren, und Sie werden feststellen, daß das Land der Fjorde und Fjells eigentlich gar nicht weit entfernt ist.

Gute Reise!

Reedereien

Modernste Technik sorgt auf den Fährschiffen für eine bequeme und sichere Überfahrt

MIT DER FÄHRE NACH NORWEGEN

Stena Line
STENA LINE
Schwedenkai
D-2300 Kiel 1
Tel. 0431 - 90 90 / 90 99
Fax 0431 - 90 92 00

SCANDINAVIAN SEAWAYS
Scandinavian Seaways
Van-der-Smissen-Str. 4
D-2000 Hamburg 50
Tel. 040 - 38 903 - 71
Fax 040 - 38 903 - 141

LARVIK LINE
FREDERIKSHAVN–LARVIK
Reisebüro Norden
Ost-West-Straße 70
D-2000 Hamburg 11
Tel. 040 - 36 00 15 78
Fax 040 - 36 64 83

Ein Norwegenurlaub will gut vorbereitet sein, denn bekanntlich muß man nicht nur den fahrbaren Untersatz und die werten Mitreisenden auf Vordermann bringen. Wer nicht gerade hoch über den Wolken nach Norwegen »jetten« will, muß sich möglichst zeitig um eine Fährpassage bemühen, um in den hohen Norden zu gelangen.

Die nachfolgend vorgestellten Reedereien bieten für jeden Geschmack die richtige Überfahrt an und sorgen durch ihre bequeme und sichere Ausstattung für einen entspannten Urlaubsbeginn. Viele Reisende freuen sich auf ihre »Kreuzfahrt« beinahe ebenso wie auf den gesamten Urlaub und genießen es, in der gemütlichen Kabine zu sitzen und durch das Fenster das »Fernsehprogramm« der leise schaukelnden Wellen und kreuzenden Schiffe und Boote an sich vorbeiziehen zu lassen. Bei schönem Wetter ist man sogar »live« dabei. Das rege Treiben auf dem Sonnendeck erinnert dabei eher an die Atmosphäre eines Straßencafes an der Côte d'Azur als an eine Fährüberfahrt. Und auch das sonst im Urlaub arg strapazierte Auto darf friedlich auf dem Autodeck vor sich hin schlummern, bevor es später wieder zu großer Form auflaufen muß.

Nicht weniger als 5 Reedereien bieten ihre Dienste an, um den Norwegentouristen das Leben zu erleichtern.

Wer schon von Deutschland aus die bequemen Schiffsplanken einer Fähre unter den Füßen spüren möchte, kann zwischen zwei Reedereien wählen. Die Color Line bringt ihre Passagiere quasi »im Schlaf« von Kiel nach Oslo. Die Stena Line verkehrt - ebenfalls über Nacht - von Kiel nach Göteborg

Der norwegische Sommer macht's möglich - ungezwungene Atmosphäre auf der Hurtigrute

und bietet Norwegenurlaubern damit noch die Möglichkeit, auf der Durchreise die schwedische Westküste und die Schärenstadt Göteborg zu erleben.

Wer über Dänemark seinem Traumziel Norwegen näher kommen möchte, kann sich den Reedereien Larvik Line, Color Line und Scandinavian Seaways anvertrauen. Während die Larvik Line in fünf Stunden von Frederikshavn nach Larvik übersetzt - ein guter Ausgangspunkt zur Weiterfahrt an die Südküste ebenso wie ins Landesinnere oder nach Oslo -, bietet Color Line die schnelle Verbindung von Hirtshals nach Kristiansand an; in nur 4 Stunden erreicht man von der nordjütländischen Küste den Fährhafen in Südnorwegen. Die Reederei Scandinavian Seaways - ihre Schiffe starten von Kopenhagen aus nach Oslo - bietet den Reisenden dagegen die Möglichkeit, einen Zwischenstop in der dänischen Hauptstadt einzulegen und das Flair dieser internationalen Großstadt zu erleben. Last not least bietet die Scandi Line mit der Fährüberfahrt von Strömstad nach Sandefjord ein besonderes »Schnäppchen« für alle, die Südnorwegen als Reiseziel auserkoren haben.

Urlauber, die sich auch in Norwegen gern etwas Besonderes gönnen möchten, können eine Reise mit dem Postschiff entlang der norwegischen Küste unternehmen. Eine Fahrt mit der traditionsreichen »Hurtigrute« dauert insgesamt 11 Tage und und vermittelt einen hervorragenden Eindruck von der Vielfältigkeit der norwegischen Natur. Übrigens: Das alte Vorurteil, man bekomme auf den Hurtigruten-Dampfern keinen Platz, hat durch den Einsatz moderner, größerer Schiffe endgültig jede Grundlage verloren. Ein Tip zum Schluß: Außerhalb der Hauptferienzeit bieten die Reedereien oft besonders günstige Tarife an. Ein sorgfältiges Studium der Fahrpläne und Tarife kann also durchaus zu einigen Scheinchen mehr in der Urlaubskasse verhelfen.

Eingangs war vom Fliegen die Rede. Wer sein Auto ganz in der Garage lassen möchte und einen besonders schnellen Trip nach Norwegen plant, kann auf zwei Fluggesellschaften vertrauen, um »über den Teich« zu gelangen. Die skandinavische Fluggesellschaft SAS (siehe S. 246) und die deutsche Lufthansa (nähere Auskünfte bei allen Lufthansa-Büros und Reisebüros mit Lufthansa-Agentur) bieten gute Verbindungen von mehreren deutschen Flughäfen an.

Ein großzügiges Warenangebot lädt zum zollfreien Einkauf ein

Auch abends kommt keine Langeweile auf

Color Line
Color Line
Oslo Kai
D-2300 Kiel 1
Tel. 0431 - 97 40 90
Fax 0431 - 97 40 920

Hurtigrute
NSA Norwegische Schiffahrts-Agentur
Kleine Johannisstr. 10
D-2000 Hamburg 11
Tel. 040 - 37 69 30
Fax 040 - 36 41 77

Scandi Line
SANDEFJORD - STRØMSTAD
Reisebüro Norden
Ost-West-Straße 70
D-2000 Hamburg 11
Tel. 040 - 36 00 15 74
Fax 040 - 36 64 83

Seit 1991: Die Schiffe der Color Line im neuen Design

NORWEGEN WIE ES EUCH GEFÄLLT - FLEXIBEL REISEN MIT COLOR LINE

Informationen und Buchung
im Reisebüro oder bei:
Color Line
Postfach 2646
D-2300 Kiel 1
Tel. 0431 - 97 40 90
Fax 0431 - 97 40 920

So bunt und vielfältig war Norwegen noch nie. Seit *Color Line*, ehemals Jahre Line und Norway Line, im Dezember 1990 auch die Fährstrecken der Fred. Olsen Lines übernahm, sind Reisen nach Norwegen farbiger und erlebnisreicher geworden. Die Schiffe der *Color Line* verkehren nun auf drei Routen zwischen Kontinent und Norwegen.

Bewährt und bekannt ist die Strecke Kiel - Oslo. Hier fahren die königlichen Schiffe MS »Kronprins Harald« und MS »Prinsesse Ragnhild«.
Mit völlig neuem Gesicht, rundum modernisiert und um 33 Meter verlängert präsentiert sich die MS »Prinsesse Ragnhild« im Frühjahr 1992. Auf einer spanischen Werft wird sie »auseinandergesägt«, um das neue Mittelstück einbauen zu können. Ein neues Unterhaltungszentrum erstreckt sich achtern über zwei Etagen, gläserne Panorama-Lifte bringen Sie vom Empfang im Atrium in die oberen Stockwerke zu Ihren Kabinen.
Ab April können Sie den Luxus der neuen MS »Prinsesse Ragnhild« genießen, denn dann verkehren wieder beide Schiffe täglich auf der Strecke nach Oslo.

Die Strecke Hirtshals - Oslo wird von der MS »Jupiter« und der MS »Christian IV« bedient. Im Sommer (18.6.-16.8.) fahren die Schiffe täglich, außerhalb der Hauptsaison sechsmal wöchentlich.

MS »Christian IV« wird auch auf der Strecke Hirtshals - Kristiansand eingesetzt. Dort pendelt sie ebenso wie MS »Skagen« im 4 1/2- bis 6 1/2-Stunden-Takt. Zwischen Norwegen und dem Festland ist die Strecke Hirtshals - Kristiansand der kürzeste Seeweg. Darüber hinaus bedient *Color Line* die klassische Nordsee-Route von Newcastle nach Stavanger und Bergen.

So verschieden die Strecken auch sind, der Urlaub beginnt, sobald Sie an Bord eines Schiffes von *Color Line* sind. Erlebnisurlaub ist das Stichwort, denn die Überfahrt ist ein Erlebnis für sich. Egal, ob man sich nun ganz in Ruhe entspannen oder lieber bis tief in die Nacht hinein amüsieren möchte, für jeden Geschmack wird etwas geboten. *Color Line* bringt eben Farbe in den grauen Alltag. Die verschiedenen Ansprüche an die Kabinenausstattung werden individuell erfüllt. Ein breitgefächertes Kabinenangebot bietet reichlich Auswahlmöglichkeiten. Um die verschiedenen Kabinenstandards anschaulicher zu machen, hilft *Color Line* Ihnen mit einem Sterne-System, das an die Sterne-Verteilung großer Hotels angelehnt ist.
Von einem bis zu fünf Sternen wurden vergeben. Je mehr Sterne eine Kabine hat, um so höher ist der Standard. Komfort, Ausstattung, Service und Lage der Kabine auf dem Schiff sind die Kriterien, nach denen die Tester die Kabinen beurteilten.
Sie haben die Wahl zwischen einfachen Ein-Stern-Kabinen unter dem Autodeck und Fünf-Sterne-Luxus-Kabinen auf den obersten Decks. Die Luxuskabinen sind mit großen Fenstern, Sitzgruppe, Doppelbett bzw. 2 Betten, Minibar und Fernseher ausgestattet. Außerdem werden Hosenbügler, Haartrockner und Bademantel zur Verfügung gestellt. Dazwischen findet sich das vielfältige Angebot an Innen- und Außenkabinen der Zwei- bis Vier-Sterne-Kategorien.
So kann *Color Line* auf allen Schiffen den verschiedenen Bedürfnissen und Ansprüchen der Gäste besser und genauer entsprechen.

COLOR CLUB für hohe Ansprüche

Für den anspruchsvollen Individualreisenden hat *Color Line* etwas ganz Besonderes zu bieten: den *Color Club*. Er ist für Gäste gedacht, die besondere Ansprüche an Ser-

Im à la carte Restaurant

vice und Komfort haben. Bucht man eine COLOR-CLUB-Passage, bekommt man nicht nur eine der bestausgestatteten Vier- oder Fünf-Sterne-Kabinen mit Fernseher, sondern auch eine eigene Bedienung, einen Top-Kabinenservice, automatische Tischreservierung an den besten Tischen von Restaurant und Salon und eine bevorzugte Abfertigung beim Einchecken.

Flexibel Reisen

Color Line bietet neben den Fährpassagen auch Reisen an. Durch die Veränderung und Erweiterung im Routennetz ist das Reiseprogramm gewachsen und noch bunter und vielseitiger geworden.

Jetzt sind (fast) alle *Color Line* Reisen und alle *Color Line* Schiffsrouten flexibel kombinierbar! Die drei *Color Line* Routen Kiel - Oslo, Hirtshals - Oslo und Hirtshals - Kristiansand können mit fast allen Reisen aus dem COLOR-LINE-Programm gekoppelt werden.

Shopping in Oslo zum Beispiel. Sie wählen die Anreise über Kristiansand mit einer Fahrt durch die malerische Küstenlandschaft Südnorwegens. Nach einem ein- oder mehrtägigen Aufenthalt in der norwegischen Metropole erfolgt die Heimreise dann von Oslo nach Kiel oder auch zurück nach Hirtshals. Auf diese Weise wird aus einer Städtereise eine kleine Rundreise.

Die von *Color Line* angebotenen Rundreisen sind so flexibel gestaltet, daß Sie an verschiedenen Punkten »einsteigen« können, je nachdem welche Schiffsrouten Sie für die An- und Abreise wählen. Die Rundreise mit der Eisenbahn über Oslo - Bergen - Stavanger - Kristiansand - Oslo kann selbstverständlich in Oslo wie in Kristiansand begonnen und beendet werden.

Die viertägige Rundtour durch das Herz Norwegens, durch Hallingdal - Hardanger - Telemark, beginnt beispielsweise in Geilo. Dabei wählen sie selbst, ob sie über Oslo oder über Kristiansand anreisen.

Die »Riviera« Norwegens lernen Sie beim Kristiansand-Weekend kennen. Gefällt es Ihnen besonders gut an der norwegischen Südküste mit ihren malerischen Fischerdörfern, dann buchen Sie doch Kristiansand ganz nach Wunsch und bleiben ein paar Tage länger!

Fünftägige Reisen wahlweise mit PKW oder Bahn bietet *Color Line* zur alten Hansestadt Bergen an. Die Fahrt mit der berühmten Bergenbahn führt von Oslo bis auf 1.222 m Höhe über das norwegische Fjell und hinunter zu den Fjorden Westnorwegens. Die Autorundreise führt Sie an den Ausläufern des Hardangerfjords in die Hauptstadt des Fjordlandes und über das Hallingdal zurück zum Ausgangspunkt ihrer Wahl - Oslo oder Kristiansand.

Eine zentrale Region des Fjordlandes erschließen die Rundreisen nach Balestrand am Sognefjord. In das südliche Fjordland führt die Preikestolen-Rundfahrt. Fünf, sechs oder mehr Tage kann man sich für die beiden Touren jeweils Zeit lassen.

Das Ziel der kombinierten Schiffs-, Bahn- und Flugreisen im *Color Line*-Programm liegt weiter nördlich. Auf der fünftägigen Reise ab Kiel haben sie Gelegenheit, die Domstadt Trondheim kennenzulernen.

Individualisten, die eine längere Rundtour mit dem PKW durch Norwegen unternehmen möchten, sind mit dem Best Western Hotelscheck gut für einen reibungslosen Urlaubsverlauf ausgestattet. Sie buchen die Fährpassage und die erste Übernachtung in einem Best Western Hotel Ihrer Wahl. Dort wird dann die nächste Nacht im nächsten Best Western Hotel für Sie reserviert. Mindestens fünf Hotelschecks müssen bei der Bestellung geordert werden.

Wer länger als eine Woche in Norwegen bleiben möchte, dem bieten die urigen norwegischen Hütten eine originelle und komfortable Alternative. Interessant sind dabei die Angebote für Hüttenferien in Vrådal oder Sauda.

Die flexiblen Kombinationsmöglichkeiten machen *Color Line* Kurzreisen jetzt noch attraktiver. Ein Grund mehr, den bekannt hohen Komfort und den aufmerksamen Service an Bord zu genießen. Auf den »Kreuzfährschiffen« der *Color Line* wird die Seereise zu einem bunten und vergnüglichen Erlebnis.

Die aktuellen Fahrpläne befinden sich auf der Rückseite der Beilagekarte.

In den modernen Kabinen läßt es sich leben ...

Alle Köstlichkeiten der Meere ...

Sonne und frische Luft erheitern das Gemüt

Reedereien

Mit der Winston Churchill in den hohen Norden

Steile Gipfel, tiefe Fjorde, schwindelnde Höhen
Fjordkreuzfahrten mit der »Winston Churchill«

SCANDINAVIAN SEAWAYS

Informationen und Buchung
im Reisebüro oder bei:
Scandinavian Seaways
Van-der-Smissen-Str. 4
D-2000 Hamburg 50
Tel. 040 - 38 903 - 71
Fax 040 - 38 903 - 141

Das Auge ißt mit ...

Es gibt viel zu sehen

Neben ihren bekannten Kreuzfahrten zum Nordkap bietet die dänische Reederei Scandinavian Seaways jetzt auch Kreuzfahrten durch die berühmtesten Fjorde Norwegens an. Wer schon immer fasziniert war von der Einzigartigkeit der majestätischen Gewässer, hat jetzt mindestens drei gute Gründe, um sich für die Kreuzfahrt mit der *Winston Churchill* zu entscheiden: erstens den Hardangerfjord, zweitens den Sognefjord und drittens den Geirangerfjord!

Die siebentägige Fjordkreuzfahrt wird zu zwei Terminen angeboten, (2. Mai/27. August), kostet von DM 1.206,- pro Person in der 2-Bett-Economy-Kabine bis zu DM 3.829,- in der 2-Bett-de-Luxe-Kabine mit Bad/Dusche/WC und beginnt im dänischen Esbjerg in Jütland (Bustransfer ab Hamburg im Preis inbegriffen).

Noch ehe man sich davon überzeugt hat, daß man auf dem richtigen Dampfer seiner Träume ist, hat das Schiff bereits den Atlantik erreicht und kreuzt ruhig und zielsicher gen Norden.

Etwa zur Zeit des Sonnenaufgangs erreicht das Schiff die norwegische Küste. Ein reichhaltiges Frühstücksbuffet läßt auch Morgenmuffel schnell munter werden. Dann tauchen die Umrisse des Hardangerfjords auf. Die ersten Urlaubsträume werden wahr! Nach abwechslungsreicher Fahrt erreicht das Schiff den Eidfjord, den am weitesten in das Binnenland hineinreichenden Arm des Hardangerfjords.

Am dritten Tag steht die alte Hansestadt Bergen auf dem Programm. 7 Stunden hat man Zeit, um die zweitgrößte Stadt Norwegens »unsicher zu machen«. Einige besondere Highlights: »Gamle Bergen«: die Altstadt Bergens, die Festung Bergenhus, das hanseatische »Bryggen«-Museum.

Abends geht es dann wieder »fjordwärts«, bis man am nächsten Tag den Sognefjord erreicht. Um 9.15 Uhr beginnt die Ausschiffung nach Flåm und damit die Möglichkeit zu weiteren Ausflügen in die großartige Berg-und-Tal-Landschaft (Eisenbahnfahrt Flåm - Myrdal und zurück, Busfahrt nach Voss und Gudvangen). Um 14.00 Uhr heißt es weiterreisen bis Gudvangen, das man um 16.00 Uhr erreicht. Auch hier wartet ein großartiges Ausflugs- und Erlebnisprogramm auf die Reisenden.

Nordostwärts läuft die *Winston Churchill* am fünften Tag in den weitausladenden Trondheimsfjord ein. Zielort ist Trondheim, dort hat man von 13.00 Uhr bis 20.00 Uhr Zeit, sich einen Eindruck von dieser kleinen aber feinen Stadt zu verschaffen. Eindrucksvoll: der Nidaros-Dom: traditionelle Krönungsstätte der norwegischen Könige, der Stiftsgård: eines der größten Holzbauwerke des Landes, die Festung Kristiansten.

Am sechsten Tag der Kreuzfahrt geht es von Trondheim wieder nach Süden, bis dann der berühmte Geirangerfjord angelaufen wird. Dieses wohl meistbesuchte und -fotografierte Touristenziel Norwegens ist in natura fast noch imposanter als in den kühnsten Träumen und bietet von der ersten bis zur letzten Minute des Aufenthaltes großartige Eindrücke.

Am nächsten Tag heißt es in Stavanger, der Ölstadt an der Südwestküste, Abschied nehmen vom gelobten Land. Vorher aber macht das Schiff noch einmal am Pier dieser geschäftigen Stadt fest und sorgt so für die letzten reizvollen Urlaubsdias. Sehenswert ist unter anderem die Aussicht vom Valbergturm, von dort hat man einen Blick über den gesamten Hafen, mit der *Winston Churchill* als Prunkstück!

Schließlich kreuzt die *Winston Churchill* dem Happy-End der Traumreise entgegen: Esbjerg erwartet zum zweiten Mal die wehmütigen »Kreuzfahrer«, die in Gedanken schon ihre nächste Reise planen. In diesem Sinne: Auf Wiedersehen auf der *Winston Churchill*!

Scandinavian Seaways bietet während der Seereise interessante Ausflüge an, die gegen ein geringes Entgelt zu den schönsten Sehenswürdigkeiten Norwegens führen. Man erlebt Lachsflüsse und Wasserfälle, die unendliche Weite der Hochebene Hardangervidda, kann an einer Stadtrundfahrt durch Bergen teilnehmen, eine Fahrt mit der Hochgebirgs-Eisenbahn von Flåm nach Myrdal oder weiter nach Voss unternehmen, hat in Trondheim die Möglichkeit, das Volksmuseum in Sverresborg, das Ringve-Musikmuseum und den Nidaros-Dom zu besuchen, bewundert in Stavanger im Rahmen einer Stadtrundfahrt viele geschichtsträchtige Schauplätze einer weit über 850jährigen Stadtentwicklung und kann sogar auf den Spuren der Wikinger wandeln. Ein buntes Programm, das kaum mehr Wünsche offenläßt!

Die aktuellen Fahrpläne befinden sich auf der Rückseite der Beilagekarte.

Norwegen bis zum Nordkap – auf großer Fahrt mit der »Winston Churchill«

Erleben Sie Norwegens Küste in ihrer ganzen Pracht bis hinauf zur Pforte des Eismeeres und zum Nordkap. Ahoi und Leinen los mit der *Winston Churchill*:

1. Tag: Ihre Kreuzfahrt beginnt um 15.30 Uhr in Esbjerg an der dänischen Nordseeküste. Nach dem kulinarischen Auftakt, dem Abendessen, sitzen Sie dann abends vielleicht schon beim Schlummertrunk an der Bar, während Ihr schwimmendes Hotel dem offenen Atlantik entgegengleitet.

2. Tag: Morgens begrüßt Sie ein faszinierender Ausblick auf die bizarren Landschaften der norwegischen Westküste. Aus Begeisterung sollten Sie aber das Frühstück nicht vergessen: ein sagenhaftes Skandinavisches Buffet! Nach einem ganzen Tag Kreuzfahrt durch die inselreiche, zerklüftete Küste laufen wir um 18.00 Uhr Ålesund an, einen wichtigen Fischereihafen mit einem Stadtkern aus Jugendstil-Häusern, den Sie beim 3stündigen Landgang erkunden können.
Ausflug: Stadtrundfahrt mit Besichtigung des Aussichtsberges Aksla. Preis: ca. DKK 120,-.

3. Tag: Frühmorgens um 8.00 Uhr erreicht das Schiff Trondheim, wo sich nach Wunsch ein 5stündiger, organisierter Landausflug anschließt. Man bewundert die lebendige Altstadt oder läßt den mächtigen Nidaros-Dom auf sich wirken. Gegen Mittag geht die Fahrt dann durch die Schärenküste weiter in Richtung Norden.
Ausflug A: Stadtrundfahrt mit Ausflug zum Ringve Musikmuseum und zum Nidaros-Dom. Preis: ca. DKK 190,-.
Ausflug B: Stadtrundfahrt mit Besuch des eindrucksvollen Volksmuseums in Sverresborg sowie des Nidaros-Doms. Preis: ca. DKK 190,-.

4. Tag: Sie können vielleicht zum ersten Mal im Leben mit dem Bewußtsein aufwachen, den nördlichen Polarkreis überquert zu haben! Jeder Mitreisende erhält ein Zertifikat, auf dem Uhrzeit und Datum dieses Ereignisses festgehalten sind. Am Nachmittag erreichen wir dann Tromsø, »die Pforte zum Eismeer«. Schauen sie sich während des 5stündigen Aufenthaltes doch einmal das Tromsø Museum an!
Ausflug A: Stadtrundfahrt einschl. Seilbahn zur Spitze des Aussichtsberges Storsteinen. Preis: ca. DKK 190,-.
Ausflug B: Stadtrundfahrt mit Besichtigung der weltberühmten Eismeerkathedrale. Preis: ca. DKK 170,-.

5. Tag: Die *Winston Churchill* nähert sich langsam dem Nordkap, dem nördlichsten Punkt des europäischen Festlandes. Die Eroberung dieser mächtigen Klippe am Ende der Welt - wer ließe sich das jetzt entgehen! Unser 4stündiger Ausflug führt von Honningsvåg zur unvergeßlichen Sightseeing-Position 71°10'21" nördlicher Breite. Bald heißt es dann aber: »Willkommen zurück an Bord - Kurs Südwest«.
Ausflug: Zum Nordkap-Felsplateau. Preis: ca. DKK 275,-.

6. Tag: An diesem Morgen erreichen wir die Lofoten-Inseln, die wie ein gigantisches Bergmassiv aus dem Wasser ragen. Mit Kurs über den Vestfjord steuern wir dann Gravdal an, einen kleinen Ort mit typischer Holzkirche und pittoresken Häusern, der sich großartig vom schroffen Felspanorama und der gewaltigen Natur-Szenerie abhebt.
Ausflug: Rundfahrt über Leknes und den Hagskaretpaß nach Einangen am Buksnesfjord und zum berühmten »Tausender« Himmeltindan. Zurück über Flakstad und Nusfjord, der besterhaltenen Fischersiedlung der Lofoten. Preis: ca. DKK 190,-.

7. Tag: Ein großartiges Ereignis liegt vor Ihnen. Auf tiefgrünem Wasser kreuzt die *Winston Churchill* hinein in den berühmten, abenteuerlich engen Geirangerfjord, der von beeindruckend steilen Felswänden und bis zu 2.000 m hohen Berggipfeln umgeben ist. Für den Besuch im kleinen Ort Geiranger werden Sie mit Motorbooten ausgeschifft. Von dort aus können Sie viele phantastische Ausflugsmöglichkeiten nutzen. Lassen Sie sich bei gutem Wetter das spektakuläre Panorama vom Berg Dalsnibba nicht entgehen!
Ausflug A: Zu den Aussichtspunkten Flydalsjuvet und Ørnesvingen. Preis: ca. DKK 125,-.
Ausflug B: Rundfahrt zur Djupvasshytta, Flydalsjuvet und Ørnesvingen. Preis: ca. DKK 200,-.
Ausflug C: Bustour zum Dalsnibba. Preis: ca. DKK 200,-.

8. Tag: Möchten Sie in Norwegen noch einmal einkaufen und nach Herzenslust bummeln gehen? Die ehemalige Hansestadt Bergen, letzte Anlaufstation Ihrer Norwegen-Kreuzfahrt, bietet sich dafür geradezu an. Alte Pflasterstraßen, farbenfrohe Häuser, kleine Geschäfte und Cafés machen die Stadt zu einem unverzichtbaren Erlebnis. In der Altstadt »Gamle Bergen« befindet sich u.a. ein bemerkenswertes Freilichtmuseum.
Ausflug: Interessante Stadtrundfahrt mit Besichtigung von Troldhaugen und Gamle Bergen. Preis: ca. DKK 180,-.

9. Tag: Eine wunderbare Reise geht zu Ende. Norwegen, das Land der Mitternachtssonne, verabschiedet sich von Ihnen. Um 11.00 Uhr, nach einem letzten ausgiebigen Frühstücksbuffet, macht die *Winston Churchill* wieder in Esbjerg fest (Weiterfahrt und Ankunft in Hamburg gegen 16.30 Uhr).

Die endgültigen Preise und Abläufe der Landausflüge entnehmen Sie bitte unserem Ausflugsprogramm.

Am Fluß »Nidelva« in Trondheim

Mitternachtssonne am Nordkap

DIE SCHÖNSTE SEEREISE DER WELT

Hurtigrute

Informationen und Buchungen
im Reisebüro oder bei:
NSA Norwegische Schiffahrts-Agentur
Kleine Johannisstr. 10
D-2000 Hamburg 11
Tel. 040 - 37 69 30
Fax 040 - 36 41 77

Mit der Hurtigrute an der norwegischen Küste entlang

Wenn das Hurtigrutenschiff ablegt und Bergen hinter sich gelassen hat, liegen 2.500 Seemeilen voller beeindruckender Erlebnisse vor den Passagieren. In 11 Tagen werden 36 Häfen angelaufen: Große Städte, kleine Orte und Fischerdörfer. Auf der Reise passiert man Norwegens westlichsten, den nördlichsten und den östlichsten Punkt. Der Polarkreis wird überquert, das Nordkap umrundet. In ein Licht getaucht, das sich von Stunde zu Stunde ändert, erlebt man das offene Meer und enge Fjorde - bei warmem Sonnenschein oder auch mal bei eiskaltem Polarwind. Der Blick fällt auf die märchenhafte Küste Helgelands, und es eröffnet sich ein Ausblick auf den Svartisen, den zweitgrößten Gletscher Norwegens mit seiner 500 km² großen Eisfläche. Ständig wechselt das Landschaftsbild.

Das Überqueren des Polarkreises ist ein besonderes Ereignis. Am dritten Tag verschlägt der Anblick der mächtigen Lofotenwand so manchem die Sprache. Das gewaltige Bergmassiv mit seinen bizarren Felsformationen fällt senkrecht ins Wasser ab. Die Lofoten - Inbegriff aller Norwegenromantik - sind unbeschreiblich schön. Faszinierend ist das Licht zwischen Meer und Gipfel.

Kleine Fischerdörfer klammern sich an die Küste, Siedlungen voller Tradition und Leben; sie begleiten die Schiffsreisenden ständig auf ihrer Reise.

Finnmark, das Land der Samen, besitzt die besten Lachsflüsse der Welt. Die Vielfalt der Natur zeigt sich in üppig bewachsenen Berghängen bis zu kahlen Gipfeln, die an eine Mondlandschaft erinnern. Viele Ausländer bezweifeln, daß es hier überhaupt Ansiedlungen gibt, bis sie es mit eigenen Augen gesehen haben.

Kirkenes, die Stadt, die nur 10 Minuten von der sowjetischen Grenze entfernt liegt, ist die letzte Station der Reise, bevor die Rückfahrt beginnt. Nach weiteren sechs Tagen macht das Schiff dann wieder in Bergen fest, dem Ausgangspunkt der Reise.

Besondere Atmosphäre an Bord

Die Schiffe der Hurtigrute sind selbst schon ein Erlebnis. Nicht nur wegen der modernen technischen Ausrüstung und der erfahrenen Besatzung - was eine Selbstverständlichkeit ist -, sondern wegen der ungezwungenen Atmosphäre an Bord, die man während der Reise besonders schätzen lernt. Die Hurtigruten-Flotte besitzt keinen Kreuzfahrtcharakter, sie ist vielmehr Ausdruck einer langen Tradition Norwegens als Seefahrernation im Fracht- und Passagierdienst.

Drei norwegische Reedereien betreiben heute diesen fast 100 Jahre alten Dienst, um Post, Fracht und Passagiere von einem Küstenort zum anderen zu befördern. Elf Schiffe sind gegenwärtig im Einsatz, zwischen 2.189 BRT und 4.200 BRT groß. Die Schiffe legen binnen eines Jahres 1,5 Millionen Kilometer zurück. Speziell für den kombinierten Fracht- und Passagiertransport gebaut, sind die »Postschiffe« ein lebenswichtiges Glied in der Versorgungskette für rund eine halbe Million Norweger. Für die Bewohner mancher Ortschaften ist das Hurtigrutenschiff oft die Hauptverbindung zur großen Welt. Post wird gebracht und abgeholt, Freunde und Verwandte kommen und gehen, Lebensmittel, Güter und Zeitungen werden von »draußen« angeliefert, Kinder benutzen das Schiff sogar als »Schulbus« zum nächsten größeren Ort. So ist auch das Publikum an Bord immer bunt gemischt, Passagiere aller Herren Länder treffen mit Einheimischen zusammen und genießen gemeinsam diese ganz besondere Reise.

Alle Kabinen der neuen, größeren Schiffe sind mit Dusche und WC ausgestattet. Auch die übrigen Schiffe wurden modernisiert. Für Passagiere, die besonders günstig reisen wollen, gibt es nach wie vor auch noch Kabinen nur mit fließend Wasser. Ausreichend Duschen und Toiletten stehen zur Verfügung.

Für Unterhaltung an Bord ist immer gesorgt. Ein Reiseleiter unterrichtet die Rundreisepassagiere ständig über Sehenswürdigkeiten und stattfindende Veranstaltungen. Es werden zum Beispiel Filme gezeigt oder Vorträge über Norwegens Natur, Kultur und Lebensverhältnisse gehalten. Während das Schiff den Polarkreis überquert, kommt König Neptun an Bord und tauft die Passagiere. Jeder erhält ein »Polarkreiszertifikat«. Eine ganz besondere Abwechslung stellen die Landausflüge dar, die zu schönen Abstechern und Besichtigungen einladen. Auf dem Programm stehen zum Beispiel das musikhistorische Ringve Museum in Trondheim, der Gezeitenstrom »Saltstraumen« bei Bodø und ein Ausflug über die Vesterålen; weiter Tromsø, das Nordkap, Kirkenes und viele andere Ziele.

Eine Reise mit der Hurtigrute wird zu einem unvergeßlichen Erlebnis: man erlebt die Küstenlandschaft mit ihren zahlreichen Höhepunkten, Komfort und Atmosphäre an Bord und nicht zuletzt eine interessante Verquickung des Linienfrachtverkehrs mit einem Hauch von internationalem Flair.

Hurtigruten zum Kennenlernen

Während der Monate Oktober bis April führt NSA Kurzreisen durch, die einen ersten Eindruck für Norwegeninteressenten bieten. In sechs Tagen geht es von Kiel nach Oslo, weiter mit der Bergenbahn durch die Hochgebirgslandschaft nach Bergen. Von hier aus mit den Schiffen der Hurtigruten nach Trondheim und zurück mit der Dovrebahn durch das malerische Gudbrandsdal (Lillehammer) zurück nach Oslo und Kiel. Preise: ab DM 1.124,-

Aktuelle Fahrpläne befinden sich auf der Rückseite der Beilagekarte.

Die norwegische Postflagge weht auf allen Schiffen der Hurtigrute

Reedereien

Vom Postschiff aus erlebt man die norwegische Küste in ihrer ganzen Vielfalt.

Persönlicher Einsatz und modernste Navigationstechnik sorgen dafür, daß Sie sicher ans Ziel Ihrer Reise kommen

2.500 Seemeilen Erlebnisse auf den modernen Schiffen der Hurtigrute

»Peter Wessel«, das moderne Fährschiff der Larvik Line

LARVIK LINE - URLAUB NACH MASS

LARVIK LINE

FREDERIKSHAVN–LARVIK

Informationen und Buchung im Reisebüro,
bei Automobilklubs oder bei:

Reisebüro Norden
Ost-West-Straße 70
D-2000 Hamburg 11
Tel. 040 - 36 00 15 78
Fax 040 - 36 64 83

Ein Norwegenurlaub beginnt bei einer Fahrt mit der Reederei Larvik Line schon im dänischen Fährhafen Frederikshavn. Ab hier werden Tag für Tag und Nacht für Nacht bis zu 2.200 Passagiere sowie bis zu 650 Autos sicher, zuverlässig und preiswert über das Skagerrak in das südnorwegische Küstenstädtchen Larvik gebracht.

Schon das »Entern« des Schiffes geht erfreulich schnell und reibungslos vor sich. Die Einweisung in die drei Parkdecks erfolgt routiniert und effektiv. Wer eine der 525 Kabinen - alle mit Dusche und WC - vorbestellt hat, kann per Lift direkt auf das entsprechende Deck fahren. Dort erhält man auch die Kabinenschlüssel, die »Eintrittskarte« für das erste Urlaubsdomizil. Wer dagegen die Aussicht lieber von ganz oben genießen möchte, kann es sich in einem der bequemen Liegesessel des 10. Decks gemütlich machen.

In der Haupthalle können Sie sich über das aktuelle Programm des Bordkinos informieren, Geld wechseln und einen Tisch in einem der Restaurants bestellen. Könnte denn ein Urlaub besser beginnen als mit einem gemütlichen Essen in angenehmer Atmosphäre?

Willkommen an Bord!

Schlemmen bei Pianomusik

Wer in Ruhe genießen möchte, dem sei das Grillrestaurant »Kommandøren« oder das à la carte-Restaurant »Admiralen« im Heck des Schiffes empfohlen: Riesige Panoramafenster über zwei Decks und Oberlicht geben den Räumen eine für Fährschiffe überraschende Großzügigkeit. Ein Pianospieler sorgt für anregende musikalische Untermalung.

Genießen Sie nach dem Essen einen Bummel durch das Schiff, dessen verschiedene Auf- und Abgänge zur besseren Orientierung unter anderem mit Tiersymbolen gekennzeichnet sind. Hier wurde - typisch skandinavisch - auch an die Kinder gedacht.

Wie wäre es nun mit einem steuerfreien Einkauf, einem Schlummertrunk an der Bar, einem Tänzchen in der Disco oder einem Spielchen im Casino? Die Überfahrt ist fast schon zu kurz, um alle Angebote richtig auszunutzen.

Natur pur

Wer zum ersten Mal nach Norwegen reist, wird besonders von der Ruhe und dem Frieden beeindruckt sein, den die in weiten Teilen unberührt wirkende Natur ausstrahlt: Riesige, dunkle Wälder wechseln ab mit weiten Ebenen und imposanten Felsformationen. Überall plätschern Bäche und kleine Flüsse, Seen laden zum Träumen und farbenfroh gestrichene Holzhäuser und Hütten zum Verweilen ein. Bei strahlendem Sonnenschein und blitzblauem Himmel scheint ein eigenwilliger Zauber über dem Land zu liegen, dem sich kaum jemand entziehen kann.

Reiseziele mit der Larvik Line

Im neuen Sommerkatalog des Reiseveranstalters »Norden Tours« finden Norwegenfreunde wieder interessante Möglichkeiten, die Anreise mit der Larvik Line mit verschiedenen Urlaubsformen zu verbinden. Freunde des Hüttenurlaubs etwa können mit der Fährpassage gleich den Aufenthalt in einem komfortablen Ferienhaus buchen. Sie schlagen zwei Fliegen mit einer Klappe: Zum einen ersparen Sie sich langes Suchen in Katalogen, zum anderen können Sie durch diese Kombi-Angebote oft nicht nur Zeit, sondern auch viel Geld sparen.

Fjone

Auch die neue Hüttenanlage bei Fjone an der Westseite des Sees Nisser läßt Freunde eines Ferienhausurlaubs voll auf ihre Kosten kommen. Sowohl Angel- als auch Wassersportler finden am See Nisser ein reiches Betätigungsfeld in typisch südnorwegischer Landschaft. Sie wohnen in einer von vier neuerbauten, gemütlichen Hütten direkt am See. Die Hütten haben eine Grundfläche von 38 m² und bieten Platz für 6 Personen.

Gol

Eine große Auswahl besteht auch im Gebirge in der Nähe von Gol. Hier stehen Ferienwohnungen, Hüttensiedlungen und Einzelhütten zur Verfügung. Dieses Gebiet eignet sich besonders gut für Bergwanderungen und ist auch ein idealer Ausgangspunkt für Ausflüge nach Westnorwegen und in das traditionsreiche Gudbrandsdal. Gol liegt in der Nähe der beiden Nationalparks Jotunheimen und Hardangervidda, so daß man bei einem Aufenthalt auf jeden Fall die Wanderstiefel einpacken sollte.

Einfach lecker!

Gautefall Hyttegrend

Viele Aktivitätsmöglichkeiten bietet auch die Gegend von Gautefall. Das Ferienzentrum mit eigenem Angelgewässer ist genau das Richtige für Urlauber, die ihren Aufenthalt aktiv nutzen möchten. Sie können wandern, angeln und auf Mineraliensuche gehen oder traditionelles norwegisches Kunsthandwerk bewundern.

Nicht unerwähnt bleiben soll zum Schluß, daß sich die Fahrpreisstruktur bei Larvik Line geändert hat. Auch in der Vor- und Nachsaison und im Winter lohnt sich eine Reise mit der Larvik Line. Besonders günstige Tarife außerhalb der Hauptreisezeit können eifrigen Urlaubern schnell zu einem »Schnäppchen« verhelfen. Auskünfte geben Ihnen gern die Mitarbeiter des Reisebüros Norden in Hamburg.

Und Winterurlauber wissen es längst: Mit Larvik Line haben Sie die Möglichkeit, ausgesprochen schnell und bequem in die traditionellen Wintersportgebiete des Bezirks Telemark - der Wiege des Skisports - zu gelangen.

Hier kommen auch Gourmets auf ihre Kosten ...

Für den Winter 1991/92 bietet der Katalog auch einige neue Reiseziele - z.B.: Hütten und Hotels in Geilo, Hütten und Ferienwohnungen in Hemsedal, das in altem Stil gebaute Ferienzentrum Raulandtunet in Rauland und das ganz neue Ferienzentrum Tinn in Telemark mit Hütten und Appartements auf dem Gausta-Plateau.
Im allgemeinen gelten die Wintersportgebiete in den etwas höheren Lagen in der Zeit von Mitte November bis Anfang Mai als schneesicher. In den tieferen Lagen ist die Saison etwas kürzer.
Für Ihre Sommerferien 1992 finden Sie im Katalog »SKANDINAVIEN '92« wieder eine große Auswahl Hütten, Hotels und brandneue Angebote. Wenden Sie sich an Norden Tours, 2000 Hamburg 11, Ost-West Str. 70.

Die aktuellen Fahrpläne befinden sich auf der Rückseite der Beilagekarte.

Man speist in gepflegter Atmosphäre

Eine Fahrt mit Stena Line bürgt für außergewöhnliche Erlebnisse

MIT KREUZFAHRTFLAIR IN DEN URLAUB

Stena Line

Informationen und Buchung
im Reisebüro oder bei:
STENA LINE
Schwedenkai
D-2300 Kiel 1
Tel. 0431 - 90 90 / 90 99
Fax 0431 - 90 92 00

oder:
STENA LINE
Hildebrandtstr. 4d
D-4000 Düsseldorf 1
Tel. 0211 - 90 550
Fax 0211 - 90 55 170

Eine frische Meeresbrise und attraktive Borderlebnisse versprechen die Angebote der schwedischen Reederei STENA LINE, deren Fährschiffe zu den größten und modernsten auf der Ostsee zählen.

Zahlreiche Extras lassen die Reise über das Meer zu einem richtigen Kreuzfahrterlebnis werden. Ein großes Buffetrestaurant steht den Passagieren zur Verfügung. Es bietet einen kulinarischen Überblick über die Genüsse der skandinavischen Küche mit ca. 60 verschiedenen warmen und kalten Spezialitäten. Auch im à la carte-Restaurant kann man sich von internationalen Speisen und vorzüglichen Fischgerichten verwöhnen lassen.

Doch nicht nur für das leibliche Wohl auf See ist gesorgt. Ein vielseitiges Bordprogramm mit Freizeitangeboten für jeden Geschmack und jedes Temperament bietet Abwechslung und Entspannung.

Während draußen die nächtliche Ostsee vorübergleitet, haben die Passagiere an Bord viele Möglichkeiten zu Unterhaltung und Aktivität: Filmfreunde fühlen sich im gemütlichen Bordkino wohl, Plauderer zieht es in eine der gastlichen Bars, Einkaufsbummler in den Duty-free-Shop und die lieben Kleinen ins Kinderparadies.
Spielernaturen vergnügen sich mit Roulette und Black Jack, Nachtschwärmer im Nightclub.

In den Kabinen wird sich jeder Passagier wohlfühlen, denn je nach Geschmack und Geldbeutel reicht die Auswahl von der Vierbett-Innenkabine bis zur Luxuskabine.
Es gibt sogar spezielle Allergiker-Kabinen, die zum normalen Preis gebucht werden können. Selbstverständlich gibt es an Bord auch behindertengerecht ausgebaute Kabinen.
Morgens wird das große Stena Line-Frühstücksbuffet in den beiden Restaurants aufgetischt - ein gelungener Start in einen guten Morgen. Man bedient sich selbst, und zwar sooft man möchte. Auf der Route Kiel - Göteborg ist übrigens das Frühstücksbuffet im Fahrpreis eingeschlossen.

Eines steht also sicher fest: an Bord wird bestimmt keine Langeweile aufkommen.

Insgesamt fahren auf der Ostsee sechs Fährschiffe der STENA LINE auf vier verschiedenen Routen. Die beiden Schwesterschiffe »Stena Germanica« und »Stena Scandinavica« und alle anderen Schiffe sind nach höchsten schwedischen Sicherheitsnormen gebaut. Zu jeder Jahreszeit garantieren sie eine angenehme und sichere Reise.

Dazu kommt ein Höchstmaß an umweltfreundlicher Technik. Turbolader und Filter, die die Abgase schadstoffgemindert entlassen, dienen ebenso dem Umweltschutz wie die Entsorgung von Abwässern, Müll und Ölrückständen im Hafen.

Schlemmen, was das Herz begehrt ...

Außerhalb der Hauptreisezeit bietet STENA LINE erlebnisreiche Kurztrips gen Norden an, bei denen die Kosten der Schiffsreise (einschließlich des berühmten skandinavischen Buffets, Frühstücksbuffets und der Kabinenübernachtungen) im Preis inbegriffen sind. Diese Kurzreisen sind genau das Richtige für alle, die außerhalb des Sommertrubels die Klarheit, Ruhe und Harmonie des Nordens suchen.

Besonders zu nennen ist hier die fünftägige kombinierte Schiffs-/Busreise Kiel - Göteborg - Oslo ab DM 358,-, die zur Winterzeit stattfindet. In der norwegischen Metropole, in der Sie zwei Hotelnächte verbringen werden, steht eine große Stadtrundfahrt auf dem Programm. Stationen sind der Vigelandpark mit seinen zahlreichen Skulpturen aus Bronze und Stein, das Fram-Museum mit dem Polarschiff Fridtjof Nansens und die weltbekannte Skischanze Holmenkollen. Daneben bleibt genug Zeit, um Oslo auf eigene Faust zu entdecken.

Wer Norwegen lieber im Frühjahr, Sommer oder Herbst erkunden möchte, dem bietet Stena Line mehrere Möglichkeiten, z.B. ein Wochenende in Telemark, in einem kleinen und idyllischen Hotel. Seereise inkl. Frühstück, einmal Schlemmerbuffet an Bord und 3 Hotelnächte mit Halbpension sowie PKW-Transport erhalten Sie bereits ab DM 597,-. Auch eine Hotelrundreise mit den »Pro Scandinavia«- oder den »Best Western«-Hotelschecks bietet viel Freiraum für die eigene Reisegestaltung. Hotelschecks erhalten Sie bereits ab DM 69,- pro Person und Nacht, inkl. Frühstück. Mehr darüber im Skandinavien-Fahrplan 1992 und im Prospekt »Maritime Kurzreisen 1992«, den Sie in jedem guten Reisebüro oder direkt bei Stena Line erhalten.

Die aktuellen Fahrpläne befinden sich auf der Rückseite der Beilagekarte.

Die Akershus Festung in Oslo

Die »Bohus II« bietet 650 Passagieren und 180 Fahrzeugen Platz

SCANDI LINE - DIE SCHNELLE NORWEGEN - SCHWEDEN - VERBINDUNG

Scandi Line
SANDEFJORD - STRØMSTAD

Informationen und Buchung
im Reisebüro oder bei:
Reisebüro Norden
D-2000 Hamburg 11
Ost-West-Straße 70
Tel. 040 - 36 00 15 74
Fax 040 - 36 64 83
Telex 2 13 055

Unter pfiffigen Norwegenurlaubern macht seit einiger Zeit der Name einer Reederei die Runde, die es zwar schon seit längerem gibt, die aber bisher unter deutschen Norwegenfans noch als »Geheimtip« galt: Scandi Line, die schnelle Verbindung von Sandefjord an der südnorwegischen Küste bis nach Strömstad an der schwedischen Westküste, nicht weit von der E 6. Ab 1. Mai 1992 kann die Reederei sogar mit 2 Schiffen aufwarten, die zwischen Sandefjord und Strömstad verkehren, so daß man dann alle 3 Stunden übersetzen kann.

Gestreßte Autofahrer, die ihren Südnorwegen-Urlaub bisher »traditionell« mit einem Stau um Oslo herum begonnen oder beendet haben, können mit der geruhsamen Überfahrt durch die norwegischen und schwedischen Schären etwas für ihren Blutdruck tun.

Auch wer einen »Sørlandet«-Aufenthalt mit einem kleinen Abstecher an die schwedische Westküste verbinden möchte, ist bei Scandi Line an der richtigen Adresse.

Die Überfahrt von Sandefjord nach Strömstad dauert nur 2,5 Stunden, gegenüber der E 6/E 18-Straßenverbindung spart man fast 250 km. Die Fahrt geht zumeist durch ruhiges und idyllisches Gewässer mit zahllosen Holmen und Schären. Statt sich durch benzingeschwängerte »Stauluft« zu quälen, genießt man lieber die frische Seebrise, trinkt einen Kaffee in der Cafeteria oder trifft sich zum »Shopping« im Tax-Free-Shop.

Und noch ehe man sich an der großartigen Landschaft rings um den Oslofjord sattgesehen hat, macht das Schiff in der kleinen Hafenstadt Strömstad fest. Während »Oslo-Durchquerer« noch immer damit beschäftigt sind, verzweifelt auf der Karte nach Abfahrten von der Hauptroute zu suchen, sind »Scandi Line«-Gäste schon auf der E 6 in Richtung Süden unterwegs.

Die moderne Auto- und Passagierfähre »Bohus II« bietet Platz für 650 Passagiere und 180 Fahrzeuge. Neben Cafeteria, Restaurant, Bar und Tax-Free-Shop, die die Schiffsreise noch angenehmer machen, findet man auf der Fähre auch einen Spielraum für die Kinder, so daß auch die kleinsten Schiffsgäste ihren Aktivitätsdrang voll ausleben können. Wer mit Scandi Line reist, muß sich auf keinen Fall langweilen.

Bei gleichzeitiger Buchung von Hin- und Rückfahrt erhält man 50 Prozent Rabatt auf die Rückfahrkarte. Findet die Rückreise noch am gleichen Tag statt, gilt der Preis für die einfache Fahrt (gilt nur für Personen, Fahrzeuge kosten auf der Rückfahrt 50 Prozent).

Die aktuellen Fahrpläne befinden sich auf der Rückseite der Beilagekarte.

Preise 1992: (einfache Fahrt / NOK)	1.1. - 12.6. 17.8. - 31.12.	13.6. - 16.8.
Erwachsene	85,-	100,-
Kinder 4 bis 16 Jahre, Rentner, Behinderte m. Begleitperson	55,-	65,-
Kinder unter 4 Jahren	gratis	gratis
Erwachsene in Gruppen ab 10 Pers., ab 20 Pers. Reiseleiter gratis	65,-	80,-
Kinder in Gruppen ab 10 Pers., ab 20 Pers. Reiseleiter gratis	45,-	55,-
PKW/LKW/Campingmobil unter 5 m Länge, Motorrad mit Seitenwagen	95,-	130,-
Campingmobil 5 bis 6 m Länge	140,-	180,-
Gepäck-/Bootsanhänger bis 6 m	100,-	125,-
Motorrad/Scooter/Moped	50,-	60,-
Fahrrad	20,-	30,-
Bus über 8 m Länge bis 20 zahlende Passagiere	190,-	230,-
Bus über 8 m Länge ab 21 zahlende Passagiere	gratis	gratis
Minibus 6 bis 8 m	150,-	190,-
Autopakete:		
PKW inkl. 5 Personen	340,-	430,-
Campingmobil 5 bis 6 m, inkl. 5 Personen	390,-	490,-
- über 6 m, pro angefangenem m	50,-	60,-

Reisen in Norwegen

Mit der Bahn, ...

Norwegen ist einfach anders. Das gilt ganz sicher für das Reisen innerhalb des Landes, sind doch die topographischen Gegebenheiten Norwegens von besonderer Natur.

Berge, Fjorde, Wälder und Hochebenen mit ihren herrlichen Aus- und Einblicken prägen auch den Verkehr: Man braucht einfach mehr Zeit, bekommt dafür aber alle Schönheiten der ständig wechselnden Landschaften zu sehen.

Auch ohne ein großes Autobahnnetz bietet das moderne Norwegen seinen Besuchern gut bis sehr gut ausgebaute Straßen, von denen manche, wie z.B. der Trollstigen oder die Atlantikstraße, schon Sehenswürdigkeiten für sich sind. Atemberaubende Brücken- und Tunnelkonstruktionen machen das Autofahren ebenfalls zum Vergnügen. Natürlich lassen sich nicht alle Gewässer überbrücken oder untertunneln. Deshalb werden Sie auf Ihrer

... mit dem Schiff, ...

... auf der Straße ...

... oder mit der Fähre läßt sich gut reisen!

Norwegenreise immer wieder auch mit Autofähren, Schnellbooten, vielleicht auch mit den Postschiffen der »Hurtigruten« zu tun haben, die für eine angenehme Abwechslung sorgen. Da der Verkehr zu Wasser für viele Gemeinden und Regionen entlang der langen Küste lebenswichtig ist, sind die Verbindungen auch erstaunlich zahlreich.

Die Norwegische Staatsbahn NSB bringt ihre Kunden nicht nur in alle Städte des Landes, sondern auch bis weit über den Polarkreis nach Bodø und in die schönsten Landschaften West- und Ostnorwegens. Bahnreisende werden sicher auch zu schätzen wissen, daß viele Verbindungen innerhalb Norwegens mit den außernorwegischen Bahn- bzw. Fährverbindungen korrespondieren.

Wo die Bahn nicht fährt, fahren ganz sicher die Überlandbusse, die das Eisenbahnnetz hervorragend ergänzen. So verkehren z.B. überregionale Schnellbusse der Gesellschaft »NOR-WAY Bussekspress« zwischen den meisten größeren Städten und Ortschaften des Landes.

Sie möchten lieber ganz schnell von einem Ort zum anderen? Dann schlagen Sie zwei Fliegen mit einer Klappe, wenn Sie von einem der fünfzig Flughäfen des Landes in Richtung Zielort starten: aus der Vogelperspektive betrachtet, präsentiert sich Norwegen nämlich in einer unvergleichlichen Schönheit. Das außergewöhnlich dichte Flugnetz Norwegens ist eine logische Folge der Beschaffenheit des Landes - eine Autoreise von Oslo nach Kirkenes dauert eben ein paar Tage. Dank zahlreicher Sondertarife der verschiedenen Fluggesellschaften ist das Fliegen im Sommer übrigens besonders preiswert.

Also dann, gute Reise!

Berg-Hansen Reisebureau A/S

Berg-Hansen Reisebureau A/S
Abteilung Sonderfahrten/Incoming
Arbinsgate 3, N-0201 Oslo
Tel. 0047 - (0)2 - 55 19 01 / 02
Fax 0047 - (0)2 - 55 50 60

Die Firma Berg-Hansen Reisebureau A/S wurde 1875 gegründet und unterhält heute 26 Büros in ganz Norwegen.
Unsere Abteilung Sonderfahrten/Incoming konzipiert und organisiert Reisen für Gruppen in Norwegen. Nach den Wünschen unserer Kunden schneidern wir Ferien-, Freizeit- und Incentivereisen nach Maß. Zu unserem Angebot zählen z.B. Eisbärsafaris auf Spitzbergen, private Elchjagden und Nachtrundflüge über das Nordkapplateau.
In unserem Produktkatalog bieten wir darüber hinaus 17 Reisevorschläge für Norwegen und Skandinavien an, die ganzjährig gültig sind. Wir legen großen Wert darauf, daß unsere Reisevorschläge ein volles Programm und gute Qualität haben. Die Vermittlung norwegischer Kultur, sportliche Aktivitäten und Erlebnisse bzw. Erfahrungen in der Natur sind nur einige Schwerpunkte der von uns ausgearbeiteten Reisen.

Unsere Nähe zum Markt und unsere Norwegen-Kentnisse sorgen dafür, daß wir unseren Kunden abwechslungsreiche Erlebnisreisen zu vorteilhaften Preisen anbieten können. Wir freuen uns, Ihnen hier kurz zwei unserer Reisevorschläge vorstellen zu können.
Möchten Sie unseren Produktkatalog zugeschickt bekommen, dann wenden Sie sich bitte an nebenstehende Adresse. Unsere Mitarbeiter helfen Ihnen auch gerne mit weiteren Informationen weiter und beraten Sie bei der Ausarbeitung Ihrer Reisen. Das Berg-Hansen Reisebureau A/S heißt Sie zu einem persönlichen Gespräch herzlich willkommen!

Gruppenreise 1 - Sommer
7 Tage / 6 Nächte
Bergen und die Fjorde

1.Tag: Oslo
Halbtägige Stadtrundfahrt, Vigeland Park, Wikingerschiffe, Fram-Museum.

2.Tag: Oslo-Hallingdal-Geilo
Durch's schöne Hallingdal in die Bergwelt von Geilo.

3.Tag: Bergen
»Vøringsfossen«, ein 182 m langer Wasserfall, Bergen, die »Hauptstadt der Fjorde«.

4.Tag: Norheimsund und der Hardangerfjord
Halbtägige Stadtrundfahrt, Edvard Grieg's »Troldhaugen«, Fantoft Stabkirche, Norheimsund am Hardangerfjord

5.Tag: Lærdal-Sognefjord
Voss am »Vangsvatnet«, die berühmten »Stalheimskleivene«-Kurven, Kreuzfahrt von Gudvangen auf dem Sognefjord. Angeltour.

6.Tag: Fagernes-Oslo
Stabkirche von Borgund, das Valdres-Tal und das Valdres Freilichtmuseum. Oslo: Holmenkollen-Restaurant, Unterhaltungsprogramm mit norw. Volkstänzen und Erzählungen.

7.Tag: Oslo
Einkaufsbummel im Warenhaus Steen & Strøm. Heimflug.

PREISE PRO PERSON IM DOPPELZIMMER MIT BAD:
Von DM 1.880,- für 20-34 Pers. bis DM 1.600 für 40-44 Pers.
Preise inkl. Hotel, Mahlzeiten, Museumseintritt, Fähren, Angeltour, Fremdenführung, Reiseleitung.

Gruppenreise 2 - Sommer
6 Tage / 5 Nächte
Reise durch die steile Fjordlandschaft

1. Tag: Oslo
Dreistündige Stadtrundfahrt, Vigeland Park, Holmenkollen-Schanze, Freilichtmuseum, Aker Brygge.

2. Tag: Lillehammer Ringebu
Olympiastadt Lillehammer, Freilichtmuseum Maihaugen, Gudbrandsdal.

3. Tag: Lom-Hornindal
Malerische Bauernhäuser, Geirangerfjord mit berühmten Wasserfällen, Hornindal am tiefsten Binnensee Norwegens.

4. Tag: Stryn-Vossestrand
Mit Pferd und Kutsche zum Briksdalbre-Gletscher, Sognefjord, Volkstanz und Trachten im Vinje Hotel.

5. Tag: Voss-Gudvangen
Voss, Stalheim, Kreuzfahrt von Gudvangen auf dem Sognefjord, Reise durch das Filefjell-Gebirge.

6.Tag: Fagernes-Oslo
Fagernes, Valdres Freilichtmuseum, Fahrt durch das charmante Hemsedal. Einkäufe in Oslo.

PREISE PRO PERSON IM DOPPELZIMMER MIT BAD
Von DM 1.950,- für 20-24 Pers. bis DM 1.410,- für 40-44 Personen.
Preise inkl. Hotel, Mahlzeiten, Museumseintritt, Fähren, Unterhaltung, Fremdenführung, Reiseleitung.

Mit der Bahn nach Norwegen, mit der Bahn in Norwegen

Weitere Informationen bei der:
NSB
Reisesenter
Oslo Sentralstasjon
Jernbanetorget 1
N-0154 Oslo 1
Tel. 0047 - 02 - 36 80 82
Fax: 0047 - 02 - 36 80 86

Mit der Nordlandbahn über den Polarkreis

Die Raumabahn im Romsdal

Eine Norwegenreise mit der Bahn wird immer zeitsparender und komfortabler. So fährt jede Nacht der Nachtzug »Alfred Nobel« in 17 Stunden von Hamburg nach Oslo. Er führt sowohl Schlaf- als auch Liegewagen mit sich, von denen jeder seinen eigenen Schaffner hat. So reist man schnell, sicher und bequem nach Norwegen. Als zusätzliche Tagesverbindung zum »Alfred Nobel« verläßt der der »Skandia-Expreß« Hamburg um ca. 7.00 Uhr und erreicht Oslo um ca. 22.00 Uhr.
Die in Norwegen verkehrenden Expreß- und Inter-City-Züge fahren alle mit modernem rollenden Material. Nicht nur deshalb ist die norwegische Eisenbahn eine effektive und bequeme Ergänzung zum Schiffs- und Flugverkehr innerhalb des Landes. Darüber hinaus führen viele Bahnstrecken in Norwegen durch außergewöhnlich schöne Landschaften. Insbesondere die Bergenbahn, die Dovrebahn, die Nordlandbahn und die Flåmbahn sind außergewöhnliche Touristenattraktionen.

Mit dem Expreßbus Norwegen erleben

NOR·WAY BUSSEKSPRESS

Nähere Informationen und Buchung bei:
NOR-WAY Bus - Terminal
Havnegt., Sjøsiden, Oslo - Sentralst.
Tel. 0047 - (0)2 - 33 01 91 / 33 08 62
Fax 0047 - (0)2 - 42 00 46
oder: FJORDTRA Handelsgesellschaft mbH,
Rosastr. 4-6, W-4300 Essen 1.
Tel. 0201-79 14 43;
Fax 0201-79 18 23.

Mit NOR-WAY Bussekspress dorthin, wo Norwegen am schönsten ist

Die norwegische Busgesellschaft NOR-WAY Bussekspress betreibt 33 Buslinien in ganz Norwegen. Das immer dichter werdende Streckennetz reicht von den Städten an der Südküste bis Hammerfest, der nördlichsten Stadt der Welt. Die Busse fahren übers Fjell, durchs Fjordland, entlang der Küste und in alle wichtigen Städte. Kombiniert mit den Verbindungen von Eisenbahn, Fluggesellschaften und Küstenschiffen ergeben sich so hervorragende Rundreisemöglichkeiten durch ganz Norwegen auch ohne eigenes Fahrzeug.

Über Schweden besteht übrigens auch Anschluß an das europäische Expreßbus-Netz, so daß man z.B. von Hamburg, Berlin, Köln oder Frankfurt aus Verbindung nach Norwegen hat.

Die norwegischen Expreßbusse sind sehr komfortabel und mit allen Annehmlichkeiten ausgestattet, die das Reisen angenehm gestalten. Zum Leistungsangebot gehören WC, Telefon, Erfrischungsgetränke, bequeme, verstellbare Sitze und ein gutes »Bordklima«. Da macht das Reisen Spaß.

Die neuen Fahrpläne mit allen Abfahrtszeiten und Preisen für 1992 sind ab April bei den angegebenen Adressen erhältlich. Übrigens, auch ohne Reservierung ist Ihnen ein Platz im Bus sicher - denn wenn mehr Fahrgäste als Sitzplätze vorhanden sind, wird einfach ein Reservebus auf die Reise geschickt.

In Zusammenarbeit mit FJORDTRA werden Komplett-Rundreisen mit den Expreßbussen ab Deutschland angeboten. Ein Beispiel: Von Hamburg über Schweden nach Oslo. Weiter durch das Valdrestal an den Sognefjord. Ausflug nach Bergen. Zurück durch das Hallingdal nach Oslo und Sightseeing in Norwegens Hauptstadt. Anschließend durch Schweden zurück nach Hamburg. Der Preis für die 10-tägige Reise (einschl. Hotels und Aktivitäten und inkl. Ausflug nach Bergen): DM 1.828.- ab Hamburg. Weitere Angebote finden Sie im FJORDTRA-Katalog.

Wenn Sie Ihre Busreise in Norwegen mit dem NORWAY-TICKET bezahlen, erhalten Sie einen Rabatt in Höhe von 25 Prozent auf den normalen Fahrpreis. NORWAY-Tickets bekommen Sie in Ihrem Reisebüro oder direkt bei FJORDTRA. Zur Zeit kostet eine Fahrt von Bergen nach Oslo DM 125.-, von Kristiansand nach Stavanger DM 67.-, von Bergen nach Ålesund DM 110.- und von Bergen nach Trondheim DM 175.- (NORWAY-TICKET: -25%). NOR-WAY Bussekspress bietet also die Möglichkeit, für wenig Geld Norwegens landschaftliche Schönheiten zu erkunden.

Sicher und komfortabel durch's Land

Preiswerter reisen mit öffentlichen Verkehrsmitteln

NORWAY TICKET

FJORDTRA Handelsgesellschaft mbH
Rosastr. 4-6
D-4300 Essen 1
Tel. 0201-79 14 43
Fax 0201-79 18 23

Auch auf den Schnellbooten der Reederei Fylkesbaatane läßt sich mit dem Norway-Ticket preiswerter reisen

Mit FJORDTRA's NORWAY-TICKETS erhält man erhebliche Rabatte bei Reisen mit den Überlandbussen von NOR-WAY Bussekspress (ca. 25 %) und den Flugzeugen von Widerøe und Widerøe Norsk Air. Dieses Sonderangebot gilt in den Monaten Juni, Juli und August, also mitten in der Hochsaison.

Ein Ticketheft mit 56 Coupons kostet DM 555.-, Zusatzcoupons sind für DM 9.50 erhältlich. NORWAY-TICKETS sind bei allen Reisebüros oder direkt bei FJORDTRA erhältlich. Zusammen mit dem Ticketheft erhält man eine ausführliche Broschüre, in der die einzelnen Strecken aufgeführt sind und die näheren Bestimmungen vorgestellt werden.

Sowohl bei NOR-WAY Bussekspress als auch bei Widerøe gilt die einfache Regel: wenn Platz vorhanden ist, können Sie Ihre Reise per Ticket bezahlen. Sie erzielen dann in allen NOR-WAY-Expreßbussen (alle Tage, alle Abfahrten) eine Ermäßigung von ca. 25 % auf die Normaltarife. Bei Widerøe zahlen Sie 12 Tickets für eine beliebig lange, zusammenhängende Flugstrecke innerhalb eines Landesteils. Norwegen ist dabei in 4 Zonen aufgeteilt, deren Grenzen bei Trondheim, Bodø und Tromsø liegen. So kostet z.B. eine Reise Sogndal-Bergen-Skien nicht mehr als 12 Tickets, also nicht mehr als ca. DM 115,-. NORWAY-TICKETS bieten übrigens auch über 200mal in Norwegen preiswerte Übernachtungsmöglichkeiten.

Widerøe – Norwegens dichtestes Linienflugnetz

Widerøe

Für weitere Informationen und Buchungen wenden Sie sich bitte an die SAS-Geschäftsstellen oder direkt an:

Widerøe
Postboks 82, Lilleaker
N-0216 Oslo
Tel. 0047 - (0)2 - 73 65 00
Fax: 0047 - (0)2 - 73 65 90

Auf vierzig norwegischen Flughäfen zuhause!

Mit Widerøe fliegen Sie preiswert und sicher zu den »Highlights« der norwegischen Natur

Widerøe und ihre Tochtergesellschaft Widerø Norsk Air fliegen innerhalb Norwegens 40 Flugplätze an - wesentlich mehr, als irgendeine andere norwegische Gesellschaft. Besonders in West- und Nordnorwegen ist das Flugnetz dicht, hier verlängern die bekannten grün-weißen Maschinen sozusagen die Strecken von SAS und Braathens SAFE bis direkt zu den Touristenattraktionen. Für Kombinationsflüge gibt es günstige Durchgangstarife. Auch ein- oder zweitägige »Aus-Flüge« mit Widerøe sind ein interessantes Angebot, um die Highlights der norwegischen Natur zu genießen. Mehrere abwechslungsreiche Kombinationen Flug hin / Bahn oder Bus zurück sind möglich. Vom 1. Juli bis zum 15. August 1992 gilt ein besonderes Rabattangebot. In diesem Zeitraum können Sie für NOK 410,- eine Strecke in einem von vier Bereichen fliegen, in die das Land zu diesem Zweck eingeteilt wurde. Ihre Grenzen verlaufen bei Trondheim, Bodø und Tromsø.

Kinder zwischen 2 und 15 Jahren fliegen für die Hälfte.

Transport

Norwegen aus der Vogelperspektive

BRAATHENS S·A·F·E

Braathens SAFE
Markedsavd.
Postboks 55
N-1330 Oslo Lufthavn
Tel. 0047 - (0)2 - 59 70 00
Fax 0047 - (0)2 - 59 13 09

Mit der Boeing 737-400 fliegt Braathens SAFE 14 Flugplätze in ganz Norwegen an

Die Maschinen vom Typ Boeing 737 der norwegischen Fluggesellschaft Braathens SAFE verkehren von Kristiansand im Süden bis Tromsø und Spitzbergen im Norden des Landes und fliegen dabei 15 Flugplätze an. Ihren Namen verdankt die Gesellschaft der Tatsache, daß sie nach ihrer Gründung durch Ludvig G. Braathen 1946 zuerst nach »South America & Far East« flog, bevor sie sich ganz auf den innernorwegischen Liniendienst konzentrierte.

Braathens SAFE ist heute Norwegens größte Fluggesellschaft und befördert rund 3 Millionen Passagiere jährlich auf den Inlandsstrecken. 1989 eröffnete die Gesellschaft darüber hinaus eine Route von Billund in Dänemark nach Oslo, eine Strecke, die auch für Norwegenreisende aus Norddeutschland eine populäre Alternative ist. Im Frühjahr 1991 hat die Gesellschaft den Flugverkehr von und nach England bzw. Schweden aufgenommen. Die ersten Srecken sind Stavanger / Bergen - Newcastle, Oslo - Newcastle sowie Oslo - Malmö.

»Visit Norway Pass«

Mit dem VISIT NORWAY PASS bietet Braathens SAFE wieder eine besondere Vergünstigung an, diesmal in neuer Konzeption. Der Paß ist einen Monat lang gültig und kann nur von Reisenden erworben werden, die ihren Wohnsitz außerhalb der skandinavischen Länder haben. Die Preise richten sich danach, ob man innerhalb Norwegens eine Kurz- oder eine Langstrecke fliegt. Das Land wird bei Trondheim in zwei Hälften geteilt; wird diese Grenze überschritten, handelt es sich um eine Langstrecke, während alle Flüge nördlich oder südlich dieser Grenze als Kurzstrecken gelten. Eine einfache Kurzstrecke kostet DM 115,-, eine einfache Langstrecke DM 230,-. Kinder im Alter zwischen 2 und 12 Jahren erhalten einen Rabatt von 50%. Jede Strecke, ob kurz oder lang, muß auf dem kürzest möglichen Flugweg zurückgelegt werden. Der VISIT NORWAY PASS gilt zwischen den 13 innernorwegischen Städten, also nicht von und nach Svalbard oder außerhalb der Landesgrenzen.

Zusammen mit dem VISIT NORWAY PASS von Braathens SAFE erhalten Sie den Scandinavian BonusPass im Wert von DM 40,-, mit dem Sie vom 1. Juni bis zum 1. September in den 43 Hotels der Inter Nor Hotelkette vergünstigte Übernachtungen buchen können.

Einen Überblick über das Flugnetz gibt der nebenstehende Streckenplan.

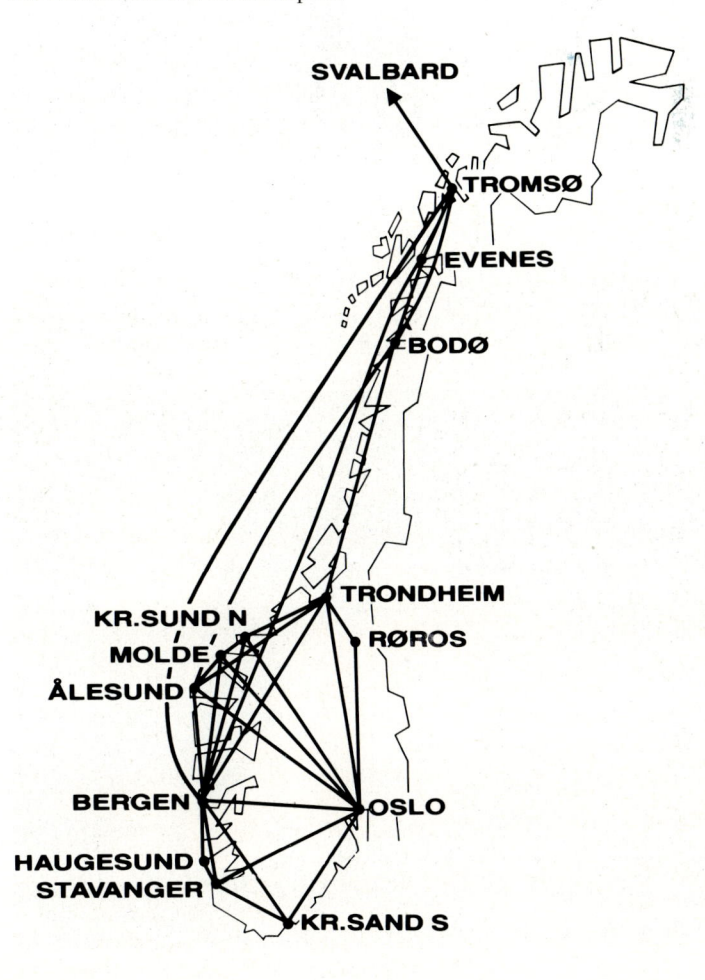

Gute Nacht, Freunde ...

Wer viel reist und viel sieht, der muß gut schlafen. Deshalb können Sie in Norwegen auf Quartiere zurückgreifen, die genauso individuell sind wie die gewählten Ferienziele, Urlaubsaktivitäten und Gaumenfreuden, kurz - die genauso individuell sind wie Norwegenfreunde. Eines haben alle Unterkünfte allerdings gemeinsam, nämlich einen hohen Standard. Wenn Norwegen auch kein billiges Urlaubsziel ist, so bietet es doch auf jeden Fall Leistung für's Geld, und das heißt im wahrsten Sinne des Wortes »Preis-werte« Möglichkeiten.

Gerade während der Sommermonate bieten Hotels oder Jugendherbergen besondere Rabatte an, die oft einen erheblichen Preisnachlaß bedeuten.

Apropos Hotels: Lassen Sie sich doch mal in einem der wunderschönen Stadt-, Fjord- oder Hochgebirgshotels verwöhnen! Es gibt dort viel zu entdecken, sei es den Komfort der Zimmer, die Geräumigkeit der Saunen und Swimmingpools und nicht zuletzt die Köstlichkeiten der norwegischen Küche. Es könnte durchaus ein Höhepunkt Ihres Norwegenaufenthaltes werden!

Böse Zungen behaupten, daß man in Norwegen zu einem Hochhaus »Hütte auf Hütte auf Hütte usw.« sagt. Das stimmt natürlich ganz und gar nicht, doch es sagt eine ganze Menge über die Liebe der Norweger zu ihrer »hytte« aus. Damit sind die unzähligen bunten Ferienhäuser gemeint, die überall dort zu finden sind, wo Norwegen am schönsten ist. Man sollte sich allerdings vom Begriff »Hütte« nicht täuschen lassen, verstecken sich dahinter doch in der Regel komfortable und urgemütliche Feriendomizile. Auch wenn sich die allermeisten Hütten in Privatbesitz befinden - und damit ihren ganz eigenen Stil haben - brauchen Sie nicht verzagen:

In Norwegen wohnen wie die Norweger - »på hytta«

Über 1.400 Campingplätze bieten Platz für Zelte, Wohnwagen und Wohnmobile

Viele Hütten sind in den Katalogen der verschiedenen Hüttenvermieter aufgeführt.

Ebenfalls etwas irreführend ist die Bezeichnung »Jugendherberge« für das norwegische »Vandrerhjem«. Die Häuser des norwegischen Herbergsverbandes sind mit ihren gemütlichen Einzel-, Doppel- und Mehrbettzimmern nämlich ausgezeichnete Familienherbergen. Gerade mit Kindern läßt sich hier nicht nur preiswert, sondern auch praktisch wohnen: Selbstverpflegern stehen komplett eingerichtete Küchen zur Verfügung, andere können sich ein wohlschmeckendes Essen servieren lassen.

Bleiben noch die über 1.400 Campingplätze, die von Kap Lindesnes im Süden bis zur russischen Grenze bei Kirkenes zu finden sind. Hier werden auch »Wohnmobilisten« eine gute Übernachtungsmöglichkeit finden, die oft mehr Komfort als die freie Natur bietet.

Wir hoffen, daß Ihnen die folgenden Informationsseiten bei Ihrer Urlaubsplanung weiterhelfen können.

Übernachten Sie doch mal in einem norwegischen »Traumschloß«

Wohnen in traditionellen Hotels

Gloppen Hotel, N-6860 Sandane
Tel. 0047 - (0)57 - 65 333
Fax 0047 - (0)57 - 66 002

Utne Hotel, N-5797 Utne
Tel. 0047 - (0)54 - 66 983
Fax 0047 - (0)54 - 66 950

Walaker Hotel, N-5815 Solvorn
Tel. 0047 - (0)56 - 84 207
Fax 0047 - (0)56 - 84 544

Nutheim Gjestgiveri, N-3841 Flatdal
Tel. 0047 - (0)36 - 52 143

Hotel Union Øye, N-6196 Norangsfjorden
Tel. 0047 - (0)70 - 62 100
Fax 0047 - (0)70 - 62 116

Kongsvold Fjeldstue, N-7340 Oppdal
Tel. 0047 - (0)74 - 20 911 / 20 980
Fax 0047 - (0)74 - 22 272

Wohnen im Stil der »guten alten Zeit« - in traditionsreichen Hotels

Trendforscher haben festgestellt, daß es heute modern ist, im wahrsten Sinne des Wortes altmodisch zu sein. Das richtig Alte muß allerdings noch aus der Vergangenheit stammen. Vieles wird nämlich im Laufe der Zeit und Entwicklung abgenutzt und durch Neues ersetzt, so daß richtig Altes, Ursprüngliches eine Seltenheit wird. Und wenn es modern ist, altmodisch zu sein, entstehen natürlich auch Kopien. Diese Kopien können gut gemachte Nachbildungen sein, und nur ein geübtes Auge kann die Unterschiede erkennen - weniger sachkundige Betrachter lassen sich täuschen. Dabei sollte man nie vergessen, daß Kopien nur wenig Wert haben, denn nur das Original ist unersetzbar.

Es gibt Orte und Häuser, die dieses Originale noch haben und ausstrahlen - auch in Norwegen. Sie sind oft nicht leicht zu finden, da sie meist abseits der heutigen großen Durchgangsstraßen liegen.

Als Hilfe und Angebot für diejenigen Reisenden, die auch während eines Norwegenaufenthaltes Erlebnisse mit persönlicher Note suchen, haben sich einige traditionsreiche Hotels zusammengeschlossen, um auf ihre Existenz aufmerksam zu machen.

Bevor der Tourismus endeckt und gefördert wurde, war Norwegen mit einem Netz von Poststationen überzogen, von denen aus Menschen und Güter transportiert wurden. Einige dieser Stationen haben sich später zu Hotels weiterentwickelt, andere sind ganz verschwunden. Viele Hotels sind so vor rund 100 Jahren entstanden, und ihre Gebäude waren oft im sogenannten Schweizerstil gebaut. Auch von ihnen sind heute die meisten verschwunden, einige wenige allerdings sind übriggeblieben und bestens bewohnbar. Lassen Sie sich von diesen außergewöhnlichen Hotels, die hier vorgestellt werden, zu einer Entdeckungsreise einladen. Reisen kann auch weiterhin Entdecken bedeuten!

Gloppen Hotel

Das Gloppen Hotel besteht seit 1866 und wurde in den vergangenen Jahren mehrmals modernisiert. Heute bietet das Haus modernen Komfort mit schönsten Traditionen. Das Gloppen Hotel hat 31 Gästezimmer mit insgesamt 60 Betten und große Räumlichkeiten für Kurse, Tagungen und Konferenzen. Die herrliche Landschaft am inneren Gloppenfjord bietet gute Möglichkeiten zu Wander- und Fahrradtouren sowie zum Angeln, Reiten, Baden u.a. Bekannte Ausflugsziele wie der Briksdals-Gletscher und das Westkap sind nur 1-2 Stunden Autofahrt entfernt.

Utne Hotel

In einer der schönsten Landschaften Norwegens, am Hardangerfjord, liegt das Utne Hotel. Das 1722 gebaute Hotel befindet sich seit über 200 Jahren im Besitz der Familie Blokhus und wird ganz in der Tradition der Vorfahren geführt. Bei Modernisierungen wurde bewußt auf Fernseher und Radio verzichtet, dafür strahlt das Haus die gemütliche Atmosphäre der »guten alten Zeit« aus - herrliche Antiquitäten tragen ihren Teil dazu bei.

Das Utne Hotel ist ausgezeichneter Ausgangspunkt für Wanderungen, Fahrten auf dem Fjord und Besuche im Hardanger Volksmuseum.

Walaker Hotel

Das Walaker Hotel in Solvorn am Sognefjord war ursprünglich eine Poststation, zu der auch ein Gasthof gehörte. Das Hotel, das seit 1690 im Besitz ein und derselben Familie ist, bietet seinen Gästen dank nur 24 Zimmern eine ausgesprochen persönliche Atmosphäre. Die traditionelle norwegische Küche wird meist mit Zutaten der Region bereitet: Beeren und anderes Obst werden so zu Marmelade und Desserts verarbeitet, und nicht selten kommt frischer Fisch aus dem Fjord auf den Tisch. In der hauseigenen Galerie werden Werke norwegischer Künstler ausgestellt und verkauft. DieUrnes Stabkirche liegt ganz in der Nähe.

Nutheim Gjestgiveri

Im Herzen von Telemark liegt die Nutheim Gjestgiveri, das »Künstlerhotel«: Hier kann man nicht nur mit herrlichem Blick auf das weite Flatdal wohnen, sondern auch künstlerisch tätig werden. Die Nutheim Gjestgiveri, die schon seit der Jahrhundertwende das Ziel vieler Maler gewesen ist, bietet heute neben komfortabel eingerichteten Zimmern und traditioneller, gepflegter Küche auch Mal- und Zeichenkurse an. Das Interieur des Hauses mit Antiquitäten aus Telemark trägt zur inspirierenden Atmosphäre bei.

Hotel Union Øye

Ein wahrhaft königliches Hotel ist das Hotel Union Øye, das in Møre og Romsdal im Tal des Norangsfjordes liegt. Seit 1891 wußten königliche Gäste aus Norwegen, Schweden, Deutschland und den Niederlanden das Haus zu schätzen. Heute, zwei Jahre nach einer umfassenden Renovierung, wohnen die Gäste in Räumlichkeiten mit Himmelbetten und Antiquitäten, die größtmögliche Echtheit behalten haben und dennoch alle modernen Bequemlichkeiten bieten.

Die herrliche Natur der Region bietet Aktivitätsmöglichkeiten wie Wandern oder Bergsteigen, Angeln oder Radfahren.

Kongsvold Fjellstue

Mitten zwischen Dombås und Oppdal, im Herzen des Dovrefjell Nationalparks, liegt die Kongsvold Fjellstue. In verschiedenen Gebäuden, die teilweise aus dem 18. und 19. Jahrhundert stammen, stoßen die Gäste auf einen modernen Hotelbetrieb mit 65 Betten, aber auch auf eine besondere Atmosphäre, die geprägt ist von antiquarischen Kleinodien und einem stilvollen Interieur.

Die Kongsvold Fjeldstue ist ein ausgezeichneter Ausgangspunkt für Botaniker, Angler und Wanderer, die die einzigartige Flora, wilde Rentiere und Moschusrinder im Dovrefjell erleben möchten.

Übernachtung

Grüner Tourismus
Hüttenferien – naturnaher Urlaub für Individualisten

Immer mehr norwegische Bauern zeigen in letzter Zeit großes Engagement, indem sie sich als Gastgeber und Fremdenführer für Gäste aus dem In- und Ausland zur Verfügung stellen. Das bietet Ihnen die Chance, mit der Natur, den örtlichen Traditionen und dem kulturellen Leben in nahen Kontakt zu kommen.

Noch wenig entwickelt ist die beliebte Urlaubsform der »Ferien auf dem Bauernhof«, doch wird die Zahl der Angebote in den kommenden Jahren mit Sicherheit steigen. Der Unterschied zu Anbietern im deutschsprachigen Raum besteht allerdings darin, daß die Gäste nicht im selben Haus wohnen wie ihre Gastgeber und sich grundsätzlich selbst verpflegen. Dafür gibt es in den Ferienwohnungen gut ausgestattete Küchen.

Anders ist es in den kleinen Pensionen und Berggasthöfen, die es auf manchen Höfen und Almen gibt. Hier serviert man Ihnen in charakteristischer Umgebung örtliche Essensspezialitäten, deren Zutaten direkt aus der Natur stammen.

Ein Paradies für Kinder

Am Aurlandsfjord

Angelferien auf dem Lande

Sie wohnen in komfortablen Ferienhäusern mit viel Platz drum herum. Die typische norwegische Hütte verfügt über ein gemütliches Wohnzimmer, oft mit Kamin, eine gut ausgestattete Küchenabteilung, einen oder mehrere Schlafräume, Dusche und Toilette. Meist gibt es noch eine überdachte Terrasse, die man bei Sonnenschein und Regenwetter nutzen kann. Einige Hütten liegen ganz einsam, andere in Siedlungen beieinander, aber immer gibt es genügend Abstand zum Nachbarn. Versorgt mit Angelschein und vielen Informationen über gute Fangplätze können Sie in reizvoller Umgebung Forellen und andere schmackhafte Süßwasserfische aus dem Wasser ziehen. Oder Sie genießen die Gegend auf andere Weise, z.B. auf einer Wanderung.

Meeresangelferien

Sie wohnen nahe am Meer, z.B. in modernen Ferienhäusern oder -wohnungen mit allem Komfort. Sehr beliebt sind auch die traditionellen »Rorbuer«, alte, renovierte Fischerhütten, die früher nur während der Fangsaison benutzt wurden. Sie bieten

Gletscherwandern ist eine spezielle norwegische Variante, Natur aktiv zu erleben

Natur pur!

Hüttenferien sind einfach ideal, um seinen Hobbys nachgehen zu können

zwar nicht immer den Komfort moderner Häuser, vermitteln dafür aber die einzigartige Atmosphäre vergangener Zeiten. Sie angeln gleich vom Land aus oder fahren ein kleines Stück mit dem Ruderboot hinaus, das meist im Hüttenpreis mit enthalten ist (Außenbordmotor kann gemietet werden) - oder Sie nehmen an einer Hochseeangeltour im Fischerboot teil.

Hüttenferien = Hobbyferien

Viele möchten ihren Urlaub so naturnah wie möglich verbringen und z.B. einem naturkundlichen Hobby nachgehen. Wenn Sie in der Nähe Ihrer Hütte Dinge unternehmen können, die Sie schon immer interessiert haben, werden Hüttenferien zu Hobbyferien. Vogelfelsen laden zum Beobachten und zur Fotosafari ein, Geologen entdecken rare Mineralienfunde, seltene Pflanzen gilt es zu bestimmen ... Darauf haben sich einige Hüttenvermieter auf dem Lande eingestellt: Sie stehen gleich nach der Ankunft mit Informationen, Rat und Tat zur Verfügung und bereiten ihren Gästen den Weg für einen erlebnisreichen Urlaub. Der Vorteil für Sie: Es vergehen keine kostbaren Urlaubstage mit der Suche nach lohnenden Zielen - gleich vom ersten Tag an können Sie »in die vollen« gehen.

Übernachtung einmal anders - Aktivitätstouren in der Natur

Vielleicht haben Sie Lust, sich einmal abseits der ausgetretenen Pfade zu bewegen und Ihr Nachtlager in einer ungewöhnlichen Behausung aufzuschlagen? Komfort hat man schließlich zu Hause

Angelspaß im Urlaub

auch. Wie wäre es z.B. mit einer Nacht in einer jahrhundertealten Almhütte? Oder in einer Schützhütte, in der früher die Holzfäller gewohnt haben? In einem samischen Zelt, dem »lavvo«? Wenn Sie die Angebote nutzen und mit erfahrenen Führern auf Tour gehen, werden Sie einfache Übernachtungsmöglichkeiten in der Wildnis kennenlernen, die noch ein Hauch von Abenteuer umweht. Da bleiben Erinnerungen fürs ganze Leben haften.

Norwegische Hüttenvermittlungsfirmen

Auf den nachfolgenden Seiten werden einige Firmen präsentiert, die eine große Zahl von Hütten und Ferienwohnungen vermitteln. Fordern Sie einfach die entsprechenden Kataloge und Broschüren von z. B.:
NORSK HYTTEFERIE,
FJORDHYTTER,
DE NORSKE HYTTESPESIALISTENE
in den Reisebüros oder direkt bei den Anbietern.
Wenn Sie mehr über die reizvollen Möglichkeiten von Hüttenferien als naturnaher Urlaub für Individualisten erfahren möchten, können Sie Informationsmaterial zu den Themen

* Angelferien auf dem Lande
* Meeresangelferien
* Hüttenferien = Hobbyferien
* Übernachtung einmal anders - Aktivitätstouren in der Natur

im »Infopaket Nr. 14« (Coupon auf S. 249) anfordern bei:
NORTRA Marketing GmbH
- Versandservice -
Christophstr. 18-20
W-4300 Essen 1

So läßt sich gut wohnen, oder?

Neset Camping

Neset Camping ist ein ruhiger 3-Sterne-Campingplatz am Byglandsfjord, an der Straße 12 im unteren Setesdal. Der Platz eignet sich für Wohnwagen, Zelte und Wohnmobile und verfügt über 200 Stromanschlüsse. Darüber hinaus stehen auch 20 Hütten, ein Geschäft und ein Café zur Verfügung. Spielplätze und sichere Bademöglichkeiten in sauberem, klarem Wasser sorgen dafür, daß auf dem Platz auch Kinder gut aufgehoben sind. Auf dem 4,5 ha großen Gelände, dessen Wege asphaltiert sind, befinden sich drei separate Sanitäranlagen, u.a. mit Waschmaschinen und Trocknern.

Rings um Neset Camping gibt es mehrere markierte Wanderwege, u.a. zu einem Aussichtspunkt, zur Grotte Tjuvhelleren und zu kleinen Bergseen, in denen man die Hütten und Dämme der dort lebenden Biber beobachten kann. Bei uns erhalten Sie auch Tips, wo man gute Chancen hat, Elche in freier Wildbahn zu sehen. Geologen helfen gerne dabei, Mineralienfunde aus dieser Region zu bestimmen. Auch ein Wassersportzentrum gehört zu Neset Camping. Man kann hier nicht nur Ruderboote, Kanus und Kajaks in verschiedenen Ausgaben leihen, sondern erhält auch Tips zu deren Anwendung. Sie eignen sich für kurze Touren ebenso wie zu mehrtägigen Expeditionen in den 40 Kilometer langen Byglandsfjord. Zusätzlich bestehen Möglichkeiten für Windsurfen, Paragliding hinter einem Motorboot, Wasserski und Bronco for fun. Rafting-Touren auf dem Syrtveitsfossen werden ebenso angeboten wie Bergsteigerkurse im umliegenden Gelände. Dies läßt sich auch mit zu leihenden Mountain-Bikes erforschen. Für Angler gibt es gute Möglichkeiten zum Forellenangeln und im Wald lassen sich viele unbelastete und gute Pilze sowie verschiedene Beerensorten pflücken.

Neset Camping, ein idyllischer Campingplatz am Byglandsfjord

Wir sprechen Deutsch und können Ihnen somit alle notwendigen Tips und Informationen geben. Herzlich willkommen im unteren Setesdal!

Für weitere Informationen wenden Sie sich bitte an:

Neset ★★★ Camping
N-4680 Byglandsfjord
Tel. 0047 - (0)43 - 34 255
Fax 0047 - (0)43 - 34 393

Erleben Sie Offersøy - das Tor zu den Lofoten

Informationen/Broschüren/Angebote:
Offersøy Feriesenter A/S
Offersøy, N-8583 Rinøyvåg
Tel. 0047 - (0)82 - 35 480
Fax 0047 - (0)82 - 35 414

Das Offersøy Ferienzentrum liegt mitten in Lødingen Vestbgyd - dem Tor zu den Lofoten.

Wenn Sie das Besondere suchen, dann sind Ferien in Fischerhütten, den Rorbuern, für Sie das richtige. Unsere Rorbuer (8 Betten) liegen direkt an der Mole und bieten einen hohen Standard und Komfort. Außerdem finden Sie bei uns Hütten (5 Betten) und Motelzimmer mit dem gleichen Standard.

Auf Offersøy erleben Sie abenteuerliches Angeln im Meer oder einen reizvollen Gebirgssee, in dem die Forellen noch willig beißen. Sie können alleine aufs Meer hinaus fahren oder mit unseren heimischen Fischkuttern zu den besten Fischplätzen - und den größten Dorschen - gelangen. Wenn Sie Ihre eigene Angelrute bevorzugen, bringen Sie sie mit. Sie können die Angelausrüstung aber auch bei uns leihen.

Gleich vor der Haustür starten die Kutter

Andere Aktivitäten: Gute Bedingungen zum Tauchen, Wandern im Gebirge, Skilanglauf, Boots- und Kanuverleih, Minigolf, Spielplatz. Besuche auf Bauernhöfen. Familienfreundlich.

Norwegische Jugend- und Familienherbergen

NORSKE VANDRERHJEM

Den FERIENPASS
und weitere Informationen
erhalten Sie bei:

Norske Vandrerhjem
Dronningens gate 26
N-0154 Oslo 1
Tel. 0047 - (0)2 - 42 14 10
Fax 0047 - (0)2 - 42 44 76

oder auch bei:

FJORDTRA
im NOR-CENTER
Rosastr. 4-6
D-4300 Essen 1
Tel. 0201 - 79 14 43
Fax 0201 - 79 18 23

Jugendherberge in Voss

Wenn Sie bei Ihrem nächsten Ferienaufenthalt in Norwegen gut wohnen möchten, ohne Ihre Reisekasse allzu sehr plündern zu müssen, dann haben wir einen Tip für Sie: Die norwegischen Jugendherbergen (»vandrerhjem«) bieten keinen überflüssigen Luxus, sondern eine gute, zweckmäßige Übernachtungsmöglichkeit zu einem annehmbaren Preis. Selbst in einer »Dreisterne-Jugendherberge« liegen die Preise für eine Übernachtung unter DM 40,- pro Person. Außerdem gibt es spezielle Familienangebote.

Die 90 Jugendherbergen liegen über das ganze Land verteilt - am Meer, im Gebirge, in den Großstädten oder in ländlicher Umgebung. Es gibt Einzel- und Doppelzimmer, Vierbett- und Sechsbettzimmer, ganz nach Bedarf und Wunsch. Duschen und Toiletten findet man auf den Zimmern, oder um die Ecke auf dem Flur - manchmal auch Saunen. Die Jugendherbergen haben gemütliche Aufenthaltsräume, manche auch eine Kaminstube.

In fast allen Jugendherbergen können Sie sich voll verpflegen lassen, in einigen ist ein ausgiebiges Frühstück im Übernachtungspreis inbegriffen. Weil die Übernachtungspreise so günstig sind, bleibt Geld für andere Dinge übrig. Jeder kann seine Ferien so gestalten, wie er möchte. Und wenn Sie noch günstigere Ferien in Norwegen verbringen möchten, nutzen Sie das FERIENPASS-Angebot der norwegischen Jugendherbergen.

Buchen Sie ein Zimmer - bringen Sie Freunde und Familie mit

Die norwegischen Jugend- und Familienherbergen haben ein FERIENPASS-System entwickelt, das Ihnen größtmögliche Beweglichkeit während Ihres Norwegenurlaubs ermöglichen soll. Darüber hinaus bietet es Ihnen die Möglichkeit, während Ihrer Reise in Norwegen durchaus komfortabel zu wohnen, ohne dafür Ihr gesamtes Ferienbudget aufbrauchen zu müssen. Das FERIENPASS-System ist vor allem auf die Bedürfnisse von kleinen Gruppen und Familien zugeschnitten, die gemeinsam durchs Land reisen wollen.

> Wir bieten Ihnen ein Heftchen mit fünf Coupons, wobei jeder Coupon für ein Familienzimmer mit bis zu vier Betten in jeder norwegischen Jugendherberge gültig ist.
> Der Preis für den FERIENPASS beträgt NOK 1.975,-.

Auf diese Weise ist Ihnen ein Zimmer sicher, ob Sie nun allein, mit Freunden oder zusammen mit der Familie (max. 4 Personen pro Zimmer) reisen. Der Zimmerpreis ist immer gleich, also unabhängig von der Zahl der »Bewohner«. Zusätzliche Coupons sind übrigens zu einem sehr günstigen Preis erhältlich.

Im Preis für den FERIENPASS ist auch ein umfassender Reiseführer enthalten, der für alle, die ihre Reise im voraus planen wollen, wertvolle Tips gibt. Das Buch präsentiert einige der vielen Sehenswürdigkeiten und Aktivitätsmöglichkeiten, die sich bei einer Reise durch Norwegen anbieten. Darüber hinaus enthält das Buch eine Liste aller norwegischen Jugend- und Familienherbergen mit detaillierten Angaben.

Frühstück ist NICHT im Preis inbegriffen, wird FERIENPASS-Inhabern aber zu einem besonders günstigen Preis angeboten.

In einigen Herbergen (13) ist das Frühstück obligatorisch und wird FERIENPASS-Inhabern zum ausgesprochen niedrigen Preis von NOK 42,- berechnet. In anderen Herbergen wiederum erhalten Besitzer des »Herbergschecks« 10% Rabatt auf den normalen Frühstückspreis. Die meisten Herbergen bieten Mahlzeiten an, einige wenige nicht. Genaue Informationen finden Sie im Handbuch der »Norske Vandrerhjem«.

Niedrige Kosten - größtmögliche Beweglichkeit

Der »Herbergs-Scheck 1992« der norwegischen Jugend- und Familienherbergen ist für Einzelreisende gedacht, die eine einfache Übernachtung in einer der Herbergen bevorzugen.

> Jeder Coupon ist für eine Übernachtung einer Person in allen 90 norwegischen Jugend- und Familienherbergen in der Zeit zwischen dem 1. Juni und dem 15. September gültig. Der Preis für den »Herbergs - Scheck« beträgt NOK 85,- pro Coupon.

Ihr Vorteil mit diesem Scheck ist, daß Sie Geld sparen und Ihre Übernachtung schon im voraus bezahlt haben.

Die Herberge in Sarpsborg

Übernachtung

Erleben Sie die Obstblüte im eigenen Garten!

Von der Hütte gleich ins Boot

Hier können Kinder was erleben

Ferien auf Norwegisch - Hüttenferien

Norsk Hytteferie
Den Norske Hytteformidling A.S.
Boks 3404 Bjølsen
N-0406 Oslo
Tel. 0047 - (0)2 - 35 67 10
Fax 0047 - (0)2 - 71 94 13

Ob Winter, ob Sommer, ob kürzer oder länger, der Norweger verbringt die Ferien in seiner Hütte. Und hat er keine eigene, so mietet er eine. Die Hütten sind sehr solide, bequem eingerichtete Holzhäuser in verschiedenen Größen, meist mit offenem Kamin. Eine solche Hütte kann an der beliebten Sonnenküste Südnorwegens, an einem stillen Waldsee im Inland, im eindrucksvollen Hochgebirge, an einem Lachsfluß von Trøndelag, in einem Fischerdorf auf den Lofoten oder ganz oben beim Nordkap liegen. Die naturliebenden Norweger wissen schon, wohin sie ihre Hütten bauen. Vielleicht ganz versteckt im Föhrenwald, wo nur der Ton der Kuhglocken und das Zwitschern der Vögel die Stille unterbrechen kann, oder oben im Gebirge mit weiter Aussicht auf mächtige Gipfel, die zum Besteigen locken. Die Norweger sättigen sich aber in ihrer Freizeit nicht nur mit Natureindrücken oder lauschen der Stille nach, sondern wählen unter den unterschiedlichsten Aktivitäten, die sich besonders bei Hüttenferien anbieten. Mit der Hütte als Ausgangspunkt können Angler ihren Fang gleich zubereiten, Beeren- und Pilzpflücker ihre Mahlzeit bereichern. Wie herrlich schmeckt die selbst zubereitete Mahlzeit, wenn man von einer Wanderung zur Hütte zurückkommt! Wie entspannend, nach dem Essen vor einem gemütlichen Kaminfeuer alle Viere von sich zu strecken und Pläne für den nächsten Ferientag zu machen! Natürlich gibt es auch Ferienhäuser in oder nahe bei Ferienzentren, in denen Restaurants mit internationalem Speisezettel aufwarten und Aktivitäten wie z.B. Reiten, Wildwasserpaddeln und geführte Touren angeboten werden.

Nach einem Tag voller Erlebnisse

Norwegens größter Ferienhausspezialist, Den norske Hytteformidling - seit 1946 - bietet im Katalog NORSK HYTTEFERIE '92 inspirierte Ferienhäuser und Hütten von der Südspitze bis zum Nordkap an. Verlangen Sie den deutschsprachigen Katalog in Ihrem Reisebüro oder direkt bei NORSK HYTTEFERIE in Oslo.

Fjordhytter – Ferienhäuser für Naturliebhaber

Fjordhytter
Jon Smørsgt. 11
N-5011 Bergen
Tel. 0047 - (0)5 - 23 20 80
Fax 0047 - (0)5 - 23 24 04

Die Fjorde Westnorwegens bieten einmalige Naturerlebnisse. Stellen Sie sich vor, von Ihrer eigenen, ungestörten Terrasse aus das Fjordpanorama zu genießen. Stellen Sie sich vor, in den Fjord hinauszurudern, um sich dort den wohlschmeckenden Fisch zum Mittagessen zu holen, oder ganz einfach in den Wäldern und Bergen zu wandern, und dann ins behagliche Ferienhaus zurückzukehren. Hört sich das wie ein Traum an? Tausende haben diesen Traum schon realisiert. Im Katalog FJORDHYTTER 92 finden Sie mehr als 700 Ferienhäuser an den Fjorden oder in deren Nähe. Hier können Sie zwischen bequemen Hütten, gemütlichen Ferienwohnungen und Ferienhäusern in

Im Reich der Fjorde

Wohnen mit Komfort

allen Größen und Preislagen wählen. Meist steht ein Boot zur Verfügung oder kann gemietet werden, und oft können Motor, Krabbenreusen und Angelausrüstung beschafft werden. Gewöhnlich kann man bis zur Haustür fahren, auch wenn das Haus völlig ungestört und für sich liegt. Einrichtung und Ausstattung können sehr unterschiedlich sein, doch weisen die Ferienhäuser in Westnorwegen heute modernen Komfort (Dusche/WC), offenen Kamin und mehr als alles Notwendige fürs Selbsthaushalten (auch Bettwäsche nach Wunsch) auf. Möchten Sie mehr Komfort, gibt es Ferienhäuser mit Spülmaschine, Tiefkühler, Waschmaschine, Farb-Fernseher, Video- und Stereoanlage.

Manche Häuser liegen in der Nähe von Orten mit diversen Aktivitätsangeboten, während andere wiederum in ländlicher Einsamkeit liegen. Gemeinsam ist allen die Nähe der vielfältigen Naturherrlichkeiten, wie tosende Wasserfälle, blaugrüne Fjorde, senkrechte Felswände, mächtige Gletscher, bunte Obstpflanzungen, Straßen mit berühmten Aussichtspunkten, prachtvolle Sonnenuntergänge am Meer, die unvergessen bleiben.

Die Natur in Norwegen ist freigiebig: fischreiche Flüsse, Seen und Fjorde, Wälder und Berge voller herrlicher Beeren und Pilze sowie viele seltene Vögel und Säugetiere zum Beobachten. Am einfachsten und preiswertesten können Sie solche Naturerlebnisse von einem FJORDHYTTER-Ferienhaus aus genießen. Sie erhalten den deutschen Katalog in den meisten Reisebüros oder direkt bei FJORDHYTTER.

Warum soll es nur ein Zimmer mit Blick auf's Meer sein?

Übernachtung

Weitere Informationen bei:
Best Western Hotels Norwegen
Storgaten 117
Postboks 25
N-2601 Lillehammer
Tel. 0047 - (0)62 - 57 266
Fax 0047 - (0)62 - 52 159

Sie erhalten Prospekte
und Hotelcheques
bei folgenden Veranstaltern:

Color Line, Kiel
FJORDTRA, Essen
NSA, Hamburg
Skandinavische Reisebüros, Frankfurt, Stuttgart
Reisebüro Norden, Hamburg, Düsseldorf
Stena Line, Kiel
Wolters, Bremen;
u. a.

Schweiz: Glur Reisen, Basel
Kontiki, Wettingen
Kuoni, Zürich
Lamprecht, Zürich;
u. a.

Österreich: ÖAMTC, Wien,
Touropa, Wien
u. a.

Ob Sie allein, zu zweit oder mit Ihrer Familie reisen, die Best Western Hotelcheques Skandinavia sind immer richtig für Sie. Nicht nur in Norwegen, sondern auch in Dänemark, Finnland und Schweden können Sie 1992 mit den Schecks Ihre Übernachtungskosten senken. Sie haben die Möglichkeit, zwischen insgesamt 150 Hotels zu wählen (Norwegen 64, Dänemark 27, Finnland 10 und Schweden 49). Scheckinhaber zahlen pro Person/Tag im Doppelzimmer mit Dusche oder Bad/WC einschließlich Frühstück ab NOK 280,-. Ein Kind unter 15 Jahren übernachtet gratis im Bett der Eltern, für ein Extrabett wird der halbe Preis berechnet. Die Best Western Hotelcheques Scandinavia gelten zwischen dem 15.5. und 15.9. Die Reiseveranstalter werden durch Reisebüros in Ihrer Nähe vertreten. Vorausreservierungen, die über die Zentralbüros der Best Western Hotels vorgenommen werden, sind nur für die erste Übernachtung möglich. Bei weiteren Reservierungen (max. 3 Tage vor Ankunft) helfen die Hotels; ein Telefongespräch zur Buchung ist dabei gratis.

In Norwegen sind alle Best Western Hotels dem vorteilhaften Schecksystem angeschlossen. Die Mitgliedhotels eignen sich im Sommer wie im Winter hervorragend für einen längeren Aufenthalt. Weitere Angaben finden Sie in dem ausführlichen Prospekt und dem übrigen Informationsmaterial, das Sie beim Reiseveranstalter, Ihrem Reisebüro oder direkt vom Hauptbüro in Norwegen erhalten.

Best Western Hotels finden Sie in folgenden Städten und Orten: Asker (Oslo), Balestrand, Beitostølen, Bergen, Byglandsfjord, Dombås, Førde, Geilo, Gjøvik, Gol, Grotli, Hamar, Havøysund, Hornindal, Hovden, Jevnaker, Kautokeino, Kinsarvik, Kongsberg, Kristiansand, Kristiansund, Lakselv, Lillehammer, Lærdal, Melbu, Nesbyen, Olden, Oppdal, Oslo, Rjukan, Røros, Sjusjøen, Skei (Jølster), Skånevik, Stavanger, Surnadal, Trondheim, Trysil, Tønsberg, Ulvik, Vinstra, Voss, Ytre Vinje, Ørsta.

Best Western Hotels liegen an den schönsten Plätzen

Das führende Hotel der Olympiastadt

INTER NOR

Lillehammer Hotel
Lillehammer

Lillehammer Hotel
Postboks 218
N-2601 Lillehammer
Tel. 0047 - (0)62 - 54 800
Fax 0047 - (0)62 - 57 333

Das Inter Nor Lillehammer Hotel

Eines der komfortabelsten Hotels in Südnorwegen ist das Lillehammer Hotel. Umrahmt von einem großflächigen Privatpark bietet es gediegenen, erstklassigen Hotelkomfort und zählt zu den ersten Adressen in Lillehammer.
Als Mitglied der »Chaine des Rotisseurs« bürgt das Hotel für hervorragende Menüs und ein üppiges »koldtbord«, das traditionelle norwegische Buffet. Viele Aktivitätsmöglichkeiten im Haus und im Park sowie seine günstigen Familienpreise zeichnen das Hotel für kurze und längere Aufenthalte in Lillehammer aus. Nur einen kurzen Spaziergang entfernt liegen das Stadtzentrum, das berühmte Freilichtmuseum Maihaugen mit den Sandvig'schen Sammlungen und der neue Olympiapark.
Zum Anwesen des Lillehammer Hotel zählen 166 komfortabel eingerichtete Doppelzimmer, ein Hallenbad, Saunen und Solarien, der elegante Speisesaal, das Restaurant, die Bar, mehrere stilvolle Aufenthaltssalons und ein Spielzimmer für Kinder. Am Abend laden wechselnde, internationale Orchester zu Tanz und Unterhaltung ein. Im Park befinden sich ein beheiztes Schwimmbad, eine Minigolf-Anlage, ein Badmintoncourt und Kinderspielgeräte.
Das Lillehammer Hotel bietet seinen Gästen individuelle Vorschläge für Aktivitäten und Ausflüge in Lillehammer und Umgebung. Preisnachlässe erhalten Sie mit dem Nordisk Hotellpass sowie durch reduzierte Familienpreise und Sommerpakete.

Das nördlichste Hotel der Welt: das Rica Hotel Nordkapp

Rica Hotell- und Restaurantkjede A/S

Postboks 453
N-1301 Sandvika
Tel. 0047 - (0)2 - 54 62 40
Fax 0047 - (0)2 - 51 82 44

Die Hotel- und Restaurantkette Rica wurde 1975 gegründet und ist in den 16 Jahren ihrer Existenz ständig gewachsen, indem sie bestehende Hotels übernommen hat, oder indem sie in den letzten Jahren neue Hotels gebaut hat. Heute betreibt Rica in ganz Norwegen 25 erstklassige Hotels. Die meisten liegen zentral in den großen Städten, unter anderem alleine 5 Hotels im Einzugsgebiet von Oslo. Aber Rica kann auch demjenigen etwas bieten, der seine Ferien außerhalb der Zentren oder z.B. am See verbringen möchte.

Ricas Geschäftsidee ist es, flächendeckend vertreten zu sein. Die Zielsetzung lautet, die Besten zu sein an dem Ort, an dem wir uns niedergelassen haben.

Im Mai 1991 eröffnete Rica das nördlichste Hotel der Welt: das Rica Hotel Nordkapp mit 240 Zimmern. Es liegt nur 12 km vom Nordkapplateau entfernt und ist vom 15.5 - 15.9. geöffnet. Sowohl Reisegruppen als auch Individualtouristen sind willkommen.

Vom Rica Hotel in Hammerfest, der nördlichsten Stadt der Welt, werden täglich Ausflüge mit dem Boot zum Nordkap organisiert. In Kirkenes befinden sich 2 Rica-Hotels. Sie sind jeden Tag Ausgangspunkt für Ausflüge auf Katamaran-Schnellbooten in die russische Stadt Murmansk - inkl. Sightseeing-Programm. Für diese interessanten Touren besteht keine Visumspflicht.

Nimmt man Oslo als Ausgangspunkt, kann Rica sowohl in südlicher als auch in nördlicher Richtung Hotels anbieten, zwischen denen nur relativ kurze Tagesetappen mit dem Auto liegen. Die Hotels weisen je nach Größe zwischen 50 und 250 Zimmer auf, aber alle bieten einen hohen norwegischen Standard und sehr günstige Sommerpreise, die 50-60% unter dem Normalpreis liegen. Somit kostet ein Doppelzimmer pro Person zwischen NOK 230,- und 400,-.

Im Preis eingeschlossen ist ein großes norwegisches Frühstücksbuffet, das Rica Frühstück: Sie finden eine reiche Auswahl an Wurst, Fisch, Eiern, Brot- und Käsesorten sowie Cornflakes, Fruchtsäfte u.v.m. Die Hotels bieten auch eigene günstige Touristenmenüs an.

In Oslo verfügt Rica über ein Appartementhotel mit 41 Wohnungen, das Rica Triangel Hotel. Es ist ideal für Familien, z.B. zahlen 2 Erwachsene und 2 Kinder nur NOK 595,- pro Tag. (Frühstück nicht eingeschlossen).

Rica hat eine gemeinsame Buchungszentrale für alle Hotels, und unsere Verkaufs- und Marketingabteilung beantwortet gerne Ihre Fragen und nimmt Ihre Bestellung entgegen. Broschüren werden auf Anfragen zugeschickt. Wir heißen Sie zu Ihren Sommerferien herzlich willkommen in unseren Rica Hotels.

Wählen Sie ein Rica Hotel - es lohnt sich.

FJORDTRA - Die Norwegen-Spezialisten

Weitere Informationen bei:
»Die Norwegischen Hüttenspezialisten«
Kataloganforderung: FJORDTRA-Katalogservice,
Vilbeler Str. 29, W-6000 Frankfurt
Tel. 069 - 29 77 819; Fax 069 - 28 21 45

Büros:
FJORDTRA Essen (Zentrale), Rosastr. 4-6, W-4300 Essen 1, Tel. 0201 - 79 14 43.
FJORDTRA Berlin, Ku'Damm Eck 227/228 W-1000 Berlin 15, Tel. 030 - 88 18 215.
FJORDTRA Frankfurt, Vilbeler Str. 29, Konstabler Arkaden, W-6000 Frankfurt/Main, Tel. 069 - 29 77 819.
Bald auch in Hannover und Köln. Buchungen außerdem in jedem Reisebüro.

Ganz Norwegen in einem Ferienhauskatalog

5 regionale Ferienhausvermittler in Norwegen haben sich zu einer gemeinsamen Organisation zusammengeschlossen. Zusammen bieten sie in einem umfangreichen und übersichtlichen Katalog fast 1.000 Hütten, Ferienhäuser und Wohnungen von der Südküste bis zum Nordkap an. Das Programm umfaßt sowohl die urige Hütte im Gebirge als auch das Luxushaus am Fjord. Besonders hochwertige Objekte tragen das Qualitätssymbol der Hüttenspezialisten und sind im 80 Seiten starken Katalog (mit beigelegter großer Norwegenkarte) entsprechend gekennzeichnet. Die Teilnehmer an dieser Zusammenarbeit sind:
- Sørlandets Hytte-utleie A/S (Kristiansand; zuständig für Sörlandet, Setesdal, Telemark)
- Rogaland Hytteformidling (Brusand; Rogaland)
- FJORDTRA A/S (Sogndal; Hordaland, Sogn og Fjordane, Buskerud, Oppland)
- Norbo Ferie A.S. (Midsund; Møre og Romsdal, Sør-Trøndelag)
- Nordnorsk Hytteferie (Bodø; Nord-Trøndelag und Nordnorwegen)

Norwegen-Urlaub auch für den kleineren Geldbeutel

Schon für unter 400 Mark pro Woche findet man Angebote im Katalog der Hüttenspezialisten. Wenn vier Leute zusammen reisen, bekommen Sie für DM 20,- pro Tag und Person auch in der Hauptsaison ein komfortabel ausgestattetes Ferienhaus. Mit dem NORWAY-TICKET kann man übrigens preisgünstige kurzfristige Restplatz-Angebote in Anspruch nehmen: man zahlt dann den Preis von 6 Nächten für eine ganze Woche (Restplatz-Info nur direkt in Norwegen: Tel. 02-42 79 14, im FJORDTRA-Büro Oslo).

Für (fast) jeden etwas

Interessant sind auch die Spezialangebote für Angelfans, bei denen immer ein Boot im Preis eingeschlossen ist. Es gibt Hütten für Meeresangler, Süßwasserangler und sogar für diejenigen, die am liebsten Aale oder auch Krabben fangen. Die Hüttenspezialisten haben auch mehrere Objekte, die für Winterurlaub geeignet sind. Außerdem werden preisgünstige Pakete angeboten, in denen der Hüttenurlaub mit einer kurzen Rundreise und der Fährfahrt nach und von Norwegen kombiniert wird.

Alle Objekte sind von den Hüttenspezialisten in ihren jeweiligen Regionen vor Ort »inspiziert« worden. Die dortigen Mitarbeiter kennen ihr Gebiet in- und auswendig und sind stets bemüht, die besten Häuser für ihre Kunden unter Vertrag zu nehmen. Zum besonderen Service gehört auch ein Bereitschaftsdienst in Norwegen, der nicht nur bei eventuellen Problemen mit Rat und Tat zur Seite steht.

Besonders günstig im Mai und September

preisgünstige Häuser in der Vor- und Nachsaison, wenn Norwegens ohnehin schon kontrastreiche Landschaft am farbenprächtigsten ist. Dann kann man auch Beeren pflücken und Pilze sammeln - oder vielleicht sogar auf Jagd gehen. Die Mietpreise liegen dann deutlich unter dem Niveau der Sommermonate, dies gilt auch für die Preise der Fähren. Außerdem hat man dann Norwegen ganz für sich alleine. Der Geheimtip vieler echter Norwegenfans sind die Monate Mai (vor allem ab 2. Maiwoche) und September - das muß man einfach erlebt haben.

Hüttenspezialisten über FJORDTRA

»Die Norwegischen Hüttenspezialisten« werden in Deutschland von FJORDTRA vertreten. Eine Bestellung über FJORDTRA (bzw. über Ihr Reisebüro) garantiert, daß die Buchung nach deutschem Recht abgewickelt wird - dies gibt größere Sicherheit. Die Überweisung der Miete erfolgt auf deutsche Konten (geringere Gebühren). Außerdem müssen Sie entsprechend den in der Bundesrepublik geltenden Regeln lediglich 10 % Anzahlung leisten - wer mehr von Ihnen verlangt, folgt nicht den Richtlinien. Die Hüttenspezialisten stellen Ihnen übrigens auch keine zusätzliche Vertragsgebühr o.ä. in Rechnung, die Katalogpreise sind echte, ehrliche Endpreise (wichtig bei Preisvergleichen) und entsprechen somit dem aktuellen Stand der Rechtsprechung.

FJORDTRA ist ab Saison 92 direkt mit den Buchungscomputern der regionalen Hüttenspezialisten verbunden, so daß man stets über eine aktuelle Liste der noch freien Objekte verfügt - zeitraubendes und kostspieliges Anfragen in Norwegen entfällt also. Die Mitarbeiter der Hüttenabteilung bei FJORDTRA sind überwiegend Norweger, die ihr Land natürlich ausgezeichnet kennen und Sie oder Ihr Reisebüro gerne telefonisch oder persönlich beraten.

Typisch norwegisch!

Sommerland, Telemark

Übernachtung

Auch hier ist FJORDTRA zuhause!

FJORDTRA - Die Norwegen-Spezialisten

Weitere Informationen erhalten Sie bei:
FJORDTRA Handelsgesellschaft:
Kataloganforderung: FJORDTRA-Katalogservice,
Vilbeler Str. 29, W-6000 Frankfurt;
Tel. 069 - 297 78 19; Fax 069 - 28 21 45

FJORDTRA Handelsgesellschaft mbH

Büros:
FJORDTRA Essen (Zentrale), Rosastr. 4-6, W-4300 Essen 1 Tel. 0201 - 79 14 43.
FJORDTRA Berlin, Ku'Damm Eck 227/228, W-1000 Berlin 15, Tel. 030 - 881 82 15.
FJORDTRA Frankfurt, Vilbeler Str. 29, Konstabler Arkaden, W-6000 Frankfurt/Main; Tel. 069- 297 78 19.
Außerdem bald in Hannover und Köln.

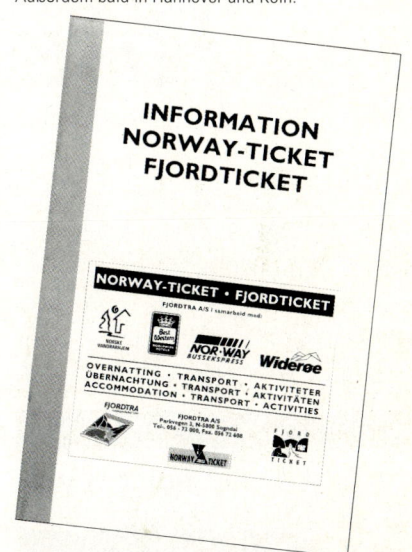

FJORDTRA hat sich ganz auf Norwegen spezialisiert, und kann somit auch Übernachtungsmöglichkeiten in allen Landesteilen und in den verschiedensten Kategorien anbieten. Dabei reicht die Angebotspalette vom Ferienhaus bis zum Zimmer im Luxushotel.

Nicht nur »Die Norwegischen Hüttenspezialisten«

FJORDTRA vertritt in Deutschland das Programm der »Norwegischen Hüttenspezialisten« und darüber hinaus zahlreiche weitere Angebote im Übernachtungsbereich. Als Gebiets- und Ketten-unabhängiger Veranstalter bietet FJORDTRA das Richtige für jeden Bedarf. Hierzu gehören komplette Individual-Rundreisen mit dem eigenen PKW oder Wohnmobil, aber auch Angebote für Gruppen - vom Jugendclub bis zum Seniorenverein. Besonders beliebt sind die von uns vertriebenen Scheckheftsysteme, mit denen man nach Lust und Laune die Reiseroute selbst gestalten kann und trotzdem Sonderpreise erhält.

Die Sparschecks der Jugendherbergen

Die norwegischen »Wanderherbergen« stehen allen Altersgruppen offen - und natürlich auch den »Autowanderern«. FJORDTRA vertreibt die vorteilhaften Sparschecks des Jugendherbergsverbandes. Scheck für eine Übernachtung im Mehrbettzimmer: DM 27.-; Scheckheft für 5 Übernachtungen in einem eigenen Zimmer (gilt für bis zu 4 Personen): DM 524.-; Zusatzcoupons DM 93.-. Sie können auch mit unseren NORWAY-TICKETS zahlen: 3 Tickets für ein Bett, 11 Tickets für ein Zimmer.
Beachten Sie das vorteilhafte FJORDTRA-Sparpaket für 4 Personen:
Schiffsreise Kiel-Oslo-Kiel in 4-Bett-Innenkabine mit Dusche/WC, Autotransport, 7 Übernachtungen in Jugendherbergen nach Wahl im 4-Bett-Zimmer (7 Schecks). Komplettpreis für 4 Personen: DM 1.665.- (also nur 416,25 pro Person).

Übernachtungsschecks für Hotels

Neben den Sparschecks der Jugendherbergen bieten wir auch andere Übernachtungsschecks an. Besonders empfehlen wir die Best Western Schecks, die 1992

Kvikne's Hotel in Balestrand

für DM 77.- erhältlich sind (neu: Zuschläge für die meisten Hotels nun bereits im Preis eingeschlossen).

FJORDTICKET: Ganz Norwegen für wenig Geld

FJORDTRA´s eigenes Schecksystem, das NORWAY-TICKET, gilt übergreifend in den Jugendherbergen, in den Best Western Hotels (8 Tickets entsprechen einem Best Western Hotelscheck) und in zahlreichen anderen Übernachtungsbetrieben - über 200mal in Norwegen. Ein Heft mit 56 Tickets kostet DM 555.-, Zusatztickets sind für DM 9.50 erhältlich. Man spart bei Benutzung des NORWAY-TICKET teilweise erhebliche Beträge gegenüber den Normalpreisen. Wer mit dem NORWAY-TICKET in Best Western Hotels übernachtet, erhält alle Vorteile der Best Western Hotelschecks, einschließlich Vorbuchung der ersten Nacht und Weiterbuchung von Hotel zu Hotel. Mit dem Ticket kann man auch die Angebote der Restplatzbörse der Norwegischen Hüttenspezialisten in Anspruch nehmen. NORWAY-TICKETS gewähren auch erhebliche Rabatte bei der Benutzung der Schnellbusse von NOR-WAY Bussekspress und der Inlandsflüge von Widerøe / Widerøe Norsk Air.

Last minute

Wer noch in letzter Minute schon von Norwegen aus Buchungen vornehmen lassen will, sollte sich mit der FJORDTRA-Bereitschaftszentrale im NOR-WAY Busbahnhof in Oslo (beim Hauptbahnhof) in Verbindung setzen. Dort ist von Mitte Mai bis Mitte September das FJORDTRA-Buchungs- und Service-Büro untergebracht (Tel. 02 -42 79 14).

INFORMATION NORWAY-TICKET FJORDTICKET

Sogndal

219

Übernachtung

10 komfortable Hotels in Südnorwegen

CarOtel

CAROTEL A.S.
Postboks 1709, Nordnes
N-5024 Bergen
Tel. 0047 - (0)5 - 23 35 88
Fax 0047 - (0)5 - 31 86 56
Telex 42 047 cbcar n

* **Bjorli Apartment Hotel**, N-2669 Bjorli
* **Eikum Hotel**, N-5010 Hafslo
* **Haukeli Høgfjellshotell**, N-3895 Edland
* **Hemme Hotell**, N-7200 Kyrksæterøra
* **Hopstock Hotell og Motell**, N-5860 Vik i Sogn
* **Nordfjord Hotell**, N-6770 Norfjordeid
* **Ringebu Hotell**, N-2630 Ringebu
* **Ritz Hotell**, Fr. Stangsgt. 3, N-0272 Oslo 2
* **Ulvik Hotel**, N-5730 Ulvik
* **Ustedalen Høyfjellshotell**, N-3580 Geilo

FJORD Pass

Zwischen unseren Hotels liegen angenehme Tagesetappen

CAROTEL betreibt 10 Hotels in Südnorwegen. Alle Häuser liegen günstig plaziert in der Nähe der großen Hauptstraßen. Es handelt sich entweder um Hotels der Ersten- oder der Touristenklasse. Jedes Hotel verfügt im Durchschnitt über etwa 50 Zimmer.

Eine Rundreise mit Übernachtung in unseren Hotels wird Ihnen die Vielfalt der norwegischen Landschaft zeigen: Fjorde und Gebirge, kleine Dörfer und größere Städte. Die Lage unserer Hotels ist so arrangiert, daß zwischen ihnen angenehme Tagesetappen liegen.

CAROTEL arbeitet mit dem größten norwegischen Hotelpass-System zusammen: FJORDPASS. Durch FJORDPASS werden Ihnen Übernachtungen zu einem günstigen Preis angeboten. FJORDPASS ist die Garantie für reduzierte Sommerpreise. Willkommen bei CAROTEL!

Choice Hotels

CHOICE HOTELS INTERNATIONAL

Sleep Comfort Quality Clarion

CHOICE HOTELS NORGE A/S

Choice Hotels Norge A/S:

Quality Airport Hotel
Kjøpmannsgate 20, N-7500 Stjørdal

Comfort Stav Gjestegård
Postboks 10, N-7563 Malvik

Quality Panorama Hotel
Trondheim Süd, N-7005 Trondheim

Quality Hafjell Hotel
Postboks 77, N-2636 Øyer

Quality Park Hotel
Mastemyr, N-1410 Kolbotn

Quality Ambassadeur Hotel
Strømsø Torg 7, N-3044 Drammen

Comfort Hotel Drammen
Strømsø Torg 7 B, N-3044 Drammen

Informationen und Buchungen direkt bei den einelnen Hotels oder beim zentralen Servicebüro:
Dronningensgate 8, Postboks 87, Sentrum, N-0101 Oslo
Tel. 0047 - (0)2 - 42 70 60, Fax 0047 - (0)2 - 41 38 95

Buchungsnummer in Deutschland: Tel. 0130 - 55 22
Buchungsnummer in Norwegen: Tel. 050 - 34 444

Das neue Quality Hafjell Hotel

Choice Hotels International, die weltgrößte Hotelkette mit selbständigen Mitgliedshotels, ist seit kurzem auch in Norwegen repräsentiert. Hier läßt man dem Gast die Wahl, unter vier verschiedenen Kategorien sein Hotel zu wählen, vom einfachen Frühstückshotel bis zum Luxushotel. In Norwegen unterhält Choice Hotels sieben Hotels in den Kategorien Quality und Comfort. Quality-Hotels haben guten Standard und bieten einen kompletten Service, während Comfort-Hotels zwar den gleichen Standard, aber weniger Service anbieten. Wie die Karte zeigt, sind die sieben Hotels der norwegischen Choice Hotels-Kette in Oslo, Drammen, Lillehammer und Trondheim günstig gelegen. Ihre Reiseroute von Ostnorwegen nach Trondheim wäre damit also klar!

Mit dem eigenen Auto oder dem Bus erreichen Sie alle unsere Hotels gut und ohne Parkprobleme; sie sind familienfreundlich und haben außerdem auch Nichtraucher-Zimmer. Gemütliche Restaurants locken mit geschmackvollen Angeboten für ein gepflegtes Abendessen und mit einem herrlich üppigen Frühstücksbuffet, das Ihnen einen guten Start am Morgen garantiert. Bestellungen können über eine zentrale Buchungsnummer vorgenommen werden oder über ein Reservierungstelefon, das Sie in jedem Choice-Hotel in der Rezeption finden. Unsere günstigen Sommerpreise - z.B. können Kinder unter 15 Jahren kostenlos im Zimmer der Eltern übernachten - tragen zudem dazu bei, daß Ihr Aufenthalt in einem Choice-Hotel zu einem gelungenen Aufenthalt wird! Choice Hotels Norge - Wir geben unseren Gästen die Möglichkeit, selbst zu wählen! Probieren Sie unsere Hotels aus, und werden Sie Stammgast!

Übernachtung

Bis zu 50 % Rabatt in 100 erstklassigen Hotels Skandinaviens

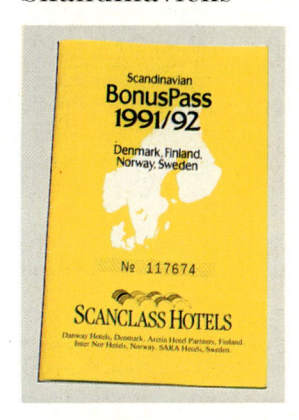

Das Victoria Hotel, Stavanger

Gut wohnen, aktiv den Urlaub erleben

Familienferien in Inter NorHotels

Wenn die vielen Gartenlokale ihre Pforten für hungrige Mägen und durstige Kehlen öffnen, wenn an jeder Schäre und jedem Holm ein weißes Boot anlegt, wenn alle Läden ihre Auslagen in Straßenständen feilbieten, wenn die Kinder barfuß am Sandstrand laufen und im Wasser spielen und die Sonne von einem knallblauen Himmel scheint - dann ist in Norwegen Sommer.

Die Aktivitäten und Erlebnismöglichkeiten sind vielfältig und abwechslungsreich, und es sollte nicht schwer sein, sowohl für Kinder als auch für Erwachsene etwas Passendes zu finden. Im ganzen Land werden Musik- und Theaterfestivals veranstaltet, viele große Sportereignisse warten in den Startlöchern, und ganz Norwegen lockt mit seiner herrlichen Natur, die vom Meer bis hinauf ins Fjell unzählige Erlebnisse bietet. Überall im Land prägen Sehenswürdigkeiten und Museen die Städte, die Sie besuchen, wobei Sie zwischen den unterhaltsamen Aktivitätsangeboten oft die Qual der Wahl haben.

Erleben Sie Norwegen mit bis zu 50 % Rabatt!

Immer mehr entscheiden sich dafür, während ihres Norwegen-Urlaubs im Hotel zu wohnen. Das ist am bequemsten - das Essen wird serviert, das Zimmer gerichtet, und die Menschen drumherum sorgen für Ihren Service und Komfort.
Mit dem Scandinavian BonusPass ist dies sogar ausgesprochen günstig - damit erhalten Sie in der Zeit vom 15.5. bis 1.9.1992 bis zu 50 % Rabatt in erstklassigen Hotels. Der Scandinavian BonusPass gilt für zwei Erwachsene und mitreisende Kinder in 100 skandinavischen Hotels. Kinder bis einschließlich 15 Jahre übernachten kostenlos im Zimmer der Eltern und bezahlen nur NOK 25,- für das Frühstück. Die Hotels garantieren für ein Extrabett. Mitreisende Kinder bis einschließlich 15 Jahre, die in einem eigenen Zimmer wohnen, erhalten auf den Erwachsenenpreis 50 % Rabatt. Mitreisende Kinder über 16 Jahre, die im Zimmer der Eltern wohnen, bezahlen NOK 85,- für ein Extrabett. Ein Erwachsener und mitreisende Kinder bezahlen den Einzelzimmerpreis.

Die Preise beim Scandinavian Bonus Pass variieren von NOK 265,- bis zu NOK 415,- pro Person im Doppelzimmer.

Das System des Scandinavian BonusPass' ist ganz einfach. Vor der Reise kann man das erste und letzte Hotel buchen, in dem man in Norwegen (oder im übrigen Norden) wohnen möchte. Während der Reise können Sie Ihre Zimmer von Hotel zu Hotel reservieren lassen. Bei der Ankunft in einem Hotel hilft Ihnen unser Empfangspersonal bei der Zimmerreservierung für das nächste Hotel, in dem Sie wohnen möchten - natürlich kostenlos.
Der Scandinavian BonusPass gilt täglich vom 15.5. bis 1.9.1992 in allen unseren Hotels in ganz Skandinavien. Außerhalb der Sommersaison gilt der BonusPass an Wochenenden ebenfalls in allen Hotels. Der Scandinavian BonusPass kostet DM 40,-. Sein Inhaber hat Anspruch auf die genannten Vorzugspreise.

INTER NOR HOTELS

Inter Nor Hotels A/L
Dronningensgate 40
N-0154 Oslo 1
Tel. 0047- (0)2 - 33 42 00
Fax 0047- (0)2 - 33 69 06

In Norwegen finden Sie uns an folgenden Orten:

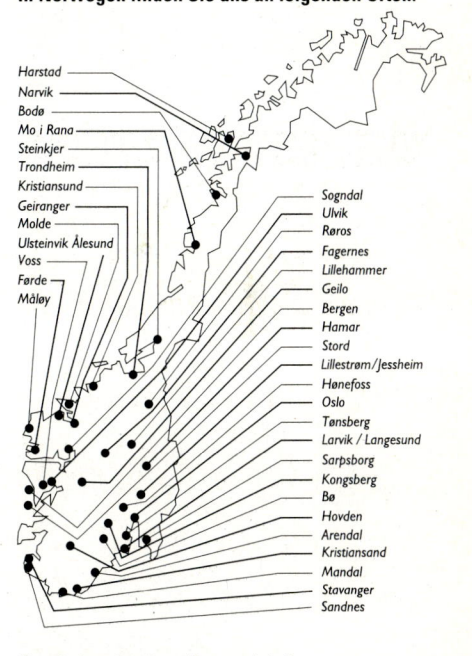

Harstad, Narvik, Bodø, Mo i Rana, Steinkjer, Trondheim, Kristiansund, Geiranger, Molde, Ulsteinvik Ålesund, Voss, Førde, Måløy, Sogndal, Ulvik, Røros, Fagernes, Lillehammer, Geilo, Bergen, Hamar, Stord, Lillestrøm/Jessheim, Hønefoss, Oslo, Tønsberg, Larvik / Langesund, Sarpsborg, Kongsberg, Bø, Hovden, Arendal, Kristiansand, Mandal, Stavanger, Sandnes

Sie erhalten den BonusPass auch bei:
NORTRA Marketing GmbH
Versandservice
Christophstraße 18-20
D-4300 Essen
Tel. 0201 - 78 70 48

oder bei unseren Agenten in der Bundesrepublik:
Airtours International (Frankfurt a. M.)
Finnland-Reiseagentur (Wiesbaden)
Finntravel GmbH (Koblenz)
NSA-Norwegische Schiffahrtsagentur (Hamburg)
Reisebüro Norden (Hamburg/Düsseldorf)
Scan-Service Reisebüro (Stuhr-Brinkum)
Schwedisches Reisebüro (Berlin)
Skandinavisches Reisebüro (Stuttgart)
Troll Tours (Medebach)
Wolters Reisen (Bremen)

Übernachtung

F-Hotel
12 Hotels in Norwegen

Hauptbüro: Boks 6152 Etterstad
N-0602 Oslo 6
Tel. 0047 - (0)2 65 41 10
Fax: 0047 - (0)2 63 17 07

Willkommen in unseren Ferienhotels mit den vielen Aktivitätsmöglichkeiten

Entspannende Atmosphäre, gutes Essen und günstige Preise!

*Für Individualreisende
Familien mit Kindern
Gruppen*

*Aktivitäten
Naturerlebnisse
Mitglied der MinOtels Europe*

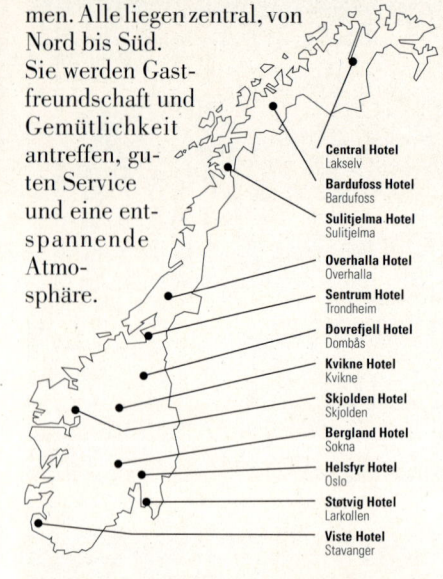

Central Hotel – Lakselv
Bardufoss Hotel – Bardufoss
Sulitjelma Hotel – Sulitjelma
Overhalla Hotel – Overhalla
Sentrum Hotel – Trondheim
Dovrefjell Hotel – Dombås
Kvikne Hotel – Kvikne
Skjolden Hotel – Skjolden
Bergland Hotel – Sokna
Helsfyr Hotel – Oslo
Støtvig Hotel – Larkollen
Viste Hotel – Stavanger

F-Hotel bietet Erlebnisse und Aktivitäten

Urlaub in der Natur

Wollen Sie während Ihrer Ferien in Norwegen viel erleben und zudem komfortabel und günstig wohnen? F-Hotel heißt Sie in seinen 12 Hotels willkommen. Alle liegen zentral, von Nord bis Süd. Sie werden Gastfreundschaft und Gemütlichkeit antreffen, guten Service und eine entspannende Atmosphäre.

Damit Ihre Ferien so erlebnisreich wie möglich werden, liegen unsere Hotels so, daß wir den Gästen eine reiche Auswahl an Erlebnissen und Aktivitäten - für Erwachsene und Kinder - bieten können: Aufenthalt am Meer mit Badefreuden, Surfen, Rudern, Wasserski, Tennis und Minigolf. Besuch auf dem Bauernhof; Reiten; Angeln im Fluß und im Fjord; Lachsangeln; phantastische Bergwanderungen; Gletscherwanderungen in Jotunheimen; Rafting; Besichtigung von Höhlen und Gruben in Nordnorwegen; Fischen und Jagen in der Gebirgswelt; Wanderungen; Großstadtferien; Historische Sehenswürdigkeiten.
Wir helfen Ihnen gerne mit Reisevorschlägen von Hotel zu Hotel.
Alle Hotels bieten günstige Sommerpreise an, für Individualreisende, Familien mit Kindern und für Gruppen.

Erlebnisreiche Ferien - vertrauen Sie F-Hotel!
Willkommen!

PEER GYNTS REICH

PEER GYNT HOTELS

Peer Gynt Hotels
Boks 115
N-2647 - Hundorp
Tel. 0047 - (0)62 - 96 666
Fax 0047 - (0)62 - 96 688

Buchung über Neckermann-Reisen

NECKERMANN REISEN

Im Reich Peer Gynts

Südwestlich im Gudbrandsdalen, 730-1570 m ü.d.M., liegt das traditionsreiche REICH PEER GYNTS. Hier wurde mit das »norwegischste« erfunden, das es gibt: der Gudbrandsdalkäse. Norwegens erstes Hochgebirgshotel wurde hier errichtet, und zwei der berühmtesten Dichter des Landes haben diese Gegend geprägt. Wandert man den PEER GYNT WEG entlang, an dem die einzelnen PEER GYNT HOTELS liegen, hat man eine unvergeßliche Sicht auf zwei der größten Gebirgszüge Norwegens: Jotunheimen und Rondane.

Hier können Sie mit der ganzen Familie in einem unserer Hochgebirgshotels oder in einer der Gebirgsgasthöfe wohnen. Von allen Übernachtungsmöglichkeiten aus kann man zu Fuß einen See erreichen. Und warum nicht mit den Kindern zum Familienpark Hunderfossen einen Ausflug machen, in dem Europas größter Troll ausgestellt ist?

HERZLICH WILLKOMMEN ZU ERHOLSAMEN FERIEN IN UNSEREM PEER GYNT REICH.

Übernachtung

Fjord Pass

Weitere Informationen erhalten Sie bei:
Norwegisches Fremdenverkehrsamt
Mundsburger Damm 27, D-2000 Hamburg 76,
Tel. 040 - 22 71 08 - 10, Fax 040 - 22 71 08 - 15

oder direkt bei:

Fjord Tours a/s
Postboks 1752 Nordnes, N-5024 Bergen
Tel. 0047 - (0)5 - 32 65 50, Fax 0047 - (0)5 - 31 86 56

Der Preis für Übernachtung und Frühstück pro Person im Doppelzimmer liegt zwischen NOK 230,- in Kat. A und NOK 410,- in Kat. D.
Extrabett: NOK 100,-; Einzelzimmerzuschlag NOK 120,-.
Kinder unter 3 Jahren wohnen kostenlos im Zimmer der Eltern (o. Extrabett). Kinder zwischen 3 und 15 Jahren zahlen 50% des Zimmerpreises (o. Extrabett).

Fjord Pass-Betriebe finden Sie im ganzen Land

Mit Kind und Kegel günstig wohnen

294 Übernachtungsmöglichkeiten mit Norwegens absolut größtem Hotelpaß!

Sind viele Wahlmöglichkeiten, garantierte Rabatte und die Möglichkeit zu langfristigen Reservierungen entscheidend bei Ihrer Wahl eines Hotelpasses?
Dann sollten Sie sich für den Fjord Pass entscheiden, der Ihnen diese und viele andere Vorteile bietet.
Fjord Pass ist Norwegens absolut größtes Hotelpaß-System, dem 294 Teilnehmer angeschlossen sind. Damit bieten wir Ihnen weit mehr Auswahlmöglichkeiten als jeder andere Hotelpaß in Norwegen.
Alle Fjord Pass-Betriebe garantieren Ihnen und Ihrer Familie mindestens 20% Rabatt auf Übernachtung und Frühstück.
Fjord Pass ist das einzige norwegische Hotelpaß-System, das Langzeit-Reservierungen akzeptiert. Dabei können Sie nicht nur die erste Übernachtung, sondern auch alle anderen lange im voraus reservieren lassen - und zwar per Telefon über die Buchungszentrale in Bergen.
Der Fjord Pass ist auch ein ausgezeichneter »Reisen nach Lust und Laune«-Paß, bei dem Sie von Tag zu Tag neu buchen können. Da die Betriebe in vier Preiskategorien eingeteilt sind, kennen Sie die Preise schon vorher und vermeiden später eventuelle unangenehme Überraschungen.
Unter den Betrieben, die Fjord Pass angeschlossen sind, finden Sie einige der größten Hotels Norwegens ebenso wie gemütliche Pensionen und hübsche Fjord- und Gebirgsgasthöfe. Wohnen Sie in individuellen Hotels, die Ketten wie Rica, Best Western, CarOtel, NM/NorStar, Home Hotels, Rainbow Hotels und Reso angeschlossen sind.
Der Fjord Pass kostet nur DM 17,- und gilt für 2 Erwachsene und ihre Kinder unter 15 Jahren während des ganzen Sommers.

FJORD PASS-Verkaufsstellen:

NORTRA Marketing GmbH
Mundsburger Damm 45, D-2000 Hamburg 76

FJORDTRA im NOR-CENTER,
Rosastr. 4-6, D-4300 Essen 1, Tel. 0201 - 79 14 43
Fax 0201 - 79 18 23

Schwedisches Reisebüro
Joachimstaler Str. 10, D-1000 Berlin 15

Skandinavisches Reisebüro
Kurfürstendamm 206, D-1000 Berlin 15

Reisebüro Norden
Ost-West Str. 70, D-2000 Hamburg 11

Reisebüro Norden
Immermannstr. 54, D-4000 Düsseldorf 1

NORTRA Marketing GmbH Versandservice
Christophstr. 18-20, D-4300 Essen 1

Skandinavisches Reisebüro
Amtliches Reisebüro der Dänischen Staatsbahnen
Friedensstr. 1, D-6000 Frankfurt a.M. 1

Skandinavisches Reisebüro
Calwerstr. 17, D-7000 Stuttgart

Amtliches Bayrisches Reisebüro
Im Hauptbahnhof, D-8000 München 2

Reisebüro Glur
Spalenring 111, CH-4009 Basel

Lamprecht Reisen
Brandschenkestr. 6, CH-8039 Zürich

Blaguss Reisen
Wiedner Hauptstraße 15, A-1040 Wien

Fjord Tours a/s
Postboks 1752 Nordnes, N-5024 Bergen
Tel. 0047 - (0)5 - 32 65 50, Fax 0047 - (0)5 - 31 86 56

Übernachtung

Ranten Hotell

Willkommen zu Naturerlebnissen, behaglicher Atmosphäre und gutem Essen!

Günstige Preise ab DM 110,-/Tag für Übernachtung, Frühstück, Mittags-Buffet und Drei-Gänge-Menü. Fjord Pass-Inhaber sind herzlich willkommen.

Weitere Informationen bei:
Ranten Hotell
Myking
N-3540 Nesbyen
Tel. 0047 - (0)67 - 73 445
Fax 0047 - (0)67 - 73 463

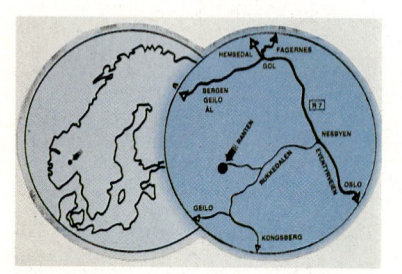

Das Ranten Hotell

Das Ranten Hotel liegt in einer sehr schönen Umgebung, einer alten, traditionsreichen Almsiedlung, die Ruhe bietet. Hier gibt es frische Luft, sauberes Wasser und während der Sommermonate lange, helle Abende. Das Ranten Hotel eignet sich ausgezeichnet für einen Erlebnis- und Aktivurlaub. So stehen z.B. für Aktivitäten im Freien ein beheizter Swimmingpool, Angelgewässer, Wanderwege, Fahrräder und ein Bootsverleih zur Verfügung.

Das Hotel, das sich im Familienbesitz befindet, ist für seine außergewöhnliche Architektur, seine Behaglichkeit und für sein gutes, traditionelles norwegisches Essen bekannt. Die komfortablen Zimmer haben alle Dusche/WC und sind mit Telefon, Radio, Fernsehen und Minibar ausgestattet.

So kommt man nach Ranten:
Ranten liegt zwischen OSLO und BERGEN und ist mit Auto, Bus oder Bahn leicht zu erreichen. Von NESBYEN folgt man der Straße 214 in Richtung TUNHOVD. Nach ca. 12 km biegt man in Richtung MYKING und RANTEN ab. Von RØDBERG fährt man auf der Straße 120 bis TUNHOVD und folgt dann der Straße 214 bis zur Beschilderung nach MYKING und RANTEN.

Global Hotels

Nye Polarsirkelen
Høyfjellshotell A/S
N-8240 Lønsdal
Tel. 0047 - (0)81 - 94 122
Fax 0047 - (0)81 - 94 127

Langseth Hotell
N-2600 Lillehammer
Tel. 0047 - (0)62 - 57 888
Fax 0047 - (0)62 - 59 401

Restaurant »Sydvesten«, Kirkegt. 30, Oslo
Tel.0047 - (0)2 - 42 19 82, Fax 0047 - (0)2 - 33 34 45

Willkommen im Langseth Hotell

Das neue Polarsirkelen Høyfjellshotel

Drei gastfreundliche Treffpunkte auf Ihrem Weg zum Nordkap:

-Das Restaurant »*Sydvesten*«, ein besonderes Restaurant im Herzen von Oslo. Gutes Essen in nordnorwegischer Atmosphäre. Sowohl die Einrichtung des Restaurants als auch die Speisen sind geprägt durch enge Verbindungen mit dem nördlichen Teil des Landes. Spezialität: Fisch. Für Gruppen besondere Preise.

-Das ***Langseth-Hotell*** in Lillehammer. Hier wohnen Sie gut und preiswert in einem neurenovierten und familienfreundlichen Hotel. Viele Aktivitätsmöglichkeiten in der näheren Umgebung. Für Gruppen besondere Preise.

-Das »*Polarsirkelen Høyfjellshotell*« in Lønsdal am Polarkreis. Auf Ihrem Weg zum Nordkap ist das Hotel eine gute und preiswerte Übernachtungsmöglichkeit. Das Haus hat einen hohen Standard und ist familienfreundlich. Viele Aktivitätsmöglichkeiten wie Angeln und Jagen sowie Fuß- und Skiwanderwege in nächster Umgebung. Für Gruppen besondere Preise.

Übernachtung

Das Tyrifjord Turisthotell

Wanderungen durch die Wälder, Fahrradtouren, Badefreude, Boots-, Wasserski- und Surfbrettverleih, Minigolf, Squash, Tennis, Billard und Tischtennis.

Hier dampft die Krøderbahn

Das alles erwartet Sie, wenn Sie einen aktiven und schönen Sommer in naturbelassener Umgebung im Tyrifjord Turisthotell verbringen.

Das Hotel liegt zentral: es ist nur 42 km von Drammen, 83 km von Oslo und 160 km von Larvik entfernt.

In der Nähe des Hotels befindet sich eine der meist besuchtesten Sehenswürdigkeiten Norwegens: das Blaafarveværket. In dem einst größten norwegischen Bergwerk und heute wichtigem Kulturzentrum wird dieses Jahr eine Gemäldeausstellung des bekannten Skagen-Malers Peter Severin Krøyer zu sehen sein.

Zwischen Vikersund und Krøderen verkehrt die längste Museumsbahn des Landes, und in Kragerø ist es möglich, das Märchenschloß Villa Fridheim zu besuchen.

Sie werden es als eine Bereicherung erleben, wenn Sie einige Tage im Tyrifjord Turisthotell in Vikersund verbringen.

Willkommen zu erlebnisreichen Sommertagen bei Familie Villand.

Im Tyrifjord warten unvergeßliche Sommererlebnisse auf Sie

a.s Tyrifjord Turisthotell

Postboks 172, N-3371 Vikersund
Tel. 0047 - (0)3 - 78 73 00, Fax 0047 - (0)3 - 78 86 05

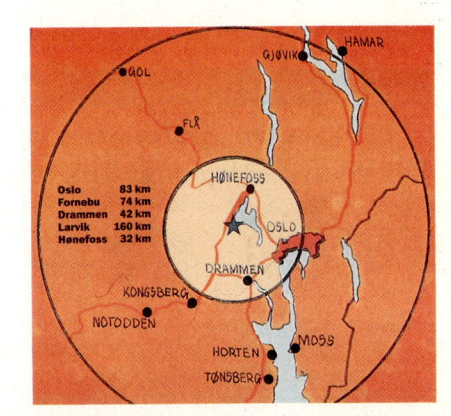

Oslo 83 km
Fornebu 74 km
Drammen 42 km
Larvik 160 km
Hønefoss 32 km

Das Tyrifjord Turisthotell liegt ganz zentral

Gepflegte Atmosphäre zu günstigen Preisen

Wir freuen uns auf Ihren Besuch!

Im Blaafarveverket

225

Übernachtung

Scandic Hotels
SCANDIC HOTELS

Weitere Informationen bei:
Scandic Hotels, Parkveien 68
Postboks 2458 Solli, N-0202 Oslo
Tel. 0047 - (0)2 - 43 00 20; Fax 0047 - (0)2 - 44 83 23
Der Scandic Buchungsservice: Tel. 0047 - (0)2 - 44 99 09
Fax 0047 - (0)2 - 44 83 23

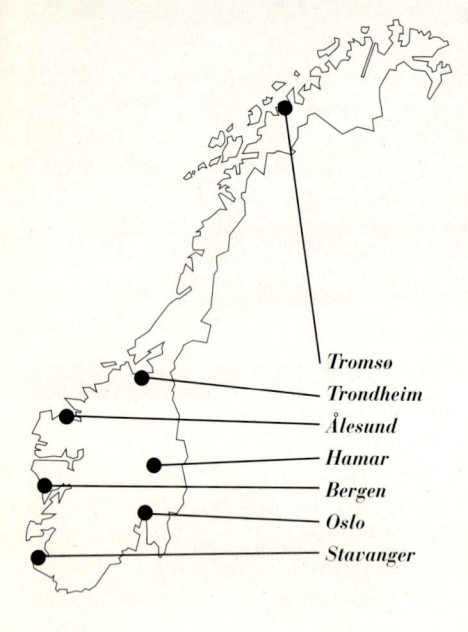

Tromsø
Trondheim
Ålesund
Hamar
Bergen
Oslo
Stavanger

Das Scandic Hotel Ålesund

Scandic Hotels hat neun erstklassige Hotels in sieben der größten Städte Norwegens, in Tromsø, Trondheim, Ålesund, Bergen, Stavanger, Hamar und 3 Hotels in der Oslo-Region (Asker, Høvik und Scandic Crown Hotel KNA im Zentrum von Oslo).

Scandic Hotels ist mit 120 Hotels in neun Ländern die fünftgrößte Hotelkette in Europa.

Unsere Sommerpreise werden zwischen dem 19. Juni und 16. August bei NOK 595,- pro Doppelzimmer liegen (bis zu 4 Personen). Zusätzlich zu diesen günstigen Preisen können Reisend die Vergünstigungen des »Scandic Summer Cheque« oder der »Fjord Pass«-Karte in Anspruch nehmen. Der »Scandic Summer Cheque« kann vor der Abreise in Deutschland gekauft werden (z.B. bei Finjet-Silja Line, Reisebüro Norden, Skandinavisches Reisebüro, Stena Line Service, Wolters Reisen u.v.m.)

und gilt für alle Scandic Hotels und Scandic Crown Hotels in ganz Skandinavien und im übrigen Europa.

Die meisten norwegischen Scandic Hotels sind darüber hinaus dem Fjord Pass-System angeschlossen, das auch von vielen anderen Hotels in Norwegen anerkannt wird.

Scandic Hotels hat ein zentrales Buchungsbüro in Oslo, bei dem alle Buchungen unter ein und derselben Nummer im voraus vorgenommen werden können: 0047 - (0)2 - 44 99 09. Natürlich kann man auch direkt bei jedem einzelnen Hotel reservieren.

Alle unsere Hotels sind für Autoreisende günstig zu erreichen und haben gute Parkmöglichkeiten.

Während des Sommers haben unsere Hotels Sonderangebote in den Restaurants, extra niedrige Preise für Kinder und - sehr beliebte - eigene Kinderspielzimmer.

Preiswerte Stadtferien in zentralgelegenen Hotels!

RAINBOW HOTELS

Bergen: Hotell Bryggen Orion, Tel. 0047 - (0)5 - 31 80 80
Hotel Rosenkrantz, Tel. 0047 - (0)5 - 31 50 00
Oslo: Hotell Astoria, Tel. 0047 - (0)2 - 42 00 10
Cecil Hotell, Tel. 0047 - (0)2 - 42 70 00
Gyldenløve Hotell, Tel. 0047 - (0)2 - 60 10 90
Hotell Munch, Tel. 0047 - (0)2 - 42 42 75
Vika Atrium Hotell, Tel. 0047 - (0)2 - 83 33 00
Sandnes: Hotel Sverre, Tel. 0047 - (0)4 - 66 10 86
Skien: Høyers Hotell, Tel. 0047 - (0)3 - 52 05 40
Tromsø: Polar Hotell, Tel. 0047 - (0)83 - 86 480
Tromsø Hotell, Tel. 0047 - (0)83 - 87 520
Trondheim: Gildevangen Hotell, Tel. 0047 - (0)7 - 51 01 00
Trondheim Hotell, Tel. 0047 - (0)7 - 50 50 50

Hoher Standard zu vernünftigen Preisen

In den Rainbow-Hotels bezahlen Sie nur für das, was Sie auch wirklich brauchen - und bei uns ist der Zimmerstandard das wichtigste. Telefon, TV, Minibar, komfortable Betten und gutausgestattete Badezimmer - alles ist so, daß Ihr Aufenthalt so angenehm wie möglich wird. Mit tiefem Schlaf in ruhiger Umgebung beginnt der Tag schon gut, bevor Sie aufwachen, und bei einem ordentlichen, kräftigen Frühstück kommt der Tag in ruhigem Morgentempo in Gang. Wenn Sie das Hotel verlassen, haben Sie eine Rechnung bezahlt, die weitaus preiswerter ist als die meisten anderen dieser Art - obwohl das Frühstück miteingeschlossen war.

Daß die Rainbow-Hotels im Zentrum des Unterhaltungsangebotes der Stadt liegen, ist selbstverständlich.

Sie finden uns in den größten Städten des Landes - Herzlich willkommen!

Ein reichhaltiges Frühstücksbuffet wartet auf Sie

Das Oslo Plaza Hotel

OSLO PLAZA
Oslo

Mit seinen 37 Etagen und 662 Zimmern ist das Oslo Plaza Hotel ein Wahrzeichen im Zentrum von Oslo. Das Angebot an Restaurants schließt unter anderem eine Brasserie, einen Pub und ein Lunchrestaurant mit ein. Sozusagen als Tüpfelchen auf dem i bietet auch der Nachtklub Plaza Sky im 33. Stock Kulinarisches - zusammen mit der faszinierendsten Aussicht in der Stadt. In der gleichen Etage findet man Swimmingpool, Trimmraum, Sauna, Solarium, dazu kann man sich hier massieren lassen. Das Hotel, das übrigens einen 24-Stunden-Zimmerservice bietet, hat Räumlichkeiten jeder Größe und Ausstattung für Konferenzen, Kongresse und Bankette. Durch eine geschlossene Passage gelangt man ins »Oslo Spektrum«, Oslos neue Stadthalle. Das Plaza Tower ist ein abgetrenntes, komplettes Hotel in den obersten Etagen für alle, die besonders hohe Anforderungen an Service, Komfort und Qualität stellen.

Hotel Caledonien, Kristiansand

HOTEL CALEDONIEN
Kristiansand

Das Hotel Caledonien liegt mitten in Kristiansand und ist das führende Hotel in Sørlandet. Das Hotel verfügt über 205 moderne Zimmer und Suiten, zwei Restaurants, einen Nachtklub, Diskothek, Lobbybar und einen britischen Pub. Hotel Caledonien ist das führende Konferenzhotel mit erstklassiger technischer Ausstattung und hat ein eigenes Restaurant für Kurs- und Konferenzteilnehmer sowie eigene Büros für Kursleiter.

Das Atlantic Hotel, Stavanger

ATLANTIC HOTEL
Stavanger

Das Atlantic Hotel liegt am Breiavatnet-See, mitten im Herzen von Stavanger, nur 2 Minuten Fußweg von »Alt-Stavanger«, Fischmarkt, Marktplatz und Geschäftsviertel entfernt. Das Hotel wird auch gerne als Stavangers gute Stube bezeichnet und ist mit 357 Zimmern von internationaler Klasse eines der führenden Häuser Skandinaviens. Im Hotel gibt es eine Bank, einen Kiosk und einen Frisör. Das Atlantic Hotel bietet ein großes und abwechslungsreiches Angebot an Restaurants sowie Konferenz- und Banketträumlichkeiten für bis zu 500 Personen.

KNA Hotel, Stavanger

KNA HOTELLET
Stavanger

Das KNA Hotel liegt ganz zentral im idyllischsten Viertel von Stavanger und bietet Aussicht über die charakteristische Holzhausbebauung, Yachthafen, Stadt, Gebirge und Fjorde. Von den 200 Zimmern sind drei Luxussuiten.

Hotel Norge, Bergen

HOTEL NORGE
Bergen

Das Hotel liegt zwischen Stadtpark und Torgalmenning mitten im Zentrum von Bergen, so daß sich alle Sehenswürdigkeiten der Stadt gut zu Fuß erreichen lassen. Das Hotel verfügt über alle Annehmlichkeiten, die ein modernes Großhotel bieten kann, u.a. über einen 24-Stunden-Zimmerservice. Von den 347 Zimmern sind 12 Suiten und 40 »de luxe«-Zimmer. Für Bankette und andere Anlässe

Reso Hotels betreibt erstklassige und führende Hotels in fünf der größten Städte Norwegens.

RESO HOTELS

Weitere Informationen erhalten Sie bei:
Reso Hotels Norway
Sonja Henies plass 4, N-0107 Oslo 1
Tel. 0047 - (0)2 - 17 17 00, Fax 0047 - (0)2 - 17 10 52
Oslo Plaza
Sonja Henies plass 3, N-0107 Oslo 1
Tel. 0047 - (0)2 - 17 10 00, Fax 0047 - (0)2 - 17 73 00
Hotel Caledonien
Vestre Strandgate 7, N-4600 Kristiansand
Tel. 0047 - (0)42 - 29 100, Fax 0047 - (0)42 - 25 990
Atlantic Hotel
Olav V'sgt., N-4000 Stavanger
Tel. 0047 - (0)4 - 52 75 20, Fax 0047 - (0)4 - 53 48 69
KNA Hotellet
Lagårdsveien 61, N-4000 Stavanger
Tel. 0047 - (0)4 - 52 85 00, Fax 0047 - (0)4 - 53 59 97
Hotel Norge
Ole Bulls plass 4, N-5000 Bergen
Tel. 0047 - (0)5 - 21 01 00, Fax 0047 - (0)5 - 21 02 99
Royal Garden Hotel
Kjøpmannsgaten 73, N-7010 Trondheim
Tel. 0047 - (0)7 - 52 11 00, Fax 0047 - (0)7 - 53 17 66

bietet das Hotel Platz für bis zu 900 Personen. Im Gesundheits- und Fitneßzentrum findet man Swimmingpool, Solarium, Sauna, Whirlpool und Trimmgeräte. Mit seiner großen Auswahl an Restaurants ist das Hotel Norge Treffpunkt Nr. 1 unter Bergens Einwohnern.

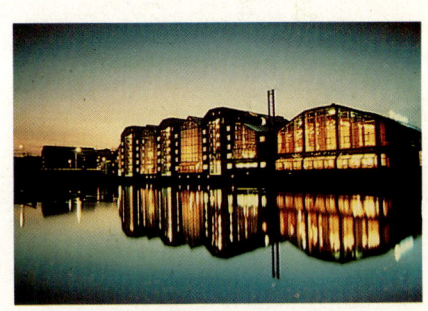

Das Royal Garden Hotel, Trondheim

ROYAL GARDEN HOTEL
Trondheim

Das Royal Garden Hotel liegt im Herzen Trondheims. Die besondere Glasarchitektur des Hotels spiegelt auf interessante Art den traditionellen Baustil der Häuser am Fluß Nidelva wider. Die drei Gebäudeflügel mit zusammen 297 Zimmern, davon 9 Suiten, werden durch ein interessantes Glasatrium miteinander verbunden, in dem das ganze Jahr über eine angenehme Temperatur herrscht. Zum Haus gehört auch eine »Erholungsabteilung« mit Schwimmbad, Sauna, Whirlpool und Fitneß-Raum. Bankett- und Konferenzräumlichkeiten für bis zu 700 Personen. Ein Tanzrestaurant, ein Gourmetrestaurant, Café, Bar und ein Nachtklub runden das Angebot ab.

»Ein Stück Norwegen«

Es muß ja nicht gleich ein norwegischer Fels sein, wenn man »ein Stück Norwegen« aus dem Urlaubsland seiner Träume mit nach Hause nehmen möchte. Da hat man doch ganz andere Möglichkeiten, wenn man an die vielen geschmackvollen und gut verarbeiteten Souvenirs denkt, die in Norwegen angeboten werden. Darüber hinaus gibt es mittlerweile ja auch eine Vielzahl norwegischer Artikel, vom Käsehobel bis zum gediegenen Wandschrank, in Deutschland zu kaufen.
Apropos Käsehobel: Aus der Not der zwanziger Jahre heraus geboren - man mußte sparsam mit den Lebensmitteln umgehen - ist er heute weltweit eines der gefragtesten norwegischen Produkte. Auch Eßbestecke in skandinavisch-modernem Design haben im Laufe der letzten Jahre auf vielen Tischen ihren Platz eingenommen.

Kulinarische Köstlichkeiten aus dem Land der Fjorde und Fjells

Die beliebten Haushaltsartikel sind übrigens so gut wie die Lebensmittel und Spezialitäten, für die sie gedacht sind. Ein echter Jarlsbergkäse oder der süßlich schmeckende »Geitost« sind ebensowenig zu verachten wie gut gebrautes norwegisches Bier, leckere Marmeladen und die köstlichen Heringsmarinaden. Tja, und daß der Lachs aus norwegischen Flüssen und Fjorden eine wahre Gaumenfreude ist, konnte nicht lange ein Geheimnis bleiben: es gibt ihn mittlerweile in fast allen gut sortierten Lebensmittelgeschäften.

»Ein Stück Norwegen« kann auch ein Schmuckstück sein, z.B. aus einer der Silberschmieden. Dabei werden traditionelle Ketten, Ringe oder Broschen ebenso angeboten wie ausgefallene Stücke, deren Formen und Design in heimischen Schaufenstern bestimmt nicht zu finden sind.
Ebenso interessant und formvollendet wie Schmuckstücke sind auch Glaswaren aus norwegischen Glashütten. Und wo wir schon mal bei der Form sind: Das Design norwegischer Möbel ist genauso außergewöhnlich wie ihre Qualität - unkonventionell und anspruchsvoll, eben typisch norwegisch.
Sie sehen, man muß ganz sicher nicht irgendwelchen Kitsch, den es ja überall gibt, mit nach Hause bringen. Ein sinnvoller Gebrauchsgegenstand mit ansprechendem Äußeren wird allemal mehr Freude bereiten. Dem Beschenkten oder Ihnen selbst.

Das echte Samenmesser

Das echte Samenmesser

Das Strømengmesser wird von Samen für Samen hergestellt.
Die Familie Strømeng schmiedet seit dem 19. Jahrhundert die Messer der Nordsamen.
Im echten Samenmesser steckt etwas von der Seele unseres Landes und unseres Volkes. Reisen Sie nicht von uns, ohne eines dabei zu haben!

KNIVSMED STRØMENG AS
STRØMENG AS
N-9730 Karasjok
Tel. 0047 - (0)84 - 67 105
Fax 0047 - (0)84 - 66 440

Die rustikalen »Norweger« kommen wieder.

DALE

Dale Garn & Trikotasje AS
N-5280 Dalekvam
Tel. 0047 - (0)5 - 59 65 51
Fax 0047 - (0)5 - 59 67 32

Vertretung in Deutschland:
Sport-Mode-Vertriebs GmbH, Egon Rehagel,
Langmannskamp 30, 4300 Essen 14,
Tel. 0201 - 51 35 61; Fax 0201 - 51 29 61

Schönheit und Qualität

Norweger-Pullover im Maschenbild vergangener Jahrzehnte mit den Farben von heute für einen aktiven Lebensstil bietet in großer Auswahl DALE OF NORWAY, der größte Strickwaren-Hersteller des Landes. Jeder Pullover wird traditionell nur aus hochwertigster Wolle gefertigt - 100% norwegischer Schurwolle. Was DALE-Fans besonders begeistert, das sind die liebevollen Details und die Farbigkeit der maschinen- und auch handgestrickten Modelle. Seit den Olympischen Winterspielen 1952 liefert DALE OF NORWAY die Ausstattung für die norwegische Skinationalmannschaft, was die Fähigkeit, sportliche, hochwertige und langlebige Produkte herstellen zu können, unter Beweis stellt.

Statoil bietet ein dichtes Tankstellennetz vom Skagerak bis zum Eismeer

In ganz Norwegen, selbst in den dünnbesiedelten Randregionen, findet man die Kraftstoffverkaufsstellen von Statoil. Die Statoil-Tankstellen sind Teil der größten Gesellschaft Norwegens für den Verkauf von raffinierten Ölprodukten und haben einen Anteil von rund 28 Prozent am gesamten Binnenmarkt.

Die Statoil-Tankstellen sind Teil des Statoil-Konzerns, der in allen Bereichen der Ölbranche tätig ist. Dazu gehören die Suche nach Rohöl und Gas sowie deren Gewinnung, petrochemische Industrie, Raffination, der Verkauf fertiger Produkte und eine umfassende Forschung. Wir kümmern uns gewissenhaft um jedes Produkt - von der ersten Behandlung des Rohöls bis zu den Tanks der Kunden.
Unsere vielen hunderttausend Kunden - auf dem Land, zu Wasser und in der Luft - werden durch unser modernes, feinmaschiges und landesweites Versorgungssystem bestens bedient. Unseren reisenden Kunden stehen mehr als 600 Tankstellen zur Verfügung - vom Skagerrak im Süden bis zum Eismeer im Norden.
Statoil-Tankstellen verkaufen aber nicht nur Treibstoff und Schmiermittel. Mehr als 400 unserer gut 600 Stationen haben Kioske, die verschiedene Konsumgüter für Mensch und Fahrzeug anbieten. Praktisch führt eine ganze Reihe unserer Tankstellen ein größeres Warenangebot als viele Lebensmittelgeschäfte.

Statoil-Tankstellen in Norwegen bieten heute alle gängigen Treibstoffe an. Das bedeutet bleifreies Benzin mit 95 und 98 Oktan, niedrigverbleites mit 97 Oktan und bleihaltiges Benzin mit 98 Oktan. Darüber hinaus gibt es natürlich auch Dieseltreibstoff und Petroleum.
Auch in Dänemark und Schweden unterhält Statoil ein umfassendes Tankstellen-Netz. Dadurch wird Skandinavien-Reisenden mit insgesamt 1.600 Tankstellen ein guter Service angeboten.

Bis zum Frühsommer 1991 führten die Statoil-Tankstellen in Norwegen den Namen NOROL. Während des ersten Halbjahres 1991 änderte die Gesellschaft den Warennamen an allen Tankstellen, -anlagen, Tankwagen, Schiffen und Ausrüstungsgegenständen auf Statoil. Gleichzeitig wurden das gesamte Tankstellennetz sowie der Transportapparat modernisiert und deren Effektivität erhöht. Deshalb können wir alle Kunden an Land, zu Wasser oder in der Luft, bei einem noch besseren Dienstleistungsunternehmen willkommen heißen. Aufgrund unserer Kundenorientierung und der in allen Bereichen angebotenen Qualität werden wir als führende Ölgesellschaft in Norwegen unsere Position halten.

Statoil - vom Meeresboden bis zum Motor

STATOIL

Statoil Norge AS

Postboks 1176 Sentrum
N-0107 Oslo
Tel. 0047 - (0)2 - 96 20 00
Fax 0047 - (0)2 - 96 32 00

Souvenirs zum Mitnehmen

Das »Made in Norway«-Etikett garantiert für Qualität

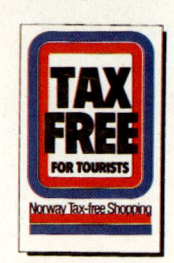

Norway Tax-free Shopping
P.O.Box 48
N-1345 Østerås
Tel. 0047 - (0)2 - 24 99 01
Fax 0047 - (0)2 - 24 97 84

Spezialitäten und »Schnäppchen«

Norwegische Spezialitäten - was in aller Welt ist das? Wenn Sie die Norweger fragen, antworten sie: Praktische Freizeitkleidung, Sportartikel, Glas, Pozellan, Pelzwaren und Schmuck. In diesen Bereichen haben sie nämlich eine lange Tradition. Es ist nur natürlich, daß norwegische Freizeitkleidung von hohem Standard ist. Dasselbe gilt für Zelte, Schlafsäcke, Regenkleidung, Gummistiefel usw. - alles wurde im Hinblick auf das rauhe skandinavische Klima hergestellt.

Das gilt auch für Pelzwaren. Hier sind die Norweger qualitäts-, mode- und preisbewußt. Die Auswahl ist sehr groß und das Design oft neu und überraschend.

Norwegisches Design ist allgemein für seine einfachen, klaren Linien bekannt, z.B. bei Glas, Porzellan, Keramik - und Zinn. Das norwegische Zinn ist bleifrei und kann ruhig zum Servieren verwendet werden.

Die Schmuckkunst ist auch etwas ganz Besonderes, das gilt für die traditionellen silbernen Filigranbroschen ebenso wie für das moderne Schmuckdesign mit der Verwendung von norwegischen Natursteinen (Thulit heißt der Nationalstein).

Das echte Souvenir

Sie finden sie überall - Souvenirs in tausend verschiedenen Gestalten. Wählen Sie nicht unbedingt das Teuerste, sondern sorgen Sie dafür, daß Ihre Wahl den Stempel »Made in Norway« trägt. Das ist am sichersten.

Holzfiguren, Schalen und Schüsseln sind beliebte Souvenirs. Holzschnitzerei und Akanthusmuster-Malerei gehören in Norwegen zur Volkskunst, und die angebotenen Artikel wurden oft von örtlichen Künstlern hergestellt.

Trolle, Wikingerschiffe und Wikinger gibt es in Hülle und Fülle. Das gilt auch für Puppen in Volkstracht. Aber vielleicht suchen Sie etwas Praktisches? Ein handgemachtes Fahrtenmesser? Einen Käsehobel (eine norwegische Erfindung für den Ziegenkäse)? Oder vielleicht lieber einen Pullover, eine Mütze oder ein Paar Fäustlinge mit dem traditionsreichen Muster? Etwas Norwegischeres gibt es nicht!

Tax-free Shopping und Kreditkarten

Die Mehrwertsteuer ist in den Preisen der Geschäfte enthalten und beträgt 16,67% der Kaufsumme.

Bei Waren, die aus Norwegen ausgeführt werden, wird die Mehrwertsteuer von der Firma »Norway Tax-free Shopping« rückerstattet. Nach Abzug einer Gebühr erhalten Sie 10-15% der Kaufsumme. Das Geld bekommen Sie in bar, auch wenn Sie die Waren mit einer Kreditkarte bezahlt haben - und die Rückzahlung kann ohne Wartezeiten an Flughäfen, auf Fähren und an wichtigen Grenzübergängen erfolgen. Es gibt ca. 2.200 Tax-free-Geschäfte in Norwegen. Sie sind durch das Schild am Eingang erkennbar. Falls Sie in diesen Geschäften für einen Betrag von über NOK 300,- einkaufen, erhalten Sie einen Scheck

über den MwSt.-Wert. Aber nicht vergessen, Ihren Paß oder Personalausweis vorzuzeigen, da die MwSt.-Rückerstattung nur für außerhalb von Skandinavien ansässige Personen gilt. Waren, deren MwSt. Sie rückerstattet haben möchten, dürfen nicht vor der Ausreise benutzt werden. Alle Gegenstände sind an der Tax-free-Schranke zusammen mit dem Scheck vorzuzeigen *(die Zollkontrolle ist für die MwSt.-Rückvergütung nicht zuständig)*.
Norwegen ist eines der führenden Länder in bezug auf den Gebrauch von Kreditkarten. Die gebräuchlichsten Karten sind Visa, Eurocard, American Express und Diners. Aber Norwegen ist auch bei anderen Zahlungsmethoden führend. Dem Personal der Geschäfte ist der Gebrauch von Kreditkarten nicht fremd, und als Kreditkartenkunde sind Sie herzlich willkommen.

Shopping in Norwegen
Norweger sind wie alle anderen - sie kaufen gern ein. Wo es Häuser und Menschen gibt, gibt es auch Geschäfte mit vielen, vielen Möglichkeiten. Kleine und große, alte und moderne - mit einem bunten Warensortiment ...
Selbstgestrickte wollene Strümpfe und der letzte Schrei aus Paris. Oder Angelhaken und Silberschmuck. Es ist nicht ungewöhnlich, in norwegischen Geschäften solche Waren Seite an Seite zu finden.
Wenn Sie einmalige Geschenke mit nach Hause nehmen möchten, sollten Sie sich deshalb nicht von einer einfachen Fassade täuschen lassen. Dahinter kann sich eine wahre Fundgrube verbergen. Nicht zuletzt, weil kleine Läden, Tankstellen, Gaststätten - ja, selbst Kioske - oft Handarbeiten und kunstgewerbliche Gegenstände anbieten, die von den örtlichen Bewohnern hergestellt wurden.
Kommen Sie vorbei, schauen Sie sich alles unverbindlich an und fragen Sie ruhig. Die Norweger wirken vielleicht etwas zurückhaltend, aber sie sind sehr hilfsbereit, und viele sprechen Englisch. In den Städten und größeren Ortschaften ist das Geschäftsleben noch reger. Hier gibt es Kaufhäuser und große moderne Einkaufszentren, ohne daß dadurch die kleinen, schiefen Holzhäuser, die originellen Fachgeschäfte und die gemütlichen Lädchen mit ihrer anheimelnden Atmosphäre verdrängt würden.

Preis und Qualität
»Norwegen ist ein teures Land« - haben Sie das schon mal gehört? Den Norwegern wird es immer vorgehalten, obwohl unzählige Beispiele belegen, daß Waren hier tatsächlich preisgünstiger sind als in den Nachbarländern. Kleider, Schuhe und Sportartikel sind äußerst preisgünstig. Auch Gold- und Silberwaren, Uhren und vieles mehr sind im Vergleich zu den anderen europäischen Ländern preiswert. Als Faustregel gilt, daß es sich lohnt, auf Qualität zu achten. Billige italienische Schuhe z.B. sollten Sie in Italien kaufen. Italienische Qualitätsschuhe sind dagegen preisgünstiger in Norwegen. Interessant, nicht?!

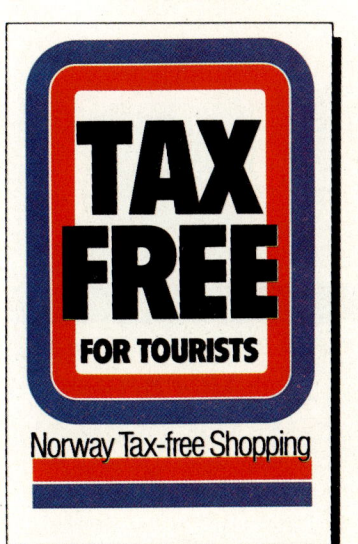

Produkte

Bei Smør-Petersen in Oslo finden Sie exklusive und köstliche Delikatessen aller Art - einschließlich eines umfassenden Sortiments Käse, Geräuchertes und Gepökeltes, dazu mehr als 160 Fertiggerichte, die von unseren höchst qualifizierten Köchen zubereitet werden. Unser Personal berät Sie gern und heißt Sie herzlich willkommen.

Hier finden Sie uns:
Aker Brygge, Holmensgate 7
Tel. 0047 - (0)2 - 83 83 70
Mo-Fr: 9-20 Uhr; Sa: 9-18 Uhr

Majorstuen, Valkyriegaten 9/11
Tel. 0047 - (0)2 - 60 19 95
Mo-Mi: 9.30-17.30 Uhr
Do-Fr: 9.00-18.00; Sa: 9-15 Uhr

**Norwegisches Design
Kunsthandwerk
Handarbeiten**

Willkommen zu Tax-Free-Shopping im »Norway Shop«. Sie finden bei uns eine große Auswahl an original norwegischen Qualitätsprodukten.
Wir akzeptieren alle Kreditkarten.
Versandservice

Fredrik I A.S, Stranden 1
Aker Brygge, N-0250 Oslo
Tel. 0047 - (0)2 - 83 64 10

**Urlaub in Norwegen
mit AVIS**

AVIS RENT A CAR

Mieten Sie sich im Urlaub einen AVIS-Wagen und erleben Sie mehr von den Sehenswürdigkeiten und der Schönheit der norwegischen Landschaft. Sie finden uns an 100 verschiedenen Stellen, die über das ganze Land verteilt sind.
Weitere Informationen über unsere Angebote und Preise erhalten Sie im Reisebüro oder direkt bei AVIS.

AVIS Bilutleie
Postboks 154
N-1312 Slependen
Tel. 0047 - (0)2 - 84 78 80
Fax 0047 - (0)2 - 84 95 06

**W. Køltzow
Aker Brygge A/S**

Willkommen zu einem Treffen mit erlesenem norwegischen Lachs. Genießen Sie unsere große Auswahl an norwegischen & internationalen Meeresdelikatessen - zum Mitnehmen oder an Ort und Stelle serviert. 40 Sitzplätze. Zwanglose Atmosphäre. Bier, Weine & Soft Drinks.

Køltzow
Aker Brygge 10-20 (18)
Stranden 3, N-0250 Oslo 2
Tel. 0047 - (0)2 - 83 00 70

Hadeland Glassverk – ein Stück norwegische Kulturgeschichte

A/S Hadeland Glassverk
N-3520 Jevnaker
Tel. 0047 - (0)63 - 11 000
Fax 0047 - (0)63 - 11 942

Das Hadeland Glassverk ist eine der ältesten Glashütten Europas, ihre kulturgeschichtlichen Traditionen sind aber lebendig geblieben. Hier können moderne Menschen die Herstellung unserer schönen, eleganten, stilechten Stücke verfolgen - angefertigt mittels einer Handwerkstechnik, die ihren Ursprung im Mittelalter hat. Hier kann man erleben, daß jahrhundertealte Traditionen das Design der 90er Jahre beeinflussen und verändern, hier stoßen in der Kunst der Glaserzeugung und -gestaltung Geschichte und Gegenwart aufeinander.

Die Anfänge der Glasherstellung reichen rund 3.000 Jahre zurück. In Europa wurde Glas aber erst im frühen Mittelalter als Material verwendet. Seitdem gehört das Material Glas als zentraler Bestandteil zum Alltag und zu den Festen der Menschen. So ist Glas z.B. bis heute ein wichtiger Gebrauchsgegenstand zur Aufbewahrung oder zum Transport von allem Flüssigen, von Wein, Olivenöl und Medizin beispielsweise, geblieben. Und Glas war auch das Material, das Chemiker für ihre Kolben und Röhren gebraucht haben oder Fischer, um die Netze aufschwimmen lassen zu können. Glas brachte das Licht in die Räume, und es verschönerte einfache Gastmahle und große Festessen. Glas ist einfach eines der wichtigsten Materialien in der Geschichte der Menschheit.

Der Herstellungsprozeß von Glas hat eine enorme industrielle Entwicklung durchlaufen. Die meisten der heutigen Glasprodukte sind maschinell gefertigt, doch es gibt durchaus auch noch jahrhunderte-

Formschön und kühl

alte Handwerkstraditionen. Menschen, die die historische Glastechnik und ihr Handwerk beherrschen, stellen ihre Glasgegenstände als Kunstwerke her. Vom einfachen, stilechten Weinglas bis zum Kunstglas erreichen solche Glasarbeiten das Niveau der schönsten Gemälde und Skulpturen.

Das Hadeland Glassverk ist eine der größten Kulturattraktionen Norwegens. Die Geschichte hat dafür gesorgt, daß die Glashütte mitten im schönsten Teil Ostnorwegens liegt. Allerdings nicht etwa, weil 1762 der dänische König und der Adel (Norwegen gehörte damals zu Dänemark) von der schönen Natur begeistert waren, sondern weil der Wald als Brennstoffreservoir, das Wasser und die entsprechenden Transportmöglichkeiten in Hülle und Fülle zur Verfügung standen. Das Betreiben einer Glashütte erforderte nämlich große Mengen an Brennmaterial, und so entschied man sich dazu, die Glashütte am Ende des schönen Randsfjordes, einem Binnensee, zu errichten. Heute liegt das Hadeland Glassverk nur eine Autostunde von Oslo entfernt, und die Fahrt an sich ist schon ein Naturerlebnis.

Das Hadeland Glassverk ist Norwegens ältester Industriebetrieb. Die ersten Erzeugnisse vor 230 Jahren waren Flaschen und Schwimmer für Fischernetze. Mitte des vorigen Jahrhunderts begann dann die Herstellung von Nutz- und Haushaltsglas sowie der gediegenen, schweren Kristallglas-Objekte.

Nutz- und Haushaltsglas bestimmen auch heute die Produktion, sie haben aber ein hohes künstlerisches und Designni-

Wie wäre es mit einem Schnäppchen in der »Glasboutique«?

veau erreicht. Das Hadeland Glassverk ist einer der Pioniere einer norwegischen Designentwicklung, die darauf hinausläuft, bekannte Künstler zu gewinnen, die ihre künstlerischen Linien, Formen und Farben in die Glasprodukte einfließen zu lassen. Dadurch hat die Glashütte ein internationales Renommee gewonnen. Ihre Kunst-Glasprodukte sind heute sehr gefragt. Die Verbindung zwischen historischem Handwerk und Künstlern ist im Hadeland Glassverk besonders gut gelungen und gibt den Objekten eine einzigartige Qualität.

Das Hadeland Glassverk ist ein lebendiges Stück norwegischer Kultur- und Industriegeschichte und zieht Jahr für Jahr Tausende von Besuchern an. Die alten Gebäude und das große Hofgelände bilden einen herrlichen Rahmen für einen Bummel durch die Glashütte, zwischen Handwerkern und Künstlern, die die schönsten Glaskunstwerke herstellen, und natürlich auch zum einzigartigen Glasmuseum. Darüber hinaus kann man eine Kunstgalerie, kleine Krämerläden und die Restaurants besuchen. In einer großen und gutsortierten »Glasboutique« finden die Besucher ausgesprochen preiswertes Qualitätsglas - hier können auch Sie sicher ein Schnäppchen machen. Wer mehr über das Hadeland Glassverk wissen

Glasblasen ist eine traditionsreiche Kunst

möchte oder Informationen für seine weitere Norwegenreise braucht, dem stehen ein Informationsbüro und ein (deutschsprechender) Guideservice zur Verfügung.

Ein Besuch in Hadeland Glassverk ist ein besonderes Kulturerlebnis, ein Aufeinandertreffen mit »Wurzeln« der norwegischen Industrienation und klassischem mittelalterlichen Handwerk, das sich mit heutigem Design verbindet.

Der Käsehobel - praktisch, handlich, schön

BJØRKLUND
Thor Bjørklund & Sønner AS
Postboks 3
N-2601 Lillehammer
Tel. 0047 - (0)62 - 59 200
Fax 0047 - (0)62 - 59 426

Eine norwegische Erfindung geht um die Welt: der Käsehobel. 1925 von Thor Bjørklund in Lillehammer erfunden, ist der Bjørklund Käsehobel heute das beliebteste Mitbringsel aus der Stadt der Olympischen Winterspiele 1994.

Die Klinge wird aus bestem Qualitätsstahl gefertigt, das Schaftmaterial ist aus Edelholz, Teak, Rosenholz, Kiefer, Kunststoff oder aus rostfreiem Stahl.

Die vielen verschiedenen Modelle mit unterschiedlichem Design haben alle eine Eigenschaft: Sie schneiden den Käse leicht und locker.

Auch auf Ihrem Tisch.

Formschön und praktisch

Haben Sie Ihren Traumort in Norwegen gefunden?

LAFTEBYGG TRE AS
N-2435 Braskereidfoss
Tel. 0047 - (0)64 - 23 302 / 23 252
Fax 0047 - (0)64 - 23 070

Machen Sie Urlaub in Norwegen, wo und wann es ihnen am besten gefällt: in Ihrer eigenen »hytte«!

Unsere Blockhütten sind die stabilsten ihrer Art in Norwegen und ganz im Stil norwegischer Bautraditionen. Wir bieten Ihnen ein fertiges Produkt, das ausschließlich aus Naturmaterialien besteht und somit gesundes Wohnen garantiert. Unsere langjährige Erfahrung im Hüttenbau und beim Export von Wohnhäusern nach Deutschland ermöglichen es uns, Ihre individuellen Wünsche und Qualitätsansprüche zu verwirklichen. Wir beschaffen Ihnen übrigens landesweit auch Baugrundstücke.

Rufen Sie uns an oder schreiben Sie, wir helfen Ihnen weiter.

Blockhütte von Laftebygg

»- und ewig singen die Wälder ...«

TRYSILFJELL UTMARKSLAG
Trysilfjell Utmarkslag BA
Postboks 90
N-2420 Trysil
Tel. 0047 - (0)64 - 50 911
Fax 0047 - (0)64 - 51 150

TVS - Hytter A. S
Storvegen 13
N-2420 Trysil
Tel. 0047 - (0)64 - 50 800
Fax 0047 - (0)64 - 50 590

Der Bauherr des Trysilfjell-Wintersportgebietes, die Firma Trysilfjell Utmarkslag, hat zentral in Trysil Grundstücke zum Bau von Ferienhäusern ausgewiesen. Sie erreichen dieses Gebiet zum Beispiel mit der Fähre von Kiel nach Oslo, wo am Kai der Expreßbus steht, der Sie sicher in das Ferienhausgebiet im Trysilgebirge bringt. Hier sind Sie im Winter vom Auto völlig unabhängig, um Skilifte, Geschäfte und Restaurants erreichen zu können. Selbstverständlich können Sie aber auch mit Ihrem eigenen Wagen anreisen, die Fahrzeit von Oslo beträgt nur drei Stunden.

Wenn Sie in ein Baugrundstück im Trysilfjell investieren wollen, dann können Sie hier eine Holzhütte aus dem Holz der Kernholzkiefern bauen, die in den tiefen

In Trysil erleben Sie die pure, saubere Natur - mit Gebirge, endlosen Wäldern und dem Fluß Trysilelva, der durch das Tal rauscht; hier können Sie an Elch- und Bibersafaris teilnehmen, beim Riverrafting, bei Floßfahrten auf dem Trysilselva oder Ausflüge in Wald und Gebirge unternehmen, wo allein schon die Stille ein unvergeßliches Erlebnis ist.

In Trysil befindet sich auch Norwegens größtes Skigebiet: 20 Skilifte im Alpingelände, 70 km präparierte Wanderloipen und eine Skiarena für Langlauftraining sorgen für richtigen Winterspaß. Bei Skitouren in einsames, unberührtes Gelände können Sie aber auch im Winter die Stille genießen.

Winter in Trysil

Wäldern Trysils geschlagen werden. Die Hütten werden von der Firma Trysilvassdragets Skogeierforening (TVS-HYTTER A/S) geliefert, die jahrelange Erfahrung im Bau solcher Ferienhäuser hat, eine Erfahrung, die auf Tradition beruht.

Im Trysilfjell gibt es auch eine gut organisierte Vermittlung zur Vermietung von Ferienhäusern, so daß auch die Finanzierung der Betriebskosten eines solchen Ferienhauses angeboten werden kann.

Trysil ist der richtige Urlaubsort für diejenigen, die eine saubere Natur in Verbindung mit einem zeitgemäßen Aktivitätsangebot suchen.

Allgemeine Reiseveranstalter

Name / Adresse	Gruppenreisen	Individualreisen	Ferienhausurlaub	Zielort-Hotelurlaub	Rundreisen	Aktivurlaub	Kurzreisen	Winterreisen	Allg. Norwegen-Angebot	Seiten-Nr. (u.a.)
DEUTSCHLAND										
O-1000										
Trend Reisen — Postschließfach 77, O-1026 Berlin	•	•			•					
W-2000										
Hamburger Studienfahrten K.O. Wolf — Mönckebergstr. 18, W-2000 Hamburg 1	•									
Lundi Tours Reisen GmbH — Amsinckstr. 45, W-2000 Hamburg 1	•	•		•	•			•		
Norden Tours GmbH — Ost-West-Str. 70, W-2000 Hamburg 11		•	•	•	•	•	•	•		
NSA Norwegische Schiffahrts-Agentur — Kleine Johannisstr. 10, W-2000 Hamburg 11	•	•	•	•	•	•	•	•	•	250
Pferd & Reiter — Rader Weg 30A, W-2000 Tangstedt	•	•			•					
Reise Agentur Singer — Stüffelring 39, W-2000 Hamburg 67	•	•		•	•	•		•		
SUN TEAM GmbH — Heinr.-Hertz-Str. 75, W-2000 Hamburg 76	•				•	•				
Trekking Tours Hoffmann — Sillemstr. 86, W-2000 Hamburg 20	•	•			•	•				
Reiner Frühling Ferienhausvermietung — Gerntkebogen 8, W-2050 Hamburg 80			•	•						
internationale angelreisen rolfs KG — Schönningstedter Str. 4, W-2057 Reinbek						•				
Color Line GmbH — Oslo-Kai, W-2300 Kiel 1	•	•	•	•	•	•	•		•	243
Spitsbergen Tours Andreas Umbreit — Dammstr. 36, W-2300 Kiel	•	•								90
Stena Line Service AB — Schwedenkai, W-2300 Kiel 1		•		•			•		•	241
impuls cruising — Wischhof 16, W-2308 Postfeld		•		•						
Landwirtschaftl. Reisedienst — Postfach 1380, W-2330 Eckernförde	•			•						
Reisebüro Norwegen — Am alten Markt 12, W-2351 Bornhöved	•	•	•	•	•	•	•		•	247
Nord-Reisen Rolf Brandenburg GmbH — Bahnhofstr. 8, W-2370 Rendsburg	•	•	•							
Swan Charter Deutschland — Hollerallee 26, W-2800 Bremen 1	•	•			•					
Wolters Reisen GmbH — Postfach 100147, W-2800 Bremen 1	•	•	•	•	•	•	•			184
HS Reisebüro Setzer GmbH — Postfach 210280, W-2850 Bremerhaven	•									
Natur Pur Reisen-Toll Trimkowski GBR — Hafenstr. 65, W-2850 Bremerhaven	•	•			•					
W-3000										
Kultur & Erleben TUI GmbH & Co.KG — Postfach 610280, W-3000 Hannover 61	•									
Skan-Tours — Eysselkamp 4, W-3170 Gifhorn	•						•	•		
Werner Tours, Werner u. Meyer OHG — Georg-Eckert-Str. 13, W-3300 Braunschweig	•	•	•	•	•					
Natur-Studienreisen GmbH — Untere Dorfstr. 12, W-3410 Northeim	•									
CVJM Reisen — Postfach 410149, W-3500 Kassel-Wilhelmshöhe	•						•	•		
Nordwest & Orient Reisen GmbH — Postfach 1048, W-3505 Gudensberg	•									
W-4000										
R. Mach-Erlebnisreisen — Mülheimer Str. 40, W-4030 Ratingen 1	•				•	•				
Polarkreis Reisebüro — Wallstr. 10, W-4220 Dinslaken	•	•	•	•	•	•	•		•	244
Des Angler's Reisedienst — Pollerbergstr. 26, W-4300 Essen 1	•	•			•	•				
FJORDTRA Handelsgesellschaft mbH — Rosastr. 4-6, W-4300 Essen	•	•	•	•	•	•	•		•	143/157
Zik-Reisen — Bülowstr. 137-139, W-4354 Datteln	•									
Asmus-Studienreisen GmbH — Geiststr. 81, W-4400 Münster	•									
Mach Nordferien — Hagenstr. 13, W-4405 Nottuln		•	•					•		240
Viator-Reisen — Postfach 104129, W-4600 Dortmund	•	•		•	•	•				
Nordland Tours — Königsallee 10, W-4630 Bochum 1										
CTS cheap tours Studienreisen GmbH — Postfach 208, W-4920 Lemgo	•									
Deutsches Jugendherbergswerk — Bismarckstr. 8, W-4930 Detmold	•	•				•				
O-5000										
Reisebüro Thüringen — Reinhardsbrunner Str. 5, O-5804 Friedrichroda	•	•	•						•	•
W-5000										
Beersheba Freizeit-Ferienwerk Touristik GmbH — Postfach 800169, W-5000 Köln 80	•	•	•	•	•	•				
Conti-Reisen GmbH — Olpener Str. 851, W-5000 Köln 91	•	•	•	•	•	•		•	•	
Continentbus (Deutschland) GmbH — Salierring 47-53, W-5000 Köln 1	•	•			•					
Globus-Reisen GmbH — Hohenzollernring 86, W-5000 Köln 1	•	•		•	•	•			•	
Kaufhof-Hertie-Glücks- & Prima-Reisen — Postfach 980220, W-5000 Köln 90	•	•		•	•					
St. Nikolaus-Ferienwerk e.V. — Olpener Str. 851, W-5000 Köln 91	•	•								
Institut für Bildungsreisen — Adenauerallee 78, W-5300 Bonn 1	•							•		
Finntravel GmbH — Am Pfaffendorfer Tor 4, W-5400 Koblenz	•	•	•	•	•	•				
Kingfisher Reisen — Schloßstr. 43-45, W-5400 Koblenz		•		•	•	•				
Ferienwerk ASHRA GmbH — Römergraben 5, W-5455 Rengsdorf	•									
Kath. Jugendferienwerk Wuppertal e.V. — Auer Schulstr. 1, W-5600 Wuppertal 1	•									
Gehlert Studienreisen GmbH & Co. — Bahnhofstr. 29, W-5620 Velbert 1	•									
Herbert Flenner Polar Touristik — Kampstr. 2, W-5760 Arnsberg 1										
Troll Tours Reisen GmbH — Hinterstr. 8, W-5789 Medebach	•	•	•	•	•	•		•		242
Wikinger Reisen GmbH — Postfach 7464, W-5800 Hagen 7	•				•	•				242
Scholz-Reisen — Bahnhofstr. 13, W-5980 Werdohl	•	•		•						
W-6000										
airtours international — Adalbertstr. 44-48, W-6000 Frankfurt/M. 90					•	•				
Deutsches Reisebüro GmbH — Eschersheimer Landstr. 25-27, W-6000 Ffm.		•		•		•			•	
NUR Touristic — Hochhaus am Baseler Platz, W-6000 Ffm.	•	•		•	•	•				
Hemming-Reisen Seetouristik GmbH — Biebererstr. 60, W-6050 Offenbach/Main	•	•	•		•				•	242
Terranova Touristik Uhlig KG — Hirschsprung 8, W-6078 Zeppelinheim	•				•					
Finnland-Reiseagentur — Saalgasse 24, W-6200 Wiesbaden		•		•	•	•				
Reisebüro am Wasserturm — An der Allee 73, W-6200 Wiesbaden	•	•			•	•				
LOMA-Reiseagentur GmbH — Mittelstr. 16, W-6258 Dehrn	•	•	•	•	•	•				
Andree's Angelreisen — Lenzhahner Weg 30, W-6272 Niedernhausen										
Balzer GmbH - Angelreisen — Spessartstr. 13, W-6420 Lauterbach/Hessen						•				
Tauchreisen Th. Schönemann — Bahnhofstr. 38, W-6903 Neckargemünd						•				
Angelreisen Ehret — Karlsbergpassage 2, W-6940 Weinheim						•				
Horizonte Erlebnisreisen — Postfach 1124, W-6945 Hirschberg	•				•	•				
W-7000										
Biblische Reisen GmbH — Silberburgstr. 121, W-7000 Stuttgart 1	•		•							
Nord-Europa-Reisen — Gutenbergstr. 7, W-7024 Filderstadt 4		•	•	•	•	•	•			
Karawane Studienreisen — Postfach 909, W-7140 Ludwigsburg	•									
Skandireisen — Bahnhofstr. 55, W-7253 Renningen	•	•	•	•	•	•	•		•	240
Reisebüro Schlienz — Berliner Str. 10, W-7300 Eßlingen a.N.	•									
Reisebüro Kögel — Höllstr. 17, W-7760 Radolfzell	•	•			•	•				
Finnland-Reisen GmbH — Sedanstr. 10, W-7800 Freiburg	•	•		•						
W-8000										
ADAC Reise GmbH — Am Westpark 8, W-8000 München 70		•		•	•	•				
Bayerisches Pilgerbüro Studienreisen — Dachauer Str. 9/II, W-8000 München 2	•									

REISEBÜROS
mit Norwegenreisen im Angebot (Auswahl)

Allgemeine Reiseveranstalter

	Gruppenreisen	Individualreisen	Zielort-Hotelurlaub	Ferienhausurlaub	Rundreisen	Aktivurlaub	Kurzreisen	Winterreisen	Allg. Norwegen-Angebot	Seiten-Nr. (u.a.)
Gesellschaft zur Förderung kultureller Studienreisen Adalbertstr. 23, W-8000 München 40		•				•			•	•
Hauser Exkursionen international Marienstr. 17, W-8000 München 2						•		•	•	
Kranich-Reisen GmbH Rosenheimer Str. 69, W-8000 München 80									•	
Sport-Köpf Lindwurmstr. 1, W-8000 München 2										
Studiosus-Reisen Trappentreustr. 1, W-8000 München 2		•			•				•	
Fishing + Hunting Tours Friedenstr. 26a, W-8032 Gräfelfing		•		•		•				
Mini-Bus-Camp-Reisen Stuhrmann Waxensteinstr. 14b, W-8104 Grainau	•				•	•				
6K Kreisboten Reisen Pütrichstr. 2, W-8120 Weilheim										
Sittenauer-Reisen W-8157 Dietramszell	•	•	•	•	•	•			•	
Brodschelm Verkehrsbetrieb GmbH Tittmoninger Str. 23, W-8263 Burghausen	•	•	•	•	•	•			•	
Polar-Reisen GmbH Hans-Moser-Str. 2, W-8345 Bad Birnbach					•	•				
Nordwärts-Reisen Brunnleite 8, W-8400 Regensburg	•				•	•			•	
Scanatur Reisen GmbH Fichtelseestr. 23, W-8591 Fichtelberg	•	•	•	•	•	•			•	
JDR - Reisen a la carte Haugerpfarrgasse 1, W-8700 Würzburg	•									
Nordwind Reisen GmbH Maximilianstr. 17, W-8940 Memmingen										
Arktis Reisen Schehle Memminger Str. 71-75, W-8960 Kempten	•	•	•	•	•	•			•	

A-.... ÖSTERREICH

	Gruppenreisen	Individualreisen	Zielort-Hotelurlaub	Ferienhausurlaub	Rundreisen	Aktivurlaub	Kurzreisen	Winterreisen	Allg. Norwegen-Angebot	Seiten-Nr. (u.a.)
Touropa Austria Ungargasse 59-61, A-1030 Wien	•	•			•				•	
Blaguss Reisen Wiedner Hauptstr. 15, A-1040 Wien	•	•	•		•				•	
Reisebüro Kuoni Bräuhausgasse 7-9, A-1050 Wien										
Kneissl Touristik Linzerstr. 4-6, A-4650 Lambach		•				•			•	251
Salzburger Landesreisebüro Schwarzstr. 9, A-5020 Salzburg										
Dr. Degener Reisen GmbH Citypark, Lazarettgürtel 55, A-8020 Graz	•	•	•	•	•	•				

CH-.... SCHWEIZ

	Gruppenreisen	Individualreisen	Zielort-Hotelurlaub	Ferienhausurlaub	Rundreisen	Aktivurlaub	Kurzreisen	Winterreisen	Allg. Norwegen-Angebot	Seiten-Nr. (u.a.)
Voyages APN 33, avenue de Miremont, CH-1206 Genf		•	•		•	•		•	•	
Frantour Tourisme Postfach 2991, CH-1211 Genf 2					•					
Color Line Les Jordils, CH-1261 Le Vaud	•	•	•	•	•	•		•	•	
Funi- Car Reisen AG Seevorstadt 15-17, CH-2501 Biel	•				•					
SPI-Reisen Hauptstr. 25, CH-2560 Nidau					•	•				
ag traveltrend Muristr. 89, CH-3000 Bern 15	•	•	•	•	•	•			•	
Saga Reisen AG Südstr. 8, CH-3110 Münsingen		•			•	•				
Reisebüro Marti AG CH-3283 Kallnach	•									
Reisebüro Glur Spalenring 111, CH-4009 Basel	•	•	•	•	•	•				
Horus Reisen AG Rosenweg 9, CH-5314 Kleindöttingen	•	•	•		•	•			•	
kontiki reisen ag Mattenstr. 27, CH-5430 Wettingen	•	•	•	•	•	•			•	
Imbach-Reisen AG Grendel 19, CH-6000 Luzern 5						•				
Baumeler Aktivferien Postfach, CH-6002 Luzern						•				
Reisebüro Kuoni AG Neue Hard 7, CH-8037 Zürich	•	•	•	•	•	•		•	•	
Lamprecht Reisen Brandschenkestr. 6, CH-8039 Zürich										
Abenteuer-Reisen Schwab Forchstr. 113, CH-8132 Egg		•			•	•				
Gulls Reiser A/S Postfach 225, CH-8180 Bülach										
Schmid Reisen AG Russikerstr. 54, CH-8330 Pfäffikon ZH	•									
Reiseagentur SOB Bahnhofplatz, CH-8840 Einsiedeln	•	•								

DEUTSCHLAND

O-1000
Reiseland Kaiser, Naugarder Str. 9
O-1055 Berlin, Tel. 366 46 96

O-3000
Reiseland HVG, Straße der DSF 11
O-3240 Haldensleben, Tel. 25 41

O-4000
Reiseland Eisleben
Markt 56, O-4250 Eisleben
Tel. 24 08* 25 95

Reiseland Bernburg
Liebknechtplatz 1
O-4350 Bernburg, Tel. 20 31

Reiseland Dessau
Fr.-Naumann-Str. 12
O-4500 Dessau, Tel. 46 61

Reiseland Meissner
Aylsdorfer Str. 8, O-4900 Zeitz, Tel. 21 49

O-5000
Reiseland, Bahnhofstr. 1
O-5020 Erfurt, Tel. 21 574

Reiseland, Regierungsstr. 68
O-5020 Erfurt, Tel. 27 286

Reiseland Lessel, W.-Pieck-Str. 46
O-5400 Sondershausen, Tel. 25 71

Reiseland Dietrich, Erfurter Str. 15
O-5800 Gotha, Tel. 53 610

Reisebüro Thüringen
Reinhardsbrunner Str. 5
O-5804 Friedrichsroda / Thür., Tel. 47 01

O-6000
Reiseland Lipfert
E.-Thälmann-Str. 17
O-6820 Rudolstadt, Tel. 23 254

O-8000
Reiseland Thieme & Weise
Innere Weberstr. 22
O-8800 Zittau, Tel. 21 20

O-9000
Reiseland Rössler
R.-Breitscheid-Str. 20
O-9360 Zschopau, Tel. 21 91

W-1000
Deutsches Reisebüro
Kurfürstendamm 17
W-1000 Berlin 15, Tel. 030 / 88 14 017

FJORDTRA
Kudamm Eck 227/228
W-1000 Berlin 15, Tel. 030 / 881 82 15

Reisebüro Berolina Magasch GmbH
Bielefelder Str. 4
W-1000 Berlin 31, Tel. 030 / 86 10 161

Schwedisches Reisebüro
Joachimstaler Str. 10
W-1000 Berlin 15, Tel. 030 / 88 21 516

Skandinavisches Reisebüro
Kurfürstendamm 206
W-1000 Berlin 15, Tel. 030 / 883 20 66

W-2000
Norwegische Schiffahrtsagentur GmbH
Kleine Johannisstr. 10
W-2000 Hamburg 11, Tel. 040 / 37 69 30

Reisebüro Norden GmbH
Ost-West-Str. 70, W-2000 Hamburg 11
Tel. 040 / 36 00 15 - 0

Reisebüro "Norwegen"
Am alten Markt 12, W-2351 Bornhöved
Tel. 04323 / 76 54

W-3000
Luftreisebüro Stickrodt & Bangemann, Ernst-August-Platz 4
W-3000 Hannover 1, Tel. 0511 / 32 24 56

Nordland Tours GmbH
Podbielskistraße 10 a
W-3000 Hannover 1, Tel. 0511 / 62 81 09

Mundstock international
Schleusenstr. 1-3, W-3303 Vechelde-Wedtlenst., Tel. 05302 / 80 80

Reisebüro Kreger GmbH
Martinsplatz 6, W-3500 Kassel
Tel. 0561 / 10 36 11

W-4000
Reisebüro Norden
Immermannstr. 54, W-4000 Düsseldorf 1
Tel. 0211 / 36 09 66

Arktis Reisen Schehle
Moltkestr. 21, W-4150 Krefeld
Tel. 02151 / 24 796

Polarkreis Reisebüro
Wallstr. 10, W-4220 Dinslaken
Tel. 02134 / 55 396

FJORDTRA
Rosastr. 4-6, W-4300 Essen 1
Tel. 0201 / 78 43 03

Reisebüro Dittrich
Bahnhofstr. 4, W-4540 Lengerich
Tel. 05481 / 8 10 58

Nordland Tours
Königsallee 10, W-4630 Bochum
Tel. 0234 / 33 62 62

W-5000
Derpart Reisebüro, Frenzen
Johannisstr. 54, W-5000 Köln 1
Tel. 0221 / 16 01 20

FINNTRAVEL GmbH
Am Pfaffendorfer Tor 4
W-5400 Koblenz, Tel. 0261 / 70 15 00

Kingfisher Reisen
Schloßstr. 43 / 45
W-5400 Koblenz, Tel. 0261 / 10 00 482

Troll Tours GmbH
Hinterstr. 8, W-5789 Medebach
Tel. 02982 / 83 86

W-6000
Deutsches Reisebüro GmbH
Eschersheimer Landstr. 25
W-6000 Frankfurt/M. 1, Tel. 069/15 66-0

FJORDTRA
Vilbeler Str. 29, Konstabler Arkaden
W-6000 Frankfurt am Main
Tel. 069 / 297 78 19

Finnland-Reiseagentur
Saalgasse 24, W-6200 Wiesbaden
Tel. 0611 / 52 52 27

W-7000
Skandinavisches Reisebüro
Calwer Str. 17, W-7000 Stuttgart 1
Tel. 0711 / 22 30 61

Die Reise
Am Kirchberg 2, W-7524 Österingen
Tel. 07253 / 2 10 82

Finnland-Reisen GmbH
Sedanstr. 10, W-7800 Freiburg
Tel. 0761 / 22 700

Reisebüro Kuoni
Karlstr. 59, W-7990 Friedrichshafen 1
Tel. 07541 / 7 00 90

W-8000
Amtl. Bayerisches Reisebüro GmbH
Nymphenburger Str. 154
W-8000 München 19, Tel. 089/16 65 990

Amtliches Bayerisches Reisebüro
Englschalkingerstr. 12
W-8000 München 81, Tel. 089 / 91 60 94

Kneissl Touristik
Theresienstr. 14, W-8390 Passau
Tel. 0851 / 3 23 81

BUSREISEVERANSTALTER

DEUTSCHLAND

O-1000

SPREEtours
Grünbergerstr. 54, O-1034 Berlin
Tel. 0037/2/5893165, Fax 0037/2/5893165

W-1000

Berolina-Reisen
Bielefelder Str. 4, W-1000 Berlin 31
Tel. 030/8610161, Fax 030/8619167

Hertel Bus
Brunnenstr. 69, W-1000 Berlin 65
Tel. 030/4633003, Fax 030/4645418

Holiday Reisen GmbH
Fasanenstr. 67, W-1000 Berlin 15
Tel. 030/88420719, Fax 030/8839581

Weichert-Reisen GmbH & Co. KG
Müllerstr. 32, W-1000 Berlin 65
Tel. 030/4556091, Fax 030/4562024

W-2000

Athena Weltweit Studienreisen
Neuer Wall 19, W-2000 Hamburg 36
Tel. 040/351257, Fax 040/354362

Reisering Hamburg
Adenauerallee 78, W-2000 Hamburg 1
Tel. 040/2803911, Fax 040/2803988

Siggelkow-Reisen GmbH
Saseler Damm 7, W-2000 Hamburg 65
Tel. 040/6017120, Fax 040/60171252

Globetrotter Reisen GmbH
Harburger Str. 20, W-2107 Rosengarten 5
Tel. 040/7962255, Fax 04108/1715

Hanseat Reisen
Harburger Str. 96, W-2160 Stade
Tel. 04141/606160, Fax 04141/609437

Lührs-Reisen GmbH
Molkereistr. 7, W-2177 Wingst
Tel. 04778/7081/4, Fax 04778/7255

Numssen-Reisen
Postfach 1751, W-2210 Itzehoe
Tel. 04821/2025-7, Fax 04821/2215

AK Reisen Autokraft GmbH
Von-der-Tann-Str. 27, W-2300 Kiel 1
Tel. 0431/6661, Fax 0431/671623

Bustouristik Verkehrsbetriebe Kreis Plön GmbH, Diedrichstr. 5, W-2300 Kiel 14
Tel. 0431/705851-52, Fax 0431/705880

FF-Reisen Omnibusbetrieb Friedrichs
Rügenstr. 9, W-2350 Neumünster
Tel. 04321/84437, Fax 04321/8013

Möller's Reisedienst
Stoverweg 1 B, W-2350 Neumünster
Tel. 04321/32222+37777, Fax 04321/37787

Förde Reederei GmbH
Postfach 1652, W-2390 Flensburg
Tel. 0461/811263, Fax 0461/27782

Neubauer Reisen GmbH
Große Str. 4, W-2390 Flensburg
Tel. 0461/17175, Fax 0461/17527

Wolters Bustouristik GmbH
Bremer Str. 49, W-2805 Stuhr 1
Tel. 0421/8999275, Fax 0421/801634

Wrede-Reisen GmbH
Ostertorstr. 14, W-2810 Verden/Aller
Tel. 04231/81023, Fax 04231/4122

Uwe Onken Tours
Sackhofsweg 30, W-2900 Oldenburg
Tel. 0441/301177, Fax 0441/30970

Ingos Busfahrten
Heidkamper Landstr. 4
W-2901 Wiefelstede
Tel. 04402/3884, Fax 04402/82833

W-3000

Ruhe-Reisen GmbH
Bahnhofstr. 8, W-3060 Stadthagen
Tel. 05721/75034, Fax 05721/72144

Wilhelm Spannuth
Lange Str. 7a, W-3062 Bückeburg
Tel. 05722/1006, Fax 05722/1008

Scandinavien Reisen
Gartenstr. 2, W-3114 Wrestedt
Tel. 05802/4797, Fax 05802/4434

Buskollektiv UNTERWEGS GmbH
Spielmannstr. 13, W-3300 Braunschweig
Tel. 0531/347427, Fax 0531/344401

Mundstock international, Postfach 80
W-3303 Vechelde-Wedtlenstedt
Tel. 05302/8080, Fax 05302/6785

Uhlendorff-Reisen GmbH
Florenz-Sartorius-Str. 18, W-3400 Göttingen
Tel. 0551/62028, Fax 0551/62100

Reisebüro Kreger GmbH
Martinsplatz 6, W-3500 Kassel
Tel. 0561/103611, Fax 0561/102133

W-4000

Spontan-Reisen
Servatiiplatz 7, W-4400 Münster
Tel. 0251/511046, Fax 0251/44135

Reisebüro Janning GmbH
Stiftsstr. 29, W-4405 Nottuln
Tel. 02502/1450

BTU-Touristik
Nordstr. 21, W-4415 Sendenhorst
Tel. 02526/1075, Fax 02526/3497

Eurostar Touristik GmbH
Emsufer 9, W-4450 Lingen/Ems
Tel. 0591/54064, Fax 0591/54061

Strier-Reisen
Bäumerstr. 9-11, W-4530 Ibbenbüren
Tel. 05451/15044, Fax 05451/4141

R.U.F.-Touristik GmbH
Ostenhellweg 57-59, W-4600 Dortmund 1
Tel. 0231/527469, Fax 0231/523071

Kläs Reisen GmbH
An der Wethmarheide 9, W-4670 Lünen
Tel. 02306/1691, Fax 02306/1695

RAGAZZI Reisen GmbH
Breslauer Str. 26, W-4790 Paderborn
Tel. 05251/750011, Fax 05251/730609

Karl Niebäumer
Alte Landstr. 1, W-4902 Bad Salzuflen 1
Tel. 05222/21091, Fax 05222/22761

**Hänschens Reisedienst
Detmolder Studienreisen**
Feldstr. 28, W-4930 Detmold
Tel. 05231/21044, Fax 05231/23777

Kelder-Reisen
Hünenbrink 7, W-4950 Minden
Tel. 0571/31637+30110, Fax 0571/36919

MB Reisen
Postfach 34, W-4983 Kirchlengern 2
Tel. 05223/7080, Fax 05223/74422

W-5000

Blitz-Reisen GmbH
Rosenstr. 47, W-5000 Köln 1
Tel. 0221/322025, Fax 0221/312840

Haman Scandinavia
Hohenzollernring 49, W-5000 Köln 1
Tel. 0221/251182, Fax 0221/251133

Univers-Reisen GmbH & Co. Autobus KG
Am Rinkenpfuhl 57, W-5000 Köln 1
Tel. 0221/209020, Fax 0221/2090240

Becker-Skandinavien Touren
Wiedtalstr. 1b, W-5461 Roßbach/Wied
Tel. 02638/4015, Fax 02638/4016

ADA-Reisen International
Ottostr. 7, W-5500 Trier
Tel. 0651/88044, Fax 0651/89034

Rheingold-Reisen-Wuppertal
Wittener Str. 77a-c, W-5600 Wuppertal 2
Tel. 0202/647096, Fax 0202/664020

Karibu Touristik
Gütchen 8, W-5650 Solingen
Tel. 0212/593059, Fax 0212/593058

Wiedenhoff Reisen
Bismarckstr. 45, W-5650 Solingen 1
Tel. 0212/813081, Fax 0212/817278

Mildner-Reisen
Postfach 1453, W-5653 Leichlingen
Tel. 02175/5048, Fax 02175/3059

Knipschild-Reisen
Briloner Straße 46, W-5778 Meschede
Tel. 0291/50007, Fax 0291/2762

Kattwinkel-Reisen
Glockenweg 1/5, W-5884 Halver 2
Tel. 02351/7437, Fax 02351/7440

W-6000

Frankfurter Nachrichten-Reisen
Eichwaldstr. 26, W-6000 Frankfurt/M. 60
Tel. 069/439911, Fax 069/436455

Gauf-Reisen
Münchener Str. 10/12, W-6000 Frankf./M. 1
Tel. 069/230861, Fax 069/251181

Hemming Reisen
Biebererstr. 60, W-6050 Offenbach/Main
Tel. 069/811118, Fax 069/810148

Hübbe-Reisen
Postfach 66, W-6128 Höchst/Odenwald
Tel. 06163/3036, Fax 06163/3038

Kontinent-Reisen GmbH
Josef-Ludwig-Str. 18, W-6250 Limburg
Tel. 06431/23081, Fax 06431/23845

Service Reisen Giessen
Rödgenerstr. 12, W-6300 Gießen
Tel. 0641/40060, Fax 0641/400660

RUT-Reiseservice GmbH
Gießener Str. 16, W-6305 Buseck 2
Tel. 06408/3058, Fax 06408/3531

Tank Reisen GmbH
Gießener Str. 16, W-6305 Buseck 2
Tel. 06408/2011, Fax 06408/3531

Nordring Rejser A/S
Hüttenweg 2, W-6333 Braunfels
Tel. 06442/6366, Fax 06442/4023

main-kinzig-reisen
Burgstr. 9, W-6466 Gründau 5
Tel. 06058/1011-14, Fax 06058/336

Anton Götten-Reisen
Faktoreistr. 1, W-6600 Saarbrücken
Tel. 0681/303200, Fax 0681/3032217

Reisebüro Schumacher KG
Hauptstr. 27, W-6940 Weinheim
Tel. 06201/12061, Fax 06201/69753

baumann touristik GmbH
Postfach 1140, W-6968 Walldürn 1
Tel. 06282/522, Fax 06282/6660

AURO Reisen GmbH
Faulbacher Str., W-6981 Hasloch
Tel. 09342/8218, Fax 09342/84719

W-7000

Binder Reisen
Bergheimer Straße 12, W-7000 Stuttgart 31
Tel. 0711/139650, Fax 0711/882266

OVA + Reisen GmbH
Beinstr. 5, W-7080 Aalen
Tel. 07361/5701-32, Fax 07361/66209

Friedrich Gross
Weinsberger Str. 43, W-7100 Heilbronn
Tel. 07131/15090, Fax 07131/164256

Reisebüro Volz
Liebenzeller Str. 32, W-7260 Calw
Tel. 07051/5601, Fax 07051/51744

Heideker Reisen
Dottinger Str. 43, W-7420 Münsingen
Tel. 07381/731, Fax 07381/4535

Omnibusverkehr Friedrich Wöhrle GmbH
Hagenfeldstr. 6, W-7519 Oberderdingen
Tel. 07045/3063, Fax 07045/8607

Sutor-Reisen GmbH
Schillerstr. 35, W-7523 Graben-Neudorf 1
Tel. 07255/4241+8842

Autoreisen Bregenzer GmbH & Co.
Rengoldshauser Str. 11
W-7770 Überlingen/Bodensee
Tel. 07551/4044, Fax 07551/3546

Ostertag Reisen
Hauptstr. 60-62, W-7920 Heidenheim 8
Tel. 07321/71071+7948, Fax 07321/73242

Reisebüro Grüninger
Postfach 1163, W-7929 Gerstetten
Tel. 07323/6011, Fax 07323/4156

W-8000

INS Reisen GmbH & Co. KG
Heidemannstr. 220, W-8000 München 45
Tel. 089/323040, Fax 089/3232927

Larcher Touristik GmbH
Anzinger Str. 26, W-8015 Markt Schwaben
Tel. 08121/3638, Fax 08121/46472

Schuierer
Harderstr. 12, W-8070 Ingolstadt
Tel. 0841/1619, Fax 0841/17121

Idealtours
Theaterstr. 61, W-8300 Landshut
Tel. 0871/22727, 0871/22797

Rotel Tours
Herrenstr. 11, W-8391 Tittling
Tel. 08504/4040, Fax 08504/4926

Reba-Eno Reisen GmbH
Hallplatz 2, W-8500 Nürnberg 1
Tel. 0911/204444, Fax 0911/226405

Lenz-Reisen
Postfach 1174, W-8502 Zirndorf b. Nbg.
Tel. 0911/6001888, Fax 0911/603246

Kraus-Reisen
Johannisstr. 12, W-8560 Lauf a.d. Pegnitz
Tel. 09123/3850+52, Fax 09123/3823

Waldemar Viol Reisen GmbH
Friedrichstr. 1, W-8580 Bayreuth
Tel. 0921/57001, Fax 0921/67129

Lilo Klinger Touristik
Postfach 5923, W-8700 Würzburg
Tel. 0931/50375/6, Fax 0931/58971

Kirchgaessner Reisen GmbH
Hauptstr. 7, W-8761 Weilbach
Tel. 09373/4371, Fax 09373/4271

Hörmann-Reisen
Fuggerstr. 16, W-8900 Augsburg
Tel. 08237/1044, Fax 08237/5331

Die 7 Schwaben Reisen
Josef-Landes-Str. 3, W-8950 Kaufbeuren
Tel. 08341/809516, Fax. 08341/73160

ÖSTERREICH

Kratschmar Reisen Ges.m.b.H.&Co.KG
Ybbsstr. 22, A-3300 Amstetten
Tel. 07472/68828, Fax 07472/61165

Bus-Reise-Service Kastler GmbH
Schulstr. 7, A-4113 St. Martin i.M.
Tel. 07232/22810, Fax 07232/28639

Wintereder Busreisen Ges.mbH
Salzburger Str. 23, A-4840 Vöcklabruck
Tel. 07672/75001, Fax 07672/7500129

EDER Reisen
A-8632 Gusswerk
Tel. 03882/4141, Fax 03882/3988

SCHWEIZ

Klopfstein-Reisen
CH-3177 Laupen
Tel. 031/7476767, Fax 031/7478673

Winterhalder Tours
Werdstr. 128, CH-8036 Zürich
Tel. 01/4627777, Fax 01/4627276

Eurobus-Reisen
Pfingstweidstr. 31, CH-8037 Zürich
Tel. 01/4441212, Fax 01/4441616

Rattin Reisen
Oberstadt 5, CH-8200 Schaffhausen
Tel. 053/253100, Fax 053/257726

Tödi-Reisen
Am Rathausplatz, CH-8750 Glarus
Tel. 058/615454/5, Fax 058/615900

Gebr. Ebneter
St. Georgenstr. 160a, CH-9011 St. Gallen
Tel. 071/228831, Fax 071/228859

Kurier Reisen
Hans Huber, CH-9042 Speicher
Tel. 071/941477, Fax 071/944130

Jetzt können Sie ganz Norwegen von einer Stelle aus buchen:

NORGESFERIE

Als Norwegenspezialisten sind wir der beste Servicepartner für Reisebüros und Veranstalter, was Reisen nach Norwegen betrifft.

- Maßgeschneiderte Reisen für Individualisten.
- Gruppenreisen.
- Rundfahrten und Kurzreisen.
- Aktivferien.
- Ferien in der Wildnis.
- Angel- und Jagdurlaub.
- Winter- und Skiurlaub.
- Abenteuerferien und Incentivreisen.

Sparen Sie Geld bei der Planung.

Treten Sie zwecks Urlaubsvorschläge in Kontakt mit Norgesferie. Wir garantieren raschen Antwortservice.

TROLL PARK

Troll Park a/s
Postboks 445
N-2601 Lillehammer
Tel.   0047 - (0)62 - 69 200
Fax   0047 - (0)62 - 69 250

Norwegen ist kalt, dunkel und teuer

... und völlig ungeeignet für eine Incentive-Reise?

Das ich nicht lache!

Über Ihren Anruf würde ich mich freuen. Vielleicht können wir schon beim Gespräch einige Vorurteile aus dem Weg räumen!

Sie können auch unverbindlich unsere neue Broschüre zum Thema "Motivation und Reisen" anfordern - Sie werden überrascht sein!

Ihre

Anne Braathen

Anne Braathen

Tel.: 040/22 71 08-18
Fax: 040/22 71 08-88

Ein Projekt des
NORWEGISCHEN FREMDENVERKEHRSAMTES

NORWEGEN INCENTIVE

Wohnen Sie zum halben Preis!

DM 69.–

ProSkandinavia
Das Hotelscheck-System mit der größten Hotelauswahl in Skandinavien

400 erstklassige Hotels im Norden stehen zur Wahl

Kaufen Sie die gewünschte Anzahl Schecks! Mit diesen Schecks zahlen Sie dann die Übernachtung mit Frühstück (keine weiteren Kosten). Der Scheck ist auch für eine Reihe von Fähren, Mietwagen etc. verwendbar!

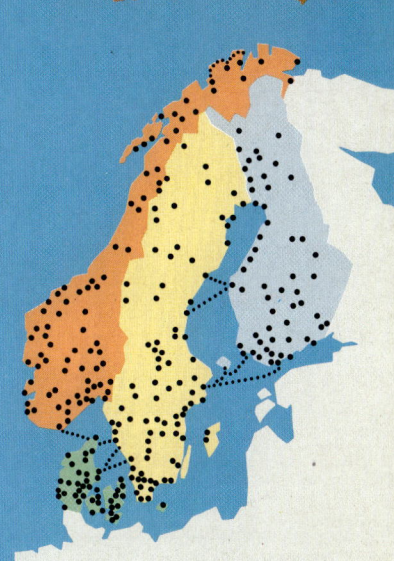

● Orte, in denen Sie den Scheck verwenden können

.... Fähren, für die die Schecks gelten.

Weitere Auskünfte erhalten Sie bei ihrem Reisebüro oder direkt bei:

Haman Scandinavia Service Büro,
Hohenzollernring 49, 5000 KÖLN 1, Deutschland.
Tel 0221-25 11 82. Telefax 0221-25 11 33.

REISEDIENST Möller

Willkommen an Bord – beim Reisen und Erleben! Ihr Reisepartner im Norden

Mit dem Bus zu reisen heißt, mit der Seele reisen
Reisen Sie mit uns in der ROYAL CLASS königlich durch Norwegen
Skandinavien à la carte!

Traumhafte BUS-Reisen in 4-Sterne-Spezial-Bussen. Denn wir haben seit über 30 Jahren die besten Verbindungen in Norwegen. Buchung nur direkt bei uns, damit es eine preiswerte Reise bleibt. Ihren Pkw können Sie während der Reise kostenlos bei uns abstellen. Einige Beispiele unserer preiswerten Busreisen. Vergleichen Sie! Verlangen Sie unseren Reisekatalog.

13 Tage: Nordkap - Lofoten, Traumküsten Norwegens, in das Land der Mitternachtssonne. Sechs Termine vom 10.6.-22.6. + 22.6.-4.7. + 24.6.-6.7. + 29.6.-11.7. + 8.7.-20.7. + 13.7.-25.7., **DM 2.100,-**

12 Tage: Lofoten Spezial - Schwedische Wildmark, Siljan See und Vesterålen, 22.7.-2.8., **DM 1.845,-**

7 Tage: Royal-Panorama Fjord Reise, Hardanger- und Sognefjord, Hansestadt Bergen, Stabkirchen Borgund und Heddal. Drei Termine: 23.5.-29.5. + 4.6.-10.6. + 19.7.-25.7., **DM 990,-**

9 Tage: Royal Wikinger Fjord Reise, Geiranger, 25 Fjorde, Briksdalsgletscher, Trollstigen, Adlerstraße, Flåm- und Bergenbahn. Vier Termine: vom 30.5.-7.6. + 9.6.-17.6. + 11.6.-19.6. + 19.6.-27.6., **DM 1.210,-**

10 Tage: Malerischer Herbst an Fjord und Fjell, Dovrefjell Moschussafari, Hardangervidda, Stabkirchen. Vom 18.9.-27.9., **DM 1.340,-**

Ausgewählte Hotels – alle Reisen mit Halbpension – Spezialitäten werden serviert.

2350 Neumünster • Stoverweg 1b • Tel. 0 43 21 / 3 22 22 + 3 77 77 • Telex 299 515 • Fax 3 77 87

NORWEGEN
Urlaub im Ferienhaus

»Hytteferie«, Urlaub im Ferienhaus, ist die wohl typischste norwegische Ferienform. Urlaub in einem norwegischen Ferienhaus heißt Urlaub an einem romantischen Fjord, am sauberen Meer, am kristallklaren Fluß oder See, oder in der unberührten Gebirgslandschaft Norwegens.
Ein Traumurlaub für Familien, Wassersportler, Wanderer, Naturliebhaber und natürlich Angler.
Wenn Sie »hytteferie« in Norwegen genießen möchten, dann werden Sie mit Sicherheit die dazugehörende Hütte oder Ihr Traumferienhaus bei uns finden.

MACH NORDFERIEN
Hagenstr. 13, W-4405 Nottuln, Tel./Fax 02502-89 82

- Coupon: -
  Name: ....
  Str.: ....
  PLZ/Ort: ....

NORWEGEN TOTAL

Ihr "Partner für Skandinavien" hält für Sie bereit:

- Pkw-Rundreisen bis zum Nordkap
- Flug- Air/Sea-Reisen
- HURTIGRUTE
- Aktiv-Urlaub, z.B. Segeln - Wandern
- Erlebnis-Urlaub, Lofoten - Spitzbergen
- Fährbuchungen - Hotelschecks
- Kurzreisen Flug/Fähren

EINMAL NORWEGEN - immer wieder NORWEGEN!!!

Info, Beratung und Buchung bei:

SKANDIREISEN
Veranstalter für Nordlandreisen
Bahnhofstr. 55,
W-7253 Renningen,
Telefon (0 71 59) 70 29, Fax 58 68
Öffnungszeiten:
Mo. - Fr. 9.00 - 18.00 Uhr,
Samstag nach Vereinbarung

HIER SIND WIR ZU HAUSE

NORWEGEN
Der Reiz des Nordens zu jeder Jahreszeit

- HURTIGRUTEN-SCHIFFS- REISE
- BUSRUNDREISEN
- MIT DEM PKW ZUM NORDKAP
- HOTELAUFENTHALTE AN DEN SCHÖNSTEN FJORDEN
- FERIENHÄUSER UND HÜTTEN IN GROSSER AUSWAHL
- HOTELSCHECKS
- STÄDTEREISEN
- FÄHRÜBERFAHRT FREDERIKSHAVN – LARVIK MIT DER LARVIK LINE

KOSTENLOS PROSPEKT ANFORDERN
IHRE NORWEGEN-SPEZIALISTEN

REISEBÜRO NORDEN
Ost-West-Str. 70, 2000 **Hamburg** 11, Tel.: 040/36 00 150
Immermannstr. 54, 4000 **Düsseldorf** 1, Tel.: 0211/36 09 66

NORDEN TOURS
OST-WEST-STR. 70 · 2000 HAMBURG 11

Die schwedische Art nach Skandinavien zu reisen.

Wir empfehlen Ihnen eine Urlaubsreise nach Skandinavien via STENA LINE. Wir haben an vieles und vor allem an Sie gedacht.

Damit Sie sich bei uns wohlfühlen und jede Minute Ihrer wertvollen Urlaubstage genießen.

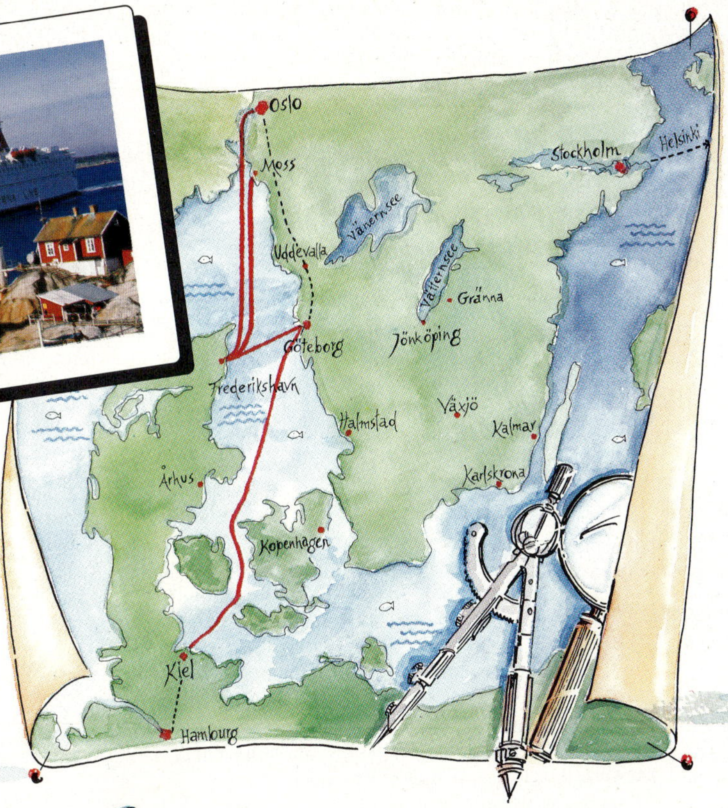

Genießen Sie schwedische Gastlichkeit.

An Bord geht die Liebe auch durch den Magen. Im Buffet-Restaurant erwarten Sie viele warme und kalte Köstlichkeiten.

Sie können so oft zugreifen, wie Sie Appetit haben.

Im Bord-Restaurant finden Sie stilvolle Atmosphäre, internationale Speisen, vorzügliche Fischgerichte und Spitzenweine.

An Bord ist immer was los.

In der Bar können Sie Ihre Reise-Eindrücke vertiefen. Beim frischen Bier vom Faß oder bei einem raffinierten Cocktail.

Später am Abend geht das Leben an Bord so richtig los.

Dafür sorgen die vielfältigen Unterhaltungsmöglichkeiten. Die Bordband sorgt mit Live-Musik dafür, daß Ihr Tanzbein nicht einschläft.

Für Nimmermüde steht die Tür zum Nightclub noch bis 3.00 Uhr offen.

Ein Spielchen gefällig?

Können Sie haben. Mit der Kugel beim Roulette, mit den Karten beim Black Jack. Wir drücken die Daumen.

Übrigens: Im Bord-Kino laufen ständig topaktuelle Kino-Hits in den jeweiligen Originalsprachen.

Ein Einkaufsbummel auf hoher See.

In unserem Duty-free-Shop finden Sie Parfum, Spirituosen, eine große Auswahl an Zigaretten und jede Menge mehr.

Derweil können im Spielzimmer die Kinder toben, was das Spielzeug hergibt.

Schlafen mit allem Komfort.

Wenn Sie später in Ruhe zu Bett gehen möchten? Ihre gemütliche Kabine erwartet Sie. Sie ist großzügig, bequem und mit Dusche und WC ausgestattet.

Gut geplant ist gut gereist.

Damit Sie Ihre Urlaubsreise auch wie geplant genießen können, buchen Sie rechtzeitig. Und nutzen Sie die lange Nebensaison mit den günstigen Preisen bei gleichzeitiger Buchung der Hin- und Rückfahrt.

Übrigens: Die Preise für PKWs bis 6 m Länge sind besonders attraktiv.

Willkommen an Bord.

Auszug aus den Tarifen/Fahrplänen 92** Fahrpreise in DM Alle Kabinen mit DU/WC	Kiel – Göteborg				Frederikshavn – Göteborg				Frederikshavn – Oslo			
	3.4.–18.6.92 3.8.–31.10.92		19.6.–2.8.92		1.1.–18.6.92 3.8.–31.12.92		19.6.–2.8.92		1.1.–18.6.92 3.8.–31.12.92		19.6.–2.8.92	
	→	↔	→	↔	→	↔	→	↔	→	↔	→	↔
Überfahrt für 1 Auto inkl. max. 6 Pers. So – Do	336,-	470,-	486,-	782,-	100,-	150,-	148,-	192,-*	180,-	300,-	290,-	430,-
Überfahrt für 1 Auto inkl. max. 6 Pers. Fr – Sa	336,-	552,-	558,-	882,-	110,-	170,-	175,-	230,-*	200,-	330,-	390,-	550,-
4-Betten-Innenkabine, pro Bett	28,-	56,-	39,-	78,-	–	–	–	–	15,-	48,-	15,-	48,-
2-Betten-Innenkabine, pro Bett	33,-	66,-	45,-	90,-	–	–	–	–	20,-	57,-	20,-	57,-

* Nachtfahrten zum Nebensaisontarif
** Fahrplan 92, erscheint Nov. 91, gültig vom 1.1. bis 31.12.92

ab 19.00 Uhr Kiel
an 9.00 Uhr Göteborg
ab 19.00 Uhr Göteborg
an 9.00 Uhr Kiel
} täglich

Frederikshavn
Göteborg
Göteborg
Frederikshavn
} Abfahrten 6–8 x täglich 3 Std. Überfahrtsdauer

9.45 Uhr Fred.
18.30 Uhr Oslo
19.30 Uhr Oslo
7.30 Uhr Fred.
} im Sommer täglich (übrige Zeit 5 x pro Woche)

STENA LINE · Schwedenkai · 2300 Kiel · Telefon 04 31/9 09-9
STENA LINE · Hildebrandtstraße 4 d · 4000 Düsseldorf 1 · Telefon 02 11/90 55 150

Stena Line

Im Jahr 1988 feierte Hemming-Reisen ein bemerkenswertes Jubiläum: seit über 25 Jahren führt der Norwegen-Spezialist aus Offenbach Nordkapreisen durch. Hemming-Reisen war eines der ersten Reisebüros in der Bundesrepublik, das in Pionierarbeit persönlich und sorgfältig die Reiserouten zum Nordkap erschlossen hat. Aus bescheidenen Anfängen entstand dabei im Laufe von über 25 Jahren das wohl umfangreichste Nordkap-Programm, das bei uns angeboten wird. Nicht ohne Grund nennt man Hemming-Reisen heute den »Nordkap-Spezialisten«.

Hemming-Reisen arbeitet ohne Zwischenhändler: durch Direktverträge mit den Reedereien und Hotels werden so erstaunlich günstige Preise erzielt, die an die Kunden weitergegeben werden. Obwohl man auf allen Reisen -bis in den hohen Norden- nur in erstklassigen Hotels übernachtet, sind die Preise angenehm niedrig. Außerdem werden immer nur Gesamtpreise angegeben, bei denen praktisch alles inklusiv ist.

Das besondere Hemming-Angebot: die Anreise im Intercity der DB 2. Klasse von Ihrem Heimatbahnhof direkt zum Einschiffungshafen nach Kiel, Puttgarden oder Cuxhaven.

Seit 13 Jahren veranstaltet Hemming-Reisen Kreuzfahrten zum Nordkap - eine davon ist die 13tägige Lofoten - Nordkap - Kreuzfahrt mit der »MS ADRIANA« entlang der Traumküste Norwegens, an der Sie vom 20.6. -2.7.1992 teilnehmen können. Ein besonderer Leckerbissen in dem vielfältigen Hemming-Programm sind die Nordkap-Kombinations-Reisen per Bus, Kreuzfahrtschiff und Linienflugzeug (SAS), die ein wohl einmaliges Angebot darstellen.

Alle Eintrittsgelder sind im Endpreis enthalten, egal ob Stadtrundfahrt oder Museumsbesuch. Eine Spitzenleistung!

Ferienwohnungen am Sognefjord

Das neue Ferienzentrum von Hemming-Reisen-Norge »Solstrand« am Sogne-/Lusterfjord, geöffnet von Mai bis September: Die Ferienwohnungen von Solstrand befinden sich auf einem 12.000m² großen Areal mit 300m eigenem Strand direkt am Fjord. Alle Wohnungen sind komfortabel und gemütlich ausgestattet, Du/WC und Küchenzeile, Balkon mit Blick zum Fjord. Als zusätzlichen Service bieten wir Ihnen: Kostenlose Möglichkeit zum Angeln im Fjord sowie die Benutzung der hauseigenen Ruderboote. Außerdem besteht die Gelegenheit zum Surfen und zu anderen Wassersportarten. Anreise mit eigenem PKW. Beratung und Buchung bei Hemming Reisen.

HEMMING-REISEN
Der Nordkap-Spezialist mit über 25jähriger Erfahrung

Wir nehmen nur erstklassige Hotels -
Wir fahren die besonderen Touren -
Jahr für Jahr tolle Busreisen-
Der große Katalog mit »Traumreisen zum Nordkap und zur Mitternachtssonne« wird Ihnen von Hemming-Reisen gerne kostenlos zugeschickt. Informationen über die Reiseprogramme erhalten Sie auch auf den Informationsveranstaltungen des Norwegischen Fremdenverkehrsamtes sowie am Norwegen-Stand auf zahlreichen Touristik-Messen.

Hemming-Reisen, Biebererstr. 60,
W-6050 Offenbach
Tel. 069 - 81 11 18, Fax: 069 - 81 01 48
Telex: 41 85 496

4 x Norwegen direkt

Wir bringen Farbe in Ihre Ferien

KIEL – OSLO

Die direkte Fährverbindung von Deutschland nach Norwegen lockt mit farbenfrohen Erlebnissen. Vermeiden Sie anstrengende Autofahrten… beginnen und/oder beenden Sie Ihren Norwegenurlaub mit einer angenehmen und behaglichen Überfahrt.
- Einzige Direktverbindung Deutschland/Norwegen
- Luxus-Fährkreuzfahrten nach Oslo, der bunten und farbenprächtigen Metropole Norwegens
- Tägliche Abfahrten von Kiel und Oslo

Autopaket ab DM **460,-** inkl. PKW und bis zu 4 Personen H/R* (inkl. Kabine).

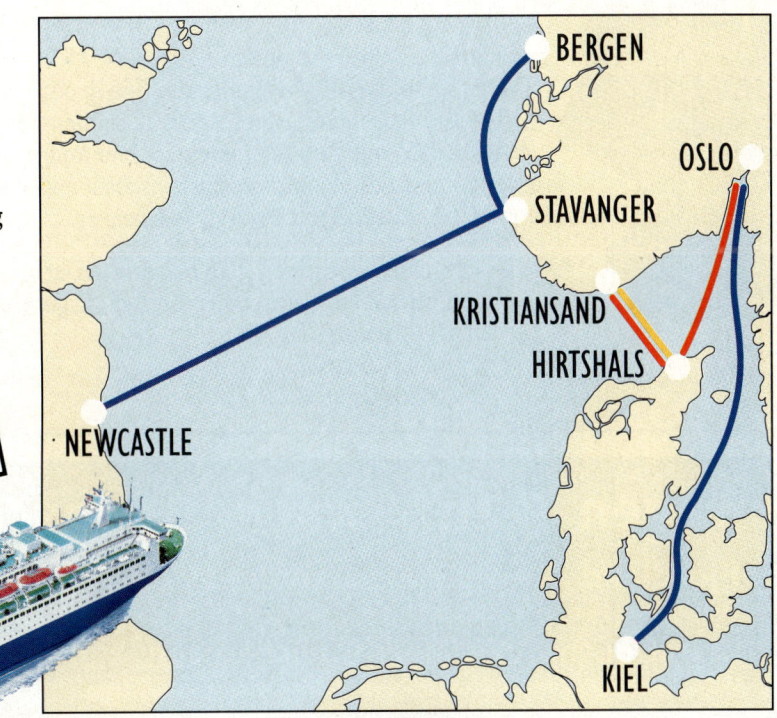

HIRTSHALS – OSLO

Die direkte Fährverbindung von Hirtshals im Norden Dänemarks nach Oslo mit preisgünstigen Autopaketen über das ganze Jahr. Gerade richtig für Familien, um farbenfrohe und erlebnisreiche Ferien in Norwegen zu verbringen.
- Direkt nach Oslo
- Buntes Treiben an Bord
- Tägliche Abfahrten von Hirtshals

Autopaket ab DM **192,-** inkl. PKW und bis zu 5 Personen H/R* (Zuschlag für Kabinenbenutzung).

*H/R = Hin- und Rückfahrt   Preise gültig ab Januar 1992

HIRTSHALS – KRISTIANSAND

Die schnellste Überfahrt nach Norwegen. Direkt in die Hauptstadt des Sörlandes. Ausgangspunkt für den Beginn Ihrer Norwegenreise nach Oslo, Bergen, Süd-, Mittel und Nordnorwegen. Preiswertes Autopaket für die ganze Familie.
- Direkt nach Kristiansand
- Dauer der Überfahrt nur 4½ Stunden
- Täglich 3 Abfahrten von Hirtshals

Autopaket ab DM **264,-** inkl. PKW und bis zu 5 Personen H/R* (Zuschlag für Kabinenbenutzung).

NEWCASTLE – BERGEN/STAVANGER

Unsere direkte Fährverbindung von Norwegen nach England. Verbinden Sie Ihren Norwegen-Urlaub mit einem Besuch der altehrwürdigen Stadt Newcastle oder Ihren Aufenthalt in Newcastle mit einem Abstecher zu den farbenprächtigen Städten Bergen und Stavanger an der Westküste Norwegens.
- Nordsee-Kreuzfahrt nach Norwegen
- Farbenprächtige Natur-Erlebnisse
- 3 Abfahrten wöchentlich

Autopaket ab DM **512,-** inkl. PKW und bis zu 4 Personen einfache Fahrt (inkl. Schlafsessel).

Fragen Sie in Ihrem Reisebüro nach unserem „Fahrplan" und nach unserem farbenfrohen Katalog „Kurzreisen und mehr"!

Color Line

COLOR LINE, Oslo Kai, 2300 Kiel 1
Tel. 04 31/97 40 90, Telefax 04 31/9 74 09 20, Telex 292721

COLOR LINE verkehrt auf folgenden Routen: KIEL – OSLO · HIRTSHALS – OSLO · HIRTSHALS – KRISTIANSAND · NEWCASTLE – BERGEN/STAVANGER

Deutsch-Norwegische Freundschaftsgesellschaft

*Alle Wege führen nach Rom - heißt es.
Trotzdem landen einige in Norwegen, und sie bleiben, zumindest innerlich.*

Die Deutsch-Norwegische Freundschaftsgesellschaft (DNF) möchte die Beziehungen zwischen Deutschland und Norwegen fördern. Sie unterstützt daher Begegnungen zwischen den Nationen, vermittelt Brieffreundschaften und veranstaltet Norwegischkurse. Auch 1992 werden DNF-Fahrten nach Norwegen angeboten. Die Mitglieder treffen sich in den Regionalgruppen zu regelmäßigen Stammtischen und auch, um Dias und Filme zu sehen und gemeinsam zu feiern.
Als DNF-Mitglied erhalten Sie Ermäßigungen bei allen Veranstaltungen der DNF und des Norwegischen Fremdenverkehrsamtes, eine Auto-Reisekarte, einen Autoaufkleber, sowie auf Wunsch den Fjord Pass, der Ihnen Preisnachlässe in den angeschlossenen Hotels verschafft.

Der jährliche Mitgliedsbeitrag beträgt DM 35,-.
Wenn Sie in die Mitgliedschaft den Bezug des jährlich aktuellen Offiziellen Reisehandbuches, sechs Ausgaben des NORWEGEN MAGAZINS (mit den Vereinsseiten - hier können Sie auch kostenlos inserieren) und des Winterkatalogs einschließen wollen, zahlen Sie jährlich DM 10,- zusätzlich zum Mitgliedsbeitrag.

Falls Sie Interesse haben, der DNF beizutreten, schreiben Sie bitte an:
Deutsch-Norwegische Freundschaftsgesellschaft (Abt. N)
Christophstr. 18-20
W-4300 Essen 1
Tel. 0201 - 78 03 53

Norwegen ganz nach Wunsch

- **Rundreise A: Fjordland ... ewig rauschen die Wasser**
  West- und Ost-Norwegen, 22-tägige Rundreise mit insgesamt 14 Ruhetagen.

- **Rundreise B: ... mit guten Wandermöglichkeiten**
  West- und Mittel-Norwegen, 21-tägige Rundreise mit insgesamt 14 Ruhetagen.

- **Rundreise C: Lofoten ... mit guten Angelmöglichkeiten**
  Urlaub in einer grandiosen Naturlandschaft, 21-tägige Rundreise mit insgesamt 12 Ruhetagen.

- **Rundreise D: Nordkap ... durch das Land der Mitternachtssonne**
  Mit dem Autoreisezug reisen Sie bequem in ca. 26 Stunden durch Schweden und kommen ausgeruht am Nordkap an.

Ferienhäuser: **Über 2.000 Häuser/Hütten in ganz Norwegen**

Norwegen zum Kennenlernen ...

Die Reise von Tag zu Tag:
1. Tag: Nach Hirtshals
2. Tag: Fähre Hirtshals - Kr.sand Kristiansand - Odda *(Hotel)*
3. Tag: Odda - Bergen *(Hotel)*
4. Tag: Bergen - Hafslo *(Hütte - 3 Ruhetage)*
8. Tag: Hafslo - Loen/Olden *(Hotel)*
9. Tag: Loen - Geiranger - Åndalsnes *(Pension)*
10. Tag: Åndalsnes - Oslo *(Hotel)*
11. Tag: Schiffspassage Larvik - Frederikshavn

Preis je Person inkl. PKW: ab DM 995,-

POLARKREIS REISEBÜRO, Odd H. Andreassen,
Wallstraße 10, 4220 Dinslaken, Tel. 02064/55396, Fax: 02064/13604
POLARKREIS REISEBÜRO, Filiale
Herr G. Lilpob, Saargemünderstr. 21, 6676 Mandelbachtal 5

Wenn Sie einen Urlaub wünschen, der ganz auf Ihre Bedürfnisse abgestimmt ist, sind Sie bei mir richtig. Mit einer guten und richtigen Beratung können Sie Geld sparen. Schließlich soll Ihr Urlaub optimal vorbereitet sein. Meine Spezialitäten sind kombinierte Auto- und Schiffsreisen mit der Hurtigrute und Ferienhäuser in ganz Norwegen. Fragen Sie mich, bevor Sie nach Norwegen fahren.

Ihr Odd H. Andreassen

TAG WIE NACHT – IHRE FÄHRVERBINDUNG NACH NORWEGEN

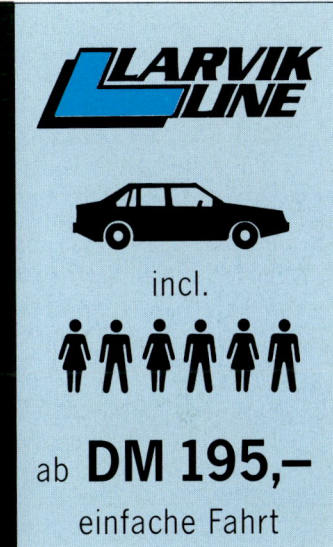

LARVIK LINE

incl.

ab **DM 195,–**
einfache Fahrt

FREDERIKSHAVN – LARVIK...

... mehr als nur eine Fährlinie mit über 50 Jahren Erfahrung.
Mit uns erreichen Sie schnell, bequem, sicher und preiswert
Ihr Urlaubsland Norwegen.
An Bord erwarten Sie alle Annehmlichkeiten einer Groß-Fähre
wie Restaurants, Bars, Kino, Kinderspielraum u.v.m.

GÜNSTIGE PAUSCHALANGEBOTE MIT LARVIK LINE:
Winter- und Sommerurlaub in Norwegen.
Hotel- und Hüttenurlaub zu attraktiven Preisen.
Fragen Sie nach dem NORDEN TOURS Katalog.

INFORMATION UND BUCHUNG IM REISEBÜRO,
AUTOMOBILCLUB ODER
GENERALAGENT: REISEBÜRO NORDEN
Ost-West-Straße 70
2000 Hamburg 11
Tel.: 040 / 36 00 15 78
Fax: 040 / 36 64 83

NORWEGISCHE LANDSCHAFTEN

MIT SCANDINAVIAN AIRLINES UND SAS INTERNATIONAL HOTELS

Scandinavian Airlines, SAS bietet von sieben deutschen Flughäfen mehr als 16 tägliche Flugverbindungen nach Norwegen. Von Oslo erreichen Sie die Städte Stavanger, Bergen und Trondheim. Nach Nordnorwegen, in die Region der Mitternachtssonne, fliegen wir Sie u.a. nach Bodø, Tromsø, Alta und Kirkenes. Speziell für den Urlaubsverkehr hat SAS »Flieg und Spar«- sowie »Super Flieg und Spar«-Tarife — und Sommerangebote in allen SAS-Hotels eingeführt. Für Flüge und Übernachtungen in Norwegens stehen Ihnen zahlreiche Sondertarife, die insbesondere Familien preisliche Vorteile gewähren, zur Verfügung.
Nähere Informationen erteilt Ihnen gerne Ihr Reisebüro oder das nächstgelegene SAS-Büro.

SAS Büros in Deutschland
Berlin: Kurfürstendamm 209, Tel. 030-88 17 011
Düsseldorf: Flughafen, Terminal 2,
Tel. 0211-42 00 71
Frankfurt: Flughafen, Terminal Mitte,
Tel. 069-69 45 31
Hamburg: Flughafen, Gebäude 130,
Tel. 040-59 19 51
Hannover: Flughafen, Postfach 420208,
Tel. 0511-73 08 63
München: Flughafen Riem,
Postfach 870229, Tel. 089-90 80 21
Nürnberg: Flughafen, Postfach 990263,
Tel. 0911-52 50 00
Stuttgart: Flughafen, A-Bau, Abflughalle,
Tel. 0711-79 90 56

SAS-Hotels in Norwegen:
OSLO: SAS Scandinavia Hotel, Tel. 02-11 30 00
SAS Park Royal Hotel, Tel. 02-12 02 20
STAVANGER: SAS Royal Hotel, Tel. 04-56 70 00
BERGEN: SAS Royal Hotel, Tel. 05-54 30 00
BODØ: SAS Royal Hotel, Tel. 081-24 100
TROMSØ: SAS Royal Hotel, Tel. 083-56 000
ALTA: SAS Alta Hotell, Tel: 084-35 000
KARASJOK: SAS Karasjok Turisthotell,
Tel. 084-72 333
NORDKAPP: SAS Nordkapp Hotell,
Tel: 084-66 203
VADSØ: SAS Vadsø Hotell, Tel. 085-51 681

///SAS

Ferienhäuser in ganz Norwegen - 1992

Der große Ferienhauskatalog
NORSK HYTTEFERIE 92
bietet eine große Auswahl an gemütlichen Ferienhäusern in allen Kategorien und für jedermann erschwinglich von der Südspitze bis zum nördlichsten Zipfel Norwegens an.

Lassen Sie sich unseren Katalog
NORSK HYTTEFERIE 92
kostenlos zuschicken.

Norsk Hytteferie
Den norske Hytteformidling A.S
Boks 3404 Bjølsen
N-0406 Oslo
Tel. 0047 - (0)2 - 35 67 10
Fax 0047 - (0)2 - 71 94 13

REISEBÜRO
›NORWEGEN‹
INDIVIDUELLE REISEBERATUNG UND -PLANUNG

Am Alten Markt 12 - D-2351 Bornhöved
Tel. 0 43 23 - 76 54, Telex 299 616 norge d
BTX-Nr. 40 20 00 12, Telefax 0 43 23 - 60 20

Fordern Sie meinen Katalog für variable
Rundreise-Vorschläge sowie Hütten-Kataloge und -angebote an.

Margot Briesemann

Ihr Spezialist für *jede* Art von Reisen nach und innerhalb *ganz* Norwegens; zu *allen* Jahreszeiten, zu *günstigen* Preisen!

So wie dieser Troll über sein Alter nachgrübelt, ...

... denke ich über die PLANUNG IHRER REISE nach!

Richtung Lillehammer

Gönnen Sie sich einen Bildband über das Wintersportland Norwegen, der seinesgleichen sucht. Wertvolle Fotodokumente, ergänzt durch Artikel und Essays namhafter norwegischer Autoren und Journalisten vermitteln ein umfassendes Bild über Geschichte und Traditionen der führenden Wintersportnation.

Der außergewöhnliche Band »Richtung Lillehammer« ist für DM 135,- über NORTRA Marketing GmbH zu beziehen (auf der beigehefteten Bestellkarte).

Norwegen Magazin

6x im Jahr halten sich Fans auch außerhalb der Reisesaison über Norwegen informiert: mit einem Abonnement des NORWEGEN MAGAZINS. Reisereportagen, Kulturberichte, touristische Neuigkeiten (natürlich alles mit vielen Fotos), Nachrichten der Reedereien und der Deutsch-Norwegischen Freundschaftsgesellschaft.
Die 6 Hefte sind nur im Abonnement erhältlich, außerdem gehört ein Winterkatalog zum Lieferumfang.
6 Hefte NORWEGEN MAGAZIN + 1 Winterkatalog für nur DM 12,- jährlich.

Das Offizielle Reisehandbuch

Ausgabe 1992, DM 12,-
Für Sammler: Die früheren Jahrgänge des Reisehandbuchs sind noch erhältlich. Bei Einzelbestellung kosten die Ausgaben '90 und '91 je DM 12,-, die Ausgabe '89 DM 10,- und ältere Jahrgänge je DM 5,- (plus DM 5,- Versandkostenanteil innerhalb Deutschlands).
Günstiger wird es, wenn Sie gleich 3 Ausgaben zum Paketpreis von nur DM 20,- bestellen. Versandkosten werden dann nicht extra berechnet (gilt nur innerhalb

Information

Norwegisches
Fremdenverkehrsamt
Mundsburger Damm 27
Postfach 76 08 20
W-2000 Hamburg 76
Tel. 040-22 71 08-10
Telefax 040-22 71 08-15
Geöffnet für Besucher Mo-Fr 10.00-16.30, telefonisch zu erreichen Mo-Fr 9.00-16.30.

In **Österreich** bekommen Sie Informationen auch bei:
Kgl. Norwegische Botschaft
Bayerngasse 2
A-1037 Wien
Tel. 0222-715 66 92/93/94

In der **Schweiz** lautet die Informationsadresse:
Kgl. Norwegische Botschaft
Dufourstr. 29
CH-3005 Bern
Tel. 031-44 16 49
Fax 031-43 53 81

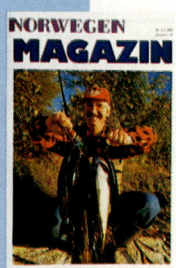

Besonders fix: Btx

Über die Btx-Seite »*23 999#« können deutsche Teilnehmer das Norwegische Fremdenverkehrsamt anwählen und erhalten Zugang zu mehr als 500 Seiten Norwegen-Informationen, die ständig aktualisiert werden. Das von jedermann abrufbare Datenmaterial umfaßt vor allem Informationen über Verkehrsmittel, Veranstaltungen, Übernachtungsmöglichkeiten, Sonderangebote und -aktionen sowie touristische Nachrichten.

Messen 1991/92

Es lohnt sich immer, sich direkt auf einer Messe über Norwegen zu informieren. Hier die Termine:

CMT
Stuttgart................. 18.-26.1.92

CBR
München 1.-9.2.92

»Reisen«
Hamburg 15.-23.2.92

Freizeit + Reisen
Oldenburg 21.-23.2.92

ITB
Berlin 7.-12.3.92

»Reisemarkt Ruhr« (Camping + Touristik)
Essen 21.-29.3.92

Norwegen-Übersichtskarte

Mit dieser Karte haben Sie den Überblick. Der Maßstab 1:1.200.000 sorgt für ein handliches Format.
Schutzgebühr DM 3,-

Bonus Pass

Eine Rabattkarte für 110 erstklassige skandinavische Hotels. In Norwegen ist es die Inter Nor-Kette.
DM 40,-

Fjord Pass

Eine Rabattkarte für 200 Hotels, Gasthöfe und Pensionen in ganz Norwegen.
DM 17,-

Und so einfach können Sie bestellen:

Richten Sie Ihre Bestellung an:
NORTRA Marketing GmbH
- Versandservice -
Christophstraße 18-20
D-W-4300 Essen 1

Die Lieferung erfolgt nur gegen Vorkasse.

• Sie können auf das Postgirokonto 291 91-430 beim Postgiroamt Essen (BLZ 360 100 43)

Angeln in Norwegen

Das Angeln ist in Norwegen bekanntlich ein sehr fischreiches und schier unerschöpfliches Thema. Welchen Fisch angle ich wo, und wo bekomme ich einen Angelschein? Auf diese und andere Fragen finden Sie in dem Buch »Angeln in Norwegen« die Antwort.
Außerdem enthält es zahlreiche Karten und allgemeine Informationen.
»Angeln in Norwegen«
hrsg. v. NORTRABOOKS 1990
DM 39,80

Lofoten und Vesterålen

Wer auf die Lofoten oder Vesterålen fährt, braucht diesen informativen Führer. Routenvorschläge mit allen Sehenswürdigkeiten, Spezialkapitel zu Pflanzen- und Tierwelt, Geschichte, Wirtschaft u.v.m.
»Lofoten und Vesterålen«
hrsg. v. NORTRABOOKS 1991
DM 29,80

Norwegen-Tournee

Das muß man einfach erlebt haben! Die völlig neu konzipierte Norwegen-Show des Norwegers David Chocron verbindet Unterhaltung mit Information und ist eine echte Neuheit in Deutschland. 12 Projektoren sorgen für grandiose Bildeffekte, außerdem treten norwegische Spitzenkünstler auf. Einige Überraschungen gibt es auch ... Sie sollten sich rechtzeitig Karten sichern! Kartenvorbestellungen unter Tel 040-22 71 08 10 oder Fax 040-22 71 08 15. Die Norwegen-Show kommt in folgende Städte:

9.1.92 Heide
Tivoli, 20.00 Uhr
10.1.92 Schwerin
Stadtpalais, 18.00 Uhr
11.1.92 Kiel
Audi-Max Universität
20.00 Uhr
12.1.92 Hamburg
CCH Saal 2
11.00 u. 17.00 Uhr
14.1.92 Hannover
Congress-Centrum
20.00 Uhr
15.1.92 Essen
Saalbau, 20.00 Uhr
16.1.92 Münster
Halle Münsterland
20.00 Uhr
17.1.92 Düsseldorf
Robert-Schumann-Saal
20.00 Uhr
18.1.92 Recklinghausen
Festspielhaus
20.00 Uhr
19.1.92 Oldenburg
Weser-Ems-Halle
18.00 Uhr

Bestellcoupon Info-Pakete

Wie fährt man in den Urlaub? Gut informiert natürlich! Immer mehr Norwegenreisende nutzen daher unseren Service und fordern Informationspakete an. Achtung: zur Hauptreisezeit mindestens 3 Wochen Bearbeitungszeit. Einfach die gewünschten Pakete auf dem Bestellcoupon ankreuzen und einsenden an:

NORTRA Marketing GmbH
- Versandservice -
Christophstraße 18-20
D-W-4300 Essen 1

überweisen; bitte Verwendungszweck und Adresse nicht vergessen!

• Oder Sie legen Ihrer Bestellung einen Verrechnungsscheck bei.

❑ 1 Nordnorwegen (m. Spitzbergen) / Trøndelag
❑ 2 Westnorwegen
❑ 3 Sørlandet / Telemark
❑ 4 Oslo / Oslofjordgebiet
❑ 5 Ostnorwegen
❑ 6 Anreise
❑ 7 Reisen in Norwegen
❑ 8 Hotelangebote
❑ 9 Camping / preiswerte Übernachtungsmöglichkeiten
❑ 10 Ferienhäuser
❑ 11 Aktivurlaub
❑ 12 Reiseveranstalter
❑ 13 Winterreisen / Winterkatalog
❑ 14 Grüner Tourismus

_____
Name, Vorname

_____
Straße, Hausnummer

_____
PLZ / Ort

_____
Datum   Unterschrift

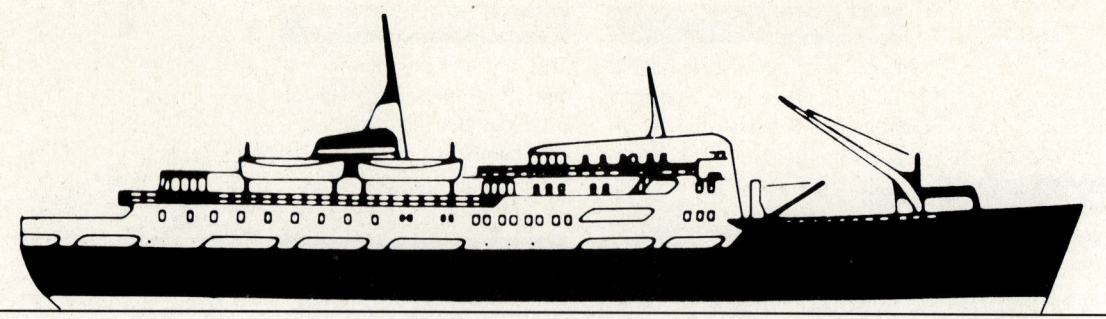

Norwegen von der Seeseite... das unvergeßliche Hurtigruten-Erlebnis!

* Täglich Rundreise
  Bergen – Kirkenes – Bergen
* In 11 Tagen zu 35 Häfen
* 11 Schiffe im Einsatz
* Auch halbe Rundreisen:
  Bergen – Kirkenes
  Kirkenes – Bergen
* Teilstreckenfahrten möglich
* Preisermäßigungen für Senioren ab 67 Jahren
* Winter-Fahrpreise bis zu 50 % ermäßigt

General-Agent:
NSA Norwegische Schiffahrts-Agentur GmbH
Kleine Johannisstraße 10 · 2000 Hamburg 11
Tel. 040/37 69 30 · Telex 213 907

Heideker Reisen

- Ihr Spezialist für Busreisen nach Skandinavien -

Heideker Reisen

Dottinger Str. 43
7420 Münsingen
Tel. 07381 - 731
Fax 07381 - 4535

- Nordkap - Lofoten - Helgeland
- Nordkap - Schweden mit der Finnjet
- Nordkap - Schweden - Finnland
- Wandern auf den Lofoten
- Westnorwegen
- Zu den schönsten Fjorden Norwegens

Norwegen - Skandinavien

Mit Luxusbus und Hüttchenübernachtung nach Südnorwegen und zum Nordkap, nach Lappland und auf die Lofoten. Wandern auf Spitzbergen.

z.B.: **20 Tage Skandinavien - Nordkap DM 2.130,--/S 14.900,--**

Kneissl Touristik Ges.m.b.H.
...der Natur auf der Spur

D-8390 Passau, Theresienstraße 14, Tel. 0851/32381, Fax 0851/32188
A-4650 Lambach, Linzerstraße 4 - 6, Tel. 07245/32501, Fax 07245/32365

FERIENHÄUSER IN WESTNORWEGEN 1992

Mehr als 700 komfortable Ferienhäuser und -wohnungen in den Küstengegenden von Stavanger im Süden bis Kristiansund im Norden und an den berühmten Fjorden finden Sie im Katalog **FJORDHYTTER 92**.

Lassen Sie sich unseren Katalog

FJORDHYTTER 1992

kostenlos zuschicken.

FJORDHYTTER
Jon Smørs gt. 11
N-5011 Bergen
Tel. 0047 - (0)5 - 23 20 80
Fax 0047 - (0)5 - 23 24 04

TRAUMURLAUB IM NORDEN

Lassen Sie sich für den Norden begeistern, und nehmen Sie mit uns Kurs auf Traumurlaub. Entdecken Sie die Faszination Norwegens, und genießen Sie den Ausblick auf die schönsten Horizonte des Nordens. – An Bord unserer WINSTON CHURCHILL. Ob Sie sich für eine Kreuzfahrt durch Norwegens Fjorde entscheiden, ob es Sie zum schönsten Ende der Welt zieht – dem Nordkap – oder ob Sie sich für die Metropolen Oslo und Kopenhagen mit ihren Attraktionen Zeit nehmen möchten, an Bord der Schiffe von SCANDINAVIAN SEAWAYS werden Sie ins Schwärmen geraten. Was zum einen am Programm, zum anderen an der gemütlichen Kabinen-Unterkunft und an der ausgezeichneten Küche liegt. Informationen auch zu unseren Kreuzfahrten nach Leningrad sowie unsere attraktiven Tarife finden Sie in unseren aktuellen Prospekten. Daher gleich den Coupon ausschneiden und ab die Post an:

SCANDINAVIAN SEAWAYS
A BETTER WAY OF TRAVELLING

ANKER LOS NACH NORDEN! BITTE SENDEN SIE MIR:

❑ Prospekt KREUZFAHRTEN '92   ❑ Fahrplan

SCANDINAVIAN SEAWAYS
Van-der-Smissen-Str. 4 • 2000 Hamburg 50
Tel. 040/3 89 03-71 • Fax 040/3 89 03-141 • Telex 2161759

Name/Vorname   Telefon

Straße/Nr.   PLZ/Ort

A 920155
A-54

Was kann die Umwelt von dem Qualitätskonzept der Lufthansa erwarten?

Informationen über das Skandinavienprogramm der Lufthansa können Sie unter folgender Adresse bestellen:
NORTRA Marketing GmbH
- Versandservice -
Christophstraße 18 - 20
D - 4300 Essen 1

SEA LH 1-38/91 A

Ein wesentlicher Bestandteil unseres Qualitätskonzepts ist es, Jahr für Jahr Milliarden in unsere Flotte zu investieren. In 1991 werden wir insgesamt 56 neue Flugzeuge in Dienst stellen. Das hat entscheidende Vorteile für unsere Umwelt. Beispielsweise erzeugt der Airbus A320 beim Start einen Lärmteppich, der um 90 % kleiner ist als bei seinem Vorgänger, dabei ist sein Treibstoffverbrauch 40 % niedriger. Das bedeutet weniger Emission. Als erste Fluggesellschaft der Welt haben wir ein Verfahren entwickelt, das den „Gesundheitszustand" unserer Triebwerke während des Flugs gründlich und vorausschauend überwacht. Das dient nicht nur der Vorsorge, es trägt auch dazu bei, daß Lufthansa Triebwerke immer im optimalen Bereich arbeiten und damit so wenig wie möglich verbrauchen. Eine andere Weltneuheit ist unser „Aquastripping". Anstatt mit chemischer Beize entfernen wir den alten Lack mit Wasserdruck. Wenn Sie also bei Ihrem nächsten Flug wieder auf Lufthansa Qualität bestehen, unterstützen Sie zugleich etwas, das unsere Unterstützung so dringend braucht: unsere Umwelt.

Lufthansa

Bücher über Norwegen

Ob Reiseführer, Bildbände oder Landkarten - das Angebot an lieferbaren, aktuellen Norwegentiteln ist so groß, daß wir in diesem Jahr neue aktuelle Titel kennzeichnen. So werden Sie auch als langjähriger Norwegenkenner sicher noch etwas Interessantes finden.

Zur Urlaubslektüre empfehlen wir Ihnen die neuen Übersetzungen moderner Autoren, die neben Nervenkitzel und Nachdenklichem auch das literarische Norwegen vermitteln. Bei den Kinderbüchern haben wir uns ebenfalls auf die Neuerscheinungen von 1991 beschränkt. Ausführliche Hinweise auf neue Norwegenbücher finden Sie regelmäßig im Norwegen-Magazin.

Die aufgeführten Titel können Sie über jede Buchhandlung oder bei den Versandbuchhandlungen bestellen, die sich auf Skandinavien spezialisiert haben (siehe u.a. S. 257).

Reiseführer

Autoreiseführer Norwegen
U. Kreuzenbeck und U. Groba
3. neu bearb. Auflage, 28 S.
NORDIS bei Regenbogen Verlag
1989. DM 26,80

Die Bergen- und Flåmbahn.
C. Haardiek. Verlag Die Fähre
1988. DM 21,80

neu:
Campingführer Skandinavien.
R. Tuchtenhagen. NORDIS bei Regenbogen 1991. DM 29,80

neu:
Flåm - Eine Reise in Norwegen, vom Fjord ins Gebirge.
I.J. Gubberud /H. Sunde. John Grieg Forlag.

neu:
Lofoten und Vesterålen.
M. Knoche. Conrad Stein Verlag.
DM 19,80

neu:
Lofoten und Vesterålen.
Leif Ryvarden. NORTRABOOKS
Oslo. DM 29,80

Mit dem Auto durch Norwegen.
NORTRA 1989. DM 9,50

Nach Norwegen reisen.
L. Schneider. Fischer 1986. DM 9,80

Norwegen.
H. Barüske. Kohlhammer 1986.
DM 64,-

neu:
Norwegen.
K. Dörfert (Hg.). Express-Reisehandbuch. Mundo. DM 39,-

Norwegen.
Grieben 10. Aufl. 1988. DM 24,80

Norwegen.
A. Kamphausen. Prestel 1983.
DM 42,-

neu:
Norwegen.
G. Köhne. Rowohlt-Reihe »Anders Reisen«. DM 19,80

Norwegen.
K. Kunzmann-Lange. Goldstadtverlag 10. Aufl. 1988. DM 19,80

Norwegen.
J. May. Walter 1989. DM 36,-

neu:
Norwegen.
A. Patitz. Merian-Reihe »Super reisen!« 2. Auflage (Aktualisierte Neuauflage). DM 9,80

neu:
Norwegen.
A. Patitz. Dtv-Merian-Reiseführer.
DM 24,80

Norwegen.
Polyglott. Gr. Ausg. DM 19.80, kl. Ausg. DM 7,80

Norwegen.
Beschreibung eines Landes.
A. Schroth-Jakobsen. NORDIS bei Regenbogen Verlag 1985.
DM 19,80

Norwegen - ein politisches Reisebuch
I. Ambjørnsen und G. Haefs. VSA Verlag 1988. DM 26,80

Norwegen. Ein Reisebuch.
A. Schroth-Jakobsen. Ellert & Richter 1987. DM 29,80

neu:
Norwegen, Natur- und Kulturlandschaften vom Skagerrak bis nach Finnmark.
E. Gläßer. DuMont 1991. DM 39,80

Norwegens Fjorde.
E. Kolnberger. Touropa 1986.
DM 9,80

Norwegen kennen und lieben.
G. Eckert. LN-Verlag 1990. DM 18,80

Norwegen.
Knaurs Kulturführer in Farbe.
M. Mehling. Knaur 1989. DM 34,-

Norwegen - Süd/Mitte
Schröder/Pagenstecher.
Velbinger Verlag 1989. DM 36,-

Norwegen - Preiswert reisen.
A. Schroth-Jakobsen. Hayit.
2. Aufl. 1989. DM 24,80

Quer durch Norwegen.
W. Rau. Rau Verlag 1989.
DM 28,80

Reisehandbuch Nordkalotte.
U. Kreuzenbeck und U. Groba.
NORDIS bei Regenbogen Verlag
1986. DM 26,80

Richtig reisen - Norwegen
R. Dey. DuMont. 7. Aufl. 1989.
DM 39,80

Schlaumeiers Schlafplätze in Skandinavien.
J. Hermann. Syro 1989. DM 19,80

Skandinavien - Der Norden.
F.P. Herbst/P. Rump. Reise Know-How, 4. Aufl. 1991. DM 32,80

Skandinavien. Kunstreiseführer
R. Dey. DuMont. 1989. DM 39,80

Spitzbergen.
A. Umbreit. Conrad Stein Verlag
1989, 2. Aufl., DM 19,80

Aktivführer

Angeln in Norwegen.
J. Berge. NORTRABOOKS.1990.
DM 39,80

Bergwandern in Norwegen.
E. Welle-Strand. NORTRABOOKS. Oslo. DM 23,80

Elvepadling.
N. Flakstad und L. Ongstad.
Wildwasserführer in Norw. u.
Engl. DM 29,80

Gästehäfen in Norwegen.
NORTRABOOKS. Oslo. DM 34,80

Kanuführer Femundsee und Røa.
N. Wehrmann. Syro. DM 14,80

Kanuführer Sognefjord.
K. Hartmann. Syro. 2 Bände, je
DM 9,80

Mineraliensammeln am Langesundfjord.
M. Sendelbach. 1990. DM 19,80

neu:
Norwegen per Rad.
Frank Pathe. Verlag Wolfgang Kettler. DM 22,80

neu:
Trekkingführer Norwegen.
Jotunheimen / Rondane.
B. Pollmann. Bergvlg. R. Rother.
DM 44,80

Wandern in Norwegen.
G. Scheuble. Scheuble & Baumgartner. DM 26,80

Wir kreuzen in norwegischen Gewässern.
E. Welle-Strand. NORTRABOOKS.
DM 19,80

Wintersport in Norwegen.
C. Nowak. NORDIS bei Regenbogen Verlag 1985. DM 22,-

Reisebeschreibungen

Eine Frau erlebt die Polarnacht.
C.Ritter. Ullstein. DM 12.80

Im Banne der Arktis.
Mit dem Kajak an der Westküste Spitzbergens. Gallei/Hemsdorf. Motorbuch Verlag. DM 48,-

Norwegen zu Fuß und auf Ski.
3500 km von Oslo nach Kirkenes.
B. Klauer. Motorbuch Verlag.
DM 32,-

Reise durch die nordischen Länder im Jahre 1592.
A. Frhr. zu Mörsberg und Beffort.
Wachtholz-Verlag 1980. DM 36,-

Landeskunde

Norwegen.
Beck'sche Reihe. Aktuelle Länderkunde. G. Austrup und U. Quack.
C.H. Beck Verlag 1989. DM 18,80

Norwegen.
E. Gläßer. Wiss.Buchgesellschaft Darmstadt. DM 69,-

Stabkirchen in Norwegen.
Drachenmythos und Christentum in der altnorwegischen Baukunst.
D. Lindholm, Verlag Freies Geistesleben 1979. DM 59,-

Bildbände

De Tusen Fossers Land
Bildband über norwegische Wasserfälle und Stromschnellen.
E. Welle-Strand/J. Berge.
NORTRABOOKS. DM 109,-

neu:
Kval! Die Walfänger der Lofoten.
M. Stern. Bär Vlg. DM 49,-

neu:
Lofoten -
Bilder zwischen Tag und Nacht.
Die bibliophilen Taschenbücher.
M. Galli. Harenberg Edition 1991.
DM 24,80

Lappland.
H. Madej. Ellert & Richter. DM 19,80

Naturparadies Süd-Norwegen.
K. Gallei. Badenia. DM 49,-

Nordhimmel, Kreuzfahrt nach Island und Spitzbergen.
H. Gerstner. Hohenloher Druck- und Verlagshaus 1984. DM 34,-

Norwegen.
GEO-Special. DM 13,50

Norwegen.
U. Haafke/H. Barüske. Artcolor. DM 29,80

Norwegen.
W. Ligges. DuMont. DM 68,-

neu:
Norwegen.
Palser-Kieser/Bruggmann. Silva Vlg. DM 58,-

Norwegen.
Schilde/Schmid. Reich/Terra magica. DM 49,80

neu:
Norwegen.
Begegnung mit dem Licht.
R. Hamberger. Verlag R. Gessler. DM 58,-

Norwegens Küste.
Holm/Nissen-Lie. DM 78,-

Skandinavien.
Aubert/Müller. Bruckmann. DM 88,-

Mehr erleben mit Grieben Reiseführern

Fjorde, Gletscher, Berge, Hochplateaus – Norwegen, das Land der Kontraste. Von Oslo bis Spitzbergen – 264 Seiten Information mit farbigem Bildteil u. Karten sowie zahlreichen s/w Fotos und Abbildungen.

Norwegen Bd. 278
ISBN 3-7744-0278-7
DM 24.80
Erhältlich überall wo's Bücher gibt!

GRIEBEN

Skandinavien.
Trobitzsch/Dey. Umschau. DM 78,-

Sommer in der Arktis.
Mader. Rombach. DM 29,80

Stille des Nordens.
Spiegelhalter Huovi. Rombach. DM 29,80

Traumstraßen Skandinaviens.
H. Neuwirth. Süddeutscher Verlag. DM 78,-

Troll i Norge, in Norwegen.
Th. Kittelsen. DM 68,-

Die Vögel von Runde und der norwegischen Westküste.
R. Engvik. DM 54,-

Wanderwege in Skandinavien.
K. Betz. Bruckmann. DM 58,-

Wildes unbekanntes Norwegen.
J. Trobitsch. Umschau. DM 36,-

Landkarten

Fremdenverkehrskarte Norwegen.
Maßstab 1:1.000.000. DM 12,-

Norwegen-Karte in fünf Blättern.
Kümmerly & Frey. Lizenzausgabe der norw. Cappelen-Autokarte.
- Blatt 1: Norwegen südlich der Linie Oslo - Bergen
- Blatt 2: Fjordland, zentrales Gebirge. Ostnorwegen
- Blatt 3: Møre og Romsdal, Trøndelag
- Blatt 4: Nordland West-Troms (mit Lofoten)
- Blatt 5: Troms und Finnmark
Blätter 1 - 3 im Maßstab 1 : 325.000
Nordblätter im Maßstab 1 : 400.000
je DM 16,80

Norwegen-Karte in sieben Blättern.
Terrac-Straßenkarten-Serie
- Blatt 1: Gebiet um Oslo, Süd- und Ostnorwegen
- Blatt 2: westl. Sørland, südl. Westnorwegen
- Blatt 3: Ostnorwegen, Süd-Trøndelag
- Blatt 4: Westnorwegen, Süd-Trøndelag
- Blatt 5: Nord-Trøndelag, südl. Nordland
- Blatt 6: Nordland und Troms
- Blatt 7: Finnmark
Maßstab 1 : 300.000, bzw. 1 : 400.000; je DM 14,80

Norwegen Autoreisekarte
Übersichtskarte hrsg. vom Norwegischen Fremdenverkehrsamt. Ein Blatt, Maßstab 1 : 1.200.000. DM 3,-

Spitzbergen - Svalbard
Übersichtskarte 1 : 1.000.000
Gebietskarten (vier Blätter) 1 : 500.000; je DM 18,50

Topographische Karten
in einer Serie im Maßstab 1 : 50.000; je DM 14,80

Wander- und Skikarten
Hrsg. vom Norw. Landesvermessungsamt auf der Grundlage der topogr. Kartenblätter. Von allen bekannten Wandergebieten (Hardangervidda, Jotunheimen, Sunnmøre-Alpen, u.a.) erhältlich. Maßstab 1 : 50.000 - 1 : 200.000; DM 14,80 - 29,80

Sprachführer und Lehrbücher

Bo i Norge.
G. Manne. Sprachlehrbuch für Fortgeschrittene, Übungsbuch und Kassetten. Fag og Kultur Forlag.

neu:
Lehrbuch Norwegisch.
B. Kvifte/M. Berg. Sprachlehrbuch. Literaturverlag Norden. DM 34,- (Tonkassette DM 11,-)

Norsk for utlendinger 1-3.
R./Å. Strandskogen. Lehr- und Arbeitsbücher, Kassetten.

Norwegisch.
Langenscheidts Reise-Set. DM 26,80

Norwegisch.
Langenscheidts Sprachführer. DM 8,80

Norwegisch für Globetrotter.
P. Rump. Kauderwelsch-Reihe. DM 12,80

Norwegisch-Deutsch / Tysk-Norsk. Berlitz

Ny i Norge.
G. Manne. Sprachlehrbuch für Anfänger, Übungsbuch und Kassetten. Fag og Kultur Forlag.

Ordbok Nork-Tysk / Tysk-Norsk.
2 Bände. Gyldendal. Oslo. je Band DM 48,-

Snakker du norsk?
Hvenekilde/Bjørkvåg/Arnestad. Lehrbuch, Arbeitsbuch, Kassette.

Universalwörterbuch Norwegisch.
Langenscheid. DM 8,80

Neue Romane und Gedichte

Ingvar Ambjørnsen:
Die mechanische Frau.
Übersetzt von G. Haefs. Edition Nautilus.

Gert Brantenberg:
In alle Winde.
Übersetzt von G. Haefs. Frauenoffensive.

Ailo Gaup:
Der Noaide oder das verlorene Wissen.
Übersetzt von Alken Bruns. Franz Schneekluth Verlag.

Gabriele Haefs / Christel Hildebrandt:
Frauen in Skandinavien. Erzählungen. Deutscher Taschenbuch Vlg.

Lisbeth Hiide:
Dame mit Schnabel.
Übersetzt von Ursel Möhle. Suhrkamp.

Vigdis Hjort:
Hand aufs Herz.
Übersetzt von Gabriele Haefs. Verlag Sauerländer.

Sigbjørn Obstfelder:
Ringsum Millionen Sterne - Ausgewählte Werke in einem Band. (Gedichte).
Übersetzt von Ursula Gunsilius. Hinstorff Verlag.

Mari Osmundsen:
Das Erbe.
Übersetzt von Gabriele Haefs. Ars Vivendi Verlag.

Kim Småge:
Die weißen Handschuhe.
Übersetzt von Regine Traxel. Argument Verlag.

Gunnar Staalesen:
Gefallene Engel.
Übersetzt von Kerstin Hartmann. Wolfgang Butt Verlag.

Peter Normann Waage
Wenn Kulturen kollidieren.
Essays. Übersetzt von Taja Gut. Verlag Freies Geistesleben.

Neue Kinder- und Jugendbücher

Grete Randsborg Jenseg:
Der Sommer ist ein Vogel. Valentino.
Übersetzt von Gabriele Haefs. Arena Verlag.

Ragnhild Nilstun:
Als Papa fast verlorenging.
Übersetzt von Angelika Kutsch. Cecilie Dressler Verlag.

Guri Tuft:
Da ging's mit mir bergab.

Der Apfel und sein Stamm.

... aber, meint Gabriella.
Alle drei Titel übersetzt v. Hinrich Schmidt-Henkel. Anrich Verlag.

255

Fasziniert Sie der Norden? Lieben Sie Abenteuer? Erlebnisse? Ungewöhnliche Reisen? Fischen? Sport? Weite, unberührte Landschaften? Sanftes Nordlicht? Skandinavisches Wohnen? Nordische Küche? Überhaupt nordische Lebensart?

Dann müssen Sie Bekanntschaft schliessen mit

NORDISCH

NORDISCH ist das internationale **Magazin für den Norden und nordische Erlebnisse.**

NORDISCH erscheint viermal jährlich und kostet im Jahresabonnement Fr. 35.50.

☎ NORDISCH

Abo-Dienst, Kapuzinerstrasse 6
CH-4502 Solothurn   Telefon 0041 65 23 81 67

NORDEUROPA forum

Eine neue Vierteljahresschrift für Politik, Wirtschaft und Kultur

Bisher gab es im deutschsprachigen Raum kein Publikationsorgan, das kontinuierlich und seriös über Politik, Wirtschaft und Kultur der nordeuropäischen Länder berichtet und Analysen liefert. Das NORDEUROPA*forum* schließt diese Lücke mit Berichten, Kommentaren, Analysen, Nachrichten und Interviews. Jedes Heft ist einem Schwerpunkt gewidmet.

Die Themen der ersten Nummern:
– Nr. 1: Europa (Juni 1991)
– Nr. 2: Verkehr (August 1991)
– Nr. 3: Umwelt (Oktober 1991)
– Nr. 4: Neue Hanse (Dezember 1991)
– Nr. 5: Bildung (März 1992)

Bestellungen an:
NOMOS Verlagsgesellschaft,
Waldseestr. 3-5, D-7570 Baden-Baden,
Telefon 07221/2104-0, Fax: 07221/210427
Preis:. Einzelheft 24,– DM; Jahresabo 88,– DM
(zuzüglich Porto- und Versandkosten)

Reisehandbücher über Norwegen

Autoreisen in Norwegen

Erstklassiges Autoreisehandbuch mit 80 farbigen Kartenausschnitten und Farbfotos. Beschreibt Straßen, Landschaften und Sehenswürdigkeiten. Geheftet, 176 Seiten A5 Format.
Preis **DM 32.00**

Angeln in Norwegen

beschreibt das Angeln auf Lachs und Meeresforellen sowie das Binnen- und Meeresangeln. Norwegen besitzt eine Unzahl Seen und Flüße. Der Reiseführer beschreibt die besten Angelgebiete. 192 Seiten A5 Format.
Preis **DM 39.80**

Bergwandern in Norwegen

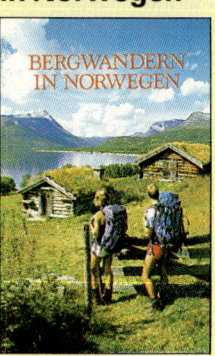

Der Reiseführer für Wandertouristen. Detaillierte Beschreibungen der wichtigsten Gebirgstouren Norwegens. Kartenskizzen. 112 Seiten A5 Format.
Preis **DM 23.80**

Lofoten und Vesterålen

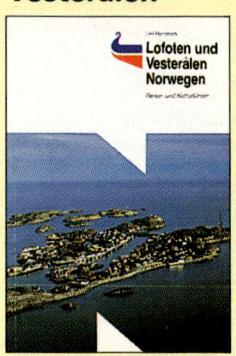

Reise- und Kulturführer. In dem Buch werden Routenvorschläge mit Sehenswürdigkeiten genannt. Außer dem Kapitel über Geschiche, Geologie, Pflanzen- und Tierwelt sowie Wirtschaft. 128 Seiten A5 Format.
Preis **DM 29.80**

ZU BESTELLEN BEI:

NORDIS
Buch- und Landkartenhandel
Postfach 343
4019 Monheim
Tel. 02173/50095

ILH Geo Center
Postf. 800830
7000 Stuttgart 80
Tel. (0711) 78 89 345

Dr. Götze & Co GmbH
Bleichen Brücke 9
2000 Hamburg 36
Tel. 040 3480/313

Die Fähre
Postfach 5
4553 Neuenkirchen
Tel. 0 54 65/476

NORTRABOOKS
P.O.Box 592 Sentrum
N-0106 Oslo
Norwegen

Alle Preise zzgl. Porto und Versand.

...as ganze Jahr über Norwegen!

Kalender NORWEGEN 1992
Dreizehn stimmungsvolle Farbfotografien zeigen unterschiedliche Regionen Norwegens bei jeder Wetterlage und zu verschiedenen Tages- und Jahreszeiten.
Format 46x48 cm, 13 Farbbilder,
DM 39,80, Best.-Nr. 270192
(plus Versandkosten DM 4,20)

Norwegen
Fritz und Hauke Dressler / Fritz Schneider
Die herbe Schönheit der Landschaften haben die begeisterten Nordlandfahrer Fritz und Hauke Dressler in ihren faszinierenden Farbbildern eingefangen. Sie waren mit ihren Kameras im Süden vor den Schärengärten am Skagerrak und auf den mächtigen Gletschern am Polarkreis, am Nordkap, auf den Lofoten und in den tief ins Land eingeschnittenen Fjorden sowie in den Wäldern an der Grenze zum schwedischen Nachbarn.
162 Seiten, zahlr. Farbfotos,
DM 58.00, Best.-Nr. 230007

Dänemark – Norwegen – Schweden

Mit der Bahn durch Skandinavien
Paul C. Pet

Ein lohnenswertes Buch nicht nur für Eisenbahn-Fans. Der Autor zeigt das skandinavische Landschaft rechts und links der Bahntrassen, die Schlösser Dänemarks, die Schärenküste Schwedens, den einsamen norwegischen Fjell, die Erzzüge zwischen Kiruna und Narvik. Mit Essays über die Probleme des Bahnverkehrs schließt das Buch.
200 Seiten, 167 Fotos,
Sonderpreis
DM 49,80 früher DM 110,00
Best.-Nr. 830008

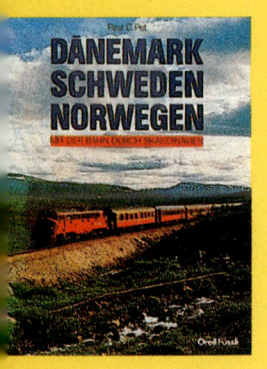

Nord-Skandinavien-Video
Auf diesem Video erleben wir das Nordkap, die Lofoten, Wale und Seevögel vor den Vesterålen, Saltstraumen, eine Bootsfahrt durch das Reisatal, Rentiere auf ihren Sommerweiden, die Nationalparks Abisko und Pallas-Ounastunturi, die Kiruna-Narvik-Bahn, Lachsfischen, den Inarisee, Goldwaschen und eine Bootsfahrt durch die Stromschnellen des Muoniojoki.
VHS 45 min.,
DM 49,00
(kein Umtausch möglich)
Best.-Nr. 880001

Norwegen-Video Land der 1000 Fjorde

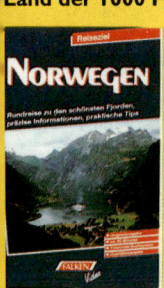

Malerische Landschaften und kulturelle Zentren - die beliebtesten Ziele Norwegens in hervorragender Bildqualität. Die eingeblendeten Karten und Informationen über Reiserouten, Restaurants und Unterkünfte machen das Video zur idealen Urlaubsvorbereitung

für Ihre Rundreise zu den schönsten Fjorden.
Zusätzlich erhalten Sie einen Kompaktreiseführer im Taschenformat.
VHS 60 min., DM 59,80 (kein Umtausch möglich)

Hurtigroute-Video
Eine Reise mit dem Post - Schnelldampfern entlang der norwegischen Küste, vorbei an Gletschern und Fjorden, durch Schären und Inseln.
VHS 28 min., DM 29,00 (kein Umtausch möglich)
Best.-Nr. 280003

Campingführer Skandinavien
Ralph Tuchtenhagen
Lange vermißt, gesucht, verlangt: der erste ausführliche Campingführer über den gesamten europäischen Norden. Alle 3000 skandinavischen Campingplätze werden vorgestellt, bis zu 140 Einzelhinweise über Lage, Beschaffenheit, Unterkunfts- und Freizeitmöglichkeiten, sowie Service- und Ausflugsangebote in der Umgebung. Sie finden auch spezielle Verzeichnisse von Campingplätzen für Behinderte, Asthma- und Allergiegefährdete, Familien mit Kleinkindern und FKK-Freunde.
400 Seiten,
DM 29,80, Best.- Nr. 860601

Abenteuer Lappland
Michael Thomas
Der Autor führt uns mit viel Sachkenntnis in diese einzigartige Landschaft. Vorgestellt werden weite Ebenen, die endlose Tundra, dichte Wälder, schroffe Berge, Mitternachtssonne und Nordlicht sowie das Leben der samen. Wissenswertes ergänzt diesen Band: Geographie, Klima, Jahreszeiten, usw...
120 Seiten, zahlr. farb. Abb., DM 34,00 früher DM 68,00
Best.Nr. 330020

Autoreiseführer Norwegen
Ulrich Kreuzenbeck/Ulrike Groba

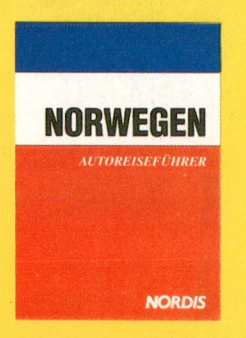

NORWEGEN AUTOREISEFÜHRER NORDIS

Die Mehrzahl der Norwegen-Urlauber reist heutzutage mit dem Auto, Wohnwagen, Wohnmobil oder Motorrad. Im Rahmen von 27 Strecken- und Ortsbeschreibungen gibt der Autoreiseführer Auskunft über Sehenswertes in Natur und Kultur, Ausflugsziele, Alternativstrecken, Aktivitäten usw.
208 Seiten, 14 Abb., viele Skizzen,
DM 26,80, Best.-Nr. 210505

DuMont Landschaftsführer
Norwegen
Ewald Gläßer
Ein neuer, praktischer Reiseführer von E. Gläßer, dem führenden Geographen für Skandinavien. Das Buch enthält neben allgemeinen Informationen über Norwegen, seine Geographie, Wirtschaft und Kultur, einen informativen Reiseteil.
350 Seiten, 120 farbige und s/w Abb., 100 Karten und Zeichnungen,
DM 39,80, Best.-Nr. 210002

Knaurs Kulturführer
Norwegen
Marianne Mehling
Ein Schlüssel zu den Schätzen norwegischer Kunst und Kultur mit über 600 Orten und ihren Sehenswürdigkeiten. Ein Führer durch Burgen, Schlösser, Herrenhöfe, Kirchen, Theater und Museen.
260 Seiten, 250 farbige Abb., zahlr. Karten,
DM 34,00, Best.-Nr. 210007

Der Elch präsentiert:

Karten und Bücher für das Reiseland Norwegen

Sie finden an dieser Stelle eine kleine Auswahl von Titeln aus unserem Gesamtkatalog mit Reiseführern, Bildbänden, Aktivführern, Sachbüchern, Krimis, Videos, Autokarten, Wanderkarten, usw... zum Thema Skandinavien.

Fordern Sie unseren kostenlosen Gesamtkatalog an!

Bestelladresse:
NORDIS Buch- und Landkartenhandel, Abt. 018
Böttgerstr. 9, W- 4019 Monheim
Telefon 02173/56665, Fax 02173/54274

Die Lieferung erfolgt gegen Rechnung gemäß den Lieferbedingungen in unserem Gesamtkatalog.

Selbstverständlich liefern wir Ihnen auch alle anderen im Reisehandbuch vorgestellten Bücher und Karten.

NORDIS Buch- und Landkartenhandel

Lofoten selbst entdecken
Michael Möbius
Dieser Band ist eine Liebeserklärung an die legendären Inseln im Norden Norwegens. Zwei Buchteile geben unterschiedliche Informationen über die paradiesisch grünen Inseln: feuilletonistische Beiträge zu Land und Leuten, Essays zum Hintergrund zum einen, dann profunde, praktische Tips zu anderen.
ca. 280 Seiten, 20 Karten und über 70 z.T. farbige Abb, DM 34,00
Best.Nr.210020

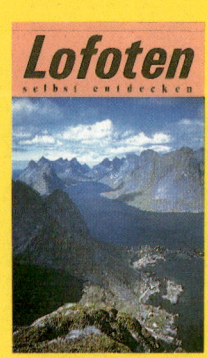

Trekkingführer Norwegen
Bernhard Pollmann
Dieser ausführliche Wanderführer für die Gebiete Jotunheimen und Rondane bietet 150 detaillierte Routenbeschreibungen mit 20 Karten und vielen Fotos.
300 Seiten, 60 Abb.,
DM 44,80, Best.-Nr. 220010

Norwegen per Rad
Frank Pathe
122 Streckenvorschläge, beliebig kombinierbar für das Land der Fjelle und Fjorde, mit aktuellen Hintergrundinformationen und touristischen Tips. Illustriert mit Kartenskizzen und Fotos sowie einer Etappen - Übersichtskarte.
320 Seiten, zahlr. Abb.,
DM 22,80, Best.-Nr. 220016

Angeln in Norwegen
Johan Berge
Sehr detaillierter Angelführer mit genauen Angaben über Norwegens beste Angelgewässer, Lachse, Meerforellen, Süßwasserfische, Angeln im Meer, Angelbestimmungen.
192 Seiten, zahlr. Abb.,völlige Neubearbeitung,
DM 39,80, Best.-Nr. 220003

Norwegische Märchen
Asbjørnsen und Moe.
Jacob Grimm schrieb über diese Sammlung: »Die besten Märchen, die es gibt« Vorgestellt werden in diesem Buch 52 Märchen, illustriert mit historischen s/w Aufnahmen.
288 Seiten, mehrere s/w Abb.,
DM 44.00, Best.-Nr. 250021

Das Buch der Trolle
Rolf Lidberg/Jan Lööf
Hier erfährt der Leser etwas vom Alltag und Familienleben der Trolle und wird dabei auf unterhaltsame Weise durch die Jahreszeiten geführt.
40 S., durchgehend farbig illustriert,
DM 16,80, Best.-Nr. 250045

Reihe Kauderwelsch
Norwegisch für Globetrotter
O'Niel v. Som
Mit der Sprachbuch-Reihe »Kauderwelsch« wird Schluß gemacht mit dem Auswendiglernen vorformulierter Sätze. Problemlos erlernen Sie das Sprachsystem. Das Format des Büchleins eignet sich bestens für die Tasche.
120 Seiten,
DM 12,80, Best.-Nr. 260004

Toncassette
DM 12,80, Best.-Nr. 260030

KRIMIS

Die weißen Handschuhe
Kim Småge
Lena liebt den norwegischen Nebel und spielt gerne Männerrollen - im Theater. Dann entdeckt sie, daß ihr Zwillingsbruder nicht nur in der Klemme steckt, sondern auch schwer krank ist. Lena schlüpft in seine Gestalt, dringt in eine groteske Männerdomäne vor...
218 Seiten,
DM 13,00
Best.-Nr. 250041

Der Gürtel des Orion
Jon Michelet
Drei Norweger entdecken eine sowjetische Militäranlage, die dort wo sie ist, nicht sein dürfte. Auf einer demilitarisierten Insel in Nordnorwegen beginnt eine mörderische Verfolgungsjagd - von Insel zu Insel, durch das stürmische und mit Eisbergen gespickte Polarmeer.
296 Seiten,
DM 7,95
Best.-Nr. 250005

Karten

Wir liefern das komplette Original - Kartenprogramm von Statens Kartverk (Norwegisches Landesvermessungsamt). Die Blattschnitte zu folgenden und weiteren Karten finden Sie in unserem kostenlosen Gesamtkatalog.

Straßenkarten Norwegen
(Vegkart over Norge 1:250.000)
Diese Kartenserie (M 501) eignet sich aufgrund ihres günstigen Maßstabs und der detaillierten Darstellung und Klassifizierung des Straßennetzes vor allem auch für Wohnmobil- und Fahrradfahrer. Die Kartenreihe besteht aus 21 Blättern.
je Blatt DM 15,80

Wander- und Skikarten Norwegen
Auf der Grundlage der topographischen Kartenblätter hat das norwegische Landesvermessungsamt (Statens Kartverk) spezielle Wander- und Skikarten herausgegeben. Die Karten haben den Maßstab 1:50.000 bis 1:200.000.
von DM 14,80 - DM 29,80
zum Beispiel:
Jotunheimen 1:100.000 .... DM 29,80
Jostedalsbreen 1:100.000 .... DM 26,80
Hemsedal 1:50.000 .... DM 14,80
Nordkapp 1:100.000 .... DM 19,80
Snøhetta 1:100.000 .... DM 19,80
Trollheimen 1:100.000 .... DM 16,80

Topographische Karten
Norwegen 1:50.000
Wir liefern schnell und problemlos die Karten dieser Serie ab Lager. Ideal zur genauen Urlaubsplanung (Bestimmung der Lage des Ferienhauses und der näheren Umgebung) und zur Planung von Wandertouren.
je Blatt DM 14,80

Terrac Norwegen Übersichtskarte
Ausgezeichnete Planungs- und Übersichtskarte, Maßstab 1:1 mio
DM 14,80, Best.-Nr. 2401300

Sicher zum Ziel mit:
Terrac-Karten
Norwegen-Straßenkarten
Diese sehr empfehlenswerte Kartenserie deckt Norwegen in sieben Blättern ab. Sie liefert touristische Informationen und vermittelt einen Eindruck der norwegischen Landschaft.

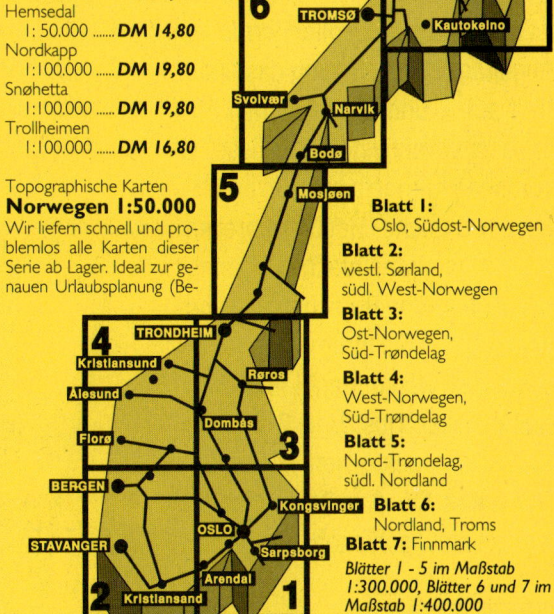

Blatt 1:
Oslo, Südost-Norwegen
Blatt 2:
westl. Sørland, südl. West-Norwegen
Blatt 3:
Ost-Norwegen, Süd-Trøndelag
Blatt 4:
West-Norwegen, Süd-Trøndelag
Blatt 5:
Nord-Trøndelag, südl. Nordland
Blatt 6:
Nordland, Troms
Blatt 7: Finnmark
Blätter 1 - 5 im Maßstab 1:300.000, Blätter 6 und 7 im Maßstab 1:400.000
je Blatt DM 14,80

Solche Seiten packen jeden Angler. Echt Blinker

Mit BLINKER ist das ganze Jahr voller herrlicher Angeltage. Sie schlagen das erste Heft auf – und schon stehen Sie an den attraktivsten Gewässern. Vor Ihnen tummeln sich die prächtigsten Barsche, Hechte, Forellen – und Sie sind einfach gespannt, wie man solche Burschen an Land zieht. Helfen Sie Ihrem Angelglück doch ein wenig nach! BLINKER steckt voller Tips. Und 2 x gibt's jetzt das neueste Heft kostenlos! Da sollten Sie den Coupon wirklich gleich abschicken.

Angeln Sie sich die beiden neuesten Hefte. Kostenlos!

COUPON

bitte senden an: JAHR-Verlag, Postf. 50 07 20, 2000 Hamburg 50

JA, ich möchte meinem Angelglück nachhelfen. Schicken Sie mir bitte die beiden neuesten BLINKER-Ausgaben. Nach Erhalt des 2. Probeheftes werde ich entscheiden, ob ich weiterlese. Anderenfalls schicke ich eine kurze Absage und alles ist erledigt. BLINKER kostet im Abo im Jahr nur DM 72,– (DM 6,– weniger als beim Einzelkauf). Ich habe das Recht, das Abonnement jederzeit fristlos zu beenden, und erhalte mein Geld für noch nicht bezogene Hefte zurück.

Name

Straße

PLZ   Ort

Datum / 1. Unterschrift

Widerrufsbelehrung: Mir ist bekannt, daß ich diese Vereinbarung innerhalb einer Woche widerrufen kann. Zur Wahrung der Frist genügt die rechtzeitige Absendung des Widerrufs an den Jahr-Verlag, Postfach 50 07 20, 2000 Hamburg 50. Ich bestätige dies mit meiner

10-057

2. Unterschrift

Widerrufsgarantie: Diese Bestellung kann innerhalb von 8 Tagen (Datum des Poststempels) schriftlich beim Jahr-Verlag, Postfach 50 07 20, 2000 Hamburg 50, widerrufen werden.

NORWEGEN VON A-Z
(Preise und Zeitangaben ohne Gewähr, Stand Nov. '91)

A

ABENTEUERPARKS, FREIZEIT- UND TIERPARKS

Abenteuer-, Freizeit- und Tierparks gibt es in verschiedenen Orten. Hier finden Sie Vergnügungen für die ganze Familie, und besonders die Kinder fühlen sich wohl, wenn sie u.a. herrliche Wasserrutschen, jede Menge Karussells, Zirkus, Spielplätze mit den tollsten Spielgeräten u.v.m. vorfinden.

Kristiansand Tier- und Freizeitpark
An der E 18 11 km Richtung Osten; 100 verschiedene Tierarten, außerdem ein großes Spielgelände, Bobbahn, Goldgräberdorf, Wellenschwimmbad. Als besondere Attraktion: die Stadt Kardemomme. Ganzjährig geöffnet. Eintritt: 19.5.-12.8. sowie Sa/So v. 13.8.-16.9.: Erw./Kinder ca. NOK 130,-/110,-; vom 13.8.-16.9. werktags und später: ca. NOK 70,-

Hardanger/Ullensvang
Ferienpark in der Nähe von Kinsarvik. Wasserrutschbahn, Spielplätze, Rudern, Trampolin, Minizoo, Wassersportanlage, Aussichtsturm, Freilichtbühne. Mitte Juni - Mitte August täglich geöffnet. Eintritt: ca. NOK 40,-/Familien ca. NOK 100,-

Kongeparken Stavanger
27 km südlich von Stavanger an der E 18. Bobbahn, Vogelpark, Reitbahn, Mini-Autostadt, Fahrradcross und viele andere Attraktionen. Geöffnet Anfang Mai bis Ende Sept. Eintritt: Erw./Kinder ca. NOK 90,-/70,-

Hunderfossen Familienpark
15 km nördlich von Lillehammer. Verschiedenste Spielmöglichkeiten. Der größte »Troll« der Welt. Kletterlandschaften, Möglichkeiten zum Goldwaschen, Autos für Kinder, ein eigener Bauernhof u.v.m. Geöffnet Ende Mai - Mitte August. Eintritt: Erw./Kinder ca. NOK 90,-/75,-

»Lilleputthammer Spielstadt«
20 km nördlich von Lillehamer, bei Øyer Gjesteagaard. Modellwerkstätten aller Art, Trampolin, Autos, Zug. Hier wurde Alt-Lillehammers Haupt- und Geschäftsstraße im Maßstab 1:4 nachgebaut. Geöffnet Ende Mai bis Mitte August. Eintritt: Erw./Kinder ca. NOK 20,-/15,-

Røysundkanalen Ferien und Freizeit
In Bømlo, N-5440 Mosterhamn. 1.200 m² überdachter Spielplatz inkl. Schwimmbad, Restaurants, Geschäften, Camping, Hütten u.v.m. Geöffnet Mai bis September.

Skarnes Lekeland
5 km von Skarnes an der Straße 2, Richtung Kongsvinger; Wasserrutschen, Wasserspiele, Trampoline, Minigolf, Spielplatz. Geöffnet 1.6.-31.8. Eintritt: ca. NOK 40,- (Gruppenermäßigung).

Telemark Sommerland, Bø
Abenteuerspielplatz mit Wasserrutsche, Indianer- und Cowboystadt, Märchenhaus, Schloß und andere Spielmöglichkeiten.
Geöffnet Mitte Juni bis Mitte August. Eintritt: Erw./Kinder NOK ca. 100,-/75,-

Panorama Spielpark, Bodø
Tier- und Spielpark mit tollen Angeboten für Kinder, großes Restaurant. Geöffnet Anfang Juni bis Ende August. Eintritt: Erw./Kinder NOK ca. 30,-/20,- (Gruppenermäßigung).

TusenFryd
Am Mossevei (E 6/E 18), ca. 20 Minuten vom Zentrum Oslos Richtung Moss. Norwegens größte Berg- und Talbahn, große Wildwasserbahn, Kino mit Panoramaleinwand, Minigolf, Restaurants, Botanischer Garten und andere Attraktionen. Geöffnet 11.6.-31.8. Preise: Erw./Kinder ca. NOK 100,-/75,-

ALKOHOL

Abgesehen von Bier bekommt man in den Supermärkten keinen Alkohol. Wein und hochprozentiger Alkohol sind nur im »Vinmonopolet« (staatl. Geschäfte) erhältlich, die nur in größeren Orten vorhanden sind. Die Preise liegen erheblich über dem deutschen Niveau. Fast alle Restaurants besitzen eine Schankgenehmigung. Größere Hotels bieten zudem Spirituosen (»brennevin«) im Ausschank an. Allerdings müssen Sie an Sonn- und Feiertagen auf Ihren Whisky oder Kognak verzichten, denn an diesen Tagen herrscht absolutes »brennevin«-Verbot.
(Siehe auch Artikel auf S. 97)

APOTHEKEN

Medizin ist in Norwegen nur in den Apotheken erhältlich, vieles nur auf Rezept eines norwegischen Arztes. Täglich benötigte Medikamente sollten Sie mitbringen, um sicher zu sein, das gewohnte Präparat zur Verfügung zu haben.

ARBEITS- UND AUFENTHALTSERLAUBNIS

Staatsbürger aus EG-Ländern sowie u.a. Österreicher und Schweizer mit gültigem Personalausweis dürfen sich bis zu drei Monaten in Norwegen aufhalten. Ist beabsichtigt, in Norwegen zu arbeiten, muß im Heimatland eine Arbeits- und Aufenthaltserlaubnis beantragt werden. (Genauere Informationen erteilen die jeweiligen Botschaften und Konsulate, s.u. »Diplomatische Vertretungen«).
Ausländische Jugendliche im Alter von 18 bis 30 Jahren können in den Sommer- bzw. Semesterferien auf norwegischen Bauernhöfen arbeiten. Sie bekommen dafür Kost und Logie sowie ein kleines Taschengeld. Interessenten wenden sich bis spätestens 15.4. an:
- Atlantis, Rolf Hofmosgt. 18,
  N-0655 Oslo 6,
  Tel. 0047 - (0)2 - 67 00 43

ÄRZTLICHE VERSORGUNG

Voraussichtlich im Herbst 1992 tritt ein Sozialabkommen zwischen Norwegen und Deutschland in Kraft. Bis dahin müssen Sie Arzt- und Zahnarztkosten bar bezahlen und sollten unbedingt für die Dauer Ihres Aufenthaltes in Norwegen eine private Krankenversicherung abschließen, die eventuelle Arztkosten nachträglich ersetzt. Ärztliche Telefonnummern befinden sich auf der zweiten Seite des norwegischen Telefonbuches unter »legevakten«.

AU PAIR

Wenn Sie an einer Au-pair-Stelle in Norwegen interessiert sind, können Sie sich an dieselbe Adresse wenden wie unter »Arbeits- und Aufenthaltserlaubnis«.

B

BAHNVERKEHR

Das Streckennetz der Norwegischen Staatsbahnen (NSB) ist dünner als in Mitteleuropa (s. Rückseite der Beilagekarte).
Die *Nordtourist-Karte* gibt die Möglichkeit, 21 Tage lang mit der Bahn kreuz und quer durch Dänemark, Finnland, Norwegen und Schweden zu fahren. Sie kostet NOK 1.710,- (2. Klasse) bzw. NOK 2.280,- (1. Klasse). Jugendliche zwischen 12 und 25 Jahren bezahlen NOK 1.275,- (2. Klasse) bzw. NOK 1.710,- (1. Klasse); Kinder zwischen 4 und 12 Jahren erhalten 50% Ermäßigung.
Auch Inter-Rail-Karten sind in Norwegen gültig.
Mit der *Kundenkarte* (NOK 370,-) können Sie innerhalb eines Jahres Fahrkarten für bestimmte Züge (»Grüne Abfahrten«, *Grønne avganger*) mit 50% Rabatt kaufen, für die übrigen Züge mit 33% Rabatt (1. Kl. 33%/20%).
Minipreise sind Festpreise für längere Strecken. Sie gelten für »Grüne Abfahrten«, die Fahrkarte muß spätestens am Tag vorher gekauft werden. Der maximale Fahrpreis beträgt NOK 470,- (für Kinder unter 16 Jahren NOK 225,-).
Gruppen ab 10 Pers. erhalten 25% Rabatt bei »Grünen Abfahrten« (außer Juni, Juli, Aug.), sonst 10%.
Senioren (ab 67 Jahre) erhalten 50% Rabatt. Rentner über 60 Jahre erhalten mit einem Seniorenpaß des Heimatlandes in Verbindung mit einer Rail-Europ-S-Karte einen Rabatt von 50%.
Alle Expreßzüge sind in der 1. und 2. Klasse platzkartenpflichtig (NOK 20,-). Die NSB verfügen über speziell für Körperbehinderte ausgestattete Wagen, die in den Schnell- und Expreßzügen eingesetzt werden. Daneben gibt es Mutter-und-Kind-Abteile sowie Schlafwagenabteile für Allergiker mit spezieller Bettwäsche.

Fahrradtransport mit der Bahn:
Die Beförderung eines Fahrrades kostet ungeachtet der Entfernung NOK 60,- (Tandem: NOK 90,-). Wichtig: Expreßzüge nehmen keine Fahrräder mit! Nähere Informationen finden Sie in der Broschüre »Verkehrsverbindungen für Touristen« in unserem *Infopaket Nr. 7* (siehe S. 248/249).

BÜCHER

Folgende Bücher erhalten Sie im Buchhandel sowie bei den unter Karten genannten Bezugsquellen.

Mit dem Auto durch Norwegen	DM 9,50
Bergwandern in Norwegen	DM 23,80
Gästehäfen in Norwegen	DM 34,80
Wir kreuzen in norwegischen Gewässern	DM 19,80
2.500 Seemeilen mit dem Schnelldampfer	DM 21,80
Autoreisen in Norwegen	DM 32,00
Angeln in Norwegen	DM 39,80
Lofoten und Vesterålen	DM 29,80

BUSVERKEHR

In einem Land mit einem nur weitmaschigen Eisenbahnnetz haben Überland-Busverbindungen eine große Bedeutung. Nahezu alle norwegischen Hauptstraßen werden von Buslinien befahren. Die wichtigsten sind in der Broschüre »Verkehrsverbindungen für Touristen« aufgeführt, die in unserem Infopaket Nr. 7 enthalten ist.

Expreßbusverbindungen:
NOR-WAY Bussekspress, ein Zusammenschluß mehrerer norwegischer Busgesellschaften, betreibt 200 Busse, die auf 50 Strecken die meisten größeren norwegischen Städte und Orte miteinander verbinden. Folgender Service wird unterwegs geboten: Klimaanlage, WC, Imbiß, verstellbare Sitze, Mobiltelefon u.v.m.
Kinder bis 4 Jahre reisen gratis, Kinder zwischen 4 und 16 Jahren und Senioren ab 67 Jahre erhalten 50% Ermäßigung.
Im folgenden finden Sie eine Übersicht über die Strecken, auf denen Busse der Gesellschaft NOR-WAY Bussekspress verkehren (Stand Nov. 1991):

Internationale Verbindungen:

Hamburg - Göteborg - Oslo. 1 x tgl., ca 22 Std., NOK 790,-

Dresden - Berlin - Göteborg - Oslo. 3 x wöch., 29 Std., NOK 910,-

»E 6-Ekspressen«
Oslo - Göteborg. 3 x tgl., ca. 5 Std. NOK 230,-

»Stockholmekspressen«
Oslo - Stockholm. 2 x wöch., 9 Std., NOK 310,-

»Trondheim-Stockholm-Ekspressen«
Trondheim - Idre - Stockholm. Ab Trondheim Do, ab Stockh. So, ca. 14 Std. 30 Min., NOK 450,-

Innernorwegische Verbindungen:

»Trysilekspressen«
Oslo - Trysil. 1 x tgl. außer Sa/So., ca. 3 Std. 30 Min, NOK 180,-

»Nordfjordekspressen«
Oslo - Otta - Stryn - Måløy. 1 x tgl., ca. 11 Std., NOK 508,-

»Totenekspressen«
Oslo - Minnesund - Gjøvik. Fr und So, ca. 2 Std. 30 Min., NOK 104,-

»Valdresekspressen«
Oslo - Fagernes / Beitostølen - Årdalstangen. 6 x tgl., 6 Std. 30 Min., NOK 235,-

»Ekspressen Førde-Gol-Oslo«
Førde - Sogndal - Gol - Oslo. 2 x tgl., ca. 10 Std. 30 Min., NOK 446,-

»Geiteryggekspressen«
Bergen - Aurland - Oslo. 1 x tgl., ca. 12 Std., NOK 465,-

»Haukeliekspressen«
Oslo - Bø - Haukeli - Haugesund. 1 x tgl., 5 Std. 30 Min., NOK 393,-

»Sørlandsbussen«
Oslo - Kristiansand. 1 x tgl., 5 Std. 30 Min., NOK 320,-

»Øst-Vestekspressen«
Lillehammer - Fagernes - Sogndal - Voss. 1 x tgl., ca. 10 Std., NOK 352,-

»Sør-Vestekspressen«
Stavanger - Kristiansand. 2 x tgl. ca. 4 Std. 30 Min., NOK 240,-

»Suleskarekspressen«
Oslo - Setesdal - Stavanger. 1 x tgl., ca. 10 Std., NOK 404,-

»Setesdalsekspressen«
Voss - Kristiansand. 1 x tgl., ca. 9 Std. 30 Min., NOK 417,-

»Landekspressen«
Oslo - Dokka. 2 x tgl., 2 Std. 40 Min., NOK 127,-

»Skienekspressen«
Sauland - Notodden - Skien. Mo-Fr 1 x tgl., 2 Std. 25 Min., NOK 86,-

»Rjukan-Skien-Ekspressen«
Rjukan - Skien. 1 x tgl., ca. 4 Std. NOK 146,-

»Rjukanekspressen«
Oslo - Kongsberg - Rjukan. Fr u. So, 4 Std., NOK 174,-

»Telemark-Oslo-Ekspressen«
Oslo - Notodden - Seljord. Mo-Fr 3 x tgl., ca. 4 Std., NOK 164,-

»Fjordekspressen«
Bergen - Nordfjord - Ålesund. Mo-Fr 2 x tgl., ca. 10 Std. 30 Min., NOK 419,-

»Bergen-Trondheimsexpressen«
Bergen - Førde - Trondheim. 1 x tgl., ca. 15 Std. 30 Min., NOK 643,-

»Vestlandsekspressen«
Kristiansund - Molde - Ålesund. Mo-Fr 1 x tgl., ca. 4 Std. 30 Min., NOK 170,-

»Rørosekspressen«
Trondheim - Støren - Røros. Mo-Sa 1 x tgl., ca. 3 Std., NOK 124,-

»Mørelinjen«
Trondheim - Molde - Ålesund. 1 x tgl., ca. 8 Std., NOK 341,-

»Tosenekspressen«
Mosjøen - Brønnøysund. 2 x tgl., 3 Std. 30 Min., NOK 151,-

»Nord-Norgeekspressen«
Bodø - Fauske - Narvik. 2 x tgl., ca. 7 Std., ca. NOK 293,-

Narvik - Tromsø. 1 x tgl., ca. 5 Std. 30 Min., ca. NOK 230,-

Tromsø - Lyngseidet - Alta. 1 x tgl., ca. 7 Std. 15 Min., NOK 298,-

Alta - Karasjok - Kirkenes. 1 x tgl., ca. 11 Std., NOK 519,-

Alta - Hammerfest. 2 x tgl., ca. 3 Std., NOK 134,-

»Tromsøekspressen«
Oslo - Sundsvall - Umeå - Kiruna - Tromsø. 1 x wöch., 28 Std., NOK 980,-. Platzreservierung erforderlich!

Informationen und Platzreservierung bei:
- *NOR-WAY Busseksspress, Havnegt. 2, Sjøsiden, N-0154 Oslo 1, Tel. 0047 - (0)2 - 33 01 91 Fax 0047 - (0)2 - 42 00 46*

C

CAMPING

Die ca. 1.400 Campingplätze des Landes sind in drei Kategorien eingeteilt, klassifiziert mit ein, zwei oder drei Sternen. Ein 5-Sterne-System ist in Vorbereitung. Auf fast allen Campingplätzen stehen sog. Campinghütten (2 - 6 Betten, Kochplatten, Kühlschrank) zur Verfügung. Eine Auflistung der Campingplätze sowie eine Karte für Wohnwagen auf norwegischen Straßen bekommen Sie in unserem *Infopaket Nr. 9* (siehe S. 248/249).

Campinginformationen auch bei:
- *Norges Automobil Forbund (NAF), Storgt. 2, N-0105 Oslo 1, Tel. 02 - 34 14 00*

(siehe auch *»Wohnwagen«* im Autofahrerinfo)

CB - FUNK

Die Erlaubnis für die Mitnahme eines CB-Funkgerätes nach Norwegen ist zu beantragen bei:
- *Privatradiogruppen, Postboks 196 N-9250 Bardu*

Der Antrag muß mindestens einen Monat vor Reiseantritt eingeschickt werden. Anzugeben sind: Typ des Senders, Fabrikat, Anzahl der Kanäle und Sendeleistung, deutsches Kfz-Kennzeichen, Reisedauer in Norwegen.

D

DIEBSTAHL

Zwar herrschen, was Diebstahlsdelikte angeht, in Norwegen noch keine »italienischen Verhältnisse«, dennoch werden alle Urlauber gebeten, insbesondere vollgepackte Autos auch tagsüber nicht unbeobachtet abzustellen. Auch in Norwegen gilt leider der Grundsatz: »Gelegenheit macht Diebe.«

DIPLOMATISCHE VERTRETUNGEN

Norwegische Vertretungen in der Bundesrepublik Deutschland

- *Kgl. Norwegische Botschaft, Mittelstraße 43, W-5300 Bonn 2, Tel. 0228 - 81 99 70*
- *Kgl. Norweg. Generalkonsulat, Otto-Grotewohl-Str. 5, O-1080 Berlin, Tel. 030-39 17 847*
- *Kgl. Norwegisches Konsulat, Faulenstraße 2-12, W-2800 Bremen 1, Tel. 0421 - 3 03 42 93*
- *Kgl. Norwegisches Konsulat, c/o Siemens Nixdorf Osteuropa GmbH, St. Petersburger Str. 15, O-8010 Dresden, Tel. 051 - 496 71 16*
- *Kgl. Norweg. Generalkonsulat, Karl-Arnold-Platz 3, W-4000 Düsseldorf 30, Tel. 0211 - 45 79 449*
- *Kgl. Norwegisches Konsulat, Am Borkumkai, W-2970 Emden, Tel. 04921 - 89 07 23/29*
- *Kgl. Norwegisches Konsulat, Hanauer Landstr. 330, W-6000 Frankfurt/M., Tel. 069 - 41 10 40*
- *Kgl. Norweg. Generalkonsulat, Neuer Jungfernstieg 7-8, W-2000 Hamburg 36, Tel. 040 - 34 34 55*
- *Kgl. Norwegisches Konsulat, Herrenhäuserstr. 83, W-3000 Hannover, Tel. 0511 - 7 90 70*
- *Kgl. Norwegisches Konsulat, Lorentzendamm 28, W-2300 Kiel 1, Tel. 0431 - 592 10 50*
- *Kgl. Norwegisches Konsulat, Gönner Str. 249, W-2400 Lübeck, Tel. 0451 - 530 22 11*
- *Kgl. Norwegisches Konsulat, Promenadeplatz 7, W-8000 München 2, Tel. 089 - 22 41 70*
- *Kgl. Norweg. Generalkonsulat, Nordbahnhofstraße 41, W-7000 Stuttgart 1, Tel. 0711 - 256 89 49 / 257 60 00*

Norwegische Vertretung in Österreich

- *Kgl. Norwegische Botschaft, Bayerngasse 3, A-1037 Wien, Tel. 0222 - 715 66 92/93/94*

Norwegische Vertretung in der Schweiz

- *Kgl. Norwegische Botschaft, Dufourstraße 29, CH-3005 Bern, Tel. 031 - 44 46 76*

Vertretungen der Bundesrepublik Deutschland in Norwegen

- *Botschaft der Bundesrepublik Deutschland, Oscarsgate 45, N-0258 Oslo 2, Tel. 0047 - (0)2 - 55 20 10*
- *Konsulat der Bundesrepublik Deutschland, Moveien 15, N-8520 Ankenesstrand, Tel. 0047 - (0)82 - 56 707*
- *Konsulat der Bundesrepublik Deutschland, Strandgaten 221, N-5004 Bergen-Nordnes Tel. 0047 - (0)5 - 90 23 65*
- *Konsulat der Bundesrepublik Deutschland, Sjøgaten 19, N-8000 Bodø, Tel. 0047 - (0)81 - 20 031*
- *Konsulat der Bundesrepublik Deutschland, Smedesundet 93, N-5501 Haugesund, Tel. 0047 - (0)47 - 23 588*
- *Konsulat der Bundesrepublik Deutschland, Dr. Wesselsgate 8, N-9900 Kirkenes, Tel. 0047 - (0)85 - 91 244*
- *Konsulat der Bundesrepublik Deutschland, Skolebakken 6, N-4630 Kristiansand S., Tel. 0047 - (0)42 - 92 340*
- *Konsulat der Bundesrepublik, Deutschland, Strandgaten 78, N-6508 Kristiansund N, Tel. 0047 - (0)73 - 71 111*
- *Konsulat der Bundesrepublik, Deutschland, Sørbergtorget 4, N-3200 Sandefjord, Tel. 0047 - (0)34 - 62 390*
- *Konsulat der Bundesrepublik, Deutschland, Hagebyveien 26, Gratenmoen, N-3700 Skien, Tel. 0047 - (0)35 - 59 54 66*
- *Konsulat der Bundesrepublik, Deutschland, Kongsgaten 10, N-4012 Stavanger, Tel. 0047 - (0)4 - 52 25 94*
- *Konsulat der Bundesrepublik, Deutschland, Stakkevollveien 65, N-9000 Tromsø, Tel. 0047 - (0)83 - 87 575*
- *Konsulat der Bundesrepublik, Deutschland, Leksvikensgaten 2, N-7041 Trondheim, Tel. 0047 - (0)7 - 52 11 20*
- *Konsulat der Bundesrepublik Deutschland, Tollbugate 6, N-6002 Ålesund, Tel. 0047 - (0)71 - 24 078*

Österreichische Vertretungen in Norwegen

- *Botschaft der Republik Österreich, Sophus Lies gt. 2, N-0244 Oslo 2, Tel. 0047 - (0)2 - 55 23 48*
- *Österreichisches Generalkonsulat, Postboks 9, Øvre Ullern, N-0311 Oslo 3, Tel. 0047 - (0)2 - 56 33 84*
- *Konsulat der Republik Österreich, Kong Oscarsgate 56, N-5017 Bergen, Tel. 0047 - (0)5 - 31 21 60*

Schweizer Vertretungen in Norwegen

- *Botschaft der Schweiz,
  Bygdøy Allé 78, N-0268 Oslo 2,
  Tel. 0047 - (0)2 - 43 05 90*

- *Konsulat der Schweiz,
  Postboks 4345, Nygårdstangen,
  N-5028 Bergen,
  Tel. 0047 - (0)5 - 32 51 15*

E

EINREISEBESTIMMUNGEN

Für die Einreise nach Norwegen ist ein gültiger Personalausweis oder Reisepaß erforderlich. Kinder bis 16 Jahre benötigen einen Kinderausweis (ab 10 Jahren mit Bild). (Einfuhrbestimmungen siehe *Zoll*.)

ELEKTRIZITÄT

220 Volt/Wechselstrom

F

FAHRRADFAHREN

Ein bißchen Kondition sollte man für eine Radtour in Norwegen schon mitbringen, gilt es doch meist, die eine oder andere Steigung zu überwinden. Dennoch gibt es Gegenden, die das Radfahren nicht ausschließlich zu einer schweißtreibenden Angelegenheit machen, z.B. an der Küste, entlang der Fjordarme, im Oslofjordgebiet, in Trøndelag und sogar auf den Lofoten. Zu beachten ist allerdings, daß einige Tunnel für Radfahrer gesperrt, viele Tunnel unbeleuchtet und Fahrradwege nur begrenzt vorhanden sind. Benutzen Sie die Nebenstraßen.

Eine Fahrradkarte ist für DM 5,- beim Norwegischen Fremdenverkehrsamt in Hamburg erhältlich.
Weitere Tips im *Aktivteil*.

FEIERTAGE 1992

Neujahrstag	01.01.92
Gründonnerstag	16.04.92
Karfreitag	17.04.92
Ostern	19./20.04.92
Tag der Arbeit	01.05.92
Nationalfeiertag	17.05.92
Christi Himmelfahrt	28.05.92
Pfingsten	07./08.06.92
Weihnachten	25./26.12.92

FERIENHÄUSER

In Norwegen gibt es eine große Anzahl Ferienhäuser und Hütten, die an Gäste vermietet werden.
Ausführliche Kataloge über Ferienhäuser (mit Preisliste) erhalten Sie in unserem *Infopaket Nr. 10* (siehe S. 248/249) oder bei:

- *Den Norske Hytteformidling A/S,
  Kierschowsgt. 7, Postboks 3207
  Sagene, N-0405 Oslo,
  Tel. 0047 - (0)2 - 35 67 10*

- *Fjordhytter, Den Norske Hytteformidling Bergen A/S,
  Jan Smørsgt. 11, N-5011 Bergen,
  Tel. 0047 - (0)5 - 23 20 80*

- *Aspen Hytteformidling,
  Myrabekkvn. 20, N-4330 Ålgård,
  Tel. 0047 - (0)4 - 61 76 95*

- *De norske Hyttespesialistene A/S,
  NOR-Center, FJORDTRA Handelsgesellschaft mbH, Rosarstr. 4 - 6,
  W-4300 Essen 1, Tel. 02 01 - 79 14 43*

- *Norden Tours, Ost-West-Str. 70,
  W-2000 Hamburg 11,
  Tel. 040 - 36 00 15 - 0*

- *Wolters Reisen, Prospektservice,
  Postfach 10 01 47,
  W-2800 Bremen 1*

FERIENTERMINE

Die norwegischen Schulferien dauern ca. 8 Wochen, von Mitte Juni bis Mitte August. Im Juli haben außerdem einige größere Firmen ihre Betriebsferien. Zusätzlich gibt es noch eine Woche Ferien im Februar und in der Zeit von Palmsonntag bis zum dritten Ostertag.

FEUER IM FREIEN

Vom 15. April bis 15. September ist es streng verboten, offenes Feuer zu machen.

FKK - STRÄNDE

Laut Gesetz ist das Nacktbaden in Norwegen nicht verboten. Sie sollten jedoch stark bevölkerte Strände und die Umgebung von privaten Gebieten meiden. Nähere Informationen über FKK- Strände erhalten Sie bei:

- *NNF - Norsk Naturistforbund,
  Postboks 189 Sentrum,
  N-0102 Oslo 1*

FLUGVERBINDUNGEN

Hauptflughäfen mit direkten Auslandsverbindungen befinden sich in Oslo, Bergen und Stavanger. Im Land selbst gibt es ein gut ausgebautes Netz von Flugverbindungen. Es bestehen viele Rabattmöglichkeiten, die Sie bei den Fluggesellschaften erfragen können. Die Flugpläne entnehmen Sie bitte der Broschüre »Verkehrsverbindungen für Touristen« in unserem *Infopaket Nr. 7*, oder wenden Sie sich direkt an die Fluggesellschaften:

- *Braathens SAFE, Markedsavdeling,
  Postboks 55, N-1330 Oslo Lufthavn,
  Tel. 0047 - (0)2 - 59 70 00*

- *Widerøe, Postboks 82 Lilleaker,
  N-0216 Oslo 2,
  Tel. 0047 - (0)2 - 73 65 00*

- *SAS Hauptbüro, Am Flughafen,
  Terminal Mitte, HBK 45,
  W-6000 Frankfurt/M.,
  Tel. 069 - 69 45 31*

- *Deutsche Lufthansa AG,
  Lufthansa-Basis,
  W-6000 Frankfurt/M. 75*

(Bitte wenden Sie sich an Ihr Lufthansa-Büro oder an Ihr Reisebüro mit Lufthansa-Agentur.)

Buchungen können über alle autorisierten Reisebüros vorgenommen werden.

G

GELD UND DEVISEN

Die Einfuhr norwegischer und ausländischer Geldscheine und Münzen ist unbegrenzt erlaubt. Übersteigt der Betrag jedoch insgesamt NOK 25.000,-, muß er dem Zoll auf einem an den Grenzstellen ausliegenden Formular angegeben werden. Für Reiseschecks gelten keine Begrenzungen.
Die Währungseinheit in Norwegen ist 1 Krone = 100 Øre. Mit bundesdeutschen Postsparbüchern können Sie an nahezu allen größeren Postämtern Geld abheben. Reiseschecks und Kreditkarten sind in Norwegen allgemein üblich und werden gewöhnlich akzeptiert.

NOK 100,-	ca. DM 25,60
DM 100,-	ca. NOK 391,30

(Stand Nov. '91)

H

HAUSTIERE

Norwegen ist heute eines der wenigen Länder Europas, in dem es keine Tollwut gibt, und die Norweger wünschen, daß es weiterhin so bleibt. Alle Tiere, die illegal nach Norwegen geschmuggelt werden, müssen bei Entdeckung sofort das Land verlassen oder werden eingeschläfert. Die Besitzer haben mit hohen Geldstrafen zu rechnen. Auch Tiere, die in ihrem Heimatland gegen Tollwut geimpft sind, dürfen nicht einreisen, da sie trotzdem Überträger von Krankheiten sein können.

HOTELS

Die Bezeichnung *Hotell* ist in Norwegen gesetzlich geschützt. Landesweit gibt es etwa 400 Hotels, die meist einen hohen Standard haben. Häuser mit besonderen Leistungen dürfen sich *Turisthotell* oder - wenn sie über 7-800 m hoch liegen - *Høyfjellshotell* nennen. Viele Betriebe haben sich zu Hotelketten zusammengeschlossen, die eigene *Rabattsysteme* haben, so der BonusPaß von Inter Nor Hotels, die Best Western Hotelschecks, der Pro Scandinavia Voucher von Haman Scandinavia oder der Fjordpaß. In den Sommermonaten bieten Hotels im allgemeinen Preisnachlässe.
Nähere Informationen finden Sie in unserem *Infopaket Nr. 8* (siehe S. 248/249).

HURTIGRUTEN

Täglich begibt sich eines der elf Postschiffe der *Hurtigruten* auf seine Reise entlang der norwegischen Küste von Bergen nach Kirkenes und zurück. Auf dieser Seereise erleben Sie Norwegen, seine Natur und seine Menschen in ganz besonderer Weise. Da die Schiffe bis zu 40 PKW mitnehmen können, lassen sich Schiffs- und Autorundreisen hervorragend miteinander kombinieren. Kinder bis 11 Jahre erhalten 25% Ermäßigung. Jugendliche bis 26 Jahre können für DM 490,- mit einem »Coastal Pass« drei Wochen lang beliebig oft mit der Hurtigruten fahren (Kabinen und Verpflegung nicht inkl.). Der Paß gilt vom 1. Sept. bis 30 April.
Reservierungen und weitere Informationen:

- *NSA Norwegische Schiffahrts-Agentur, Kleine Johannisstraße 10,
  W-2000 Hamburg 11,
  Tel. 040 - 37 69 30, Fax 040 - 36 41 77*

oder in unserem *Infopaket Nr. 7* (siehe S. 248/249).

HÜTTEN- UND WOHNUNGSTAUSCH

Die Idee, seine Wohnung bzw. Hütte während der Ferien mit einer anderen Familie zu tauschen, hat auch in Norwegen eine Reihe von Anhängern gefunden. Unter dem Namen *Norsk Bolig Bytte* sind sie der Directory Group Association angeschlossen, die als nicht kommerzielle Organisation in rund 50 Ländern Wohnungstauschaktionen organisiert. Wer also gern mit Norwegern zwecks Wohnungstausch in Kontakt kommen will, kann im dreimal jährlich erscheinenden Katalog annoncieren.
Weitere Informationen:

- *Norsk Bolig Bytte
  Postboks 95 Kjelsås
  N-0411 Oslo 4
  Tel. 0047 - (0)2 - 15 80 19*

oder in Deutschland:

- *Holiday Service Wohnungstausch,
  Wehofstr. 50,
  W-8608 Memmelsdorf 1,
  Tel. 0951 - 430 55/56*

I

INFORMATION

Das Norwegische Fremdenverkehrsamt in Hamburg ist die Anlaufstelle in Sachen Information über Norwegen. Dort werden Sie ausführlich beraten, und falls Sie gerade in Hamburg sind, können Sie auch vorbeischauen.

- *Norwegisches Fremdenverkehrsamt, Postfach 76 08 20,
  Mundsburger Damm 27
  W-2000 Hamburg 76
  Tel. 040 - 22 71 08 10
  Fax 040 - 22 71 08 15*

Ausführliche Norwegeninformationen, die ständig aktualisiert und ergänzt werden, sowie komfortable Möglichkeiten zur Anforderung von

Informationsmaterial finden Sie im Bildschirmtextdienst der Deutschen Bundespost/Telecom über die *Btx-Leitseite *23 999#* (nur BRD).

Das Fremdenverkehrsamt ist Mo-Fr 9-16.30 Uhr telefonisch zu erreichen. Öffnung für Publikumsverkehr Mo-Fr 10-16.30 Uhr.

J

JEDERMANNSRECHT

Dieses an keiner Stelle schriftlich festgehaltene Gesetz regelt den Aufenthalt und die Fortbewegung in freier Natur. Im Prinzip können Sie sich in Norwegen frei bewegen, allerdings dürfen Menschen, Tiere und die Natur dadurch nicht beeinträchtigt werden. Beeren und Pilze können überall in der freien Natur gesammelt werden, nur für Moltebeeren bestehen in Nordnorwegen Beschränkungen.
Beachten Sie aber bitte folgendes:
Das Jedermannsrecht stammt aus vor-touristischer Zeit. Der wachsende Ansturm von Touristen und ihr oft unvernünftiges Verhalten führen inzwischen zu Einschränkungen.
Zelte, Wohnmobile und -wagen gehören daher auf die gepflegten Campingplätze. Auf öffentlichen Rastplätzen dürfen sie gar nicht aufgestellt werden.
Ansonsten dürfen sie nie näher als 150 m zum nächsten Haus oder der nächsten Hütte aufgestellt werden, sofern Sie nicht vorher den Eigentümer fragen. (Siehe auch S. 156 u. 171.)

JUGENDHERBERGEN

In den rund 90 norwegischen Jugendherbergen, *Vandrerhjem* genannt, besteht keine Altersgrenze, und auch Familien werden aufgenommen. Jedoch werden Wanderer und Radfahrer bei Bettenknappheit den motorisierten Reisenden vorgezogen. Der Standard ist gut (Einzel-, Doppel-, Familienzimmer, oft mit eigener Dusche/WC). Eine Übernachtung kostet zwischen NOK 75,- und NOK 156,-. Mitglieder von Jugendherbergsverbänden erhalten eine Ermäßigung von NOK 20,-. Viele Jugendherbergen sind nur während einiger Sommer- oder Wintermonate geöffnet. In der Hauptreisezeit ist eine Voranmeldung erforderlich.

Weitere Informationen:
- Norske Vandrerhjem, Dronningensgate 26, N-0154 Oslo 1, Tel. 0047 - (0)2 - 42 14 10

K

KARTEN

- Übersichtskarte Norwegen (1 : 1.200.000) .... DM 3,00
- Bilkart over Norge (Autokarte) (1: 1.000.000) .... DM 12,80
- Norwegen Gebietskarten Terrac 7 Blätter (1 : 300.000 bzw. 1 : 400.000) .... je DM 14,80
- Cappelen Karten; Kümmerly & Frey 5 Blätter (1 : 325.000 bzw. 1 : 400.000) .... je DM 16,80
- Norwegen Fremdenverkehrskarte (1 : 1.000.000) .... DM 21,80
- Gebietswanderkarte Indre Sogn (1 : 250.000) mit Übersicht Südnorwegen (1 : 1.200.000) . DM 16,80
- topographische Karten (1 : 50.000) .... je DM 14,80
- Wanderkarten (1 : 50.000 bis 1 : 200.000) .... ab DM 14,80

Übersichts- und Gebietskarten und eine vielfältige Auswahl an Norwegenliteratur erhalten Sie u.a. bei

- NORDIS Buch- und Landkartenhandel, Postfach 343 W-4019 Monheim Tel. 0 21 73 - 5 66 65
- Die Fähre, Postfach 5 W-4553 Neuenkirchen Tel. 0 54 65 - 476

KLIMA

Die Wetterverhältnisse in Norwegen sind denen in Mitteleuropa ähnlich, woran der Golfstrom maßgeblich beteiligt ist. An der Westküste liegen die Temperaturen im Jahresdurchschnitt zwischen 7° und 12° C, im Januar sogar bis zu 15° C höher als in anderen Gebieten dieser Breitengrade.
In Nordnorwegen kann man ohne weiteres Sommertage mit 25°C erleben. Hohe Niederschlagsmengen werden besonders im äußeren Küstengebiet verzeichnet, im Landesinneren lassen die recht trockenen Sommer in der Regel sogar Bewässerungsmaßnahmen nötig werden.

Klima: Durchschnittstemperaturen von Mai bis Oktober (1990):

	Mai	Juni	Juli	Aug.	Sept.	Okt.
Oslo	12,4	15,1	16,6	15,9	10,1	6,2
Stavanger	10,8	12,8	14,0	15,0	10,6	9,6
Bergen	11,4	14,3	14,6	14,7	10,6	9,4
Lillehammer	10,9	17,0	15,6	14,2	8,7	3,6
Trondheim	8,7	14,3	14,0	14,4	10,0	7,0
Bodø	5,5	11,9	13,2	12,8	9,7	6,7
Tromsø	3,4	10,9	13,0	12,9	8,5	4,3
Karasjok	3,7	11,0	13,5	12,2	5,7	0,2
Vardø	2,4	6,8	10,1	10,9	7,6	2,9

KÖRPERBEHINDERTE

Viele Hotels und Campingplätze verfügen über behindertengerechte Einrichtungen. Fast alle Hotels sind auf Behinderte eingestellt.
Die Norwegischen Staatsbahnen verfügen über speziell ausgerüstete Wagen, die in den Schnell- und Expreßzügen und auch in einem Teil der Nachtzüge eingesetzt werden.

Weitere Informationen:
- Norges Handikapforbund, Postboks 9217 Vaterland, N-0134 Oslo 1, Tel. 0047 - (0)2 - 17 02 55

M

MITTERNACHTSSONNE

Nördlich des Polarkreises geht die Sonne tage- oder sogar wochenlang nicht unter. Der Körper stellt sich innerhalb kurzer Zeit auf die ununterbrochene Helligkeit ein und braucht dann auch weniger Schlaf als normal.

Bodø	4.6.- 8.7.
Lofoten	28.5.-14.7.
Narvik	25.5.-18.7.
Tromsø	20.5.-22.7.
Alta	18.5.-24.7.
Vardø	17.5.-26.7.
Hammerfest	16.5.-27.7.
Nordkap	13.5.-29.7.
Svalbard (Longyearbyen)	21.4.-21.8.

N

NATIONALPARKS

Norwegen besitzt z.Z. 21 Nationalparks. Sie bieten häufig gute Wandermöglichkeiten, teilweise auch Übernachtungsmöglichkeiten in Hütten. Klar, daß Sie dabei besonders rücksichtsvoll mit der Natur umgehen müssen und den markierten Wegen folgen sollten!

Hier die einzelnen Parks:

Hardangervidda (3.430 km^2): Buskerud/Telemark/Hordaland. Hochgebirgsgebiete bis zu 1.700 m Höhe, 21 verschiedene Säugetierarten, über 100 Vogelarten.

Jostedalsbreen (1.230 km^2): Sogn og Fjordane. Liegt zwischen dem Sognefjord und dem Nordfjord, größter Festlandsgletscher Europas, 80 km Länge.

Jotunheimen (1.140 km^2): Oppland/Sogn og Fjordane. 3 Große Binnenseen, mehrere Gletscherflüsse, Norwegens höchste Berge und größte Gletscher (Galdhøpiggen, Glittertinden).

Ormtjernkampen (9 km^2): Oppland. Waldgebiet, das bis heute in seinem natürlichen Gleichgewicht erhalten und nie von Menschen gerodet oder wirtschaftlich genutzt wurde.

Rondane (572 km^2): Oppland/Hedmark. Hier leben Rentiere, Vielfraße, Füchse, Hermeline, sogar Moschusochsen. Typische Vogelarten sind z.B. das Schneehuhn und Schneesperling.

Gutulia (19 km^2): Hedmark/Grenzgebiet zu Schweden. Tiefe Kiefern- und Fichtenwälder, Kontinentalklima mit großen Temperaturschwankungen.

Femundsmarka (385 km^2): Hedmark/Grenzgebiet zu Schweden. Kiefernwälder und Heidelandschaft; große, fischreiche Gewässer. (Angelkarte kaufen!)

Dovrefjell (265 km^2): Oppland/Sør-Trøndelag. Erstreckt sich zu beiden Seiten der Driva, eines der großen Lachsflüsse Norwegens. Hier verlaufen die ältesten Straßen-/Wegeverbindungen zwischen den östlichen Landesteilen und Trøndelag, z.B. der »Gamtstigen«.

Gressåmoen (180 km^2): Nord-Trøndelag. Wald- und Moorgebiete, gute Angelmöglichkeiten.

Børgefjell (1.087 km^2): Nord-Trøndelag/Nordland. Im Westen alpine Hochgebirgsformationen mit tiefen Talschluchten und felsigen Gipfeln.

Rago (170 km^2): Nordland/Grenze zu Schweden. Gletscher, Seen- und Flußnetz im östlichen Teil. Der größte Gletscher befindet sich am Lappfjell (1.149 m) im Süden.

Saltfjellet/Svartisen (2.100 km^2): Nordland. Gleich nördlich des Polarkreises.

Ånderdalen (68 km^2): Troms, auf der Insel Senja. Kiefern- und Birkenwald, reichhaltige Flora, Küstenklima.

Øvre Dividalen (741 km^2): Troms. Kiefern- und Birkenwälder, Gebirge und Hochgebirge mit Seen und Moorgebieten.

Reisa (803 km^2): an der Grenze zwischen Finnmark und Finnland.

Øvre Anarjåkka (1.290 km^2): südliche Finnmark, an der Grenze zum finnischen Lemmenjoki Nationalpark. Raubvögel, darunter noch der Königsadler, auch Bären sind hier zu Hause.

Stabbursdalen (96 km^2): Finnmark. Hier liegt auf 70°10' der nördlichste Kiefernwald der Welt. Fischadler und Zwergfalken, Elche und Füchse.

Øvre Pasvik (63 km^2): im Osten der Finnmark, an der Grenze zu Rußland. Der Sommer zwar kurz, kann aber trotzdem recht warm sein. Die höchste hier gemessene Temperatur war 29,7° C.

Nordvest-Spitsbergen (3.560 km^2): Svalbard. Nordwestliche Ecke von Spitzbergen, u.a. Seevögel, Svalbardrentiere und Walrosse sowie Gebiete von kulturgeschichtlichem Wert.

Forlandet (640 km^2): Svalbard. Strände, Bergspitzen und Gletscher. Wegen des Golfstromes gibt es hier die nördlichsten Brutplätze für einige Vogelarten.

Sør-Spitsbergen (5.300km^2): Svalbard. Südliche Teile von Spitzbergen, 65% besteht aus Gletschern oder Dauerschneegebiet. Reiches Vogelleben.

NOTRUF

In Norwegen gibt es keine einheitliche Telefonnummer für Polizei, Feuerwehr und Krankenwagen. Jede Stadt und jede Gemeinde besitzen einen eigenen Notruf. Auf der Innenseite des Telefonbuchs finden Sie ein großes SOS in roten Buchstaben, daneben sind die Nummern für Polizei, Krankenwagen und Feuerwehr aufgeführt.

O

ÖFFNUNGSZEITEN

Ein einheitliches Ladenschlußgesetz gibt es in Norwegen nicht. Die Geschäfte schließen im Sommer meist recht früh, haben aber Do und Fr oft länger geöffnet. Narvesen-Kioske sind häufig auch So und abends bis 22 Uhr geöffnet. Einige Lebensmittelgeschäfte haben bis 24 Uhr geöffnet.

P

POST

Portokosten:
Ein Brief bis 20 g (nach Europa) kostet z.Z. wie eine Postkarte NOK 4,-. Eine Preiserhöhung ist geplant.

Bei ca. 260 Postämtern können Sparer mit dem Postsparbuch Geld abheben.

R

RAUCHVERBOT

Nach den Vereinigten Staaten hat auch Norwegen drastische Maßnahmen ergriffen, um die Rechte der Nichtraucher in der Öffentlichkeit zu sichern. Öffentliche Raucherzonen, wie z.B. im Osloer Hauptbahnhof, wurden abgeschafft. Restaurants, Cafés, Bars usw. sind verpflichtet, separate Räume für Nichtraucher einzurichten.

RORBU

Der Aufenthalt in einer Rorbu ist vielleicht die romantischste Art der Übernachtung in Norwegen. Rorbuer sind ursprünglich einfache Holzhäuser am Meer oder am Fjordufer, die während der Fangsaison von Fischern bewohnt wurden und nun in den Sommermonaten als Touristen vermietet werden. Mittlerweile gibt es aber auch eine Reihe neuer Rorbuer, die den Fischerhütten nachempfunden, aber mit allem erdenklichen Komfort ausgestattet sind. Rorbuer gibt es hauptsächlich auf den Lofoten.

RUNDFUNK

Je nach geographischer Lage ist das deutschsprachige Programm des Deutschlandfunks in Norwegen zu empfangen, und zwar auf Langwelle 153 und 207 kHz und auf Mittelwelle 1269 kHz.

S

SCHIFFSVERBINDUNGEN

Fahrpläne und Informationen über die wichtigsten innernorwegischen Schiffs- und Fährverbindungen finden Sie in unserem Infopaket Nr. 7 (siehe S. 248/249).

SOMMERKURSE

Die Universitäten in Oslo und Bergen bieten in den Sommermonaten Kurse für ausländische Studenten an.

Internationale Sommerschule Oslo
Vielfältiges Angebot in den Bereichen Sprache, Literatur, Geschichte, Politik und Gesellschaft, Gesundheit und Sport u.v.m. Anmeldeschluß ist der 1. März. Weitere Informationen und Anmeldung bei:
- International Summer School, University of Oslo, Postboks 3 Blindern, N-0313 Oslo 3

Norwegisch lernen in Bergen
Dreiwöchiger Norwegisch-Sprachkurs. Erste Sprachkenntnisse werden vorausgesetzt, Unterrichtssprache ist Norwegisch. Anmeldeschluß ist der 10. April. Weitere Informationen und Anmeldung bei:
- Sommerkurs for utenlandske norskstuderende, Nordisk institutt, HF-bygget, Sydnesplass 9, N-5007 Bergen

SOMMERZEIT

In Norwegen gilt die Sommerzeit wie sonst in Europa vom 29.3. bis 27.9.1992.

SPITZBERGEN (SVALBARD)

Die Inselgruppe können Sie mit dem Flugzeug von Tromsø aus in ca. 100 Minuten erreichen (SAS, Braathens SAFE). Einige Kreuzfahrtschiffe laufen Spitzbergen an, einen Liniendienst gibt es aber nicht. Im Juni, Juli und August Küstenrundfahrten ab Longyearbyen. Die Unterkunftsmöglichkeiten sind noch begrenzt, auf jeden Fall vorbestellen. Ein sehr einfacher Campingplatz befindet sich in der Nähe des Flughafens. Das Warenangebot ist eingeschränkt.

Einige Veranstalter, die Spitzbergen in ihrem Programm anbieten:
- Nordland Tours, Königsallee 10, W-4630 Bochum 1, Tel. 02 03 / 33 62 62
- Andreas Umbreit, Spitzbergen Tours Dammstraße 36, W-2300 Kiel 1, Tel. 04 31 / 9 16 78
- Reisebüro Norden, Ost-West-Straße 70, W-2000 Hamburg 11, Tel. 040 / 36 00 15-0
- Spitzbergen Reisebyrå, N-9170 Longyearbyen, Tel. 0047 - (0)80 - 21 160 / 21 300, Fax 0047 - (0)80 - 21 841
- Svalbard Polar Travel A/S (SPOT), Næringsbygget, N-9170 Longyearbyen, Tel. 0047 - (0)80 - 21 971, Fax 0047 - (0)80 - 21 791

T

TAX-FREE / SOUVENIRS

In den meisten Orten gibt es interessante Kunstgewerbeläden, Töpfereien, Silberschmieden und andere Werkstätten. Achten Sie auf traditionelle Qualitätsprodukte wie Rentierfelle, Textildrucke, Webstoffe, Strickwaren, Strickwolle, Holzarbeiten, Silber-, Bronze-, Emaille- und Zinnwaren, Keramik, Glas und Porzellan.
Beim Kauf im Wert ab NOK 300,- stellen viele Geschäfte (erkennbar an ihren Plaketten) »Tax-Free-Schecks« aus, mit denen an Flughäfen, auf Fähren und an größeren Grenzübergängen die bezahlte Mehrwertsteuer von 16,67% des Endpreises (abzüglich einer Gebühr) in bar zurückvergütet wird. Die Ware darf nicht vor der Ausreise in Gebrauch genommen werden und muß spätestens nach vier Wochen außer Landes sein. Bei der Ausreise gehen Sie mit dem Scheck, allen eingekauften Gegenständen und Ihrem Ausweis oder Paß zum Tax-Free-Schalter. Dort erhalten Sie die Mehrwertsteuer abzüglich der Gebühr zurück.

Nähere Informationen erhalten Sie bei
- Norway-Tax-Free-Shopping A/S, Postboks 48, N-1345 Østerås, Tel. 0047 - (0)2 - 24 99 01, Fax 0047 - (0)2 - 24 97 84

TELEFONIEREN

Telefonieren können Sie in den öffentlichen Telefonzellen oder in den Telegrafenämtern (Post und Telefon sind in Norwegen verschiedene Institutionen). Auf dem Land finden Sie auch besonders gekennzeichnete Privathäuser, aus denen Sie telefonieren können. In fast allen Telefonzellen besteht die Möglichkeit, sich anrufen zu lassen. Die entsprechende Nummer finden Sie in der jeweiligen Zelle.

Vorwahl aus Norwegen:
Deutschland (West) 095 49
Deutschland (ehem. DDR) 095 37
Österreich 095 43
Schweiz 095 41

Vorwahl nach Norwegen:
aus A, CH und D 0047
(Die 0 der Ortsvorwahl entfällt)

TRINKGELD

Bei einem Restaurantbesuch ist es durchaus üblich, die Summe aufzurunden. Auch dem Taxifahrer können Sie gern ein kleines Trinkgeld geben. Ansonsten wird normalerweise kein Trinkgeld erwartet.

ÜBERNACHTUNG

Neben Hotels, Ferienhäusern, Jugendherbergen und Campingplätzen (s. jeweils eigene Stichwörter) stehen Ihnen in Norwegen weitere Unterkunftsmöglichkeiten zur Verfügung: *Pensjon* (Pension), *Gjestgiveri* (Gasthaus), *Fjellstue* (Berggasthof), *Turiststasjon*, *Turistheim*, *Gård* (Hof) oder *Seter* (Almhaus). Private Übernachtungsmöglichkeiten werden mit *værelser*, *rom* oder *overnatting* angeboten.
Nähere Informationen finden Sie in unserem Infopaket Nr. 8 (siehe S. 248/249).

Z

ZEITUNGEN

Bei fast allen NARVESEN-Kiosken sind während der Sommermonate ausländische Zeitungen und Zeitschriften erhältlich.

ZOLL

Bei der Einreise nach Norwegen müssen Sie ihre mitgebrachten Waren selbst angeben. An einigen Einreiseorten sind rote und grüne Felder eingeführt. Wenn Sie etwas zu verzollen haben oder im Zweifel sind, müssen Sie das rote Feld benutzen.

Abgabenfrei sind (ab 20 Jahre):
- Spirituosen .... 1 l
- Wein .... 1 l
- Bier .... 2 l
oder:
- Wein .... 2 l
- Bier .... 2 l

Zusätzlich kann gegen Verzollung mitgenommen werden:
- Spirituosen/Wein .... 4 l
- Bier .... 10 l

Tabakwaren (ab 16 Jahre):
- Zigaretten u. -papier .... 200 Stck.
- Zigarren .... 50 Stck.
- Tabak .... 250 gr

Die Einfuhr ist verboten für:
Fleisch (ausgenommen Fleisch- und Wurstkonserven bis zu 5 kg pro Person), Pflanzen, Eier und Kartoffeln, Rauschgifte, Medikamente und Giftstoffe, Waffen, Munition und Sprengstoffe (nur für die Jagd dürfen Gewehre und Munition eingeführt werden), Ausrüstung für Krebsfang, Angelnetze.
Tiere, auch gegen Tollwut geimpfte, dürfen nicht eingeführt werden. Diese Bestimmungen werden streng kontrolliert und Verstöße sofort geahndet.

263

AUTOFAHRER INFO

ACHSLAST

Eine Karte über die zulässigen Achslasten auf norwegischen Fernstraßen erhalten Sie kostenlos beim Norwegischen Fremdenverkehrsamt in Hamburg.
(Nur für Busunternehmen)

ALKOHOL AM STEUER

Die Strafgrenze liegt in Norwegen bei 0,5 Promille. Eine Überschreitung kann zu einem Gefängnisaufenthalt und Führerscheinentzug für mindestens 1 Jahr führen. Auch ausländische Autofahrer sind von diesen strengen Maßnahmen im Interesse der Verkehrssicherheit betroffen.

ANSCHNALLPFLICHT

In Norwegen gilt die Anschnallpflicht auf Vordersitzen. Auf Rücksitzen gilt sie nur, wenn Gurte vorhanden sind. Für Kinder unter vier Jahren sollten spezielle Kindersitze verwendet werden. Wird man unangeschnallt erwischt, drohen hohe Geldstrafen.

AUTOFÄHREN

In keinem anderen Land Europas haben Autofähren eine so große Bedeutung wie im Land der Fjorde. Das Straßennetz Norwegens wird durch über 200 Autofähren verknüpft. Obwohl zahlreiche Linien im Lauf der letzten Jahrzehnte durch Brücken ersetzt wurden und viele Verbindungen durch neue Straßen verkürzt werden konnten, ist ein großer Teil der Autofähren bis heute - aus technischen wie aus finanziellen Gründen - nicht zu ersetzen. Das Betreiben der Autofähren erfordert hohe staatliche Subventionen. Sie verkehren schließlich nicht nur an schönen Sommertagen, sondern auch mitten im Winter. Nehmen Sie bitte kurze Wartezeiten in Kauf, wenn die Fähren während der Wintermonate nicht so häufig verkehren. Die norwegischen Fähren gelten als sehr pünktlich und zuverlässig. Ein vollständiges Verzeichnis aller inländischen Fähren finden Sie im amtlichen Kursbuch (Rutebok for Norge), das u.a. an den norwegischen Zeitungskiosken erhältlich ist.
Die wichtigsten Fährverbindungen finden Sie auch in unserem *Infopaket Nr. 7* (siehe S. 248/49).

AUTOMOBILCLUBS

Wenn Sie in Ihrem Land Mitglied eines Automobilclubs sind, der der Alliance Internationale de Tourisme (AIT) angeschlossen ist, erhalten Sie auch in Norwegen Unterstützung im Schadensfall. Notruftelefone finden Sie an den Europa- und den Fernstraßen. Mit einem Auslandsschutzbrief können Sie sich die Kosten für Pannenhilfe zu Hause erstatten lassen. Wichtig ist, daß die gerufene Abschleppfirma im Auftrag des NAF tätig wird.
Die Adresse des größten norwegischen Automobilclubs ist:
- *NAF, Storgt. 2, N-0105 Oslo 1,
Tel. 0047 - (0)2 - 34 14 00*

AUTOVERMIETUNG

In allen größeren Orten Norwegens und auf praktisch allen Flughäfen besteht die Möglichkeit, Autos zu mieten. Die meisten Firmen vermieten ihre Fahrzeuge nur an Personen über 25 Jahre. Ein gültiger Führerschein und Personalausweis ist erforderlich. Während des Wochenendes und in der Sommersaison werden vielfach Sondertarife geboten. Besonders problemlos ist das Mieten von Autos für Kreditkarteninhaber.
Adressen können Sie den örtlichen Telefonbüchern unter dem Stichwort »*Bilutleie*« entnehmen.

BENZINPREISE (Stand Nov. '91)

Benzin (95 Oktan) bleifrei .... ca. NOK 6,80
Super (98 Oktan) .... ca. NOK 7,44
Diesel .... ca. NOK 3,52
Super bleifrei ist nur an sehr wenigen Tankstellen erhältlich.

CAMPING GAZ

Um denjenigen Touristen, die in Norwegen CAMPING GAZ-Flaschen verwenden, entgegenzukommen, wurde einigen Geschäften von den norwegischen Ordnungsbehörden gestattet, eine begrenzte Anzahl gefüllter Flaschen 904 und 907 zum Umtausch gegen leere Flaschen zu deponieren. Die Anzahl bei jedem Händler ist sehr begrenzt, und es kann nicht garantiert werden, daß der Händler immer gefüllte Flaschen auf Lager hat.

Alta	Johansens Bilservice, Bossekop
Arendal	Einar Johnsen, P. Thomassonsgt. 8
Bergen	* AGA Progas A/S, Engen 17
Bodø	Joh. Løvold A/S, Tollbugt. 9
	Gustav Moe, Storgt. 7
Dalen i Telemark	Vistad Landhandel, G. Skaalen
Dombås	Storrusten A/S
Egersund	H.E. Seglem A/S, Strandgt.
Fagernes	Ragnvald Søreng
Fredrikstad	Fossum & Ingerø A/S
Gjøvik	Arne Haugom
Hamar	Løvenskiold Vækerø Mjøsa A/S
Hammerfest	Trygvge Nissen
Harstad	Sivert Eines
Haugesund	Maskinforr. Thv. Christensen A/S
Honningsvåg	Nordkapp Bilservice
Kaupanger	Bil & Båtservice
Lakselv	Byggekompaniet A/S
Lillehammer	L.A. Lund A/S
Lom	Egil Nordal, Essostasjonen
Mo i Rana	Ing. Andreas Quale A/S, Nordahl Griegs gt. 11
Moss	Jac. Jahnsen A/S
Narvik	Narvik Jernvare A/S
Oslo	Røa Service Senter, Grinivn. 3, Oslo 7
	Stubljan Campingkiosk, Oslo 12
	Progas A/S, Ryensvingen 1, Oslo 6
	Ekeberg Camping, Oslo 11
Otta	Otta Jernvareforretning
Sandvika	A/S Selectron, Sandvika Godshus
Sauda	Leif Moe
Skutvik	Håkon Apold
Solheimsvik	Progas A/S Fjørsangervn.
Stavanger	* Progas A/S. Kons. Sigv. Bergersensvn. 60
Stryn	Aug. Ytre-Eide
Svolvær	Axel Jacobsen, Maskinforretning
Tromsø	Tromsø Maskinforretning
Trondheim	* Progas A/S, Lade allé 11
Trysil	Per. P. Galaasen
Tynset	Tynset Maskinforretning
Voss	Georg Rokne & Co.
Åndalsnes	Leif Kroken A/S Caravanimp.

* Diese Händler haben immer Flaschen mit den Nummern 904 und 907 auf Lager.

Couchettes sind auf allen besseren Campingplätzen und in guten Sportgeschäften erhältlich.

ENTFERNUNGEN

Ein in Norwegen weitverbreitetes und für die weiten Entfernungen sehr nützliches Entfernungsmaß ist die norwegische Meile (mil). Eine Meile entspricht 10 km. Entfernungen sind auf offiziellen Schildern immer in Kilometern angegeben, aber wenn Ihnen der freundliche Norweger am Wegesrand sagt, es seien nur noch zwei Meilen bis zum nächsten Ort, wundern Sie sich nicht, wenn auf den nächsten Kilometern keine Ortschaft auftaucht. Hüten Sie sich davor, die Entfernungen zu unterschätzen. 3-400 km sind bei den z.T. sehr kurvenreichen Straßen mit ihren starken Steigungen und Gefällen oft ausreichend für eine Tagesetappe. Messen Sie die norwegischen Entfernungen nicht nach deutschem Maßstab.

FAHREN MIT LICHT

In Norwegen muß man auch tagsüber mit Abblendlicht fahren (Bußgeld: NOK 400,-).

GESCHWINDIGKEITSBEGRENZUNGEN

Die zulässige Höchstgeschwindigkeit beträgt außerhalb geschlossener Ortschaften 80 km/h. Auf einigen Schnellstraßen darf man 90 km/h fahren. Für Busse gilt immer das Höchsttempo von 80 km/h. Anhänger-Gespanne mit ungebremstem Anhänger dürfen nur 60 km/h fahren, sonst gilt 80 km/h.
Innerhalb geschlossener Ortschaften gilt Tempo 50 km/h.
Eine Überschreitung der Höchstgeschwindigkeit kann in Norwegen teuer werden. Wenn Sie bei einer zugelassenen Geschwindigkeit von 60 km/h nur bis zu 5 km/h schneller fahren, kostet es Sie NOK 400,-. Jede weiteren 5 km/h kosten NOK 400,-. Es wird häufig kontrolliert, sowohl mit zivilen Meßwagen als auch mit Radar (s. auch S. 124).

HOCHGEBIRGSSTRASSEN

Falls Sie Ihre Reise für das Frühjahr geplant haben, beachten Sie bitte, daß in Norwegen einige Straßen im Winter/Frühjahr gesperrt werden (s. Tabelle). Nähere Auskünfte über Sperrung und Öffnung der Hochgbirgsstraßen erhalten Sie während der Saison bei
- *Vegmeldingssentralen, Oslo,
Tel. 0047 - (0)2 - 65 40 40*

Straße:	geschlossen von - bis:
5: Gaularfjellet	Ende Febr. - Ende April
7: Hardangervidda:	ganzjährig geöffnet*
13: Vikafjell	ganzjährig geöffnet*
45: Hunnedalsvegen	ganzjährig geöffnet*
51: Valdresflya	Ende Nov. - Mitte Mai
55: Sognefjellsvegen	Mitte Dez. - Mitte Mai
63: Geiranger	Anf. Dez. - Mitte Mai
63: Trollstigen	Mitte Nov. - Mitte Mai
95: Skarsvåg - Nordkap	Mitte Nov. - Ende Mai
98: Ifjordfjell	Anf. Dez. - Mitte Mai
220: Venabygdfjellet	Mitte Jan. - Mitte Mai
252: Tyin - Eidsbugarden	Ende Okt. - Mitte Juni
258: Alter Strynefjellsvegen	Mitte Sept. - Mitte Juni
520: Sauda - Røldal	Mitte Dez. - Mitte Mai
882: Storvik - Bardines	ganzjährig geöffnet*
886: Vintervollen - Grense Jakobselv	
	ganzjährig geöffnet*

* = bei günstigen Witterungsverhältnissen
(Einige dieser Straßen werden im Winter nur während der Nachtstunden gesperrt).

INFORMATIONSTAFELN

Vor jedem größeren Ort finden Sie auf den Rastplätzen eine große Informationstafel, die Ihnen die Orientierung erleichtert.

KARTEN

Beim Norwegischen Fremdenverkehrsamt sind folgende Karten *für Busunternehmen* kostenlos erhältlich:

- Karte mit zulässigen Achslasten
- Karte mit zulässigen Fahrzeuglängen
- Karte mit Tunneln und Unterführungen

Detaillierte Karten und Autoreiseführer stellen wir Ihnen auf Seite 254/55 vor.

MASSBESTIMMUNGEN

Die auf norwegischen Fernstraßen genehmigte Wagenbreite beträgt 2,50 m, mit Ausnahme der folgenden Strecken:

Vest-Agder:
- Str. 461, Konsmo - Kvås: .... 2,40 m
- Str. 461, Moi - Førland: .... 2,40 m

Rogaland:
- Str. 515, Skjoldastraumen bru: .... 2,40 m

Die Höchstbreite von Campingwagen ist in Norwegen auf 2,30 m begrenzt. Die Gesamtlänge von Campinggespannen darf 18,50 m nicht überschreiten. Außerdem wird darauf hingewiesen, daß einige norwegische Gebirgspässe und schmale Straßen für das Fahren mit Campingwagen und Bussen nicht geeignet sind (s. *Wohnwagen*).

PANNENHILFE

Die Straßenwachtfahrzeuge des norwegischen Automobilklubs NAF befahren vom 20. Juni bis Ende August die wichtigsten Hauptverkehrsstraßen - besonders die Paßstraßen. An den Gebirgsstraßen befinden sich auch die Notruf-Telefone des NAF. Sie sollten sich auf jeden Fall einen Auslandsschutzbrief besorgen, um Auslagen im Pannenfall zu Hause erstattet zu bekommen.
- *NAF Alarmzentrale, Oslo, Tel. 0047 - (0)2 - 34 16 00 (Tag und Nacht)*

RÜCKSICHT AM STEUER

Nehmen Sie Rücksicht auf Kinder, die in Norwegen sehr viel im Freien sind. Besondere Vorsicht ist auch bei vierbeinigen Verkehrsteilnehmern geboten. Schafe, Kühe und Ziegen halten sich auch in Norwegen nicht an die Verkehrsregeln und sind hier weitaus häufiger auf der Straße (im Tunnel!) anzutreffen als in Mitteleuropa.

Nehmen Sie aber bitte auch Rücksicht auf die Verkehrsteilnehmer, die - innerhalb der Geschwindigkeitsbegrenzung - schneller fahren wollen als Sie. Besonders Wohnwagengespanne und breite Wohnmobile sind oft langsamer als der normale Verkehr. Fahren Sie an den Ausweichstellen rechts an den Rand und geben Sie durch Blinkzeichen bekannt, daß Sie die Fahrbahn zum Überholen freigeben.

SPRACHHILFEN FÜR AUTOFAHRER

Blindvei	Sackgasse
Bompenger	Mautgebühr/Wegegeld
Bomvei	Mautstraße
Dårlig veidekke	Schlechte Fahrbahn
Fartsgrense	Geschwindigkeitsbegrenzung
Forbikjøring forbudt	Überholen verboten
Frostskade	Frostschäden
Gjennomkjøring forbudt	Durchfahrt verboten
Glatt veibane	Straßenglätte
Kjør sakte	Langsam fahren
Lekeplass	Kinderspielplatz
Omkjøring	Umleitung
Parkering forbudt	Parken verboten
Parkeringsplass	Parkplatz
Privat vei	Privatweg
Sperret	Gesperrt
Stopp	Halt!
Stopp forbudt	Halten verboten
Svake kanter	Fahrbahnrand nicht befahrbar
Toll	Zoll
Veiarbeid	Baustelle, Straßenarbeiten

Wie komme ich nach ...?
.... Hvordan kommer jeg til...?
Wie weit ist das? .... Hvor langt er det?
Können Sie mir das auf der Karte zeigen?
.... Kan du vise meg det på kartet?
Wo ist die nächste Tankstelle?
.... Hvor er nærmeste bensinstasjon?
Darf ich hier parken? .... Kan jeg parkere her?
Es ist ein Unfall passiert! Det er skjedd en ulykke.
Mein Auto hat eine Panne.
.... Bilen har en motorskade.
Der Motor springt nicht an.
.... Motoren vil ikke starte.
Mein Auto hat eine Reifenpanne.
.... Bilen har punktert.

Abblendlicht	nærlys
Abschleppdienst	redningstjeneste
Achse	aksel
Anlasser	selvstarter
Auspuff	eksosrør
Auto	bil
Autobahn	motorvei
Autofähre	bilferje
Autovermietung	bilutleie
Batterie	batteri
Benzin	bensin
Blinker	blinklys
Bremse	bremse
Dichtung	pakning
Ersatzrad	reservehjul
Fehler	feil
Fernlicht	fjernlys
Frostschutzmittel	frostvæske
Führerschein	førerkort
Garage	garasje
Getriebe/Gang	gir
Handbremse	håndbremse
Hupe	horn
Keilriemen	vifterem
Kofferraum	bagasjerom
Kühler	kjøler
Lenkrad	ratt
Leihwagen	leiebil
Moped	moped
Motor	motor
Motorrad	motorsykkel
Öl	olje
Panne	uhell
Reifen	dekk
Rücklicht	baklys
Schalter	bryter
Scheinwerfer	frontlys
Sicherheitsgurt	sikkerhetsbelte
Sicherung	sikring
Straße	gate
Unfall	ulykke
Ventil	ventil
Vergaser	forgasser
Verteiler	fordeler
Warndreieck	varselstrekant
Werkstatt	bilverksted
Windschutzscheibe	frontrute
Winterreifen	vinterdekk
Zündkerze	tennplugg
Zündschlüssel	tenningsnøkkel
Zündung	tenning
Zylinder	sylinder
Zylinderkopfdichtung	topp-pakning

STRASSENNUMMERN

Im Juni 1992 erhalten eine ganze Reihe von Haupt- u. Europastraßen neue Nummern. Neue Karten sollen ab März/April '92 im Handel sein. In diesem Reisehandbuch und auf der Beilagekarte wurden bereits die neuen Nummern berücksichtigt (außer im Teil »Reiseziele« S. 14-91), da wir davon ausgehen, daß die Mehrzahl der Reisenden ab ca. Mitte Juni nach Norwegen fährt und dann die neuen Straßennummern vorfindet (Tabelle s. folgende Seite).

TUNNELVERBINDUNGEN

Im folgenden finden Sie eine Auflistung der elf längsten Tunnelstrecken im norwegischen Straßennetz.

- Str. 50: *Gudvangatunnel*, Sogn og Fjordane .... 11.400 m
- Str. 826: *Steigentunnel*, Nordland .... 8.026 m
- Str. 17: *Svartistunnel*, Nordland .... 7.610 m
- Str. 55: *Høyangertunnel*, Sogn og Fjordane .... 7.522 m
- Str. 7: *Vallaviktunnel*, Hordaland .... 7.511 m
- Str. 625: *Fjærlandstunnel*, Sogn og Fjordane .... 6.381 m
- Str. 76: *Tosentunnel*, Nordland .... 5.800 m
- Str. 11: *Haukelitunnel*, Hordaland .... 5.688 m
- Str. 668: *Flenjatunnel* (Flåm - Undredal), Sogn og Fjordane .... 5.024 m
- Str. 1: *Eikefettunnel*, Hordaland .... 4.910 m
- Str. 11: *Røldalstunnel*, Hordaland .... 4.565 m

WEGEGELD / MAUT

Zur Finanzierung besonders kostspieliger öffentlicher Projekte (Straßen, Brücken, Tunnel) wird an einigen Stellen Wegegeld verlangt.

Außerdem gibt es eine Reihe von privaten Brücken und Straßen, die gebührenpflichtig sind. Solche Verbindungen sind nicht Teil des öffentlichen Verkehrsnetzes. Das norwegische Wort für Straßengebühr heißt übrigens *bompenger*.

Die wichtigsten neuen Straßennummern (gültig ab ca. 20.6.92)

alt:	Strecke	neu:
E 68:	Sandvika - Voss	→ E 16
E 68:	Voss - Granvin	→ 13
E 68:	Granvin - Trengereid	→ 7
E 69:	Dombås - Ålesund	→ 9
E 75:	Sundsvall (S) - Stjørdal	→ E 14
E 76:	Drammen - Haugesund	→ 11
E 78:	Kemi (SF) - Tromsø	→ E 8
E 79:	Umeå (S) - Mo i Rana	→ E 12
3:	Elverum - Kongsvinger	→ 20
8:	Larvik - Geilo	→ 40
9:	Arendal - Egersund	→ 42
12:	Kr.sand - Haukeligrend	→ 39
13:	Sauda - Ropeid	→ 520
13:	Trengereid - Håland	→ 48
13:	Vadheim - Dragsvik	→ 55
13:	Voss - Trengereid	→ E 16
14:	Skudeneshavn - Sveio	→ 47
14:	Sveio - Ålesund	→ 1
16:	Oppdal - Kristiansund	→ 70
19:	Bjerkvik - Å	→ E 10
28:	Tynset - Koppang	→ 30
35:	Brandbu - Bjørgo	→ 33/34
39:	Kr.sand - Brunkeberg	→ 41
46:	Hordalia - Sand	→ 13
47:	Jøsendal - Odda - Brimnes	→ 13
49:	Geilo - Fagernes	→ 51
58:	Eidsdal - Langevatnet	→ 63
66:	Molde - Kristiansund	→ 1
67:	Molde - Kristiansund	→ 64
95:	Olderfjord - Nordkap	→ E 69
220:	Ringebu - Enden	→ 27
288/601:	Hol - Gudvangen	→ 50
310:	Horten - Tønsberg	→ 19
316:	Skien - Steinsholt	→ 32
551:	Norheimsund - Mundheim	→ 49
803:	Brenna - Brønnøysund	→ 76
810:	Leirosen - Mosjøen	→ 78

Auf einigen folgenden wichtigen Stellen wird Wegegeld verlangt:
- E 6: Mjøsabrücke .... NOK 12,-
- E 6: Trondheim - Stjørdal .... NOK 10,-
- E 6: um den Leirfjord .... NOK 35,-
- E 18: durch Drammen .... NOK 10,-
- E 16: Sollihøya .... NOK 10,-
- E 18: bei Porsgrunn .... NOK 15,-
- Str. 64: Skålavegen, Møre/Romsdal NOK 40,-
- Str. 658: Tunnel Ålesund-Flughafen NOK 30,-
- Stadt Oslo: alle Einfallstraßen .... NOK 10,-
- Stadt Bergen: alle Einfallstraßen . NOK 5,-
- Stadt Trondheim .... NOK 20,-

Folgende Tunnel/Brücken ersetzen ehemalige Fähren, sind aber dennoch gebührenpflichtig:
- E 10: Nappstraumentunnel, Lofoten (NOK 60,-)
- Str. 64: »Altlanterhavsveien« Molde-Kristiansund (NOK 40,-)
- Str. 120: Inselgruppe Hvaler (NOK 130,- Hin- und Rückfahrt)
- Str. 457: Flekkerøya, bei Kristiansand (NOK 60,- Hin- und Rückfahrt)
- Str. 863: Ringvassøya, nördlich Tromsø (NOK 60,- Hin- und Rückfahrt)

An Privatstraßen mit Maut befindet sich oft eine Schranke, die Sie selbst öffnen können. Auf einer Anschlagstafel finden Sie die Gebühr, die für die Durchfahrt entrichtet werden muß. Legen Sie den Betrag in einen dafür vorgesehenen Kasten, schreiben sich selbst eine Quittung aus und legen diese gut sichtbar auf das Armaturenbrett. Denken Sie daran, daß das Wegegeld dazu dient, Straßen instandzuhalten, die sonst für den öffentlichen Verkehr nicht zugänglich wären.

WINTER

Spezielle Tips für das Fahren im winterlichen Norwegen finden Sie in unserem Winterkatalog (anzufordern mit *Infopaket Nr 13*).

WOHNWAGEN

Der Zustand der norwegischen Straßen hat sich im Laufe der letzten Jahre entscheidend verbessert. Trotzdem sind noch nicht alle Strecken für Wohnwagengespanne befahrbar bzw. geeignet.
Das norwegische Straßenamt (Vegdirektoratet in Oslo) hat eine spezielle Karte herausgegeben, die Sie darüber informiert, welche Straßen für Wohnwagengespanne geeignet sind.

Die Karte liegt unserem *Infopaket Nr. 9* bei (siehe S. 248/49).

Für Wohnwagengespanne nicht geeignete Straßen:

Vest - Agder
- Str. 461: .... Førland - Moi, Kvås - Konsmo
- Str. 465: .... Vanse - Kvinesdal

Rogaland
- Str. 44: .... Hauge - Åna-Sira
- Str. 501: .... Heskestad - Rekeland
- Str. 504: .... Bue - Kartavoll
- Str. 511: .... Skudeneshavn - Kopervik
- Str. 513: .... Solheim - Skjoldastraumen
- Str. 520: .... Hordalia - Sauda

Hordaland
- Str. 48: .... Dale - Hamlagrøosen, Tysse - Eikelandsosen
- Str. 550: .... Utne - Jondal
- Str. 569: .... Stamnes - Dale

Sogn og Fjordane
- Str. 13: .... von Eldalsosen in nördl. Richtung (nach Holsen)
- Str. 50: .... Aurland - Sveingardsbotn
- Str. 258: .... alte Straße Videseter (Ospeli bru) - Grotli (Oppland)
- Str. 613: .... Tvinnerheim - Bleksvingen (nach Str. 15/60)

Møre og Romsdal
- Str. 63: .... Geirangerveien
- Str. 63: .... Trollstigen

Folgende Straßen sollten Sie nur dann mit dem Wohnwagengespann befahren, wenn Sie ein geübter Fahrer sind:

Akershus
- Str. 156: .... Fagerstrand - Tusse
- Str. 180: .... Hurdal - Byrudstua

Vestfold
- Str. 306: .... Nes - Odberg
- Str. 317: .... Eplerød - Hillestad

Oppland
- Str. 252: .... Eidsbugarden - Tyin
- Str. 255: .... Skåbu - Svatsum

Aust - Agder
- Str. 411: .... Bergendal - Bossvik
- Str. 413: .... Bås - Myklandsdalen

Vest - Agder
- Str. 460: .... Håland - Konsmo
- Str. 467: .... Osen - Sirnes

Rogaland
- Str. 13: .... Jørpeland - Oanes, Lauvvik - Hogstad
- Str. 44: .... Åna-Sira - Flekkefjord (Vest-Agder)
- Str. 45: .... Byrkjedal - Svartevatn (Vest-Agder)
- Str. 503: .... Vikeså - Byrkjedal
- Str. 506: .... Ålgård - Norheim
- Str. 508: .... Høle - Oltedal

Hordaland
- Str. 1: .... Valevåg - Vestre Vikebygd
- Str. 1: .... von Knarvik in nördl. Richtung
- Str. 7: .... Voss - Norheimsund
- Str. 11: .... Steinaberg bru - Lauvareid, Steinaberg bru - Horda
- Str. 13: .... Bulken - Hamlagrøosen, Porsvikskar - Utåker, Skånevik - Håland, Vangsnes (S. og Fj.) - Vinje, Odda - Skarsmo, Odda - Maurset
- Str. 46: .... Horda - Nesflaten (Rogaland)
- Str. 48: .... Husa - Eikelandsosen
- Str. 541: .... Mosterhamn - Langevåg, Buarvåg - Smørsund
- Str. 542: .... Indre-Håvik - Sakseid
- Str. 543: .... Utbjoa - Ølensvåg
- Str. 545: .... Sandvikvåg - Sagvåg
- Str. 546: .... Hufthamar - Vik
- Str. 547: .... Flatråker - Våge
- Str. 550: .... Utne - Odda
- Str. 555/561: .... Klokkarvik - Solvik
- Str. 562: .... Kleppestø - Skråmestø
- Str. 563: .... Kleppestø - Ask
- Str. 565: .... Rossnes - Knarvik
- Str. 566: .... Haus - Lonevåg
- Str. 567: .... Valestrandfossen - Tyssebotn
- Str. 568: Leirvåg - Fonnes, Vågseidet - Sævråsvåg
- Str. 572: .... Granvin - Bruravik

Sogn og Fjordane
- Str. 1: .... Anda - Sandane
- Str. 5: .... Florø - Naustdal, Moskog - Holsen, Eldalsosen - Dragsvik
- Str. 15: .... Rognes - Kjøs
- Str. 50: .... Flåm - Aurland
- Str. 55: .... Sogndal - Krossbu (Sognefjell)
- Str. 57: .... Storehaug - Rysjedalsvika, Rutledal - Sløvåg
- Str. 60: .... Tomasgard - Kjellstadli
- Str. 602/13: .... Feios - Vinje (Hordaland)
- Str. 604: .... Gaupne - Gjerde
- Str. 606: .... Krakhella - Daløy
- Str. 607: .... Flekke - Staurdal
- Str. 610: .... Osen - Eldalsosen
- Str. 611: .... Stavang - Naustdal
- Str. 614: .... Svelgen - Haukå
- Str. 615: .... Storebru - Holme
- Str. 616: .... Oldeide - Smørhavn
- Str. 617/15: ...... Raudeberg - Nordfjordeid

Møre og Romsdal
- Str. 64: .... Vevang - Ørjavik
- Str. 620: .... Stadlandet (S. og Fj.) - Åheim
- Str. 651: .... Straumshavn - Austefjord
- Str. 652: .... Lauvstad - Syvdsnes
- Str. 655: .... Leknes - Tryggestad
- Str. 661: .... Tomrefjord - Eidsvik
- Str. 665: .... Angvik - Ødegård

Trøndelag
- Str. 757: .... Volden - Vuku
- Str. 758: .... Vuku - Sten

Nordland
- Str. 17: .... Stokkvågen - Kilboghamn
- Str. 73: .... Krutvatn - Hattfjelldal
- Str. 76: .... Hommelstø - Tosbotn
- Str. 81: .... Skutvik - Ulsvåg
- Str. 801: .... Terråk - Årsandøy
- Str. 812: .... Medby - Misvær, Tuv - Kodvåg
- Str. 813: .... Vesterli - Tverrvik

Troms
- Str. 857: .... Heia - Øverbygd

Finnmark
- Str. 889: .... Snøfjord - Havøysund

Informationen der regionalen und örtlichen Fremdenverkehrsämter und Touristenbüros in Norwegen

Unter jedem Bezirk finden Sie eine Übersicht über regionale und örtliche Fremdenverkehrsämter. Die regionalen Fremdenverkehrsämter sind das ganze Jahr über besetzt. Wenn Sie Informationen über den Bezirk oder unterschiedliche Gebiete innerhalb des Bezirks wünschen, wenden Sie sich an das regionale Fremdenverkehrsamt. Fast jeder Bezirk hat ein regionales Fremdenverkehrsamt. Örtliche Fremdenverkehrsämter: Wünschen Sie Informationen über ein spezielles Gebiet, wenden Sie sich bitte an die örtlichen Fremdenverkehrsämter. Diese sind normalerweise das ganze Jahr über besetzt. Fast jede Gemeinde hat ein örtliches Fremdenverkehrsamt. Zusätzlich gibt es viele Touristenbüros, die auf verschiedene Orte verteilt sind. Sie sind während der Hauptsaison geöffnet.
Andere örtliche Fremdenverkehrsämter haben erweiterte Öffnungszeiten im Sommer. Diese Fremdenverkehrsämter werden mit einem * gekennzeichnet.
Einen ausführlichen Veranstaltungskalender finden Sie im sechsmal jährlich erscheinenden NORWEGEN MAGAZIN (siehe S. 248).

OSLOFJORD-GEBIET

OSLO

Das regionale Fremdenverkehrsamt:
- Oslo Promotion,
  Grev Wedels plass 4,
  N-0151 Oslo 1, Tel. 02 - 33 43 86

Die örtlichen Fremdenverkehrsämter/ Touristenbüros:
- Oslo Pro. Kongresskontor,
  Tel. 02 - 33 43 86
- Norwegisches Informationszentrum, Vestbaneplassen 1,
  N-0250 Oslo 2, Tel. 02 - 83 00 50
- Oslo Guide Service,
  Vestbaneplassen 1,
  N-0250 Oslo 2, Tel. 02 - 83 83 80
- Touristeninformation im Hauptbahnhof,
  N-0154 Oslo, Tel. 02 - 17 11 24

Veranstaltungen 1992:

März:
12.-15.3.: Holmenkollen-Skifestival. Traditionelles Skispringen am Sonntag.
13.-22.3.: »Sjøen for alle«, Int. Bootsmesse. Norges Varemesse. Messegelände.
April:
Ende April: »Zentrumslauf«, Straßenvolkslauf.
Mai:
17.5.: Nationalfeiertag mit großem Festzug durch die Stadt.
23.5.: »Oslo-løpet«, Straßenlauf, Tivoli und Unterhaltung, Frogner.
Juni:
14.6.: »Holmenkollen Summer Festival«, Eurovisionskonzert.
21.6.: »Holmenkollen Summer Festival«, u.a. Wettbewerbe und Kalvøya Rock Festival.
23.6.: Mittsommernachtsfeste mit Feuern überall am Oslofjord.
Juli:
Anfang Juli: »Den store styrkeprøven« (»die große Kraftprobe«), Radrennen von Trondheim nach Oslo, 540 km.
4.7.: »Mobil Bislett Games«, Leichtathletik.
August:
August: »Nor-Shipping«, Norwegische Handelsmesse.
Anfang August: »Norway-Cup«, größtes Fußballturnier der Welt mit Jugendlichen aus allen Nationen, Ekeberg.
Anfang August: Kammermusikfestival.
Anfang August: Jazzfestival in der ganzen Stadt.
Mitte August: »Sommer in der Festung Akershus«, kulturelle Veranstaltungen.
29.8.-1.9.: »Fashion Week«, Norwegische Modemesse.
September:
Anfang September: Internationales Ibsen-Festival, Nationaltheater.
5.9.: 5. Oslo-Marathon.

AKERSHUS

Das regionale Fremdenverkehrsamt:
- Akershus Reiselivsråd,
  Tullinsgt. 6, Postboks 6888,
  N-0130 Oslo, Tel. 02 - 36 58 85

Die örtlichen Touristenbüros:
- Trafikanten, Salgs- og Servicesenter, Jernbanetorget 1,
  N-0154 Oslo, Tel. 02 - 17 70 30

Veranstaltungen 1992:

Juni:
11.-14.6.: »Vestby Mart'n«, Jahrmarkt, Vestby.
Ende Juni: Kalvøya-Festival, Rock- und Popfestival, Bærum.
Juli:
31.7.-9.8.: Son-Kulturfestival, Son/Vestby.
August:
15.-16.8.: »Gamle-Hvam-Tage«, traditionelles Fest, Gamle Hvam Museum, Romerike.
23.8.: Sommer-Skispringen, Marikollen/Rælingen.

ØSTFOLD

Das regionale Fremdenverkehrsamt (nur schriftliche Anfragen):
- Østfold Reiselivsråd, Fylkeshuset,
  N-1700 Sarpsborg,
  Fax: 09 - 11 71 18
(mündliche Anfragen):
- Turistinformasjonen SveNo E6,
  Svinesund, N-1760 Berg i Østfold,
  Tel. 09 - 19 51 52

Die örtlichen Fremdenverkehrsämter/ Touristenbüros:
- Guidekontoret i Gamlebyen (Fredrikstad), Tel. 09 - 32 05 65
- Reisetrafikkforeningen for Fredrikstad og Omegn, Turistsenteret,
  N-1600 Fredrikstad,
  Tel. 09 - 32 03 30,
  (auch Touristenbüro)
- Halden Reiselivslag, Boks 167,
  N-1751 Halden, Tel. 09 - 18 24 87,
  (auch Touristenbüro)
- Moss Turistinformasjon, Chrystiesgt. 3,
  N-1500 Moss, Tel. 09 - 25 54 51
- Sarpsborg Turistinformasjon, Rådhuset, N-1700 Sarpsborg,
  Tel. 09 - 11 90 00
- Marker Reiselivsnemnd,
  N-1870 Ørje Turistinformasjonen,
  Tel. 09 - 81 13 17
- Turistinformasjonen, grens E 18,
  N-1870 Ørje, Tel. 09 - 81 15 16

Veranstaltungen 1992:

Mai:
19.-20.5.: »Fredrikstad-Cup«, Handballturnier für Jugendliche, Fredrikstad.
28.-31.5.: Norwegisches Kunstfestival, Moss.
28.5.-7.6.: »Gleng Musikfestival«, Rock, Pop, Jazz, Volkslieder, Klassik von bekannten und unbekannten Künstlern, Sarpsborg.
Juni:
Juni-August: jeden Mittwoch Volkstanz in der Festung Frederiksten, Halden.
Juni-August: jeden Samstagabend »Ælvejazz«, Bootsfahrt mit der M/S Krabben und einer Jazzband auf dem Fluß Glomma, Sarpsborg.
Anfang: Puppentheaterfestival in der Altstadt von Fredrikstad.
6.-8.6.: »Sjøbu-Ausstellung«, Utgårdskilen auf der Insel Vesterøy/Hvaler.
29.6.-6.7.: Internationales Amateurtheater-Festival, Halden.
Juli:
16.7.: Gedächtnisfest anlässlich Roald Amundsens 120jährigem Geburtstag, in »Tomta«, Borge.
29.7.: Olsokfest zum Andenken an St.Olav, den Gründer der Stadt, im Borgarsysselmuseum, Sarpsborg.
30.7.-4.8.: Norwegisches Orientierungslauf-Festival, Halden.
August:
13.8.-4.10.: 10. Internationale Grafik-Trienale, Fredrikstad.
21.-30.8.: »Momarket«, Messe und kulturelle Veranstaltungen, Mysen.

VESTFOLD

Das regionale Fremdenverkehrsamt:
- Vestfold Reiselivsråd, Postboks 200, N-3251 Larvik Tel. 034 - 30 100

Die örtlichen Fremdenverkehrsämter:
- Horten og Borre Reiselivslag,
  Torget 6a, N-3190 Horten,
  Tel. 033 - 43 390
- Larvik Reiselivsforening, Postboks 200, N-3251 Larvik, Tel. 034 - 82 623
- Sandefjord Reiselivsforening, Postboks 367, N-3201 Sandefjord, Tel. 034 - 60 590
- Tønsberg og Omland Reiselivslag, Storgt. 55, N-3100 Tønsberg, Tel. 033 - 10 220

Touristenbüros/Informationen:
- Kulturkontoret,
  Tordenskjoldsgt. 5
  N-3080 Holmestrand,
  Tel. 033 - 51 590 / 52 159
- Sommerinformasjonen i Horten, Biblioteket, Apotekergt. 10,
  N-3190 Horten, Tel. 033 - 43 390
- Kulturkontoret, Åsgt. 24
  N-3060 Svelvik, Tel. 02 - 77 20 76
- Sommerinformasjonen for Tønsberg og Omland, Honnørbryggen,
  N-3100 Tønsberg, Tel. 033 - 10 211

Veranstaltungen 1992:

Juni:
Anfang Juni: »Stokke-Tage«, Stokke.
21.-28.6.: Internationales Sommerfestival für Chöre, Blasmusik und Folklore, Sandefjord.
23.6.: Mittsommernacht mit St. Hansfeuer und vielen Veranstaltungen, überall in Vestfold.
25.-28.6.: »Slottfjellspiele«, historisches Theater im Slottfjellsamphitheater, Tønsberg.
Ende Juni: »Festspiele in Vestfold«, an mehreren Orten in Vestfold.
Ende Juni/Juli: »Sommer in Stokke«, Stokke.
Juli:
Anfang Juli: »Frohe Tage in Stavern«, Stavern.
10.-19.7.: Internationales Opernfestival, Sandefjord.
11.-17.7.: »Colin Archer Memorial Race«, Segelregatta von Lauwersoog (Niederlande) nach Larvik.
29.7.: »Olsok«, mit Olsokfeuer und Festen an der Küste, überall in Vestfold.
Mitte Juli - Ende August: Sommerauktion, Tønsberg.
August:
7.-16.8.: Vestfoldausstellung, Larvik.
Ende August: »Herregårdstage«, Larvik.
September:
Anfang September: »Kunsthandwerk-Tage« in Bezirksmuseum Vestfold, Tønsberg.
Anfang September: Norwegische Meisterschaften im Surfen, Tønsberg.

BUSKERUD

Das regionale Fremdenverkehrsamt:
- Buskerud Reiselivsråd, Storgt. 4, N-3500 Hønefoss, Tel. 067 - 23 655

Die örtlichen Fremdenverkehrsämter/ Touristenbüros:
- Drammen Kommunale Turistinformasjon, Rådhuset, N-3017 Drammen, Tel. 03 - 80 62 10
- Geilo Turistservice A/L N-3580 Geilo, Tel. 067 - 86 300
- Gol Turistkontor, N-3550 Gol, Tel. 067 - 74 840 / 74 241
- Informasjon, N-3540 Nesbyen, Tel. 067 - 70 170 / 71 855
- Hemsedal Turistkontor N-3560 Hemsedal, Tel. 067 - 78 156
- Hole og Ringerike Markedsføring A/S, Storgt. 4, N-3500 Hønefoss, Tel. 067 - 23 330
- Turistkontoret for Kongsberg og Numedal, Schwabes gt. 1, N-3600 Kongsberg, Tel. 03 - 73 15 26
- Turistkontoret for Midt-Buskerud, N-3516 Noresund, Tel. 067 - 46 611
- Numedal Turist- og Næringsservice, N-3630 Rødberg, Tel. 03 - 74 13 90
- Ål Turistkontor, N-3570 Ål, Tel. 067 - 81 060

Veranstaltungen 1992:

April:
25.4.: »Skarverennen«, Skirennen mit 10.000 Teilnehmern, Geilo.
Mai:
Anfang Mai: Fahrradtour für die ganze Familie, Drammen.
Ende Mai: Pferdeumzug mit Picknick im Stadtpark, Drammen.
Ende Mai: Kulturtage, Nore og Uvdal.
28.-31.5.: Volksmusiktage, Ål.
Juni:
Anfang Juni: Kulturwoche, Hønefoss/Ringerike.
Mitte Juni: »Bygde-Musikfestival«, Krødsherad.
10.-14.6.: Musikfestival/ Festspiele Nesbyen.
Ende Juni: »Blaafarveværks-Marsch«, Åmot.
Juli:
1.-5.7.: Internationales Jazzfestival Kongsberg.
1.-5.7.: »Hallingdalmarkt«, Unterhaltung, Ausstellungen, Verkauf, Nesbyen.
Mitte Juli: »Goltage«, Jahrmarkt, Gol.
Mitte Juli: »Geilodagene«, Jahrmarkt, Geilo
August:
Anfang August: »Holsdagen«, Hist. Bauernhochzeit in der alten Kirche, Hochzeitszug zum Heimatmuseum, Hol.
15.-23.8.: »Drammenmesse« in der Drammenhalle, Drammen.
Mitte August: »Sølvcup«, Handballturnier mit 2000 Teilnehmern, Kongsberg.
Mitte August: »Donald Duck Games«, Leichtathletik für Jungen und Mädchen, Kongsberg.
Ende August: »Drammentage«, Drammen.
September:
Anfang September: Europameisterschaft im Rallyecross auf der Lyngåsbahn, Drammen.
Oktober:
Anfang Oktober: Internationaler Drammen-Marathon, Drammen.

OSTNORWEGEN

»TROLL PARK«

- Troll Park A/S, Postboks 445, N-2601 Lillehammer, Tel. 062 - 69 200

HEDMARK

Das regionale Fremdenverkehrsamt:
- Hedmark Reiselivsråd, Grønnegt. 11, N-2300 Hamar, Tel. 065 - 29 006

Die örtlichen Fremdenverkehrsämter:
- Alvdal Reiselivslag N-2560 Alvdal, Tel. 064 - 87 000
- Elverum Reiselivslag, Trysilvn. 3, Postboks 313 N-2401 Elverum, Tel. 064 - 10 300
- Engerdal Reiselivslag N-2443 Drevsjø, Tel. 064 - 59 000
- Folldal Reiselivslag N-2580 Folldal, Tel. 064 - 90 268
- Rendalen Reiselivslag, Rendalen Kommune, N-2482 Storsjøen, Tel. 064 - 69 245
- Solør-Odal Reiselivslag, Boks 124, N-2201 Kongsvinger, Tel. 066 - 11 300
- Stor-Elvdal Reiselivslag N-2480 Koppang, Tel. 064 - 60 000
- Tolga Reiselivslag N-2540 Tolga, Tel. 064 - 94 505
- Trysil Ferie og Fritid, Turistkontoret N-2420 Trysil, Tel. 064 - 50 056

OPPLAND

Das regionale Fremdenverkehrsamt:
- A/L Oppland Reiseliv, Kirkegt. 76, N-2600 Lillehammer, Tel. 062 - 89 300

Die örtlichen Fremdenverkehrsämter:
- Beitostølen-Øystre Slidre Reiseliv N-2953 Beitostølen, Tel. 063 - 41 006/41 360
- Bjorli A/S, Bjorli Turistkontor, N-2669 Bjorli, Tel. 062 - 45 645
- Destinasjon Gjøvik, Kauffeldtgården, N-2800 Gjøvik, Tel. 061 - 71 688
- Dovre Reiselivslag/Info-Nor, Postboks 153, N-2660 Dombås, Tel. 062 - 41 444
- Etnedal Reiselivslag, N-2890 Etnedal, Tel. 061 - 21 000
- Gausdal Reiselivslag, Boks 62 N-2621 Østre Gausdal, Tel. 062 - 20 066
- Gran Reiselivslag, N-2760 Brandbu, Tel. 063 - 35 920
- Heidal Turist, N-2655 Heidal, Tel. 062 - 34 127/34 154
- Jevnaker Reiselivslag, Postboks 70, N-3520 Jevnaker, Tel. 063 - 11 444
- Land Reiselivslag, Postboks 37, N-2860 Hov, Tel. 061 - 22 000
- Lillehammer Turistlag, Oppland Hotel, Hamarvn. 2, N-2600 Lillehammer, Tel. 062 - 58 500
- Turistinformasjonen Lillehammer, Jernbanegate 2, Postboks 85, N-2600 Lillehammer, Tel. 062 - 59 299
- Lom-Jotunheimen Reiselivslag, Turistkontoret, N-2686 Lom, Tel. 062 - 11 286
- Lunner Reiselivslag, N-2740 Roa, Tel. 063 - 21 080
- Midt-Valdres Reiselivslag, Strandefj. Hytte & Fritidss., N-2920 Leira, Tel. 063 - 62 365/61 720
- Nord-Fron Reiselivslag, Nedregt. 5a, N-2640 Vinstra, Tel. 062 - 90 166/90 518
- Nordre Land Reiselivslag, Rådhuset, N-2870 Dokka, Tel. 061 - 10 200
- Nordseter Turist, N-2614 Nordseter, Tel. 062 - 64 037/64 012
- Reisetrafikklaget for Valdres og Jotunheimen/Valdres Turistkontor, N-2900 Fagernes, Tel. 063 - 60 400
- Ringebu Reiseliv A/L, Postboks 27, N-2630 Ringebu, Tel. 062 - 80 533
- Sel-Rondane Reiselivslag, Postboks 94, Nygata 4, N-2671 Otta, Tel. 062 - 30 365/30 244
- Sjusjøen A/S N-2612 Sjusjøen, Tel. 065 - 63 401
- Skjåk Reiselivslag N-2692 Bismo, Tel. 062 - 14 024
- Sør-Fron Reiselivslag N-2647 Hundorp, Tel. 062 - 96 000
- Sør-Valdres Reiselivslag, N-2835 Hedalen, Tel. 063 - 49 680
- Tisleidalen Ferie & Fritid, N-2923 Tisleidalen, Tel. 063 - 64 041
- Vang Reiselivslag, N-2975 Grindaheim, Tel. 063 - 67 700/67 746
- Vaset/Vestre Slidre Reiselivslag, N-2960 Røn, Tel. 063 - 63 165/44 349
- Vestre Toten Kommune, N-2830 Raufoss, Tel. 061 - 91 166
- Vågå Reiselivslag, Brennvegen 1, N-2680 Vågåmo, Tel. 062 - 37 880
- Østre Toten Næringsråd, N-2850 Lena, Tel. 061 - 61 757
- Øyer Turist, N-2636 Øyer, Tel. 062 - 77 950

Veranstaltungen 1992:

März:
15. 3.: »Birkebeinerrennen«, Ski-Volkslauf, Lillehammer.
Mai:
Anfang Mai: »Skisprung-Gala« mit einigen Weltstars, Gjøvik.
Juni:
Juni - Juli: Volkskunst- und Handwerkstage mit Verkaufsausstellung, Lesja.
Anfang Juni: Landwirtschaftstage im Valdres-Volksmuseum, Fagernes.
Anfang Juni: Gebirgsmarathon von Valdresflya nach Beitostølen.
Mitte Juni: »Olympic Day Run«, Lillehammer.
Ende Juni: »Bjørnstjerne-Bjørnson-Tage«, Aulestad.
Ende Juni/ Anfang Juli: Musikwochenende, Segalstad.
Juli:
5. -12.7.: Juniorweltmeisterschaften Wildwasserfahren, Sjoa
8.7.-11.8.: »Kultursommer« in Vestre Slidre.
Mitte Juli: »Valdresmarken«, Markt und Unterhaltung, Fagernes.
Mitte Juli: Kulturwoche, Gjøvik.
Mitte Juli: Norwegische Schach-Meisterschaft, Gjøvik.
Ende Juli: »Jørn-Hilme-Treffen«, Volksmusik und Volkstanz, Valdres-Volksmuseum, Fagernes.
29.7.: »Olsokspiel«, Historienspiel mit Musik und großem Feuer, Østre Gausdal.
29.7.: Mitternachts-Fackelskirennen, Champagner-Buffet im Schnee auf dem Galdhøppigen.
Ende Juli: Landesfest alter Tanzmusik, Vågå.
August:
Norwegisches Gebirgs- und Seenfestival, Otta.
1.-3.8.: »Jo-Gjende-Treff«, Jagd- und kulturhistorisches Treffen, Vågå.
2.-11.8.: »Peer-Gynt-Stevne«, Freilufttheater am See Golåvann, Vinstra.
Mitte August: »G & LT Off Road Cup«, Geländeradrennen, Golå.
17.8.: Tanzgala auf der Trabrennbahn Biri.
Ende August: Festspieltage, Gjøvik.

SØRLANDET - SETESDAL - TELEMARK

SØRLANDET - SETESDAL

Die regionalen Fremdenverkehrsämter:
- Aust-Agder Fylkeskommune,
  Fylkeshuset,
  N-4800 Arendal, Tel. 041 - 17 300
- Vest-Agder Reiselivsråd,
  Vestre Strandgt. 23, Postboks 770,
  N-4601 Kristiansand S,
  Tel. 042 - 74 500

Die örtlichen Fremdenverkehrsämter/
Touristenbüros:

AUST-AGDER

- Sørlands INFO, Postboks 518,
  N-4801 Arendal, Tel. 041 - 22 193
- Nedre Setesdal Reisetrafikklag,
  Postboks 146
  N-4660 Evje, Tel. 043 - 31 056
- Hovdenferie A/S
  N-4695 Hovden, Tel. 043 - 39 630
- Risør Reiselivslag, Postboks 191,
  N-4951 Risør, Tel. 041 - 52 270
  (Risør Hotel)
- Tvedestrand Turistkontor, Fritz
  Smithsgt. 1, N-4900 Tvedestrand,
  Tel. 041 - 61 101
- Valle og Rysstad Reiselivslag
  N-4695 Valle, Tel. 043 - 37 312
- INFO Sør an der E 18,
  N-4993 Sundebru, Tel. 041 - 58 560
- Grimstad Turistkontor,
  N-4890 Grimstad, Tel. 041 - 44 041
- Lillesand Næringsvekst,
  Havnegaten,
  N-4790 Lillesand, Tel. 041 - 72 377
- Lillesand Turistkontor,
  N-4790 Lillesand, Tel. 041 - 71 449
- Birkenes Turistkontor,
  N-4760 Birkeland, Tel. 041 - 76 833

VEST-AGDER

- Eiken Turistinformasjon (Hægebostad), N-4596 Eiken, Tel. 043 - 48 349
- Farsund Turistinformasjon, Torvet
  N-4550 Farsund, Tel. 043 - 90 839
- Flekkefjords Turistinformasjonskiosk, Brogt., N-4400 Flekkefjord,
  Tel. 043 - 24 254
- Kristiansand Turistkontor,
  Reiselivslaget for Kristiansand
  Distrikt, Dronningensgt. 2,
  N-4610 Kristiansand,
  Tel. 042 - 26 065
- Vestre Vest-Agder Reiselivslag,
  N-4480 Kvinesdal, Tel. 043 - 50 042
- Lyngdal Turistinformasjon, Alléen
  N-4580 Lyngdal, Tel. 043 - 43 143
- Mandal & Lindesnes Turistkontor,
  Mandalregionens Reiselivslag,
  Bryggegt.,
  N-4500 Mandal, Tel. 043 - 60 820
- Tonstad Turistkontor,
  N-4440 Tonstad, Tel. 043 - 70 586
- Åseral Servicekontor, Kyrkjebygda,
  N-4540 Åseral, Tel. 043 - 83 287
- Lindesnes Turistinformasjon,
  Vigeland, N-4520 Sør Audnedal,
  Tel. 043 - 57 215
- Øvre Sirdal Turistinformasjon
  N-4443 Tjørhom, Tel. 043 - 71 276
- Søgne Turistkontor,
  N-4640 Søgne, Tel. 042 - 50 142

Veranstaltungen 1992:

Mai:
28.-31.5.: Sørlands-Bootsmesse, Arendal.
Juni:
5.-7.6.: Forellenangelfestival, Vegårshei.
12.-14.6.: »Setesdalsmarkt«, Handelsmesse mit Rahmenprogramm, Rysstad.
14.6.-9.8.: Volksmusikfestival, Ose.
Mitte Juni: Zeichentrickfilmfestival für Kinder, Grimstad.
18.-20.6.: Listafestival (Tivoli, Unterhaltung), Vanse/Farsund.
21.6.-16.8.: »Valleausstellung«, Kunst- und Handwerksausstellung, Tveitetunet, Valle.
23.-27.6.: Auswandererfestival, Kvinesdal.
27.-28.6.: »Trekkferge-Festival«, Oldtimer-Rennen u.a., Trysfjorden bei Søgne.
27.6.-5.7.: Sommerfestival, Ausstellungen und Unterhaltung. Lillesand.
29.6.-17.8.: Volkstanz und Fiedelmusik (Mi und Do 14.00 Uhr.), Sylvartun. Setesdal.
Juli:
»Bygdeausstellung«, jährliche Kunst- und Volkskunstausstellung, Åseral.
»Flatbrød«-Back-Festival, Valle.
Reitausflüge durch die Wälder, Risør.
7.-15.7.: »Storstevnet«, religiöses Treffen, Kvinesdal.
8.-11.7.: Musikfestival (Pop, Jazz, Rock, Folk), Arendal.
9.-11.7.: Sommermesse/Jahrmarkt, Arendal
9.-11.7.: »Kaper-Tage«, kulturelle Veranstaltungen und Unterhaltung, Farsund.
10.-12.7.: Galerie Villvin: Nordisches Kunsthandwerk, Risør.
10.-12.7.: »Setesdalsstevne«, traditionelles Festival mit Musik, Gesang und Tanz, Bygland.
11.7.: »Hovdenmarsch«, Hovden.
11.-12.7.: Segelregatta für alle Klassen, Tvedestrand.
12.7.: Nordisches Drachenfestival, Risør.
17.-27.7.: »Küstenkulturwoche«, Tvedestrand.
17.-19.7.: »Lyngørdagen«, Lyngør.
26.7.: »Olsokspiel«, historisches Freilichttheater, Lyngdal.
26.7.: Traditionelles Mittsommerfest, Tveitetunet/Valle.
31.7.-2.8.: Volkstanz- und Volksmusikwettbewerb, Setesdal.
August:
»Fjellparkfestival«, Popkonzert, Flekkefjord.
1.-2.8.: Querfeldeinlauf, Valle.
2.-4.8.: Internationales Holzbootfestival, Ausstellung und Verkauf alter und neuer Holzboote, Rahmenprogramm, Risør.
7.-9.8.: »Schalentierfest«, Mandal.
Mitte August: Henrik Ibsen-Festival, Grimstad.
29.8.: Dølemo-Markt (Messe), Åmli.
September:
Zusammentreiben von ca. 40.000 Schafen im Hochgebirge, zwei Wochen lang, Sirdalsfjellet.
Anfang September: »Dyreskauet« (Tierschau, Markt und Unterhaltung), Lyngdal.

TELEMARK

Das regionale Fremdenverkehrsamt:
- Telemark Reiser,
  Nedre Hjellegt. 18,
  N-3701 Skien, Tel. 03 - 53 03 00

Die örtlichen Fremdenverkehrsämter:
- Kragerø Reiselivslag*,
  Postboks 176,
  N-3771 Kragerø, Tel. 03 - 98 23 30
- Kvitesid Reiselivslag,
  N-3848 Morgedal,
  Tel. 036 - 54 144
- Øst-Telemark Reiselivslag*,
  Storgt. 39, N-3670 Notodden,
  Tel. 036 - 12 633
- Rjukan og Tinn Reiselivslag*
  N-3660 Rjukan, Tel. 036 - 91 290
- Skien Reiselivslag*,
  Postboks 493,
  N-3701 Skien, Tel. 03 - 52 82 27

Die örtlichen Touristbüros:
- Brevik Næringsutvalg,
  Torvbakken 2,
  N-3950 Brevik, Tel. 03 - 57 02 00
- Bø Turistkontor, Bø sentrum,
  N-3800 Bø, Tel. 03 - 95 18 80
- Turistinformasjon på Haukeligrend, Rangvald Christensen,
  N-3895 Edland, Tel. 036 - 70 305
- Turistinformasjon i Fyresdal,
  N-3870 Fyresdal, Tel. 036 - 41 455
- Turistinformasjonen, bei der
  Heddal Stabkirche
- Kviteseid Turistinformasjon
  Tel. 036 - 54 173, Morgedal
  Tel. 036 - 56 302, Vrådal
- Turistinformasjonen i Nissedal,
  Søftestad Silberschmiede,
  N-3854 Nissedal, Tel. 036 - 47 233
- Porsgrunn Turistkontor,
  Østre Brygge, N-3900 Porsgrunn,
  Tel. 03 - 55 43 27
- Turistinformasjonen i Rauland,
  N-3864 Rauland, Tel. 036 - 71 117
- Turistinformasjonen i Seljord,
  N-3840 Seljord, Tel. 036 - 50 868
- Siljan Turistheim, 3748 Siljan,
  Tel. 03 - 54 11 58
- Turistinformasjonen
  im Telemark Sommarland,
  Tel. 03 - 95 16 99
- Turistinformasjonen an der
  Ulefoss Schleuse,
  N-3745 Ulefoss, Tel. 03 - 94 54 60
- Vinje Turisthotell,
  N-3340 Åmot, Tel. 036 - 71 300

Veranstaltungen 1992:

Mai:
23.5 -20.9.: verschiedene Feiern aus Anlaß des 100-jährigen Jubiläum des Telemarkkanals
30.5.: »Barnas Dag«, die größte eintägige Veranstaltung für Kinder in Skandinavien, Porsgrunn.
Juni:
Mitte Juni - Mitte August: »Sommer in Brevik«, Konzerte, Ausstellungen, Regatten u.v.m., Brevik.
14.-16.6.: »Dalsmarken«, Volksfest, Dalen.
Juli:
1.-29.7.: »Vinjeausstellung«, Kunstgewerbe lokaler Künstler, Vinje.
Anfang Juli - Mitte August: Kunstausstellung, Rauland.
August:
28.8.-6.9.: Telemarks größte Handelsmesse mit kulturellem Rahmenprogramm, Skien

September:
1.-29.9.: Telemarks größte Kunst- und Kulturausstellung, Seljord.
11.-13.9.: »Dyrsku'n«, Volksfest, Seljord.

WESTNORWEGEN

ROGALAND

Das regionale Fremdenverkehrsamt:
- Rogaland Reiselivsråd,
  Øvre Holmegt. 24,
  N-4006 Stavanger, Tel. 04 - 53 48 34

Die örtlichen Fremdenverkehrsämter/
Touristenbüros:
- Dalane & Sirdal Reiselivslag,
  Jernbaneveien
  N-4370 Egersund, Tel. 04 - 49 08 19
- Reisetrafikkforeningen for Haugesund, N-5500 Haugesund,
  Tel. 04 - 72 52 55
- Karmøy Reiselivslag, Rådhuset
  N-4250 Kopervik, Tel. 04 - 85 22 00
- Sauda Reiselivsforum,
  N-4200 Sauda,
  Tel. 04 - 78 39 88/ 78 36 90
- Stavanger Reiselivslag, Postboks 11
  N-4001 Stavanger, Tel. 04 - 53 51 00
- Strand Reiselivslag,
  N-4100 Jørpeland,
  Tel. 04 - 44 74 00 / 44 83 14
- Sola Reiselivslag, Sola Kulturhus
  N-4050 Sola, Tel. 04 - 65 15 75
- Sandnes Reiselivslag, Langgt. 8
  N-4300 Sandnes, Tel. 04 - 62 52 40
- Suldal Reiselivslag, N-4230 Sand,
  Tel. 04 - 79 72 84 / 79 74 11
- Hjelmeland Reiselivslag,
  N-4137 Årdal,
  Tel. 04 - 44 22 24 / 44 04 00

Veranstaltungen 1992:

Juni:
Juni - August: Sommerkonzerte im Kloster Utstein auf der Insel Mosterøy.
10.-14.6.: »Karmøytage«, Karmøy.
12.6.: »Prikkdagen« historischer Markt, Haugesund.
13.-20.6.: »Norwegisches Auswandererfestival«, Stavanger.
15.-25.6.: Kulturwoche, Sauda.
20.6.: Mittsommerfest in Foreneset.
25.-26.6.: »Eigersund-Tage«, Eigersund.
Juni: Mittsommerfest, Vikevåg.
Juni: »Ryfylke-Tage«, Sand.
Juli:
10.-12.7.: Sommerfestival, Skudeneshavn.
12.7.: Führung auf dem Bauernhof Vigåtunet, Hjelmeland.
25.7.: Angelfestival, Østhusvik.
25.-26.7.: Festival auf dem Preikestolen.
Juli/August: Festliche Wochenenden, Kløgetveids-Tunet.
Aktivitätswochenenden, Kvæven Bygdetunet.
29.7.: Olsoksgottesdienst, Årdal Gamle Kirke.
31.7.-2.8.: Norwegisches Volkstanzfestival, Haugesund.
August:
14.8.: Meeressegelregatta, Haugesund.
14.-22.8.: Internationales Kammermusikfestival, Stavanger.

15.-16.8.: Kunstausstellung, Skeia-tunet/Sandnes.
22.8.: Der längste Heringstisch der Welt, Haugesund.
22.8.: Angelfestival, Bjerkreim.
28.-30.8.: »Finnøy-Tage«, Finnøy.
September:
Zusammentreiben von ca. 40.000 Schafen im Hochgebirge, zwei Wochen lang, Sirdal.

HORDALAND

Das regionale Fremdenverkehrsamt:
- Hordaland og Bergen Reiselivsråd, Slottsgt. 1, N-5003 Bergen, Tel. 05 - 31 66 00

Die örtlichen Fremdenverkehrsämter:
- Bergen Reiselivslag, Postboks 4055 Dreggen, N-5023 Bergen, Tel. 05 - 31 38 60
- Bjørnefjorden Reiselivslag, N-5200 Os, Tel. 05 - 30 15 60
- Bømlo Reiselivslag, Postboks 130, N-5420 Rubbestadneset, Tel. 054 - 27 705
- Eidfjord Reiselivslag*, Postboks 132 N-5783 Eidfjord, Tel. 054 - 65 177
- Etne Turistinformasjon, Sæbøtunet, N-5590 Etne, Tel. 04 - 75 68 40
- Granvin Reiselivslag, N-5736 Granvin, Tel. 05 - 52 51 40
- Kvam Reiselivslag, Postboks 180 N-5601 Norheimsund, Tel. 05 - 55 17 67
- Kvinnherad Reiselivslag, N-5470 Rosendal, Tel. 054 - 81 311
- Nordhordland Reiselivslag*, N-5100 Isdalstø, Tel. 05 - 35 16 01
- Odda Reiselivslag, Postboks 147 N-5751 Odda, Tel. 054 - 41 297
- Osterfjord Reiselivslag, N-5280 Dalekvam, Tel. 05 - 59 66 22
- Samarbeidsrådet for Sunnhordland, Postboks 448, N-5400 Stord, Tel. 054 - 16 016/13 256
- Sotra og Øygarden Reiselivslag, N-5353 Straume, Tel. 05 - 33 10 00
- Stord Reiselivslag*, Postboks 443 N-5400 Stord, Tel. 054 - 14 310
- Sund Reiselivsnemnd N-5382 Skogsvåg, Tel. 05 - 33 75 00
- Ullensvang Reiselivslag*, Postboks 73, N-5780 Kinsarvik, Tel. 054 - 63 112
- Ulvik Reiselivslag*, Postboks 91, N-5730 Ulvik, Tel. 05 - 52 63 60
- Voss Reiselivslag*, Postboks 57, N-5701 Voss, Tel. 05 - 51 17 16

Die örtlichen Touristenbüros:
- Turistinformasjonen, Torgalmenningen, N-5000 Bergen, Tel. 05 - 32 14 80
- Etne Reiselivslag, N-5590 Etne, Tel. 054 - 75 69 26
- Husnes Turistinformasjon, N-5460 Husnes
- Kinsarvik Turistinformasjon, N-5780 Kinsarvik, Tel. 054 - 65 112
- Hardanger Feriesenter Turistinformasjon, N-5600 Norheimsund, Tel. 05 - 55 13 84
- NAF Turistinformasjon, Kvamskogen, N-5600 Norheimsund, Tel. 05 - 55 89 54
- Norheimsund Turistinformasjon N-5600 Norheimsund, Tel. 05 - 55 17 67
- Rosendal Turistinformasjon N-5470 Rosendal, Tel. 054 - 81 328/81 311
- Strandebarm Fjordhotell Turistinformasjon, N-5630 Strandebarm,

Tel. 05 - 55 91 50
- Øystese Turistinformasjon, N-5610 Øystese
- Jondal Turistkontor, N-5627 Jondal, Tel. 054 - 68 531
- Røldal Turistkontor, N-5760 Røldal, Tel. 054 - 47 245
- Knarvik Turistkontor, N-5100 Isdalstø, Tel. 05 - 35 16 01
- Dale Turistkontor, N-5280 Dalekvam, Tel. 05 - 59 66 00
- Os Turistkontor, N-5200 Os, Tel. 05 - 30 15 60

Veranstaltungen 1992:

Januar:
Januar-Mai, Sept.-Dez.: Donnerstags, Konzerte des Phil. Orchesters Bergen in der Grieghalle. Bergen.
Februar:
8.-15.2.: Norw. Abfahrtsmeisterschaften, Junioren. Voss.
April:
10.-12.4.: »Vossa Jazz«, Internationales Jazzfestival, Voss.
25.4.: »Skarverennen«, Skirennen im Hochgebirge, 37 km, von Finse nach Ustaoset.
Mai:
Off. Eröffnung des Måbødalen Naturlehrparks. Eidfjord.
2.-3.5.: Skitour über den Folgefonn-Gletscher. Kvinnherad.
10.5.: 200jähriges Jubiläumsfest des Gravensteiner-Apfels! Ullensvang.
16.5.: Saisoneröffnung im Kunstzentrum Rekkjetunet. Tysnes.
20.-31.5.: Internationales Musikfestival, Konzerte, Theater, Ballett, »Nachtjazz« mit internationalen Musikern, Bergen.
23.5.: Angelfestival in Sandvoll. Kvinnherad.
29.-31.5.: Musikfestival in der Baronie Rosendal.
Ende Mai-Ende August: jeden Freitag, Konzert in der Baronie Rosendal.
Mai/Juni: Skifestival auf dem Vikafjell. Voss.
Juni:
Juni-Aug.: Kirchenkonzertreihe in Ulvik und Eidfjord.
Juni-Aug.: Jedes Wochenende Touren zum Folgefonn-Gletscher mit Übernachtung auf einer Hütte. Odda.
Juni-Aug.: Skulpturen- und Bergslien-Kunstausstellung. Eidfjord.
Juni/Juli: Hardanger-Sommerausstellung mit Verkauf. Kunstgewerbe. Lofthus.
5.-7.6.: »Mostraspiel«, historisches Freilichttheater, Bømlo.
5.-7.6.: Markttage in Skånevik.
6.6.: Segelregatta Skånevik - Stord.
10.6.: »Eisentage«, Vorführungen alter Schmiedetraditionen. Voss.
15.6.: Norw. Meisterschaften im Meeresangeln. Fedje.
Mitte Juni: »Edvard Grieg-Konzerte«, Lofthus bei Bergen.
Mitte Juni: Sommerkunstausstellung auf der Insel Osøyro. Os.
Mitte Juni - Mitte August: »Bergenser Sommer« mit den verschiedensten Aktivitäten.
15.6.-15.8.: Führungen und Kunstausstellung im Sæbøtun Heimatmuseum. Etne.
23.6.: »Jonsok«, Mittsommerfest mit Volkstanz und großen Feuern, überall in Hordaland.

Ende Juni: Wettkämpfe im Hufeisenwerfen. Etne.
Juli:
4.7.: Angelfestival, Tanz an der Pier. Skånevik.
4.-12. Bezirksschützenfest mit Kulturprogramm. Os.
5.7.: »Husnestage«. Husenes.
6.7.: Jahrmarkt in Hatlestrand.
11.7.: Fjellbergsund-Festival. Kvinnherad.
11.7.-8.8.: Kunstausstellung in der Baronie Rosendal.
16.-19.7.: »Baroniespiel«, Konzerte und Theater im Garten der Baronie Rosendal.
25.7.: Angelfestival in Sæbøvik.
29.7.: »Olsokfeiern« mit Volkstanz und Feuern am Hardangerfjord.
August:
Anf. Aug.: Angelfestival. Fitjar.
8.-9.8.: Festival mit 10 km-Volkslauf. Granvin.
13.-16.8.: Kunstmarkt mit Unterhaltung. Etne.
Mitte: Folgefonn-Marsch. Odda.
22.8.: Lachsfestival. Etne.

SOGN OG FJORDANE

Das regionale Fremdenverkehrsamt:
- Sogn og Fjordane Reiselivsråd, Parkvegen 3, Postboks 299, N-5801 Sogndal, Tel. 056 - 72 300

Die örtlichen Fremdenverkehrsämter/Touristenbüros:
- Turistinformasjonen i Askvoll N-6980 Askvoll, Tel. 057 - 30 650
- Aurland Reiselivslag N-5745 Aurland, Tel. 056 - 33 313
- Turistinformasjonen i Aurland N-5745 Aurland, Tel. 056 - 33 323
- Balestrand og Fjærland Reiselivslag*, Postboks 57, N-5850 Balestrand, Tel. 056 - 91 255
- Bremanger Reiselivslag, Postboks 16, N-6930 Svelgen, Tel. 057 - 93 156
- Turistinformasjonen i Byrkjelo, N-6867 Byrkjelo, Tel. 057 - 67 301
- Turistinformasjonen i Flåm N-5743 Flåm, Tel. 056 - 32 106
- Eid Reiselivslag*, Postboks 92 N-6770 Nordfjordeid, Tel. 057 - 61 375
- Flora Reiselivslag, Postboks 219 N-6901 Florø, Tel. 057 - 41 000
- Turistinformasjonen i Florø, N-6900 Florø, Tel. 057 - 42 010
- Førde Reiselivslag, Postboks 113, N-6801 Førde, Tel. 057 - 21 311
- Gaular Reiselivslag*, N-6830 Sande i Sunnfjord, Tel. 057 - 16 131
- Turistinformasjonen i Gaupne, N-5820 Gaupne, Tel. 056 - 81 588
- Gloppen Reiselivslag*, Postboks 223 N-6860 Sandane, Tel. 057 - 66 100
- Gulen Reiselivslag, N-5966 Eivindvik, Tel. 057 - 84 342
- Hornindal Reiselivslag, Hornindal Kommune, N-6790 Hornindal, Tel. 057 - 79 407
- Hyllestad Reiselivslag, N-5842 Hyllestad, Tel. 057 - 88 525
- Jølster Reiseliv og Service, N-6855 Ålhus i Jølster, Tel. 057 - 27 777
- Leikanger Reiselivslag*, S-INFO, N-5842 Leikanger, Tel. 056 - 54 055
- Turistinformasjonen i Leirvik, N-5940 Leirvik, Tel. 057 - 8 837
- Turistinformasjonen i Loen, N-6878 Loen, Tel. 057 - 77 677
- Luster Reiselivslag, Rådhuset,

N-5820 Gaupne, Tel. 056 - 81 211
- Lærdal og Borgund Reiselivslag*, N-5890 Lærdal, Tel. 056 - 66 509
- Turistinformasjonen i Måløy, N-6700 Måløy, Tel. 057 - 50 85
- Turistinformasjonen i Olden N-6870 Olden, Tel. 057 - 73 126
- Turistinformasjonen i Sandane, N-6860 Sandane, Tel. 057 - 66 100
- Turistinformasjonen i Selje, N-6740 Selje, Tel. 057 - 56 606
- Turistinformasjonen i Skei, N-6850 Skei i Jølster, Tel. 057 - 28 588
- Turistinformasjonen i Skjolden, N-5833 Skjolden, Tel. 056 - 86 750
- Sogndal Reiselivslag*, Postboks 222, N-5801 Sogndal, Tel. 056 - 73 083
- Solund Reiselivslag*, N-5980 Hardbakke, Tel. 057 - 87 373
- Turistinformasjonen i Solvorn, N-5815 Solvorn, Tel. 056 - 84 611
- Stryn Reiseliv A/S, N-6880 Stryn, Tel. 057 - 72 332
- Turistinformasjonen i Stryn, N-6880 Stryn, Tel. 057 - 71 526
- Vest-Kapp Reiselivslag, N-6740 Selje, Tel. 057 - 56 660
- Vik og Vangsnes Reiselivslag*, Postboks 213, N-5860 Vik i Sogn, Tel. 056 - 95 686
- Turistinformasjonen i Åheim, N-6146 Åheim, Tel. 070 - 24 066
- Årdal Reiselivslag, Postboks 126 N-5875 Årdalstangen, Tel. 056 - 61 177

Veranstaltungen 1992:

Mai:
26.-27.5.: Industrie- und Kulturtage, Ausstellungen, kulturelle Veranstaltungen und Folklore, Årdal.
28.5.: Mittelaltermesse, Lærdal.
29.5.: »Støls-Tanz«, Undredal/Aurland.
29.-31.5.: Kulturtage, Skjolden.
30.5.: »Wikingerlauf«, Halbmarathon, Balestrand.
Juni:
14.6.: Gloppen Rock, Stryn.
Mitte Juni: Lærdals-Markt, Unterhaltung, kulturelle Veranstaltungen, Lærdal.
19.-20.6.: »Kinnaspiel«, Theateraufführung mit 100 Amateuren, Florø.
20.-21.6.: »Båt i vest«, Bootsmesse, Florø.
Ende Juni: Sommerskischule, Stryn.
Ende Juni: Rockkonzert, Nordfjordeid.
Juli:
Mitte Juli: Meeres- und Fischereiwoche, Kalvåg.
Ende Juli: Norwegische Meisterschaften im Radrennen, Lærdal.
August:
9.8.: »Flåmsmarsch«, Flåm.
Mitte August: Radrennen von Oslo nach Lærdal.
22.8.: »Rallar-Rennen« Finse-Vatnahalsen.
September:
14.-16.9.: Eidsmesse, Nordfjordeid.

MØRE OG ROMSDAL

Das regionale Fremdenverkehrsamt:
- Møre og Romsdal Reiselivsråd, Postboks 467, N-6501 Kristiansund, Tel. 073 - 73 977

Die örtlichen Fremdenverkehrsämter:
- Aure Reiselivslag,
  N-6598 Foldfjorden, Tel. 073 - 45 142
- Averøy Reiselivslag, Postboks 91,
  N-6530 Bruhagen, Tel. 073 - 13 111
- Eide Reiselivslag, Postboks 106,
  N-6490 Eide, Tel. 072 - 98 174
- Fræna Reiselivslag,
  Fræna Kommune,
  N-6440 Elnesvågen, Tel. 072 - 62 500
- Geiranger og Stranda Reiselivslag,
  Stranda Kommune,
  N-6200 Stranda, Tel. 071 - 60 044
- Gjemnes Reiselivslag, Postboks 64,
  N-6631 Batnfjordsøra,
  Tel. 072 - 90 101
- Halsa Reiselivslag
  N-6686 Vadsøybotn, Tel. 073 - 35 450
- Kristiansund Reiselivslag*, Postboks 401, N-6501 Kristiansund N,
  Tel. 073 - 77 211
- Nesset Reiselivslag,
  N-6460 Eidsvåg, Tel. 072 - 32 100
- Norddal Reiselivslag, Postboks 167
  N-6210 Valldal, Tel. 072 - 57 767
- Reiselivsforeningen i Molde*,
  Postboks 484,
  N-6401 Molde, Tel. 072 - 57 133
- Runde Reiselivslag, Postboks 154,
  N-6060 Hareid,
  Tel. 070 - 93 790/11 985
- Rindal og Surnadal Reiselivslag,
  Postboks 86,
  N-6650 Surnadal, Tel. 073 - 60 551
- Smøla og Tustna Reiselivslag,
  N-6577 Nordsmøla, Tel. 073 - 40 400
- Sunndal Reiselivslag*, Postboks 62
  N-6601 Sunndalsøra,
  Tel. 073 - 92 552
- Sykkylven Reiselivslag,
  Grepstadlia,
  N-6230 Sykkylven, Tel. 071 - 51 625
- Tingvoll Reiselivslag
  N-6674 Kvisvik, Tel. 073 - 32 649
- Vestnes Reiselivslag,
  N-6390 Vestnes, Tel. 072 - 80 500
- Volda Reiselivslag*,
  Volda Turisthotell,
  N-6100 Volda, Tel. 070 - 77 050
- Ørsta Reiselivslag*, Postboks 324,
  N-6150 Ørsta,
  Tel. 070 - 42 180/66 100
- Ålesund Reiselivslag*, Rådhuset,
  N-6026 Ålesund, Tel. 071 - 21 202
- Åndalsnes og Romsdal
  Reiselivslag*, Postboks 133,
  N-6301 Åndalsnes, Tel. 072 - 21 622

Touristeninformation/Touristenbüros:
- Averøy Turistinformasjon*,
  N-6650 Bremsnes, Tel. 073 - 11 598
- Eidsdal Turistinformasjon
  N-6215 Eidsdal, Tel. 071 - 59 220
- Fræna Turistinformasjon,
  N-6440 Elnesvågen, Tel. 072 - 62 500
- Geiranger Turistinformasjon,
  N-6216 Geiranger, Tel. 071 - 63 099
- Hareid Turistinformasjon,
  N-6090 Hareid, Tel. 070 - 93 790
- Hellesylt Turistinformasjon,
  N-6218 Hellesylt, Tel. 071 - 65 052
- Runde Turistinformasjon*,
  N-6096 Runde, Tel. 070 - 85 905
- Kristiansund Turistinformasjon*,
  Kapt. Bødtkertgt. 19, Postboks 401,
  N-6500 Kristiansund,
  Tel. 073 - 77 211
- Molde Turistinformasjon,
  N-6400 Molde, Tel. 072 - 57 133
- Norddal Turistinformasjon*,
  N-6210 Valldal, Tel. 071 - 57 767
- Stranda Turistinformasjon*
  N-6200 Stranda, Tel. 071 - 61 170
- Sunndal Turistinformasjon*,
  N-6600 Sunndalsøra,
  Tel. 073 - 92 552
- Surnadal Turistinformasjon,
  N-6650 Surnadal, Tel. 073 - 61 544
- Sæbø Turistinformasjon*,
  N-6180 Sæbø, Tel. 070 - 40 260
- Tingvoll Turistinformasjon,
  N-6630 Tingvoll, Tel. 073 - 31 000
- Volda Turistinformasjon*,
  N-6100 Volda, Tel. 070 - 77 050
- Ørsta Turistinformasjon*,
  N-6150 Ørsta, Tel. 070 - 66 477
- Ålesund Turistinformasjon,
  Rådhuset,
  N-6025 Ålesund, Tel. 071 - 21 202
- Åndalsnes Turistinformasjon*,
  Postboks 133,
  N-6301 Åndalsnes, Tel. 072 - 21 622

Veranstaltungen 1992:

Das ganze Jahr hindurch: Feiern anläßlich der 250-jährigen Stadtjubiläen von Kristiansund und Molde.
Mai:
29.-31.5.: Boots- und Freizeitmesse, Kristiansund.
Juni:
1.-7.6.: Kulturfestival, Kristiansund.
Anfang Juni: »Isfjord-Tag«, Markt, Isfjord.
Anfang Juni: Sunnmørsmesse, Ålesund.
14.6.: »Trollstigrennet« Alpinskiwettbewerb, Åndalsnes.
Mitte Juni: »Rindalstage«, Kulturwoche, Rindal.
20.6.: »kom og dans«, Swingtanz, Kristiansund.
20.-29.6.: Internationales Volkstanzfestival, Molde.
21.6: Segelregatta, Ulsteinvik.
27.-28.6.: »Romsdalsmarsch«, Geländemarsch, Rauma.
29.6.: Jubiläumstag, Besuch des Königs, Kristiansund.
29.6.-4.7.: Jubiläumsfestival, Kristiansund.
Juli:
5.-11.7.: Küstenkulturfestival, Kristiansund.
13.-18.7.: Internationales Jazzfestival Molde.
16.-19.7.: Segelfestival, Kristiansund.
Ende Juli: »Aurefestival«, kulturelle Veranstaltungen, Angelwettbewerb, Aure.
August:
Mitte August: Sportfestival mit Geländelauf, Radrennen, Sunndal.
September:
Mitte September: »Romsdalsmartna'n«, Jahrmarkt, Åndalsnes.
2.-6.9.: »Nordmørsmesse«, Kristiansund.

TRØNDELAG

Das regionale Fremdenverkehrsamt:
- Midt-Norsk Reiseliv A/S,
  Postboks 65,
  N-7001 Trondheim, Tel. 07 - 51 70 30

Die örtlichen Fremdenverkehrsämter/Touristenbüros:

SØR-TRØNDELAG

- Ferieveien Markedsforum
  Orkladalen Fiske & Fritid, Boks 1,
  N-7332 Løkken Verk,
  Tel. 074 - 96 344
- Frøya, Hitra, Snillfjord: »MidtNorgekysten«, Kommunehuset,
  N-7240 Fillan, Tel. 074 - 41 100
- Oppdal Turistkontor, Postboks 50,
  N-7341 Oppdal, Tel. 074 - 21 760
- Røros Reiselivslag,
  Peter Hiortsgt. 2, N-7460 Røros
  Tel. 074 - 11 165/12 595
- Selbu og Tydal Reiselivslag,
  N-7590 Tydal, Tel. 07 - 81 54 52
- Trondheim Aktivum, Postboks 2102
  N-7001 Trondheim, Tel. 07 - 51 14 66
- Åfjord Reiselivslag,
  N-7170 Åfjord, Tel. 076 - 33 930

NORD-TRØNDELAG

- Flatanger Nærings- og Reiselivslag, N-7840 Lauvsnes,
  Tel. 077 - 88 219
- Frosta Reiselivsnemd,
  N-7633 Frosta, Tel. 07 - 80 71 00
- Grong Fritidssenter, N-7870
  Grong, Tel. 077 - 31 550
- Høylandet Skysstasjon,
  N-7977 Høylandet, Tel. 077 - 21 390
- Inderøy Reiselivslag, N-7670
  Sakshaug, Tel. 077 - 53 300
- Leka Reiselivslag, N-7994 Leka,
  Tel. 077 - 99 650
- Leksvik Kommune, N-7120 Leksvik,
  Tel. 076 - 57 100
- Levanger Næringsforum, Postboks 360, N-7601 Levanger,
  Tel. 076 - 82 105
- Lierne Næringsforening,
  N-7880 Nordli, Tel. 077 - 37 160
- Meråker Kommune,
  N-7530 Meråker, Tel. 07 - 81 02 61
- Mosvik Kommune,
  N-7690 Mosvik, Tel. 076 - 44 600
- Namdalseid Næringsforening,
  N-7733 Namdalseid,
  Tel. 077 - 78 288
- Namsos og Omegn Reiselivslag,
  Postboks 115,
  N-7801 Namsos, Tel. 077 - 74 166
- Namsskogan Næringsforening,
  N-7896 Brekkvasselv,
  Tel. 077 - 34 962
- Nærøy Reiselivslag, Nærøy Kommune, N-7980 Måneset,
  Tel. 077 - 97 128/95 400
- Overhalla Reiselivslag,
  N-7863 Overhalla, Tel. 077 - 81 500
- Røyrvik Reiselivslag,
  N-7894 Limingen, Tel. 077 - 35 224
- Snåsa Næringsforening,
  N-7760 Snåsa, Tel. 077 - 51 164
- Steinkjer Servicekontor as,
  Postboks 10, N-7701 Steinkjer,
  Tel. 077 - 63 824
- Stjørdal Næringsforum,
  Postboks 312, N-7501 Stjørdal,
  Tel. 07 - 82 60 50
- Verdal Reiselivslag, Rådhuset,
  N-7650 Verdal, Tel. 076 - 73 570
- Verran Kommune,
  Næringsavdelingen,
  N-7720 Malm, Tel. 077 - 57 087
- Vikna Reiselivslag,
  Vikna Kommune,
  N-7900 Rørvik, Tel. 077 - 90 100

Veranstaltungen 1992:

Juni:
»Mittsommerfest«, Reitertreffen, Hundeausstellung, Marathonlauf, Oppdal.
12.-19.6.: Musikfesttage, Trondheim.
18.-20.6.: »Åfjordsdagan«, Åfjord.
20.6.: »Den store styrkeprøven« (»die große Kraftprobe«), berühmt-berüchtigtes Radrennen von Trondheim nach Oslo, 540 km; jeder kann mitmachen.
20.6.: »Brekke-Tage«, Brekke.
23.6.: Mittsommerfest mit großem Feuer, Sørgjerd, Gem. Osen.
23.-25.6.: »Stormartnan«, Jahrmarkt, Trondheim.
24.-28.6.: »Rørosfestival«, Røros.
25.-28.6.: Norwegischer Sängerwettstreit, u.a. mit Musik der norwegischen Rockoper »Which-Witch«, Oppdal.
26.6.-4.7.: Norwegisches Musikfestival, Klassik und Volksmusik, Nord-Trøndelag.
26.-28.6.: »Bærflækkdagen«, Handwerksausstellung, Kabarett, Musik und St. Hansfeier, Røyrvik.
Juli:
3.-5.7.: Bootsmesse, Kjerknesvågen/Inderøy.
3.-5.7.: Meeresangelwettbewerb, Sætervika.
3.-12.7.: »Røros-Woche«, Røros.
8.-11.7.: »St. Olavslauf«, Stafettenlauf von Östersund (Schweden) nach Trondheim.
11.-12.7.: Norwegische Meisterschaften im Lachsangeln, Hegra.
11.-17.7.: »Herlaugdagene«, Volkswandern, Kunstausstellung, Kabarett und Theater, Leka.
17.-20.7.: Angelfestival, Bessaker.
20.-26.7.: Küstenkulturwoche, Uthaug.
25.7.-3.8.: »Olavstage«, Trondheim.
25.7.-29.7.: »Spiel um den Heiligen Olav«, Stiklestad, Konzert am Olsok-Tag, Stiklestad-Kirche.
31.7.-2.8.: Selbufestival, Akkordeonmusik, Selbu.

August:
»Woxengstemnet«, Vorführung alter Handwerksberufe, Kaffee und »rømmegrøt«, Vikna.
»Ta sjansen«, Aktivitäten und Wettbewerbe für die ganze Familie, Torsbustaden in Skogn.
1.-2.8.: Lachsfestival, Grong.
5.8.: »Levangermartnan«, Sommermarkt, Levanger.
8.-16.8.: »Stjørdalsdagene«, Stjørdal.
11.-15.8.: »Nor Fishing '92«, internationale Fischereimesse, Trondheim.
12.-15.8.: »Namsosmartna'n«, Namsos.
13.-15.8.: »Steinkjermartna'n«, Steinkjer.
Mitte August: »Grånasfestival«, internationaler Wwettkampf im Skispringen, Freiluftkonzert, Trondheim.
14.-15.8.: »Spelemannstreff«, Akkordeonmusikfestival, Stiklestad.
21.-23.8.: »Frostadagene«, kulturelle Veranstaltungen, Frosta.
Ende August: »Gammaldanstreff«, Volkstanzfest, Meråker.
27.-30.8.: Herbstmesse, Trondheim.

NORDNORWEGEN

NORDLAND

Das regionale Fremdenverkehrsamt:
- Nordland Reiselivsråd,
  Postboks 434, Storgaten 28,
  N-8001 Bodø,
  Tel. 081 - 24 406 / 21 414

Die örtlichen Fremdenverkehrsämter/ Touristenbüros:
- Bodø Arrangement, Boks 514, N-8001 Bodø, Tel. 081 - 26 000
- Torghatten Reiselivslag, Boks 314, N-8901 Brønnøysund, Tel. 086 - 21 688
- Salten Reiselivslag, Boks 224, N-8201 Fauske, Tel. 081 - 43 303
- Polarsirkelen Reiselivslag, Boks 225, N-8601 Mo i Rana, Tel. 087 - 50 421
- Narvik Reiselivslag, Boks 318, N-8501 Narvik, Tel. 082 - 43 309
- Midt-Helgeland Reiselivslag, Postboks 323, N-8801 Sandnessjøen, Tel. 086 - 44 044
- Vesterålen Reiselivslag, Boks 243, N-8401 Sortland, Tel. 088 - 21 555
- Lofoten Reiselivslag, Boks 210, N-8301 Svolvær, Tel. 088 - 71 053
- Meløy Reiselivslag, Boks 172, N-8150 Ørnes, N-8150 Ørnes, Tel. 081 - 54 888 / 54 011

(z.T. zusätzliche Touristeninformationen während der Saison. Falls nicht anderes angegeben, dienen die Fremdenverkehrsämter auch das ganze Jahr über als Touristeninformationen.)

Einige wichtige Verkehrsgesellschaften:

Boot/Fähre:
- Salten Dampskibsselskap, Postboks 14, N-8001 Bodø, Tel. 081 - 21 020
- A/S Torghatten Trafikkselskap (Fähre/Bus), Postboks 85, N-8901 Brønnøysund, Tel. 086 - 20 311
- A/S Lofoten Trafikklag, Postboks 190, N-8371 Leknes, Tel. 088 - 80 344
- Ofotens og Vesteraalens Dampskibsselskap A/S, Postboks 57, N-8501 Narvik, Tel. 082 - 44 090
- Helgeland Trafikkselskap A/S, Postboks 603, N-8801 Sandnessjøen, Tel. 086 - 45 345 / 42 255
- Nordtrafikk A/S (Fähre/Bus), Postboks 314, N-8401 Sortland, Tel. 088 - 21 611

Bus:
- Andøy Trafikklag A/S, Tore Hundsgt. 7, N-8480 Andenes, Tel. 088 - 41 333
- Saltens Bilruter A/S, Postboks 104, N-8001 Bodø, Tel. 081 - 25 025
- Boldevins Bilruter A/S, Tore Føynsv. 5, N-8160 Glomfjord, Tel. 081 - 52 115
- Helgeland Bilruter A/S, C.M. Havigsgt. 45, N-8650 Mosjøen, Tel. 087 - 70 277
- Ofotens Bilruter A/S, Postboks 79, N-8501 Narvik, Tel. 082 - 46 480

Veranstaltungen 1992:

März:
Ende März: »Polar-Cup«, Skilanglaufwettbewerb, Bjerkvik.
Mai:
Anfang Mai: Meløy-Rallye, Meløy.
Ende Mai: »Lofot-Marsch« von Ramberg nach Å. 15 oder 35 km.
Ende Mai: »Malmrushen«, Marathon von Kiruna (Schweden) nach Narvik.

Juni:
Mitte Juni: »Narvikspiele«, Sportwettbewerb für Kinder, Narvik.
Mitte Juni: «Kjerringøy-Tage«, Volksfest, Kjerringøy.
Ende Juni: Internationales Fischereifest, Storjord.
Ende Juni: Regatta für Nordlandboote, Terråk.
Ende Juni: »Vesterålen-Festival«, Handelsmesse und kulturelle Veranstaltungen, Stokmarknes.
Juli:
Wöchentliche Konzerte im Dom zu Bodø und in der Kirche von Flakstad, Lofoten.
Anfang Juli: «Vestfjord-Regatta« von Bodø über Grotøy nach Svolvær.
Anfang Juli: Seefischereifest, Andenes.
Anfang Juli: Fischereifest, Bolga.
Anfang Juli: »Bjørnsmartnan«, traditioneller Markt seit 1745, Dønna.
Mitte Juli: «Vega-Tage«, Fischereifest, kulturelle Veranstaltungen, Sportwettbewerbe, Regatta für Nordlandboote, Insel Vega.
Ende Juli: Fischereifeste und -wettbewerbe in Vik, Hovden (Vesterålen) und Øynes.
Ende Juli: »Olsok-Regatta« für Nordlandboote, Nevernes.
Ende Juli: »Sommer-Melbu«, internationales Kulturfestival, Melbu.
Ende Juli: »Nordland-Musikfestwoche«, Bodø.
August:
Anfang August: Fischereifestival, Åbygda.
Anfang August: »Sjøbergmarsch« von Visten nach Eiteradal, Südhelgeland.
Mitte August: »Øksnes-Tage«, Angelwettbewerb, kulturelle Veranstaltungen, Myre, Vesterålen.
Mitte August: »Torgfjord-Regatta« für Nordlandboote, Brønnøysund.
Ende August: »Beiarstevnet«, Lachsfest und Schützentreffen, Beiarn.
29.8.: »Narvik-Lauf«, Narvik.

TROMS

Das regionale Fremdenverkehrsamt:
- Troms Reiser A/S, Postboks 1077, N-9001 Tromsø, Tel. 083 - 10 000

Die örtlichen Fremdenverkehrsämter:
- Troms Adventure A/S, Andslimoen, N-9201 Bardufoss, Tel. 089 - 33 644
- Senja Tour as, Postboks 326, N-9301 Finnsnes, Tel. 089 - 41 090
- Harstad og Omland Arrangement A/S, Postboks 654, N-9401 Harstad, Tel. 082 - 63 235
- Nord-Troms Reiseliv a.s, N-9080 Storslett, Tel. 089 - 65 011
- Tromsø Arrangement A/S, Postboks 1077, N-9001 Tromsø, Tel. 083 - 10 000

Die örtlichen Touristenbüros:
- Andselv Turistkontor, N-9200 Bardufoss, Tel. 089 - 34 225
- Bardu Turistkontor, Salangsdalen, N-9250 Bardu, Tel. 089 - 85 150/82 118
- Finnsnes Turistkontor, Postboks 326, N-9301 Finnsnes, Tel. 089 - 41 828
- Harstad Turistkontor, (siehe Harstad og Omland Arrangement A/S).
- Tromsø Turistkontor, (siehe Tromsø Arrangement A/S)
- Målselv Turistkontor, N-9200 Bardufoss, Tel. 089 - 34 225

Veranstaltungen 1992:

Juni:
8.6.: Norw. Leichtathletik-Wettkämpfe, Målselv.
12.-14.6.: Nordnorwegische Wildnismesse, Bardu.
19.-21.6.: »Øverbygd-Tagen«, Kulturfestival, Øverbygd/Målselv.
19.-27.6.: Nordnorwegische Festspiele, Harstad.
23.6.: St. Hansfest, Salangen.
Mitte Juni: Harstad-Regatta, Harstad.
26.-28.6.: Warenmesse mit Tivoli, Målselv.
27.6.-3.7.: Kulturfestival, Lavangen.
Juli:
diverse Angelfeste auf der Insel Senja.
3.-5.7.: Stein- und Mineralienmesse, Bardu.
4.7.: Fisch- und Kuturfestival, Gratangen.
11.-20.7.: Nordisches Caravantreffen, Harstad.
31.7.-2.8.: »Bryggetreff«, Kulturfestival, Gratangen.
August:
7.8.: »Kalott-Spiel«, Volksmusik aus Nordeuropa, Målselv.
21.-23.8.: Foldviksmarkt, Handel, Kultur und Unterhaltung, Gratangen.

FINNMARK

Das regionale Fremdenverkehrsamt:
- Finnmark Opplevelser as, Postboks 1223, N-9501 Alta, Tel. 084 - 35 444

Die örtlichen Fremdenverkehrsämter:
- Alta Reiselivslag, N-9500 Alta
- AS Grenseland*, Postboks 8, N-9901 Kirkenes, Tel. 085 - 92 501
- Hammerfest og Omegns Reiselivsforening*, Postboks 226, N-9601 Hammerfest, Tel. 084 - 12 185
- Karasjok Opplevelser as, Postboks 192, N-9730 Karasjok, Tel. 084 - 66 902
- Kautokeino Reiselivslag, N-9520 Kautokeino,
- Nordkapp Reiselivslag*, Postboks 34, N-9750 Honningsvåg, Tel. 084 - 72 894/72 599
- Porsanger Reiselivslag, N-9700 Lakselv, Tel. 084 - 61 644
- Sør-Varanger Reiselivslag*, N-9900 Kirkenes
- Vadsø Turisme og Reiselivslag*, N-9800 Vadsø, Tel. 085 - 53 773
- Vardø Turistforening, N-9950 Vardø

Touristenbüros (nur im Sommer geöffnet):
- Alta Turistinformasjon, Domus Bossekop, Postboks 80, N-9501 Alta, Tel. 084 - 37 770
- Bugøynes Turistinformasjon, Bugøynes Skole, N-9934 Bugøynes, Tel. 085 - 90 207
- Båtsfjord Turistsenter as,
Postboks 355, N-9990 Båtsfjord, Tel. 085 - 83 430/ 84 120
- Hammerfest Turistkontor, Postboks 226, N-9600 Hammerfest, Tel. 084 - 12 185
- Karasjok Opplevelser as, Turistinformasjonen, Postboks 192, N-9730 Karasjok, Tel. 084 - 66 902
- Kautokeino Turistinformasjon, N-9520 Kautokeino, Tel. 084 - 56 500
- Kirkenes Turistinfo, Førstevann, Postboks 184, N-9900 Kirkenes, Tel. 085 - 92 544
- Kongsfjord Turistinformasjon, Servicehuset på fiskebruket, N-9982 Kongsfjord, Tel. 085 - 80 875
- Lakselv Turistinformasjon, N-9600 Lakselv, Tel. 084 - 62 145
- Neiden Turistinformasjon, Galleri Neiden, N-9930 Neiden, Tel. 085 - 96 201
- Nesseby Turistinformasjon, Ishavsveien, N-9820 Varangerbotn, Tel. 085 - 58 103
- Nordkapp & Kåfjord Turistinfo, Postboks 34, N-9751 Honningsvåg, Tel. 084 - 72 894/72 290
- Skaidi Info-senter, Postboks 1, N-9626 Skaidi, Tel. 084 - 16 280
- Tana Turistinformasjon, Miljøbygget, Postboks 98, N-9845 Tana, Tel. 085 - 28 281
- Vadsø Turistinformasjon, Tollbugata 14, Postboks 16, N-9800 Vadsø, Tel. 085 - 51 839
- Vardø Turistinformasjon, Postboks 45, N-9950 Vardø, Tel. 085 - 88 270
- Berlevåg Turistinformasjon, Fiskernes Velferd, Samfunnsgata 10, N-9980 Berlevåg, Tel. 085 - 81 427
- Stabbursnes Naturhus & Museum, Turistinformasjonen, N-9710 Indre Billefjord, Tel. 084 - 64 765

Veranstaltungen 1992:

Juni:
Mitte Juni: »Nordkap-Festival«, Ausstellungen, Konzerte, Theater und Sport, Honningsvåg.
15.6.: »Nordkap-Marsch« (70 km, unter 15 und über 60 Jahre: 35 km), Honningsvåg.
Mitte Juni: »Båtsfjord-Messe«, Kongresse, Konzerte, Angelfestival, Båtsfjord.
Mitte Juni: »Kulturwoche«, lokale Musikgruppen, Theater, Sport, Austellungen, Kjøllefjord.
23.6.: »St. Hans-Abend«, traditionelles Mittsommerfest mit Musik und Tanz, Kongsfjord.
Juli:
Mitte Juli: Lachsfestival, Angelwettbewerb, Neidenelva.
Mitte Juli: Meeres- und Flußangelfestival, Berlevåg.
Ende Juli: Meeresangelfestival, Sørvær.
Ende Juli: Meeresangelfestival, Bugøynes.
August:
Anfang August: Varanger Jazzfestival, Vadsø.
Anfang August: »Kirkenes-Tag«, kulturelle Veranstaltungen und Messe, Kirkenes.
Mitte August: »Vadsø-Tage«, Jahrmarkt, Vadsø.

Sachregister

A
Abenteuerparks 259
Achslast 264
Alkohol am Steuer 264
Alkohol 259
Angeln 164
Anschnallpflicht 264
Apotheken 259
Arbeitserlaubnis 259
Ärztliche Versorgung ... 259
Aufenthaltserlaubnis 259
Au pair 259
Autofähren 264
Automobilclubs 264
Autorundreisen 125
Autovermietung 264

B
Baden 168
Bahnverkehr 204, 259
Beeren sammeln 181
Benzinpreise 264
Bergregeln 170
Bergsteigen 168
Bergwandern 169
Bücher 260
Busverkehr 205, 229

C
Camping 260
Camping Gaz 264
CB-Funk 260

D
Devisen 261
Diebstahl 260
Diplomat. Vertretungen 260
Drachenfliegen 173

E
Einreisebestimmungen .. 261
Elektrizität 261
Entfernungen 264
Entfernungstabelle
siehe Beilagekarte

F
Fahren mit Licht 264
Fahrradfahren 173, 261
Fallschirmspringen 174
Feiertage 261
Ferienhäuser 261
Ferientermine 261
Feuer im Freien 261
FKK-Strände 261
Flugverbindungen 261
Freizeitparks 259

G
Geld 261
Geschwindigkeits-
begrenzungen 264
Gletscherwandern 174
Goldwaschen 1175
Golf 175

H
Haustiere 261
Hochgebirgsstraßen 264
Höhlenwandern 176
Hotels .... 208 ff., 261
Hundeschlittenfahren ... 176
Hurtigruten 196, 261
Hütten- und
Wohnungstausch 261

I
Information ... 249-249, 261
Informationstafeln 265

J
Jagd 177
Jedermannsrecht ... 171, 262
Jugendherbergen ... 213, 262

K
Kanu 177
Karten 262, 264, 265
Klima 262
Körperbehinderte 262
Kurzrundreisen 161

L
Luftsport 179

M
Maßbestimmungen 264
Mineralogie 180
Mitternachtssonne 262
Mitternachtssonnen-
Flüge 160

N
Nationalparks 262
Notruf 263

O
Öffnungszeiten 263
Orientierungslauf 180
Ornithologie 181

P
Pannenhilfe 265
Pilze sammeln 181
Post 263

R
Rafting 182
Rauchverbot 263
Reiten 182
Rentier-Safari 184
Rorbu 263
Rücksicht am Steuer ... 265
Rundfunk 263

S
Schiffsverbindungen 263
Segelfliegen 184
Segeln 184
Ski 185
Sommerkurse 263
Sommerski 185
Sommerzeit 263
Souvenirs 263
Sprachhilfen für
Autofahrer 265
Städtetouren 158
Straßennummern ... 126,
265, 266
Surfen 186

T
Tauchen 186
Tax-Free 230, 263
Telefonieren 263
Tennis 187
Tierparks 259
Tiersafaris 187
Trabsport 187
Trinkgeld 263
Tunnelverbindungen 265

U
Übernachtung 263

V
Veranstaltungen 267

W
Wanderkurzreisen 160
Wandern 188
Wasserski 188
Wegegeld/Maut 265
Wildnis-Ferien 188
Wildwasserfahren 182
Winter 266
Wohnwagen 266

Z
Zeitungen 263
Zoll 263

Firmenregister

A
Aker Brygge 18, 275
Hotel Alexandra 65
Atlantica Hotel Ålesund 69
AVIS Bilutleie A/S 232

B
Bardøla Høyfjellshotel ... 34
Bergen Nordhordland
Rutelag (BNR) 56
Berg-Hansen
Reisebureau A/S 204
Best Western Hotels ... 216
Thor Bjørklund og
Sønner AS 234
Braathens SAFE 207
Briksdalsbre Fjellstove .. 65
Bryggen Home Hotel
Ålesund 69

C
Carotel A.S. 220
Cavzo Safari 87
Choice Hotels 220
Color Line 192, 243

D
Dale Garn & Trikotasje
AS 228, 242
Deutsche Lufthansa AG 253
Deutsch-Norw. Freund-
schaftsges. (DNF) 244
Direktoratet for
naturforvaltning 171
Dr. Holms Hotel 34
Drøbak Postkontor 21

F
F-Hotel 222
Filharmonisk Selskap
Oslo 18
Fjellheisen 83
Fjord Tours a/s 223
Fjordhytter 215, 251
FJORDTRA Handelsges. 45,
64, 143, 157, 206, 219
Flaggruten 50
Fylkesbaatane 64

G
Geilo Hotel 34
Global Hotels 224
Gloppen Hotel 209
Grieben Novoteam 255

H
Hadeland Glassverk 233
Haman Scandinavia 239
Hotel Havly A.S 79
Heideker Reisen 238
Hemming Reisen 242
Highland Hotel 34
Hjelle Hotel 65

I
Inter Nor Hotels A/L 221

J
Jahr Verlag 258
Juhls Silvergallery 87

K
Kaptein Linge Hotel 60
Kautokeino Turisthotel .. 87
Kjenndalsbre Fjellstove . 65
Kneissl Touristik GmbH 238
Det Kongelige Justis-
og Politidep. 124
Kongsvold Fjellstue 209
Kumlegaarden 21
Køltzow 232, 275

L
Laftebygg Tre AS 234
Larvik Line 198, 245
Lillehammer Gruppen
A/S 30
Lillehammer Hotel 216
Lofotcruise 79
Lofoten Turist & Rorbu
Senter 79

M
Mach Nordferien 240
Möllers Reisedienst 240

N
Namsskogan Fritid 72
Neset Camping 212
Norden Tours 240
Nordeuropaforum 256
Nordfjordreiser 65
NORDIS Buch- u.
Landkartenhandel ... 257
NORDISCH 256
Nor-Kro Motell 35
Norsk Folkemuseum 17
Norsk Sjøfartsmuseum .. 17
Den Norske Hytte-
formidling A.S. . 214, 247
De Norske Hytte-
spesialistene A/S 218
Norske Opera 2
Norske Vandrerhjem ... 213
NORTRABOOKS 256
NOR-WAY
Bussekspress 205
Norway Shop 232, 275
Norway Tax-free
Shopping 230
NSA Norw. Schiffahrts-
Agentur 196, 250
NSB 204
Nutheim Gjestgiveri 209

O
Offersøy Feriesenter .. 212
Olavsgaard Hotell 22
Olden Fjordhotell 65

P
Peer Gynt Hotels 222
Polarkreis Reisebüro ... 244

R
Rainbow Hotels 226
Ranten Hotell 224
Reenskaug Hotel 21
Reisebüro Norwegen .. 247
Reso Hotels Norge 227
Rica Hotell- og Restaurant-
kjede A/S 217
Rica Parken Hotel
Ålesund 69
Rica Skansen Hotel
Ålesund 69
Runderheim Rorbu 60

S
Sagafjord Hotel 67
Sami Travel 87
SAS 246
SAS North Cape Hotels 87
Scandi Line 202
Scandic Hotels 226
Scandic Hotel Ålesund . 69
Scandinavian
Seaways 194, 252
Hotel Scandinavie
Ålesund 69
William Schmidt A/S 17
Selje Hotell 60
Skandireisen 240
Skipperstuen 21
Smør-Petersen 232, 275
Spitsbergen Tours 90
Spitsbergen Travel AS .. 90
Statoil 229
Stena Line 200, 241
Stryn Hotel 65
Strømeng AS 228
Sutøya Feriepark 35
Svalbard Polar Travel
A/S 91
Swan Charter
Deutschland 184

T
Telegrafen Mat
& Vinhus 21
Tregaardens Julehus 21
Troll Tours Reisen
GmbH 242
Trysilfjell Utmarkslag .. 234
Tyrifjord Turisthotell ... 225

U
Hotel Union Øye 67, 201
H. Urvik AS 275
Ustedalen Høyfjellshotel 34
Utne Hotel 209

V
Vetrhus Feriesenter 60
Vestlia Høyfjellshotel ... 34
Viking Fjord Hotel 67

W
Walaker Hotel 209
Widerøe 206
Wikinger Reisen GmbH 242

Ø
Østenfor Hotel 35

Ortsregister

A
Abenteuerstraße 33
Adlerstrasse 144
Akershus 19, 20
Alta 154
Alvdal 137
Andenes 151
Arendal 133
Atlantikstraße 146
Aurland 62, 139
Aurlandsfjord 139, 144
Aust-Agder .. 36-38, 40-41
Avaldsnes 134

B
Beitostølen 141
Bergen 55, 142, 159
Besseggen 141
Bjørkedal 145
Blefjell 128
Blåhø 140
Bodø 150
Bognes 152
Borgund 141
Brekke 128
Briksdalsbreen 145
Brønnøysund 149
Buskerud 32-35
Bygdin 141
Byglandsfjord 132
Bømlo 134

D
Dagsrud 45
Dalen 130
Dalsnibba 145
Dividalen 153
Dombås 140
Dovrefjell 137
Drammen 129
Drangedal 130
Drøbak 21

E
Egersund 135
Eidsborg 130
Eikesdal 146
Elverum (Hedm.) 137
Elverum (Nordl.) 153
Evje 132

F
Farsund 132
Fauske 152
Femund 137
Filefjell 141
Finnmark 84-88, 154-155
Finnskogen 28, 137
Finnsnes 152
Fjærland 144
Flekkefjord 132
Florø 143
Flåm 62, 139
Flåmbahn 139
Folldal 136
Forsand 135
Fredrikstad 128
Frogn 21
Fyresdal 130
Førde 143

G
Galdhøpiggen 140
Gaupne 140
Gaustatoppen 131
Geilo 34, 139

273

Geiranger 144	**K**	Masi 154	Porsanger 155	118-120, 263	Tynset 137
Gjendesheim 141	Karasjok 154	Melbu 151	Porsgrunn 129	Spydeberg 127	Tyrifjord 129
Gloppen 60	Karmøy 52, 133	Mjøsa 26, 138	Preikestolen 135	Stalheimskleivi 144	Turtagrø 140
Gol 142	Kaupanger 139, 144	Murmansk (SU) 155		Stavanger 51, 133	Tønsberg 128
Golden Route 144	Kautokeino 87, 154	Mo i Rana 149	**R**	Stavern 128	
Gratangen 151	Kirkenes 155	Molde 69, 145	Rauland 130	Steinkjer 149	**U**
Grenseland 88	Kirkenær 137	Mollisfossen 153	Reisadal 153	Stiklestad 149	Ulefoss 131
Grip 146	Kjenndalsbreen 145	Momarken 127	Ringebu 30, 136	Stjørdal 149	Urnes 117, 140
Gudbrandsdal 27, 160	Kongsberg 129	Mosjøen 149	Risør 133	Stokmarknes 151	Utne 144
Gudvangen 62, 139, 144	Kongsvinger 138	Moskenes 150	Rjukan 130	Stryn 65, 145	
Gvarv 131	Kongsvoll 136	Moss 128	Rogaland ... 48-52, 133-135	Støren 148	**V**
	Korshamn 132	Mosterhamn 127	Rognan 150	Suldalslågen 134	Valdres 27
H	Kragerø 130	Møre og Romsdal 66-69,	Rondane 136	Sulitjelma 152	Verdal 149
Hadeland 26	Kristiansand 39, 40, 131	144-146	Rondevegen 136	Sunndal 148	Vest-Agder 36-38, 39-40
Hafslo 140	Kristiansund 68, 146	Målselv 153	Rosendal 144	Sunndalsøra 146, 148	Vesterålen 79, 151
Halden 128	Krøderen 129		Runde 68, 145	Sunnfjord 63	Vestby 22
Haldenvassdraget 128	Kvikne 137	**N**	Ryfylke 52, 135	Sunnhordland 56	Vestfold 19, 20, 128
Hallingdal 138, 161	Kvinesdal 39	Namsskogan 72	Røros 147	Svalbard 89-91,	Vettisfossen 140
Hamar 138	Kvænangsfjellet 153	Namsos 149		118-120, 263	Vinstra 136
Hammerfest 88, 155		Narvik 78, 151	**S**	Svartisen 150	Voss 144
Hardangerfjord 57, 144	**L**	Nesbyen 35, 138	Salten 78, 150	Svolvær 151	Vrådal 130
Harstad 81, 151	Lakselv 155	Nigardsbreen 140	Saltstraumen 153	Søgne 39, 132	Vågåmo 140
Haugesund 50, 134	Larvik 128	Nissedal 130	Sand 134	Sørlandet .. 36-45, 131-133	
Heddal 131	Leirvassbu 140	Nordkap 155, 161	Sandefjord 128	Sørreisa 152	**Y**
Hedmark 23-31	Leirvik 134, 144	Nordfjord 143, 145	Sandnessjøen 149	Sør-Trøndelag 70-71,	Ytre Sogn 63
Heidal 141	Lesja 140	Nordfjordeid 143	Sauda 134	147-148	
Hemsedal 142	Lillehammer 30-31, 136	Nordkjosbotn 153	Selbu 147		**Ø**
Hinnøya 151	Lillesand 133	Nordland 74-79	Seljestad 134	**T**	Ørje 127
Hjerkinn 136	Lillestrøm 127	Nord-Trøndelag 70-71	Senja 81, 152	Tana 154	Ørnevegen 144
Hol 139	Lindesnes 44, 107, 132	Nærøyfjord 139, 144	Setesdal 41-42, 132	Telemark 36-38, 42-43,	Ørsta 67, 145
Holmestrand 128	Lista 132		Sjoa 140	130-131, 160	Østerdal 28, 137
Honningsvåg 155	Loen 145	**O**	Sirdal 39	Telemarkkanal 37,	Østfold 19, 20, 127
Hornindal 145	Lofoten 79, 104-106,	Olden 145	Skaidi 155	94-96, 130	Øye 141
Hordaland 53-57	150-151	Oldtidsvegen 128	Skei 143	Tinnsjø 131	Øystese 144
Horten 128	Lom 140	Oppdal 72, 137, 148	Skien 129	Torghatten 149	Øvre Rendal 137
Hovden 42	Luster 60, 140	Oppland 23-31	Skjeberg 128	Torpo 141	Øvre Årdal 62, 140
Hønefoss 129	Lyngsalpen 153	Orkanger 148	Skudeneshavn 52, 133	Troll Park 23-31	
	Lyngdal 39	Orkla 137, 148	Sogn og Fjordane 58-65,	Trollstigen 144	**Å**
J	Lyngør 41	Oslo 15-18, 126-127,	143-144	Troms 80-83	Ålesund 69, 145
Jostedalsbreen 140	Lysaker 127	158-159	Sogndal 140, 144	Tromsø 83, 153, 161	Ålgård 135
Jotunheimen 140	Lysefjord 132	Oslofjordgebiet 19-22	Sognefjell 140	Trondheim 70, 147, 148,	Åndalsnes 144
Juvasshytta 140	Lærdal 139	Osøyro 144	Sognefjord 61, 139, 143	159-60	Årdal 62, 140
Junkerdal 150		Otta 141	Sola 135	Tronfjell 137	Åsgårdstrand 128
Jæren 135	**M**		Solvorn 140, 209	Trøndelag 70-72	
Jølster 143	Mandal 39, 44, 132	**P**	Solør 137	Trysil 137	
Jøssingfjord 135	Mardalsfoss 146	Peer Gynt veien 136	Sortland 151	Tvedestrand 133	
		Polarkreis 150	Spitzbergen 89-91,	Tyin 141	

Fotonachweis

Titelbild:
Nordkap: Bünte, Npp
Bünte, Npp (1); Ferchland (1)
(Npp=NORDIS picture pool GmbH)

Aabø: 81 o, l
Aas: 92 or
Aftenposten: 121 o, ul, ur
Ascheoug Forlag: 111 oM
Aust-Agder RR: 40, 41 o
Avis: 232 M
Bergen Reklame Foto: 56 o
Bergin: 72 u
Best Western: 216 o
Bjørklund: 234 o
Blizz: 228 u
Bodø Arrangement A/S: 78 M
Bonum: 18 u
Braathens SAFE: 207 o
Bratlie, Npp: 11 lM, ul, 107 o, 118 o, 119 o
Brox Reklamefoto: 26 o, 31 u
Brye: 33 M
Bünte, Npp: 4 ol, or, Mu, 6 ur, 6/7, 8/9, 11 ol, r, 12, 13 ur, l, 15, 16 o, 46 ul, 48 u, 49 o, 58 o, 59 M, 73 o, ur, 86, 88 o, 92 ol, ul, 97, 108, 109 o, uM, 112, 113, 114 o, 115 o, u, 117 o, u, 122

or, ur, 123, 127, 128, 130, 131, 133, 134 u, 137, 139, 142, 146, 147, 149, 150, 153, 154, 155, 190 o, 195, 201 u, 203, 205 o, 208 o, M, 210/211 M, 210 ol, ul, ur, 219 o, u
Bukken: 39 u
Buskerud RR: 32, 33 o
Børset: 90 M, u
Børstad: 74 o
Cappelen Forlag: 111 u
Carotel: 220 o
Choice Hotels: 220 u
Color Line: 193
Dagsrud 45 o
Dale: 228 u
Dalton: 54 u
Den norske Hytteformidling: 214
Edison: 94 o, 96 r
Eide Studio A/S: 67 o
Eidfjord RL: 57 M
F-Hotel: 222 M, or
Finnmark Opplevelser: 88 o
Finnmark Travel Assn.: 84, 87 o
Fjellanger Widerøe A/S: 99 M, 212 o, 216 o
Fjellestad: 63 o
Fjordhytter: 66, 187 u, 215
Fjord Tours: 233
Fjordtra: 63 l
Foran: 20 orM

Form & Foto: 71
Fotografen AS: 69 o
Friestad: 39 o, 51 o
Fröhlich & Fröhlich: 109 ul, 141
Furuhatt: 78 or
Fylkesbaatane: 64 u, 62 u
Gamle Hvam Museum: 20 ul
Geh: 105, 106
Global Hotels: 224 M, u
Goese: 136
Gyldendal Norsk Forlag: 111 o
Haakonen: 20 M
Hadeland Glassverk: 233
Haraldsen, Npp: 6 ol, 13 o, or, 47 o, 57 o, 65 or, 145
Hart, Npp: 24 o, 107 o, 118 u
Hatlehols: 27 u
Haugen: 82 u, 83 o
Haugesund Turistkontor: 50 o
Pål Hermansen: 10 u
Hermansen Foto: 88 u
Hoen: 39 M
Homburg: 6 or
Husmo Foto: 31 o, 34
Ilg: 152 o
Inter Nor Hotels: 221
Jacobsen: 25 ur
Johansen: 79 o
Klatt: 55 u
Knivsmed Strømeng: 228 M
Kongsberg RL: 20 o
Kreuzenbeck, Npp: 109 ur

Kristiansund RL: 68 u
Køltzow: 232 u
Laftebygg: 234 M
Larvik Line: 198 o
Larvik RL: 20 or
Lausund: 47 u
Leren: 87 u
Lid: 95 o, 96 o
Lillehammer Gruppen: 30 u
Lillehammer Reklamebyrå: 31 M, Mr
Lochstampfer: 46 Mr
Loftesnes: 61
Mandal Turistkontor: 44
Marschel, Npp: 4 u, 5 o, 13 ur, 45 u, 46 ur, 48 o, 51 u, 53 or, 55 o, 58 u, 64 o, 60 u, 73 u, 94 u, 95 ul, ur, 96 ul, 104, 116 o, M, 129, 132, 134 o, 135, 140, 152, 206 o, 210 M, 211 r, 218 u, 219 u
Midt-Norsk Reiseliv: 70, 71 o
Mittet Foto: 29 M, 114 M
Molde RL: 69 u
Myrberget: 16 l
Møre og Romsdal RR: 46 o
Norden Tours: 198 u, 199
Nordland RR: 75, 76, 77, 78 M, u
Normann: 25 ul, 74 u
Norsk Folkemuseum: 17 ul
Norsk Sjøfartsmuseum: 17 o

Norsk Vandrerhjem: 213 o
Nor-Way Bussekspress: 205 u
Norway Shop: 232 M
Norway Tax-free Shopping: 231, 232
NSB: 204
Oktober Forlaget: 111 uM
Olavsgaard Hotel: 22 u
Oppdal RL: 72 or, ol, M
Oslo Philharmoniske Orkester: 18 o
Oslo Pro: 16 u, 19
Peer Gynt Hotels: 222 u
Prytz: 89
Rainbow Hotels: 226 u
Ramstad: 24, 25 ol, or, 29 u
Ranten Hotel: 224 o, oM
Rapp: 85 u
Reenskaug Hotell: 21 ul
Reed: 60 u
Rica 208 u, 217
Rogaland RR: 50 u, 52 u
Rolseth: 23, 26 u, 27 o, 28 o, 29 o
Runde RL: 68 u
Røe Foto AS: 73 M, 80, 83 o
Rørvik: 79 M
Sandsmark: 35 u
Scandic Hotels: 226 o
Scandi Line: 202 u
William Schmidt: 17 M
Schüring, Npp: 148

SFR: 59 u, 59 o, 61
Smør-Petersen: 232 o
Sol: 6 rM
Solør Odal Reiseliv: 28 u
Spiegel: 42 M
Spranger/Lindhard: 151
Stavanger RL: 49 u
Stena Line: 200, 201 u
Storvik, Npp: 119 o, 120 u
Stryn RL: 65 ol, M, u
Sunde: 56 u
Svalbard Polar Travel: 91 o, u
Telegrafen Mat & Vinhus: 21 or
Telemark Reiser: 42 u, 43
Tregaardens Julehus: 21 ur
Troms Adventure: 82 o
Trysilfjell Utmarkslag: 234 u
Tyrifjord Turisthotell: 225
Ulvik RL: 53 u
Umbreit: 90 u
Valle/Rysstad RL: 36 or, 37, 42 o
Vest-Agder: 39 o, 41 u
Vestby Kommune: 22 u
Vesterålen RL: 151 u
Vinmonopolet: 99 o
Widerøe: 206 M, u
Ørsta RL: 67 o, 209
Østenfor Hotel: 35 o
Årdal RL: 62 o